kuangyuan
举起未来的力量

HENAN MINE CRANE CO.,LTD.

企业特色产品展示

重机有限公司
起重机/电动葫芦

QD320t 双梁桥式起重机

YZ280t 冶金桥式起重机

ME150+50-100m造船门式起重机

双梁门式起重机

旋转小车桥式起重机

工程门式起重机

地址：河南省长垣县长恼工业区18号 邮编：453400
电话：0373—8735777 8735555 传真：0373—8735333 8735695
http://www.hnks.com E-mail：hnksky@126.com

卫华起重让世界轻松

卫华集团有限公司始建于1988年6月，是一家以研发、生产起重机械、港口机械、建
房地产、酒店餐饮、金融投资、建筑工程、装饰防腐、生态农林、租赁业务等为一体的大
搏，现已发展成为我国起重行业产销量大、品牌影响力强、竞争力强的企业集团，起重机

卫华集团下辖22家控股子公司，员工6 000余人，其中大专以上学历人员1 600余人
元，卫华品牌价值71.9亿元，占地面积190万m^2。具备千吨级桥式、门式起重机制造水平
金、石油化工、矿山采掘、能源交通、港口物流、汽车及船舶制造等领域。产品畅销全国
日本、韩国、巴西、澳大利亚、印度等56个国家。2011年销售收入达48.43亿元。

成功建于诚信，努力终有回报。卫华集团先后获得“中国机械百强企业”、“全国守
业技术中心”、“博士后科研工作站”、“国家技术创新示范企业”、“中国100最佳雇主
500多项殊荣。卫华牌桥式、门式起重机获得“中国名牌产品”称号，“卫华”商标被
是中国重型机械工业协会副理事长单位、桥式起重机分会副理事长单位和中国物料搬运协

卫华集团以“振兴民族工业，缔造百年卫华”为己任，不懈努力，加快发展，不断提
国起重设备行业的领袖企业，国际著名的起重设备品牌企业”。

中国驰名商标

中国名牌产品

式起重机

岸边桥式起重机

塔机

主导产品

—— 洗选、筛分用的振动筛系列产品

—— 30个系列900多种规格

—— 广泛用于煤炭、冶金、矿山、化工、发电、建材、筑路等行业的物料粒度分级和脱水、脱介作业

—— 不仅为国家重点项目的大型或特大型选煤厂、选矿厂提供高端大型振动筛，还远销非洲、欧洲、美洲、东南亚等国家

技术中心

外商洽谈

大型香蕉型直线振动筛

宽筛面强迫同步直线振动筛

多元变振幅圆振动筛

双层56m²TKB巨型振动筛

传真：0412-5239900　E-mail：aszkjqc2004@126.com　http：//www.aszkjqc.com

悬臂吊
防爆型电动葫芦
大吨位葫芦
160t/(50+160)t起重机
200t铸造吊
地址：河南省新乡市长垣县魏庄工业区1号
邮编：453424
电话：0373-8711858 8711868
传真：0373-8711808 8711818
http://www.zhongyuanshengqi.com

中国机械工业年鉴系列

中国重型机械工业年鉴

2011

中国机械工业年鉴编辑委员会
中 国 重 型 机 械 工 业 协 会 编

机械工业出版社
China Machine Press

《中国重型机械工业年鉴》2011年刊设置综述、行业篇、市场篇、企业篇、统计资料、标准与质量、政策法规、大事记和附录等栏目，集中反映2010年重型机械行业的发展情况，详细记录了18个分行业的生产发展、产品产量、市场销售、科技成果及新产品、标准与质量、基本建设及技术改造等情况，公布重型机械行业权威统计数据。“人物访谈”专栏客观、真实地记录了重型机械行业优秀企业家创新经营的理念、调整结构的成功经验；新增的“能源装备”专栏记载了我国重型机械行业企业进军核电领域的成功案例，为更多行业企业提供借鉴。

《中国重型机械工业年鉴》主要发行对象为政府决策机构、机械工业相关企业决策者，从事市场分析、企业规划的中高层管理人员以及国内外投资机构、贸易公司、银行、证券、咨询服务部门和科研单位的机电项目管理人员等。

图书在版编目(CIP)数据

中国重型机械工业年鉴.2011/中国机械工业年鉴编辑委员会，中国重型机械工业协会编.—北京：机械工业出版社，2012.3

(中国机械工业年鉴系列)

ISBN 978-7-111-37766-5

Ⅰ.①中… Ⅱ.①中… ②中… Ⅲ.①重工业：机械工业—中国—2011—年鉴 Ⅳ.①F426.42-54

中国版本图书馆CIP数据核字(2012)第047739号

机械工业出版社(北京市西城区百万庄大街22号 邮政编码100037)

责任编辑：袁士华

北京画中画印刷有限公司印制

2012年3月第1版第1次印刷

210mm×285mm·20.25印张·57插页·810千字

定价：300.00元

凡购买此书，如有缺页、倒页、脱页，由本社发行部调换

购书热线电话(010)68326643、88379830

中国机械工业年鉴系列

作为『工业发展报告』
记录企业成长的每一阶段

中国机械工业年鉴

编辑委员会

中国重型机械工业年鉴

鉴证行业发展足迹

振兴重型装备工业

中国重型机械工业年鉴
执行编辑委员会

中国重型机械工业年鉴

鉴证行业发展足迹

振兴重型装备工业

中国重型机械工业年鉴 编辑出版工作人员

总　编　辑　郭　锐
主　　　编　李卫玲
副　主　编　刘世博　肖新军
执行主编　赵　敏
责任编辑　袁士华
市场编辑　黎　平　金　薇　江道芝　蒋　斌
图文设计　刘　青

地　　　址　北京市西城区百万庄大街22号(邮编100037)
编　辑　部　电话（010）88379830　　传真（010）88379812
发　行　部　电话（010）68326643　　传真（010）68326017

E-mail:cmiy@vip.163.com

http://www.cmiy.com　www.mepfair.com

中国重型机械工业年鉴

展示知名企业品牌
助您提升行业地位

中国重型机械工业年鉴
特约顾问单位特约顾问

特约顾问单位	特约顾问
上海电气重工集团	陈　伟
洛阳矿山机械工程设计研究院有限责任公司	戚天明
卫华集团有限公司	韩宪保
华电重工股份有限公司	王汝贵
江阴凯澄起重机械有限公司	黄珑琳
山东山矿机械有限公司	马昭喜
衡阳运输机械有限公司	廖纯德
四川矿山机器（集团）有限责任公司	杨　军
株洲天桥起重机股份有限公司	成固平
山起重型机械股份公司	徐新民
北京清源发机电设备工程监理有限公司	张家驷
中联重科物料输送设备有限公司	陈铁坚
河南省矿山起重机有限公司	崔培军
中原圣起有限公司	齐景光
宁波东力传动设备股份有限公司	宋济隆
鞍山重型矿山机器股份有限公司	杨永柱
沈阳隆基电磁科技股份有限公司	张承臣
山东华特磁电科技股份有限公司	王兆连
江西起重机械总厂	喻连生
新疆通用机械有限公司	马卫国
浙江双鸟机械有限公司	张文忠
重庆起重机厂有限责任公司	周光海
河南省郑起起重设备有限公司	宋彦东
新乡市中原起重机械总厂有限公司	郝兆庆
河南华东起重机集团有限公司	韩永章
柳州起重机器有限公司	张志玲
北京约基同力机械制造有限公司	马立民
浙江通力重型齿轮股份有限公司	蔡福成
湖州双力自动化科技装备有限公司	冯　勇
南昌矿山机械有限公司	龚友良
八达机电有限公司	杜左海
武汉电力设备厂	陈义国
岳阳科德科技有限责任公司	周应创
上海电力环保设备总厂有限公司	黄建华
安徽盛运机械股份有限公司	开晓胜
上海山美重型矿山机械有限公司	杨安民
哈尔滨国海星轮传动有限公司	孙　超
成都大宏立机器制造有限公司	刘建文
溧阳中材重型机器有限公司	吴建宏
浙江双金机械集团股份有限公司	胡祖尧
武汉正通传动技术有限公司	余晓锁
常州市常欣电子衡器有限公司	袁黎萍
焦作市制动器开发有限公司	周旭生
浙江凯岛起重机械有限公司	朱云国
广东永通起重机械实业有限公司	叶宏洪
上海雄风起重设备厂有限公司	沈慈宏
江阴真良机械有限公司	黄国良
南京开关厂有限公司	王　跃
中国长江航运集团电机厂	吴临元
河南华北起重吊钩有限公司	韩景轩
南京特种电机厂有限公司	孙重远
江西工埠机械有限责任公司	罗秀英

中国重型机械工业年鉴

展示知名企业品牌

助您提升行业地位

中国重型机械工业年鉴
特约顾问单位特约编辑

特约顾问单位	特约编辑
上海电气重工集团	张金月
洛阳矿山机械工程设计研究院有限责任公司	刘正魁
卫华集团有限公司	钟山庆
华电重工股份有限公司	刘伯宽
江阴凯澄起重机械有限公司	薛留成
山东山矿机械有限公司	胡秀万
衡阳运输机械有限公司	廖　岚
四川矿山机器（集团）有限责任公司	夏发明
株洲天桥起重机股份有限公司	黄文斌
山起重型机械股份公司	赵建平
北京清源发机电设备工程监理有限公司	李　岩
中联重科物料输送设备有限公司	张　雪
河南省矿山起重机有限公司	任海涛
中原圣起有限公司	刘　杰
宁波东力传动设备股份有限公司	罗岳芳
鞍山重型矿山机器股份有限公司	刘春玉
沈阳隆基电磁科技股份有限公司	张　奕
山东华特磁电科技股份有限公司	傅佩超
江西起重机械总厂	刘晓生
新疆通用机械有限公司	秦保民
浙江双鸟机械有限公司	韩　剑
重庆起重机厂有限责任公司	杜孟云
河南省郑起起重设备有限公司	党修洵
新乡市中原起重机械总厂有限公司	杨章顺
河南华东起重机集团有限公司	赵东生
柳州起重机器有限公司	邓丽静
北京约基同力机械制造有限公司	黄文林
浙江通力重型齿轮股份有限公司	林　微
湖州双力自动化科技装备有限公司	王飞华
南昌矿山机械有限公司	胡敏锐
八达机电有限公司	应祖敏
武汉电力设备厂	杜惠明
岳阳科德科技有限责任公司	周新晖
上海电力环保设备总厂有限公司	杨　磊
安徽盛运机械股份有限公司	占思伟
上海山美重型矿山机械有限公司	张元凯
哈尔滨国海星轮传动有限公司	宋晨光
成都大宏立机器制造有限公司	牟小芳
溧阳中材重型机器有限公司	陈　江
浙江双金机械集团股份有限公司	周　玲
武汉正通传动技术有限公司	高巧兰
常州市常欣电子衡器有限公司	包鸿霞
焦作市制动器开发有限公司	慕心声
浙江凯岛起重机械有限公司	叶俊杰
广东永通起重机械实业有限公司	罗永杰
上海雄风起重设备厂有限公司	栾印树
江阴真良机械有限公司	黄三强
南京开关厂有限公司	孙　银
中国长江航运集团电机厂	张梅毕
河南华北起重吊钩有限公司	韩定强
南京特种电机厂有限公司	许宝山
江西工埠机械有限责任公司	屈吉华

前　言

重型机械行业（包括冶金机械、矿山机械、起重运输机械、重型锻压机械和大型铸锻件）主要服务于钢铁、冶金、电力、煤炭、交通、石化、国防、机械及水利等国民经济各部门，是我国装备制造业的重要组成部分，也是关系到国民经济命脉和国家安全的一个重要产业。在中央振兴装备制造业的战略决策及三年振兴规划的指引下，行业发展取得长足的进步。

2011年是“十二五”的开局之年。面对国际、国内多重风险和挑战，重型机械行业以市场为导向、科技创新为支撑，加快产业结构调整，全行业保持了平稳较快发展。2011年全行业工业总产值达到8686亿元，同比增长26.2%；进出口总额208.51亿元，同比增长22.2%，为实现“十二五”发展目标开创了良好局面。

2012年，全行业将继续加强自主创新，推进转型升级，促进重型机械行业由大变强。中国重型机械工业协会希望通过《中国重型机械工业年鉴》向各界展示行业的整体面貌，进一步加强与各界同仁的交流与沟通，共同努力推动我国重型装备制造业的平稳发展。

《中国重型机械工业年鉴》2011年版对重型机械行业总体和各分行业的发展概况、新产品、新技术、新工艺及技术改造、主要重点企业介绍、国内外市场、行业标准、质量、科技成果、行业大事、行业协会活动以及重型机械行业的各项经济指标等内容进行了记载。

在《中国重型机械工业年鉴》的编纂过程中，得到了各有关企业和用户的大力支持，也得到了许多行业领域专家的指导，在此表示诚挚的感谢。中国重型机械工业协会将一如既往为行业提供真诚的服务。

中国重型机械工业协会理事长

中国重型机械工业协会常务副理事长

2012年1月

广告索引

广告索引

专栏索引

重点企业
专题

钟祥市新宇机电制造有限公司创建于1968年，主要生产各类振动电动机、振动机械、输送机械，是中国电器工业协会中小型电机分会理事单位、中国重型机械工业协会洗选设备专业委员会理事单位。公司被中国重型机械工业协会洗选设备专业委员会评为"重点配套企业"。

公司已发展成为集振动电动机、振动设备生产基地，铸造基地和电器设备基地三位一体的，以振动电动机、振动机械为主导，以铸铁、铸钢、电器、电控产品为支撑的，全国大型的振动电动机制造企业和振动机械骨干企业。

公司产品畅销全国各地，并进入国际市场，"宇兴"牌振动电动机是"湖北名牌产品"。公司研发的高新技术振动电动机新产品，技术性能国内领先，部分产品可替代进口，并被列入"国家火炬计划"，获"国家重点新产品"、"国家知识产权专利"证书。用于煤炭、有色矿山等行业的平动椭圆振动筛创国内之先，振动筛、振动料斗、振动给料机在煤炭、钢铁、矿山、港口建立了良好的信誉。公司新产品获"湖北省重大科学技术成果奖"、"湖北省星火科技成果二等奖"、"湖北省科技进步三等奖"。公司质量管理体系获得ISO9001:2008质量管理体系认证；产品获CQC认证、CCC认证和CE认证；享有"外贸进出口自营权"。

重点企业专题

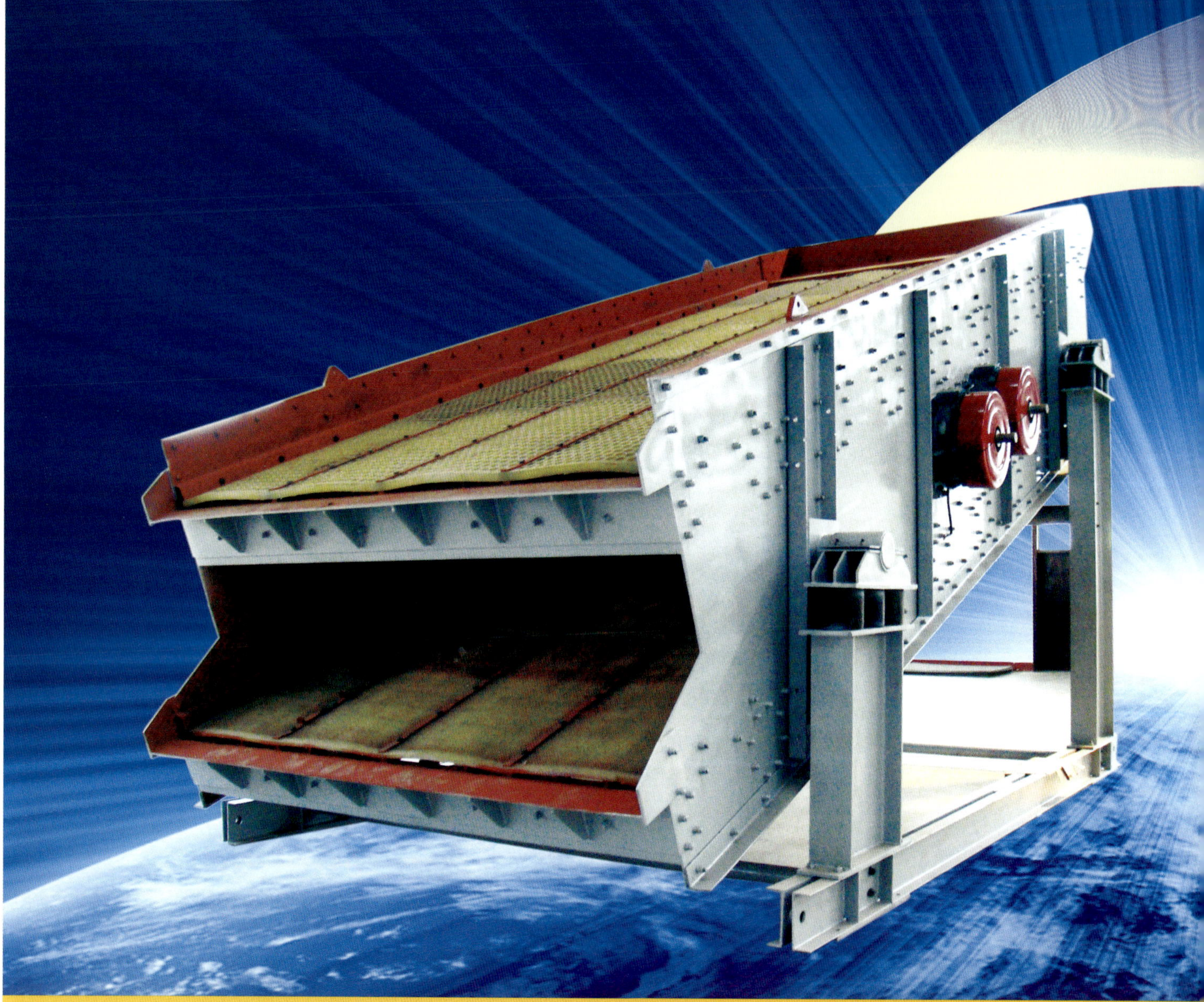

Yearbook
China Heavy Machinery Industry
A5

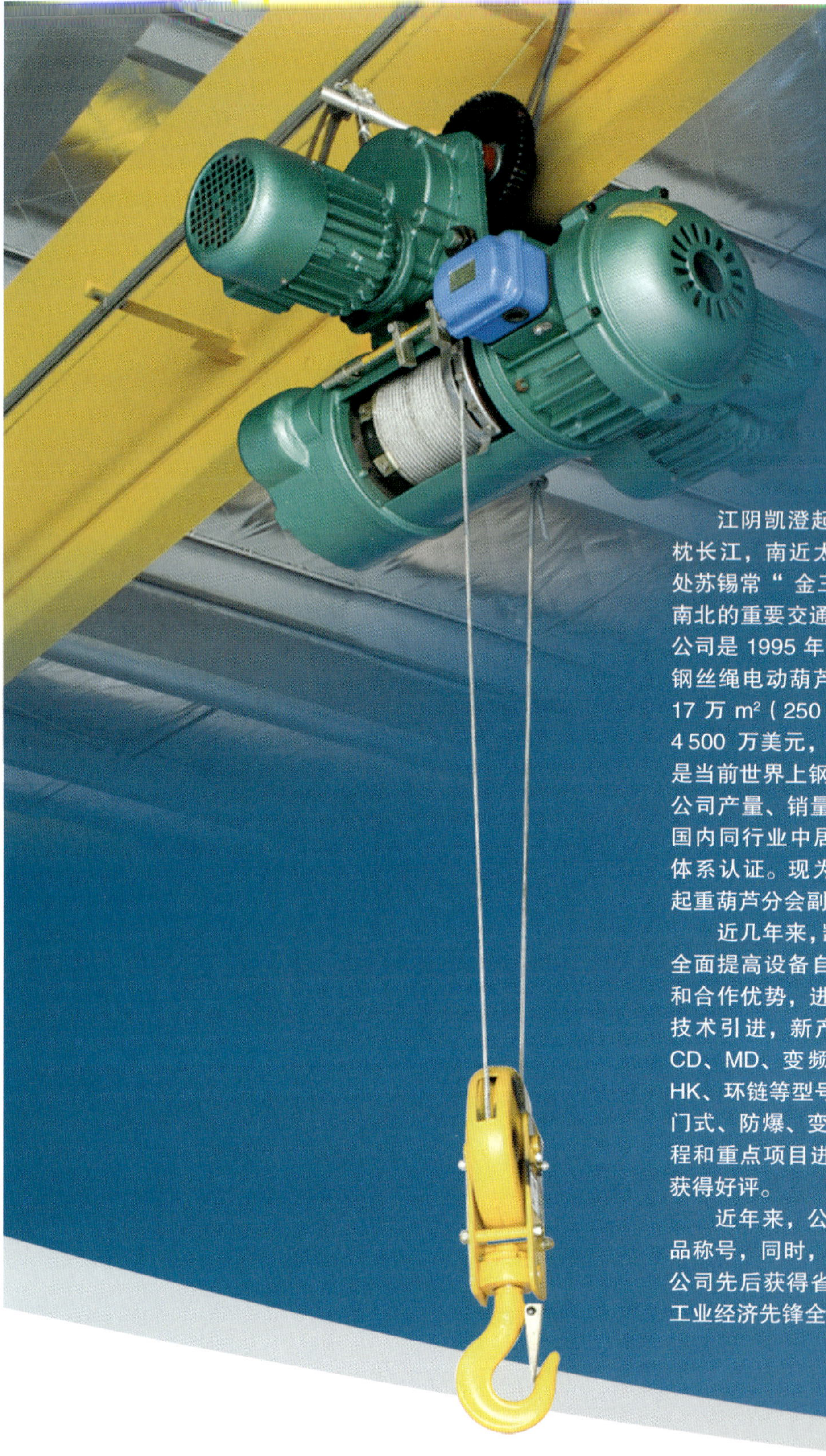

江阴凯澄起重机械有限公司地处江苏省江阴市，北枕长江，南近太湖，东接常熟、张家港，西连常州，地处苏锡常“ 金三角 ”几何中心，交通便捷，历来为大江南北的重要交通枢纽和江海联运、江河换装的天然良港。公司是 1995 年依法成立的一家中日合资企业，主要生产钢丝绳电动葫芦、起重机等系列产品。公司现占地面积 17 万 m^2（250 余亩），建筑面积近 10 万 m^2，投入资金 4 500 万美元，拥有员工 600 多名，年产值 5 亿余元，是当前世界上钢丝绳电动葫芦年产量多的生产厂家之一。公司产量、销量、效益等主要经济指标已连续十多年在国内同行业中居领先地位，并通过 ISO9001/ISO14001 体系认证。现为中国重型机械工业协会常务理事单位、起重葫芦分会副理事长单位。

近几年来，凯澄公司不断吸收国内外新技术、新工艺，全面提高设备自动化水平，充分利用中日双方技术资源和合作优势，进一步加大了大吨位电动葫芦和起重机的技术引进，新产品的开发和生产。电动葫芦已形成了 CD、MD、变频、防爆、船用、吊运熔融金属用、HJ、HK、环链等型号系列产品；起重机也形成了单梁、双梁、门式、防爆、变频等系列产品。产品先后为国家核电工程和重点项目进行配套，都以可靠的质量和良好的信誉获得好评。

近年来，公司钢丝绳电动葫芦保持了江苏省名牌产品称号，同时，获全国知名起重机械十佳名优品牌称号。公司先后获得省质量管理奖，中国优秀诚信企业，中国工业经济先锋全国示范单位等荣誉称号！

凯 澄
KITO

江阴凯澄起重机械有限公司
JIANGYIN KITO CRANE CO.,LTD.

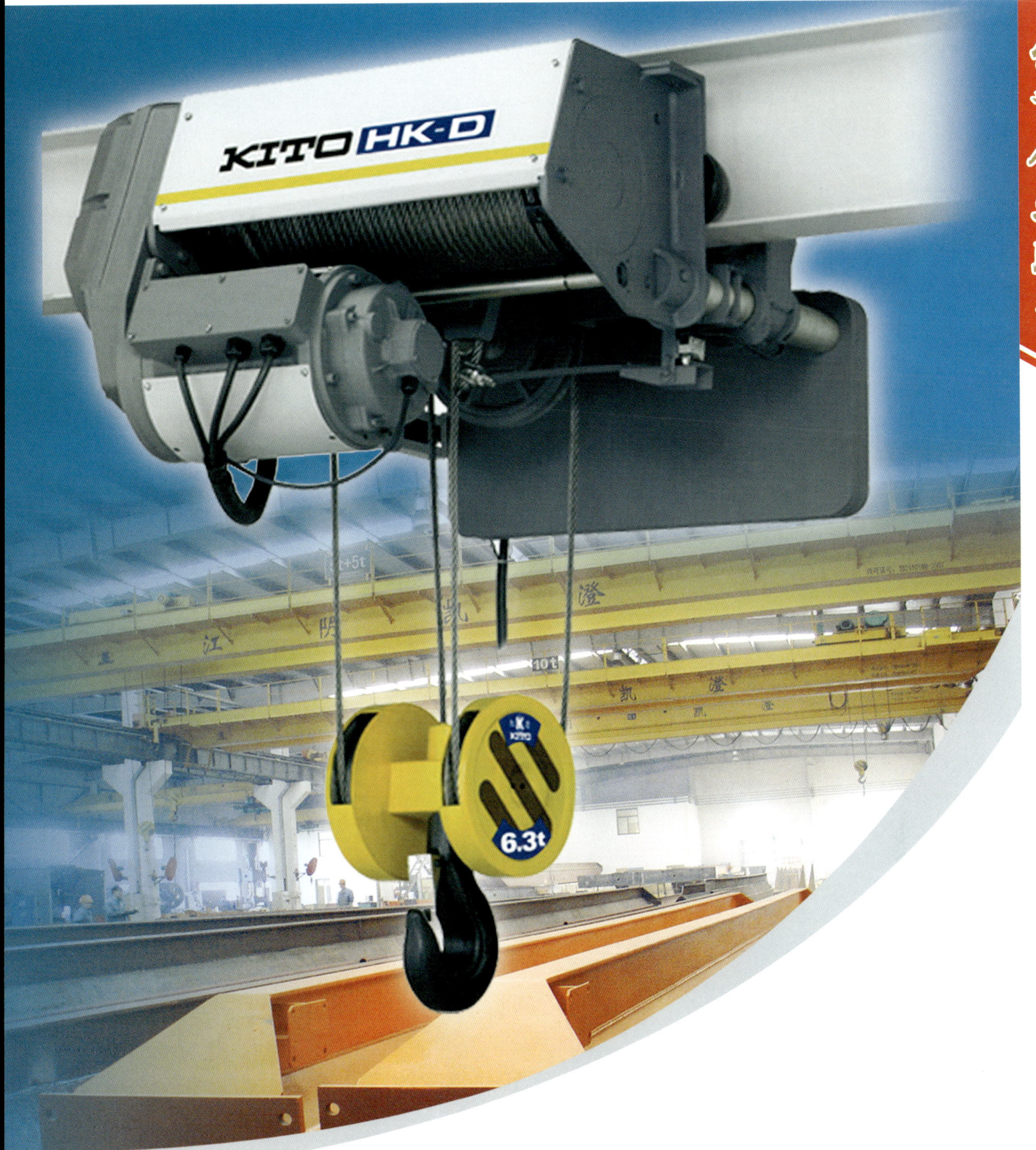
KITO HK-D
6.3t
优秀企业风采

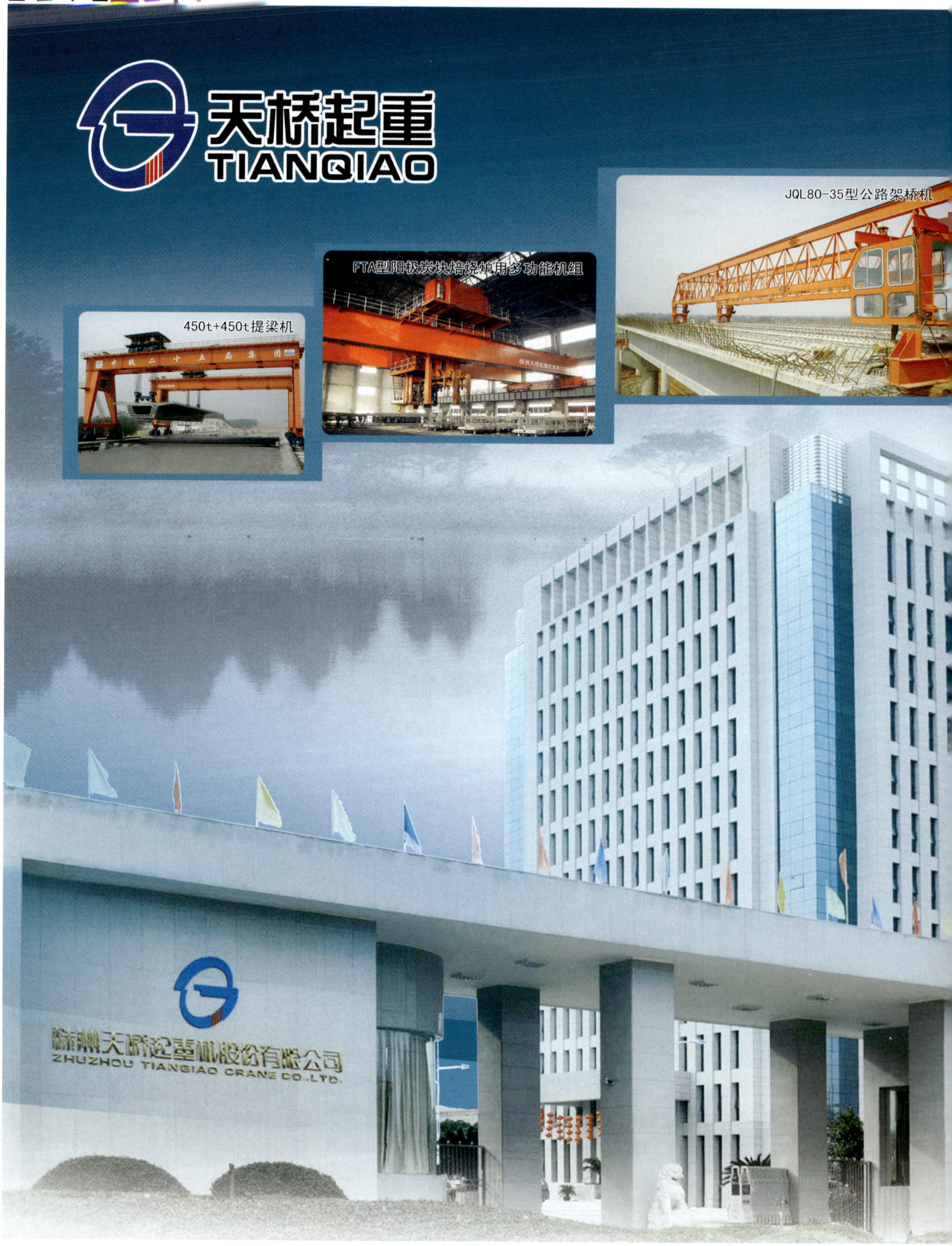
天桥起重
TIANQIAO
JQL80-35型公路架桥机
FTA型阳极炭块焙烧炉用多功能机组
450t+450t提梁机
株洲天桥起重机股份有限公司
ZHUZHOU TIANQIAO CRANE CO.,LTD.

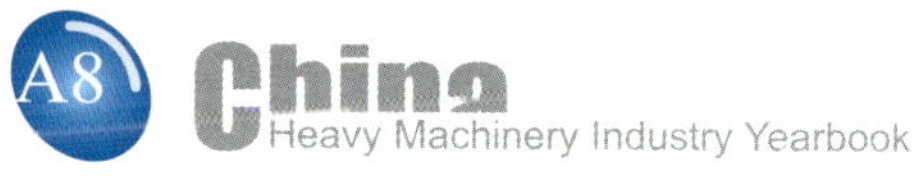

PTM型电解铝多功能机组

吊钩双梁桥式起重机

三梁铝电解多功能机组

株洲天桥起重机股份有限公司成立于1999年，是一家专业从事起重设备研发、制造、销售业务的高新技术企业，是我国南方地区大型的桥式、门式起重设备制造商，也是国内钢铁行业专用起重设备的重要提供商和电解铝专用起重设备两大制造商之一，是国家起重机A类制造企业，中国重型机械工业协会常务理事单位、物料搬运机械专业委员会副理事长单位和桥式起重机专业委员会副理事长单位。

2010年12月10日，成功在深圳证券交易所中小企业板挂牌上市，证券简称“天桥起重”，证券代码“002523”，成为湖南省株洲市近六年来先期通过公开发行股票登陆A股市场的企业。

公司注册资本1.6亿元，总资产逾14亿元。公司总部位于株洲市田心高新工业园区，并在株洲市龙头铺镇兴隆工业园新建了一流的起重设备生产制造基地。2009年，公司技术中心被认定为“省级企业技术中心”，公司研发的“三梁铝电解多功能机组”荣获“中国机械工业科学技术奖”；2010年，公司“天桥”牌商标被评为湖南省著名商标，公司研发的“电解槽集中大修转运系统”荣获“中国机械工业科学技术奖”等诸多荣誉。

公司主要产品有：通用桥式、门式起重机，铝电解多功能机组，阳极焙烧炉用多功能机组，阳极炭块堆垛机组，铸造起重机，夹钳起重机，电磁挂梁起重机，核电起重机，提梁机，港口门座式起重机，公路架桥设备等。公司注重引进、吸收国内外先进技术，加强与科研院所和跨国公司的交流合作，技术不断创新，产品销售网络覆盖全国30个省、市、自治区，并出口德国、阿曼、俄罗斯、越南、赞比亚、印度等诸多国家。

公司秉承“诚信、敬业、自强、卓越”的企业精神，奉行“天道酬勤”的核心价值观，坚持“顾客至上、诚信为本、规范管理、精心运作、持续改进、开拓创新”的质量方针，立足起重行业，耕耘起重行业，以“服务社会和国家经济的和谐发展、致力客户和企业价值的稳定提升、立足员工和股东利益的持续实现”为宗旨而不懈努力。

地址：湖南省株洲市石峰区田心北门　邮编：412001
电话：0731—22337000-8010（企划部）、8046（技术部）、8043（质保部）　0731—28432961（销售部）
传真：0731—22337000-8009　http://www.tqcc.cn　E-mail：tqcc@tqcc.cn

SHUANGNIAO

MACHINERY

公司简介 About Shuangniao Machinery

浙江双鸟机械有限公司是专业生产轻小型起重机械的民营有限责任公司，是中国重型机械工业协会起重葫芦分会副理事长单位。公司创办于20世纪80年代初，专业生产"双鸟"牌电动葫芦、手动葫芦、单轨行车、起重链条、吊索具、夹持器等。产品远销北美、欧洲、大洋洲、东南亚等100多个国家以及国内大部分地区，深受顾客好评。

"双鸟"商标被认定为"中国驰名商标"，公司被认定为"国家重点高新技术企业""浙江省文明单位"，双鸟产品被认定为"浙江名牌产品"。公司通过ISO9001质量管理体系认证、ISO14001环境管理体系认证以及德国GS、欧洲CE认证，率先通过欧盟2005/84/EC指令，REACH法规要求。手拉葫芦获得全国工业产品生产许可证，环链、钢丝绳电动葫芦获得国家特种设备制造、安装、改造、维修许可证。公司研制开发的环链电动葫芦被列入国家星火计划项目、国家火炬计划项目。公司累计授权国家专利28项，其中发明专利3项，参与制定手拉葫芦、手扳葫芦、环链电动葫芦、起重用圆环链验收总则等国家和行业标准13项。

双鸟机械本着"不断创新，为顾客提供满意的产品和服务"的宗旨，热诚欢迎中外客户光临惠顾！

企业资质 Enterprise qualification

- 中国驰名商标
- 国家重点高新技术企业
- 浙江省级文明单位
- 起重链条国标参与制定企业
- 手拉、手扳葫芦国标参与制定企业
- CCS 船级社认证企业
- 通过ISO9001、ISO14001管理体系认证企业
- 中国平安财产保险3 000万元质量承保

浙江双鸟机械有限公司
ZHEJIANG SHUANGNIAO MACHINERY CO., LTD.

地址：浙江省嵊州市黄泽镇玉龙路16号
邮编：312455

MG型
通用门式起重机（马鞍型）

门座式起重机

QD型
通用桥式起重机

塔式起重机

集装箱门吊

MHB型
电动葫芦半门式起重机

MG型
通用门式起重机（桁架式）

安徽盛运机械股份有限公司

董事长

江苏徐州生活垃圾焚烧处理项目
尾气净化处理系统

安徽盛运机械股份有限公司（简称“盛运股份”,股票代码：300090）创建于1997年，主营业务为城市生活、医疗垃圾焚烧发电尾气净化处理设备、干法脱硫除尘一体化设备和各种系列输送机械产品。公司以50万元起家，经过13年的艰苦创业、创新发展至今拥有总资产15.56亿元，固定资产5.7亿元，注册资金2.552 7亿元。现有7家下属子公司：安徽盛运环保设备有限公司、安徽盛运科技工程有限公司、安徽盛运技术研发中心、上海盛运机械工程有限公司、深圳盛运环境工程有限公司、北京盛运开源环境工程有限公司和新疆煤矿机械有限责任公司。

公司占地面积35万㎡，员工960人，其中各类技术人员370人；拥有发明专利4项，实用新型专利17项，非标技术成果11项。2010年实现营业收入4.11亿元，上缴国家税收3 078万元。

公司通过了ISO9001:2008标准国际质量体系认证，生产的输送机械产品先后获得“全国工业产品生产许可证”、“全国环境保护产品认证”，全国电力工程200MW、300MW、600MW火电机组主要辅助设备推荐厂商“电力入网证”、“煤炭安全标志认证”、“环境工程专项设计认证”和“环境工程施工许可证 ”。

新型环保产品——干法脱硫除尘一体化设备及垃圾焚烧尾气净化处理设备系统装置和新型输送机械产品，荣获安徽省和国家科技进步奖二等奖、科技型中小企业创新基金重点项目、科技攻关重点项目和星火计划及火炬计划重大备选项目、环境保护科学技术奖二等奖、全国重点环境保护实用技术推荐项目、安徽省“861”行动计划重点建设项目和安徽省装备制造业备选项目。

公司和产品先后荣获“全国环境工程50强重点推荐企业”、“全国重点环保产品定点生产企业”、中国重型机械工业协会带式输送机行业“十强”企业和安徽省“名牌产品”。2008年，公司率先成为国家高新技术企业。“盛运”牌商标被认定为“中国驰名商标”。2010年6月，公司成功挂牌上市。

地址：安徽省桐城市经济开发区东环路1号　销售热线：0556-6206966 6608666　传真：0556-6205898

石门海螺集团干法脱硫除尘项目

慈溪生活垃圾焚烧处理项目
尾气净化处理设备

泰安生活垃圾焚烧处理项目
尾气净化系统

山东鲁丽钢铁厂干法尾气处理系统

西藏华泰龙矿业开发有限公司
干法脱硫除尘设备

海螺集团干法脱硫除尘项目

公司始终坚持“完善质量体系、强化过程管理、坚持持续改进、增强顾客满意”的质量方针，形成了输送机械产品和新型环保产品的研发设计、制造、销售、安装服务一整套质量运行保证体系，并以雄厚的技术力量及规模实力和辉煌的销售业绩，在国内外的电力、矿山、冶金、建材、化工、交通运输路桥工程、港口码头、轻工、城市垃圾焚烧发电工程、市政环保工程等行业客户中，享有一定的知名度和影响力。公司一贯秉承“至诚团结、拼搏进取、求精创新、追求一流”的盛运精神，努力提高员工的专业技能和职业道德素质，强化内部管理，立足技术创新，着力实施品牌发展战略。以诚信为根本，以市场为导向，不断扩张规模赢市场，全力推进盛运股份持续、快速、健康发展。

未来盛运股份将继续以技术、营销、管理创新为动力，努力发展成为国内垃圾焚烧发电和火电厂、钢铁厂、水泥厂、石油化工厂、港口码头、交通运输路桥工程、市政环保工程等行业前十强的设备供应商。

总机：0556-6888588　http://www.sy-168.com　E-mail：ahsy99@163.com

山东山矿机械有限公司
SHANDONG SHANKUANG MACHINERY CO.,LTD.

山东山矿机械有限公司始建于1970年，为中国重型机械工业协会常务理事单位，矿山机械分会、破碎粉磨分会、带式输送机分会副理事长单位，以及中国电器工业协会牵引电器分会副理事长单位，是中国重型机械行业重点骨干企业。

公司主导产品为破碎筛分粉磨机械、带式输送机械、煤炭洗选机械、竖井掘进机械、工矿电机车、建材机械等六大系列300多个品种规格。产品服务于电力、煤炭、冶金、矿山、建材、港口码头等行业，覆盖全国市场，并出口到意大利、日本、德国、尼日利亚、阿尔及利亚、古巴、印度、越南及土耳其等国家。

公司为省高新技术企业，拥有省级企业技术中心。公司通过了ISO9001质量、ISO14001环境和OHSMS18001职业健康安全体系认证，通过了"AAA"标准化良好行为企业确认。荣获全国机械行业文明单位、山东省重合同守信用企业、省信誉等级AAA企业、省管理创新优秀企业、省机械百强企业、济宁市质量奖提名奖等荣誉称号。"山矿"商标被评为山东省著名商标。

公司重视产品质量，确立了"坚持预防为主、关注过程细节，增强全员意识、持续提升质量"的质量方针，建立了以"质量控制点为核心"的质量考核体系，以"质量管控平台"为管控手段强化质量管理。带式输送机、破碎机和球磨机三项主导产品为山东省名牌产品。近三年，公司开发生产的高效圆锥破碎机、生物质发电燃料输送系统等20余项产品通过了省级鉴定。获得19项国家专利，6项山东省机械工业科技进步奖和5项济宁市科技进步奖。公司还被上海宝钢授予"质量优胜单位"，被中港集团日照港授予 "诚信经营、质量优胜"的荣誉。公司主持或参与编制、修订了GB/T10595-2009带式输送机、JB/T10876-2008可逆反击锤式破碎机等20余个国家、行业标准。

获得国家专利的直线螺旋给料机

4PG1200×1000四辊破碎机

圆锥破碎机

圆锥破碎机

PCFK1825可逆反击锤式破碎机

新型环保SKM系列球磨机

运行于太钢集团的管带机

吕四港口码头皮带机

地址：山东省济宁市济安桥北路11号　邮编：272041　电话：0537-2226931
传真：0537-2228529　http://www.sdkj.com.cn　E-mail：master@sdkj.com.cn

衡阳运输机械有限公司

Hengyang Conveying Machinery Co., Ltd.

为河南锦荣水泥提供的平面转弯带式输送机

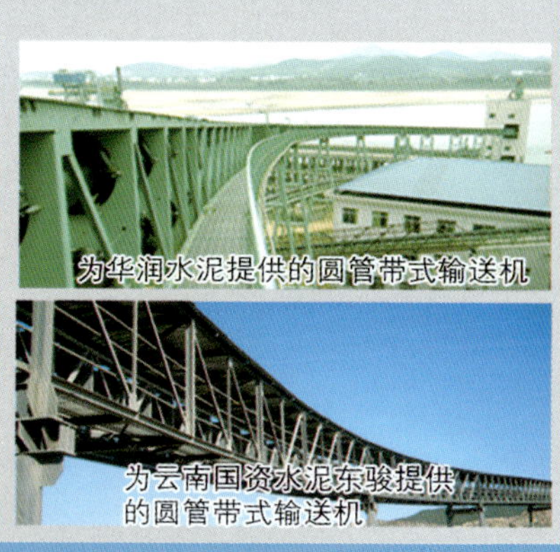

为华润水泥提供的圆管带式输送机

为云南国资水泥东骏提供的圆管带式输送机

为渭河洁能提供的波状挡边大倾角带式输送机

为湘潭钢铁集团有限公司提供的上高炉带式输送机

为山东亚泰森博纸业提供的带式输送机，项目总合同价2.03亿元

为内蒙古大唐锡林浩特矿业公司提供的移置式输送机

为陕煤化集团神木红柳矿提供的主斜井带式输送机

衡阳运输机械有限公司是全国带式输送机行业综合实力雄厚的重点骨干龙头企业，是湖南省高新技术企业、湖南省企业技术中心。主导产品"湘龙"牌带式输送机为湖南省著名商标、湖南省名牌产品，并荣获中国机械工业科学技术奖三等奖。公司通过了ISO9001质量管理体系认证、ISO14001环境管理体系认证和OHSAS18001职业健康安全管理体系认证及国家矿用产品安全标志认证，率先获得全国圆管带式输送机管径500mm生产许可证，有69项新工艺、新技术荣获国家专利证书。公司具有国内先进的带式输送机研发核心能力，专注于长距离、大带宽、大运量带式输送机，以及圆管式、移置式等特种智能化带式输送机的研发制造。公司拥有完整的带式输送机生产工艺系统，具有独立面向市场的设计、生产、销售系统。

公司的主要产品有六大类近300种，主导产品有：DT系列带式输送机，深槽、平面转弯、波状挡边、线摩擦等各种带式输送机及其他非标设备等。产品成功服务于三峡水电站、葛洲坝水电站、山西大同煤矿、神华集团、宝钢集团、首钢集团、华润水泥、海螺水泥、曹妃甸、日照港、黄骅港等国内重大工程，还覆盖印度、印度尼西亚、尼日利亚、马来西亚、巴西、伊朗、苏丹等10多个国家和地区。

为天津一航提供的曹妃甸5 000万t煤码头带式输送机

笃守诚信　创造卓越

地址：湖南省衡阳市珠晖区狮山路1号　邮编：421002
电话：0734-3172012　传真：0734-8377929
E-mail: hyyunji@sina.com　http: //www.hyyunji.com

国家二级企业 山东省著名商标

山起重型机械股份公司
SHANQI HEAVYMACHINERY CO.,LTD.

山起重型机械股份公司前身是山东起重机厂有限公司，始建于1968年，2002年1月8日设立有限公司，2009年12月31日改制成立股份有限公司。是山东省重点企业、省机械行业五十强和高新技术企业，于2008年取得省级企业技术中心资格，2009年荣获“山东省著名商标”称号。

公司是山东省定点生产桥式、门式起重机的专业生产厂，主要业务是起重机及其零部件的设计、生产、安装和销售，主导产品是桥式起重机和门式起重机。现已发展成为华东地区大型的桥式、门式起重设备制造商，是中国重型机械工业协会常务理事单位，桥式起重机专业委员会副理事长单位。公司先后被山东省企业信誉评价委员会授予“特级信誉企业”；被中国技术监督情报协会评定为“3·15质量无投诉、服务无投诉诚信企业”；被山东省工商行政管理部门、山东省企业信用协会授予省级守合同重信用企业；被消费日报社和中国企业信用协会评为中国起重机质量放心用户满意十佳诚信企业。

公司秉承“品质领先，发展致胜，打造一流，产业报国”的经营理念，定位于桥式、门式起重机等起重运输机械，不断提高产品的技术含量、制造水平和制造能力，以打造世界一流起重运输机械企业为目标，围绕起重运输机械在各行业的应用，加快建设资源节约型、环境友好型企业，努力使公司成为技术先进、效益突出、管理一流的国际性起重运输机械企业。预计到2015年，公司年销售收入将实现30亿元，上缴税金3亿元。

地址：山东省青州市昭德北路2198号 电话：0536-3203038 传真：0536-3203037 网址：www.sdqz.com 邮箱：sqgf@sdqz.com

北京清源发机电设备工程监理有限公司

——北京科正平机电设备检验所监理部
——北京起重运输机械设计研究院承揽设备监理业务窗口

我们不断创新 为您提供优质产品和服务

北京清源发机电设备工程监理有限公司成立于2000年，是具有甲级机电设备监理资质的专业设备监理机构，并经国家技术监督检验检疫部门确认。

自2003年7月起，公司迁入北京起重运输机械研究所（以下简称北起所，现更名为：北京起重运输机械设计研究院），由最大股东单位北起所接管公司的经营和管理。根据北起所的总体要求，公司于2007年5月正式并入北京科正平机电设备检验所（北起所全资子公司），原业务及人事关系一并纳入北京科正平机电设备检验所管理，所内部门为科正平监理部。

科正平机电设备检验所是具有国家甲级资质的专业设备工程监理机构，有在聘国家注册设备监理工程师40余名，各类专家30余人，涵盖港口工程、冶金工业、水利工程、船舶工程、物流工程及其他专用设备工程等专业。现为中国设备监理协会理事单位会员。自2001年成立以来，检验所设备监理工作已经走过了10年的发展历程。如今的检验所管理制度体系完善，专业技术力量雄厚，已形成一支技术专业化、制度规范化、管理科学化的监理队伍，在港口工程、冶金工业、水利工程、船舶工程、物流工程及其他专用设备工程（如：客运架空索道、机械式停车设备）的监理工作中，得到了市场认同和业主的充分肯定。

达古冰川索道

斗轮堆取料机卸货现场

900t造船门机

东营港门座起重机

南通港卸船机现场

全自动立体仓库

机械式停车立体库

总经理：张家驷
地址：北京市雍和宫大街52号　邮编：100007
电话：010-84044057　传真：010-84043340
http://www.bjqzs.com　E-mail:zhangjsqyf@163.com qyf0015@163.com

广州广起集团是以广州起重机械有限公司（广起）为核心企业的具有55年历史的广东大型的起重机专业制造企业集团。集团企业成员有广州起重机械有限公司、广州泰克力起重机有限公司（广起•科尼合资）、广东广起重型机械有限公司、广州兴力起重机有限公司、广州海德起重设备有限公司等，是全国起重机行业中技术融汇中外、产品门类齐全的具有特色的物流装备制造企业。

集团总部位于广州广园中路，成员企业分别在广州市白云区、花都区、越秀区、云浮市都杨镇云浮高新技术产业开发区注册。占地面积共22万㎡，建筑面积6万㎡。生产基地分别设在广州花都区和广东云浮市，具有年生产销售各类桥式、门式起重机2 000台的能力。主导产品为起重量320t及以上大参数起重机械设备，同时生产液压升降机械、金属结构和生产线工程总包。产品涉及机械、冶金、石化、港口码头、能源、造纸、环保、造船、汽车、物流、市政等行业，遍及海内外。

公司具有A级特种设备制造许可证和A级特种设备安装改造维修许可证，有专业的起重机安装和改造维修服务队伍，具有维修各类中外品牌起重机的业绩和经验。公司现有员工500人，具有各类职称的工程技术人员占15%。公司按照GB/T19001—2000 idt ISO 9001:2000标准建立和运行质量体系。

公司拥有先进的起重机制造设备和专用工艺装备，起重机结构件自动化生产线在行业处于领先水平。产品应用无线遥控、变频调速技术、PLC可编程序控制器控制、微波防撞、安全运行监控系统、车载通信、硬齿面减速机、万向联轴器、液压缓冲器等先进技术，技术档次高，质量可靠。公司全面采用先进的CAD、CAPP、有限元分析等设计分析手段，推进系列产品优化，并可满足客户的个性化要求。

2011年“广起”商标再次被评为广东省著名商标。“广起”牌起重机获广州市著名商标、广东省著名商标称号。

公司地址：广东省广州市广园中路283号

邮编：510405
电话：020-86592003　86592004
传真：020-86577651

生产厂区：
广东省广州市花都区花东镇·北兴·花都大道北28号
电话：020-86797501　86797502
传真：020-86796828
邮编：510897
http://www.gzcranes.cn

山东华特磁电科技股份有限公司

SHANDONG HUATE MAGNETISM TECHNOLOGY CO.,LTD.

华特磁电 HUATE MAGNETISM

国家发明专利产品　中国科学院技术合作企业　国家高新技术企业

山东华特磁电科技股份有限公司是国内研发生产磁电、粉体设备的重点骨干企业，是中国重型机械工业协会常务理事单位，国家行业标准起草单位，全国机械行业文明单位，“磁电与低温超导磁体应用产业技术创新联盟”倡议发起成立和理事长单位。公司设有山东省磁电工程技术研究中心、院士工作站、博士后科研工作站，公司董事长兼总经理王兆连被评为“‘十一五’全国重型机械行业优秀企业家”。

公司主要生产超导除铁器、磁选机、电磁及永磁除铁设备、电磁及永磁搅拌设备、起重电磁及永磁设备、金属探测设备、除尘设备、粉碎设备、分级设备、给料设备、磨矿及选矿设备等八大类三十多个系列二百多种规格型号产品，广泛应用于水泥、建材、冶金、电力、煤炭、矿山、非矿、磨料、陶瓷、电池材料、造纸、化工等行业，并远销德国、美国、挪威、意大利、日本、印度、巴基斯坦等十几个国家和地区。

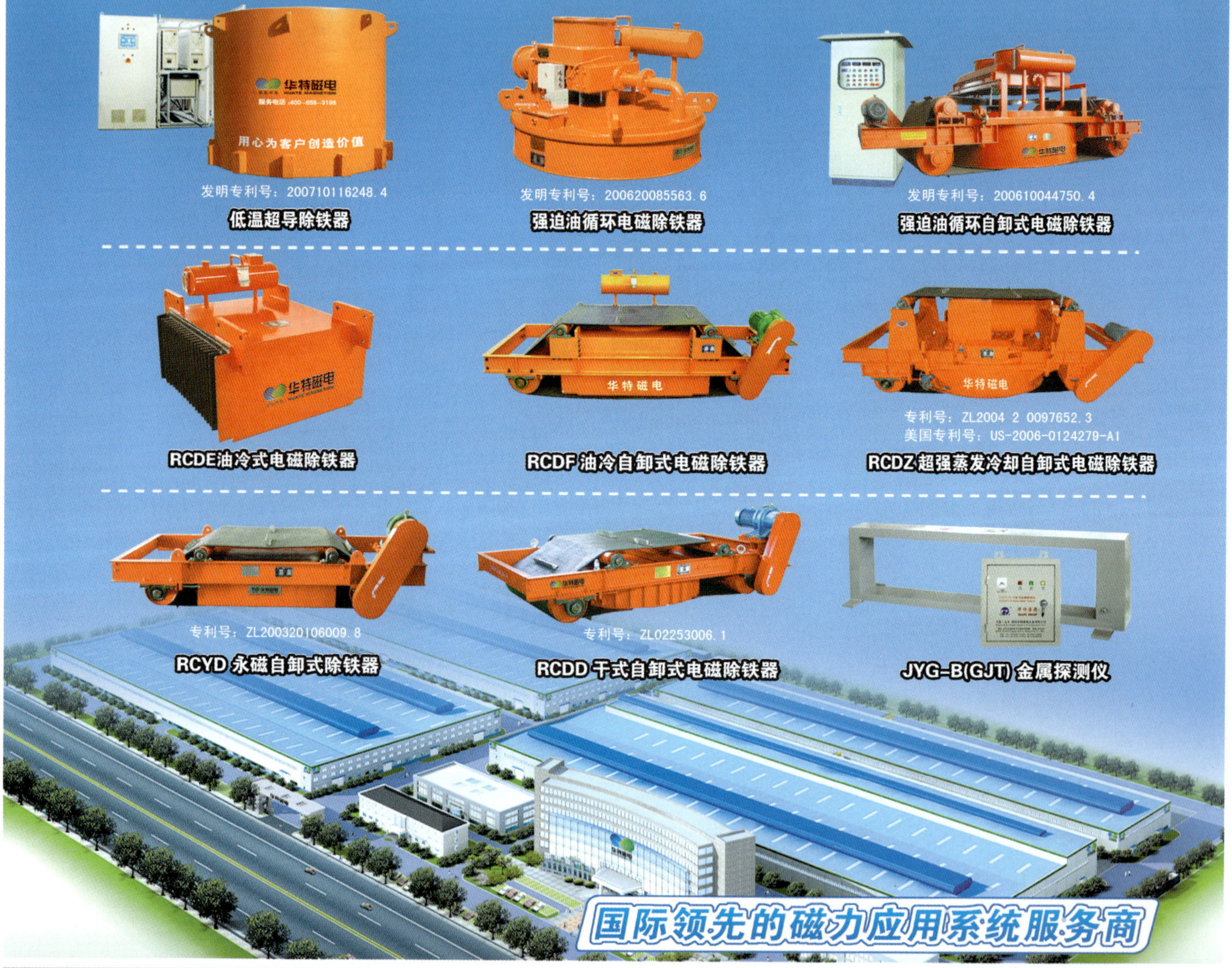

地　址：山东省临朐县经济开发区华特路
电　话：0536-3214543　3158866　3112577
传　真：0536-3110552　3112416
联系人：刘梅　13455657888
邮　编：262600
网络实名：华特磁电、华特集团
网　址：www.sdhuate.com
邮　箱：htcd@chinahuate.com

新疆通用机械有限公司

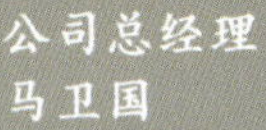

公司总经理
马卫国

新疆通用机械有限公司创建于1967年，2002年4月由国有企业改制为新疆广汇集团下属的全资有限责任公司，注册资金3 800万元，资产总额5 700万元。公司经过40多年的发展，已由原来的机床制造、液化石油气钢瓶生产等，逐步发展为生产制造各类桥式、门式起重机械设备，D1、D2、A2级压力容器，大型非标金属结构件和大型机械加工等产品的知名企业，是中国重型机械工业协会、中国化工装备协会理事单位。公司通过了ISO9001:2000质量管理体系认证，获得危险化学品包装物、压力容器生产企业定点证书，其产品均获得国家颁发的生产制造许可证。

公司改制以来，生产经营等工作得到了长足的发展，企业效益、产品出口逐年迅速增长，人均生产效率达改制前的3倍以上。公司的创新机制、产品质量、产品市场占有率、产品技术等级不断向更高的目标迈进。公司将继续向用户提供满意的产品和至上的服务。热忱欢迎各界朋友洽谈、交流合作！

地址：新疆乌鲁木齐市米东区振兴路1号
邮编：831400
电话(传真)：0991-6868968
http://www.xjtyjx.com
E-mail: ha99368@126.com

CQcrane 重庆起重 重庆起重机厂有限责任公司

Chongqing Crane Works Co.,Ltd.

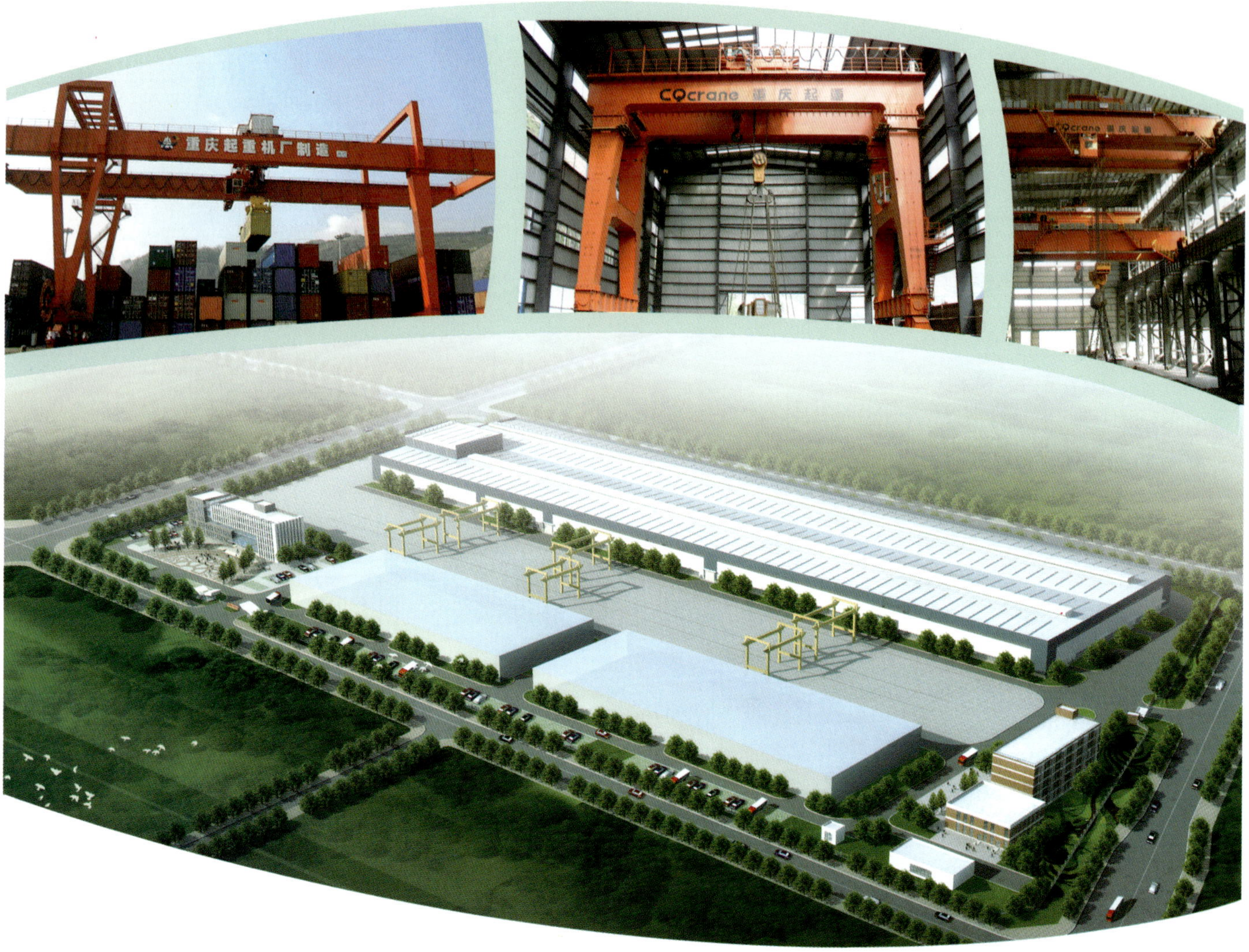

重庆起重机厂有限责任公司成立于1957年，地处重庆市主城的九龙坡区，占地面积15万㎡，是原国家机械工业部门选点建设、西南地区专业生产起重运输机械的厂家，中国重型机械工业协会起重葫芦分会常务理事单位。公司具有A级生产资质证和超大型水电站启闭机生产资质证，是ISO9000质量体系认证单位，GJB9001B国军标体系认证单位，中国质量服务信誉AAA级企业。公司"巨鹰"牌桥式和门式起重机系列产品获中国十佳名优产品及重庆市名牌称号。公司拥有重庆市市级技术中心，隶属于重庆机电控股（集团）公司，系国有独资企业。

公司机构设置齐备，管理系统完善；拥有4火头数控火焰切割机、加工中心等高精尖设备180台（套），具有强大的生产制造能力。

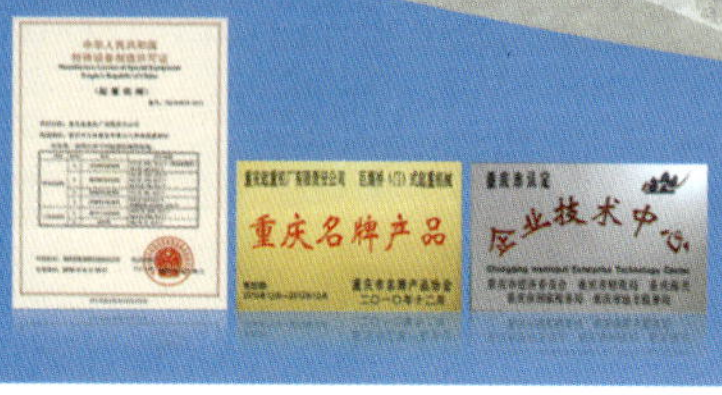

地址：重庆市九龙坡区中梁山人和场起重新村　邮编：400052
电话：023-65269349　传真：023-65258916
E-mail: cqcrane@cqcrane.com.cn　http://www.cqcrane.com.cn

柳州起重机器有限公司

柳州起重机器有限公司（原名柳州市起重机厂、柳州起重运输机械总公司）创建于1958年，占地面积6万多m^2，是国家质量监督检验检疫部门许可生产桥式、门式起重机，国家水利部门定点生产启闭机的专业企业，具有起重机械制造、安装、改造、维修A级资质；是全国起重运输机械行业理事单位。注册商标“柳起”牌。

公司生产设备和检测手段齐全，质量保证体系完善，2002年率先通过ISO9001质量管理体系认证。公司技术力量雄厚，现有员工420余人，其中中高级技术人员占员工总数的20%；与北京起重运输机械设计研究院、武汉科技大学等建立了稳固长期的技术协作关系，能够承担各类起重运输机械的科研、开发、设计、制造、安装、调试和检测等业务。公司2010年与德马格起重机械（上海）有限公司签约，成为德马格在西南地区的OEM战略合作伙伴。

公司产品开发设计广泛采用计算机辅助设计（CAD）技术，并逐步采用工程有限元分析（FEA）技术，提高了产品性能及可靠性。公司还积极将新技术应用于各类起重机产品上，使起重机调速范围大，工作连续平稳、节能，性能优越。此外，公司还为码头、港口、矿厂进行输送机栈桥钢结构、堆取料机钢结构的设计制造，并在该领域取得了良好业绩。

多年来，公司在冶炼、水利、电力、铝业、糖业、造纸等行业拥有骄人的业绩，产品经验收使用后，运行质量稳定，均获得用户好评。

公司始终坚持“用户至上，质量第一”的宗旨，不断采用新技术、新工艺向广大用户提供优质产品和至上服务，热忱欢迎各界朋友与我们进行广泛合作。

地址：广西壮族自治区柳州市阳和工业新区雒容工业园2号　邮编：545616
电话：0772-3126830　6513818　传真：0772-3130680　6513818
E-mail：lzqizhong@263.net　http://www.gxlq.cn

湖州双力自动化科技装备有限公司（湖州电动滚筒有限公司）是一家集科研、开发、生产、销售和服务为一体的专业化电动滚筒制造企业。公司一直执著于为广大客户奉献高品质的电动滚筒产品，并在核心领域作深入研发。公司引进德国专有技术设计，为生产优质的电动滚筒奠定了坚实的基础，确保公司在电动滚筒行业激烈的竞争中，始终以一流的质量永立潮头。

公司于2000年被中国重型机械工业协会授予“全国起重运输机械行业信得过产品和企业”证书，2007年被评为“浙江省高新技术企业”，1999年2月通过ISO9002质量体系认证，并于2002年2月通过ISO9001：2000质量管理体系认证。公司拥有年产10 000台以上电动滚筒生产能力以及设计生产变型产品、延伸产品和其他产品的应变能力，是全国电动滚筒制造的骨干企业，是中国南方地区大型的电动滚筒专业生产厂家。公司生产的“星力”牌电动滚筒广销全国各地及东南亚、中南美等地区。三峡工程、首钢集团、宝钢集团等重点工程和企业，都采用了“星力”牌电动滚筒做为输送工程驱动设备，具有良好的市场口碑。

公司经过自主研发和技术合作，产品拓展出了电动滚筒、辊道输送机、带式输送机、平板硫化机、挡烟垂壁等5大系列1 000多个规格。其中电动滚筒有：油冷式电动滚筒、油浸式电动滚筒、外装式电动滚筒、隔爆型油冷式电动滚筒（已获煤安证）、单相油浸式电动滚筒等。公司致力于不断满足市场变化的需要，引领国内电动滚筒行业革新与进步。

星力 XINGLI

湖州双力自动化科技装备有限公司
湖州电动滚筒有限公司

地址：浙江省湖州市西凤路888号
邮编：313000
电话：400-881-0572
成套设备销售部：0572－2022263 2022202
电动滚筒销售部：0572－2022227 2022209
橡胶机械销售部：0572－2110327 2032080
物流设备销售部：0572－2053013 2111363
消防设备销售部：0572－2361228
办公室：0572－2037996
传真：0572－2059480
http: //www.hzdt.com.cn
E-mail：sf@hzdt.com.cn

南昌矿山机械有限公司

NANCHANG MINERAL SYSTEMS CO., LTD.

总经理：龚友良

南昌矿山机械有限公司坐落于南昌市西北风景秀丽的梅岭风景区，毗邻红湾公路，是生产洗选、破碎粉磨设备的重点骨干企业，是中国重型机械工业协会理事单位，中国重型机械工业协会破磨分会理事单位，中国重型机械工业协会洗选分会理事单位，中国砂石协会副会长单位，是YKR圆振动筛等多项标准的起草修订单位。公司以给料、破碎、筛分、螺旋洗砂（石）、分级、成套系统、移动破碎站等系列设备的开发、生产和销售为核心业务。

公司技术力量雄厚，设计开发能力强。公司技术中心组织成立了筛分洗选、破磨、成套系统、后市场开发设计小组，专门从事筛分、破磨、成套系统、耐磨件等技术的开发和研究，为筛分、破磨、成套系统制造提供强有力的技术支持。

公司产品应用于中金集团、福建紫金、西部矿业、中国铝业、五矿集团、太钢集团、马钢集团、宝钢集团、武钢集团等国内主要矿山企业；三峡水利，黄河小浪底，云南小湾，重庆江口，福建棉花滩，广西龙滩、平班，贵州索风营、三板溪、构皮滩，青海公伯峡和陕西蔺河口等国内大型水电工程公司；开滦、大同、兖州、晋城、淄博、鹤岗、七台河、平顶山、平庄、霍州等国内各大矿务局；并远销苏丹麦洛维、埃塞俄比亚、阿尔及利亚、巴西、马来西亚及东南亚各国的大型工程公司。产品质量、售后服务深受广大用户好评。

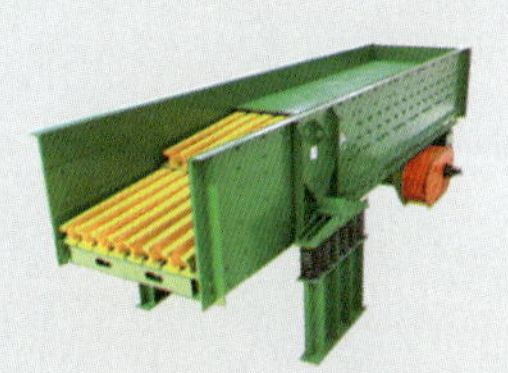
MPF棒条给料机系列

JC颚式破碎机系列

HS反击式破碎机系列

CC圆锥式破碎机系列

VS立轴式冲击破碎机系列

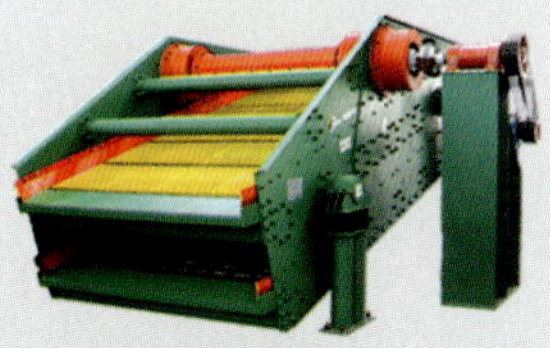
YKR圆振动筛系列

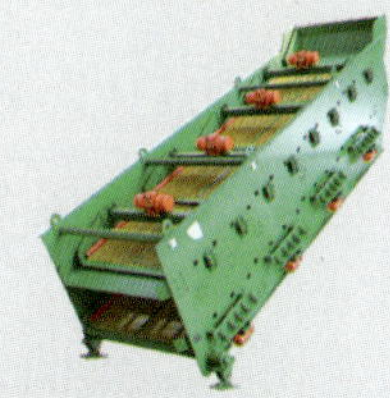
HFS高频筛系列

移动破碎站系列

地址：江西省南昌市湾里区盘龙路23号
邮编：330004
电话：0791-83782888 83782900
传真：0791-83761006
http: //www.nmsystems.cn
E-mail：sales@nmsystems.cn

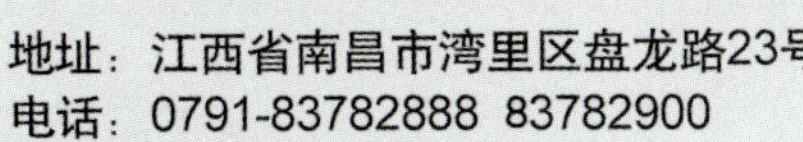

精心设计，规范制作，
努力追求每项工作一次成功；
科学管理，持续改进，
向顾客提供满意产品和服务。

翻车机

悬链斗卸船机

装船机

厂区全貌

武汉电力设备厂是我国大型散装物料装卸输送成套系统设备——翻车机系统设备、悬链斗卸船机、装船机系统设备的主要专业生产制造厂家。现隶属于中国电力建设集团公司。

建厂五十多年来，企业始终坚持"团结、奉献、创新、发展"的企业精神，"以诚信为根本、以客户为中心、以质量求生存、以创新谋发展"的经营理念，积极探索，大胆创新，勇于拼搏，规范管理，在实践中培养了一支具有较高综合素养和职业精神的人才队伍。企业具有完备的大型机械设备研发、设计、加工、制作、安装调试，及检测、检验、试验设备和能力，形成科研、设计、制造、安装、调试、技术培训、售后服务等一条龙生产服务网络。产品始终处于国内领先水平，广泛应用于火力发电、港口、冶金矿山、化工、水泥及钢铁等领域，遍布全国29个省、自治区、直辖市，远销东南亚等国家和地区。主导产品翻车机获湖北省名牌产品、湖北省著名商标等荣誉称号。企业先后被评为"省级先进企业"、"湖北省双文明企业"、国家电网公司"优秀企业"。

武汉电力设备厂

厂长：陈义国
地址：湖北省武汉市武昌区白沙洲特1号
邮编：430064
电话：027-68888412
传真：027-88113825
http：//www.wpew.com
E-mail:bgsa@wpew.com

浙江双金机械集团股份有限公司

浙江双金机械集团股份有限公司创建于1987年，是一家集矿山机械成套设备的研发、生产、销售及工程项目施工为一体的国家高新技术企业。

公司下设6家控股公司，现有45项国家专利。公司自主研发了SJ系列圆锥破碎机，SK系列单缸液压圆锥破碎机，SJ—PE、SJ—HP系列颚式破碎机，SJ—ZS系列圆锥式制砂机，ZS系列水平式直线振动筛，SJ—3YA2160圆振动筛，SJ—TD型带式输送机等大型矿山设备，完成了从原先的整机生产企业到装备制造业的成功转型。同时公司成套设备已进入国家核电工程项目，先后承接了山东石岛湾、湖南桃花江、海南核电石料厂项目，是当前国内发展较迅速的矿山机械成套设备及解决方案供应商之一。

公司始终遵循“诚信创新、百年双金”的经营宗旨，始终坚持以“金牌的技术、金牌的服务”为理念，致力于为广大客户提供质量可靠、技术先进的产品和服务。

地址：浙江省杭州市温州路71号南北商务港A座　　邮编：311115　　电话：0571-28828841
传真：0571-28828840　　http://www.hzsjjx.com.cn　　E-mail：sales@hzsjjx.com.cn

SINOMA 中国中材

溧阳中材

溧阳中材重型机器有限公司（原溧阳市重型机械厂有限公司）位于江苏省溧阳市国家4A级旅游度假区——天目湖，紧靠宁杭高速、104国道。公司是水泥设备专业生产厂，主要业务为新型干法水泥厂设备的设计、制作和安装。

企业是江苏省高新技术企业，江苏省知名企业。注册资金1亿元，占地面积35.3万m^2(530亩)，拥有国内外先进生产设备528台(套)，投资总额11.15亿元。企业将形成年加工能力约21万t的水泥装备制造大型基地。

公司与全国各大水泥、建材设计科研单位建立了合作关系，中材国际南京水泥工业设计研究院是企业的技术支撑。公司水泥机械设备遍及全国并且多次出口：美国、俄罗斯、土耳其、哈萨克斯坦、沙特阿拉伯、伊拉克、巴基斯坦、越南、泰国、缅甸、孟加拉、尼日利亚、肯尼亚、埃塞俄比亚、厄立特里亚、巴西、秘鲁等国，树立了良好的国内外市场信誉。

企业质量方针：技术创新，持续改进，引领行业水平；科学管理，优质服务，确保顾客满意。

主要产品

原料及辅料破碎部分所用的设备：
轻、中、重型板喂机
波动辊式给料机
颚式破碎机
反击式破碎机
单转子单段锤式破碎机
双转子单段锤式破碎机
环锤式破碎机
双齿辊粘土破碎机

预均化堆场所用的设备：
侧式、桥式、悬臂堆取料机
圆形堆取料机

生料及水泥粉磨系统所用的设备：
球磨机
立式辊磨
辊压机
高效组合式选粉机

熟料烧成系统所用的设备：
预热器带分解炉
多通道煤粉燃烧器
回转窑
高效推动篦式冷却机

地址：江苏省溧阳市天目湖工业园区滨河路11号　邮编：213332
电话：0519-80895018 80898089 80895003　传真：0519-80895111 80895222
http://www.sinoma-liyang.com　E-mail：wujianhong@sinoma-liyang.com

专注、专业、专家，每天进步一点！
做世界级矿山破碎设备专家！

服务电话：400-188-9333

成都大宏立机器制造有限公司是中国具有规模、专业制造成套砂石设备、矿山破碎生产线的知名企业。历经二十余载的发展，公司巨资建设了先进的生产线和研发中心，拥有集研究、设计、制造、销售、安装、维修、培训等服务为一体的专业化团队。

公司荟萃国内外先进技术，立足高效能的发展战略，以技术创新构筑核心竞争力，走"质量品牌赢天下"之路，成功开发了颚式破碎机、圆锥式破碎机、立轴冲击式破碎机、螺旋式洗砂机、皮带式输送机、振动式分选筛、反击式破碎机、振动式喂料机等八大系列80余种产品。

获益于蓬蓬勃勃的国家西部大开发，大宏立机器积累了丰富的行业经验，迅速发展，为三峡大坝、成渝高铁、双流机场、汶川灾后重建、矿山建设、城乡一体化建设等作出了应有的贡献。

公司凭借雄厚的技术力量、先进的生产设备、优良的检测系统、卓越的产品性能，快速、高质、低成本的24小时售后服务，一切以客户需求为导向的理念，产品畅销全国各地，深受用户信赖！

百尺竿头，更进一步。公司将根据客户需求，群策群力、不断创新，每天进步一点，持续将"优质产品"和"优质服务"的理念转化为行动，为员工、为客户、为社会精益求精，执着追求！大宏立机器期待着与您携手共进，共创辉煌！

PEV系列颚式破碎机 

特点：

※ 质量更高，性能更可靠，使用、安装成本更低，广泛应用于固定和移动设备。

PYY系列单缸液压圆锥式破碎机 

特点：

※ 适用范围广
※ 产品料型好
※ 生产成本低
※ 操作维护简单
※ 自动化程度高

地址：四川省成都市大邑县工业园区128号
电话：028-88296004
全国服务电话：400-188-9333
传真：028-88296001
http://www.dhljq.com
E-mail:dhljq@dhljq.com

广东永通起重机械实业有限公司

广东永通起重机械实业有限公司是中国重型机械工业协会会员单位，中国重型机械工业协会桥式起重机分会理事单位，以及中国工程机械协会港口机械分会理事单位，是广东省起重机A级生产企业、广东省质量技术监督部门专家直接驻厂监检单位，是广东省起重机行业中同时具备生产桥门式起重机和港口起重机以及造船起重机(桥式、门式、门座式)能力的专业化企业，是目前广东省起重机行业中规模大、产品品种齐全、产销量大的企业。

公司总占地面积8万m^2，其中建筑面积5万m^2，各种生产检测设备近700台(套)，员工500多人，其中高中级专业技术人员、管理人员130多人。公司先后通过ISO9001、ISO14001以及OHSAS18001国际体系认证。近年来，通过与国际起重机知名企业德马格和国际著名的港机制造商蒂森-克虏伯进行技术合作，大力发展高新技术起重机产品，与国际先进起重机技术水平接轨，公司逐步发展成为高新技术型企业，并走出了一条自我创新和可持续发展的道路。

“质量高于一切”，优良的产品质量为企业赢得市场的同时，也得到了质量监督部门和国家质量权威机构的认可和表彰。公司先后被广东省质量技术监督部门和中国国家质量评价中心以及广东省科技部门评为“广东名牌产品企业”、“产品质量信誉AAA+企业”，2009年被认定为高新技术企业。各类起重机产品多次荣获国家质量技术监督部门颁发的质量荣誉证书。

愿我们携手共进，真诚合作，实现互惠双赢。

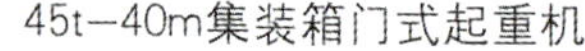

45t−40m集装箱门式起重机

1 200t/h链斗式连续卸船机

MQ4525集装箱门座式起重机

地址:广东省佛山市顺德区陈村镇潭村工业区三路　邮编:528313
电话: 0757-23357118　传真: 0757-23357378
http://www.gd-yt.cn　E-mail:118@gd-yt.cn

优秀企业风采

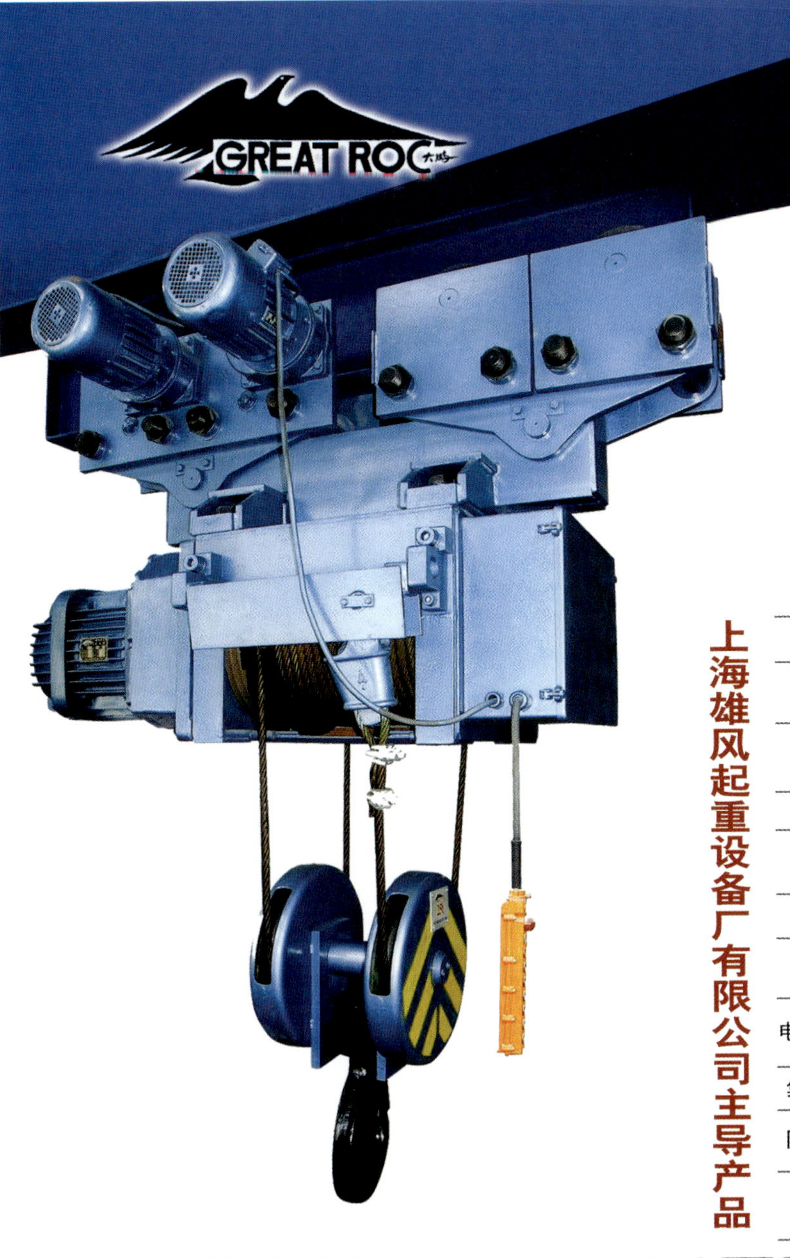

上海雄风起重设备厂有限公司主导产品

型式	型号/参数
通用桥式起重机	QD、QE型250t及以下 QC、QZ型30t及以下
冶金桥式起重机 (电解铜桥式起重机)	YQD型26.4t及以下 (不含吊具的净吊重)
防爆桥式起重机	QB型32t及以下
通用门式起重机	MG、ME型150t及以下 MDG型50t及以下
葫芦门式起重机	MEH型100t及以下
防爆梁式起重机	LB型25t及以下 LHB型16t及以下
电动葫芦桥式起重机	LHE型60t及以下 LH型60t及以下
集装箱门式起重机	MJ型40t及以下
防爆钢丝绳电动葫芦	HB型16t及以下 HB—CM12型50t及以下
钢丝绳电动葫芦	CM12型60t及以下 CD1、MD1型16t及以下

上海雄风起重设备厂有限公司专业生产各类桥式、门式起重机，普通和防爆型电动葫芦，是中国重型机械工业协会桥式起重机专业委员会和起重葫芦分会成员单位。公司占地面积8.8万m^2，厂房面积4.7万m^2，总资产1.6亿元。公司现有员工360人，其中管理人员25人、工程技术人员25人、具有高级技术职称人员5人。公司于2011年取得ISO9001:2008质量管理体系认证。公司以“质量为本、诚信至上”的经营理念为指导，精心为客户打造每一件产品，成为客户完全可以信赖的合作伙伴。公司注册的“大鹏”商标连续数年荣获上海市著名商标；电动葫芦及起重机产品获“上海名牌”产品称号；多年被评为上海市重合同守信用AAA级企业。上海雄风起重设备厂有限公司致力于为客户提供更优质的产品、更诚信的服务，来满足客户的需求。

上海雄风起重设备厂有限公司
XIONGFENG HOIST & CRANE PLANT

地址：上海市松江区佘北公路2199号　邮编：201602
电话：021—57793085　传真：021—57793615
http://www.xfqzj.com　E-mail: sales@xfqzj.com

南京开关厂有限公司

南京开关厂有限公司创建于1956年，是定点生产低压电器元件、起重控制电器和电气成套装置的骨干企业之一。公司于2003年整体改制，2004年搬迁至省级开发区——南京江宁滨江开发区，共投资3 000万元，厂区面积35 000m²，一期工程厂房面积12 000m²。公司现有工程技术人员65人，其中高级技术职称28人。

改制后，公司对产品结构和市场定位进行了调整，立足于起重行业配套，大力发展电控成套设备，带动电器元件。公司引进一套先进的涂装设备自动化控制系统，先后投产了一大批新产品，产品配套于三峡水电、首钢搬迁、内蒙煤电等一大批国家重点项目，其中非标控制箱随主机出口北美、欧洲、非洲、亚洲等许多国家。

2006年公司自行研制的起重机联动台控手柄获得国家专利（专利号：2004200547373）；2007年，先后承接制造了港口门座式起重机变频控制系统、国家环保秸杆发电起重机变频控制系统和造纸行业特种起重机摇控变频控制系统。2010年公司自行研制了QST系列起重机（太空舱）司机室，QSS-1型全视野起重机司机室。公司还先后为上海新火车站、南京禄口国际机场、华能电厂、大港油田、南京长江二桥等著名工程提供产品配套。

公司具有先进完备的企业管理和质量管理体系，产品获"3C"认证、质量管理体系认证证书。"紫峰"牌交流接触器、起重控制器被江苏省质量管理协会评为"用户满意产品"。自2003年起，公司连续被评为"重合同守信用企业"，在2004年的"中国质量万里行"活动中被评为"全国起重电器产品质量稳定合格企业"。2011年1月公司获得"江苏质量诚信AAA级品牌企业"称号。

港机变频控制系统

秸杆发电起重机电气室

QST系列起重机司机室

DK系列电动单梁控制箱　THQ1、TQK、TQ1系列联动控制台　QSS-1型全视野起重司机室　QST型起重机（太空舱）司机室

鸟瞰图

南京开关厂有限公司
公司地址：南京江宁滨江开发区绣玉路2号
销售公司：025-86106131
电话：025-86106131 86106952
传真：025-86106131 86106515
http: //www.nkgswy.cn.alibaba.com

名优配套件专栏

WHZT®
正通®

武汉正通传动技术有限公司

中 国 专 业 的 动 力 传 动 联 结 件 制 造 商

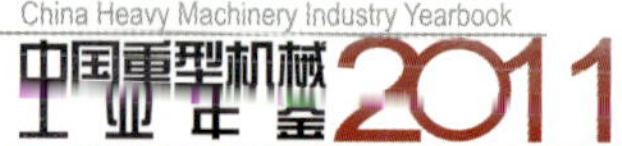

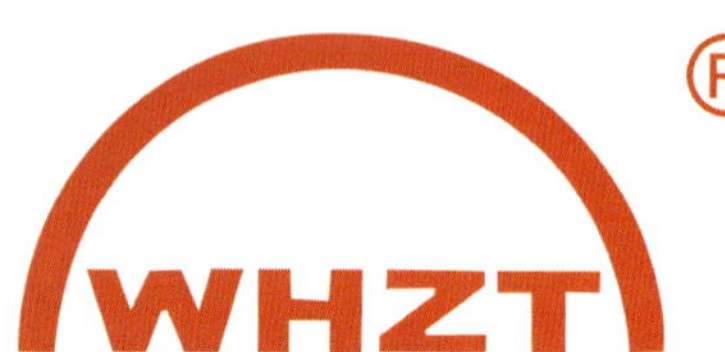

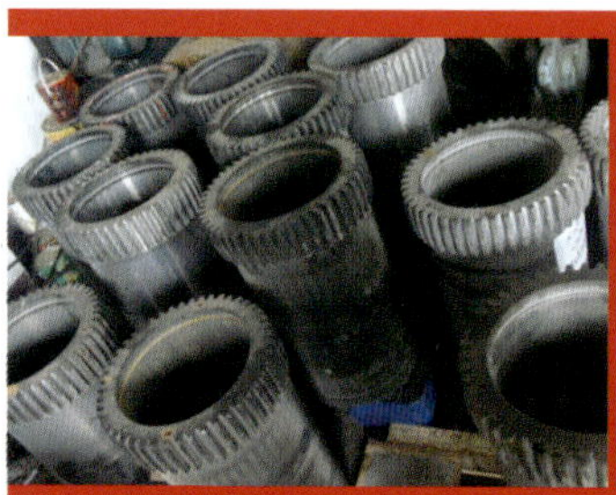
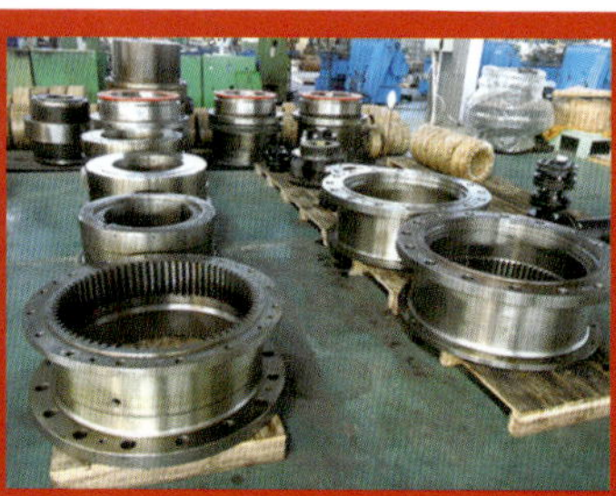
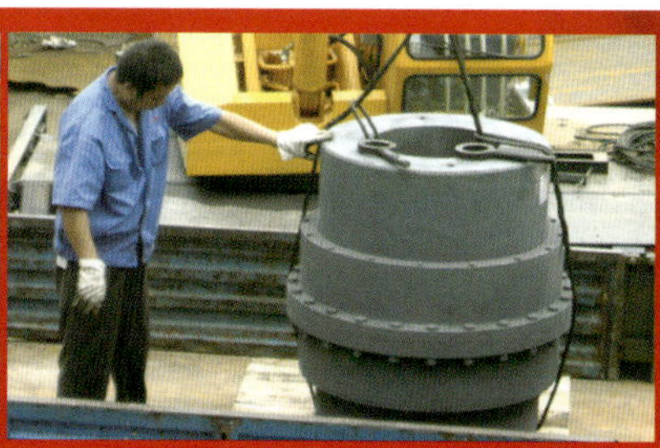
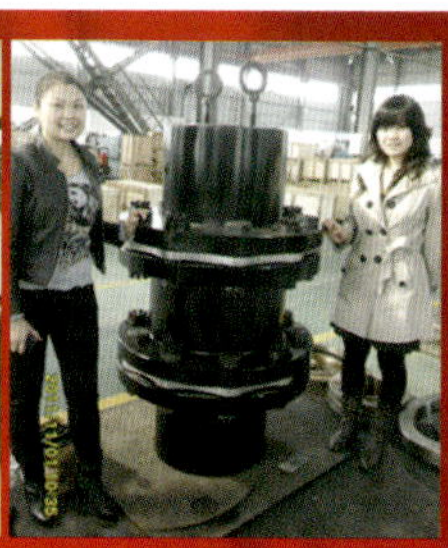

地址：湖北省武汉市黄陂区横店街正通大道99号
邮政编码：430301
销售专线：027-61768888 61768899 61767777
15307130073 15307130083 15307130093
销售传真：027-61761122 84631790 61768877
http://www.ptc.cn
E-mail: 61768888@ptc.cn
企业QQ：4006881477

中国长江航运集团电机厂

集团概况

中国长江航运集团电机厂成立于1970年，隶属于中国中外运长航集团。公司地处湖北省武汉市江夏区藏龙岛科技园，是湖北省的高新技术企业，也是湖北省生产冶金起重电动机的专业厂家。新厂占地面积8.3万m^2(124亩)，拥有各种先进的生产设备350多台（套），年生产特种电动机120万kW。产品广泛运用于冶金、起重、建筑、港口、水利水电和化工等领域。

热忱欢迎广大客户朋友垂询洽谈！莅临指导！

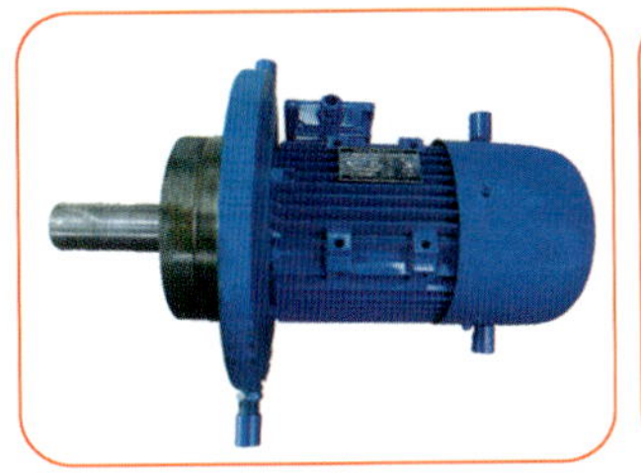

高速棒线材辊道输送变频调速电动机

高速棒线材辊道输送变频调速电动机

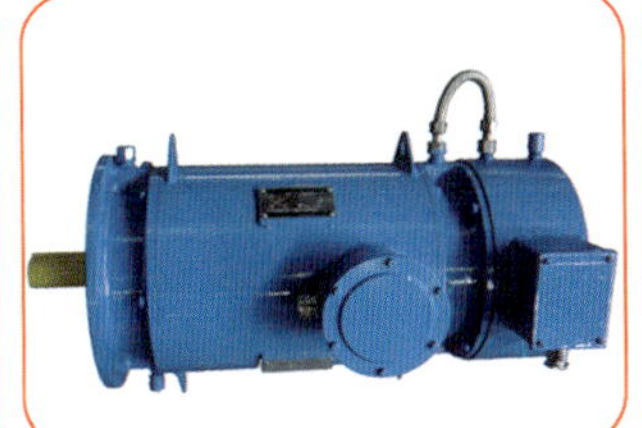

YZPSL水冷系列变频调速电动机

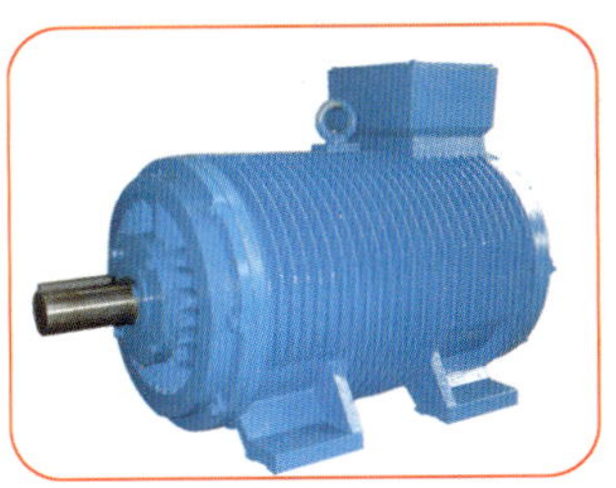

YGYGP系列辊道用电动机

YZR系列绕线转子电动机

YZP系列变频调速电动机

YVF3系列空空冷、空水冷变频电动机

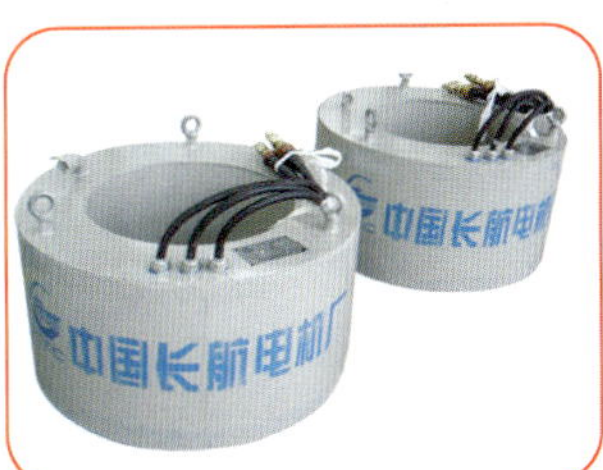

结晶器电磁搅拌器

联系方式

厂址：湖北省武汉市江夏区藏龙岛科技园　邮编：430205　电话：027-87801308 81977358

传真：027-87405067 87801306　http: //www.chmoto.com　E-mail：info@chmoto.com

南京特种电机厂有限公司

Nanjing Special Motor Factory Co., Ltd.

南京特种电机厂有限公司专业制造锥形转子电动机35年来，励精图治，开拓创新，以振兴民族工业为己任，不断为全国起重机械、建筑机械、冶金机械等行业推出高品质的配套电动机产品。公司是我国规模较大的锥形电动机生产企业之一，现为中国电器工业协会中小型电机分会、中国建筑机械工业协会成员单位，中国重型机械工业协会起重葫芦分会理事单位。

公司占地面积66 000m²，建筑面积31 000m²，拥有各类机械加工设备300余台（套），专业化程度高，年综合生产能力240万kW。注册商标“合力”牌是江苏省“著名商标”，产品荣获江苏省“名牌产品”称号。南特电机以其高质量、高稳定性深受业内用户信赖，并成为全国用户优先选用的品牌电动机。

公司主要产品：ZD1、ZDY1、ZDS1、ZDM1、ZDX、ZDR、YZD-SQ系列起重机械配套用电动机；YEZ、YEZW、YEZS系列建筑机械配套用电动机；YZR2系列起重冶金电动机；BZD、BZDY、BZDS系列隔爆电动机。还可为用户单独设计多种规格型号的“非标”电动机。

公司热切希望与行业内外各界朋友携手合作，共创未来。

地址：江苏省南京市六合区雄州东路289号　邮编：211500
电话：025-57759838 57512555　传真：025-57107279
http://www.njtzdj.com　E-mail:tzdj@njtzdj.com

zhen liang 真良®
江阴真良机械有限公司
400t吊钩
江阴真良机械有限公司始建于1984年，是早期加入中国重型机械工业协会的成员单位。公司主导产品为各种型号、规格的起重机成套零部件、冶金机械、港口机械，并承接非标设计、制造以及大型机加工件。
公司总占地面积近3万m²，总建筑面积约2万m²。公司拥有直径5m、长度18m，承重150t的重型数控卧式车床和高度4m、行程12m的数控落地镗铣床等数百台大型加工设备，并具有雄厚的技术力量，配备了完善的检测手段。
公司主要产品为直径4.8m以下、长度18m的各种规格卷筒组(包括折线卷筒)，900t以下各种吊钩组(包括电动旋转吊钩组、绝缘吊钩组等各种非标吊钩组)，150t以下、长度18m的各种轴类的数控加工和数控镗铣加工，其中电机内置式旋转吊钩、带定位装置的旋转吊钩、折线螺纹卷筒获实用新型专利，专利号为：ZL 2010 2 0182401.0、ZL2010 2 0182340.8、ZL 2010 2 0182339.5。
公司始终以质量第一，客户至上为宗旨，为客户提供优质的产品及高效周到的服务。秉承诚信理念，竭诚与海内外各界朋友携手合作，共创佳绩!
250t门座机吊钩
大型煤矿提升机主轴
三峡升船机螺杆(导程450mm)
起升机构
大型镗铣加工
折线卷筒
直径5m重型数控卧式车床
地址：江苏省江阴市利港镇新街路
传真：0510-86633366
邮编：214444
http: //www.zhenliang.cn
电话：0510-86637806 86631199 88613166
E-mail: huangranya@hotmail.com

综合索引

鉴证行业发展足迹
振兴重型装备工业

中国机械工业年鉴系列

《中国机械工业年鉴》

《中国电器工业年鉴》

《中国工程机械工业年鉴》

《中国机床工具工业年鉴》

《中国通用机械工业年鉴》

《中国机械通用零部件工业年鉴》

《中国模具工业年鉴》

《中国液压气动密封工业年鉴》

《中国重型机械工业年鉴》

《中国农业机械工业年鉴》

《中国石油石化设备工业年鉴》

《中国塑料机械工业年鉴》

《中国齿轮工业年鉴》

《中国磨料磨具工业年鉴》

《中国机电产品市场年鉴》

中国工业年鉴出版基地

编辑说明

一、《中国机械工业年鉴》是由中国机械工业联合会主管、机械工业信息研究院主办的大型资料性、工具性年刊，创刊于1984年。

二、根据行业需要，1998年中国机械工业年鉴编辑委员会开始出版分行业年鉴，逐步形成了中国机械工业年鉴系列。该系列现已出版了《中国电器工业年鉴》、《中国工程机械工业年鉴》、《中国机床工具工业年鉴》、《中国通用机械工业年鉴》、《中国机械通用零部件工业年鉴》、《中国模具工业年鉴》、《中国液压气动密封工业年鉴》、《中国重型机械工业年鉴》、《中国农业机械工业年鉴》、《中国石油石化设备工业年鉴》、《中国塑料机械工业年鉴》、《中国齿轮工业年鉴》、《中国磨料磨具工业年鉴》和《中国机电产品市场年鉴》。

三、《中国重型机械工业年鉴》作为该年鉴系列之一，2005年创刊，每年出版一期，2011年为第7期。该年鉴集中反映了重型机械行业的发展情况，全面系统地提供了重型机械行业及其企业的主要经济技术指标。

四、《中国重型机械工业年鉴》2011年版内容由综述、行业篇、市场篇、企业篇、统计资料、标准与质量、政策法规、大事记和附录9部分构成，统计资料中的数据由中国重型机械工业协会提供，数据截至2010年12月31日。

五、本年鉴在编纂过程中得到了中国重型机械工业协会及所属分会、研究院所和企业的大力支持和帮助，在此深表谢意。

七、由于水平有限，难免出现错误及疏漏，敬请批评指正。

中国机械工业年鉴编辑部

2012年3月

目　　录

综　　述

行　业　篇

市　场　篇

企　业　篇

统计资料

标准与质量

政 策 法 规

大 事 记

附 录

Contents

Summary

Industry

Markets

Enterprises

Statistical data

Standards & quality

Policies & legislations

Calendar

Appendix

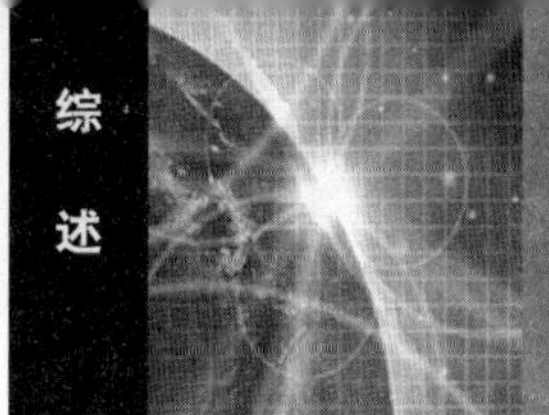

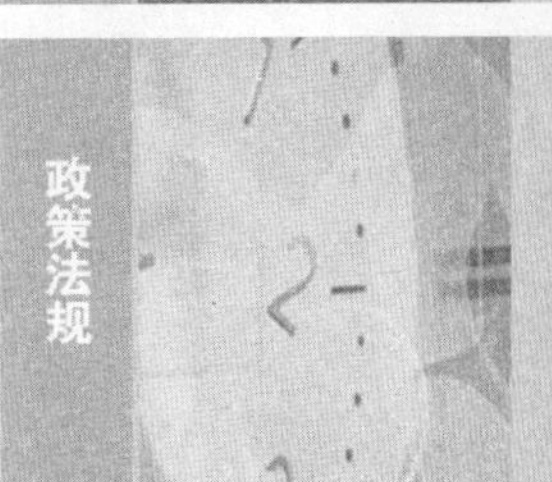

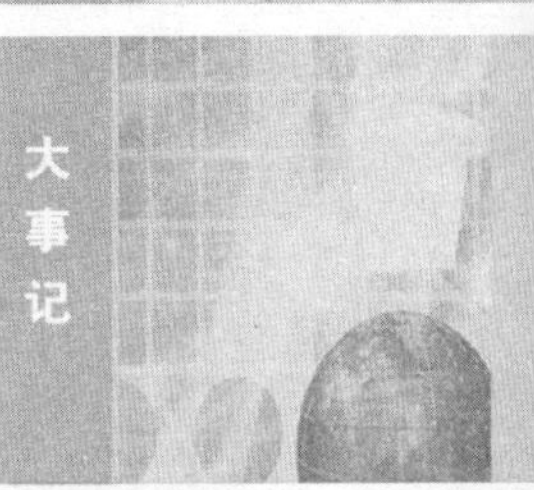

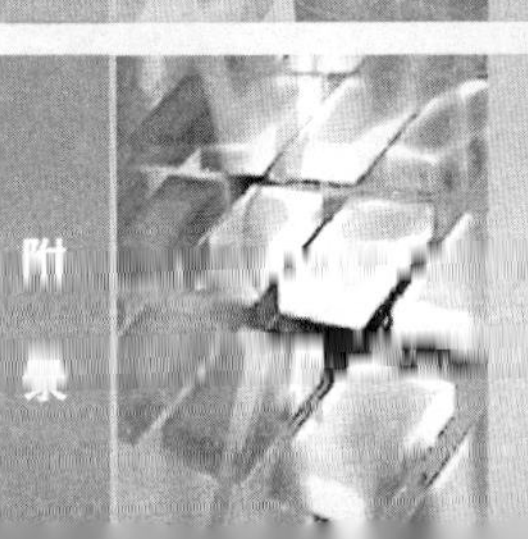

回顾2010年重型机械行业发展状况、“十一五”期间重型机械行业取得的主要发展成就，公布2010年“中国机械工业科学技术奖”重型机械获奖情况，提出落实装备制造业调整振兴规划的措施建议

Review the development of the heavy machinery industry in 2010 and the progress made during the period of the 11th Five-Year Plan, announce the winners of the 2010 Science and Technology Prize of China Machinery Industry and put forward proposals on implementing the plan for adjusting and invigorating the equipment manufacturing industry

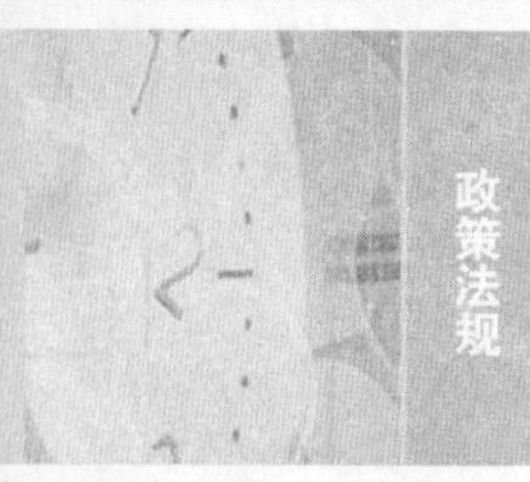

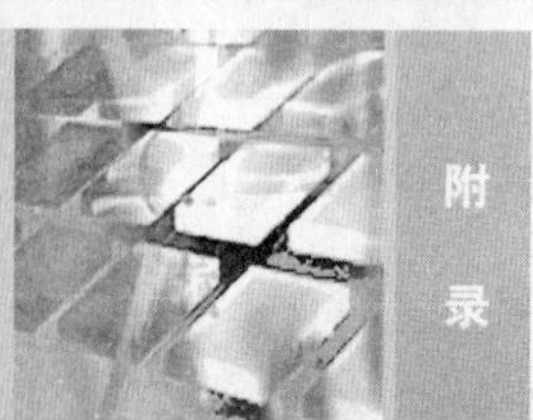

2010 年重型机械行业总体发展情况

重型机械行业是指全国冶金专用设备制造业、矿山专用设备制造业和全国物料搬运(起重运输)机械制造业的合称。当前,按照国家统计局 2010 年版《统计用产品分类目录》规定,重型机械行业归口的产品主要包括:冶金专用设备、矿山专用设备、轻小型起重设备、起重机、工业车辆、连续搬运设备、电梯自动扶梯及升降机、立体仓库及其他搬运设备等 8 个产品中类,共 64 个产品小类。其中,因历史原因,工业车辆和电梯自动扶梯及升降机 2 个产品中类及塔式起重机和流动式起重机 2 个产品小类,行业管理仍由中国工程机械工业协会及电梯协会归口,但其国家行业统计数据仍然归属于全国物料搬运(起重运输)机械制造业中。

为反映本行业实际情况,根据行业特点的不同,将重型机械行业分为冶金矿山机械行业(属于专用设备制造业,原机械工业八大重机厂为代表的重型装备制造企业均归属此行业)和物料搬运(起重运输)设备行业(属于通用设备制造业,国际上通称为物料搬运设备行业)两大行业来叙述。

一、行业总体发展概况

2004 ~ 2009 年重型机械行业主要经济指标完成情况见表 1。

2008 ~ 2009 年重型机械行业主要经济指标占全国机械工业的比重见表 2。

表 1　2004 ~ 2009 年重型机械行业主要经济指标完成情况

指标名称	行业名称	2004 年	2005 年	2006 年	2007 年	2008 年	2009 年	年均增长(%)
企业数(个)	重型机械行业	2 385	2 179	2 494	2 879	4 187	4 388	12.97
	其中:冶金矿山机械行业	1 002	931	1 131	1 386	2 073	2 238	17.44
	物料搬运(起重运输)机械行业	1 361	1 225	1 336	1 463	2 114	2 150	9.58
工业总产值(当年价)(亿元)	重型机械行业	1 711.76	2 138.85	2 771.78	3 711.86	5 125.66	5 787.89	27.59
	其中:冶金矿山机械行业	568.83	784.18	1 098.62	1520.89	2204.50	2579.80	35.31
	物料搬运(起重运输)机械行业	1 126.02	1 334.98	1 654.64	2 169.43	2 921.16	3 208.08	23.29
主营业务收入(亿元)	重型机械行业	1 639.51	2 071.75	2 634.46	3 535.41	4 954.37	5 649.58	28.07
	其中:冶金矿山机械行业	540.92	765.17	1 019.42	1 385.24	2 101.12	2 505.33	35.88
	物料搬运(起重运输)机械行业	1 082.74	1 289.04	1 599.32	2 130.35	2 853.26	3 144.26	23.77
利润总额(亿元)	重型机械行业	70.87	108.49	162.95	233.49	345.02	407.92	41.91
	其中:冶金矿山机械行业	13.07	30.32	54.51	100.38	152.64	167.87	66.62
	物料搬运(起重运输)机械行业	58.10	77.91	108.93	132.40	192.38	240.04	32.81
主营业务收入利润(总额)率(%)	重型机械行业	4.32	5.24	6.19	6.60	6.96	7.22	0.58 个百分点
	其中:冶金矿山机械行业	2.42	3.96	5.45	7.25	7.26	6.70	0.86 个百分点
	物料搬运(起重运输)机械行业	5.37	6.04	6.81	6.22	6.74	7.63	0.45 个百分点
从业人员年均人数(万人)	重型机械行业	57.92	58.85	60.72	64.29	77.99	83.75	7.65
	其中:冶金矿山机械行业	28.78	28.41	30.14	32.37	39.22	43.17	8.45
	物料搬运(起重运输)机械行业	28.28	29.57	29.85	31.34	38.76	40.58	7.49

注:1. 表中原始数据来源于国家统计局各年统计资料,其中 2004 年、2008 年为国家经济普查资料,其他为日常年报资料。

2. 2008 年之前重型机械行业数据中包括有轨工矿车辆,因占比较小,表内未列出。2004 年、2006 年有轨工矿车辆利润为负。

3. 由于四舍五入,合计数有微小出入。

表2 2008～2009年重型机械行业主要经济指标占全国机械工业的比重

年份	行业名称	企业数（个）	占全国机械工业比重（%）	工业总产值（当年价）（亿元）	占全国机械工业比重（%）	主营业务收入（亿元）	占全国机械工业比重（%）	利润总额（亿元）	占全国机械工业比重（%）	主营业务收入利润（总额）率（%）	上年同期（%）
2008	全国机械工业	99 304	100.00	94 040.10	100.00	91 706.50	100.00	6 049.40	100.00	6.60	6.40
	重型机械行业	4 187	4.22	5 125.66	5.45	4 954.37	5.40	345.02	5.70	6.96	6.60
2009	全国机械工业	101 323	100.00	107 858.70	100.00	105 507.20	100.00	7 518.10	100.00	7.13	6.60
	重型机械行业	4 388	4.33	5 787.89	5.37	5 649.58	5.35	407.92	5.43	7.22	6.96

注：表中全国机械工业数据来源于中国机械工业联合会年报资料。

二、2010年重型机械行业总体经济发展概况

1. 2010年重型机械行业主要经济指标完成情况

2010年重型机械行业主要经济指标完成情况见表3。

表3 2010年重型机械行业主要经济指标完成情况

行业名称	企业数（个）	比上年增长（%）	工业总产值（当年价）（亿元）	比上年增长（%）	工业销售产值（亿元）	比上年增长（%）	出口交货值（亿元）	比上年增长（%）	主营业务收入（亿元）
重型机械行业合计	4 686	6.79	7 111.88	22.88	6 941.60	23.22	602.84	3.15	6 966.97
冶金矿山机械行业	2 384	6.52	3 207.58	24.33	3 114.26	24.77	159.66	49.24	3 111.30
占重型机械行业比重（%）	50.87		45.10		44.86		26.48		44.66
物料搬运（起重运输）机械行业	2 302	7.07	3 904.30	21.70	3 827.34	21.99	443.18	-7.18	3 855.67
占重型机械行业比重（%）	49.13		54.90		55.14		73.52		55.34

行业名称	比上年增长（%）	利润总额（亿元）	比上年增长（%）	总资产贡献率（%）	上年同期（%）	工业总产值全员劳动生产率（万元/人）	上年同期（万元/人）	主营业务收入利润（总额）率（%）	上年同期（%）
重型机械行业合计	23.32	553.21	35.62	12.43	11.57	80.33	69.11	7.94	7.22
冶金矿山机械行业	24.19	249.70	48.75	11.47	10.23	70.81	59.75	8.03	6.70
占重型机械行业比重（%）			45.14						
物料搬运（起重运输）机械行业	22.63	303.51	26.44	13.42	12.89	90.32	79.06	7.87	7.63
占重型机械行业比重（%）		54.86							

注：表中原始数据来源于国家统计局2010年年报资料。

2. 2010年重型机械产品进出口情况。

2010年重型机械产品进出口情况见表4。

表4 2010年重型机械产品进出口情况

行业名称	出口额（亿美元）	比上年增长（%）	进口额（亿美元）	比上年增长（%）	进出口总额（亿美元）	比上年增长（%）	进出口顺差（亿美元）	上年顺差（亿美元）	比上年增长（%）
重型机械行业总计	111.20	-2.36	59.51	6.78	170.71	0.65	51.69	58.16	-11.12
冶金矿山机械总计	23.64	-15.24	20.85	-8.65	44.49	-12.27	2.79	5.06	-44.92
占重型机械行业比重（%）	21.26		35.04		26.06		5.40		
物料搬运（起重运输）机械总计	87.56	1.82	38.65	17.49	126.21	6.16	48.90	53.09	-7.89
占重型机械行业比重（%）	78.74		64.96		73.94		94.60		

注：1. 表中原始数据来源于海关总署2010年12月统计资料。

2. 由于四舍五入，合计数有微小出入。

3.2010 年重型机械行业经济运行特点

(1)行业生产销售总值再创历史新高。2010 年,重型机械行业完成工业总产值 7 111.88 亿元,同比增长 22.88%;工业销售产值 6 941.60 亿元,同比增长 23.22%;主营业务收入 6 966.97 亿元,同比增长 23.32%;行业总体生产销售总值均再创历史新高,年增长率比上年提高约 10 个百分点。利润总额 553.21 亿元,同比增长 35.62%;主营业务收入利润(总额)率达 7.94%,也创历史新高。可见,重型机械行业总体经济发展已走出 2009 年的低谷。

(2)产品出口额及进出口顺差继续下降。2010 年,重型机械产品出口额为 111.20 亿美元,比上年下降 2.36%;进口额为 59.51 亿美元,比上年增长 6.78%;进出口总额为 170.71 亿美元,比上年增长 0.65%;进出口顺差为 51.69 亿美元,比上年下降 11.12%。重型机械产品外贸进出口总额比上年略有增长,但尚未恢复到 2008 年水平。

三、重型机械行业产业结构构成及利用境外资本情况

1. 产业结构构成

2010 年重型机械行业产业结构构成情况见表 5。

表 5　2010 年重型机械行业产业结构构成情况

行业名称	企业数(个)	占行业比重(%)	工业总产值(当年价)(亿元)	占行业比重(%)	主营业务收入(亿元)	占行业比重(%)	利润总额(亿元)	占行业比重(%)	资产总计(亿元)	占行业比重(%)
重型机械行业	4 686	100.00	7 111.88	100.00	6 966.97	100.00	553.21	100.00	6 800.71	100.00
冶金矿山机械行业	2 384	50.87	3 207.58	45.10	3 111.30	44.66	249.70	45.14	3 452.89	50.77
冶金设备行业	605	12.91	1 050.18	14.77	1 006.40	14.45	76.19	13.77	1 506.60	22.15
矿山机械行业	1 779	37.96	2 157.40	30.33	2 104.91	30.21	173.51	31.37	1 946.29	28.62
物料搬运(起重运输)机械行业	2 302	49.13	3 904.30	54.90	3 855.67	55.34	303.51	54.86	3347.83	49.23

注:由于四舍五入,表中合计数有微小出入。

2010 年,物料搬运(起重运输)机械行业工业总产值、主营业务收入占重型机械行业的比重为 54.90% 和 55.34%,比上年分别下降 0.53 个和 0.31 个百分点。

2. 利用境外资本情况

2010 年重型机械行业利用境外资本情况见表 6。

表 6　2010 年重型机械行业利用境外资本情况

行业名称	实收资本(亿元)	比上年增长(%)	境外资本(亿元)	比上年增长(%)	中国港澳台地区资本(亿元)	比上年增长(%)	外商资本(亿元)	比上年增长(%)	境外资本占实收资本比重(%)	上年境外资本占实收资本比重(%)
重型机械行业合计	1 226.89	23.56	264.44	28.98	42.60	−14.94	221.84	43.17	21.55	20.65
冶金矿山机械行业	620.29	35.22	104.89	81.28	5.08	−1.55	99.81	89.39	16.91	12.61
占重型机械行业比重(%)	50.56		39.66		11.93		44.99			
物料搬运(起重运输)设备行业	606.60	13.54	159.55	8.41	37.52	−16.47	122.03	19.34	26.30	27.55
占重型机械行业比重(%)	49.44		60.34		88.07		55.01			

2010 年,冶金矿山机械行业利用境外资本比上年增长 81.28%,占重型机械行业利用境外资本比重为 39.66%,其中,利用外商资本增长 89.39%;物料搬运(起重运输)机械行业利用境外资本占重型机械行业比重降为 60.34%,比上年下降 11.44 个百分点,但仍占主导地位。

四、"十一五"重型机械行业经济发展成就

在国家进一步深化改革,对外开放的大环境下,在中央振兴装备制造业,拉动内需及实施积极财政政策等引导下,我国重型机械行业在"十一五"期间取得了令人瞩目的经济发展成就。

1. "十一五"期间重型机械行业主要经济指标完成情况

"十一五"期间重型机械行业主要经济指标完成情况见表 7。

表 7　"十一五"期间重型机械行业主要经济指标完成情况

指标名称	行业名称	2006 年	2007 年	2008 年	2009 年	2010 年	年均增长(%)
企业数(个)	重型机械行业	2 494	2 879	4 187	4 388	4 686	16.55
	冶金矿山机械行业	1 131	1 386	2 073	2 238	2 384	20.69
	物料搬运(起重运输)机械行业	1 336	1 463	2 114	2 150	2 302	13.45

（续）

指标名称	行业名称	2006 年	2007 年	2008 年	2009 年	2010 年	年均增长(%)
工业总产值(当年价)(亿元)	重型机械行业	2 771.78	3 711.86	5 125.66	5 787.89	7 111.88	27.16
	冶金矿山机械行业	1 098.62	1 520.89	2 204.50	2 579.80	3 207.58	32.54
	物料搬运(起重运输)机械行业	1 654.64	2 169.43	2 921.16	3 208.08	3 904.30	23.94
主营业务收入(亿元)	重型机械行业	2 634.46	3 535.41	4 954.37	5 649.58	6 966.97	27.45
	冶金矿山机械行业	1 019.42	1 385.24	2 101.12	2 505.33	3 111.30	32.38
	物料搬运(起重运输)机械行业	1 599.32	2 130.35	2 853.26	3 144.26	3 855.67	24.50
利润总额(亿元)	重型机械行业	162.95	233.49	345.02	407.92	553.21	38.52
	冶金矿山机械行业	54.51	100.38	152.64	167.87	249.70	52.45
	物料搬运(起重运输)机械行业	108.93	132.40	192.38	240.04	303.51	31.26
主营业务收入利润(总额)率(%)	重型机械行业	6.19	6.60	6.96	7.22	7.94	0.54 个百分点
	冶金矿山机械行业	5.45	7.25	7.26	6.70	8.03	0.81 个百分点
	物料搬运(起重运输)机械行业	6.81	6.22	6.74	7.63	7.87	0.37 个百分点

注：表中原始数据来源于国家统计局各年统计资料，其中 2008 年为国家经济普查资料，其他为日常年报资料。

从表 7 可知，虽然“十一五”期间国家出台一些宏观调控政策，2008 年又发生国际金融危机，但重型机械行业工业总产值、主营业务收入仍年年创历史新高，经济运行连年呈稳步、高速发展态势，年均增长率在 27% 以上。行业利润总额也年年创历史新高，年均增长率在 38% 以上。2010 年行业主营业务收入利润（总额）率达到 7.94%，年均增长 0.54 个百分点。

2. “十一五”期间重型机械产品进出口情况

随着行业企业不断加大技术改造和引进国外先进技术与消化吸收的力度，行业企业创新能力和市场竞争实力进一步增强，产品进出口发生了巨大变化。

“十一五”期间重型机械产品进出口情况见表 8。

表 8 “十一五”期间重型机械产品进出口情况

指标名称	行业名称	2005 年	2006 年	2007 年	2008 年	2009 年	2010 年	年均增长(%)
出口额(亿美元)	重型机械行业总计	39.34	57.75	87.70	141.02	113.88	111.20	23.10
	冶金矿山机械	5.59	9.76	14.39	28.20	27.89	23.64	33.43
	物料搬运(起重运输)机械	33.75	47.99	73.31	112.82	85.99	87.56	21.01
进口额(亿美元)	重型机械行业总计	45.95	50.94	51.02	60.36	55.73	59.51	5.31
	冶金矿山机械	18.88	22.39	21.37	23.03	22.83	20.85	2.00
	物料搬运(起重运输)机械	27.07	28.55	29.65	37.33	32.90	38.65	7.38
进出口总额(亿美元)	重型机械行业总计	85.29	108.68	138.72	201.37	169.61	170.71	14.89
	冶金矿山机械	24.47	32.14	35.76	51.22	50.72	44.49	12.70
	物料搬运(起重运输)机械	60.82	76.54	102.96	150.15	118.89	126.21	15.72
进出口顺差(亿美元)	重型机械行业总计	-6.62	6.80	36.68	80.67	58.16	51.69	11.66 亿美元
	冶金矿山机械	-13.29	-12.63	-6.98	5.17	5.06	2.79	3.22 亿美元
	物料搬运(起重运输)机械	6.67	19.43	43.66	75.50	53.10	48.90	8.45 亿美元

注：表中原始数据来源于海关总署有关年份统计资料，编者按国家统计局 2010 年《统计用产品分类目录》对归类作了调整。

从表 8 可以看出，“十一五”期间，国家一些宏观调控政策和 2008 年发生的国际金融危机，对重型机械产品进出口有一定冲击，但影响不是特别严重。重型机械产品出口额年均增长率超过 23%，进口额年均增长超过 5%。2006 年，重型机械产品进出口额由逆差转为顺差，冶金矿山机械产品 2008 年也由逆差转为顺差，充分说明我国重型机械国产设备技术水平及国际市场竞争力有了明显提升。

3. 1998～2010 年重型机械行业工业总产值、利润总额及产品外贸进出口走势

1998～2010 年重型机械行业及其冶金矿山机械行业和物料搬运（起重运输）机械行业工业总产值走势见图 1。

1998～2010 年重型机械行业及其冶金矿山机械行业和物料搬运（起重运输）机械行业工业总产值年增长率走势见图 2。

1998～2010 年重型机械行业及其冶金矿山机械行业和物料搬运（起重运输）机械行业利润总额走势见图 3。

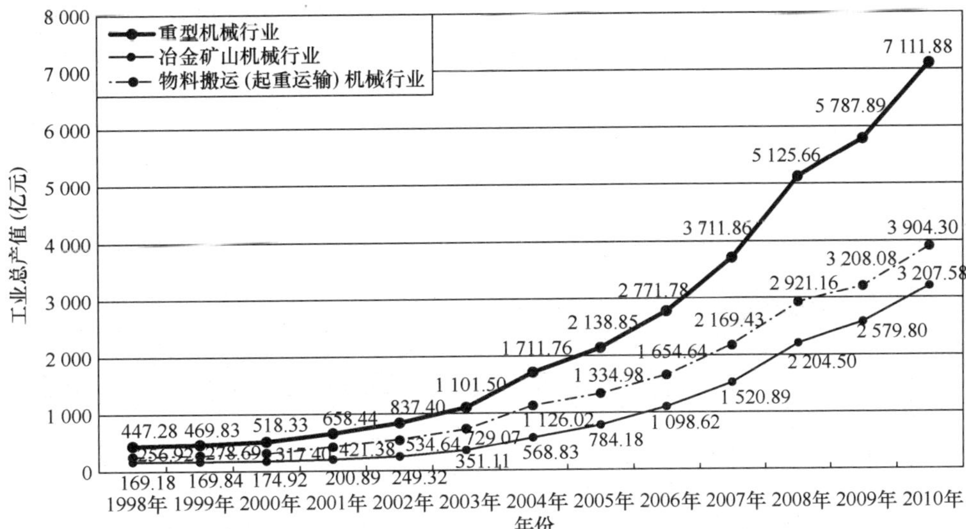

图1　1998～2010年重型机械行业及其冶金矿山机械行业和物料搬运（起重运输）机械行业工业总产值走势

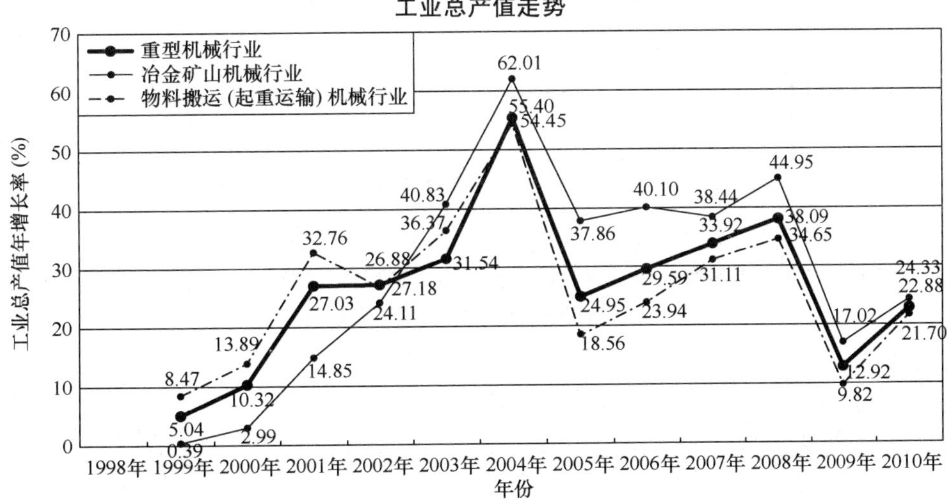

图2　1998～2010年重型机械行业及其冶金矿山机械行业和物料搬运（起重运输）机械行业工业总产值年增长率走势

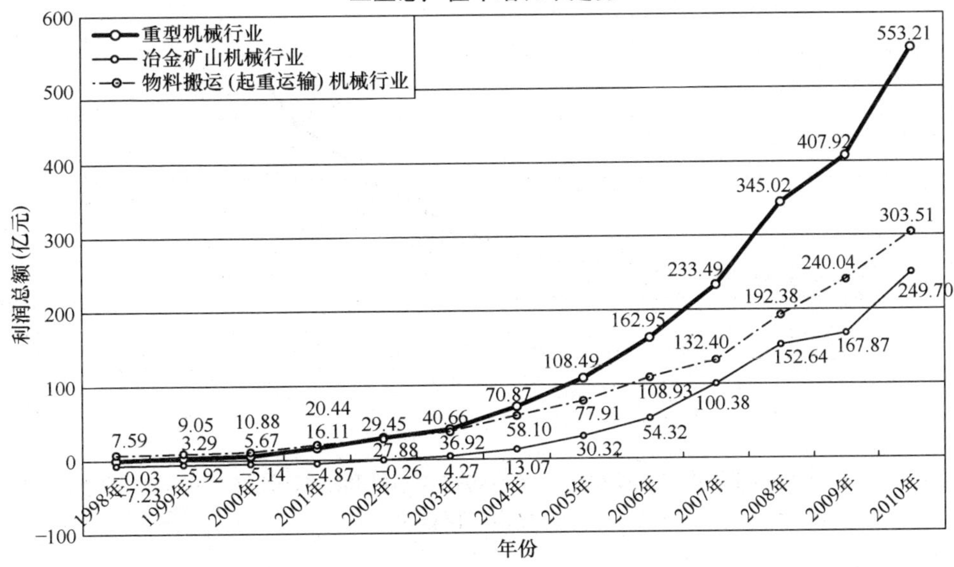

图3　1998～2010年重型机械行业及其冶金矿山机械行业和物料搬运（起重运输）机械行业利润总额走势

1998～2010年重型机械行业及其冶金矿山机械行业和物料搬运(起重运输)机械行业主营业务收入利润(总额)率走势见图4。

1998～2010年重型机械及其冶金矿山机械行业和物料搬运(起重运输)机械产品出口额走势见图5。

1998～2010年重型机械及其冶金矿山机械和物料搬运(起重运输)机械产品进口额走势见图6。

1998～2010年重型机械及其冶金矿山机械和物料搬运(起重运输)机械产品进出口顺差走势见图7。

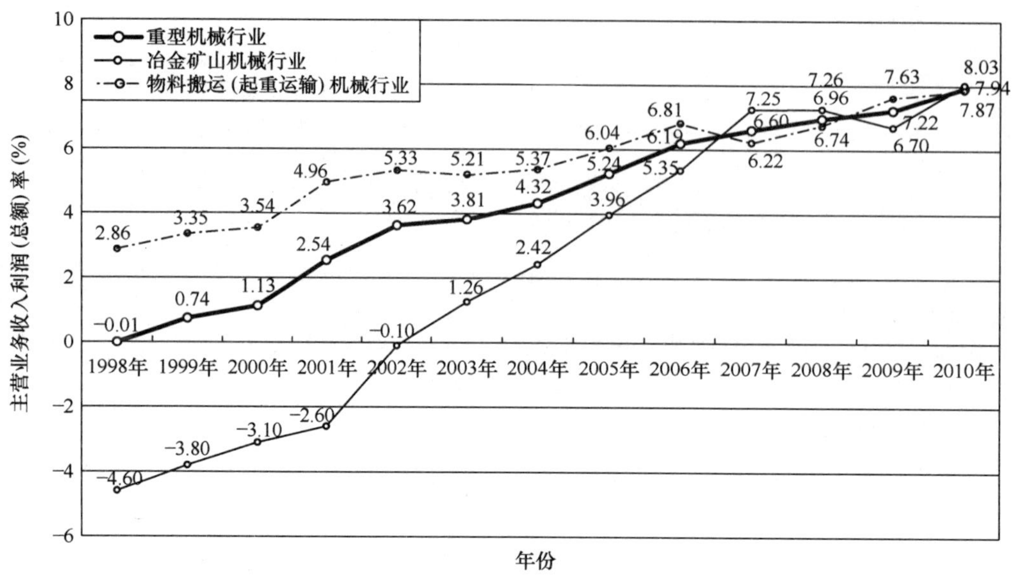

图4　1998～2010年重型机械行业及其冶金矿山机械行业和物料搬运(起重运输)机械行业主营业务收入利润(总额)率走势

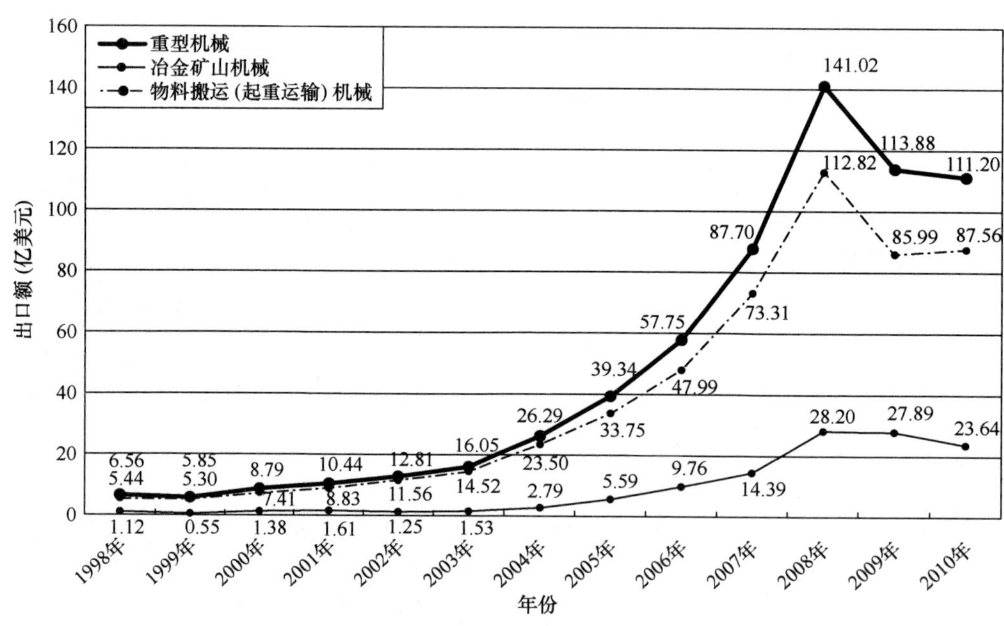

图5　1998～2010年重型机械及其冶金矿山机械和物料搬运(起重运输)机械产品出口额走势

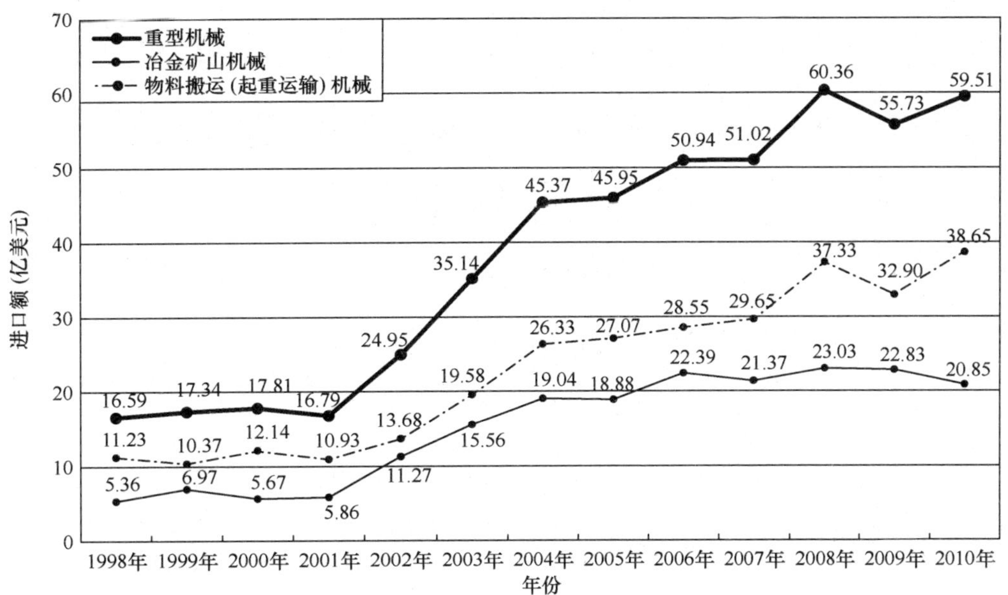

图6　1998～2010年重型机械及其冶金矿山机械和物料搬运（起重运输）机械产品进口额走势

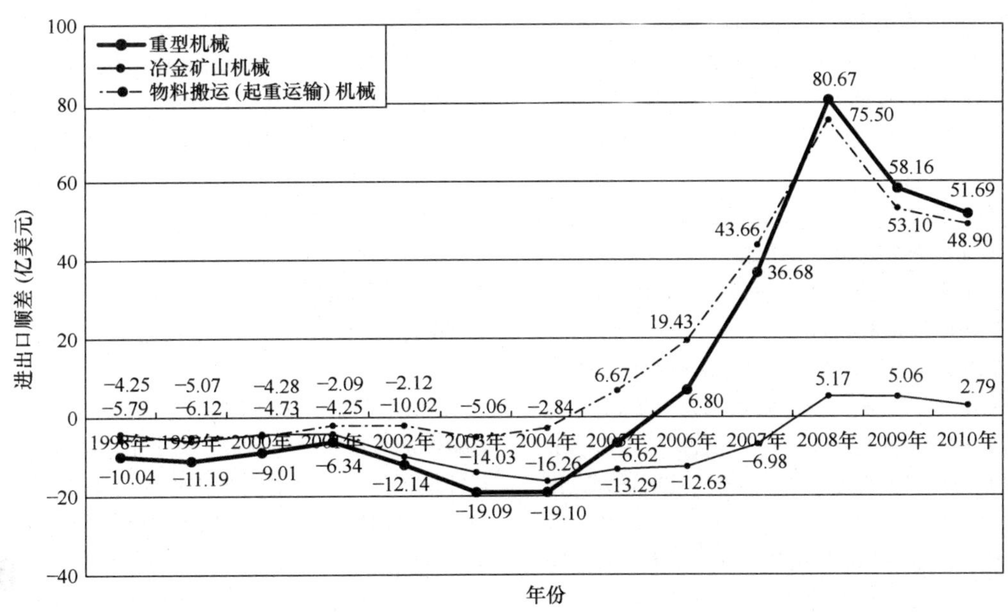

图7　1998～2010年重型机械及其冶金矿山机械和物料搬运（起重运输）机械产品进出口顺差走势

〔撰稿人：中国重型机械工业协会臧义成　审稿人：中国重型机械工业协会徐善继〕

以市场为导向　科技创新为支撑　加快产业结构调整　保持重型机械行业平稳较快发展

重型机械行业遵照党的十七届五中全会和中央经济工作会议精神，在大力振兴装备制造业的方针指引下，以科学发展观为统领，以加快转变经济发展方式为主线，以市场为导向，以科技创新为支撑，加快产业结构调整，克服了国际金融危机造成的种种困难，走出了低谷，全行业保持了平稳较快的发展，取得了可喜的成绩。

一、充分发挥协会的桥梁和纽带作用，积极参与政府、有关部门制定规划和产业政策，协助政府搞好行业管理

1. 认真组织重型机械行业“十二五”规划的编制工作

(1)根据工信部及中国机械工业联合会有关“十二五”规划的工作部署，受工信部(工信装[2010]081号文件)的委托，中国重型机械工业协会(以下简称协会)组织主要科研院所和大型重点骨干企业共同完成了《重型机械行业“十二五”规划》的编制工作，按期上报工信部装备工业司。

(2)遵照商务部产业司商产出函[2010]802号函的要求，协会对重型机械产品进出口情况及发展思路进行了总结分析，编制了重型机械产品“十二五”进出口发展规划并上报商务部，为商务部制定政策提供依据。

2. 积极参与国家发改委、工信部和财政部组织的有关国产首台(套)装备申报和审定工作

根据工信部的布置，协会组织重型机械行业重点骨干企业申报国产首台(套)装备，多次参加国家发改委、工信部和财政部等部门组织召开的讨论会和审定会。经过协会和企业的共同努力，重型机械行业共有13个产品项目列入国家支持的首台(套)首批目录。

3. 积极参与工信部、财政部等部委重大技术装备进出口税收政策调整方案的制定和项目的评审工作，提出政策调整意见

为贯彻落实国务院关于装备制造业振兴规划和加快振兴装备制造业有关调整进口税收政策的决定，工信部、财政部等部委组织制定了《国家支持发展的重大技术装备和产品目录(2010年修订)》、《重大技术装备和产品进口关键零部件、原材料商品清单(2010年修订)》和《进口不予免税的重大技术装备和产品目录》等政策文件，协会积极参与相关工作，对冶金轧机、煤矿机械和全断面掘进机等产品提出了修改、调整意见和建议。

4. 积极完成工信部装备工业司有关高端装备“中国智造”等专题项目的论证报告

遵照工信部装备工业司的工作部署，2010年11月协会在北京组织召开了专家研讨会，讨论了七大战略性新兴产业对重型机械装备的需求，编制了重型机械装备制造业发展路线图；围绕“中国智造”工程，编制完成了年产2 000万吨级以上智能化大型露天矿山成套设备制造关键技术论证报告、智能化煤炭采选成套技术与装备研制论证报告、智能化冶金机械成套装备论证报告、智能化重型加工中心关键装备论证报告、智能化全断面掘进机制造装备关键技术讨论报告等，并推荐给工信部装备工业司。

5. 组织行业修订《重大技术装备自主创新指导目录》(2011年版)

遵照工信部装备工业司工信装函[2010]388号“关于开展《重大技术装备自主创新指导目录》(2011年版)修订工作的通知”的要求，协会完成了大型高精度冶金成套设备，大型煤炭及大型露天矿设备，机场专用装备和港口机械等三个重点领域重大技术装备自主创新的研制及产业化报告，提出了拟列入2011年版的产品单项论证报告。协会以重机协字[2010]080号文转发到协会重点骨干企业，提出拟列入的单项产品论证报告，根据企业所报资料进行重编后，上报工信部装备司。

6. 积极参加政府相关部门组织的会议，完成布置的有关工作

(1)应国家质检总局特种设备局的要求，2010年4月协会组织起重机行业部分重点骨干企业参加由国家质检总局特种设备局在北京组织召开的特种设备安全技术规范《特种设备焊接操作人员考核细则》研讨会，为进一步完善技术法规提出了意见和建议。

(2)2010年7月商务部美大司以商美大[2010]231号《关于征集中美商贸联委会中方关注议题的函》致函协会，征集在开展对美交流与合作过程中面临的困难和需要解决的问题，特别是企业在美遇到的贸易与投资障碍及有关不公平、不合理待遇等问题，协会及时将此函转发给与美国有较多国际贸易和合作的会员单位并收集相关意见。

(3)2010年8月协会参加了国家能源局在北京组织召开的“能源技术装备人才发展中长期规划研讨会”。

(4)2010年8月协会参加了由工信部经济运行局在北京组织召开的机械行业经济运行分析座谈会，介绍了重型机械行业近期经济运行情况、面临的一些难点问题，并提出了相关政策建议。

(5)工信部为了继续贯彻落实“装备制造业调整和振兴

规划”,2011 年拟在提升装备核心基础能力上支持一些重点领域和产品。在工信部“装备核心基础能力提升”的专题方案中,协会重点推荐了“高速列车齿轮箱国产化”,“大型球墨铸件扩能改造”,“烧结矿余热回收、烟气脱硫系统升级”,“大型装备产业升级”等四个基础能力提升项目。

(6)按照工信部装备工业司的工作布置,协会于 2011 年 1 月向工信部装备工业司,重点汇报了我国重型机械行业 2010 年的经济运行情况、产品进出口情况、行业重点骨干企业的发展情况,以及重型机械行业“十一五”期间获得的重大科技成果、技术创新能力的提升及行业存在的突出问题。

(7)按照工信部装备司的工作安排,2011 年 2 月协会向工信部装备司提出 2011 年工业转型升级技术改造投资重点方向建议。该建议围绕装备改善、节能减排、品种质量、安全生产、两化融合五个方面对冶金装备、矿山装备、起重运输设备、重型锻压设备和大型铸锻件等专业的转型升级和技术改造提出了 40 项重点投资项目。

此外,还多次参加了国家发改委、工信部、科技部、国家能源局、海关总署等政府部门组织的国家级技术中心、科技支撑项目、国债重点项目等评审工作,努力为会员企业争取更多的国家财政资金支持,扩大协会在行业中的影响。

7. 积极参加中国机械工业联合会组织的会议,完成布置的各项工作

积极参加中国机械工业联合会组织召开的中国机械工业联合会三届二次、三次会员大会,首届全国机械工业科技大会等重要会议,会后积极组织传达、落实会议精神,还充分利用协会网站和会刊进行广泛宣传;完成报送重型机械行业“十二五”规划;定期参加中国机械工业联合会组织的行业经济形势分析会,反映重型机械行业的经济运行情况和问题;完成中机联组织的“促进贯彻落实装备制造业调整振兴规划措施政策研究”中的有关重型机械的政策措施研究课题,探讨调整振兴规划取得的成绩及存在的问题。

二、卓有成效地开展工作,积极为会员、为行业服务

(1)为进一步搞好行业信息服务工作,协会于 2010 年 6 月在江西省南昌市组织召开了协会统计工作会议。会议总结了一年来协会统计工作取得的成绩和存在的问题,组织企业统计业务讲座和交流,以提高企业统计报表的质量。提出加强统计工作是协会的重点工作之一,要求行业骨干企业参加统计网,扩大会员单位统计网的覆盖率。经过各方努力,已有 118 个企业参加了协会统计网,协会统计资料也日益丰富,成为行业统计资料的主要补充。

按期完成 2010 年共 11 期协会《统计简报》和《2009 年重机协会统计年报》的编辑出版工作并免费寄送给统计网会员单位和协会理事单位。完成了 2009 年、2010 年《冶金矿山机械进出口年报》和 2009 年、2010 年《物料搬运(起重运输)机械进出口年报》的编辑和出版工作。

为进一步做好协会统计工作,完善了统计网网上报送软件的修改工作,方便企业使用。为兼顾网员企业和行业其他企业的需要,2010 年协会《统计简报》、《统计年报》改版成通用版和网员版,通用版可面向协会外企业和单位。

(2)在中国机械工业联合会和中国机械工程学会的领导下,协会完成了中国机械工业科学技术奖重型机械专业组评审委员会的换届工作。2010 年 8 月在辽宁省丹东市组织召开了行业科学技术奖评审会议,对 2010 年度申报的 65 项重型机械项目进行评审,评出 36 项获奖项目,经过“中国机械工业科学技术奖”评审委员会审定,中国机械工业科学技术奖励办公室网上公示,重型机械行业共有 36 项荣获中国机械工业科学技术奖,其中特等奖 1 项,一等奖 6 项,二等奖 14 项,三等奖 15 项。

获得特等奖的项目是:大连重工 · 起重集团有限公司完成的 20 000t × 125m 多吊点桥式起重机。

获得一等奖的项目是:①湘电重型装备股份有限公司完成的 SF33900 型 220t 电动轮自卸车。②燕山大学、鞍钢股份有限公司完成的整辊镶块智能型冷轧带钢板形仪与工程应用。③北京起重运输机械设计研究院完成的国药集团物流中心关键技术与成套设备研制及其推广应用。④中国重型机械研究院有限公司、山东省冶金设计院股份有限公司完成的钢液炉外精炼(RH)成套技术与关键设备开发及其应用。⑤中信重工机械股份有限公司、洛阳矿山机械工程设计研究院有限责任公司完成的 JGL—920 十辊管材矫直机。⑥四川川润动力设备有限公司完成的日产 5 000t 水泥生产线余热发电锅炉成套设备研制。

(3)按中国机械工业联合会的统一安排,协会完成了中国机械工业优质品牌评选活动的前期准备工作,编写了中国机械工业名牌产品评审细则(大型散料装卸机械、带式输送机)等有关文件。

(4)完成《2010 年中国重型机械工业年鉴》组稿、撰稿、编辑和审稿工作。

(5)完成《中国重机通讯》(双月刊)编辑和出版工作,积极向会员单位宣传国家有关产业政策,交流会员单位的成就,提供各方专家的论点。同时,《中国重机通讯》与协会的官方网站一起在宣传协会的工作、扩大协会的社会和行业影响力方面起到了积极的作用。

(6)2010 年 5 月 10 ~ 12 日协会与中国机械工业联合会在北京国家会议中心联合主办了“2010 中国(北京)国际矿山、起重运输机械展览会暨重型、矿山、起重运输机械科技创新成果展览会”。展会参展商达到 300 余家,展会面积超过12 000m^2,专业观众参观踊跃。

(7)积极开展国际交流活动。应美国物料搬运工业协会的邀请,协会于 2010 年 9 月组织起重机行业部分企业领导对美国进行了访问,参观考察了 4 家美国主流起重机工厂,并与工厂高管进行了交流;与一家从事国际采购的美国贸易公司进行了交流,促进了双方企业之间的务实合作,同时还与美国物料搬运工业协会进行了对口交流,商谈了双方协会之间加强交流和合作的有关事宜,双方企业对考察取得的积极成果感到满意,考察非常成功。

为加强与国外对口专业协会的交流合作，由总会秘书处管理的起重葫芦分会在召开年会期间，邀请了美国物料搬运工业协会执行总裁兼美国葫芦制造商协会秘书长哈尔·范迪维尔先生到会作专题报告，介绍美国的产业情况，同时还邀请来自中国台湾的由中华起重升降机具协会理事长曾宇廷先生率领的代表团参加会议，与起重葫芦分会的会员代表进行了对口交流。

(8)参加中国机械工业联合会、地方政府和兄弟协会、有关企业等组织的研讨会、规划咨询会、鉴定会、项目认证会等。

三、遵照国资委行业协会办公室的要求，认真推进协会的规范化管理

1. 遵守协会章程，充分发挥协会会员代表大会、理事会和常务理事会的领导作用

(1)2010年5月8～10日在北京召开了五届三次会员代表会议暨理事会议，187个单位的233名代表参加了会议。大会审议通过了《中国重型机械工业协会五届三次会员代表大会工作报告》、《中国重型机械工业协会五届三次理事会财务报告》、《中国重型机械工业协会五届理事会关于调整、增补副理事长、常务理事、理事的议案》，会议期间还召开了分支机构秘书长工作会议，布置落实2010年协会工作安排。中国机械工业联合会、国家发改委经济运行局、工信部装备工业司、工信部运行局、国家能源局、国家质检总局特种设备局等有关领导出席大会，重点就装备制造业“十二五”规划的指导思想、目标及重点发展领域、能源装备市场的情况和发展趋势，以及政府有关部门正在开展的工作等几个方面向与会代表作了重要讲话。

为让会员单位掌握相关用户行业的产业发展情况，促进会员单位做好企业的“十二五”发展规划工作，大会还邀请中国机械工业联合会、中国钢铁工业协会、中国船舶工业协会、中国水泥协会、中国东盟商务理事会中方秘书处的有关领导和专家介绍了各自行业的产业发展特点和走向，受到与会代表的好评。

(2)召开了三次常务理事会(其中两次以通讯方式召开)，组织审议了提供会员大会的主要文件和《中国重型机械工业协会分支机构考核暂行管理办法》等。

2. 加强协会自身建设，进一步提升服务能力

(1)积极推进协会工作的规范化和民主化管理。秘书处经常召开由常务副理事长、秘书长、副秘书长和党支部书记参加的领导办公会，商定协会的主要工作；召开秘书处全体成员会，通报和布置工作。

(2)对分支机构实施规范化管理。秘书处严格按照《中国重型机械工业协会章程》和《中国重型机械工业协会分支机构暂行管理办法》指导分支机构的换届工作，加强对分支机构的规范化管理，重点加强对分支机构理事会领导的审批工作，2010年共完成重型基础件分会、带式输送机分会、洗选设备专委会、破碎粉磨设备专委会、矿山机械分会、输送机给料机分会等6个分支机构的换届工作。

为加强对分支机构的管理，更好地调动、发挥各分支机构开展协会工作的积极性，做好行业协会的服务工作，根据《中国重型机械工业协会分支机构暂行管理办法》的有关规定，制定了《中国重型机械工业协会分支机构考核暂行管理办法》。

(3)2010年7月召开了分支机构秘书长会议，传达了上级部门有关协会工作的指示，贯彻落实了中国重型机械工业协会会员代表大会、常务理事会的精神，部署了当年的协会工作。

(4)分支机构情况。各分支机构开展了许多卓有成效的工作和活动，进一步加强了协会组织的凝聚力和影响力。

1)破碎粉磨设备专业委员会。积极探索促进行业发展的途径，组织会员单位建立战略合作伙伴关系，联合开发新产品和开拓市场，增强协会凝聚力；办好“中国破碎机械网站”，扩大协会的影响力；支持重型机械协会的各项工作，积极组织行业企业联合参加协会主办的展览会，扩大企业的市场影响力；认真编写《中国重型机械工业年鉴》；对行业企业的共用配套产品如专用轴承、减速机、电动机等，组织联合选点、定点，降低了企业采购成本，保证了配套产品质量，受到会员单位的欢迎。

2)桥式起重机专业委员会。积极发展会员单位，现已成为协会下属的最大分支机构之一，在行业中影响很大，凝聚力也很强；认真组织成员单位的年会和理事会议，并与行业专家一起探索起重机行业的发展趋势及其对策，指导行业发展；认真编写《中国重型机械工业年鉴》；积极配合协会办好展览会；深入企业进行调研，搭建主机厂与配套厂的合作平台，受到会员单位好评。

3)停车设备工作委员会。受国家技术监督局特种设备局和中国重型机械协会秘书处的委托，积极开展停车设备企业制造许可的鉴定评审工作，推动企业建立健全质量管理体系，提高产品质量；重视信息统计工作，加强经济运行的分析研究，为政府相关部门制定政策法规提供依据；为保障停车设备安全运行，主持起草《停车设备维护保养工作规范》，受到会员单位的好评。

4)大型铸锻件分会。以大型铸锻件研究所为依托，组织行业专家研究国外发展动向，对推动行业科技进步和发展提出许多建设性意见；在组织制定行业发展规划和制修订行业技术标准以及办好行业会刊《大型铸锻件》等方面做了大量工作，受到行业好评。认真开展行业调查，编写的《中国重型机械工业年鉴》大型铸锻件行业篇水平高，成为政府咨询服务的重要行业资料。

5)带式输送机分会。是协会下属的最大分会之一，在行业中影响很大、凝聚力很强；认真办好年会和理事会，积极组织技术交流，探索行业的发展动向，指导行业发展；搭建主机厂与配套厂的合作平台，注重行业标准化工作，重视《中国重型机械工业年鉴》的编写工作；注意探索分会的管理工作，通过按区划分小组、评选协会先进个人等措施，强化了分会的管理，受到会员单位好评。

6)洗选设备专委会。积极发展会员,注重行业情况调研,编写振动筛行业市场分析等报告,供行业企业参考;加强与企业的沟通和联系,协助企业加强技术交流,推动行业发展;认真编写《中国重型机械工业年鉴》,认真组织成员单位的年会和理事会,受到行业好评。

7)散料装卸机械与搬运车辆分会。认真组织行业各种交流活动,为推动行业技术进步、市场拓展及企业振兴发挥了良好的作用;分支机构的管理工作规范性强,通过认真调研,编写的《中国重型机械工业年鉴》散料装卸机械行业篇水平高,对行业发展有指导作用,受到行业的好评。积极支持协会的工作,在为政府咨询服务工作中提供有关行业资料,组织行业有关企业参加协会组织的展览会等活动。

8)矿山机械分会。加强分会建设,规范分会会员单位的管理,充分利用协会、标准、检测、信息等行业的共同平台,为会员单位服务,推动行业进步;认真编写《中国重型机械工业年鉴》,配合协会积极发展统计网成员单位,认真组织矿井提升机、矿用磨机等专业技术交流和研讨会,举办矿业设备技术学术报告会,受到行业的好评。

9)起重葫芦分会、重型基础件分会、物料搬运机械分会、输送机给料机分会、传动部件专委会、油膜轴承分会、润滑液压设备分会、千斤顶分会等都根据各自不同特点开展多种形式的行业活动,努力为会员单位服务,认真执行协会秘书处提出的年度工作计划,完成所布置的各项任务。

3. 协会工作存在的主要问题和建议

(1)由于协会涉及冶金机械、矿山机械、起重运输机械、重型锻压机械和大型铸锻件等行业,每个行业还有相当数量的小行业,因此专业面广,产品繁多,而且每种产品的技术性能、制造工艺、生产和销售模式以及最终用户群体差异巨大,客观上给行业管理及技术交流活动带来非常大的困难。为此对协会工作人员专业知识面和水平的要求非常高,协会人才短缺的矛盾比较突出。

(2)协会创收渠道有限,收缴的会费又低,虽为政府服务的内容不断扩大与深入,但购买服务不到位,所以经济实力差,经费问题已成为协会生存与发展的瓶颈。

(3)除停车设备工作委员会、大型铸锻件分会、矿山机械分会、破碎粉磨设备专委会、带式输送机分会外,大多数分支机构秘书处只有少量的兼职人员,只能应付日常工作,没有能力对行业进行深入调研,以及开展国外发展动向和发展战略的研究,有待各分会适当补充人员,加强分会的工作。

建议:理事长、副理事长单位派有一定技术专长的人员到协会短期工作,增强秘书处的实力;适当提高协会及分会的会费标准。

四、“十一五”期间重型机械行业发展状况及“十二五”发展思路

1.“十一五”期间重型机械行业发展状况

在国家进一步深化改革和加大对外开放的大环境下,在中央振兴装备制造业和拉动内需及实施积极财政政策等引导下,“十一五”期间我国重型机械行业取得了令人瞩目的成就。

(1)“十一五”期间,重型机械行业主要经济指标完成情况。2006~2010年重型机械行业主要经济指标完成情况见表1。

表1　2006~2010年重型机械行业主要经济指标完成情况

指标	行业名称	2005年	2006年	2007年	2008年	2009年	2010年	年均增长(%)
企业数(个)	重型机械行业	2 179	2 494	2 879	4 187	4 388	4 686	16.43
	其中:冶金矿山机械行业	931	1 131	1 386	2 073	2 238	2 384	20.85
	物料搬运(起重运输)机械行业	1 225	1 336	1 463	2 114	2 150	2 302	13.06
工业总产值(当年价)(亿元)	重型机械行业	2 138.85	2 771.78	3 711.86	5 125.66	5 787.89	7 111.88	27.41
	其中:冶金矿山机械行业	784.18	1 098.62	1 520.89	2 204.50	2 579.80	3 207.58	33.24
	物料搬运(起重运输)机械行业	1 334.98	1 654.64	2 169.43	2 921.16	3 208.08	3 904.30	23.85
新产品产值(亿元)	重型机械行业	370.40	659.00	909.64	1 169.17	1 374.04	1 420.82	30.85
	其中:冶金矿山机械行业	128.91	211.19	336.87	463.27	539.51	621.04	36.95
	物料搬运(起重运输)机械行业	241.25	477.62	572.77	705.89	834.53	799.78	27.09
主营业务收入(亿元)	重型机械行业	2 071.75	2 634.46	3 535.41	4 954.37	5 649.58	6 966.97	27.20
	其中:冶金矿山机械行业	765.17	1019.42	1 385.24	2 101.12	2 505.33	3 111.30	32.29
	物料搬运(起重运输)机械行业	1 289.04	1 599.32	2 130.35	2 853.26	3 144.26	3 855.67	24.14
利润总额(亿元)	重型机械行业	108.49	162.95	233.49	345.02	407.92	553.21	35.20
	其中:冶金矿山机械行业	30.32	54.51	100.38	152.64	167.87	249.70	47.96
	物料搬运(起重运输)机械行业	77.91	108.93	132.40	192.38	240.04	303.51	28.69

（续）

指标	行业名称	2005年	2006年	2007年	2008年	2009年	2010年	年均增长（%）
主营业务收入利润（总额）率（%）	重型机械行业	5.24	6.19	6.60	6.96	7.22	7.94	0.54个百分点
	其中：冶金矿山机械行业	3.96	5.45	7.25	7.26	6.70	8.03	0.81个百分点
	物料搬运（起重运输）机械行业	6.04	6.81	6.22	6.74	7.63	7.87	0.37个百分点

注：从2008年起，重型机械行业不再包括有轨工矿车辆行业数据。

从表1可见，"十一五"期间，虽然国家出台了一些宏观调控紧缩政策，2008年又发生了国际金融危机，但重型机械行业经济运行连年呈稳步、高速发展态势，工业总产值、主营业务收入仍年年创历史新高，年均增长率在27%以上。行业利润总额也年年创历史新高，年均增长率在38%以上。行业主营业务收入利润（总额）率2010年达到7.94%，年均增长0.54个百分点。

（2）"十一五"期间，重型机械产品外贸进出口情况。随着行业企业不断加大对引进国外先进技术消化吸收和技术改造的力度，企业创新能力和市场竞争实力进一步增强，重型机械产品外贸进出口格局发生了巨大变化。

2006～2010年重型机械产品外贸进出口情况见表2。

表2　2006～2010年重型机械产品外贸进出口情况

指标名称	行业名称	2005年	2006年	2007年	2008年	2009年	2010年	年均增长（%）
出口额（亿美元）	重型机械行业	39.34	57.75	87.70	141.02	113.88	111.20	23.10
	冶金矿山机械	5.59	9.76	14.39	28.20	27.89	23.64	33.43
	物料搬运（起重运输）机械	33.75	47.99	73.31	112.82	85.99	87.56	21.01
进口额（亿美元）	重型机械行业	45.95	50.94	51.02	60.36	55.73	59.51	5.31
	冶金矿山机械	18.88	22.39	21.37	23.03	22.83	20.85	2.00
	物料搬运（起重运输）机械	27.07	28.55	29.65	37.33	32.90	38.65	7.38
进出口总额（亿美元）	重型机械行业	85.29	108.68	138.72	201.37	169.61	170.71	14.89
	冶金矿山机械	24.47	32.14	35.76	51.22	50.72	44.49	12.70
	物料搬运（起重运输）机械	60.82	76.54	102.96	150.15	118.89	126.21	15.72
进出口顺差（亿美元）	重型机械行业	-6.62	6.80	36.68	80.67	58.16	51.69	11.66亿美元
	冶金矿山机械	-13.29	-12.63	-6.98	5.17	5.06	2.79	3.22亿美元
	物料搬运（起重运输）机械	6.67	19.43	43.66	75.50	53.10	48.90	8.44亿美元

从表2可见，"十一五"期间，国家一些宏观调控政策和2008年的国际金融危机，对重型机械产品外贸进出口有些影响，但重型机械产品外贸出口额年均增长率仍保持在23%以上，进口额年均增长在5%以上。2006年重型机械产品进出口额由逆差转为顺差，冶金矿山机械产品2008年也由逆差转为顺差，充分说明我国重型机械国产设备技术水平、国际市场竞争力有了明显增强。

2000～2010年冶金矿山机械进出口额走势见图1。2000～2010年冶金矿山机械进出口额年增长率走势见图2。

2000～2010年物料搬运（起重运输）机械进出口额走势见图3。2000～2010年物料搬运（起重运输）机械进出口额年增长率走势见图4。

（3）重型机械行业生产和科技发展状况。当前重型机械企业已能为国内外市场提供年产1 000万吨级钢铁联合企业所需的成套设备；2 000万吨级露天煤矿，60万～70万吨级金属矿，500万吨级井下综采，300万～400万吨级洗煤厂，300万吨级洗矿厂，日产3 000～8 000吨级熟料干法水泥厂等所需的成套设备；大型集装箱装卸运输成套设备；大型散料装卸输送成套设备；大型自动化立体仓储系统；机械式立体停车设备；万吨级以上大型重型锻压设备；超临界及超超临界火电、70万kW水电、核电设备的大型铸锻件、大型化工容器和70～90级船用曲轴。

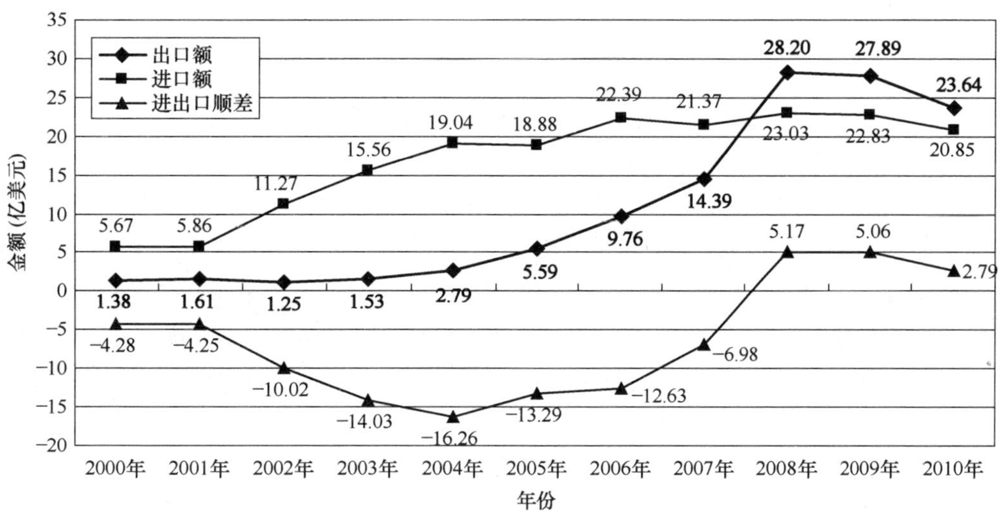

图1　2000～2010年冶金矿山机械进出口额走势

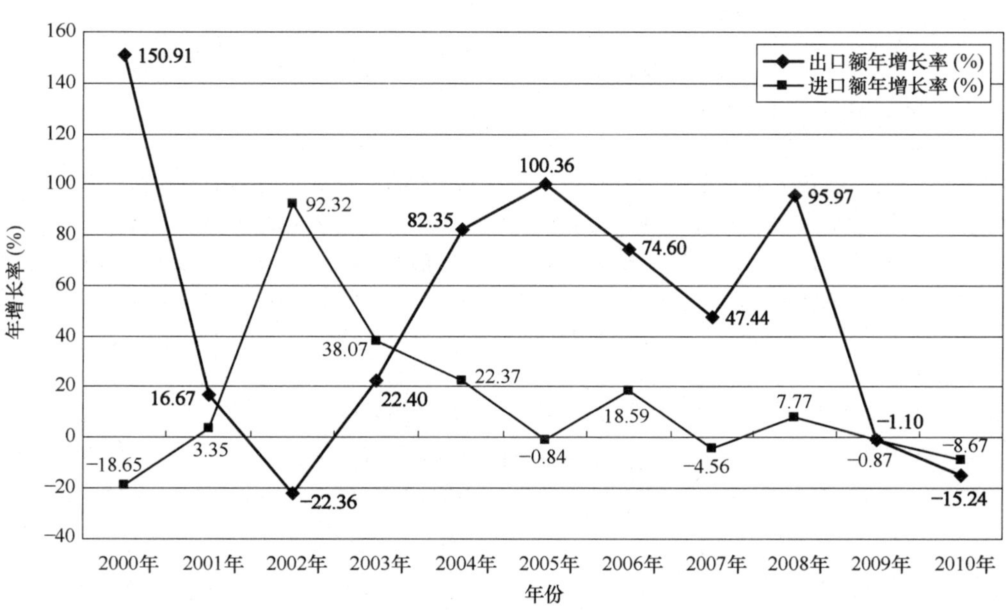

图2　2000～2010年冶金矿山机械进出口额年增长率走势

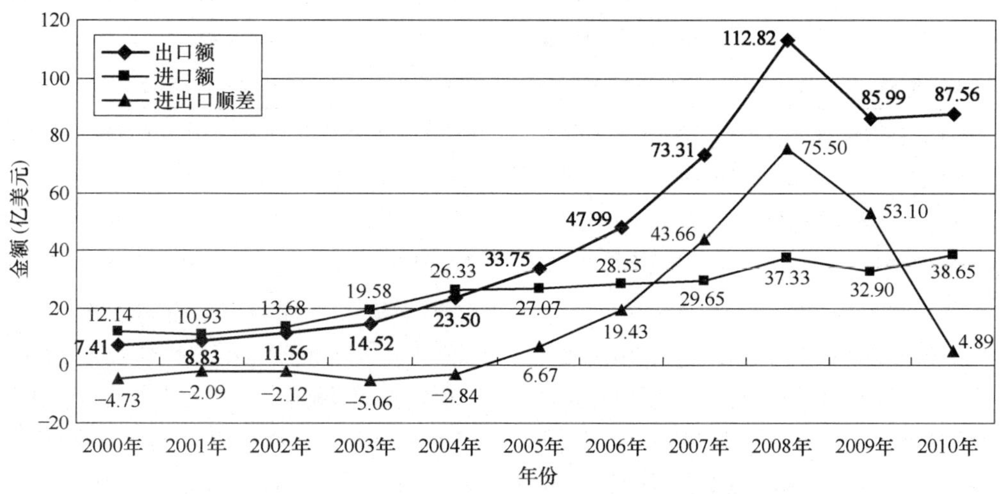

图3　2000～2010年物料搬运（起重运输）机械进出口额走势

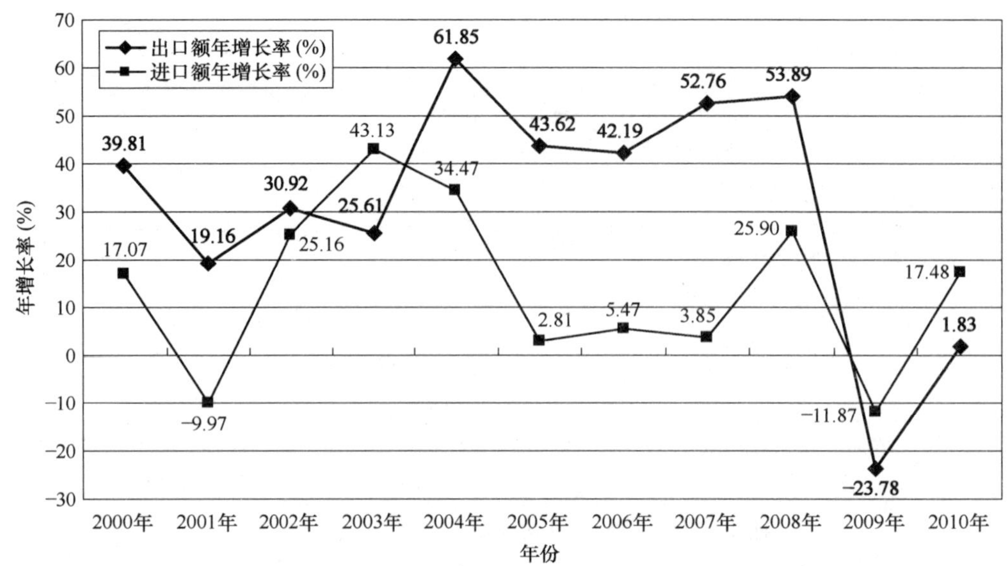

图4　2000～2010年物料搬运（起重运输）机械进出口额年增长率走势

大型重点骨干企业逐步建立具有相当规模和水平的国家级技术中心和实验研究中心，集中一批优秀人才，积极开展基础性技术研究和新产品、新技术的研发，科技创新能力迅速提升，在传统产品升级换代和自主研发具有自主知识产权的诸多重大高端装备和新产品方面取得了较大的进展，使我国许多冶金、矿山、起重运输、重型锻压等新产品技术性能接近或达到国际先进水平。许多优秀科研项目获得国家、省、部级科学技术奖，"十一五"期间重型机械行业获得国家科技进步奖一等奖2项，二等奖8项；中国机械工业科学技术奖138项，其中特等奖4项，一等奖23项，二等奖85项，三等奖26项。

2. 2010年重型机械行业经济运行情况

受国际金融危机的影响，2008～2009年重型机械行业遭遇较大的冲击，在中央关于加快装备制造业发展的方针和三年振兴规划的指引下，2010年逐步走出了低谷，呈现平稳发展的态势。

（1）重型机械行业主要经济指标。2010年重型机械行业生产销售情况见表3。

表3　2010年重型机械行业生产销售情况

行业名称	企业数（个）	工业总产值（亿元）	同比增长（%）	新产品产值（%）	同比增长（%）	工业销售产值（亿元）	同比增长（%）	出口交货值（亿元）	同比增长（%）
重型机械行业合计	4 686	7 111.88	22.88	1 420.82	8.08	6 941.68	23.22	602.84	3.15
冶金设备行业	605	1 050.18	12.45	245.65	16.68	1 006.19	11.97	51.75	9.23
矿山机械行业	1 779	2 157.40	31.09	375.39	32.80	2 108.07	31.97	107.91	81.09
物料搬运（起重运输）机械行业	2 302	3 904.30	21.70	799.78	-2.63	3 827.34	21.99	443.18	-7.18

（2）重型机械行业总体经济运行情况。2010年重型机械行业完成工业总产值7 111.88亿元，同比增长22.88%；工业销售产值6 941.68亿元，同比增长23.22%；新产品产值1 420.82亿元，同比增长8.08%；出口交货值602.84亿元，同比增长3.15%。

就分行业而言，矿山机械行业产销增长比较快，工业总产值增长31.09%，工业销售产值增长31.97%；冶金设备行业工业总产值增长12.45%，工业销售产值增长11.97%；物料搬运（起重运输）机械行业工业总产值增长21.7%，工业销售产值增长21.99%。主要产品产量增长幅度较大的是水泥设备，增长40.7%；输送机械增长37.82%；矿山设备增长19.2%；起重机增长10.29%；冶金设备只增长8.6%；金属轧制设备下降3.18%。

其中工业总产值超过百亿元的企业有：大连重工·起重集团有限公司、太原重型机械集团有限公司、中国第一重型机械集团公司、北方重工集团有限公司、中信重工机械股份有限公司、中国第二重型机械集团公司、上海振华重工（集团）股份有限公司。主营业务收入超过百亿的有：上海振华重工（集团）股份有限公司（171.2亿元）、太原重型机械集团有限公司（133.38亿元）、大连重工·起重集团有限公司（131.39亿元）、中信重工机械股份有限公司（127.15亿元）、北方重工集团有限公司（126.33亿元）。全行业主营业务收入前10位的企业除上述5家外，还有中国第一重型机械集团公司(85.44亿元)、中国第二重型机械集团公司(68.41亿元)、上海重型机器厂有限公司(37.7亿元)、卫华集团有限公司(36.25亿元)和江苏通润机电集团有限公司(34.44亿元)。

2010年重型机械行业实现利润额553.21亿元，同比增长35.62%；主营业务收入利润(总额)率为7.94%，比上年提高0.72个百分点，说明行业的总体效益有所提高。行业内大中型重点骨干企业整体效益比较好，实现利润总额及其增幅较大的企业有：大连重工·起重集团有限公司(14.33亿元)、中国第一重型机械集团公司(11.50亿元)、中信重工机械股份有限公司(8.12亿元)、太原重型机械集团有限公司(8.04亿元)和上海重型机器厂有限公司(7.24亿元)等。

重型机械产品出口形势不容乐观。2010年出口额111.2亿美元；进出口顺差51.69亿美元，同比下降11.1%。其中冶金设备出口额14.27亿美元，同比下降24.32%；进出口顺差8 851万美元，同比下降71.53%。

矿山设备出口额9.37亿美元，同比增长3.73；进出口顺差1.9亿美元，同比下降2.59%。物料搬运(起重运输)机械出口额87.6亿美元，同比增长1.82%；进出口顺差48.9亿美元，同比下降7.91%。

(3)行业存在的主要问题。包括以下几个方面：

1)企业兼并重组力度不大，产能和技术过于分散，生产集中度低，难以形成产值达到1 000亿元具有国际竞争力的国际知名大型企业集团。

2)高端制造领域由于前期的研发投入不足，技术储备不够，跟不上国内外市场需求的骤变，发展势头不够强劲，影响了大型企业的产业结构调整和发展。

3)大型铸锻件生产能力过于分散，就其重型锻压装备大型水压机、油压机而言，中国第一重型机械集团公司已有1.5万t、中国第二重型机械集团公司1.6万t、上海重型机器厂有限公司1.65万t、中信重工机械股份有限公司1.85万t，另有一些企业正在上2万吨级油压机，若继续无序发展，必将造成产能过剩、浪费资源和影响投资效益。

4)生产能力过剩的桥式、门式起重机，中小型带式输送机市场竞争过于激烈，价格战已达到白热化程度，特别是桥式、门式起重机中小型企业将面临倒闭的危险。

5)行业内缺乏公共技术支撑平台，中小型企业研发人才危机比较突出，研发力量薄弱，同时缺少高技术工人队伍，已成为发展的瓶颈。

6)由于市场竞争激烈，产品售价下降，而原材料价格、人员工资上涨以及国家控制贷款趋紧，中小企业的资金链将会出现危机。

(4)建议措施。包括以下几个方面：

1)积极推进大型企业集团的战略重组，通过战略重组带动产业结构调整。

2)对高端制造领域的重大科技项目，国家应加大资金的支持力度。

3)建立国家级的基础件产业研究中心，提高我国基础技术水平和基础件(液压件、电控、轴承、密封、新材料)的质量和水平。

4)加强知识产权的保护力度，促进产、学、研的合作，推进以科技创新为支撑的产业结构调整。

5)对产能过剩的行业，如桥式、门式起重机行业要严格控制发放许可证，在换证时要提高发放的门槛，以利于推动企业的战略重组。

6)把握市场机遇，合理制修订标准，淘汰落后产能，以利于参与国际竞争，加快进入国际市场

3. 重型机械行业“十二五”发展的思路

“十二五”规划提出的行业发展的指导思想是：深入贯彻落实科学发展观，坚持走新型工业化道路，以结构调整和发展方式转变为主线，实施“调整转型”、创新升级战略，加强科技创新能力的建设，实现传统产业升级，着力培育发展战略性新兴产业，特别是高端装备制造业，促进重型机械制造业由大变强，为我国成为装备制造业强国而努力奋斗。

“十二五”期间，重型机械行业一定要改变盲目扩大产能，片面追求产值，粗放型的高速发展模式。“十二五”规划制定的经济指标是产销年均增长16%，利润年均增长20%；突出抓好国家科技重大专项，努力突破产业核心技术和关键技术，带动产业转型和技术升级，一般装备基本实现自主化，重大技术装备自主化率达到95%；推进企业兼并重组，提高产业集中度，培育形成具有设备成套、工程总承包、国际贸易、投融资能力的大型企业集团，形成5~6家销售收入300亿~500亿元，1~2家销售收入超过500亿元具有国际竞争力的大型装备制造企业集团；围绕结构调整和发展方式转变，运用高新技术改造提升传统装备制造业，加大财政投入，推进信息化和工业化融合，提高企业综合素质和实力；自主创新能力有重大突破，在高端装备制造领域掌握一批重点领域的核心技术，形成一批具有自主知识产权的国际知名品牌，全行业新产品产值率超过30%，产品质量和产量明显提高，30%以上的产品技术和质量达到国际先进水平。

“十二五”期间，国务院决定加快培育和发展战略性新兴产业，其中包括节能环保、新一代信息技术、生物、高端装备制造、新能源、新材料、新能源汽车等七大领域。高端装备制造业是关系国家工业化、国防现代化的基础工业，主要服务于我国能源、交通、冶金、化工、航空、水利以及国防等国民经济各部门。高端装备制造业产品的主要特征是大型、成套、技术先进、智能化程度高、综合性强，其设计技术

的高难度、高质量是体现装备制造业综合实力的基础。

当前世界上只有少数先进的工业国家美国、德国、日本等具有高端装备的制造能力，我国要从装备制造业大国迈向装备制造业强国必须在高端装备制造方面有所突破。

重型机械行业是我国高端装备制造的重点领域，主要有以下方面：

（1）大型铸锻件。“十一五”期间大型铸锻件行业技术取得显著进步。核电领域以 CPR1000 为代表的二代加反应堆压力容器和蒸汽发生器整套铸件已经实现首台（套）的制造，个别企业实现批量制造；以 AP1000 为代表的第三代核电铸锻件，AP1000 铸造主管道等个别产品已实现首件制造，核电常规岛发电机半速转子 300 吨级锻件（净重 226.4t、锻件重量 320t、钢锭重量 560t）已实现首件制造等。

火电设备方面，以 1 000MW 超超临界高中压转子、超纯净低压转子、600MW 超临界汽缸等为代表的火电设备铸锻件已完成首件试制，部分产品已实现批量制造。

水电设备方面，70 万 kW 以上巨型水电站水轮机大轴、上冠、下环、叶片已实现首件制造。

大型化方面，实现了 5 000mm 轧机用 400 吨级（净重 480t）特大型铸件、200 吨级（净重 226t，钢锭重量 450t）特大型锻件的制造。钢锭大型化方面取得突出成绩，完成了 300 吨级、400 吨级、500 吨级钢锭的跨跃。目前最大钢锭达到 580t，制造能力达到世界水平。超大型船用曲轴锻件（90 级以上）。

“十二五”期间拟开展以下研究攻关：①AP1000 等第三代大型核电站关键设备大型铸锻件研制。主要研发项目包括：AP1000 核岛压力容器（RPV）、蒸汽发生器（SG）、一回路锻造主管道锻件研制，AP1000 常规岛整体低压转子锻件、AP1000 核电整体发电机转子锻件和特大型低压焊接转子研制，AP1000 主泵泵壳、稳压器、补水箱锻件及高温气冷堆锻件、整套核电堆内构件不锈钢锻件等研制。②大型火电与水电设备铸锻件研制。主要研发项目包括：超超临界汽轮机转子锻件研制，大型燃气轮机系列耐高温材料锻件（转子、转盘及拉杆等），长江三峡水利枢纽升船机齿条、螺母柱及二期预埋件设备锻件的研制，3MW 级以上陆上风电及海上风电机组铸锻件研制等。

（2）煤化工大型容器。在石油化工重型容器方面掌握了锻焊结构热壁加氢反应器的制造技术，具有自主研发和技术提升能力，部分关键技术已达到国际领先水平，如中国第一重型机械集团公司制造的 2 040t 煤制油加氢反应器是当前国际上最大的加氢反应器。

（3）千万吨级煤炭井下综合采掘、洗选、提升成套设备及 2 000 万吨级露天矿成套设备。“十二五”研制的关键设备：①大型钻机。研制直径 12 ~ 13m 的大型动力头钻机和用于大型钻井法的直筒施工成套设备。②大型矿用挖掘机。研制斗容量 $75m^3$ 超大型矿用挖掘机（“十一五”期间已研制出 27 m^3、$35m^3$、$55m^3$ 大容量产品并成批生产）。③电牵引采煤机。研制开采高度 7m 以上、总装机功率 3 000kW、生产能力大于 3 500t/h 的产品（“十一五”期间已研制出 1 800kW、2 000kW 和 2 500kW 产品）。④提升机。研制年产 800 万 ~ 1 000 万 t 矿井用的 ϕ5.5m × 6m、ϕ6m × 4m 及 ϕ7m × 4m 大型和特大型多绳摩擦式矿井提升机，研制 ϕ6m 平绳缠绕式矿井提升机和千米深井提升机。⑤ϕ10m过滤面积 $500m^2$ 的特大型矿用盘式过滤机。⑥排土能力9 000t/h自移式大型露天矿用破碎站。⑦300t 以上的大型矿用电动轮自卸车，交流传动，最高车速 65km/h。

（4）全断面岩石掘进机和盾构机。全断面掘进机（含硬岩石型 TBM 和软土型）是当前世界上最先进的隧道专用施工机械，也是高端装备制造业的标志性产品。现代盾构掘进机集机、电、液、传感、信息技术于一体，具有开挖切削土体、输送土渣、拼装隧道衬砌、测量导向纠偏等功能。与传统的钻爆破相比，具有快速、高效、安全可靠、施工质量好、成本低、对周围岩石的扰动小等优点，有利于保护环境和降低劳动强度。

通过对系统集成关键技术的研究，以及对刀盘、刀具、驱动支撑推进换步和控制系统等技术的研究攻关，掌握全断面掘进机的核心技术，实现大部分关键零部件的国产化。

（5）风电设备。为适应发展可再生能源的市场需求，大连重工·起重集团有限公司、中国第二重型机械集团公司、太原重型机械集团有限公司开拓风电设备制造领域。通过引进国外技术和技术改造，中国第二重型机械集团公司形成了年产 1 000 套 1.5MW 以上风电增速机的生产能力。大连重工·起重集团有限公司具备了年产 2 000 套 1.5MW 以上风电设备的制造能力，自主开发的 3MW 海上风力发电机已投入批量生产，2010 年完成风力发电设备 3 000 套。公司正在开发 5MW 以上风力发电设备，将成为国内最大的风电设备制造企业。太原重型机械集团有限公司制造的风电机组正在考核运行中。“十二五”期间要实现风电设备全部关键零部件的国产化。

（6）大型锻压设备。现有的大型锻压设备有：中国第一重型机械集团公司的 1.5 万 t 水压机，中国第二重型机械集团公司的 1.6 万 t 水压机，上海重型机器厂有限公司的 1.65t 油压机，中信重工机械股份有限公司的 1.85 万 t 油压机。中国第二重型机械集团公司正在为制造大飞机模锻件研制 8 万吨级模锻压机；内蒙古北方重工业集团有限公司现有 360MN 立式挤压机，“十二五”期间要研制 450MN 立式挤压机。

以上大型自由锻造压机及挤压机的建成和投产大大提升了我国大型、超大型铸锻件和大口径厚壁无缝钢管的生产能力，从根本上改变了大型铸锻件依赖进口的局面。

(7)大型冷热连轧成套设备及涂镀层加工成套设备。包括:高精度热连轧成套设备,高精度冷连轧成套设备,彩色涂层钢板成套设备。

(8)大型集装箱装卸输送成套设备。包括:大型集装箱岸边起重机,轮胎式集装箱门式起重机,轨道式集装箱门式起重机,环保智能高效集装箱自动化码头装卸系统。

(9)大型散料装卸输送成套设备。主要关键设备:①生产能力11 000~15 000t/h,回转半径50~60m超大型斗轮堆取料机。②载重80吨级通用敞车重型翻车机。③装载能力6 000~10 000t/h大型装船机。

(10)特大型起重设备。包括:①4 000t全回转浮吊,水深作业300m,提升高度95m[上海振华重工(集团)股份有限公司]。②7 500t全回转自航浮吊[上海振华重工(集团)股份有限公司]。③20 000t×125m用于海上钻井平台整体制作的多吊点桥式起重机,最大起升高度100mm(大连重工·起重集团有限公司)。④海上风电设备安装特种起重机。⑤3 200t履带式起重机(三一重工股份有限公司、中联重科股份有限公司)。⑥1 000t全地面起重机(徐工集团)。⑦1 600t造船门机[上海振华重工(集团)股份有限公司]。

(11)核电用起重机与自动化搬运装卸设备。包括:①第三代核电站用环形起重机,吊装核电压力容器、蒸汽发生器。②核电PMC燃料装卸与燃料贮运系统。

(12)海洋工程。上海振华重工(集团)股份有限公司、中国第一重型机械集团公司等企业正在投入该领域,产品包括海洋铺管船、海工平台等。

五、2011年协会的工作任务

2011年协会工作的总体思路是依据国务院装备制造业调整和振兴规划及国家“十二五”规划的总体发展要求,以产业结构调整为主线,以提升核心竞争力为根本,促进行业产品结构优化和发展方式的转变,继续保持行业平稳较快的发展。

(1)继续做好政府有关部门委托的工作,发挥桥梁和纽带作用,积极向政府有关部门反映企业的诉求,推进“十二五”规划中重型机械行业涉及的有关专题在政府相关部门的立项工作。

(2)组织召开五届四次会员代表大会及理事会,做好“十一五”全国重型机械行业优秀企业家、“十一五”全国重型机械行业优秀科技工作者、中国重型机械工业协会2009~2010年度优秀分支机构、统计工作先进单位等表彰工作。

(3)继续做好协会统计和行业统计信息的收集工作,加强行业经济运行分析研究,扩大统计网参加单位,办好《统计简报》(普通版和网员版),扩大《统计简报》(普通版和网员版)赠送范围,完成《2010年重机协会统计年报》的编辑工作。

(4)组织行业企业申报中国机械工业科学技术奖,并开展评审和推荐工作。

(5)认真组织由中国机械工业联合会和中国重型机械工业协会联合主办的“2011中国(上海)国际重型机械装备展览会”,同期举办起重运输机械技术交流会,突出展示重型机械行业的高端制造领域,以及新技术、新产品,扩大市场影响力。

(6)配合中国机械工业联合会做好中国机械工业优质品牌产品推荐与评审工作。

(7)组织召开重型机械行业科技创新会议暨院所长、高校领导座谈会,重点研讨重型机械行业高端装备制造相关问题。

(8)组织召开2011全国散料输送新技术发展论坛,交流、推广散料输送领域的新技术、新成果。

(9)办好协会会刊《中国重机通讯》和协会官方网站,发挥协会的平台作用,扩大对会员单位的信息宣传和服务工作。

(10)继续加强与国外对口专业协会的交流,促进协会会员参与国际交流和合作。

(11)完成《2011中国重型机械工业年鉴》组稿、撰稿、编辑和编审工作。

(12)继续加强协会的组织和制度建设,提升协会的服务能力,做好协会参加社团评估的前期准备。

(13)按照国资委行业协会办公室和民政部的要求,积极推动分支机构规范化运作,指导分支机构贯彻落实《中国重型机械工业协会分支机构暂行管理办法》及《中国重型机械工业协会分支机构考核暂行管理办法》,重点推进分支机构财务的规范化管理,组织召开分支机构秘书长会议。

(14)做好由协会暂时管理的起重葫芦分会工作。

(15)做好2012年六届理事会的换届准备工作,适时召开副理事长会议或常务理事会商讨有关事宜。

[撰稿人:中国重型机械工业协会徐善继　审稿人:中国重型机械工业协会肖立群]

2010年“中国机械工业科学技术奖”重型机械行业获奖项目

中国重型机械工业协会2010年8月14~17日在辽宁省丹东市组织召开重型机械行业科学技术奖评审会议，对全行业企业、科研单位、大专院校申报的65项中国机械工业科学技术奖项目进行评审。经过网上公示，并经“中国机械工业科学技术奖”评审委员会审定，重型机械行业荣获中国机械工业科学技术奖项目共36项，其中特等奖1项，一等奖6项，二等奖14项，三等奖15项。2010年“中国机械工业科学技术奖”重型机械行业获奖情况见表1。

表1 2010年“中国机械工业科学技术奖”重型机械行业获奖情况

项目编号	项目名称	获奖等级	完成单位
1004013	20 000t×125m多吊点桥式起重机	特等奖	大连重工·起重集团有限公司
1004007	SF33900型220t电动轮自卸车	一等奖	湘电重型装备股份有限公司
1004009	整辊镶块智能型冷轧带钢板形仪与工程应用	一等奖	燕山大学、鞍钢股份有限公司
1004016	国药集团物流中心关键技术与成套设备研制及其推广应用	一等奖	北京起重运输机械设计研究院
1004046	钢液炉外精炼(RH)成套技术与关键设备开发及其应用	一等奖	中国重型机械研究院有限公司、山东省冶金设计院股份有限公司
1004052	JGL—920十辊管材矫直机	一等奖	中信重工机械股份有限公司、洛阳矿山机械工程设计研究院有限责任公司
1004062	日产5000t水泥生产线余热发电锅炉成套设备研制	一等奖	四川川润动力设备有限公司
1004002	矿井提升机液压制动性能在线监测系统研制及推广应用	二等奖	中国矿业大学、中国平煤神马能源化工集团有限责任公司、徐州大恒测控技术有限公司、淄博矿业集团有限责任公司葛亭煤矿
1004018	多点大角度小半径空间转弯越野带式输送机新技术开发	二等奖	泰安力博机电科技有限公司、山东科技大学
1004026	TLZS80—93炼钢余热利用特大型振动输送装置	二等奖	河南太行振动机械股份有限公司
1004031	DADH风电偏航制动器	二等奖	焦作瑞塞尔盘式制动器有限公司
1004032	MG750/1800—WD电牵引采煤机	二等奖	太原矿山机器集团有限公司
1004035	KGPS—DX高效节能环保多供电变频感应熔炼成套设备	二等奖	苏州振吴电炉有限公司
1004040	1 580mm热连轧机组	二等奖	中国第一重型机械集团公司
1004041	联合循环机组高中压转子制造技术创新及工程应用	二等奖	中国第一重型机械集团公司
1004043	60MN重型数控钛电极制备液压机成套装备	二等奖	天津市天锻压力机有限公司
1004047	大型板带材切边设备关键技术的研发和应用	二等奖	中国重型机械研究院有限公司、常州金安冶金设备有限公司
1004053	特大型(8 000t/d)新型干法水泥回转窑	二等奖	中信重工机械股份有限公司、洛阳矿山机械工程设计研究院有限责任公司
1004055	矿井提升机高压交—直—交变频传动电控系统	二等奖	中信重工机械股份有限公司、洛阳中重自动化工程有限责任公司
1004061	ER_6永磁同步电梯曳引机	二等奖	苏州通润驱动设备股份有限公司
1004065	立式转环感应式湿法强磁选机	二等奖	抚顺隆基电磁科技有限公司
1004001	1.8m带宽大倾角皮带机的研制(DTC180/330/3×1600)	三等奖	宁夏天地西北煤机有限公司
1004005	NSE1000板链斗式提升机	三等奖	芜湖起重运输机器有限公司

（续）

项目编号	项目名称	获奖等级	完成单位
1004014	低温超导除铁器	三等奖	山东华特磁电科技股份有限公司
1004015	中场强脉动卸矿回收机	三等奖	山东华特磁电科技股份有限公司
1004020	紧凑式机电液一体化自动锯机	三等奖	北京中冶设备研究设计总院有限公司
1004021	FL—135 型高速大断面起停式曲柄飞剪机	三等奖	北京中冶设备研究设计总院有限公司、天津荣程钢铁集团有限公司
1004024	新型高密度梳型交换式停车塔	三等奖	深圳怡丰自动化科技有限公司
1004025	TQLS50125 特大型强力高幅振动筛	三等奖	河南太行振动机械股份有限公司
1004033	CDW11×CNC—250×3000 数控水平下调三辊卷板机研发	三等奖	长治钢铁（集团）锻压机械制造有限公司
1004036	CY—4 型地下柴油铲运机研制	三等奖	中钢集团衡阳重机有限公司、长沙矿山研究院、广西大厂矿务局高峰矿业有限公司
1004038	BX8t（BB8）、BX12t（BB12）壁式悬臂起重机	三等奖	卫华集团有限公司
1004054	矿井提升机大容量全数字交—交变频电控系统	三等奖	中信重工机械股份有限公司、洛阳中重自动化工程有限责任公司
1004058	大口径油气管路内、外防腐生产线	三等奖	天津市工业自动化仪表研究所
1004059	发动机装配线计算机控制轴瓦选配系统	三等奖	湖北省机电研究设计院
1004063	PYG 系列多缸液压圆锥破碎机	三等奖	上海建设路桥机械设备有限公司

〔撰稿人：中国重型机械工业协会张维新　审稿人：中国重型机械工业协会徐善继〕

2010 年重型机械行业十大新闻

一、胡锦涛总书记视察中信重工机械股份有限公司，对中信重工的快速发展给予了高度评价

2010 年 7 月 10 日，中共中央总书记、国家主席、中央军委主席胡锦涛视察中信重工机械股份有限公司，对中信重工近几年的快速发展给予了高度评价，他说：“你们这几年的变化说明，企业的生命在于创新。中信重工由生产型企业转变为研发型企业，是转变经济发展方式在企业的成功实践。”

二、中国重型机械工业协会理事会多位企业领导荣获 2010 年全国劳动模范光荣称号

2010 年，全国劳动模范和先进工作者表彰大会在北京人民大会堂隆重举行，胡锦涛主席发表了重要讲话。大会表彰了 2 115 名全国劳动模范和 870 名全国先进工作者。中国重型机械工业协会理事会 6 个成员单位领导荣获 2010 年全国劳动模范荣誉称号，他们是：大连重工·起重集团有限公司董事长兼总经理宋甲晶、中信重工机械股份有限公司总经理任沁新、中国重型机械研究院有限公司院长谢东钢、上海国际港务（集团）股份有限公司副总裁包起帆、巨力索具股份有限公司董事长杨建忠、上海科大重工集团有限公司董事长李平。

三、重型机械行业科技进步显著，多项成果荣获 2010 年国家科技进步奖二等奖和 2010 年中国机械工业科学技术奖特等奖

中国第一重型机械集团公司完成的“2 150mm 宽带钢热连轧机组装备关键技术自主创新及工程应用”、中国重型机械研究院有限公司和宝钢集团、燕山大学共同完成的“中薄板坯连铸机成套技术与关键设备开发及应用”、上海振华重工（集团）股份有限公司以 4 000t 全回转浮吊、7 500t 全回转浮吊为依托的“海上重型起重装备全回转浮吊关键技术及应用”等项目荣获 2010 年国家科技进步奖二等奖。

大连重工·起重集团有限公司完成的 20 000t×125m 多吊点桥式起重机荣获 2010 年中国机械工业科学技术奖特等奖。

四、中国重型机械工业协会多家会员单位上市，与资本市场成功对接

2010 年 2 月 9 日，中国第一重型机械股份公司在上海证券交易所成功上市，证券简称“中国一重”，证券代码“601106”，本次A股发行的股份数200 000万股，其中首次公开发行中网上资金申购发行100 000万股股票于2010年2月9日起上市交易。

2010年2月2日，二重集团（德阳）重型装备股份有限公司在上海证券交易所上市，证券简称“二重重装”，证券代码“601268”，首次公开发行中网上资金申购发行的24 000万股股票于2010年2月2日起上市交易。

2010年1月26日，巨力索具股份有限公司在深圳证券交易所中小企业板上市，证券简称“巨力索具”，证券代码“002342”，首批发行数量5 000万股。

2010年6月25日，安徽盛运机械股份有限公司在深圳证券交易所创业板上市，证券简称“盛运股份”，证券代码“300090”。首次上网定价公开发行的25 600 000股股票自上市之日起开始上市交易。

2010年9月29日，江苏润邦重工股份有限公司在深圳证券交易所上市，股票简称“润邦股份”，股票代码“002483”，首次公开发行人民币普通股5 000万股，网上发行4 000万股。

2010年12月10日，株洲天桥起重机股份有限公司在深圳证券交易所上市，股票简称“天桥起重”，股票代码“002523”，首次公开发行股票增加的股份4 000万股，网上发行3 200万股。

五、2010年重型机械行业工业总产值突破7 000亿元，产品进出口总额超过170亿美元

受益于国家多项振兴装备制造业政策的推进，2010年我国重型机械行业积极调整产业结构，转变经济发展方式，实现了又好又快发展。重型机械行业全年完成工业总产值达7 182亿元，同比增长25.6%；工业销售产值达6 942亿元，同比增长25.2%；产品进出口总额170.7亿美元，同比增长0.65%；进出口顺差51.7亿美元。

六、中国重型机械工业协会成功召开五届三次会员代表会议暨理事会议

2010年5月9日，中国重型机械工业协会在北京召开了五届三次会员代表会议暨理事会议，187个单位的233名代表参加了会议。国家发改委经济运行局李镜处长，国家能源局王书强处长，工信部装备司杨拴昌处长、运行局景晓波处长，国家质检总局特种设备局尚洪处长和中国机械工业联合会副会长蔡惟慈、杨学桐，中国重型机械工业协会吴生富理事长等领导出席了会议，常务副理事长徐善继做了《加快调整产业结构、转变经济发展方式、实现重型机械行业又好又快发展》的工作报告。大会由肖立群秘书长主持。大会还组织了会议交流，邀请了中国机械工业联合会、中国—东盟商务理事会中方秘书处、中国钢铁工业协会、中国水泥协会、中国船舶工业协会等协会介绍了相关行业的最新动态和发展趋势。

七、中国重机总公司签订我国冶金设备最大金额单笔出口EPC合同

2010年6月22日，中国重型机械总公司与马来西亚金狮集团金狮高炉公司隆重举行了金狮高炉公司炼铁炼钢项目总承包合同的签字仪式。

中国重型机械总公司与马来西亚金狮集团签订的金狮高炉公司炼铁炼钢项目EPC总承包合同及17个子合同，合同金额约9亿美元。该项目的签订是我国冶金设备迄今为止金额最大的单笔出口EPC合同，实现了从炼铁到炼钢及其全部配套设施全方位的总承包。

项目项下包括高炉、烧结、焦化、球团、发电、炼钢、连铸、鼓风机、码头、原料输送、炉顶余压发电、中央控制系统、原料场、水处理、动态无功补偿装置、外围管线、第2台鼓风机等子项，建成投产后可达到年产200万t铁液和150万t板坯的生产能力。

八、中国第一重型机械集团公司、中国第二重型机械集团公司成功研制核电关键装备

2010年4月22日，国内第一支1 100MW核电半速转子在中国第二重型机械集团公司顺利通过联检，并包装发往用户。

2010年12月18日，由中国第一重型机械集团公司承制的用于红沿河核电站1号机组的我国首台完全自主化核反应堆压力容器，各项技术指标全部满足要求，已从大连制造基地发往辽宁红沿河。

九、上海振华重工成功交付8 000t浮吊

2010年11月8日，上海振华重工在长兴岛基地正式向韩国三星重工交付了“SAMSUNG 5号”8 000t浮吊。“SAMSUNG 5号”属于“非自航非旋转双臂架浮吊”，船体主结构采用纵骨架式，由横向强框架支撑，主甲板为强力甲板。船上共配有11台60t绞车，包括9台定位锚绞车、2台系泊绞车，最大起重量8 000t，水面最大起升高度131m，具有臂架长（达174m）、人字架高、开档距离大等特点。该浮吊由上海振华重工集团公司自主设计、制造，拥有自主知识产权。该起重机的成功交付标志着我国在海洋工程船舶，特别是大型海上起重船舶领域达到国际先进水平。

十、中信重工机械股份有限公司国内最大规格半自磨机和球磨机研制成功

2010年4月2日，中信重工机械股份有限公司自行设计制造、拥有完全自主知识产权的ϕ10.37m×5.19m半自磨机、ϕ7.32m×10.68m球磨机一次试车成功，并通过江铜用户验收，成为该领域国内首台（套）重大装备，标志着我国在矿山装备制造领域又取得一项重大成果，将对我国矿业向大型化、集约化方向发展具有重要作用。

由于使用先进的选矿工艺技术装备，不仅使德兴铜矿的日采选综合生产能力从目前的10万t增加到13万t，同时矿山寿命将延长8年，从而实现了节约利用资源的目标。

〔撰稿人：中国重型机械工业协会肖立群　审稿人：中国重型机械工业协会徐善继〕

行业篇

从生产发展情况、市场及销售、产品进出口、科技成果及新产品等方面阐述重型机械各分行业2010年的发展情况

It briefs the development made in 2010 in all the sectors of the heavy machinery industry, namely production, marketing, sales, product import and export, technical development and the new product creation

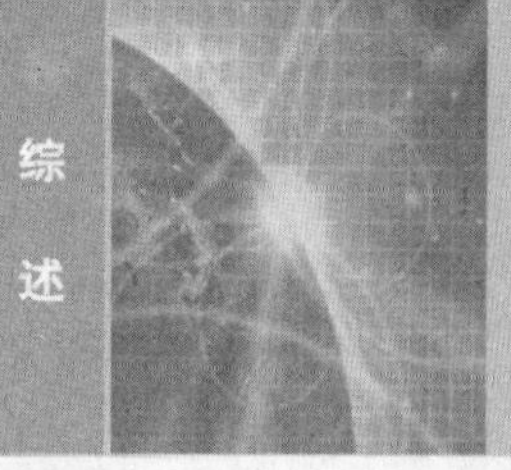

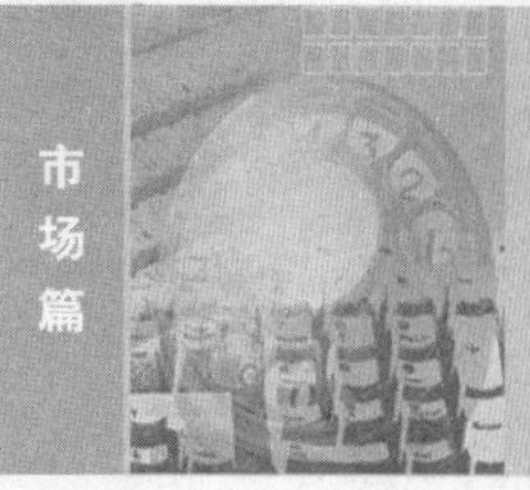

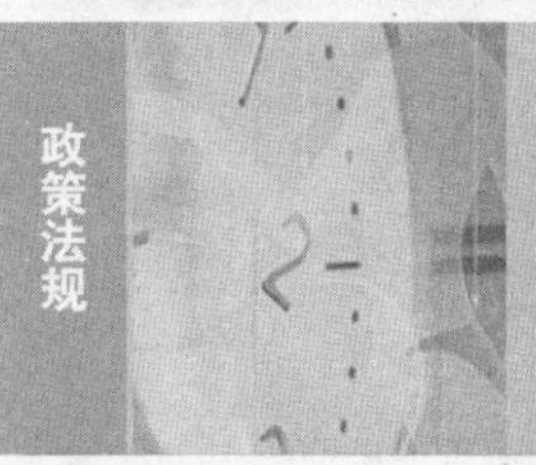

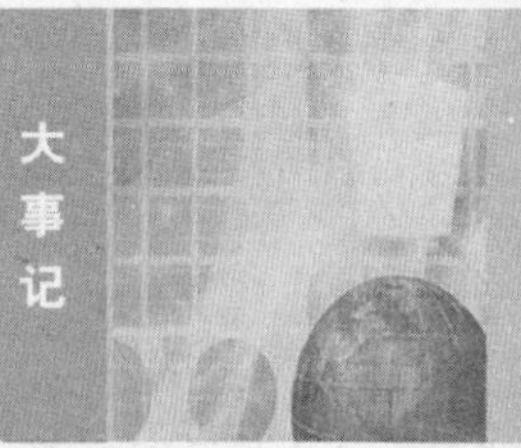

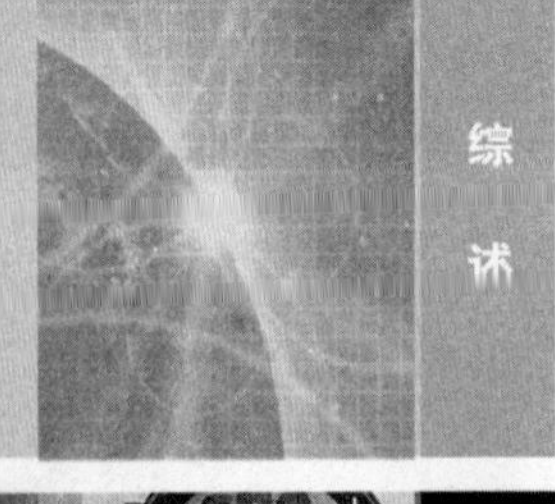

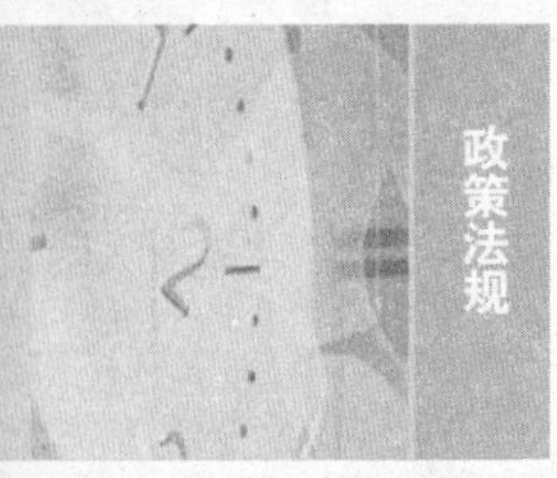

行业篇

“十一五”全国重型机械行业优秀企业家

专栏

中国重型机械工业协会文件

重机协字（2011）第023号

关于表彰“十一五”全国重型机械行业优秀企业家的决定

为表彰“十一五”期间对重型机械行业发展和科技进步做出突出贡献的企业家，由中国重型机械工业协会秘书处推荐，经评审委会员评审，中国重型机械工业协会五届九次常务理事会审议决定，吴生富等50名同志被评为“十一五”全国重型机械行业优秀企业家（名单见附件）。

希望受表彰的全国重型机械优秀企业家再接再厉，开拓进取，争创佳绩。全行业各单位要以先进为榜样，全面落实科学发展观，不断推进科技进步，开拓创新，扎实工作，推进企业转型升级，为我国重型机械行业又好又快发展做出更大的贡献。

附件：“十一五”全国重型机械行业优秀企业家名单

中国重型机械工业协会

二○一一年五月八日

“十一五”
全国重型机械行业优秀企业家名单

（排名不分先后顺序）

吴生富	石　柯	岳普煜	宋甲晶	耿洪臣
任沁新	陆文俊	吕亚臣	张庆伟	谢东钢
陆大明	戚天明	程幸之	方　芳	韩宪保
孙青松	顾雄斌	张耀明	黄珑琳	马昭喜
廖纯德	杨　军	成固平	徐新民	李　静
张观华	周水妹	黄海珊	黄金荣	段京丽
辜宁生	承洪宇	李福光	吴友华	李　平
翁耀根	喻连生	马卫国	张志华	宋济隆
张文忠	齐景光	崔培军	阮曙峰	王兆连
张承臣	马立民	王孙同	杨永柱	张家驷

提升软实力建设 打造核心竞争力

吕亚臣

上海电气(集团)总公司副总裁
上海电气重工集团总裁 吕亚臣

提供一揽子解决方案是我们永恒的追求。

戚天明

中信重工机械股份有限公司总经理助理
洛阳矿山机械工程设计研究院院长 戚天明

“十一五”全国重型机械行业

优秀企业家

打过第一次交道
便是永远的朋友

韩宪保

卫华集团有限公司董事长、总裁 韩宪保

用脚踏实地精神做事，
不断挑战更高的目标。

黄珑琳

江阴凯澄起重机械有限公司总经理 黄珑琳

坚持"优、新、快、好"的经营理念，
实现企业与合作伙伴共赢

山东山矿机械有限公司董事长 马昭喜

努力地工作，
快乐地生活。

衡阳运输机械有限公司董事长 廖纯德

“十一五”全国重型机械行业

优秀企业家

天道酬勤

成固平

株洲天桥起重机股份有限公司董事长 成固平

广州起重机械有限公司董事长 黄海珊

上海科大重工集团有限公司董事长 李平

山起重型机械股份公司董事长 徐新民

“十一五”全国重型机械行业

优秀企业家

诚信经营

服务至上

合作共赢

新疆通用机械有限公司总经理 马卫国

百年雙鳥 葫芦经典

张文忠

浙江双鸟机械有限公司董事长 张文忠

诚信经营、科技创新，回报社会，是我们的宗旨

齐景光

中原圣起有限公司董事长 齐景光

用户为源，员工是本，
回报股东，造福社会。

崔培军

河南省矿山起重机有限公司董事长 崔培军

“十一五”全国重型机械行业
优秀企业家

利于社会 以人为本 合作共赢

沈阳隆基电磁科技股份有限公司总经理 张承臣

誠信是本分，创新是動力，
奋斗是生命，突破是目标。
楊永柱

鞍山重型矿山机器股份有限公司董事长 杨永柱

为把中国从带式输送机
大国变成强国而奋斗

马立民

北京约基同力机械制造有限公司董事长兼总经理 马立民

实事求是 科学决策

开拓创新 勤政廉洁 真诚公道

北京清源发机电设备工程监理有限公司总经理 张家驷

冶金矿山机械

行业简况 冶金矿山机械行业是以提供炼焦、烧结、冶炼、轧制、矿山开采、提升、破碎粉磨、煤矿采掘、筛分洗选、竖井及隧道挖掘、水泥、重型锻压等大型成套设备及相关配套产品，以及为能源、原材料、化工、造船、军工、机械等设备制造部门提供大型铸锻件为主导产品的机械制造行业。该行业的主要产品多为重大基本建设项目所需的核心设备，因此该行业不仅在国民经济建设中占有十分重要的地位，而且是体现国家制造实力的重要表征。

2001 ~ 2009 年冶金矿山机械行业主要经济指标见表 1。2001 ~ 2009 年冶金矿山机械行业主要经济指标及其占重型机械行业的比重见表 2。

表 1　2001 ~ 2009 年冶金矿山机械行业主要经济指标

年份	企业数（个）	工业总产值（当年价）（亿元）	工业增加值（亿元）	主营业务收入（亿元）	利润总额（亿元）	主营业务收入利润（总额）率（%）	资产总计（亿元）
2001	488	200.9	52.6	187.7	-4.9	-2.6	501.9
2002	511	249.3	64.7	241.6	-0.3	-0.1	561.5
2003	603	351.1	92.3	338.6	4.3	1.3	620.7
2004	1 002	568.8	149.9	540.9	13.1	2.4	809.6
2005	931	784.2	204.4	765.2	30.3	4.0	973.6
2006	1 131	1 098.6	322.8	1 019.4	54.5	5.4	1 238.7
2007	1 386	1 520.9	426.1	1 385.2	100.4	14.7	1 584.3
2008	2 073	2 204.5		2 101.1	152.6	7.3	2 411.9
2009	2 238	2 579.8		2 505.3	167.9	6.2	2 755.8

表 2　2001 ~ 2009 年冶金矿山机械行业主要经济指标及其占重型机械行业的比重

年份	行业名称	企业数（个）	占重型机械行业比重（%）	资产总计（亿元）	占重型机械行业比重（%）	工业总产值（当年价）（亿元）	占重型机械行业比重（%）	主营业务收入（亿元）	占重型机械行业比重（%）	利润总额（亿元）	占重型机械行业比重（%）
2001	重型机械行业	1 100	100.00	1 144.85	100.00	658.40	100.00	634.42	100.00	16.11	100.00
	冶金矿山机械行业	488	44.36	501.89	43.84	200.90	30.51	187.74	29.59	-4.87	-30.23
2002	重型机械行业	1 193	100.00	1 227.06	100.00	837.40	100.00	813.18	100.00	29.45	100.00
	冶金矿山机械行业	511	42.83	561.47	45.76	249.30	29.77	241.64	29.72	-0.26	-0.88
2003	重型机械行业	1 357	100.00	1 393.64	100.00	1 101.50	100.00	1 067.13	100.00	40.60	100.00
	冶金矿山机械行业	603	44.44	620.74	44.54	351.10	31.87	338.57	31.73	4.30	10.59
2004	重型机械行业	2 385	100.00	1 852.30	100.00	1 711.80	100.00	1 639.50	100.00	70.90	100.00
	冶金矿山机械行业	1 002	42.01	809.60	43.71	568.80	33.23	540.90	32.99	13.10	18.48
2005	重型机械行业	2 179	100.00	2 121.40	100.00	2 138.80	100.00	2 071.70	100.00	108.50	100.00
	冶金矿山机械行业	931	42.73	973.60	45.89	784.20	36.67	765.20	36.94	30.30	27.93
2006	重型机械行业	2 494	100.00	2 586.80	100.00	2 771.80	100.00	2 634.50	100.00	163.00	100.00
	冶金矿山机械行业	1 131	45.35	1 238.70	47.89	1 098.60	39.63	1 019.40	38.70	54.50	33.44
2007	重型机械行业	2 879	100.00	3 345.48	100.00	3 711.86	100.00	3 535.41	100.00	233.49	100.00
	冶金矿山机械行业	1 386	48.14	1 584.28	47.36	1 520.89	40.97	1 385.24	39.18	100.38	42.99
2008	重型机械行业	4 187	100.00	4 776.56	100.00	5 125.66	100.00	4 954.37	100.00	345.02	100.00
	冶金矿山机械行业	2 073	49.51	2 411.92	50.50	2 204.50	43.01	2 101.12	42.41	152.64	44.24
2009	重型机械行业	4 388	100.00	5 578.13	100.00	5 787.89	100.00	5 649.58	100.00	407.92	100.00
	冶金矿山机械行业	2 238	51.00	2 755.84	49.40	2 579.80	44.57	2 505.33	44.35	167.87	41.15

行业经济运行情况

1. 主要经济指标完成情况

2010年冶金矿山机械行业主要经济指标完成情况见表3。

表3 2010年冶金矿山机械行业主要经济指标完成情况

企业分类	企业数（个）	比上年增长（%）	工业总产值（当年价）（亿元）	比上年增长（%）	出口交货值（亿元）	比上年增长（%）	工业销售产值（亿元）	比上年增长（%）
冶金矿山机械行业	2 384	6.52	3 207.58	24.33	159.66	49.25	3 114.26	24.77
其中：大型企业	29	7.41	1 144.83	14.08	112.14	80.64	1 108.32	14.42
中型企业	183	20.40	711.23	29.97	21.91	-4.36	688.30	31.95
小型企业	2 172	5.49	1 351.52	31.35	25.60	16.47	1 317.64	31.02
其中：全国有企业	90	-6.25	652.15	-11.90	27.64	-28.41	620.45	-12.69
私营企业	1 487	8.31	1 037.62	41.29	14.23	217.64	1 013.05	42.23
其他内资企业	680	8.11	1 285.67	46.33	89.18	178.95	1 245.20	47.47
三资企业	127	-9.28	232.15	1.05	28.61	-10.47	235.56	3.01
其中：国有控股	175	-4.37	1 428.64	13.47	116.80	71.79	1 373.88	13.77
集体控股	127	-3.05	100.89	8.98	1.64	86.37	97.25	8.04
私人控股	1 894	10.25	1 414.94	45.48	19.42	121.44	1 379.60	45.93
三资控股	98	-7.54	163.89	-3.28	18.07	-28.73	168.25	-0.99
其他控股	90	-10.00	99.22	15.23	3.73	-5.80	95.29	14.84
其中：冶金机械行业	605	1.68	1 050.18	12.45	51.75	9.23	1 006.19	11.97
矿山机械行业	1 779	6.59	2 157.40	31.09	107.91	81.09	2 108.07	31.97

企业分类	主营业务收入（亿元）	比上年增长（%）	主营业务利润（亿元）	比上年增长（%）	利润总额（亿元）	比上年增长（%）	利税总额（亿元）	比上年增长（%）
冶金矿山设备行业	3 111.30	24.19	525.25	37.12	249.70	48.75	371.40	42.93
其中：大型企业	1 071.54	8.41	192.67	28.96	94.18	38.97	140.54	41.56
中型企业	720.75	37.50	125.67	48.81	53.62	51.60	81.29	44.14
小型企业	1 319.01	32.88	206.91	38.38	101.90	57.43	149.57	43.59
其中：全国有企业	598.21	-15.83	93.88	-15.53	32.35	-24.66	58.70	-11.04
私营企业	1 018.04	44.79	163.90	55.71	87.50	74.49	128.31	60.87
其他内资企业	1 263.82	45.58	208.46	72.47	99.32	89.44	145.14	77.03
三资企业	231.23	3.58	59.01	28.90	30.53	36.00	39.25	22.24
其中：国有控股	1 356.59	9.71	233.94	24.75	101.17	30.36	158.31	35.13
集体控股	108.49	16.86	13.01	34.13	5.52	109.10	8.95	46.73
私人控股	1 381.54	48.76	215.36	59.13	109.37	74.47	160.07	59.50
三资控股	165.65	-0.07	46.24	24.61	24.92	38.37	30.90	17.72
其他控股	99.03	23.16	16.70	24.82	8.72	26.02	13.17	31.97
其中：冶金机械行业	1 006.40	8.82	184.39	33.49	76.19	32.69	115.45	35.70
矿山机械行业	2 104.91	33.23	340.86	39.17	173.51	57.10	255.95	46.45

（续）

企业分类	资产总计（亿元）	比上年增长（%）	流动资产合计（亿元）	比上年增长（%）	固定资产合计（亿元）	比上年增长（%）	总资产贡献率（%）	上年同期（%）	流动资金周转率（次）	上年同期（次）
冶金矿山机械行业	3 452.88	25.30	2 292.30	23.63	853.70	21.29	11.47	10.23	1.36	1.35
其中：大型企业	1 839.46	26.64	1 292.34	22.73	399.80	21.90	8.41	7.64	0.83	0.94
中型企业	758.80	13.85	523.19	19.58	172.42	9.46	11.38	9.13	1.38	1.20
小型企业	854.63	34.21	476.77	30.95	281.48	28.91	18.16	17.28	2.77	2.73
其中：全国有企业	1 064.85	-3.96	783.13	-2.60	218.79	-2.33	6.32	6.85	0.76	0.88
私营企业	526.78	31.91	289.54	38.85	183.19	19.16	25.33	21.24	3.52	3.37
其他内资企业	1 513.43	50.88	990.84	49.33	365.05	35.00	10.27	8.77	1.28	1.31
三资企业	347.82	42.05	228.80	28.18	86.68	55.65	11.51	13.56	1.01	1.25
其中：国有控股	2 263.04	20.93	1 582.99	19.96	495.80	16.98	7.72	7.03	0.86	0.94
集体控股	71.94	-7.19	49.11	-10.20	15.79	-3.83	12.85	8.62	2.21	1.70
私人控股	753.46	37.43	425.11	42.41	253.34	25.59	22.22	19.38	3.25	3.11
三资控股	285.88	37.39	194.20	26.66	65.40	43.43	11.00	13.01	0.85	1.09
其他控股	78.57	55.59	40.89	43.03	23.37	43.47	17.10	20.42	2.42	2.81
其中：冶金机械行业	1 506.60	12.39	968.59	7.14	403.17	8.54				
矿山机械行业	1 946.29	37.47	1 323.71	39.26	450.53	35.54				

企业分类	主营业务收入利润率（%）	上年同期（%）	主营业务收入利润（总额）率（%）	上年同期（%）	全员劳动生产率（工业总产值法）（万元/人）	上年同期（万元/人）	工业资金利税率（%）	上年同期（%）
冶金矿山设备行业	16.88	15.29	8.03	6.70	70.81	59.75	11.81	19.62
其中：大型企业	17.98	15.12	8.79	6.86	86.93	72.88	8.31	7.59
中型企业	17.44	16.11	7.44	6.75	55.82	46.78	11.69	10.04
小型企业	15.69	15.03	7.73	6.52	69.70	58.12	19.73	18.58
其中：全国有企业	15.69	15.64	5.41	6.04	71.47	79.36	5.86	6.73
私营企业	16.10	14.97	8.59	7.12	72.58	60.08	27.14	23.30
其他内资企业	16.49	13.92	7.86	6.04	67.91	47.11	10.70	9.29
三资企业	25.52	20.51	13.20	10.06	78.78	75.96	12.44	14.30
其中：国有控股	17.24	15.17	7.46	6.28	77.48	73.59	7.62	7.10
集体控股	11.99	10.45	5.08	2.85	31.18	16.97	13.79	8.80
私人控股	15.59	14.57	7.92	6.75	70.63	58.20	23.59	21.03
三资控股	27.91	22.35	15.05	10.80	77.69	70.61	11.90	13.78
其他控股	16.86	16.64	8.80	8.60	66.83	57.36	20.49	23.23

2. 产品生产情况

2009～2010 年冶金矿山机械行业主要产品产量见表 4。

表 4　2009～2010 年冶金矿山机械行业主要产品产量

产品名称	企业数（个）	2010 年（万 t）	2009 年（万 t）	同比增长（%）
冶金设备合计	142	122.11	118.35	3.17
金属冶炼设备	76	69.50	64.01	8.57
金属轧制设备	66	52.61	54.34	-3.18
矿山设备	406	419.84	352.22	19.20
水泥专用设备	71	116.08	82.50	40.71

3. 产品进出口情况

2010 年冶金矿山机械主要产品进出口情况见表 5。

2010 年冶金矿山机械进口额或出口额 2 000 万美元以上的产品见表 6。

2010 年冶金矿山机械出口额超过 4 000 万美元的国家（地区）见表 7。

2010 年冶金矿山机械进口额超过 1 000 万美元的国家（地区）见表 8。

表 5 2010 年冶金矿山机械主要产品进出口情况

产品名称	出口额（亿美元）	同比增长（%）	进口额（亿美元）	同比增长（%）	进出口总额（亿美元）	同比增长（%）	进出口差额（亿美元）	上年同期（亿美元）	同比增长（%）
冶金矿山机械行业合计	23.64	-15.24	20.85	-8.65	44.49	-12.27	2.79	5.06	-44.92
占重型机械行业的比重（%）	21.26		35.04		26.06		5.40	8.71	
（一）冶金设备	14.27	-24.32	13.39	-15.00	27.66	-20.80	0.89	3.11	-71.53
1. 金属冶炼设备	0.48	-60.77	0.24	-63.64	0.72	-6.17	0.23	0.55	-57.29
2. 连铸设备	0.45	-4.21	0.10	78.30	0.56	-41.55	0.35	-0.01	3 600.00
3. 金属轧制设备	2.65	-32.36	4.19	11.22	6.84	-11.01	-1.54	0.15	
4. 冶金设备零件	10.69	-19.31	8.85	-18.33	19.55	-18.87	1.84	2.41	-23.72
（二）矿山设备合计	9.37	3.73	7.47	5.47	16.83	4.49	1.90	1.95	-2.59
1. 采掘设备及钻机	1.59	35.71	2.76	24.72	4.36	28.53	-1.17	-1.04	12.31
2. 破碎粉磨设备	5.44	-5.49	2.84	-11.36	8.29	-7.59	2.59	2.54	1.91
3. 筛分、洗选设备	2.04	13.55	1.48	4.89	3.52	9.74	0.56	0.39	45.21
4. 提升（卷扬）设备	0.06	20.02	0.04	186.6	0.10	55.77	0.02	0.04	-42.62
5. 矿山设备零件	0.23	-7.89	0.36	48.62	0.57	18.68	-0.10	0.03	

注：1. 表中原始数据来源于海关总署 2010 年 12 月统计资料，编者按国家统计局 2010 年《统计用产品分类目录》对归类作适当调整。

2. 由于四舍五入，合计数有微小出入。

表 6 2010 年冶金矿山机械进口额或出口额 2 000 万美元以上的产品

商品代码	商品名称	数量单位	出口量	出口额（万美元）	进口量	进口额（万美元）	进出口总额（万美元）	进出口差额（万美元）
	冶金矿山机械总计			236 414		208 525	444 939	27 889
	占重型机械行业总计比重（%）			21.26		35.04	26.06	5.40
	（一）冶金机械合计			142 727		133 875	276 602	8 852
	占冶金矿山机械总计比重（%）			60.37		64.20	62.17	31.74
84559000	其他金属轧机零件	t	101 873	40 016	8 701	30 322	70 338	9 694
84549090	其他金属冶炼设备及铸造机的零件	t	73 880	25 307	1 635	4 636	29 942	20 671
84553000	金属轧机用轧辊	个	131 292	20 848	152 091	46 199	67 046	-25 351
84552210	板材冷轧机	台	1 795	5 658	38	7 592	13 250	-1 935
84549029	其他钢坯连铸机用零件	t	9 545	5 348	3 031	2 520	7 868	2 828
84542090	其他锭模及浇包	台	9 672	5 233	134	660	5 892	4 573
84552290	其他金属冷轧机	台	2 944	5 211	58	3 402	8 614	1 809
84179020	焦炉零件	t	13 989	3 653	49	108	3 761	3 544
84549010	炉外精炼设备的零件	t	6 926	3 451	220	695	4 146	2 756
84542010	炉外精炼设备	台	169	2 744	18	1 650	4 394	1 094
84631020	拔丝机	台	2 610	2 625	686	6 144	8 768	-3 519
84552130	线材轧机	台	543	2 600	27	4 451	7 051	-1 851
84551020	冷轧管机	台	616	2 485	4	715	3 200	1 770
84543029	其他钢坯连铸机	台	92	2 426	7	59	2 485	2 367
84549021	钢坯连铸机用结晶器	t	1 282	2 074	363	1 314	3 388	760
84551010	热轧管机	台	59	1 364	17	7 081	8 445	-5 718
84552190	其他热轧机或冷热连轧机	台	90	1 322	4	8 053	9 375	-6 731
84631090	金属杆管型材异型材拉拔机	台	314	954	302	2 201	3 155	-1 247
	（二）矿山机械合计			93 688		74 650	168 338	19 038
	占冶金矿山机械总计比重（%）			39.63		35.80	37.83	68.26
84742090	其他矿物破碎或粉磨设备	台	18 791	30 685	710	17 124	47 809	13 561
84741000	筛分、洗选设备	台	18 523	20 393	1 883	14 791	35 185	5 602
84742020	球磨式矿物破碎或粉磨设备	台	2 026	16 451	140	2 205	18 656	14 245
84303100	自推进的截煤机、凿岩机及隧道掘进机	台	932	8 896	113	12 831	21 727	-3 936

（续）

商品代码	商品名称	数量单位	出口量	出口额（万美元）	进口量	进口额（万美元）	进出口总额（万美元）	进出口差额（万美元）
84742010	齿辊式矿物破碎或粉磨设备	台	2 851	7 264	206	9 137	16 401	-1 873
84306919	其他非自推进工程钻机	台	16 351	3 565	51	562	4 127	3 003
84314910	矿用电铲用零件	t	8 447	2 346	1 890	3 360	5 706	-1 014
84303900	非自推进的截煤机、凿岩机及隧道掘进机	台	32 166	1 610	92	7 452	9 062	-5 842
84305020	矿用电铲	台	4	1 292	2	5 460	6 751	-4 168

表7　2010年冶金矿山机械出口额超过4 000万美元的国家（地区）

国家（地区）	出口额（万美元）	占出口总额的比重（%）
冶金矿山机械总计	236 414	100.00
印度	42 874	18.14
越南	14 220	6.01
巴西	12 938	5.47
印度尼西亚	10 207	4.32
日本	9 123	3.86
美国	8 720	3.69
马来西亚	7 797	3.30
韩国	7 720	3.27
俄罗斯联邦	7 637	3.23
伊朗	7 364	3.12
中国台湾	6 515	2.76
泰国	5 543	2.34
土耳其	4 652	1.97
沙特阿拉伯	4 271	1.81
新加坡	4 083	1.73

表8　2010年冶金矿山机械进口额超过1 000万美元的国家（地区）

国家（地区）	进口额（万美元）	占进口总额的比重（%）
冶金矿山机械总计	208 525	100.00
德国	60 532	29.03
美国	44 225	21.21
日本	26 368	12.64
意大利	23 023	11.04
英国	9 600	4.60
法国	8 909	4.27
奥地利	6 736	3.23
瑞典	5 639	2.70
澳大利亚	4 604	2.21
韩国	4 488	2.15
中国台湾	2 262	1.08
瑞士	1 535	0.74
俄罗斯联邦	1 437	0.69
巴西	1 347	0.65
芬兰	1 191	0.57
丹麦	1 000	0.48

4. 经济运行的基本特点

（1）行业生产、销售继续保持较快增长态势。2010年，我国经济发展虽然受到世界后金融危机及欧美债务危机和经济增长乏力的影响，冶金矿山机械行业仍然实现较高的发展速度，工业总产值和主营业务收入增速分别达到24.33%和24.19%。呈现出以下几个特点：冶金机械行业经济总量增速明显低于矿山机械行业，工业总产值和主营业务收入相对增长率冶金机械分别为12.45%和8.82%，而矿山机械分别为31.09%和33.23%，前者增速远落后于后者；大型企业经济总量增速明显低于中、小型企业，相对应增长率大型企业分别为14.08%和8.41%，比行业平均增长率低10个百分点以上（2009年大型企业相应的增长率分别为26.43%和31.80%，高出行业平均增长率近10个百分点），而中、小企业分别为29.97%和37.50%、31.35%和32.88%；国有企业经济总量增速明显低于私营企业，相对应的增长率国有企业分别为-11.90%和-15.83%，私营企业分别为41.29%和44.79%，特别是冶金机械行业中的大型企业或国有企业相对中、小型企业或私营企业增长率的差别就更突出，如工业总产值的增长率大、中、小企业分别为：1.12%、18.43%、27.92%，国有企业与私营企业则分别为-41.92%和39.07%。出现这种情况与2010年中国第一重型机械集团公司、中国第二重型机械集团公司上市从国有企业转变为其他内资企业有关，扣除这种因素，国有企业经济总量增长率也只有7%。

（2）行业经济效益继续提高，再创历史最好水平。行业利润总额达249.70亿元，比上年增长48.75%；主营业务收入利润（总额）率为8.03%，比上年的6.7%提高1.33个百分点。大型企业的经济效益继续迅速提高，其中29个大型企业，实现利润总额为94.18亿元，在过去三年利润总额平均增速超过30%的高速增长基础上，2010年利润总额又比上年增长38.97%，但仍低于全行业的平均增长率48.75%约10个百分点。大型企业利润总额占全行业利润总额的比例从上年的40.37%下降为37.73%，大型企业主营业务收入利润（总额）率8.79%，高于行业平均值0.76个百分点。国有控股企业175个，比上年减少8个，企业个数占全行业的7.34%；利润总额为101.17亿元，占全行业利润总额的40.52%，比上年下降约6个百分点；主营业务收入利润（总额）率为7.46%，比上年提高1.18个百分点，但仍低于私人控股企业和三资控股企业。这说明国有企业的经济效益虽然取得明显改善，但和私人控股企业及三资控股企业相比还存在一定差距。从统计数据可以看出，三资控股企业的主营业务收入利润(总额)率达到15.05%,比上年提高3个百分点,比国有控股企业高一倍多。从冶金机械和矿山机械两个小行业的对比看,行业的利润总额增长率分别为32.69%和57.10%,冶金机械行业比矿山机械行业低约25个百分点。

(3)产品出口额继续下降,但仍然保持进出口顺差。受国际后金融危机及国际经济增长乏力的影响,2010年冶金矿山机械出口额继上年下降后,继续下降。全年出口总额为23.64亿美元,同比下降15.24%;进口总额为20.85亿美元,同比下降8.65%;但仍保持进出口顺差2.79亿美元,比上年下降44.92%。其中冶金机械出口额14.27亿美元,同比下降24.32%;矿山机械出口额9.37亿美元,同比增长3.73%。

从统计表可以看出,实现进出口顺差的主要产品有:冶金设备零件,实现进出口顺差1.84亿美元;破碎粉磨设备,实现进出口顺差2.59亿美元。

2010年,冶金矿山机械出口额超过1 000万美元的国家和地区由上年的38个增长到42个,其中超过1亿美元的国家从上年的6个减少到4个,其中巴西、印度尼西亚晋升到出口额超过1亿美元的国家,印度由上年的6.60亿美元减少到4.29亿美元,仍继续保持第一位;越南处于第二位,美国、日本、韩国、土耳其则退出出口额超过1亿美元的国家。进口额超过1 000万美元的国家和地区由上年的18个减少到16个,其中超过1亿美元的国家由5个减少为4个,依次为德国6.05亿美元、美国4.42亿美元、日本2.64亿美元、意大利2.30亿美元。

2010年,冶金机械出口额超过2 000万美元的商品代码15个,与上年相同,其中超过1亿美元的由上年的4个减少为3个,其商品代码为:84559000其他金属轧机零件4.00亿美元、84549090其他冶炼设备及铸造机零件2.53亿美元、84553000金属轧机用轧辊2.08亿美元,全都是以铸锻件为基础的零部件产品。其中金属轧机用轧辊进口额4.62亿美元,进出口逆差2.54亿美元。

2010年,矿山机械出口额超过2 000万美元的商品代码由上年的8个减少为7个。其中超过1亿美元的有3个,与上年相同,其商品代码为:84742090其他矿物破碎或粉磨设备3.07亿美元,84741000筛分、洗选设备2.04亿美元,84742020球磨式矿物破碎或粉磨设备1.65亿美元。

2010年,冶金矿山机械出口额较多的产品依次为:冶金设备零件10.69亿美元,同比下降19.31%;破碎粉磨设备5.44亿美元,同比下降5.49%;金属轧制设备2.65亿美元,同比下降32.36%;矿物筛分洗选设备2.04亿美元,同比增长13.55%;采掘设备及钻机1.59亿元,同比下降35.71%。进口额较多的产品依次为:冶金设备零件8.85亿美元,同比下降18.33%,其中金属轧机用轧辊4.62亿美元,其他金属轧机零件3.03亿美元;金属轧机设备4.19亿美元;破碎粉磨设备2.84亿美元;采掘设备及钻机2.76亿美元;矿物筛分、洗选设备1.48亿美元。

从统计资料可以看出,产品出口交货值的73.16%是由国有控股企业实现的,私人控股和三资控股企业分别实现12.18%和11.32%。

(4)国有控股企业仍处于行业主导地位,但权重在减少,私人控股企业和三资控股企业数在行业中的比重继续增加。2010年,国有控股企业工业总产值、出口交货值、资产总计占行业的比重分别为44.54% 、73.16%和65.54%,虽然都处于行业的主导地位,但主导地位不断削弱。国有控股企业175个,比上年减少4.37%;私人控股企业达到1 894个,比上年增长10.25%。国有控股企业的工业总产值和资产总额在全行业中的比重分别比上年下降3.03个和2.37个百分点,而私人控股企业2010年的工业总产值比上年增长45.48%,远高于国有控股企业13.47%的增长率,其工业总产值达到1 414.94亿元,与国有控股企业的1 428.64亿元基本持平。这种情况在矿山机械行业表现得更明显,国有控股企业的工业总产值为838.74亿元,占行业的比重为38.88%,私人控股企业为1 059.25亿元,占49.10%。

(5)重大新产品开发和出口又有新突破。大连重工·起重集团有限公司首次签订两套6.25m捣固焦炉机械合同;上海振华重工(集团)股份有限公司与美国港口集团签订8台6亿元的岸边集装箱起重机合同;国产翻车机首次出口发达国家;中国第一重型机械集团公司成功生产出世界首台筒节成形机合格试验件,120t电渣重熔炉正式投入生产;中国第二重型机械集团公司生产出历史上最大的不锈钢下环,向韩国出口5m轧机支承辊,完成首件全精加工火电机组低压转子;巨力索具生产出国内最大的钢丝绳;国内规模最大的、设施最先进的润滑液压设备生产基地投产;太原重型机械集团有限公司首套TZ180三辊管机组问世;我国首台载重80t支架搬运车研制成功等。

产业结构、资本结构情况

1. 行业产业结构情况

2010年冶金矿山机械行业产业结构见表9。

表9　2010年冶金矿山机械行业产业结构

行业	企业数(个)	占行业比重(%)	工业总产值(当年价)(亿元)	占行业比重(%)	主营业务收入(亿元)	占行业比重(%)	资产总计(亿元)	占行业比重(%)	利润总额(亿元)	占行业比重(%)
冶金矿山机械行业	2 384	100.00	3 207.58	100.00	3 111.30	100.00	3 452.88	100.00	249.70	100.00
冶金机械行业	605	25.38	1 050.18	32.74	1 006.40	32.35	1 506.60	43.64	76.19	30.52
矿山机械行业	1 779	74.62	2 157.40	67.24	2 104.91	67.65	1 946.29	56.36	173.51	69.48

注:由于四舍五入,合计数有微小出入。

从表9可以看出,2010年冶金机械制造业占冶金矿山机械行业比重为:企业数占25.38%,与上年基本持平;工业总产值(当年价)占32.74%,比上年减少3.5个百分点;主营业务收入占32.35%,比上年减少4.6个百分点;资产总计占43.64%,比上年减少5个百分点;利润总额占30.52%,比上年减少3.7个百分点。

2. 行业资本(经济类型)结构情况

2010年冶金矿山机械行业资本结构(经济类型)见表10。

表10 2010年冶金矿山机械行业资本结构(经济类型)

行业	企业数(个)	占行业比重(%)	工业总产值(当年价)(亿元)	占行业比重(%)	主营业务收入(亿元)	占行业比重(%)	资产总计(亿元)	占行业比重(%)	利润总额(亿元)	占行业比重(%)
冶金矿山设备行业合计	2 384	100.00	3 207.58	100.00	3 111.30	100.00	3 452.88	100.00	249.70	100.00
其中:国有企业	90	3.78	652.15	20.33	598.21	19.23	1 064.85	30.84	32.35	12.96
私营企业	1 487	62.37	1 037.62	32.35	1 018.04	32.72	526.78	15.26	87.50	35.04
其他内资企业	680	28.52	1 285.67	40.08	1 263.82	40.62	1 513.43	43.83	99.32	39.78
三资企业	127	5.33	232.15	7.24	231.23	7.43	347.82	10.07	30.53	12.23
(一)冶金设备行业	605	100.00	1 050.18	100.00	1 006.40	100.00	1 506.60	100.00	76.19	100.00
其中:国有企业	25	4.13	216.30	20.60	196.83	19.56	409.99	27.21	13.33	17.50
私营企业	354	58.51	221.24	21.07	224.00	22.26	181.27	12.03	15.06	19.77
其他内资企业	177	29.26	514.14	48.96	492.15	48.90	795.69	52.81	40.78	53.53
三资企业	49	8.10	98.50	9.38	93.42	9.28	119.65	7.94	7.02	9.22
(二)矿山设备行业	1 779	100.00	2 157.40	100.00	2 104.91	100.00	1 946.29	100.00	173.51	100.00
其中:国有企业	65	3.65	435.85	20.20	401.38	19.07	654.87	33.65	19.02	10.97
私营企业	1 133	63.69	816.38	37.84	794.04	37.72	345.51	17.75	72.43	41.49
其他内资企业	503	28.27	771.53	35.76	771.67	36.66	717.74	36.88	58.54	33.74
三资企业	78	4.38	133.65	6.19	137.81	6.55	228.17	11.72	23.52	13.56

注:由于四舍五入,合计数有微小出入。

国有企业作为行业经济发展主力军的地位在不断下降。企业数占行业企业总数的比重在逐年下降, 2005年为16.9%,2006年为11.32%,2007年为6.93%,2008年为4.92%, 2009年为4.29%,2010年为3.78%;国有企业的资产总计占行业的比重在2008年历史上第一次低于50%,2009年进一步下降为40%,2010年又下降为30.84%。

重大科技成果获奖情况 2010年,全行业共获国家科学技术进步奖二等奖3项:中国第一重型机械集团公司等单位的超大加氢反应器研制及工程应用,太原科技大学等单位的大型宽厚板矫直成套技术装备开发与应用,上海振华重工(集团)有限公司等单位的海上重型起重装备全回转浮吊关键技术及应用。

全行业获中国机械工业科学技术奖25项,其中一等奖5项、二等奖11项、三等奖9项。

湘电重型装备股份有限公司等单位的SF33900型220t电动轮自卸车,燕山大学等单位的整辊镶块智能型冷轧带钢板形仪与工程应用,中国重型机械研究院有限公司等单位的钢液炉外精炼(RH)成套技术与关键设备开发及其应用,中信重工机械股份有限公司等单位的JGL—920十辊管材矫直机,四川川润动力设备有限公司的日产5 000t水泥生产线余热发电锅炉成套设备研制等获一等奖。

中国矿业大学等单位的矿井提升机液压制动性能在线监测系统研制及推广应用,焦作瑞塞尔盘式制动器有限公司的DADH风电偏航制动器,太原矿山机器集团有限公司的MG750/1800—WD电牵引采煤机,苏州振吴电炉有限公司的KGPS—DX高效节能环保多供电变频感应熔炼成套设备,中国第一重型机械集团公司的1 580mm热轧机组、联合循环机组高中压转子制造技术创新及工程应用,天津市天锻压力机有限公司的60MN重型数控钛电极制备压机成套装备,中国重型机械研究院有限公司等单位的大型板带材切边设备关键技术的研发和应用,中信重工机械股份有限公司等单位的特大型(8 000t/d)新型干法水泥回转窑、矿井提升机高压交—直—交变频传动电控系统,抚顺隆基电磁科技有限公司的立式旋转感应式湿法强磁选机等获二等奖。

低温超导除铁器、中场强脉动卸矿回收机、紧凑式机电液一体化自动锯机、FL—135型高速大断面起停式曲柄飞剪机、TQLS50125特大型强力高幅振动筛、CDW11XCND—250X3000数控水平下调三辊卷板机研制、CY—4型地下柴油铲运机研制、矿井提升大容量全数字交—交变频电控系统、PYG系列多缸液压圆锥破碎机等获三等奖。

另外,获得各省市科技进步奖的项目有:中国第一重型机械集团公司的超超临界汽轮机组关键大型铸锻件制造技术的自主创新及工程应用、新型不锈钢炉卷生产线、大型热轧锻钢新材料工作辊开发研制分别获黑龙江省科技进步奖一等奖、二等奖、三等奖,600吨级超大型钢锭研制及共性技术的研究、武钢超高强钢冷连轧机组研制及工程应用、高速钢离心复合工作辊制造技术与工艺研究分别获齐齐哈尔市科技进步奖特等奖、一等奖、二等奖；大连重工·起重集团有限公司的5.5m捣固焦炉机械成套设备获辽宁省、大连市科技进步奖一等奖；北方重工集团有限公司的QJRN—112泥水平衡盾构机获辽宁省科技进步奖一等奖，MFH3610风扇磨煤机获沈阳市科技进步奖二等奖，MLK2650矿渣立磨、250MN钢丝缠绕式快速锻造水压机分别获辽宁省、沈阳市科技进步奖三等奖；中信重工机械股份有限公司的LGMS4624矿渣立磨获河南省科技进步奖二等奖，JGL—920十辊管材矫直机获洛阳市科技进步奖一等奖，特大型(8 000t/d)新型干法水泥回转窑、矿井提升机高压交—直变频传动电控系统获洛阳市科技进步奖二等奖；云南冶金昆明重工有限公司的$\phi160/\phi550\times600$四辊可逆液压AGC精轧机分别获云南省、昆明市科技进步奖三等奖；山东山矿机械有限公司的MLT200—320×400—725系列中心传动湿式脱硫球磨机、PYG200高能圆锥破碎机分别获山东省济宁市科技进步奖一等奖、三等奖；中国重型机械研究院有限公司的大型板带切边设备关键技术研发与应用获陕西省科技进步奖三等奖。

〔撰稿人：中国重型机械工业协会傅树利　审稿人：中国重型机械工业协会徐善继〕

冶金设备

生产发展情况　冶金设备是指金属冶炼、轧制、铸造等专用生产设备，是冶金工业发展的重要基础装备。冶金设备制造业是为冶金工业提供成套技术装备并为国民经济基础部门再生产和扩大再生产提供重大成套装备的行业，并承担着带动相关产业发展的重任。冶金设备品种规格繁多，多属于高精尖的重型成套设备，产品主要包括烧结、焦炉、窑、金属冶炼铸造设备(高炉、转炉、炉外精炼、方坯连铸机、板坯连铸机、铸造机设备等)，钢、矿渣处理设备，金属轧制设备(板带材热轧机、板带材冷轧机、热轧管机、冷轧管机、型钢轧机、线材轧机、有色金属轧机)，金属精整及后处理设备(热镀锌机组、镀锡机组、平整机组、连续退火机组)等。

冶金设备制造业与冶金工业关系密切，冶金工业的发展推动了冶金设备市场的繁荣，而冶金设备行业的技术进步和壮大又极大地促进了冶金工业的发展。两者在新技术研发方面更是合作伙伴。通过众多制造企业的共同努力，国产冶金机械产品国内市场占有率逐年提高，由2007年的74%提高到2010年的89%左右。期间研制成功的典型冶金机械重大成套设备有：

(1)大型冷、热带钢连轧机成套设备。我国大型冷、热带钢连轧机成套设备在自主设计、制造以及技术和工程总承包方面不断开创新局面，除个别要求特别高的带钢连轧机品种外，钢铁企业技术改造、升级、新建等所需的大型冷、热带钢连轧机成套设备已真正实现自主设计和成套制造。中国第一重型机械集团公司对宝钢梅山钢铁集团公司1 420mm冷连轧机组的技术升级，以及其后承接的山力和远大1 420mm酸洗冷连轧机组的技术总包和工程总承包项目的成功投产，实现了冷连轧机组的更新换代。在冷轧生产线建设中，突破了冷连轧机组成套设备制造和生产工艺控制两大核心技术，实现了冷连轧机组的国内设计、制造和集成，其工艺装备达到了世界先进水平。国内自主研制开发设计的大型宽带热连轧机广泛应用了当代先进技术：高压水除鳞技术，保证了产品的表面质量；立辊轧机具有宽度自动控制和短行程自动控制功能；粗轧机采用电动加液压压下技术，保证了位置精度；设置定宽压力机，实现了板坯大压下减宽；设置热卷箱，实现了多钢种轧制，缩短了轧线长度；开发应用具有头尾优化剪切功能的转鼓式飞剪，提高了收得率和剪切能力；开发应用高刚度四辊全液压精轧机，以及液压自动厚度控制技术和弯、串辊及板形控制技术，保证了产品板形及尺寸精度；应用具有自动踏步控制功能的全液压三助卷辊地下卷取机，保证了钢卷的卷形质量等。我国大型冷热连轧成套设备已有多套向国外输出，近年来出口的项目：巴西4 300mm宽厚板和2 200mm炉卷轧机一套(合作制造)，印度1 800mm和波兰2 250mm热连轧机成套设备各一套(合作制造)，伊朗1 725mm炉卷轧机一套(合作制造)，美国TKS2150热连轧机一套、韩国现代2 150mm热轧生产线粗轧区设备、韩国浦项2 150mm热连轧机以及印度2 250mm生产线部分设备。

(2)宽厚板轧机成套设备。我国宽厚板轧机成套设备已基本实现国产化，用于重大冶金工程项目中的典型宽厚板轧机成套设备有：合作制造的生产线有鞍山钢铁公司5 500mm/5 000mm轧机、宝山钢铁公司5 000mm宽厚板轧机、湘钢5 000mm宽厚板轧机；自主设计制造的有宁波建龙钢铁公司4 300mm宽厚板轧机，湖南湘钢、河南汉冶3 800mm宽厚板轧机等。独立设计制造向越南、泰国出口3 300mm中板轧机各一套。中国第一重型机械集团公司合作制造出口韩国浦项钢铁公司5 500mm宽厚板轧机，该设备是当前世界上规格最大、装机水平最高、轧制能力最强的宽厚板轧机。其轧机机架也是世界上重量最大的整体式铸造机架，由5个钢包一次浇注成功；中国第一重型机械集团公司合作制造还向韩国现代、泰国等钢铁公司出口5 000mm宽厚板轧机主设备2套，向俄罗斯OMK、MMK，印度爱莎、JISPL等出口5 000mm宽厚板生产线部分辅机设备。

(3)大型连铸机成套设备。经“十一五”期间的关键技术攻关，大型连铸机成套设备已经全面实现自主化设计、制造和技术集成。完成的重大成套设备有：舞阳钢铁公司2 500mm大型板坯连铸成套设备，承德钢铁公司1 600mm

大型板坯连铸成套设备，敬业钢铁公司1 100mm板坯连铸机，攀枝花钢铁公司五流360mm×450mm、邢台钢铁公司六流380mm×450mm两套大型方坯连铸成套设备。

2008年以前，世界冶金设备制造的重点在欧洲，曾占据了世界冶金设备市场约60%份额。其后通过兼并重组，欧洲原有的五大世界级的冶金设备制造公司缩减到三家，即，西马克SMSD、奥钢联VAI和达涅利DANIELY。此后则逐渐转移到我国，国外公司开始在我国境内投资建厂生产部分冶金设备，以产品和技术为依托进军我国冶金设备制造领域。这一方面加快了我国冶金设备制造业的技术进步，同时也加剧了国内冶金设备市场的竞争。近6年间，我国自主设计制造并投产运行的大型冷热连轧成套设备已突破110套。尤其在炼钢与轧钢领域，正迅速推进以近终形连铸连轧为基本特征的直接轧制与无头轧制装备、连铸与冷轧连线工艺技术装备、高精度轧制装备、酸洗联合高速轧制工艺技术与装备，以及不锈钢、高强钢轧制和有色金属板带轧制技术与装备的自主研发，这显示出我国冶金设备正向高端发展的新趋势。

在经历了三年国际金融危机冲击后，我国及世界市场对钢铁需求不旺。受国家钢铁政策引导和产需矛盾的制约，国内许多大型钢铁企业相继出现产量效益明显下滑甚至亏损现象。即使新增建的大批先进冶金工艺装备如大型冷、热宽带钢连轧机，宽厚板轧机，大型铝板带轧机，大型连铸机及转炉、高炉等设备也普遍处于开工不足和半停产状态，从而导致冶金设备制造业产品产量在连续两年单调递减甚至急速下跌后仍不见回升，2010年全行业一直在低迷小幅震荡状态下前行，国外也大同小异。国内仅一两家钢铁企业新上大型热连轧机项目，七八家钢企上大型冷连轧机项目，一两家企业上大型铝板轧机项目，尚无一家企业上宽厚板轧机项目。许多冶金机械设备制造企业年合同额锐减，几近亏损，甚至难以为继。2010年冶金设备行业的主要特点为：

(1)冶金成套设备及备件的合同成交额仍大幅度下降，甚至已经签订的合同也纷纷宣告暂停或撤销，市场竞争异常激烈，不断出现“跳楼吐血”价。代表我国重型冶金机械实力的八大重型机械集团公司的合同签订数量和金额以及产值也显著下降，甚至后退到7年前水平；一些中小冶金机械制造厂的生产能力也明显闲置，即使采取积极调整措施也仅稍有改观，生产低迷一直持续到2010年底仍未见明显复苏。

受市场需求下滑过快和不景气的持续影响，重型机械行业明显呈现“需求不足”，各家企业都在不失时机地调整生产和经营方式，全力保产值，积蓄后劲以适应市场的变化。一些主要制造厂家，如中国第一重型机械集团公司、中国第二重型机械集团公司，为了保信誉促增长，制定了一系列慎重的市场营销战略，一方面扩展传统市场，另一方面埋头开发新产品，力求在新兴领域寻找突破，着力开发国内外市场，以实现可持续发展。即使如此，企业根据自己的资源和能力，也不得不在价格和交货期上降低门槛。

(2)冶金成套设备的高端产品市场正在健康成长，大型成套设备如宽厚板轧机，宽带钢热、冷连轧机等自主设计集成制造能力显著提高。鞍钢5 500mm宽厚板轧机制造成功，涟钢2 250mm宽带钢热连轧机的自主设计成套投产，宝钢1 420mm酸洗冷连轧机组的自主研制成功，首钢1 580mm热带钢连轧机投产等，标志着以中国第一重型机械集团公司为代表的重型冶金设备企业如同登山队一样，一直在开足马力攀登自主设计集成世界先进水平的大型高端冶金成套设备这一高峰。

(3)冶金成套设备向工程总承包方向发展。中国第一重型机械集团公司总承包的山东远大钢铁公司1 420mm酸洗冷连轧机交钥匙工程项目就是一典型例证。随着冶金设备成套水平和技术水平的不断提高，国营冶金企业和民营冶金企业对冶金项目工程总承包和交钥匙工程的需求越来越强烈，这种趋势为冶金机械行业的发展搭建了新的平台，也进一步要求冶金设备制造企业应向制造服务业转变。以中国第一重型机械集团公司、中国第二重型机械集团公司为代表的重型冶金设备制造企业集团正朝着为用户提供完整的解决方案以及拓展发展中国家冶金机械市场的方向发展，重型冶金设备制造业正处在一个由中国制造向中国创造转变的过程中。

(4)面对国际金融危机和钢铁市场低迷的挑战，重型冶金设备制造行业进一步加强了产、学、研、用多方位和多视角的合作攻关和联合开发，以攻克冶金成套设备的制高点——先进轧制工艺及控制模型。通过多年在冶金设备领域的技术创新和技术积累，其成果已相继应用于大H型钢、大棒料、工具扁钢等长材轧制设备和工艺，以及复合钢板轧制设备和工艺等的自主开发设计，进一步完善和提升大型冶金成套设备的整体工艺技术水平，以满足份额有限的国内高端市场和国际市场的需求。

(5)面对国内冶金设备市场的紧缩，各大冶金设备制造企业正在制定和实施新一轮战略转型措施，寻找新的增长领域；积极参与“十二五”行业科技规划的制定，并制定企业的中长期发展规划；不断完善自主创新体系和提升技术创新能力，继续加大开发新市场、研发新产品的投入力度；高度重视企业做强和持续发展问题，谋求多元化发展与新的增长方式。

2010年冶金设备行业主要经济指标完成情况见表1。

表1　2010年冶金设备行业主要经济指标完成情况

指标名称	单位	实际完成
企业数	个	605
工业总产值(当年价)	亿元	1 050.18
工业总产值比上年增长	%	12.44
产品销售收入	亿元	1 006.40

（续）

指标名称	单位	实际完成
利润总额	亿元	76.19
资产总额	亿元	1 506.60

市场与销售 近几年来，国家为扩大内需采取了积极的财政政策，冶金、化工、能源等行业接受国家贴息贷款，加快了技术改造的步伐，在一定程度上带动了冶金设备制造业的继续前行，使得冶金设备市场维持小幅增量运行，市场前景值得期待。据统计，2010 年全行业产品产量仍达到 116.62 万 t，销售收入超过 1 000 亿元，比上年增长 37.89%。

2010 年冶金设备行业主要产品产量见表 2。

表 2 2010 年冶金设备行业主要产品产量

产品名称	企业数（个）	产量（万 t）	同比增长（%）
冶炼设备	76	64.01	8.57
金属轧制设备	66	52.61	−3.18

2010 年，世界年产粗钢量约 14.14 亿 t，实现三年来的首次增长。我国粗钢产量 6.27 亿 t，同比增长 9.26%，仍然呈增长态势，但是增长速度已明显放缓。就世界范围新上冶金设备项目而言，每年的有限项目 60% 以上市场由几家公司如 SMSD、VAI、DANIELY、MITSUBISHI 等占据。不仅如此，这些公司已将他们的市场重心向我国转移，并且占据 20% 以上我国冶金设备市场。虽然我国每年也有冶金成套设备出口并呈增长态势，但数量增长有限，而且大多集中在东南亚国家，只有少量进入欧美国家。2010 年，中国第一重型机械集团公司、中国第二重型机械集团公司等冶金成套项目的出口合同又有一定增长，但受到工艺技术水平和产品质量等方面的制约及金融危机的影响，要进一步扩大出口额及拓展国外市场，仍然需要成长时间和持续努力。目前国内几家重型机械集团公司正在谋求和尝试与国外公司合作及自主集成设计总承包的运作方式，逐步做大国外市场。

2010 年冶金设备产品进出口额见表 3。

表 3 2010 年冶金设备产品进出口额

产品名称	进口额（亿美元）	出口额（亿美元）	进出口差额（亿美元）
冶金设备	13.39	14.27	0.88
其中：冶炼设备	0.24	0.48	0.24
金属轧制设备	4.19	2.65	−1.54
冶金设备零件	8.85	10.69	1.84

2010 年冶金设备主要生产企业有：中国第一重型机械集团公司、中国第二重型机械集团公司、太原重型机械集团有限公司、大连重工·起重集团有限公司、上海重型机器厂有限公司、沈阳重型机械集团有限责任公司、河北邢台机械轧辊（集团）有限公司、秦皇岛冶金机械有限公司、沈阳冶金机械有限公司、唐山冶金矿山机械厂、衡阳有色冶金机械总厂、中信重工机械股份有限公司、上海沪江机器厂、山东冶金机械厂、宝钢常州冶金机械厂、陕西压延设备厂、乐山斯堪机械制造有限公司、太原矿山机器集团有限公司、天津天发重型水电设备制造公司、昆明力神重工有限公司、上海冶金矿山机械厂。

科技成果、新产品与标准 行业主要生产企业在引进、消化、吸收世界先进国家同类产品技术的基础上，根据国内外市场需求，自主开发了一些具有自主知识产权的重大装备新产品，显著提升了我国许多冶金成套装备新产品的工艺技术水平，其中，有多项产品和技术接近或达到了国际先进水平，许多项目获科学技术奖。

2010 年冶金设备行业获国家科技进步奖和中国机械工业科学技术奖情况：

太原科技大学等单位的“大型宽厚板矫直成套技术装备开发与应用”获 2010 年国家科技进步奖二等奖。

燕山大学等单位的“整辊镶块智能型冷轧带钢板形仪与工程应用”、中国重型机械研究院有限公司等单位的“钢液炉外精炼（RH）成套技术与关键设备开发及其应用”、中信重工机械股份有限公司等单位的“JGL—920 十辊管材矫直机”获 2010 年中国机械工业科学技术奖一等奖。

苏州振吴电炉有限公司的“KGPS—DX 高效节能环保多供电变频感应熔炼成套设备”、中国第一重型机械集团公司的“1 580mm 热轧机组”、天津市天锻压力机有限公司的“60MN 重型数控钛电极制备压机成套装备”、中国重型机械研究院有限公司等单位的“大型板带材切边设备关键技术的研发和应用”等获 2010 年中国机械工业科学技术奖二等奖。

长治钢铁（集团）锻压机械制造有限公司的“CDW11 × CND—250 × 3000 数控水平下调三辊卷板机研制开发”获 2010 年中国机械工业科学技术奖三等奖。

另外，获得各省市科技进步奖的项目有：中国第一重型机械集团公司的“新型不锈钢炉卷生产线”、“大型热轧锻钢新材料工作辊开发研制”分别获黑龙江省科技进步奖二等奖和三等奖，“600 吨级超大型钢锭研制及共性技术的研究”、“武钢超高强钢冷连轧机组研制及工程应用”、“高速钢离心复合工作辊制造技术与工艺研究”分别获齐齐哈尔市科技进步奖特等奖、一等奖和二等奖；大连重工·起重集团有限公司的“5.5m 捣固焦炉机械成套设备”获辽宁省和大连市科技进步奖一等奖；北方重工集团有限公司的“250MN 钢丝缠绕式快速锻造水压机”获沈阳市科技进步奖三等奖；中信重工机械股份有限公司的“JGL—920 十辊管材矫直机”获洛阳市科技进步奖一等奖；云南冶金昆明重工有限公司的“$\phi160/\phi550 \times 600$ 四辊可逆液压 AGC 精轧机”获云南省、昆明市科技进步奖三等奖；中国重型机械研究院有限公司的“大型板带切边设备关键技术的研发与应用”获陕西省科技进步奖三等奖。

冶金机械的国家与行业标准共有 86 项。冶金机械标准由机械工业冶金设备标准化技术委员会归口组织编制和实施。另外，联合企业标准（简称《重标》）已由中国重型机械工业协会批准发布和执行。

冶金机械最新版的《重型机械标准》共四卷，该标准已经四次修订，其中产品标准 85% 以上等效采用国外先进标准（主要是德国西马克公司标准）。

〔撰稿人：中国重型机械工业协会冶金压延机械分会王光儒　审稿人：中国重型机械工业协会傅树利〕

物料搬运(起重运输)机械

行业发展简况 起重运输机械在国际上一般通称为物料搬运机械。按照国家统计局2010年版《统计用产品分类目录》规定,物料搬运(起重运输)机械主要包括:轻小型起重设备、起重机、工业车辆、连续搬运设备、电梯自动扶梯、升降机、立体仓库及其他搬运设备等8个产品中类,共49个产品小类。

2004~2009年物料搬运(起重运输)机械行业主要经济指标完成情况见表1。

2008~2009年物料搬运(起重运输)机械行业主要经济指标占机械工业的比重见表2。

表1 2004 ~2009年物料搬运(起重运输)机械行业主要经济指标完成情况

指标名称	单位	2004年	2005年	2006年	2007年	2008年	2009年	年均增长(%)
企业数	个	1 361	1 225	1 336	1 463	2 114	2 150	9.58
工业总产值(当年价)	亿元	1 126.02	1 334.98	1 654.64	2 169.43	2 921.16	3 208.08	23.29
主营业务收入	亿元	1 082.74	1 289.04	1 599.32	2 130.35	2 853.26	3 144.26	23.77
利润总额	亿元	58.10	77.91	108.93	132.40	192.38	240.04	32.81
主营业务收入利润(总额)率	%	5.37	6.04	6.81	6.22	6.74	7.63	0.45个百分点
从业人员平均人数	万人	28.28	29.57	29.85	31.34	38.76	40.58	7.49
资产总计	亿元	1 027.47	1 131.61	1 333.64	1 746.57	2 364.64	2 822.29	22.40

注:表中原始数据来源于国家统计局各年统计资料,其中2004年、2008年为国家经济普查资料,其他为日常年报资料。

表2 2008~2009年物料搬运(起重运输)机械行业主要经济指标占机械工业的比重

年份	行业名称	企业数(个)	占机械行业的比重(%)	工业总产值(亿元)	占机械行业的比重(%)	主营业务收入(亿元)	占机械行业的比重(%)	利润总额(亿元)	占机械行业的比重(%)	主营业务收入利润(总额)率(%)	上年同期(%)
2008	机械工业	99 304	100.00	94 040.10	100.00	91 706.50	100.00	6 049.40	100.00	6.60	6.40
	物料搬运(起重运输)机械行业	2 114	2.13	2 921.16	3.11	2 853.26	3.11	192.36	3.18	6.74	6.22
2009	机械工业	101 323	100.00	107 858.70	100.00	105 507.20	100.00	7 518.10	100.00	7.13	6.60
	物料搬运(起重运输)机械行业	2 150	2.12	3 208.08	2.97	3 144.26	2.98	240.04	3.19	7.63	6.74

注:表中机械工业数据来源于中国机械工业联合会年报资料,其中2008年为全国经济普查数据。

2010年行业经济运行情况

1.2010年行业主要经济指标完成情况

2010年物料搬运(起重运输)机械行业分类企业主要经济指标完成情况见表3。

表3 2010年物料搬运(起重运输)机械行业分类企业主要经济指标完成情况

企业分类	企业数(个)	比上年增长(%)	工业总产值(当年价)(亿元)	比上年增长(%)	工业销售产值(亿元)	比上年增长(%)	出口交货值(亿元)	比上年增长(%)	主营业务收入(亿元)	比上年增长(%)
物料搬运(起重运输)机械行业	2 302	7.07	3 904.30	21.70	3 827.34	21.99	443.18	-7.18	3 855.67	22.63
其中:大型企业	17	-22.73	1 309.93	5.32	1 299.55	6.11	247.61	-24.04	1 338.22	5.77
中型企业	241	13.15	1 284.04	34.35	1 254.01	33.93	120.79	18.91	1 248.74	34.94
小型企业	2 044	6.74	1 310.34	29.92	1 273.78	30.47	74.78	49.89	1 268.72	33.05
其中:国有企业	59	5.36	564.34	32.20	547.71	27.65	30.28	23.90	572.26	31.79
私营企业	1 352	9.03	1 120.21	31.48	1 086.21	31.41	49.21	42.51	1 071.92	31.71
其他内资企业	562	4.85	871.25	-10.39	853.78	-9.93	65.25	-76.39	851.16	-7.61
三资企业	329	3.46	1 348.50	40.92	1 339.63	43.46	298.44	110.02	1 360.33	39.53

（续）

企业分类	利润总额（亿元）	比上年增长（%）	资产总计（亿元）	比上年增长（%）	总资产贡献率（%）	上年同期（%）	工业总产值全员劳动生产率（万元/人）	比上年增长（%）	主营业务收入利润（总额）率（%）	上年同期（%）
物料搬运（起重运输）机械行业	303.51	26.44	3 347.83	18.62	13.42	12.89	90.32	14.24	7.87	7.63
其中：大型企业	122.02	-0.27	1 367.52	13.33	12.15	14.21	158.53	15.46	9.12	9.67
中型企业	101.74	52.85	1 020.43	25.06	14.93	12.44	78.64	18.08	8.15	7.19
小型企业	79.75	55.97	959.88	20.04	13.63	11.35	70.31	19.70	6.29	5.36
其中：国有企业	46.07	69.87	479.73	38.24	13.43	12.78	117.63	24.61	8.05	6.25
私营企业	76.88	55.79	691.99	24.54	17.49	15.04	75.72	21.54	7.17	6.06
其他内资企业	66.99	-11.60	793.49	-29.06	13.59	9.67	63.01	-10.46	7.87	8.23
三资企业	113.58	29.38	1 382.62	72.61	11.29	15.94	137.49	23.03	8.35	9.00

注：1. 表中原始数据来源国家统计局，国有企业包括国有联营企业和国有独资公司。

2. 由于四舍五入，合计数有微小出入。

2. 2009～2010年物料搬运（起重运输）机械行业部分产品产量

2009～2010年物料搬运（起重运输）机械行业部分产品产量见表4。

3. 2010年物料搬运（起重运输）机械行业固定资产投资情况

2010年物料搬运（起重运输）机械行业固定资产投资情况见表5。

表4　2009～2010年物料搬运（起重运输）机械行业部分产品产量

产品名称	企业数（个）	单位	2010年	2009年	同比增长（%）
起重机	413	万t	577.89	523.99	10.29
输送机械	159	万t	142.10	103.10	37.83
内燃叉车	40	万台	15.31	7.84	95.28
电动叉车	37	万台	30.25	12.61	139.89
减速机	251	万台	531.37	361.11	47.15

注：表中数据来源于国家统计局2010年12月月报统计资料。

表5　2010年物料搬运（起重运输）机械行业固定资产投资情况

行业名称	计划总投资		当年新开工项目计划总投资		自开始建设累计完成投资		当年完成投资	
	2010年（亿元）	同比增长（%）	2010年（亿元）	同比增长（%）	2010年（亿元）	同比增长（%）	2010年（亿元）	同比增长（%）
全国机械工业合计	41 380.27	31.66	19 809.19	43.47	27 670.48	29.19	19 075.55	30.35
物料搬运（起重运输）机械	779.02	27.53	418.55	42.79	561.60	20.75	377.18	21.87
占机械工业比重（%）	1.88		2.11		2.03		1.98	

注：表中数据来源于国家统计局2010年12月月报统计资料。

4. 2010年主要产品进出口情况

2010年物料搬运（起重运输）机械分类产品进出口情况见表6。

2010年物料搬运（起重运输）机械进出口额前10位产品见表7。

表6　2010年物料搬运（起重运输）机械分类产品进出口情况

货品名称	出口额（亿美元）	同比增长（%）	进口额（亿美元）	同比增长（%）	进出口总额（亿美元）	同比增长（%）	进出口顺差（亿美元）	上年顺差（亿美元）	同比增长（%）
物料搬运机械总计	87.56	1.82	38.65	17.49	126.21	6.16	48.90	53.09	-7.89
轻小型起重设备合计	12.58	25.56	5.49	4.99	18.07	18.51	7.09	4.79	48.00
占总计比重（%）	14.37		14.20		14.31		14.50	9.03	

（续）

货品名称	出口额（亿美元）	同比增长（%）	进口额（亿美元）	同比增长（%）	进出口总额（亿美元）	同比增长（%）	进出口顺差（亿美元）	上年顺差（亿美元）	同比增长（%）
起重机合计	29.17	-22.80	6.60	-2.64	35.77	-19.71	22.58	31.00	-27.18
占总计比重(%)	33.32		17.06		28.34		46.16	58.39	
工业车辆合计	7.92	64.96	3.83	35.41	11.75	53.99	4.08	1.97	107.49
占总计比重(%)	9.04		9.92		9.31		8.35	3.71	
电梯自动扶梯及升降机合计	10.64	2.17	1.73	-11.90	12.37	-0.06	8.92	8.46	5.42
占总计比重(%)	12.16		4.46		9.80		18.23	15.93	
连续搬运设备及其他	13.68	16.76	16.14	32.86	29.82	24.96	-2.46	-0.43	468.43
占总计比重(%)	15.63		41.78		23.63		-5.03	-0.82	
物料搬运设备零件	13.57	20.42	4.87	23.03	18.44	21.10	8.70	7.31	19.00
占总计比重(%)	15.50		12.59		14.61		17.79	13.77	

注:1. 物料搬运机械进出口税号约68个,表中原始数据来源于海关总署2010年12月统计资料。编者按照国家统计局2010年《统计用产品分类目录》对产品归类作了适当调整。表中进出口顺差为负数的即为逆差。

2. 由于四舍五入,合计数有微小出入。

表7　2010年物料搬运(起重运输)机械进出口额前10位产品

序号	税号	货品名称	出口额（亿美元）	比上年增长（%）	序号	税号	货品名称	进口额（亿美元）	比上年增长（%）
		物料搬运(起重运输)机械总计	87.56	1.82			物料搬运(起重运输)机械总计	38.65	17.49
1	84261942	集装箱装卸桥	10.08	-33.23	1	84289090	未列名搬运装卸机械	5.29	18.33
2	84281010	载客电梯	6.03	12.85	2	84283990	未列名输送机提升机	3.62	9.18
3	84313100	电梯自动扶梯零件	5.00	5.93	3	84263000	门座起重机	2.42	36.16
4	84284000	自动扶梯及自动人行道	4.31	-11.44	4	84253190	电动的卷扬机及绞盘	2.29	-20.45
5	84283300	带式输送机	3.93	48.34	5	84283300	带式输送机	2.07	86.93
6	84272090	其他内燃叉车	3.90	73.37	6	84272090	其他内燃叉车	1.79	25.64
7	84289090	未列名搬运装卸机械	3.86	38.44	7	84283910	链式输送机	1.64	40.17
8	84313900	连续搬运设备及其他设备零件	3.56	23.29	8	84253990	非电动卷扬机及绞盘	1.59	34.78
9	84261930	龙门式起重机	3.52	-48.87	9	84281010	载客电梯	1.54	-12.91
10	84254210	其他液压千斤顶	3.39	30.55	10	84283920	辊式输送机	1.53	57.10
		以上货品小计	47.59				以上货品小计	23.78	
		占总计比重(%)	54.35				占总计比重(%)	61.53	

注:1. 10个税号占物料搬运(起重运输)设备68个税号的14.71%。

2. 由于四舍五入,合计数有微小出入。

2010年物料搬运(起重运输)机械进出口额前10位国家(地区)见表8。

2010年物料搬运(起重运输)机械进出口额前10位国家进出口情况见表9。

表8　2010年物料搬运(起重运输)机械进出口额前10位国家(地区)

序号	国家(地区)	出口额（亿美元）	同比增长（%）	占总计比重（%）	序号	国家(地区)	进口额（亿美元）	同比增长（%）	占总计比重（%）
	物料搬运(起重运输)机械总计	87.56	1.82	100.00		物料搬运(起重运输)机械总计	38.65	17.49	100.00
1	美国	9.10	47.36	10.39	1	德国	11.11	11.88	28.75
2	印度	6.08	11.57	6.94	2	日本	6.28	8.96	16.24
3	巴西	3.86	5.56	4.41	3	韩国	3.05	46.88	7.89
4	日本	3.49	7.10	3.99	4	美国	2.37	0.47	6.14
5	韩国	3.38	-52.20	3.86	5	意大利	1.94	-10.19	5.02

（续）

序号	国家(地区)	出口额(亿美元)	同比增长(%)	占总计比重(%)	序号	国家(地区)	进口额(亿美元)	同比增长(%)	占总计比重(%)
6	越南	2.95	0.92	3.37	6	挪威	1.74	72.03	4.49
7	澳大利亚	2.84	81.13	3.24	7	中国台湾	1.69	109.98	4.37
8	印度尼西亚	2.59	78.88	2.96	8	澳大利亚	1.13	94.14	2.92
9	德国	2.58	0.49	2.95	9	英国	1.10	135.06	2.85
10	新加坡	2.54	-34.80	2.90	10	奥地利	1.04	32.01	2.68
	合计	39.43		45.03		合计	31.45		81.35

注:由于四舍五入,合计数有微小出入。

表9　2010年物料搬运(起重运输)机械进口额前10位国家进出口情况

序号	国家名称	进口额(亿美元)	出口额(亿美元)	进出口差额(亿美元)
1	德国	11.11	2.58	-8.53
2	日本	6.28	3.49	-2.79
3	韩国	3.05	3.38	0.33
4	美国	2.37	9.10	6.73
5	意大利	1.94	0.99	- 0.95
6	挪威	1.74	0.12	-1.61
7	澳大利亚	1.13	2.84	1.71
8	英国	1.10	1.99	0.89
9	奥地利	1.04	0.17	-0.86
10	瑞典	1.01	0.54	-0.47

注:1. 进出口差额为负数,表示进出口为逆差。

2. 由于四舍五入,合计数有微小出入。

2010年物料搬运(起重运输)机械进出口额前5位省市见表10。

2010年物料搬运(起重运输)机械进出口额按企业性质分类情况见表11。

2010年物料搬运(起重运输)机械进出口额按贸易方式分类情况见表12。

表10　2010年物料搬运(起重运输)机械进出口额前5位省市

序号	省市名称	出口额(亿美元)	同比增长(%)	占总计比重(%)	序号	省市名称	进口额(亿美元)	同比增长(%)	占总计比重(%)
	物料搬运(起重运输)机械总计	87.56	1.82	100.00		物料搬运(起重运输)机械总计	38.65	17.49	100.00
1	上海市	25.47	-20.98	29.09	1	上海市	6.48	23.29	16.76
2	江苏省	17.00	24.79	19.42	2	江苏省	6.28	41.70	16.23
3	浙江省	11.72	42.98	13.39	3	广东省	4.66	15.82	12.05
4	辽宁省	5.18	-4.03	5.91	4	北京市	4.08	-10.21	10.55
5	北京市	5.04	13.42	5.75	5	山东省	2.50	-11.52	6.47
	合计	64.41		73.56		合计	23.99		62.06

注:由于四舍五入,合计数有微小出入。

表11　2010年物料搬运(起重运输)机械进出口额按企业性质分类情况

企业性质	出口额(亿美元)	同比增长(%)	占总计比重(%)	企业性质	进口额(亿美元)	同比增长(%)	占总计比重(%)
物料搬运(起重运输)机械总计	87.56	1.82	100.00	物料搬运(起重运输)机械总计	38.65	17.49	100.00
其中:中外合资企业	26.48	-20.14	30.24	其中:外商独资企业	11.83	36.97	30.60
私营企业	23.79	29.58	27.17	国有企业	11.65	6.74	30.13
国有企业	16.48	0.17	18.83	中外合资企业	7.99	0.71	20.66
外商独资企业	15.41	13.40	17.60	私营企业	6.10	38.58	15.79
中外合作企业	3.09	16.09	3.53	中外合作企业	0.83	17.64	2.15

注:由于四舍五入,合计数有微小出入。

表 12　2010 年物料搬运(起重运输)机械进出口额按贸易方式分类情况

序号	贸易方式	出口额(亿美元)	同比增长(%)	占总计比重(%)	序号	贸易方式	进口额(亿美元)	同比增长(%)	占总计比重(%)
	物料搬运(起重运输)机械总计	87.56	1.82	100.00		物料搬运(起重运输)机械总计	38.65	17.49	100.00
1	其中:一般贸易	51.49	21.45	58.80	1	其中:一般贸易	23.29	31.51	60.25
2	进料加工贸易	27.83	-21.15	31.79	2	进料加工贸易	7.44	16.42	19.24
3	对外承包工程出口货物	5.67	-8.43	6.48	3	外商投资企业作为投资进口的设备、物资	4.68	-15.63	12.10
4	来料加工装配贸易	0.92	-18.35	1.05	4	保税区仓储转口货物	1.75	36.16	4.54
5	保税区仓储转口货物	0.70	39.34	0.80	5	来料加工装配贸易	0.54	-35.54	1.39

注:由于四舍五入,合计数有微小出入。

5.2010 年行业经济运行特点

(1)行业经济运行恢复快速增长态势,再创历史新高。2010 年,物料搬运(起重运输)机械行业完成工业总产值 3 904.30亿元,工业销售产值 3 827.34 亿元,主营业务收入 3 855.67 亿元,均再创历史新高,同比增长分别为 21.70%、21.99%和 22.63 %,行业经济运行恢复了快速增长态势。

从 2008 年 2 月到 2010 年 12 月各月份行业生产销售总值同比增长率来看,2010 年国际金融危机的影响已基本消除,物料搬运(起重运输)机械行业已走出 2009 年的低谷,正走向稳步快速发展的道路。

2008 年 2 月至 2010 年 12 月物料搬运(起重运输)机械行业工业总产值同比增长走势见图 1。

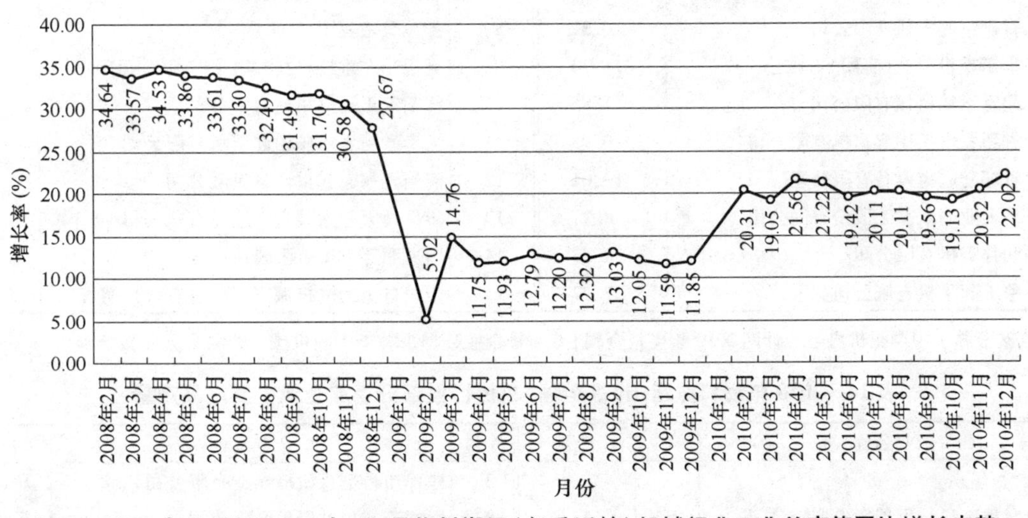

图 1　2008 年 2 月至 2010 年 12 月物料搬运(起重运输)机械行业工业总产值同比增长走势

(2)行业大型企业、三资企业、私人控股企业仍具有一定的优势。2010 年,物料搬运(起重运输)机械行业大型企业有 17 个,占行业企业总数的 0.74%,占行业工业总产值的 33.55%,工业销售产值的 33.95%;三资企业 329 个,占行业企业总数的 14.29%,占行业工业总产值的 34.54%,工业销售产值的 35.00%;私人控股企业 1 733 个,占行业企业总数的 75.28%,占行业工业总产值的 42.15%,工业销售产值的 41.59%。可见,这三类企业在物料搬运(起重运输)机械行业中占有一定的优势或相对主导地位。

(3)行业固定资产投资继续保持两位数增长,但增长幅度比上年回落。2010 年,物料搬运(起重运输)机械行业的固定资产计划总投资同比增长 27.53%,比 2009 年增长 0.7 个百分点;当年完成投资同比增长 21.87%,比 2009 年下降 5.34 个百分点,表明行业固定资产计划总投资增长趋缓,当年完成投资增幅下降。

(4)产品进出口恢复增长态势,但起重机进出口仍保持下降态势。2010 年,物料搬运(起重运输)机械合计出口额 87.56 亿美元,进口额 38.65 亿美元;进出口总额 126.21 亿美元,进出口顺差 48.90 亿美元,同比分别增长 1.82%、17.49%、6.16% 和下降 7.89%,而 2009 年同比分别下降 23.78%、11.86%、20.82%和 29.67%,表明物料搬运(起重运输)机械进出口开始回升。但起重机类产品进出口额继续保持下降态势,如起重机出口额 29.17 亿美元,进口额 6.60 亿美元,进出口总额 35.77 亿美元,进出口顺差 22.58 亿美元,同比分别下降 22.80%、2.64%、19.71% 和 27.18%。

起重机出口额占物料搬运(起重运输)机械出口总额的 33.31%,仍位居产品出口额首位;连续搬运设备及其他类产品进口额占物料搬运(起重运输)机械进口总额的 41.76%,仍位居产品进口额首位。

2010 年,物料搬运(起重运输)机械共出口到 202 个国家(地区),其中前 10 位国家(地区)出口额合计 39.43 亿美元,占物料搬运(起重运输)机械出口总额的 45.03%。

2010 年,物料搬运(起重运输)机械共从 64 个国家(地区）进口，其中，前10位国家（地区）进口额合计31.45亿美元，占物料搬运（起重运输）机械进口总额的81.37%。

2010年，出口额前5位省市合计出口64.41亿美元，占物料搬运（起重运输）机械出口总额的73.56%。进口额前5位省市合计进口23.99亿美元，占物料搬运（起重运输）机械进口总额的62.06%。

进出口企业仍以外资企业为主，进出口贸易方式仍以一般贸易为主。

6. 行业部分重点企业情况

2010年物料搬运（起重运输）机械行业部分重点企业主要经济指标完成情况见表13。

2010年物料搬运（起重运输）机械行业部分重点企业主要产品产量见表14。

表13　2010年物料搬运（起重运输）机械行业部分重点企业主要经济指标完成情况

序号	企业名称	工业总产值（亿元）	序号	企业名称	主营业务收入（亿元）
1*	徐州工程机械集团有限公司	417.13	1*	徐州工程机械集团有限公司	660.26
2*	浙江杭叉工程机械集团股份有限公司	61.89	2*	浙江杭叉工程机械集团股份有限公司	71.31
3*	安徽叉车集团公司	59.05	3*	安徽叉车集团公司	50.23
4	卫华集团有限公司	36.97	4	卫华集团有限公司	36.25
5	江苏通润机电集团有限公司	31.49	5	江苏通润机电集团有限公司	34.44
6	豫飞重工集团	22.33	6	中原圣起有限公司	20.35
7	中原圣起有限公司	20.35	7	河南省矿山起重机有限公司	20.30
8	河南省矿山起重机有限公司	20.32	8	豫飞重工集团	19.46
9	无锡华东重机科技（集团）有限公司	14.73	9	无锡华东重机科技（集团）有限公司	12.40
10	衡阳起重运输机械有限公司	11.85	10	衡阳起重运输机械有限公司	10.16
11	河南省新乡市矿山起重机有限公司	10.93	11	河南省新乡市矿山起重机有限公司	9.34
12	河南省郑起起重设备有限公司	10.01	12	河南省郑起起重设备有限公司	9.12
13	秦皇岛天业通联重工股份有限公司	8.27	13	秦皇岛天业通联重工股份有限公司	8.78
14	南通润邦重机有限公司	8.23	14	南通润邦重机有限公司	8.23
15	江苏象王起重机有限公司	7.27	15	四川自贡运输机械集团股份有限公司	8.15

注：表中数据来源于中国重机协会统计网2010年年报资料，带*号企业数据来源于中国机械工业联合会年报资料。

表14　2010年物料搬运（起重运输）机械行业部分重点企业主要产品产量

序号	企业名称	单位	产量	序号	企业名称	单位	产量
一	起重机			8	焦作市科瑞森机械制造有限公司	万t	3.95
1*	长沙中联重工科技发展股份有限公司	万t	52.70	9	承德天宝机械股份有限公司	万t	2.29
2*	徐州工程机械集团有限公司	万t	52.40	10	北京约基同力机械制造有限公司	万t	2.20
3	卫华集团有限公司	万t	42.95	三	内燃叉车		
4*	上海振华重工（集团）股份有限公司	万t	40.28	1	浙江杭叉叉车有限公司	万台	5.23
5*	中原圣起有限公司	万t	28.37	2*	安徽合力股份有限公司	万台	2.66
6	河南省矿山起重机有限公司	万t	28.22	3	安徽合力股份有限公司宝鸡合力叉车厂	万台	1.13
7*	豫飞重工集团	万t	11.66	4	柳州柳工叉车有限公司	万台	0.69
8	河南省郑起起重设备有限公司	万t	9.25	5	湖北省宏力液压机械厂	万台	0.55
9	大连重工·起重集团有限公司	万t	6.91	6	安徽江淮银联重型工程机械有限公司	万台	0.52
10	太原重型机械集团有限公司	万t	6.58	7	京山伟荣机械有限责任公司	万台	0.47
二	输送机械			8	浙江美科斯叉车有限公司	万台	0.44
1*	北方重工集团有限公司	万t	27.47	9	梯西埃姆（安徽）机械有限公司	万台	0.44
2*	大同市同华矿机制造有限公司	万t	25.75	10	大连叉车有限责任公司	万台	0.43
3	衡阳起重运输机械有限公司	万t	9.52	四	减速机		
4*	山东山矿机械有限公司	万t	6.86	1*	住友重机械减速机（上海）有限公司	万台	43.90
5	四川省自贡运输机械集团有限公司	万t	6.32	2*	江苏国茂国泰减速机集团有限公司	万台	38.81
6	安徽攀登重工股份有限公司	万t	4.78	3*	杭州中德传动设备有限公司	万台	34.37
7	上海科大重工集团有限公司	万t	4.07	4*	SEW－传动设备（天津）有限公司	万台	14.88

（续）

序号	企业名称	单位	产量	序号	企业名称	单位	产量
5*	江苏泰隆机械集团公司	万台	14.35	8*	浙江通力重型齿轮股份有限公司	万台	4.76
6*	泰星减速机股份有限公司	万台	13.77	9*	重庆齿轮箱有限责任公司	万台	2.95
7*	宁波东力传动设备股份有限公司	万台	8.00	10*	浙江东海减速机有限公司	万台	1.81

注：表中数据来源于中国重机协会统计网统计资料，带*号企业数据来源于国家统计局统计资料。

行业重大科技成果情况　2010年，物料搬运（起重运输）机械行业技术创新和开发有了新的成果，如大连重工·起重集团有限公司按照国外标准自主设计制造，并出口澳大利亚的两台大型堆料机，首次打入发达国家市场；新研制的750t履带起重机达到国际先进水平；中国华电集团公司所属花店工程（集团）公司与澳大利亚KARARA矿业公司签订了双翻车机设计和供货合同，这是我国第一台出口到发达国家的翻车机设备；山西煤矿机械制造有限责任公司研制的SGZ1000/3×855型刮板输送机，运输能力3 000t/h，装机功率3×855kW，整机性能达到国际先进水平；南通润邦重机有限公司设计建造了起重量700t、1 000t大型造船门式起重机；卫华集团有限公司研制的400t欧式结构桥式起重机，也达到国际先进水平；山东山矿机械有限公司研制的新型港口散料输送系统成套设备和卫华集团有限公司研制的5～50t轻巧型桥式起重机系列等产品也达到国内领先水平。上述成果反映出行业技术水平有了新的提高。

2010年，物料搬运（起重运输）机械行业获国家科学技术进步奖二等奖项目1项，是由上海振华重工（集团）股份有限公司、上海交通大学、同济大学及上海海事大学等联合研制的海上重型起重装备全回转浮吊关键技术及应用项目。

2010年，物料搬运（起重运输）机械行业还获中国机械工业科学技术奖13项，包括特等奖1项，一等奖2项，二等奖4项，三等奖6项。其中，特等奖是大连重工·起重集团有限公司研制的20 000t×125m多吊点桥式起重机；一等奖有：北京起重运输机械设计研究院有限公司完成的国药集团物流中心关键技术与成套设备研制及其推广应用项目，徐州重型机械有限公司研制的QAY500全地面起重机。二等奖有：泰安力博机电科技有限公司和山东科技大学完成的多点大角度小半径空间转弯越野带式输送机新技术开发项目；河南太行振动机械股份有限公司研制的TLZS80—93炼钢余热利用特大型振动输送装置；苏州通润驱动设备股份有限公司研制的ER_6永磁同步电梯曳引机；徐工集团工程机械股份有限公司研制的QUY650LVD履带起重机。

产业企业经济类型及利用境外资本情况

1. 行业企业经济类型情况

2010年物料搬运（起重运输）机械行业按企业经济类型分主要经济指标完成情况见表15。

表15　2010年物料搬运（起重运输）机械行业按企业经济类型分主要经济指标完成情况

企业分类	企业数（个）	占行业比重（%）	工业总产值（当年价）（亿元）	占行业比重（%）	主营业务收入（亿元）	占行业比重（%）	利润总额（亿元）	占行业比重（%）	资产合计（亿元）	占行业比重（%）
物料搬运（起重运输）机械行业	2 302	100.00	3 904.30	100.00	3 855.67	100.00	303.51	100.00	3 347.83	100.00
其中：国有企业	59	2.56	564.34	14.45	572.26	14.84	46.07	15.18	479.73	14.33
私营企业	1 352	58.73	1 120.21	28.69	1 071.92	27.80	76.88	25.33	691.99	20.67
其他内资企业	562	24.41	871.25	22.32	851.16	22.08	66.99	22.07	793.49	23.70
三资企业	329	14.29	1 348.50	34.54	1 360.33	35.28	113.58	37.42	1 382.62	41.30

注：1. 表中国有企业包括国有联营企业和国有独资公司。

2. 由于四舍五入，合计数有微小出入。

2010年，物料搬运（起重运输）机械行业三资企业生产销售总值占行业的比重比上年上升约5个百分点，私营企业比重增长约2个百分点，其他内资企业比重则下降约8个百分点。

2. 行业利用境外资本情况

2010年物料搬运（起重运输）机械行业利用境外资本情况见表16。

表16　2010年物料搬运（起重运输）机械行业利用境外资本情况

企业分类	实收资本（亿元）	比上年增长（%）	境外资本（亿元）	比上年增长（%）	中国港澳台资本（亿元）	比上年增长（%）	外商资本（亿元）	比上年增长（%）	境外资本占实收资本比重（%）	上年境外资本占实收资本比重（%）
物料搬运（起重运输）机械行业	606.60	13.54	159.55	8.41	37.52	-16.47	122.03	19.34	26.30	27.55
其中：大型企业	91.98	-11.59	28.79	-7.22	5.75	-66.57	23.04	66.59	31.30	29.83

（续）

企业分类	实收资本（亿元）	比上年增长（%）	境外资本（亿元）	比上年增长（%）	中国港澳台资本（亿元）	比上年增长（%）	外商资本（亿元）	比上年增长（%）	境外资本占实收资本比重（%）	上年境外资本占实收资本比重（%）
占行业比重(%)	15.16		18.04		15.33		18.88			
中型企业	209.07	17.65	72.03	12.35	9.94	-13.72	62.09	18.06	34.45	36.08
占行业比重(%)	34.47		45.15		26.49		50.88			
小型企业	305.55	21.00	58.73	12.88	21.83	34.75	36.90	2.99	19.22	20.60
占行业比重(%)	50.37		36.81		58.18		30.24			

从表16可见，2010年，物料搬运（起重运输）机械行业利用外商资本比上年增长19.34%，利用中国港澳台资本比上年下降16.47%。其中，大型企业利用外商资本比上年增长66.59%，利用中国港澳台资本比上年则下降66.57%。中型企业利用境外资本占比仍然最大。

行业发展中值得关注的问题　物料搬运（起重运输）机械行业特点是行业产品小类较多，中小企业众多。2008年前的五年，行业生产销售一直保持在30%上下的高位增长，且连年创历史新高，导致行业固定资产投资规模不断扩大，行业产能的重复建设比较严重，市场低价竞争现象一直持续至今。2008年9月国际金融危机发生，业内普遍预计行业生产销售将受到严重影响，进出口也会大幅下降，但2008年当年行业生产销售总值比上年仍然增长30%以上，进出口额也保持大幅度增长。2009年，行业生产销售总值增长幅度有较大的下降，行业外贸进出口也有较大幅度下降，但行业生产销售总量仍再创历史新高，并保持10%左右的增长。业内预计2010年，行业生产销售总值及外贸进出口应当会继续大幅下滑，但事实上，行业进出口开始止跌回升，行业生产销售总量继续再创历史新高，增长率又恢复到20%以上，已走出2009年的低谷。行业产品国内外市场形势虽然有所好转，但是如何控制物料搬运（起重运输）机械行业产能过度扩张，减少盲目重复建设和低价恶性竞争仍是今后一段时间行业应当特别关注和研究的问题。

1998～2010年物料搬运（起重运输）机械行业经济增长走势　1998～2010年，物料搬运（起重运输）机械行业工业总产值、主营业务收入及其增长率走势见图2。

1998～2010年物料搬运（起重运输）机械行业利润总额、增长率及主营业务收入利润（总额）率走势见图3。

2000～2010年物料搬运（起重运输）机械行业资产总计及其增长率走势见图4。

1998～2010年物料搬运（起重运输）机械产品进出口额走势见图5。

1998～2010年物料搬运（起重运输）机械产品进出口额增长率走势见图6。

图2　1998～2010年物料搬运（起重运输）机械行业工业总产值、主营业务收入及其增长率走势

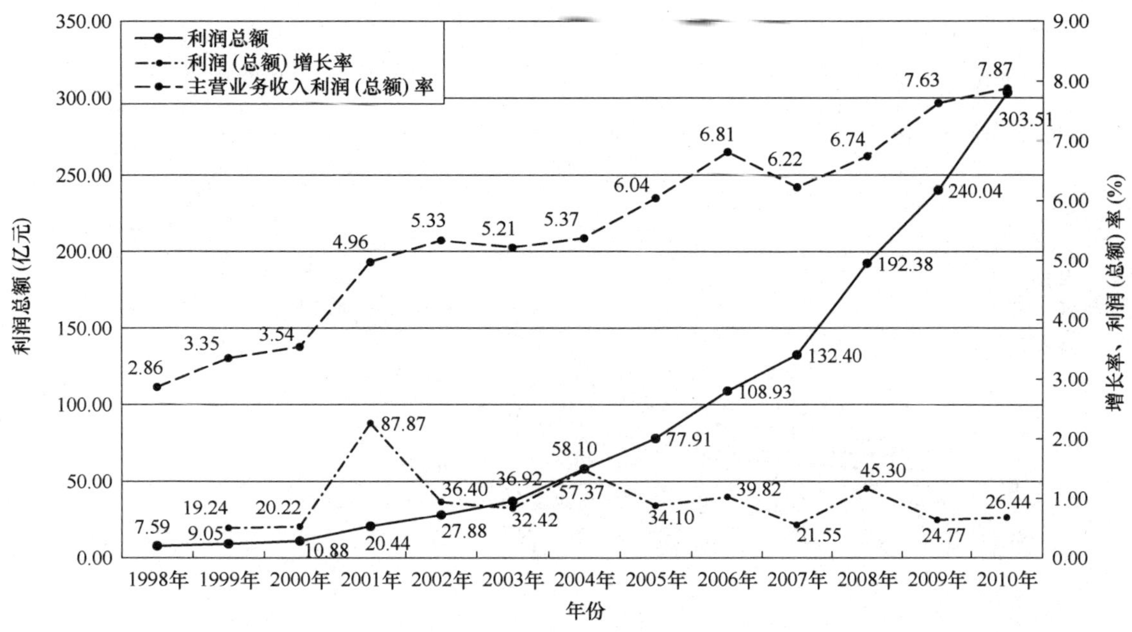

图3　1998～2010年物料搬运(起重运输)机械行业利润总额、增长率及主营业务收入利润(总额)率走势

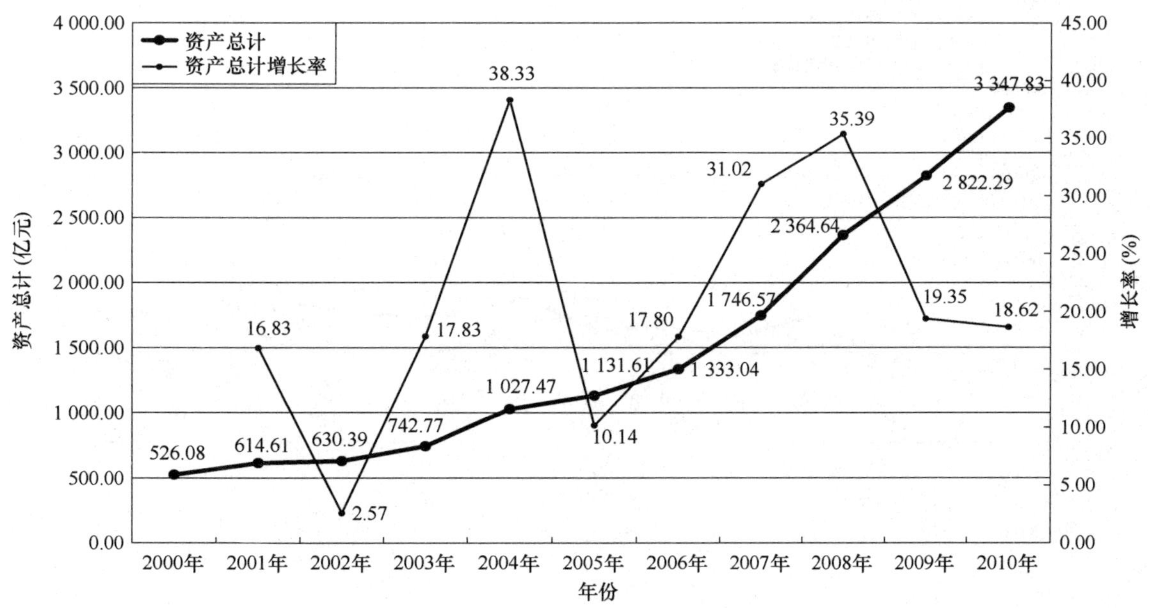

图4　2000～2010年物料搬运(起重运输)机械行业资产总计及其增长率走势

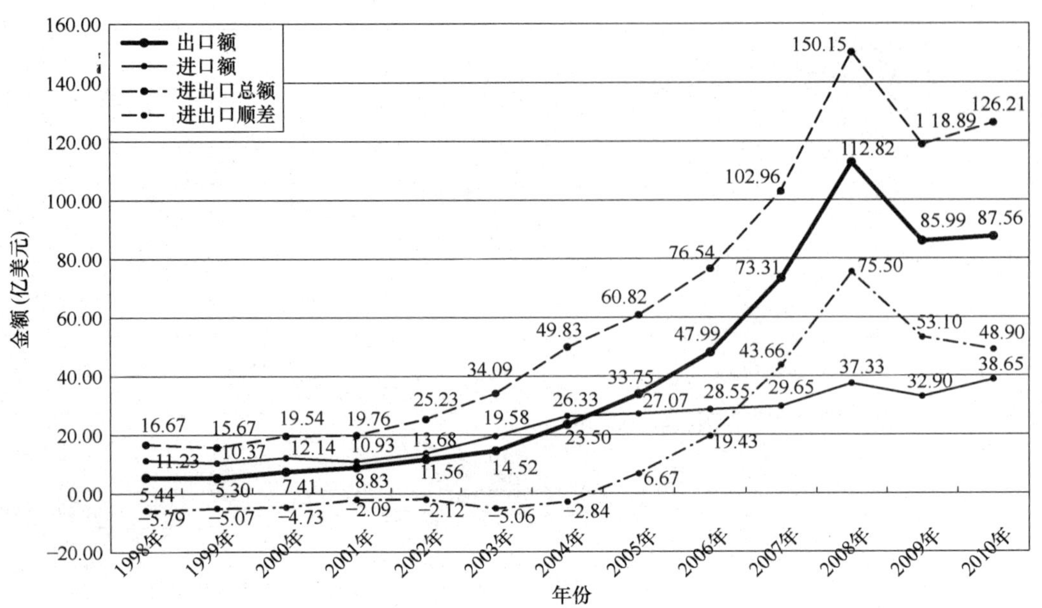

图5　1998～2010年物料搬运(起重运输)机械产品进出口额走势

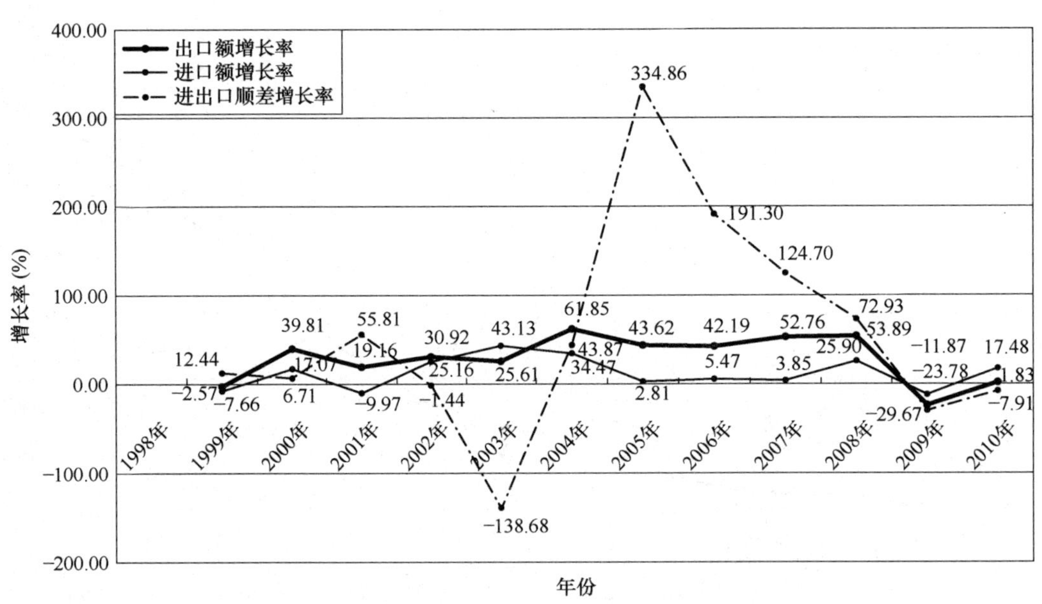

图6　1998～2010年物料搬运(起重运输)机械产品进出口额增长率走势

〔撰稿人:中国重型机械工业协会臧义成　审稿人:中国重型机械工业协会徐善继〕

轻小型起重设备

千斤顶

生产发展情况 千斤顶产品按工作原理主要分为液压千斤顶和机械千斤顶。液压千斤顶由人力或电力驱动液压泵，通过液压系统传动，用缸体或活塞作为顶举件。液压千斤顶又可分为整体式和分离式，整体式（包括立式油压千斤顶、卧式油压千斤顶）的泵与液压缸联成一体。分离式油压千斤顶的泵与液压缸分离，中间用高压软管相连。液压千斤顶结构紧凑，能平稳顶升重物，起重量最大达 1 000t，行程 1m，传动效率较高，故应用较广；但易漏油，不宜长期支持重物。如需长期支撑须选用自锁千斤顶或配用支架。机械千斤顶由人力通过锥齿轮、螺杆式螺母套筒等传动顶举件，实现顶举重物。机械千斤顶包括螺旋千斤顶、剪式千斤顶、齿条千斤顶等。

千斤顶产品按市场可分为商用千斤顶、汽车配套千斤顶及特种用途千斤顶；另外按动力源可分为手动千斤顶和电动千斤顶。当前千斤顶产品绝大部分是符合节能、环保要求的手动千斤顶。

在改革开放之前，我国千斤顶年产量很小，而且品种规格很少，在较长时间内没有形成专业化、规模化生产。改革开放以后，行业内不少企业因为未能适应市场规则而先后遭淘汰。与此同时，外资不断注入国内千斤顶行业，部分境外千斤顶生产企业转移到我国，其中台湾地区大部分千斤顶生产企业转移到广东等沿海地区，推动了大陆地区千斤顶行业的发展。近年来，我国千斤顶产业得到快速持续发展，我国已成为全球千斤顶生产最快和消耗量最大的国家之一。

为了满足不断增长的新需求，生产企业特别是行业内骨干企业投入较大的人力、财力、物力开发设计出大量新产品，改变了原来比较单一的产品结构，改进了加工工艺，提高了产品的安全性和操作便利性。当前，300 多种不同规格、不同型号的千斤顶产品极大地丰富了市场，满足了顾客需求。特种用途千斤顶是传统千斤顶产品的扩展和延伸，将为千斤顶行业创造新的发展空间。

市场及销售 千斤顶产品以其科学的设计、可靠的结构、较大的起重能量、小巧便携等特点，被广泛地应用于国民经济的各个领域，特别是在流动性起重作业和汽车行业，把它作为随车与维修场所必备的起重装备，起着起重、支撑、调整水平等作用。在大型救援设备无法到达灾难现场的救援工作中，千斤顶特别是分离式千斤顶可发挥积极的作用。

国内具有一定规模的千斤顶生产企业 70 多家，主要分布在江苏、浙江、广东、山东。千斤顶行业发展趋势是继续向产品质量高、规模效益好、管理成本低、国际竞争能力强的东南沿海经济发达地区的大、中型企业集中。随着这些地区劳动力成本的持续提高，这种集中的趋势有可能延缓，甚至产业区域结构和布局有可能发生变化。行业内专业分工更加细化，千斤顶绝大部分零部件由配套企业生产。

当前，我国千斤顶产品已出口北美、欧洲、东亚、大洋洲等地区的 130 多个国家，随着欧洲债务危机愈演愈烈，国际市场的千斤顶需求量锐减。

2008 ~ 2010 年千斤顶产量和出口量见表 1。

表 1 2008 ~ 2010 年千斤顶产量和出口量 （单位:万台）

分类产品	2008 年		2009 年		2010 年	
	产量	出口量	产量	出口量	产量	出口量
卧式千斤顶	273.3	260.7	296.1	274.4	303.6	271.2
轻型卧式千斤顶	445.2	386.2	549.3	476.5	589.5	502.9
油压立式千斤顶	970.8	682.4	1058.6	764.1	1 103.4	781.6
分离式千斤顶	31.7	19.4	37.3	23.8	41.9	26.1
螺旋千斤顶	94.5	60.1	96.3	63.1	99.7	65.6
剪式千斤顶	759.8		981.2		1 148.4	
其中汽车配套用	693.7	540.7	872.9	620.5	1 022.1	933.7
其他	581.6	419.8	623.8	453.8	702.4	514.6
合计	3 156.9	2 369.3	3 642.6	2 676.2	3 988.9	3 095.7

国内千斤顶生产企业面临新的机遇：①在国家《汽车发展产业政策》中千斤顶发展得到政策扶持，同时作为物料搬运机械，在重型机械行业发展规划中被列入重点发展的产品。②加入世贸组织以来，我国市场经济地位被越来越多的发达国家认可，国内企业参与国际竞争的能力越来越强，经验越来越丰富。③国际分工越来越细，世界著名汽车制造企业正逐渐将汽车配套千斤顶生产外移。

国内千斤顶生产企业同时也面临风险和挑战：①发达国家对千斤顶产品的知识产权保护已经出现，应引起国内生产企业的重视。②千斤顶生产企业是劳动密集型，随着人力资源等资源成本的上升，以及人民币不断升值，千斤顶产品在国际市场的价格竞争力将逐渐减弱，利润空间被不断压缩。③国外市场需求下降后，部分出口企业转向国内，加剧国内市场竞争。④对于节能、减排不达标的企业，国家的环保政策和能源政策是一把悬在头顶的剑。

技术、质量及标准 千斤顶行业是实行生产许可证制度的行业。国家起重运输机械质量监督检验中心承担着千斤顶产品生产许可证的相关管理工作，对行业健康发展发挥着越来越积极的作用。

在全国起重机械标准化技术委员会的领导下，全国起重机械标准化技术委员会千斤顶工作组积极开展标准修订工作，在完成《螺旋千斤顶》和《车库用油压千斤顶》标准修订工作后，在全国起重机械标准化技术委员会的主持下，会员单位代表于2010年8月9日完成了对《立式油压千斤顶》标准(送审稿)的审查工作。该标准由江苏通润机电集团常熟通润汽车零部件有限公司负责起草。在标准修订过程中，各相关企业积极参与，提出了宝贵的意见和建议。

国内主要千斤顶生产企业均通过了ISO9001:2000质量管理体系认证，产品性能和质量水平大部分达到了先进工业国家美国ASME、英国BS、德国DIN、澳大利亚AS、日本JIS标准的要求。江苏通润机电集团有限公司还通过了汽车制造行业的TS16949:2002，并已推行ISO14000职业健康安全管理体系和职业安全卫生管理体系。

〔撰稿人:中国重型机械工业协会千斤顶分会王祥元 审稿人:中国重型机械工业协会肖立群〕

起重葫芦

生产发展概况 起重葫芦主要产品包括:钢丝绳电动葫芦、环链电动葫芦、微型电动葫芦、气动葫芦、手拉葫芦、手扳葫芦和滑车等，是量大面广的产品，在国民经济的很多领域得到广泛应用。

2010年，我国全社会固定资产投资保持较高的增长速度，国民经济仍然保持快速增长势头。根据国家统计局的统计公报，2010年全社会固定资产投资278 140亿元，比上年增长23.8%。其中与起重葫芦行业直接相关的部分制造业固定资产投资高速增长，如通用设备制造业增长22.4%，专用设备制造业增长35.1%，交通运输设备制造业增长31.7%，建筑业增长48.6%，采矿业增长18.1%。这些行业的固定资产投资都直接或间接地拉动了对起重葫芦需求的增长，此外，2009年我国为应对国际金融危机而出台的4万亿元投资的工程项目大都进入施工实施阶段，也将直接带动起重葫芦市场的强劲增长。为此，2010年下半年部分企业的起重葫芦产品曾一度供不应求。根据中国重型机械工业协会统计网的统计，部分会员单位电动葫芦(包括钢丝绳电动葫芦、环链电动葫芦，不包括单相电动葫芦)产量同比增长54.8%。

市场与销售 我国起重葫芦行业经过几十年的发展，企业数量、规模、制造能力和就业人数等已经成为全球最大。综合估算起重葫芦制造企业的产量和产值、起重葫芦的进出口贸易额，2010年我国起重葫芦国内市场容量约43亿元(国产产品的国内市场销售额+起重葫芦进口额)。根据海关总署的进出口统计，2010年我国起重葫芦出口额为2.34亿美元，约合15.4亿元人民币，由此计算出我国2010年起重葫芦行业对外依存度为35.8%。

根据中国重型机械工业协会统计网的统计数据，2010年16个会员单位生产13.7万台电动葫芦(包括钢丝绳电动葫芦、环链电动葫芦，不包括单相电动葫芦)，同比增长54.8%;5个会员单位生产88.1万台手动葫芦，同比增长15.6%。

单相电动葫芦是近几年发展非常迅速的电动葫芦产品。2010年，浙江八达机电有限公司单相电动葫芦产量达414 547台，同比增长41.34%，其中绝大部分供应国际市场。

2010年，钢丝绳电动葫芦(不包括单相电动葫芦)产量前3位的企业分别是江阴凯澄起重机械有限公司、卫华集团有限公司和河南省矿山起重机有限公司，3家企业产量总计达82 130台。2010年钢丝绳电动葫芦产量前10位企业见表1。2010年环链电动葫芦产量前3位企业见表2。

表1 2010年钢丝绳电动葫芦产量前10名企业

序号	企业名称	产量(台)
1	江阴凯澄起重机械有限公司	41 618
2	卫华集团纽科伦(新乡)起重机有限公司	22 749
3	河南省矿山起重机有限公司	17 763
4	江苏三马机械制造有限公司	11 361
5	广东超宇起重设备有限公司	3 448
6	南京起重机械总厂有限公司	3 400
7	浙江双鸟机械有限公司	2 100
8	江西起重机械总厂	1 903
9	湖北银轮蒲起机械有限公司	1 798
10	赤壁市蒲圻起重运输机械有限责任公司	1 509

表2 2010年环链电动葫芦产量前3位企业

序号	企业名称	产量(台)
1	江苏佳力起重机械制造有限公司	14 174
2	杭州武林机器有限公司	7 576
3	浙江双鸟机械有限公司	4 181

根据中国重型机械工业协会统计网的统计数据，国内手动葫芦产量最大的3家企业分别是浙江五一机械有限公司、杭州武林机器有限公司和浙江双鸟机械有限公司，3家公司的总产量为824 145台，同比增长13.81%。2010年手动葫芦产量前3位企业见表3。

表3　2010年手动葫芦产量前3位企业

序号	企业名称	产量(台)	同比增长(%)	产量(t)
1	浙江五一机械有限公司	282 330	5.69	5 633
2	杭州武林机器有限公司	271 013	39.02	4 176
3	浙江双鸟机械有限公司	270 802	3.33	7 311

2010年起重葫芦行业部分骨干企业主要经济指标见表4。

表4　2010年起重葫芦行业部分骨干企业主要经济指标

企业名称	起重葫芦销售收入(万元)	利税总额(万元)	人均产值(万元)
江阴凯澄起重机械有限公司	42 521	11 610	90
浙江双鸟机械有限公司	17 298	1 536	50
浙江五一机械有限公司	9 664	1 905	17
甘肃省定西起重机厂有限责任公司	7 146	230	14
赤壁市蒲圻起重运输机械有限责任公司	2 490		44
北京起重工具厂	1 773	50	20
江西起重机械总厂	1 655	3 960	78

进出口情况　根据海关进出口统计,2010年电动葫芦出口量为65.7万台(含单相电动葫芦),同比增长19.74%;出口额为8 058万美元,同比增长17.55%。2010年我国电动葫芦进出口情况见表5。

表5　2010年我国电动葫芦进出口情况

指标名称	单位	实际完成	同比增长(%)
出口量	台	657 265	19.74
出口额	万美元	8 058	17.55
进口量	台	17 598	67.44
进口额	万美元	4 561	16.41

2010年我国电动葫芦出口去向前10位国家(地区)见表6。

表6　2010年我国电动葫芦出口去向前10位国家(地区)

序号	国家(地区)	出口额(万美元)	占出口总额的比重(%)	出口额同比增长(%)	出口量(台)
1	美国	959	11.90	-17.55	63 728
2	德国	690	8.56	49.35	138 622
3	印度	488	6.06	105.91	6 764
4	芬兰	416	5.16	-13.33	11 759
5	意大利	358	4.45	10.84	70 455
6	土耳其	334	4.14	62.14	49 017
7	日本	305	3.78	7.39	3 011
8	巴西	299	3.71	205.10	23 619
9	越南	226	2.81	-3.42	17 132
10	马来西亚	198	2.46	12.50	2 758

2010年我国电动葫芦进口源前10位国家(地区)见表7。

表7　2010年我国电动葫芦进口源前10位国家(地区)

序号	国家(地区)	进口额(万美元)	占进口总额的比重(%)	进口额同比增长(%)	进口量(台)
1	德国	1 281	28.08	-10.42	4 206
2	法国	821	18.00	159.81	4 149
3	日本	784	17.19	96.98	2 544
4	西班牙	307	6.74	320.55	975
5	美国	195	4.28	7.14	1 464
6	意大利	189	4.14	656.00	197
7	中国台湾	128	2.82	40.66	1 002
8	荷兰	125	2.75	54.32	25
9	印度	117	2.57	-17.02	104
10	韩国	110	2.41	-74.83	1 852

2010年我国电动葫芦出口额前10位省市见表8。

表8　2010年我国电动葫芦出口额前10位省市

序号	省市名称	出口额(万美元)	占出口总额的比重(%)	出口额同比增长(%)	出口量(台)
1	浙江省	3 263	40.49	25.98	426 037
2	上海市	1 888	23.43	3.45	23 921
3	江苏省	1 020	12.66	22.89	54 645
4	重庆市	509	6.31	124.23	98 788
5	北京市	442	5.49	-33.13	5 298
6	福建省	339	4.20	21.94	25 361
7	广东省	152	1.89	198.04	2 436
8	山东省	122	1.51	5.17	16 360
9	天津市	95	1.18	79.25	101
10	河北省	70	0.87	118.75	170

2010年手动葫芦及滑车出口量为242.5万台,同比增长27.79%;出口额为0.94亿美元,同比增长29.42%。2010年我国手动葫芦与滑车进出口情况见表9。

表9　2010年我国手动葫芦与滑车进出口情况

指标名称	单位	实际完成	同比增长(%)
出口量	台	2 425 051	27.79
出口额	万美元	9 383	29.42
进口量	台	27 422	39.91
进口额	万美元	1 375	-18.30

2010年我国手动葫芦与滑车出口去向前10位国家(地区)见表10。

表10　2010年我国手动葫芦与滑车出口去向前10位国家(地区)

序号	国家(地区)	出口额(万美元)	占出口总额的比重(%)	出口额同比增长(%)	出口量(台)
1	美国	1 685	17.96	23.81	410 773
2	德国	531	5.66	52.15	134 386
3	澳大利亚	440	4.69	53.85	99 996
4	荷兰	414	4.42	43.75	106 329
5	印度	394	4.20	4.23	91 286
6	印度尼西亚	339	3.61	30.38	64 525
7	阿拉伯联合酋长国	298	3.17	-11.83	76 279
8	日本	263	2.80	1.15	74 967
9	加拿大	261	2.78	42.62	68 702
10	墨西哥	243	2.59	84.09	58 666

2010年我国手动葫芦与滑车进口源前5位国家(地区)见表11。

表11　2010年我国手动葫芦与滑车进口源前5位国家(地区)

序号	国家(地区)	进口额(万美元)	占进口总额的比重(%)	进口额同比增长(%)	进口量(台)
1	日本	328	23.83	37.82	7 208
2	美国	256	18.61	-37.25	1 189
3	德国	203	14.76	-30.95	6 321
4	挪威	180	13.09	5.88	14
5	韩国	144	10.44	54.84	7 423

2010年我国手动葫芦与滑车出口额前10位省市见表12。

表12　2010年我国手动葫芦与滑车出口额前10位省市

序号	省市名称	出口额(万美元)	占出口总额的比重(%)	出口额同比增长(%)	出口量(台)
1	浙江省	4 998	53.27	35.08	1 180 691
2	江苏省	1 025	10.93	28.13	301 505
3	上海市	898	9.58	28.84	240 615
4	重庆市	878	9.36	19.13	237 436
5	北京市	360	3.84	19.60	87 382
6	山东省	226	2.41	-4.64	61 645
7	广东省	226	2.41	-5.44	56 003
8	河北省	195	2.08	57.26	74 961
9	陕西省	128	1.36	276.47	41 515
10	湖北省	61	0.65	48.78	15 085

〔撰稿人:中国重型机械工业协会起重葫芦分会张敏　审稿人:中国重型机械工业协会肖立群〕

桥式、门式起重机

生产发展概况　我国桥式、门式起重机械制造业在“十五”期间和“十一五”期间均取得长足发展,经济总量保持快速增长的态势,年增幅在30%左右。2008年受国际金融危机的影响,桥式、门式起重机无论产量还是产值均有较大下滑。由于国家宏观调控对经济的拉动作用,2009年桥式、门式起重机行业扭转了产销下滑的局面,与2008年第四季度相比,起重机市场销量处于相对高位。2010年,随着国家投资规模高于上年,宏观经济环境持续向好,主要用户行业经济复苏和回暖凸显,煤炭及钢铁行业产量显著回升,投资显著增加;风电、核电及石化等行业投资仍保持较高水平;其他相关行业投资也明显回升。这些都为桥式、门式起重机行业提供了新的发展机遇,促使2010年桥式、门式起重机产销保持平稳增长。

受国际经济危机的影响,我国桥式、门式起重机企业的运营情况也面临诸多挑战。当前国内的起重机械企业中,大中型企业的运营情况良好,但是也有部分规模较小的企业遭受严重的冲击,处于停产、半停产状态。这次经济危机虽然对整个行业造成了一定的冲击,但也有利于行业进行重组整合,淘汰一些竞争力不强的小企业,这对行业长远发展是有利的。

市场与销售　2010年,我国桥式、门式起重机行业市场销售呈现企稳并逐步走高的发展势态。由于国家将能源、电力、石化、冶金、造船、交通等工业作为发展重点,而这些行业的快速发展,都离不开起重设备的支撑,这就带动了起重机行业的产销持续增长。2010年,全行业桥式、门式起重机销售量约7.3万台,销售额约300亿元,比2009年约增长11%。行业工业总产值和主营业务收入也再创历史新高,起重机产品出口量也有较大幅度增长。2010年,桥式、门式起重机行业10个主要生产企业的起重机产品销售收入达160.28亿元,约占整个国内市场份额的53.43%。进入起重机产品销售收入前30名企业的入门值为1.1亿元,其中起重机产品销售收入超过5亿元的企业有11个,它们是:卫华集团有限公司36.25亿元,中原圣起有限公司20.35亿元,河南省矿山起重机有限公司20.30亿元,河南豫飞重工集团有限公司19.46亿元,太原重型机械集团有限公司18.23亿元,大连重工·起重集团有限公司13.50亿元,河南省新乡市矿山起重机有限公司9.34亿元,河南郑起起重设备有限公司9.12亿元,江苏象王起重机有限公司7.25亿元,山起重型机械股份公司6.48亿元,株洲天桥起重机有限公司5.11亿元。2010年桥式起重机专业委员会部分企业主要经济指标完成情况见表1。2010年桥式、门式起重机产品进出口情况见表2。

表1　2010年桥式起重机专业委员会部分企业主要经济指标完成情况

序号	企业名称	工业总产值（万元）	起重机产品销售收入（万元）	利税总额（万元）	工业总产值全员劳动生产率（万元/人）
1	卫华集团有限公司	369 700	362 500	26 700	21.07
2	中原圣起有限公司	203 500	203 500	15 300	6.46
3	河南省矿山起重机有限公司	203 200	203 000	8 300	8.53
4	河南豫飞重工集团有限公司	223 300	194 600	19 700	17.09
5	太原重型机械集团有限公司	1372 300	182 300	151 800	20.66
6	大连重工·起重集团有限公司	1455 200	135 000	205 800	55.87
7	河南省新乡市矿山起重机有限公司	109 300	93 400	12 500	21.25
8	河南郑起起重设备有限公司	100 100	91 200	8 300	9.06
9	江苏象王起重机有限公司	72 700	72 500	9 800	18.25
10	山起重型机械股份公司	66 700	64 800	9 100	16.80
11	株洲天桥起重机有限公司	51 200	51 100	11 500	24.77
12	河南省华东起重机集团有限公司	52 400	49 700	6 100	36.85
13	上海起重运输机械厂有限公司	50 100	41 700	1 500	14.67
14	江西起重机械总厂	43 700	36 900	3 800	23.21
15	浙江众擎起重机械制造有限公司	37 000	36 400	4 600	10.81
16	新乡市中原起重机械总厂有限公司	40 200	36 200	1 300	29.95
17	宁夏天地奔牛银起设备有限公司	16 300	18 000	-200	5.01
18	重庆起重机厂有限责任公司	17 400	16 200	1 800	8.16
19	江苏三马起重机械制造有限公司	16 200	15 700	400	6.52
20	广东永通起重机械实业有限公司	15 100	15 100	920	12.25
21	广州起重机械有限公司	10 600	15 000	700	7.34
22	本钢起重机制造有限公司	13 200	12 800	1 100	4.13
23	南京起重机械总厂有限公司	12 500	12 700	420	6.25
24	通化市起重运输机械制造有限责任公司	15 400	12 300	900	10.16
25	河南洛阳起重机厂	11 800	11 700	400	3.07
26	湖北银轮起重机械股份有限公司	19 300	11 200	500	22.83
27	上海科大重工集团有限公司	49 500	11 000	4 500	35.80
28	山东光明起重机械集团有限公司	11 600	11 000	360	7.86
29	宁波市凹凸起重运输机械总厂	12 100	10 900	700	26.21
30	柳州起重机器有限公司	12 700	10 800	400	8.46

表2　2010年桥式、门式起重机产品进出口情况

产品名称	出口量（台）	出口额（万美元）	进口量（台）	进口额（万美元）	进出口总额（万美元）	进出口差额（万美元）
桥式起重机	1 645	11 544	268	2 446	13 990	9 098
门式起重机	620	35 423	31	1 969	37 392	33 454

科技成果和新产品　随着工业生产规模的不断扩大，生产效率的日益提高，产品生产费用中物料搬运的占比逐渐增加，用户企业对大型、高速和自动化起重机的需求量不断提高，对能耗和可靠性也提出了更高的要求。起重机的性能已成为自动化生产流程的重要环节。我国桥式、门式起重机的起重量越来越大，工作速度越来越快，自动化程度越来越高，产品技术含量也随着国际市场竞争的加剧在明显提高。

行业龙头企业大连重工·起重集团有限公司为适应市场需求，开发的20 000t×125m多吊点桥式起重机，是当今世界上起重量最大的起重设备，它的成功面世受到国际起重机领域的高度赞扬，并荣获中国机械工业科学技术奖特等奖；开发的国内最大规格的额定起重量350t铸造起重机（新专利机型），填补了核电装备大型铸锻件单吊钩铸造起重机空白；开发的200t铸造起重机是国内首台采用整体大减速器单吊钩新机型的铸造起重机（当前大多数铸造、锻造

厂采用普通桥吊下挂龙门吊具吊运钢包，此种操作不符合国家规范，存在安全隐患），既可满足铸造、锻造厂生产工艺要求，又符合国家相关规范；开发的600t紧凑型大吨位桥式起重机具有重量轻、轮压小、结构紧凑、净空高度低、节能环保等特点，降低了成本，增强了市场竞争力，是升级换代的新一代起重机。北京起重运输机械设计研究院在垃圾发电领域开发的垃圾搬运起重机，其技术达到了国际先进水平，不到十年的时间，成功承接国内外120多个项目，国内市场占有率超过50%；研发的亚洲最大的全自动垃圾搬运起重机（斗容15m^3）成功应用于海螺川崎铜陵项目；在生物质发电领域开发的自动控制秸秆包搬运起重机，填补了国内空白，已在30多个项目中应用。卫华集团有限公司开发了起重量400t欧式结构桥式起重机，结构轻巧，自重轻，比普通标准起重机自重降低约15%，整机功率明显下降，制造成本大大降低。采用整体加工的小车架和大车台车装配结构，使装配精度明显提高，且装配方便；小车的布置形式采用滑轮梁结构，整机结构紧凑，高度低，同时将卷筒作为小车架的一个结构梁，使得小车架的受力结构合理、简洁。卫华集团有限公司还开发了起重量400t自顶升门式起重机，该起重机门架结构件为可拆卸式结构，主梁、支腿采用分段连接，在端梁、支腿、下横梁上设计有装卸用的顶升支座，支腿分成8段，每段为1.5m，用高强度螺栓现场联接，安装时采用液压千斤顶起升，自上而下逐段联接，解决了我国自顶升门式起重机自重大，起重量小，在矿区、石油开采区等流动性工作场使用大型起重设备而又无法使用其大型安装装备等运输安装技术难题。山起重型机械股份公司开发了额定起重量200t/50t淬火桥式起重机，该起重机在机械方面，采用行星减速器机型，起升卷筒采用防断轴保护装置，防止发生意外事故；电控方面，采用断电可控释放电控系统，在意外断电状态下可控制动器启动，保证了起升机构安全制动。2010年10月YH型200t/50t淬火起重机通过了省级新产品和省级科学技术成果鉴定并取得实用新型专利3项：起重机断电放料液压控制装置（专利号：ZL201020506421.9）、起重机电缆滑车（专利号：ZL201020509346.1）、起重机用减振灯架（专利号：ZL201020506387.5）。在采用新技术新工艺方面：由北京起重运输机械设计研究院牵头，联合起重机械制造重点骨干企业大连重工·起重集团有限公司、山起重型股份有限公司以及清华大学、大连理工大学组成联合课题组研究的“通用型桥式起重机轻量化设计技术及应用”课题已列入“绿色制造关键技术与装备”国家科技支撑计划。该课题主要研究内容：开展5～100t通用型桥式起重机金属结构优化设计技术研究；新型起升机构及其结构形式研究与试验验证；模块化、紧凑型起重机大车、小车运行机构的研究与开发；高效、节能起重机电气拖动与自动化控制技术研究；起重机主要机构能耗测试技术及方法研究；起重机可靠性、安全性评价技术研究等。通过上述关键技术研究及轻量化优化设计，新型5～100t桥式起重机系列产品整机重量平均可减少20%～25%，整机高度降低15%～20%，有效工作范围增加10%，最大轮压减小10%～15%，节能10%～15%。同时，可以降低厂房建筑高度，节省取暖和照明等费用，显著降低综合成本。河南矿山起重机有限公司引进了起重机主梁无接缝成形生产线，采用液压、冷作、流水线技术，并在主梁成形矫正机旁配置焊接专机，使主梁整体成形，能最大限度地减少焊接工作量。采用主梁一次成形，无对接焊缝，高精度冷作成形工艺，不仅免除了传统生产中切割、打磨、焊接等诸多繁琐的生产工序，而且减少了变形，保证了主梁的制造精度，提高了外观质量和生产效率，实现了企业的“规模化”生产；其工序优化，节能减耗突出，能明显提高企业的经济效益。

行业发展中存在的问题及对策建议 我国桥式、门式起重机行业市场集中度较低，又是开放社会资本进入较早、较多的行业，地方保护、投资冲动使得低水平重复建设非常严重。近年来，市场需求总量的快速增长掩盖了分散的行业结构带来的产能过剩的隐忧。

行业技术水平低下、研发投入不足和高端产品自主化程度较低。由于新产品开发和产业升级缓慢，企业之间的竞争以价格竞争为主，企业成长只能靠单一品种的销量增加，技术创新对企业成长贡献较小。这就造成了在行业景气度高时增收不增利，在行业景气度低迷时盈利下滑甚至亏损。按市场优胜劣汰的原则，会出现新一轮的重组并购风潮，一些产量小、质量差、污染重、耗能大又不具备研发能力的企业可能被淘汰并购，兼并重组不但有利于优势企业占领市场、稳定资源、做大做强，而且能够通过相互联合增强企业实力，减少低层次竞争，促进行业的发展。

有些企业应根据当前建设资金短缺，新产品销售受到影响，而现役设备维修及维修配件需求有所增加的现状，在服务中开创新的利润增长点。国际金融危机为企业并购重组提供了一定的机会：一方面，受到市场因素影响，有实力的企业，此时正是可以进行“抄底”之时，以较低价格收购较为优质的资产；另一方面，部分有实力的企业之间，在相应政策和资金的支持下，可以进行战略重组，实现强强联合。有些企业也可趁国际金融危机国外企业经营困难时机，有选择地并购一些企业，从而提高我国桥式、门式起重机的设计制造水平。

当前，尽管我国起重机行业已具有非常大的规模，不少企业越来越多的产品打入国际市场，但总体上我国起重机产品的外观、性能、可靠性等指标，仍大大低于工业发达国家的同类产品水平。起重机行业要把坚持自主创新和技术引进相结合的技术发展路线，把科技进步和增强自主创新能力，作为振兴和发展的首要推动力量；坚持以技术创新带动产业升级，发展具有自主知识产权的产品和技术，加快科技成果转化，打造一批具有国际竞争力的企业和名牌。协会也应本着为企业服务的宗旨，面对良好的市场前景，积极引导国内企业积极行动起来，共同构建产、学、研技术创新联合舰队，打造起重机械产业核心竞争力。国外一些产业联盟所取得的业绩告诫我们，如果我们不联合起来将永远跟在人家后面跑，突破不了核心技术，尤其是共性技术的制约，这是导致我国重大重点工程对国外产品依赖的关键。

我国桥式、门式起重机企业要把增强自主创新能力，突破和掌握核心技术作为调整产品结构、转变增长方式的中心环节，积极开发先进的起重设备，提升行业整体技术水平。政府有关部门应通过制定产业政策，提高起重机械生产的门槛，建立制造准入制度，严格控制和发放生产许可证、特种设备制造许可证，减少主机生产企业数量，提高生产集中度，避免无序竞争。实实在在地加强对产品的质量监督检查，促进产品质量的提高。加大技术改造的力度，提升装备水平，保证产品质量，提高生产效率，降低制造成本，提高市场竞争力。要培育一批有相当制造能力的中型骨干主机企业，通过竞争淘汰一大批低水平重复生产的小型主机企业。

当前，我国桥式、门式起重机行业正处于相对的高成本、低价位怪圈中徘徊。面对这一现状，行业企业出现了两种思路：一是向成本更低的地方转移，比如转到中西部地区，但这是短期行为，这种简单的产业转移并不能真正解决问题，反而引发产能过剩，以及产销失衡和环境污染等深层次问题。能否理性地转移是一道难题，很多制造企业只是太多地考虑劳动力、土地、物流等这些综合经营成本，没能认真预估迁移过程和迁移后产生的新问题，极有可能陷入新的困境。二是实现产业升级，提升产品的质量、档次、技术含量以及自有品牌，进而提高产品的价格。树立品牌和实现自主创新技术积累虽然需要长期努力，但却是改变我国桥式、门式起重机制造企业面临困境的根本解决方法。

我国桥式、门式起重机行业发展面临的内外部环境依然还很严峻，运行的态势还不平稳，企稳回升的基础还不牢固，各地区之间发展也不平衡。产业结构不合理、部分产能过剩、落后产能难以淘汰等问题，有进一步加剧的趋势。世界经济复苏仍然脆弱、不稳定，对我国经济发展不利的影响在短期内还难以根本地改变。国际贸易保护主义有所抬头，特别是针对我国的贸易保护措施在加强。种种迹象表明，我国产品出口面临的挑战，可能还将延续相当长一段时间。当前，尽管我国起重机工业已具有非常大的规模，有不少企业越来越多的产品打入国际市场，但我国还只是起重设备的制造“大国”，而不是制造“强国”。我们必须加大调整产业结构的力度，依靠科技进步推进产业升级，才能把我国从起重设备的制造“大国”发展成为起重设备的制造“强国”。

〔撰稿人：中国重型机械工业协会桥式起重机专业委员会陶庆华　审稿人：中国重型机械工业协会徐善继〕

带式输送机

生产发展情况　2010年，带式输送机行业仍然处于平稳较快发展势态，与起重运输机械行业发展状况一致，但经济总量增长幅度仍然低于起重运输机械行业。

2006～2010年，带式输送机行业工业总产值年增速分别为24.3%、23.86%、22.4%、13.7%和19.2%。2010年带式输送机主营业务收入利润率4.69%，仍然徘徊在4%～5%之间。带式输送机行业工业总产值约130亿元，新产品产值占工业总产值的16.8%，出口交货值约占工业销售产值的13%。前20名企业工业总产值合计84.45亿元，约占行业总产值的65%。带式输送机行业的多数企业近几年都加大科技投入，提高制造能力，逐步完善生产工艺和更新设备，不断提高标准水平，特别是国际工程标准的执行能力。2010年带式输送机行业骨干企业带式输送机产品生产情况见表1。

表1　2010年带式输送机行业骨干企业带式输送机产品生产情况

序号	企业名称	产值（万元）	新产品产值（万元）	出口交货值（万元）	产量	
					以吨计(t)	以米计(m)
1	北方重工集团有限公司输送设备分公司	154 333	66 000	81 080	68 769	142 006
2	衡阳运输机械有限公司	118 517	2 854	21 588	95 166	310 000
3	四川自贡运输机械集团有限公司	67 517	27 610		63 230	112 793
4	山东山矿机械有限公司	65 128	25 301	21 350	68 632	128 272
5	东莞市隆泰实业有限公司	51 255				
6	安徽攀登重工股份有限公司	50 538	15 356	9 556	40 735	195 530
7	上海科大重工集团有限公司	48 200	1 960	3 650	40 690	117 000
8	焦作市科瑞森机械制造有限公司	43 454		5	39 503	86 907
9	兖矿集团大陆机械有限公司	42 761			20 802	

（续）

序号	企业名称	产值（万元）	新产品产值（万元）	出口交货值（万元）	产量	
					以吨计(t)	以米计(m)
10	安徽盛运机械股份有限公司	33 484		5 054	27 445	
11	北京约基同力机械制造有限公司	29 800	9 600	12 401	22 046	99 208
12	淄博生建机械厂	27 000				
13	太原向明机械制造有限公司	27 000	11 400	240	24 500	
14	四川东林矿山运输机械有限公司	26 800	5 310	104	14 900	
15	华电重工装备有限公司	15 763				
16	唐山冶金矿山机械厂	12 200			8 129	34 065
17	铜陵天奇兰天机械设备有限公司	12 100	3 725	1 503	11 150	52 190

市场与营销 带式输送机主要应用在煤炭、冶金、矿山、交通、能源、建材等国家基础工业。这些基础工业仍然处于发展和结构调整阶段，所以带式输送机行业在最近一个时期必然存在一个稳定的市场环境和技术提升的需求。

从国际市场来看，发展中国家正处于发展基础工业阶段，带式输送机的市场需求逐渐增多，而工业先进国家的带式输送机市场都逐步萎缩，因此我国带式输送机的制造能力、产品质量和价格优势使其在国际市场上具有很强的竞争能力。国内国际两个市场给带式输送机行业带来了商机，但也对带式输送机行业提出了更高的要求。带式输送机生产企业一定要走出低价竞争的怪圈，提高执行国家标准和国际标准的能力，完善工艺流程，严格质量管理，提高全体员工的素质，生产一流的产品。企业必须加强品牌意识、质量意识和服务意识。

科技成果与新产品 2010年，带式输送机行业科技创新成果不断涌现，随着国民经济的快速发展，带式输送机需求不断增加，服务领域也进一步拓宽，行业骨干企业正在实现由单机向系统设计制造的转变。具有环保功能的圆管带式输送机获得越来越多的应用，大运量、长距离、大型带式输送机应用场合也不断扩大。北方重工集团有限公司输送设备分公司正在设计一条长14km的长距离胶带机；上海科大重工集团制造了长7.1km，管径400mm的圆管带式输送机。这些产品均处于亚洲及世界的先进水平。带式输送机分会在2010年的成员大会上提出了“十二五”期间实现带式输送机制造强国的宏伟目标，广大会员单位正在朝着这个目标认真地开展科技创新、厂区扩建和工艺流程改进。

2010年获得省部级科技成果奖的项目有：泰安力博机电科技有限公司、山东科技大学“多点大角度小半径空间转弯越野带式输送机新技术开发”项目获中国机械工业科学技术奖二等奖；宁夏天地西北煤机有限公司“1.8m带宽大倾角皮带机的研制（DTC180/330/3×1600）”项目获中国机械工业科学技术奖三等奖。

质量与标准 《带式输送机工程设计规范》GB50431—2008、《带式输送机》GB—T10595—2009两项标准正式实施。这两项标准的内容与水平与国际标准和国外先进工业国家的标准一致。如何理解、掌握标准，提高标准执行能力是带式输送机行业内企业和广大工程技术人员需认真对待的一个问题。为了使广大工程技术人员尽早掌握标准，了解标准的制定原则，中国重型机械工业协会带式输送机分会召开了两次培训班，会员单位的技术负责人和骨干参加了培训和学习。

当前，带式输送机产品标准有《波纹挡边带式输送机》JB/T8908，正在修订的《圆管带式输送机》JB/T10380和《气垫带式输送机》JB/T7854—2008。

带式输送机保护装置8项标准已于2010年7月1日批准实施，这8项标准是：《带式输送机 漏斗堵塞检测器》JB/T10936—2010，《带式输送机 输送带纵向撕裂检测器》JB/T10937—2010，《带式输送机 保护装置地址编码系统》JB/T10938—2010，《带式输送机 跑偏开关》JB/T10939—2010，《带式输送机 打滑检测器》JB/T10958—2010，《带式输送机 料流检测器》JB/T10959—2010，《带式输送机 拉绳开关》JB/T10960—2010和《料仓用料位开关》JB/T10961—2010。

带式输送机安全标准有：《连续搬运设备 安全规范 专用规则》GB/T23580—2009、《散状物料用贮存设备 安全规范》GB/T23581—2009。

〔撰稿人：中国重型机械工业协会带式输送机分会李群 审稿人：北方重工集团有限公司王瑀〕

散料装卸机械

散料装卸机械亦称连续搬运设备，属起重运输机械类。国内行业统计数据主要包括堆取料机、翻车机、装卸船机等三大类产品，约40个品种，近百个不同型号、规格的单机和成套设备。其中堆取料机有臂式、门式、混匀式、圆形料场、侧式刮板（刮斗）、桥式刮板和斗轮取料机及堆料机等；翻车机有折返式、贯通式、可翻卸解列和不解列铁路敞车式翻车机，也可分为翻卸单车、双车、三车、四车等翻车机；装船机有溜筒、抓斗、带式；卸船机有链斗、螺旋、抓斗、双带、波形挡边带式、埋刮板、绳斗、自卸船式等产品。

生产发展情况　2010年，我国具有研发设计与生产制造散料装卸机械的规模以上骨干企业近20个。企业性质包括大型国有企业、股份制企业、民营企业、中外合资企业等类型。统计企业全部是中国重型机械工业协会散料装卸机械分会的会员单位。据散料装卸机械分会对行业13个主要主机生产企业的统计，完成工业总产值达380.68亿元，销售收入355.95亿元（部分企业按所属子公司数据统计）；其中散料装卸机械工业总产值93.61亿元比上年下降3.69%，是近五年来首次负增长。13家企业中散料装卸机械工业总产值达到亿元以上的企业约占77%，其中达到8亿元以上的企业约占46%。这部分企业中具有专业研发设计与生产制造散料装卸机械的基地，在企业中作为大类产品主导生产企业的约占2/3。2010年散料装卸机械行业主要经济指标完成情况见到表1。

表1　2010年散料装卸机械行业主要经济指标完成情况

指标名称	单位	实际完成
企业数	个	13
工业总产值（当年价）	万元	3 806 810
其中：散料装卸机械工业总产值（当年价）	万元	936 096
散料装卸机械工业总产值比上年增长	%	-3.69
工业增加值	万元	636 841
产品销售收入	万元	3 559 537
产品销售税金	万元	13 338
利润总额	万元	241 699
年末固定资产原价	万元	2 940 581
年末固定资产净值	万元	2 520 471
流动资产合计	万元	4 095 384
流动资产平均余额	万元	3 290 468
流动负债合计	万元	3 783 563
流动负债平均余额	万元	3 394 137
所有者权益	万元	2 245 827
全员劳动生产率	万元/人	29.40

散料装卸机械是用于煤炭、矿石、水泥等大宗散状固体原料、燃料和材料转运、储运、存放、混匀、取样的重大关键设备，广泛应用于交通、冶金、电力、建材、化工、水利等国民经济重要基础工业部门。当前，我国正处于转变经济增长方式，走新型工业化道路、建设资源节约型和环境保护型社会的重要时期。散料装卸机械在推动循环经济发展以及提高经济建设和产业物流的运行质量和效益方面，具有重要作用。散料装卸机械产品分类及主要生产企业见表2。

表2　散料装卸机械产品分类及主要生产企业

产品分类	主要生产企业
门式、混匀式、圆形料场、侧式刮板（刮斗）、桥式刮板式堆取料机	北方重工集团有限公司装卸设备分公司、大连重工·起重集团有限公司、哈尔滨重型机器有限责任公司、长春发电设备有限责任公司、湖南长重机器股份有限公司、上海电力环保设备总厂有限公司、大连通达矿冶机械有限公司和大连重工机电动力有限公司
斗轮堆取料机、斗轮取料机、堆料机	大连重工·起重集团有限公司、哈尔滨重型机器有限责任公司、长春发电设备有限责任公司、湖南长重机器股份有限公司、上海电力环保设备总厂有限公司、中联重科物料输送设备有限公司、北方重工集团有限公司装卸设备分公司、上海振华重工集团股份有限公司、大连通达矿冶机械有限公司、大连重工机电动力有限公司、哈尔滨龙鑫重型机器有限公司和上海工茂起重设备有限公司
翻车机	大连重工·起重集团有限公司、武汉电力设备厂和大连通达矿冶机械有限公司
装船机、卸船机	大连重工机电动力有限公司、上海振华重工集团股份有限公司、大连重工·起重集团有限公司和长春发电设备有限责任公司

我国散料装卸机械现有产品品种、规格及性能，完全可以满足国内需求，同时可以出口国外市场，2010年实现出口额3.94亿美元，占散料装卸机械工业总产值的24.33%。国际上受矿石需求影响，许多国家兴建专业矿石码头和中转码头，拉动了我国散料装卸机械设计水平与制造能力。过去我国出口的散料装卸机械大都是中小型，目前我国每小时万吨能力的斗轮取料机、每小时2 000t能力的卸船机等大型散料装卸机械设备，已成功进入国际市场，而且可以实现批量供货或总承包。如：大连重工·起重集团有限公司、上海振华重工集团股份有限公司、中联重科物料输送设备有限公司等大型企业，已实现批量出口每小时取料万吨能力的斗轮取料机，充分体现了我国在特大型堆取料机设计、制造方面的综合实力。大连重工·起重集团有限公司又与世界矿业巨头巴西瓦里集团签订马来西亚矿石码头设

备总包合同。该项目包括9台超大型卸船机和斗轮堆取料机,合同金额近亿美元。2010年全年仍受国际金融后危机影响,国内政策拉动强劲势头已过,又是"十一五"计划最后一年,我国各行业基本建设速度趋缓,能源、冶金、基本建设与房地产等热点行业均受到不同影响。其中为冶金工业提供装备的制造企业受其影响较大,但为能源、港口、建材等行业提供装备的制造企业影响不大。2010年散料装卸机械生产与各项经济指标较2009年有所下降,但产品出口额增长29.7%。国产散料装卸机械品种的国内市场占有率达98%以上。国产产品正在向超大型化、多品种、多国家、多地域发展。上海振华重工集团股份有限公司、大连重工·起重集团有限公司、湖南长重机器股份有限公司、北方重工集团有限公司装卸设备分公司、中联重科物料输送设备有限公司、上海电力环保设备总厂和武汉电力设备厂等主要企业均实现400万美元以上的出口额;已出口的堆取料机、装卸船机、翻车机可靠性明显提高,技术性能基本达到国外同类产品先进水平。近年来行业内各企业为适应市场需求,不同程度加大技术创新和技术改造力度。中联重科物料输送设备有限公司跨地域设置多个研发机构。特别是一些中等规模企业为扩大市场份额,继续加大改造力度,产品水平和企业综合能力大大提高。原来需要进口或与国外合作生产的大型堆取料机,双车、三车翻车机,大型装卸船机等,行业内各企业采取消化吸收国外先进技术,引创结合方式,以及加大技术创新力度,已形成一批具有自主知识产权的新产品。据统计,行业80%以上企业拥有专利,50%以上新产品获得各级科技进步奖奖励,取得了引人瞩目成果。行业中大连重工·起重集团有限公司、上海振华重工集团股份有限公司、北方重工集团有限公司和长春发电设备有限责任公司4家企业拥有国家级、省级认定企业技术中心;企业拥有现代港口、电厂、料场等用散料装卸机械的核心技术;围绕技术创新,产品向高效、智能化、大型化、国产化发展。但是认真分析可以看出,行业有关根本性问题没有很好解决,产品标准化、系列化、通用化有待统一规范和提高,由于市场因素制约,各企业产品在逐步形成批量和规模化生产的同时,更应重视产品标准化、系列化、通用化、模块化设计。行业内各企业散料装卸机械高端研发设计人员极度缺乏,特别是缺少领军式人才。人才紧缺制约了行业发展。

产品分类产量 我国散料装卸机械产品主要服务于全国各港口、电厂、冶金、煤炭、建材、矿山等散料均化、储存、转运的堆场。2010年,全行业的臂式、门式、混匀式、圆形、侧式刮板(刮斗)、桥式刮板堆取料机,斗轮取料机、堆料机,翻车机,装船机、卸船机等散料装卸机械产品产量实现624台(套),计25.94万t,产量以台(套)计比上年增长6.7%,以吨位计比上年增长21.63%;实际销量713(套),计28.64万t,比上年分别增长12.1%和25.94%。其中,堆取料机销售602台(套),计18.63万t,以吨计比上年增长14.29%;翻车机55台(套),计18.52万t,以吨计比上年下降18.6%;装卸船机56台(套),计8.16万t,以吨计比上年增长10.45%。翻车机比上年销售有所下降,而堆取料机、装卸船机有所增长,充分说明市场仍需求旺盛。2010年散料装卸机械行业主要产品产销量见表3。2010年散料装卸机械产品进出口情况见到表4。

表3 2010年散料装卸机械行业主要产品产销量

产品名称	产量			销量		
	以套计(台、套)	以吨计(t)	以吨计比上年增长(%)	以套计(台、套)	以吨计(t)	以吨计比上年增长(%)
翻车机	55	18 524	-18.60	55	18 524	-18.60
装卸船机	56	81 594	10.45	56	81 594	10.45
堆取料机	513	159 309	6.90	602	186 280	14.29

表4 2010年散料装卸机械产品进出口情况

产品名称	数量单位	出口量	出口额(万美元)	进口量	进口额(万美元)
堆取料机	台	70	29 209		
翻车机	套	4	599		
装卸船机	台	16	9 556	18	249

科技成果及新产品 2010年,各企业在不断引进国外先进技术、消化吸收的同时,通过联合设计、合作制造,符合用户需求的新产品、新技术不断涌现,一批具有自主知识产权的新产品获得国家相关部门和用户认可。如北方重工集团有限公司的HDQ1200/1200.50混匀堆取料机成套装备和YGC2000/120顶堆侧取堆取料机获辽宁省优秀新产品二等奖。各企业在重视新产品开发的同时,继续加大知识产权保护力度,2010年散料装卸机械各类产品已获授权专利达60余项,同比增长20%。

质量及标准 自2006年全国工业产品生产许可证办公室颁布实施《港口装卸机械产品生产许可证实施细则》以来,行业分会曾邀请专家多次宣讲实施细则,各企业认真贯彻执行并推动散料装卸机械产品设计、制造、质量规范化。目前已有长春发电设备有限责任公司、大连重工·起重集团有限公司、上海电力环保设备总厂有限公司、中联重科物料输送设备有限公司、上海振华重工集团股份有限公司、大连通达矿冶机械有限公司和大连重工机电动力有限公司7家企业取得港口装卸机械产品生产许可证。各企业在取得ISO9001:1994版基础上,继续强化质量管理,完成了质量管理体系转版换证工作,过渡并通过了ISO9001:2000版质量体系认证;加强了质量体系运行控制,完善了质量管理责任制,抓好质量信息处理、传递及重点项目的质量档案管理、质量分析通报工作,重大项目实施了检验负责制,制定检验计划，编制检验报告。当前各大类产品主要执行标准分别为：GB/T14695—2011《臂式斗轮堆取料机 型式和基本参数》、GB/T26475—2011《桥式抓斗卸船机》、JB/T4149 2010《臂式斗轮堆取料机 技术条件》、JB/T7329—2008《斗轮堆取料机械 术语》、JB/T7015—2010《回转式翻车机、装卸船机执行用户技术规格书》；除专业产品行业标准以外，还执行 GB、JB、JC、SD 等相关标准。2010 年大型斗轮堆取料机、翻车机、装卸船机产品设计和制造质量比前几年有一定的提高。有近 45% 的企业在设计过程中采用三维设计软件、有限元计算分析软件作为计算机辅助优化设计平台，采用计算机“虚拟试验仿真”技术实现“整体可视化”设计分析，确保产品设计达到国际先进水平。

基本建设及技术改造　2010 年，行业内各企业基本建设及技术改造投资仍是 2009 年投资的延续，以满足扩大产出规模的要求。在不断培育扶持协作产业链的基础上，继续完善基本建设和技术改造投入，有效缓解了制造能力不足的矛盾，因而 2010 年投资相对减缓。2010 年行业基本建设及技术改造总投资额 85 817 万元，其中基本建设投资 62 246万元，技术更新改造投资 23 571 万元。

对外合作　为快速提升行业产品技术水平，2010 年相关企业先后与澳大利亚、日本、奥地利等国际著名公司厂商合作，通过引进技术，实现国外先进技术国产化。斗轮取料机、堆料机、翻车机、装卸船机产品分别出口美国、比利时、阿拉伯联合酋长国、日本、韩国、马来西亚、印度、土耳其、菲律宾、泰国、越南、缅甸、马来西亚、澳大利亚、巴西、阿曼等国家。

〔撰稿人：中国重型机械工业协会散料装卸机械与搬运车辆分会邵龙成　审稿人：大连重工 · 起重集团有限公司邹胜〕

仓 储 机 械

行业总体情况　我国物流系统项目最早出现在汽车、胶卷、烟草等行业。从 2000 年起，我国烟草行业物流系统建设率先进入快速发展阶段，获得了巨大进展，自动化仓库的普及率大幅提升，领跑了我国现代物流系统的发展，加速了我国物流系统发展的进程，成为我国“物流自动化发展的助推器”。

近年来，我国物流系统的技术取得了长足进步，跟上了国际物流系统技术发展趋势，表现在：一是进一步树立了现代企业物流理念，信息系统、精细物流、精细供应链等理念深入了人心，企业物流系统与生产系统一体化理念得到实际践行；二是企业物流系统设计、系统集成能力增强，烟草等行业自动化物流系统发展很快；三是物流系统技术装备紧跟国际先进水平，多行业、多系列、多品种、多档次的高质量、低成本物流技术装备成功投入市场。

根据我国物流技术协会信息中心 2010 年的调查统计分析，在我国已经建成的自动化物流系统中，烟草行业占 17%，医药行业占 13%，汽车制造行业占 10%，机械制造行业占 8%，机场占 5%，连锁零售业占 8%，食品饮料行业占 8%，军队系统占 5%、印刷制品行业占 4%，其他占 22%。其中烟草行业的自动化物流系统普及率已超过 46%，远高于全国 20% 左右的平均水平。当前，自动化物流仓储技术已经广泛应用于国民经济各个领域。

市场规模　2010 年，我国自动仓储系统及相关产品的市场销量约 150 亿元。2010 年我国自动仓储系统分类产品市场份额见表 1。

表 1　2010 年我国自动仓储系统分类产品市场份额

产品类别	市场份额（亿元）	占比（%）	备　注
自动化仓库	45.0	30.0	含货架及托盘输送机系统
AGV、穿梭车等	13.7	9.2	含机场设备
自动分拣系统	20.6	13.7	含各种类型的分拣系统
计算机系统	22.7	15.1	含硬件及软件（WMS 系统）
自动输送设备	48.0	32.0	主要是箱式输送线
合计	150.0	100.0	

生产销售情况　据不完全统计，2010 年我国建成自动化仓库约 250 座，堆垛机产量 1 500 多台，自动化仓库总产值超过 40 亿元。截至 2010 年底，全国累计建成自动化仓库超过 2 000 座，在役的自动化仓库超过1 500座。

2010 年，自动化仓库新开工项目的新特点：规模越来越大，设备越来越多，系统越来越复杂，应用领域越来越广。据调查，在电力计量、物资管理、科研管理、石化岩芯储存、轨道交通、电子商务等领域都对建自动化仓库有较大的需求量，大部分用户较少希望全套进口，将主要选择国内物流系统集成设备供应商。

2010 年上半年受电子商务快速发展的驱动，物流配送中心项目纷纷开工，投资出现较大增长。据统计，自动化仓库市场需求达到 20 亿元，同比增长接近 30%。

生产企业情况　我国自动化仓储系统自 20 世纪 70 年代开始研制，自动化仓库的研究工作主要集中在原机械部北京起重运输机械研究所和北京自动化研究所等少数单位，高速分拣系统的研究工作则主要集中在原邮电部 539 厂等少数单位。1986 年宝钢项目开始引进德国仓储系统技术，并自行消化。自 1995 年，国外公司开始为我国烟草行业提供系统集成，国内大部分物流仓储企业在1995～2005年得到快速发展。国内物流仓储机械主要生产企业见表2。

表2 国内物流仓储机械主要生产企业

产品分类	主要生产企业
自动化物流配送中心及自动化仓库项目总承包	北京起重运输机械设计研究院、昆明船舶设备集团公司、北京机械工业自动化研究所、太原刚玉仓储设备公司、德马泰克（上海）有限公司、北京中邮科技有限公司、北京高科物流设备研究所、日东科技（控股）有限公司、北京伍强科技有限公司、沈飞工业集团仓储物流设备制造有限公司、沈阳新松自动化工程公司、瑞士物流公司、奥地利TGW公司、大福自动化物流设备（上海）有限公司、村田机械株式会社、日本株式会社冈村制作所、台塑物流公司、今天国际物流科技公司和盟立自动化科技公司
堆垛机	北京起重运输机械设计研究院、村田机械株式会社、日东科技（控股）有限公司、太原刚玉仓储设备公司、昆明船舶设备集团公司、德马泰克（苏州）有限公司、奥地利ROBOTEC公司、大福自动化物流设备（上海）有限公司、北京高科物流设备研究所、沈阳新松自动化工程公司、台朔重工（宁波）有限公司、上海冈村家具物流设备有限公司和盟立自动化科技公司
货架	上海精星仓储设备工程有限公司、南京音飞货架制造有限公司、镇江东联仓储设备有限公司、上海十通储存设备有限公司、世仓物流设备（上海）有限公司、江苏省常州市东方仓储设备有限公司、国宝鼎虎集团、江苏顺力钢业集团、江苏六维物流设备实业有限公司、南京新众亚货架有限公司、胜斐迩仓储系统（昆山）有限公司、南京华德仓储设备制造有限公司和南京爱维斯货架制造有限公司
自动输送设备	贵阳普天万向物流技术股份有限公司、湖州德马输送机械有限公司和广东信源邮政设备有限公司
自动导向车（AGV）	昆明船舶设备集团公司、沈阳新松自动化工程公司、北京机科发展有限公司、瑞典ROCLLA公司和美国丹纳赫传动公司
自动分拣设备	范德兰德物流自动化系统（上海）有限公司、奥地利KNAPP公司、瑞典山特维克分拣系统公司、贵阳普天万向物流技术股份有限公司、湖州德马输送机械有限公司和瑞典FKI LOGISTEX公司
自动货柜	沈飞工业集团仓储物流设备制造有限公司、上海华枫机械设备公司、德国亨乃尔全自动货柜公司、中国电子科技集团第二研究所和瑞典KADEX公司
托盘、网箱、塑料箱盒等物流器具	大森塑料工业（苏州）有限公司、上海物豪塑料有限公司和上海冠恒工业设备有限公司

当前参与国内自动化仓库市场竞争的国内外系统集成商约30多家，其中能够全部承包系统集成项目的供应商约20家，它们占据了国内自动化仓库的主要市场份额；能够部分承包物流系统集成项目的供应商约10家，这些供应商生产规模较小，靠外委制造或集成其他厂家的设备软件承接项目，国内市场占有率不高。另有约20家是自动化仓库部分设备的生产厂家，一般不承接项目。

产品进出口 2010年，我国基本没有从国外全套进口自动化仓库，进口堆垛机等关键设备约50台，仅占国内市场总销售量的5%，用户主要集中在外商独资企业和烟草制造行业的部分高端客户。

2011年我国主要出口货架等技术含量低、劳动力密集型的低端产品，出口国家主要集中在韩国、日本等邻近东南亚国家。

行业新动态 德国MIAS等国际知名的堆垛机部件制造商在我国建厂，生产和组装货叉关键零部件，已全面推向市场，由于性价比高，当前已被国内大部分厂家选用。

在入出库作业能力要求比较大的场合，采用梭式小车与垂直提升设备配合使用用来替代传统巷道堆垛机，已成为自动化仓库的必然选择，预计今后将得到广泛使用。国际知名厂商推出的高速箱式堆垛机在国内外展会上推出，代表了该类技术设备将成为此后行业发展的趋势和主流产品，国内厂商务必早日着手研制，确保在市场竞争中保持主动。

〔撰稿人：中国重型机械工业协会物流与仓储机械分会祁庆民　审稿人：中国重型机械工业协会肖立群〕

机械式停车设备

经济指标 2010年,机械式停车设备行业经济总量继续保持高速增长的势头。国内新增机械式停车库项目1 147个,同比增长25.4%;新增泊位232 266个,同比增长35.7%;国内机械式停车设备销售总额(包括汽车升降机)435 035.6万元,同比增长26.8%;出口泊位13 376个,出口交货值32 667.86万元,比2009年分别下降34.2%和27.3%。

区域分布 2010年国内已建机械式停车库的城市继续增加。全国有22个省、4个直辖市、4个自治区、1个特别行政区的共160个城市新建车库,比上年新增22个城市。新增泊位排名前10位的省、直辖市新增泊位合计占新增总数的77.8%,其余20个省、自治区、直辖市合计占新增总数的22.2%。新增泊位排名前10位城市新增泊位合计达101 834个,占2010年新增总数的43.8 %,其他150个城市新增泊位合计130 432个,占新增总数的56.2%。

2010年新增机械式停车库泊位前10位省(自治区、直辖市)见表1。

2010年新增机械式停车库泊位前10位城市见表2。

表1 2010年新增机械式停车库泊位前10位省(自治区、直辖市)

排名前10位的省(自治区、直辖市)	新增泊位(个)	占全部新增泊位比例(%)
浙江省	28 438	12.24
江苏省	25 489	10.97
山西省	21 631	9.31
广东省	19 908	8.57
陕西省	18 338	7.90
上海市	18 149	7.81
四川省	13 006	5.60
山东省	12 488	5.38
北京市	12 456	5.36
安徽省	10 727	4.62
合计	180 630	77.77
其他省、自治区、直辖市合计	51 636	22.23

表2 2010年新增机械式停车库泊位前10位城市

(续)

城市	新增泊位(个)	占全部新增泊位比例(%)
上海	18 149	7.81
太原	15 219	6.55
北京	12 456	5.36
成都	10 489	4.52
合肥	9 746	4.20
广州	8 182	3.52
天津	7 428	3.20
南京	6 782	2.92
杭州	6 773	2.92
温州	6 610	2.85
合计	101 834	43.84
其他城市合计	130 432	56.16

产品分类 2010年,新增升降横移类车库959个,共199 389个泊位,占新增泊位总数的85.85%。从车库层数来看,升降横移类车库大部分是2层和3层。2层车库共639个,3层车库共167个,二者合计占总数的84.0%。

从车库规模来看,超过1 000个泊位的车库有17个,500个到1 000个泊位的车库有46个,低于500个泊位车库有896个。

升降横移类车库是住宅小区首选库型,其次是简易升降类。

2010年新增机械式停车设备分类情况见表3。

表3 2010年新增机械式停车设备分类情况

类别	新增泊位(个)	占比(%)
PSH	199 389	85.85
PJS	13 679	5.89
PPY	12 467	5.37
PXD	4 318	1.86
PCS	2 043	0.88
PCX	348	0.15
PDX	22	0.01
合计	232 266	100.00

用户情况 从车库用户分析,2010年小区新建车库600个,占新建车库总数的52.31%;新建泊位148 704个,占新增泊位总数的64.02%。公共配套新建车库和单位自用新建车库分别占18.22%和29.47%。

2010年新建机械式停车库用户构成见表4。

表4 2010年新建机械式停车库用户构成

用户性质	车库数(个)	车库数占比(%)	泊位数(个)
住宅小区	600	52.31	148 704
公共配套	209	18.22	36 629
单位自用	338	29.47	46 933
合计	1 147	100.00	232 266

出口情况　2010年,机械式停车设备共出口30个国家和地区,比2009年减少12个;出口交货值32 667.86万元,比2009年减少12 251.72万元,这是出口交货值自2004年以来首次出现27.3%的下降。出口设备类型统计表明,简易升降类是出口泊位数最多的,也是出口国家和地区最多的类型,共出口8 723个泊位,20个国家和地区,其次是升降横移类。

2010年机械式停车设备出口区域见表5。

2010年机械式停车设备出口设备类型见表6。

表5　2010年机械式停车设备出口区域

出口区域	出口泊位(个)	出口交货值(万元)
亚洲	3 326	9 929.60
美洲	3 447	9 508.78
欧洲	4 035	7 722.07
大洋洲	2 115	4 493.39
非洲	454	1 014.02
总计	13 377	32 667.86

表6　2010年机械式停车设备出口设备类型

设备类型	出口国家和地区(个)	项目数(个)	泊位(个)	出口交货值(万元)
PCS	2	3	207	889.44
PCX	2	2	448	1 861.60
PSH	18	29	3 930	11 204.64
PJS	20	88	8 723	16 562.60
PPY	1	1	68	342.66
小计	43	123	13 376	30 860.94
PQS	1	1		25.40
配件	2	11		1 781.52
总计	46	135	13 376	32 667.86

注:各类型设备出口国家和地区有交叉重复。

〔撰稿人:中国重型机械工业协会停车设备工作委员会李仲军　审稿人:中国重型机械工业协会停车设备工作委员会明艳华〕

矿山机械

生产发展情况　按中国重型机械工业协会统计,2010年矿山机械行业共有企业1 807家(不包括按SAC/TC88规定的属矿山机械行业的工矿有轨专用车辆制造企业和矿用自卸货车生产企业,下同),完成工业总产值2 219.37亿元,同比增长32.18%;新产品产值375.39亿元,同比增长32.80%;工业销售产值2 152.40亿元,同比增长32.2%;出口交货值57.50亿元,同比下降9.98%,除出口交货值外,其他各项指标均创历史最好水平。2010年,矿山机械行业工业总产值占冶金矿山机械行业的67.41%,新产品产值占60.41%,工业销售产值占68.64%,出口交货值占56.24%。据对全国主要省份的406家主要矿山机械企业的统计,共完成产量419.837万t;完成固定资产投资4 885 038万元,同比增长28.03%。另对全国71个主要水泥设备生产企业统计,完成产量116.081 4万t,同比增长40.71%。

2010年矿山机械行业固定资产投资情况见表1。2010年冶金矿山机械网员单位工业总产值前10位企业见表2。2010年冶金矿山机械网员单位生产销售总额前10位企业见表3。2006~2010年矿山机械产品产量见表4。

表1　2010年矿山机械行业固定资产投资情况

类别名称	数值(万元)	同比增长(%)	占机械工业比重(%)
计划总投资	10 757 023	37.55	2.60
新开工项目计划投资	5 606 319	20.04	2.83
自建设累计完成投资	6 756 497	31.82	2.44
2010年完成投资	4 885 038	28.03	2.56

注:资料来源于《中国重机通讯》2011年第2期。

表2　2010年冶金矿山机械网员单位工业总产值前10位企业

序号	企业名称	工业总产值(亿元)
1	大连重工·起重集团有限公司	145.52
2	太原重型机械集团有限公司	137.23
3	中国第一重型机械集团公司	136.25
4	北方重工集团有限公司	128.08
5	中信重工机械股份有限公司	127.43
6	中国第二重型机械集团公司	102.93
7	上海重型机器厂有限公司	38.46
8	中钢集团邢台机械轧辊有限公司	25.12
9	鞍钢重型机械有限公司	19.52
10	中钢集团衡阳重机有限公司	13.89

注:资料来源于《中国重机通讯》2011年第2期。

表3　2010年冶金矿山机械网员单位生产销售总额前10位企业

序	企业名称	生产销售总额（亿元）
1	大连重工·起重集团有限公司	142.77
2	太原重型机械集团有限公司	133.57
3	中信重工机械股份有限公司	125.09
4	北方重工集团有限公司	122.96
5	中国第一重型机械集团公司	94.32
6	中国第二重型机械集团公司	93.32
7	上海重型机器厂有限公司	39.79
8	中钢集团邢台机械轧辊有限公司	23.43
9	鞍钢重型机械有限公司	19.22
10	中钢集团衡阳重机有限公司	11.22

注：资料来源于《中国重机通讯》2011年第2期。

表4　2006～2010年矿山机械产品产量

年份	企业数（个）	产量（万t）
2006	281	181.0
2007	299	221.4
2008	328	251.1
2009	399	339.1
2010	406	419.8

注：资料来源于中国重机协会统计年报（2006～2010年）。

市场与销售　2010年，我国矿山机械产品国内外市场销售总额从2000年的99.22亿元增加到2 152.40亿元，是10年前的21.69倍，其间呈对数曲线正增长。2000～2010年矿山机械产品国内外总销售收入走势见图1。

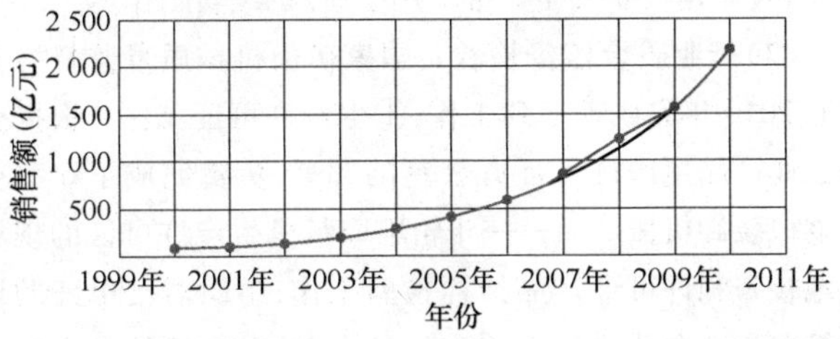

图1　2000～2010年矿山机械产品国内外总销售收入走势

（1）国内市场及销售情况。2010年，我国矿山机械产品国内市场销售额为2 094.1亿元（按1美元＝6.622 7元），是2005年的5.2倍，比上年增长35.88%；国内市场占有率97.7%。2005～2010年我国矿山机械产品国内市场供应量走势见图2。

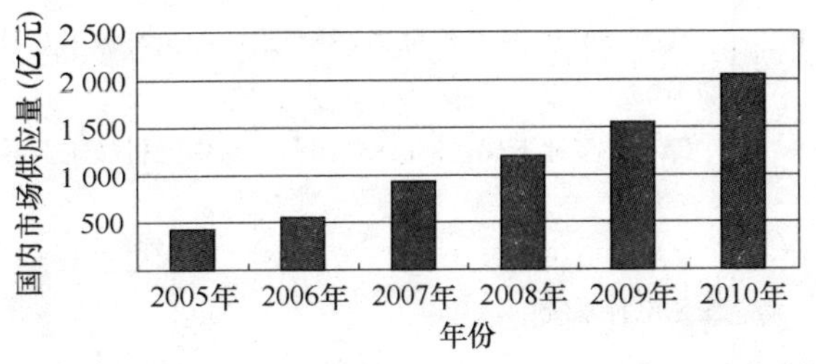

图2　2005～2010年我国矿山机械产品国内市场供应量走势

（2）进出口贸易。2010年，矿山机械产品进口额、出口额、进出口总额均创下历史新高，并连续第三年实现进出口顺差。其中进口额74 650万美元，比上年增长5.44%；出口额93 688万美元，比上年增长3.75%；进出口总额168 338万美元，比上年增长4.50%；进出口顺差19 038万美元，比上年略有下降，其中洗选及筛分设备、破碎粉磨设备和矿井提升设备均实现进出口顺差。2008～2010年矿山机械产品进出口情况见表5。

表5　2008～2010年矿山机械产品进出口情况

（单位：亿美元）

指标名称	2008年	2009年	2010年
出口额	8.25	9.03	9.37
进口额	6.10	7.08	7.47
进出口总额	14.35	16.11	16.83
进出口差额	2.15	1.95	1.90

注：资料来源于中国重机协会统计年报（2008～2010年）。

科技成果及新产品

（1）科技成果。2010年矿山机械行业获奖科研项目见表6。

表6　2010年矿山机械行业获奖科研项目

序号	项目名称	获奖类别	等级	主要完成单位
1	矿用提升设备3项国家标准	中国标准创新贡献奖	二等奖	中信重工机械股份有限公司、洛阳矿山机械工程设计研究院有限责任公司
2	SF33900型220t电动轮自卸车	中国机械工业科学技术奖	一等奖	湘电重型装备股份有限公司
3	矿井提升机液压制动性能在线监测系统研制及推广应用	中国机械工业科学技术奖	二等奖	中国矿业大学、中国平煤神马能源化工集团有限责任公司、徐州大恒测控技术有限公司、淄博矿业集团有限责任公司
4	MG 750/1800—WD电牵引采煤机	中国机械工业科学技术奖	二等奖	太原矿山机器集团有限公司
5	特大型（8 000t/d）新型干法水泥回转窑	中国机械工业科学技术奖	二等奖	中信重工机械股份有限公司、洛阳矿山机械工程设计研究院有限责任公司

（续）

序号	项目名称	获奖类别	等级	主要完成单位
6	矿井提升机高压交—直—交变频传动电控系统	中国机械工业科学技术奖	二等奖	中信重工机械股份有限公司、洛阳中重自动化工程有限责任公司
7	中磁场强脉动卸矿回收机	中国机械工业科学技术奖	三等奖	山东华特磁电科技股份有限公司
8	TQLS 50125 特大型强力高幅振动筛	中国机械工业科学技术奖	三等奖	河南太行振动机械股份有限公司
9	CY—4 型地下柴油铲运机研制	中国机械工业科学技术奖	三等奖	中钢集团衡阳重机有限公司、长沙矿山研究院、广西大厂矿务局高峰矿业有限公司
10	矿井提升机大容量全数字交—交变频电控系统	中国机械工业科学技术奖	三等奖	中信重工机械股份有限公司、洛阳中重自动化工程有限责任公司
11	PYG 系列多缸液压圆锥破碎机	中国机械工业科学技术奖	三等奖	上海建设路桥机械设备有限公司

注：资料来源于《中国重机通讯》2010 年第二期。

（2）新产品情况。2010 年，全行业完成新产品产值达 375.39 亿元，同比增长 32.80%，占全年工业总产值的 16.9%，可见新产品在全行业地位的提升及对未来行业前途的预示。这些新产品大多具有自主知识产权，并达到国际先进技术水平。主要有：①中信重工机械股份有限公司的 φ10.3m×5.19m 半自磨机和 φ7.37m×10.8m 球磨机；北方重工集团有限公司的 φ8.8m×5.194 8m 半自磨机和 φ6.0m×9.5m 球磨机。②中钢集团衡阳重机有限公司的侧翻式 CY—1C 柴油铲运机。③北方重工集团有限公司继推出 EBH90 和 EBH132 横轴式掘进机之后又推出 EBZ160/132/230 纵轴式掘进机系列产品。④北方重工集团有限公司的 ZY8000/24/50D 高端液压支架和 ZZ9000 特种液压支架。⑤沈阳隆基科技有限公司的 CAD—600 高梯度磁过滤器和 LJK 磁性物料除铁系统以及上吸式废钢及冶金渣磁选机。⑥山东华特磁电科技股份有限公司的永磁干式磁选机。⑦中信重工机械股份有限公司的 LGMS5725 型矿渣立磨。⑧中信重工机械股份有限公司的大型提升机智能闸控系统。

科研基地建设 2010 年，矿山机械行业各企业普遍加大了技术投入和科研开发力度，在各个不同层面的技术中心旗下，建立了针对自己产品方向的科研测试试验室，加强了应用科学研究的力量并取得了较好的效果，如北方重工集团、太原重型机械集团有限公司、中信重工机械股份有限公司等大型企业。6 月，国内唯一的矿山装备领域国家重点实验室——“矿山重型装备国家重点实验室”在中信重工机械股份有限公司正式挂牌成立。国家重点实验室的建成不仅体现了企业在技术研发上取得的成就，而且体现了国家科研技术水平的提升。

质量与标准

（1）行业标准化工作：①在 2009 年全国矿山机械标准化技术委员会换届的基础上，组建成立了全国矿山机械电气分技术委员会和液压传动与控制分技术委员会，秘书处挂靠在洛阳中重自动化工程有限责任公司。②全国矿机标委会组织召开了标准起草协调工作会议、标准审查会以及年会，共审查通过了 16 项国家标准和 18 项行业标准。目前这些标准除个别处于发布阶段外，大部分已经公布实施。③编制完成了《“十二五”矿山机械行业标准化发展规划》，《规划》就“十二五”期间行业标准化工作的指导思想和工作目标、主要任务、重点领域及重点项目、主要措施和建议等进行了分析和论述。《规划》确定了“十二五”期间矿山机械设备领域标准化重点项目共 108 项，其中国家标准 41 项、行业标准 67 项。④为全行业编辑出版了 4 期《矿山机械标准化》期刊。⑤完成了《破碎设备标准应用手册》、《筛分设备标准应用手册》和《洗选设备标准应用手册》3 部设备应用手册和《矿用设备安全标准应用手册》的编辑工作。

（2）行业质量监督检验。国家矿山机械质量监督检验中心 2010 年完成了下列工作：①生产许可证工作。根据全国工业产品生产许可证办公室的部署，负责完成了 6 家企业港口装卸机械产品——斗轮堆取料机生产许可证的现场实地核查和许可证产品抽样检验工作；组织对已申证的调度绞车生产企业进行企业实地核查，并对实地核查合格企业的样机进行了抽样检验。共完成 11 家企业实地核查，共检验 11 家企业 22 台样机产品。②在用提升设备安全检验。受部分煤矿、金属矿的委托，按照有关标准和检验规范，对河南省部分煤矿及安徽庐江、甘肃金川、安徽铜陵、上海梅山等矿山在用提升设备、通风机设备进行了安全性能检验，共检验提升设备产品 260 多台，通风机 40 多台。③大型机械设备性能测试。对秦皇岛港务公司 22 台设备应力、振动、变形量等安全性能进行了巡检；对湘潭电机厂电动轮自卸车等大型设备应力、振动的整机性能进行了测试。

（3）矿用产品安全标志工作。国家安全生产洛阳矿山机械检测检验中心在其授权范围内，2010 年完成了下列工作：①安标现场评审。2010 年，中心共参加对类矿用绞车、装载机械、刮板输送机等产品的安全标志进行了评审，对 50

家企业进行了现场评审，其中初次评审企业14家，监督评审24家，验证评审12家，产品23种。其中担任评审组长单位17次，共评审16家企业11类产品，合格企业16家。②技术审查。2010年，对15家生产企业的11种类型产品进行了技术审查，并提出了完整的整改意见。2010年，中心共受安标办委托检验任务共14项，完成10项，涉及10家企业，共24台（套）样机（其余4项因企业样机安装或调试等原因暂未进行）。检验的产品分别为单绳缠绕式矿井提升机、多绳摩擦式提升机、调度绞车、回柱绞车、JTK/JTP型提升绞车、慢速绞车、地下铲运机、地下装载机等。③在用品安全检验工作。2010年，共完成煤矿、非煤矿山各型提升机、提升绞车安全检测200余台（套），矿井通风机检测70台（套），钢丝绳检测200余条，煤尘爆炸及自燃倾向性分析鉴定试验100余份。通过检验共发现安全隐患500余条，提出检验报告和整改意见，并对重大安全隐患及时地向地方安全监管部门进行了通报，对服务过程中发现的矿方使用落后淘汰产品及无安标产品向管理部门进行了通报。

（4）其他服务。①2010年，拓展了港口大型煤炭装卸设备服务领域，完成秦皇岛港、京塘港大型设备钢结构安全检验20余台。②对国产220t矿用自卸汽车钢结构进行了安全评估检验，对产品安全性提供了有力的技术支撑。

〔撰稿人：洛阳矿山机械工程设计研究院有限责任公司张荣宽　审稿人：洛阳矿山机械工程设计研究院有限责任公司邹声勇〕

破碎粉磨设备

生产发展情况　2010年是我国"十一五"计划的最后一年，为尽快扭转国际金融危机对破碎粉磨行业经济运行的影响，企业积极调整产品结构，转变生产经营方式，努力挖潜，加强信息化管理，多渠道解决生产经营中的薄弱环节，行业整体已止住下滑趋势。2010年与上年相比，产值、销售收入和利润总额均有明显提高。其中工业总产值北方重工矿山冶金设备分公司比上年增长39%，四川矿山机器（集团）有限责任公司增长74.5%，溧阳中材重型机械有限公司增长24%，成都大宏立机器制造有限公司增长94%，湖北枝江峡江矿山机械有限责任公司增长35%；利润总额增幅较大的企业有山东山矿机械有限公司、常熟仕名重型机械有限公司、溧阳中材重型机器有限公司、湖北枝江峡江矿山机械有限责任公司和浙江镇南精工机械有限公司等企业。

（1）河北金马矿机公司。前两年由于疏于管理，市场定位单一，钢铁行业投资减少导致企业的铁矿磨机市场萧条。2010年企业采取可行的管理措施，积极开发新技术，分析市场需求，执行多样化生产策略。企业直面挑战危机，内部启动多样化管理模式，改善员工待遇，增强凝聚力，在铁矿磨机基础上，产品延伸至矿用磨机、大型水泥磨机和立式水泥磨机等市场，企业终于止住下滑趋势，总产值同比增长10%。

（2）溧阳中材重型机器有限公司。是近几年迅速发展起来的行业一匹"黑马"。公司产值连续3年每年增加1亿多元，产值处于行业前5名。公司高度重视新产品开发、科技开发，投资逐年加大，加强与大专院校和科研单位的合作，2010年建成水泥设备研发中心，以科技引领企业发展，水泥产品延伸到金属和非金属矿，以至煤矿。企业规模扩大，投资向提升企业能力倾斜，当前总建筑面积达到7万m^2，办公楼和综合楼面积达1.1万m^2，投入约5 500万元增添设备，职工队伍稳定，生产形势很好。

（3）山东山矿机械有限公司。一直是行业中稳步发展的企业。"十一五"期间，步步为营，实现了规划目标。公司以"夯实基础，规范改善，提档升级"为指导思想，面对严峻的市场形势，适时、分步采取了多种举措，企业产值、利润及职工收入仍有较大的增长，销售额突破7.5亿元。

（4）四川矿山机器（集团）有限责任公司。2010年初面临较多困难，其中最突出的是水泥设备市场需求萎缩，部分用户停、退订单，造成生产延后或暂停，资金积压损失较大。针对如此大的压力，公司果断调整生产和销售结构，领导班子成员分工负责对专业部门的直接管理，一步到位，落实职责，着力抢占水泥设备、矿山设备和提升机市场。同时提升大规格产品的生产制造能力，减少小磨机、小型窑类设备生产销售力度，实施"低成本，专业化，差异化"战略；完善筒体生产线并竣工投产，对生产组织进行集中管理和配置，提高专业化生产能力。全公司上、下共同努力，2010年产值大幅提高，完成83 701万元的历史最好水平。

（5）上海冶金矿山机械厂。2010年，提出治理企业的"三个基地"建设：①改变结构件车间生产方式，从自产与外包的"混合性"生产模式，转为招投标整体外包模式，降低制造费用，产量逐月上升。②改变"多绳提升机"零件外协加工模式，投入4台大型设备自行加工，不仅提升加工能力，也大大降低成本。③建立健全分供方管理制度和管理体系，坚持招投标，形成分供方竞争机制，通过市场化途径赢得相对合理的外协价格。实施"巩固老市场，拓展新领域"营销策略，订单增加、产值增加，企业经营形势明显好转。

2010年破碎粉磨设备行业部分企业主要经济指标完成情况见表1。2010年破碎粉磨设备行业部分企业工业总产值与利润总额见表2。2010年破碎粉磨设备行业工业总产值超亿元企业主要经济指标见表3。2010年破碎粉磨设备行业主要企业分类产品销售收入见表4。

表 1　2010 年破碎粉磨设备行业部分企业主要经济指标完成情况

企业名称	工业总产值（当年价）（万元）	工业总产值 比上年增长（%）	工业增加值（万元）	产品销售收入（万元）	产品销售税金及附加（万元）	利润总额（万元）	全员劳动生产率（元/人）
北方重工矿山冶金设备分公司	100 700	39.0	7 089	55 253	107	1 525	186 827
上海建设路桥机械设备有限公司	91 866	-32.1	9 704	96 381	42	470	106 245
四川矿山机器(集团)有限责任公司	83 701	74.5	22 252	64 021	334	6 984	137 783
山东山矿机械有限公司	76 162	8.6	16 800	75 705	252	2 003	122 182
溧阳中材重型机器有限公司	66 959	24.0	10 266	57 230	131	5 931	715 375
上海冶金矿山机械厂	55 807	5.3	11 928	55 518	372	943	898 647
河南焦矿机器有限公司	35 739	137.0	89 876	36 869	128	437	187 698
常熟仕名重型机械有限公司	26 935	10.0	6 733	28 484	152	2 976	317 594
成都大宏立机器制造有限公司	23 263	94.0	5 582	24 174	93	3 068	370 000
湖北枝江峡江矿山机械有限责任公司	19 000	35.0	5 000	16 000	450	2 000	500 000
河南省群英机械制造有限责任公司	16 993	43.6	4 027	16 948	39	536	294 000
浙江镇南精工机械有限公司	16 164	62.0	2 173	16 164	44	2 021	190 000
南昌矿山机械有限公司	14 500	23.0		11 700	865	1 500	480 000
上海嘉庆轴承制造有限公司	14 000	7.7	1 000	9 254	16	207	578 375
上海龙阳机械厂	12 528	25.0	578	12 308	12	194	94 676
浙江矿山机械有限公司	8 754	0.4	1 692	8 547	97	557	3 069
唐山市矿山机械厂	8 000	10.0	1 200	7 600	269	320	180 000
江苏鹏胜重工有限公司	7 790	71.1	1 800	7 306	2 206	834	347 768
河北万矿机械厂	7 543	13.4	1 889	7 453	27	447	
成都市双流金石机械制造有限公司	7 228	39.0	1 711	5 096	436	1 085	240 933
山东大通机械科技有限公司	5 960	4.7	268	5 720	271	300	30 000
广西桂林矿山机械厂	4 256	5.1	1 121	4 208	315	-106	38 765
北京锋必达矿山机械有限公司	4 146	2.0	874	4 468	16	30	259 000
河北省邯郸市邯山冶金机械备件厂	3 012	1.5	4 609	3 012	3	-1	360 000
哈尔滨国海星轮传动有限公司	2 102	0.3	207	1 608	8	-48	320 000
宁波市实立矿山机械制造有限公司	1 451	9.2	242	1 434	5	360	2 235
海门市重型矿山机械厂	1 350	5.5	70	1 254	5	124	170

企业名称	年末固定资产 原价（万元）	年末固定资产 净值平均余额（万元）	流动资产 合计（万元）	流动资产 平均余额（万元）	流动负债 合计（万元）	流动负债 平均余额（万元）	所有者权益（万元）
北方重工矿山冶金设备分公司	9 721	8 312	44 642	62 546	52 285	69 440	668
上海建设路桥机械设备有限公司	32 755	25 317	87 813	84 716	95 449	93 129	22 248
四川矿山机器(集团)有限责任公司	21 895	9 559	526 889	50 491	43 988	44 578	28 184
山东山矿机械有限公司	9 398	5 689	54 957	50 481	49 779	48 750	10 220
溧阳中材重型机器有限公司	15 858	14 476	33 335	28 250	33 606	33 076	17 827
上海冶金矿山机械厂	5 659	2 316	56 233	53 875	47 236	45 127	11 465
河南焦矿机器有限公司	16 524	6 946	25 332	22 269	28 235	27 693	3 376
常熟仕名重型机械有限公司	3 586	2 039	15 710	1 309	15 964	1 330	5 038
成都大宏立机器制造有限公司	3 956	2 873	9 942	7 573	8 878	7 473	4 508
湖北枝江峡江矿山机械有限责任公司	7 000	6 500	7 000	5 000	2 000	1 200	5 000
河南省群英机械制造有限责任公司	7 243	4 032	12 892	12 499	10 718	10 812	6 207

（续）

企业名称	年末固定资产		流动资产		流动负债		所有者权益（万元）
	原价（万元）	净值平均余额（万元）	合计（万元）	平均余额（万元）	合计（万元）	平均余额（万元）	
浙江镇南精工机械有限公司	4 585	3 814	8 821	7 547	5 738	4 757	6 897
南昌矿山机械有限公司	2 652	2 320	8 300		1 500		2 600
上海嘉庆轴承制造有限公司	2 134	1 610	7 346	6 455	8 152	7 352	1 246
上海龙阳机械厂	1 906	1 507	1 319	1 312	1 882	1 871	943
浙江矿山机械有限公司	2 280	591	714	812	228	234	1 076
唐山市矿山机械厂	7 800	4 100	6 300	6 250	4 500	4 400	1 300
江苏鹏胜重工有限公司	3 097	2 722	12 230	10 048	9 930	7 003	5 077
河北万矿机械厂	4 009	2 834	2 394	2 343	2 275	2 231	3 305
成都市双流金石机械制造有限公司	5 845	5 521	3 117	2 626	498	490	7 543
山东大通机械科技有限公司	1 503	997	1 573	1 310	981	947	632
广西桂林矿山机械厂	2 371	753	3 368	3 289	3 569	3 542	-658
北京锋必达矿山机械有限公司	2 740	1 144	6 610	6 077	4 716	3 869	1 357
河北省邯郸市邯山冶金机械备件厂	1 402	1 184	495	41	459	38	1 219
哈尔滨国海星轮传动有限公司	3 753	3 507	3 100	2 969	581	387	3 449
宁波市实立矿山机械制造有限公司	151	105	1 128	1 065	993	785	226
海门市重型矿山机械厂	506	402	805	94	780		690

表 2　2010 年破碎粉磨设备行业部分企业工业总产值和利润总额

企业名称	工业总产值（万元）	利润总额（万元）	企业名称	工业总产值（万元）	利润总额（万元）
北方重工矿山冶金设备分公司	100 700.00	1 525.00	上海龙阳机械厂	12 528.00	194.00
上海建设路桥机械设备有限公司	91 865.60	470.40	浙江矿山机械有限公司	8 754.00	557.00
四川矿山机器(集团)有限责任公司	83 701.00	6 983.60	唐山市矿山机械厂	8 000.00	320.00
山东山矿机械有限公司	76 162.00	2 003.00	江苏鹏胜重工有限公司	7 790.00	833.94
溧阳中材重型机器有限公司	66 959.00	5 931.00	河北万矿机械厂	7 543.00	447.00
上海冶金矿山机械厂	55 806.50	943.30	成都市双流金石机械制造有限公司	7 228.00	1 085.00
河南焦矿机器有限公司	35 739.00	437.00	山东大通机械科技有限公司	5 960.00	300.00
常熟仕名重型机械有限公司	26 935.00	2 976.00	广西桂林矿山机械厂	4 256.00	-106.00
成都大宏立机器制造有限公司	23 263.00	3 068.00	北京锋必达矿山机械有限公司	4 146.00	29.50
湖北枝江峡江矿山机械有限责任公司	19 000.00	2 000.00	河北省邯郸市邯山冶金机械备件厂	3 012.00	-1.00
河南省群英机械制造有限责任公司	16 993.00	535.50	哈尔滨国海星轮传动有限公司	2 102.00	-48.00
浙江镇南精工机械有限公司	16 164.00	2 021.00	宁波市实立矿山机械制造有限公司	1 451.00	360.00
南昌矿山机械有限公司	14 500.00	1 500.00	海门市重型矿山机械厂	1 350.00	124.00
上海嘉庆轴承制造有限公司	14 000.00	207.00			

表 3　2010 年破碎粉磨设备行业工业总产值超亿元企业主要经济指标　（单位:万元）

企业名称	工业总产值(当年价)	产品销售收入	固定资产原价	利润总额
北方重工矿山冶金设备分公司	100 700.00	55 253.00	9 721.30	1 525.00
上海建设路桥机械设备有限公司	91 865.60	96 380.60	32 755.00	470.40
四川矿山机器(集团)有限责任公司	83 701.00	64 021.40	21 894.70	6 983.60
山东山矿机械有限公司	76 162.00	75 705.00	9 398.00	2 003.00
溧阳中材重型机器有限公司	66 959.00	57 230.00	15 858.00	5 931.00
上海冶金矿山机械厂	55 806.50	55 518.00	5 659.00	943.30

（续）

企业名称	工业总产值(当年价)	产品销售收入	固定资产原价	利润总额
河南焦矿机器有限公司	35 739.00	36 869.00	16 524.00	437.00
常熟仕名重型机械有限公司	26 935.00	28 484.00	3 586.00	2 976.00
成都大宏立机器制造有限公司	23 263.00	24 174.00	3 956.00	3 068.00
湖北枝江峡江矿山机械有限责任公司	19 000.00	16 000.00	7 000.00	2 000.00
河南省群英机械制造有限责任公司	16 993.00	16 948.00	7 243.00	535.50
浙江镇南精工机械有限公司	16 164.00	16 164.00	4 585.00	2 021.00
南昌矿山机械有限公司	14 500.00	11 700.00	2 652.30	1 500.00
上海龙阳机械厂	12 528.00	12 308.00	1 906.00	194.00

表4　2010年破碎粉磨设备行业主要企业分类产品销售收入　（单位:万元）

企业名称	国内销售总收入	其中:破碎机类销售收入	其中:粉磨机类销售收入
上海建设路桥机械设备有限公司	82 233.70	70 005.30	4 765.30
四川矿山机器(集团)有限责任公司	71 510.00	3 829.00	5 2919.00
山东山矿机械有限公司	65 128.00	4 118.00	5 033.00
溧阳中材重型机器有限公司	57 230.00	32 833.00	
上海冶金矿山机械厂	55 518.00		3 465.00
北方重工矿山冶金设备分公司	55 253.00	4 011.00	25 876.00
河南焦矿机器有限公司	36 869.00	11 024.00	25 845.00
常熟仕名重型机械有限公司	28 484.00	28 484.00	
成都大宏立机器制造有限公司	24 174.00	24 174.00	
河南省群英机械制造有限责任公司	16 948.00	3 204.00	7 253.00
南昌矿山机械有限公司	11 900.00	11 570.00	330.00
唐山市矿山机械厂	7 600.00	2 350.00	5 250.00
江苏鹏胜重工有限公司	7 013.86	7 013.86	
上海龙阳机械厂	6 450.00	12 300.00	
河北万矿机械厂	5 986.00	5 986.00	
山东大通机械科技有限公司	5 720.00	5 720.00	
成都市双流金石机械制造有限公司	5 096.00	5 096.00	
广西桂林矿山机械厂	4 082.00	214.00	3 605.00
北京锋必达矿山机械有限公司	4 019.00	449.00	
哈尔滨国海星轮传动有限公司	1 608.00		
海门市重型矿山机械厂	1 350.00		

市场及销售　自2008年美国次贷引发的全球经济危机以来,我国经过两年的调整和4万亿元资金的投入,2010年国民经济已呈平稳快速发展态势。但由于各行业发展不平衡,破碎粉磨产品市场出现供大于求的状况。其中突出的是由于水泥建材行业萎缩,大型单段锤式破碎机、板式喂料机、辊压磨机和水泥磨机产品市场销售下滑,即使汶川大地震后灾区重建需用的水泥建材设备也趋于饱和,部分合同暂停或退货,从而引发生产企业为生存相互压价"抢蛋糕"。行业企业为了多方寻求市场,积极开发液压圆锥破碎机、西蒙斯圆锥破碎机和大型立式水泥磨机,拓展了销售市场。全行业生产破碎筛分设备的企业新产品开发力度和速度空前提升,现已全部开发生产圆锥破碎机,其中液压和单缸类型产品占主导地位。南昌矿山机械有限公司重视市场调研和前期开发工作,瞄准国际市场开发新产品,加大了投资,有针对性地着力自行开发制砂设备、液压圆锥破碎机和移动式破碎筛分站,缩短了生产制造周期,加大了销售力度。几年来年产值由4 000多万元到2010年实现14 500万元。该企业最主要的特点是,领导及时把握时机,正确决策产品开发方向,其经验值得借鉴。近一年来,多数行业企业认清国内市场需求现实,低产高耗的破碎机、磨机订货逐渐减少。国内采石场、水泥厂、金属和非金属矿产的开发,在不断转变产品采购方向,产能大、损耗低、技术含量高的设备订货已取代老产品。北方重工矿山冶金设备分公司继2009年连续开发成功ϕ6m×9.5m、ϕ7.315m×11.5m两种溢流型球磨机和ϕ8.8m×4.8m自磨机之后,2010年又开发了ϕ11m×6m半自磨机和MLJ型立式搅拌磨机。四川矿山机器(集团)有限公司2010年重点抓了大规格磨机的开发和市场投入,完成日产5 000t水泥项目ϕ5.2m×74m、ϕ4.8m×72m新型干法回转窑,以及ϕ3m×32m自返碱蒸汽煅烧炉、ϕ3.8m×13m混料机等产品供货。该公司按国内一流标

准和质量建设的筒体生产线项目已竣工投产，这是全行业中首家完成 ϕ2.6～5.5m 筒体系列生产线，其生产工艺流程、生产效率及环保条件达到一流水平，计划年产筒体 21 000t，产值 3.3 亿元，生产线投入使用是四川矿山机器（集团）有限责任公司新的经济增长点。常熟仕名重型机械有限公司认清严峻的市场形势，积极调整营销策略，在主导产品受水泥市场冲击的不利环境下，坚持发展高端品牌产品，主机和备件双轨齐上；努力培养和巩固长期合作关系，始终与海德堡、拉法基、亚东水泥、海螺集团、亚泰水泥、山水集团和华润水泥等客户保持良好往来和业务交流。2010 年工业总产值近 2.7 亿元（2006 年销售收入 9 886 万元），5 年增长近 2 倍。该公司多年来一直坚持生产制造水泥机械设备，扩大产品品种和规格，提升技术水平和生产能力，从小规格单段锤破，发展到生产 2 200mm、2 400mm 大规格单段锤破，开发成功 1 200～1 600mm辊压磨机，市场占有率逐年提高，知名度不断提升。上海冶金矿山机器公司积极贯彻"巩固老市场、拓展新领域"的营销策略，积极拓展市场。在环保产品领域依靠"品质拓市场"，着力在设计、制造、外协、采购等各个环节上控制好质量，保证产品质量完好。注重产品交货期，不断提升售前、售中、售后服务质量和效率，树立良好信誉，海外市场保持较明显的增长势头。在磨粉机、提升机方面充分利用网上销售，加强现场安装和售后服务，年销售增长 15%，截至 2010 年底，全年承接合同额超过 10 亿元，为下年打下良好基础。湖北枝江峡江矿山机械有限责任公司 2010 年为适应地区经济发展的需要，破碎机种类和规格不断拓宽，液压圆锥破碎机已投放市场，大型颚式破碎机、反击式破碎机等制造能力提升，同时还开发了起重机设备的生产制造。公司制定的适应市场经济的战略和强有力的营销措施，进一步完善了营销管理体系，分别在河南、河北、湖南、湖北、陕西、山西、甘肃、四川和云南等省建立了近 20 个直销门市部，积极抢占市场，服务市场，方便安装调试、售后服务及技术保障，确保设备运行过程中的易损件供应，密切了客户关系。在做好国内市场的同时，逐步开展多渠道的产品出口，2010 年工业总产值达 1.9 亿元，比 2009 年的 8 000 万元提高 137%。万全矿机公司 2010 年搬迁新厂区后，公司上下精神面貌焕然一新，实现了"稳步发展，科学发展，规划发展"目标。市场销售策略坚持"增加销售网点，提高企业知名度，加大产品宣传力度"的理念，及时调整营销策略，执行新的激励政策，分析和掌握市场行情，保障生产物资供给及时，全年销售收入比 2009 年有较大提高，工业总产值 9 600 万元，同比提高 36.4%，利润增长 49.9%。上海龙阳机械厂 2010 年全面贯彻落实"发展、创新"治厂理念，领导班子与员工共同努力，解放思想，锐意进取，加大产品技术创新力度，扎扎实实做好每项工作，完成好每一个订单，企业整体发展迈大步。企业充分利用上海国际大都市的地理优势，坚持破碎机产品进出口主营业务的经营方针，高度重视国内新客户，密切同客户联系，出口产品完善销售服务过程中的协调机制；坚持以用户要求为工作目标，增强服务意识，责任意识，全年较好地完成了产销计划，完成工业总产值 12 528 万元，同比增长 24.8%。成都大宏立机器制造有限公司是以生产破碎筛分设备为主导产品的企业，是圆锥破碎机专业生产企业。该公司注重国家重点工程项目信息跟踪，抓住市场机遇，在圆锥破碎机市场激烈的竞争中，通过科技创新，凭借强有力的技术支撑和工艺设备保证，产销量不断提高，2010 年实现销售收入 2.4 亿元。"大宏立"商标 2010 年被评为"四川省著名商标"。

破碎粉磨设备行业的专业配套企业，2010 年技术水平和实力又有较大的提升，在为主机厂配套的过程中，除做好服务外，特别在配套产品技术开发，满足主机产品控制一体化、数字化及市场开拓方面又有新的突破。浙江镇南精工机械有限公司的主导产品是为行业主机企业配套润滑轴承套产品，为配合主机需要，企业自制或进口专用加工设备、检测仪器，产品质量稳定，公司生产的圆锥破碎机产品的铜材质偏心套、锥套、碗型套、调整套等零部件，得到了上海建设路桥机械设备有限公司、成都大宏立公司、湖北枝江峡江矿山机械有限责任公司和南昌矿山机械有限公司等行业主机企业的认可，稳固了常年销售渠道，2010 年工业总产值达 16 164万元，同比增长 62%。上海嘉庆轴承制造有限公司与破碎粉磨设备行业主机企业合作已达 8 年之久。该公司为行业内 20 多家破碎设备、筛分设备、磨机企业配套轴承产品。由于产品不断更新，吸收了 SKF、FAG、NSK 世界三大知名品牌调心滚子轴承的优点，优化了生产工艺，采购先进加工制造设备，满足了主机企业产品的国产化要求，为主机厂解决了质量、成本两大关键问题。2010 年工业总产值 1.4 亿元，同比增长 7.7%。哈尔滨国海星轮传动有限公司常年来为行业主机企业配套减速机。该公司产品适用于大功率、大速比产品配套，已为北方重工矿山冶金设备分公司、上海建设路桥机械设备有限公司、四川矿山机械（集团）有限责任公司、山东山矿机械有限公司、中信重工机械股份有限公司、湖北枝江峡江矿山机械有限责任公司等大、中型企业配套减速机。坚持长期合作是哈尔滨国海星轮传动有限公司的目标，重视科研开发工作，为主机企业创造良好营销环境。

2010 年破碎粉磨设备行业企业产品出口额见表 5。2010 年破碎粉磨设备行业主要生产企业产品出口国家（地区）情况见表 6。

表 5　2010 年破碎粉磨设备行业企业产品出口额

企业名称	出口额（万美元）	企业名称	出口额（万美元）
上海建设路桥机械设备有限公司	1 886.7	河南焦矿机器有限公司	220.1
北方重工矿山冶金设备分公司	45.0	上海龙阳机械厂	900.0

(续)

企 业 名 称	出口额(万美元)	企 业 名 称	出口额(万美元)
山东山矿机械有限公司	128.0	湖北枝江峡江矿山机械有限责任公司(万元)	1 000.0
上海冶金矿山机械厂	16.6	江苏鹏胜重工有限公司	43.0
南昌矿山机械有限公司	271.0	北京锋必达矿山机械有限公司	67.4
河南省群英机械制造有限责任公司	31.0		

表6　2010年破碎粉磨设备行业主要生产企业产品出口国家(地区)情况

序号	企业名称及出口目的地	出口量(台)	出口额(万美元)	序号	企业名称及出口目的地	出口量(台)	出口额(万美元)
1	上海建设路桥机械设备有限公司			7	山东山矿机械有限公司		
	亚洲		918.8		印度	27	128.0
	美洲		120.6	8	湖北枝江峡江矿山机械有限责任公司(万元)		
	非洲		813.9		利比亚、伊朗		1 000.0
	欧洲		33.4	9	上海龙阳机械厂		
2	北方重工矿山冶金设备分公司				非洲		500.0
	朝鲜		45.0		中亚		200.0
3	上海冶金矿山机械厂				中东		100.0
	亚洲	4	16.6		欧洲		100.0
4	南昌矿山机械有限公司			10	河南省群英机械制造有限责任公司		
	东南亚	15	112.3		印度尼西亚	10	31.0
	非洲	5	158.7	11	河南焦矿机器有限公司		
5	北京锋必达矿山机械有限公司				印度		64.3
	非洲	26	67.4		埃及		57.5
6	江苏鹏胜重工有限公司				吉尔吉斯斯坦		98.3
	利比亚	12	43.0				

科技成果及新产品　2010年破碎粉磨设备行业企业重视科技创新和新产品开发。行业企业中大多数产品与国外先进水平相比,落后近20年。20世纪80年代部分大型国有企业引进的技术,当前已不再领先。当前各企业通过各种渠道,积极掌握产品前沿技术,投入资金开发新产品,缩小与国际先进水平的差距。破碎类产品中,重点开发圆锥破碎机类产品(液压圆锥破碎机、单缸圆锥破碎机及弹簧圆锥破碎机),是当前行业科研工作的一大特点;磨机类产品中,重点开发大规格产品及其控制系统。这符合国家"抓大放小","淘汰落后产能,关停污染企业"的产业政策。如:北方重工矿山冶金设备分公司开发的ϕ8m×12m溢流型球磨机、ϕ11m×6m半自磨机;河北金马矿山机械公司开发的立式水泥磨机;四川矿山机器(集团)有限责任公司全年申报并已全部受理国家专利26项,其中开发了ϕ5.2m×74m、ϕ4.8m×72m干法回转窑,ϕ3.8m以上磨机和ϕ3.8m×13m混料机。河南焦矿机器有限公司开发的ϕ4.2m×6.4m湿式格子型矿用磨机、ϕ3.95m×10.5m风扫磨、ϕ3.8m×13m氧化炉和ϕ3.2m×20m烘干炉,其中开发的高能圆锥破碎机,4R摆式磨粉机和高效风扫烘干磨机3个产品,通过了河南省科技成果鉴定。山东山矿机械有限公司2010年完成新产品开发、产品改进项目18项,其中开发设计了PYG9065多缸液压圆锥破碎机、PEY500×750液压颚式破碎机、PCFKS1416石灰石可逆反击锤式破碎机、2PGYH1210焊接结构液压调整双辊破碎机、HSZ400环锤式破碎机等产品。新产品的投入和新技术的应用,大大提高了公司的经济效益和发展后劲。山东大通机械科技有限公司2010年科技开发投入近千万元,引进最前沿科技成果两项,使企业如虎添翼,发展的生命力增强,市场竞争力提升。破碎机类产品开始研制单缸液压圆锥破碎机和弹簧圆锥破碎机系列产品,填补了破碎类产品的空白。北京锋必达矿山机械有限公司2010年完成2YA1236及2YAH1548型圆振动筛新产品的设计和生产。该产品具有结构可靠、激振力强、筛分效率高、噪声低等特点,投入使用后,用户反映产品坚固耐用、使用安全、维修方便。两种产品的"上支座改进方案"已获国家实用新型专利授权。2010年破碎粉磨设备行业新产品和新技术开发项目见表7。

表7　2010年破碎粉磨设备行业新产品和新技术开发项目

项目名称	主要技术性能	获奖项目及等级	专利情况
上海建设路桥机械设备有限公司			
5.8m×78m大型链箅机	链箅机—回转窑球团法球团生产工艺中的专用履带式传热设备，其作用是将铁矿粉经造球机造好的生球料，经皮带机和辊式布料机均匀地布在慢速运行的链箅机箅板上，经过球团焙烧前的准备后可满足入回转窑的生球强度的要求。处理物料：铁矿氧化球团生球，粒度：8～18mm，堆积密度：2.1 t/m³ 生产能力：730t/h，料层厚度：220mm，机速范围：2～5.6m/min，正常机速：4.6m/min，物料停留时间：17min，头尾轮中心距：83 800mm，设备重量：2 150t	国际先进	获实用新型专利1项
NPG1616 粘土破碎机	是专门用于粘土的破碎，也适合破碎水分高、粘度高的粘土类物料，当前可以应用于5 000t/d水泥生产线的粘土破碎。进料粒度：≤600mm×400mm×400mm，出料粒度：≤30mm，处理能力：400t/h，电动机功率：2×160kW	国际先进	获实用新型专利6项
PYG系列多缸液压圆锥破碎机	是一种先进的全液压破碎机，适用于破碎抗压强度300MPa的各种矿石和岩石，具有优异的破碎功能，与传统的弹簧圆锥破碎机相比，其处理能力提高50%。其优点是具有较佳的破碎频率和偏心距，使破碎产品中细粒级含量更高，小于闭口边排料口粒级的含量可达80%；采用层压破碎原理，破碎后呈立方体结构的物料含量极高。PYGB1433多缸液压圆锥破碎机，最大给料尺寸：≤280mm，排料口调整范围：26～50mm，处理能力：300～620t/h，电动机功率：315kW	国际先进，中国机械工业科技进步奖三等奖	获实用新型专利4项
AF45圆锥破碎机	是一种单缸液压圆锥破碎机，主要用于破碎抗压强度小于300MPa的矿石和岩石。由于在0～5mm的细碎物料领域中，当前尚没有适用的圆锥破碎机，而AF圆锥破碎机正好适用于此市场需求，且由于采用了先进的层压破碎理论，能稳定且大量生产粒形好的细粒级产品。进料粒度：≤100mm，出料粒度：≤5mm（30%以上），处理能力：165～265t/h，电动机功率：160kW	国际先进	获实用新型专利3项
北方重工矿山冶金设备分公司			
MZS8848 半自磨机	装机功率：6 500kW，筒体有效内径：8.8m，筒体有效长度：4.8m，最大装球量：230t，筒体转速：10.76r/min	北方重工集团科学技术奖	
山东山矿机械有限公司			
弹簧式圆锥破碎机	①优化设计了圆锥破碎机型腔的工态啮角，提高了机器性能和物料破碎质量。②采用迷宫式密封结构，提高了密封效果。③采用曲线形破碎腔，改善了层压破碎效果，提高了设备的生产效率	国内领先	实用新型专利
新型港口散状物料输送系统成套设备	在国内首次提出适合中小港口散料输送的整体工艺方案并研制了成套输送设备，集成创新特点突出：①独特的多泊位装卸船技术及大型筛分技术的成功集成，有效降低了投资，满足了多种船舶装卸需求。②设置了超速、打滑、烟雾报警、跑偏等动态检测装置，对输送机运行进行实时监控，提高了运行的可靠性。③采用可控软起动、制动技术与功率均衡技术，具备起动、制动速度曲线自动跟踪、过载保护、多电动机功率平衡、低速验带等功能，提高了负载起动、停机性能。④带式输送机实现头部和中部多点卸料，具备向多个堆场分料功能。⑤密闭式通廊设计，保障了系统的环保要求	国内领先	实用新型专利

（续）

项目名称	主要技术性能	获奖项目及等级	专利情况
MLT200—320×400—725 系列中心传动湿式脱硫球磨机	①磨机采用中心驱动，结构紧凑，运行平稳。②磨机主轴承采用铜合金轴瓦及新型轴承座，提高了润滑冷却效果，轴瓦使用寿命长。③磨机采用不停机正常加球装置，提高了生产效率。④磨机出料部分采用二级筛分，更好地保护了浆液循环泵及旋流站。(5)采用 PLC 系统控制，自动化程度高。其中中心驱动、新型轴承座、润滑冷却装置分别获国家实用新型专利，具有自主知识产权	国内领先，济宁市科技进步奖一等奖	实用新型专利
液压颚式破碎机	①采用液压控制技术，设备排料口调整方便灵活。②采用液压连杆保险装置，防止设备的意外损坏。③采用三角倾斜的破碎腔型，提升了破碎效果，提高了生产效率。④采用油温自动控制装置，提高了对环境的适应性	国际先进	实用新型专利
四川矿山机器(集团)有限责任公司			
大型双卷筒单绳缠绕式矿井提升机	卷筒直径:4 500mm，钢丝绳最大静张力:300kN，钢丝绳最大静张力差:180kN		
北京锋必达矿山机械有限公司			
2YA1236 圆振动筛	工作面积:4.3m^2，最大入料粒度:200mm，处理能力:80～240t/h		
2YH1548 圆振动筛	工作面积:7.2m^2，最大入料粒度:400mm，处理能力:200～780t/h		
河南焦矿机器有限公司			
高效风扫烘干磨煤机	ϕ3.95m×(7.5+3)m	焦作市科技进步奖三等奖	
4R 摆式磨粉机	4R3216	焦作市科技进步奖二等奖	
高能圆锥破碎机	ϕ900mm	焦作市科技进步奖二等奖	
常熟仕名重型机械有限公司			
半移动式破碎系统	处理能力:1 200t/h，最大入料粒度: 1 000mm×1 000mm×1 000mm，出料粒度: <100mm(不少于90%)	天津水泥工业设计研究院科研开发类二等奖、江苏省高新技术产品	
LPC20D22 双转子锤式破碎机	产能: 1 400t/h，电耗: 0.9kW·h/t，最大进料粒度: ≤1 500mm×1 200mm×1 000mm，出料粒度: <70mm(不少于90%)	天津水泥工业设计研究科研开发类一等奖、江苏省高新技术产品	发明专利
TRP160—140 辊压机	规格:1 600mm×1 400mm，通过量:400t/h	江苏省高新技术产品	
唐山市矿山机械厂			
立式磨机	主要用于粉磨水泥熟料生料、高硬度石灰石、石膏等，具有生产效率高、节能环保、磨矿细度好等特点		
江苏鹏胜重工有限公司			
移动式破碎站	处理能力:100 t/h		获实用新型专利 2 项
上海龙阳机械厂			
移动式破碎站	应用于混凝土固渣处理作业，处理能力:100～200t/h(成套)		
成都大宏立机器制造有限公司			
2L×1 200 双螺旋洗砂机	处理能力:200～400t/h，最大进料粒度:5mm 以下，电动机功率:2×7.5kW，转速:标准 8r/min		

（续）

项目名称	主要技术性能	获奖项目及等级	专利情况
PCL500 立轴冲击式破碎机	最大进料粒度：40mm 以下，转速：1 500r/min，电动机：2×250kW，产量：180～200m^3/h		
TDY 带式输送机	电动滚筒功率：15～90kW，输送带运行速度：1.6～2m/s，输送距离：10～100m，输送量：400～1 200t/h		
哈尔滨国海星轮传动有限公司			
轧钢机换辊车星轮减速器	克服了现有技术的不足，与功能相同的同类产品相比，其体积和重量减少40%，具有大速比、大转矩、大功率、小体积等特点，工作视野更加开阔，成功替代了传统的轧钢机换辊车驱动减速器	中国齿轮行业科技成果奖一等奖	实用新型专利
扩大串联级星轮传动装置	该产品利用最小的体积承载更大的输出转矩，输出转矩可提高 60%～70%		实用新型专利
2MW 竖轴风电齿轮箱	该齿轮箱主要特点：单级传动比大（i≤80），多齿啮合，传动效率高，输出转矩大，大大克服了现有齿轮箱存在的不足		实用新型专利

产品质量情况 由于近年来国家对产品质量的高度重视以及市场竞争的加剧，破碎粉磨设备行业各企业都已将质量置于企业发展的第一位。产品质量水平、技术水平和标准水平作为企业生存发展的关键，普遍得到企业领导层和广大员工的重视。一年来，行业企业中没有出现较大的质量问题和用户投诉意见。当前，所有企业都已通过ISO9001 质量管理体系认证。部分企业根据产品特性和用户要求，还通过了针对性的专业体系认证。例如：浙江镇南精工机械有限公司通过了 GB/T 24001—2004—ISO：14001—2004 环境体系认证；北京锋必达矿山机械有限公司通过了武器装备体系认证。为保证产品质量的不断提高，企业高度重视产品标准的制定和实施，积极参与各类标准的制修订工作，严肃标准审查程序，为产品质量向国际化靠拢创造了条件。浙江矿山机械有限公司每年都主动参加矿山机械产品标准的制修订工作，自行承担完成了《立轴锤式破碎机》、《破碎机筛分设备用短式皮带机》产品标准的制定工作。宁波市实立矿山机械制造有限公司研发 ZT 周向弹性联轴器，并制定了企业标准（Q/SLKJ01—2009）。山东山矿机械有限公司积极参与全国矿山机械、起重运输机械产品标准的制定工作，2010 年主持制定了 JB/T 11116—2010《四辊破碎机》，JB/T 11110—2010《煤用重型环锤式破碎机》行业标准，参与制定的 GB/T 25651—2010《锤式破碎机锤头磨耗》标准，是首次制定的资源节约与综合利用方面的矿山机械国家标准，填补了国内空白。北方重工矿山冶金设备分公司2010 年主持制定了行业标准 4 项：JB/T3874—2010《旋盘圆锥破碎机》、JB/T6988—2010《弹簧圆锥破碎机》、JB/T3264—2010《简摆颚式破碎机》和 JB/T2397—2010《带式烧结机》。河南焦矿机器有限公司 2010 年主持制定了 JB/T1386—2010《钢球磨煤机》标准。南昌矿山机械有限公司 2010 年参与两项国家标准《矿用筛板 磨耗指标》和《圆锥破碎机 能耗指标》的制定，同时还参与行业标准《强力圆锥破碎机》的制定，该公司还针对 2009 版重型标准着手企业标准的制修订工作。

基本建设和技术改造 四川矿山机器（集团）有限责任公司在“5·12”大地震后启动的重装基地建设（一期）工程竣工投产，预计年产值60 亿元，规划项目逐一落实，筒体生产线项目将可生产 ϕ2.6～5.5m 筒体系列产品，年产值 3.3 亿元。成都大宏立机器制造有限公司 2010 年投入 2 000 万元，完成砂石设备技术改造项目。新建车间 15 000m^2，改造车间总面积 3 500m^2；先后购置 TX6213 数控车床、桥式起重机等设备 30 台（套），形成年产砂石设备 1 200 台（套）的生产能力。公司还投资建成“技术中心科技大楼”，基础建设的大投入为企业增添了后劲，基础更加扎实。湖北枝江峡江矿山机械有限责任公司为了满足市场对大规格产品的需求，先后购进 CQ5280 数控双柱立式车床、T6920C/5 数显落地镗铣床、3 m×9 m 龙门铣床和 CNC—5000 数控切割机等机械加工设备，保证了生产制造大规格、高精度破碎筛分设备的需要。2010 年公司第三期扩建项目已经启动，拟形成年产3 000台（套）人工制砂机、破磨制粉选矿设备和 2 000 台（套）起重设备的能力。建成占地面积 1 500m^2 的研发销售大楼一栋，建成 13 000m^2 金属结构车间及职工生活住宿楼，计划 2011 年底正式投入运行。成都市双流金石机械制造有限公司自 2005 年成立以来，破碎机从小规格做起，一年一个台阶不断扩大产品规格和企业规模。当前已试制成功PE900×1200 大型颚式破碎机，已经能生产 PYB1750 弹簧圆锥破碎机，企业产值由 2009 年的 5 245 万元增加到 2010 年的7 290万元，占地面积由 7 000m^2 增加到 4.2 万 m^2，共有 9 个生产车间，高档加工设备 30 多台。2010 年基本建设投资超过 500 万元，这对一个小型企业来讲是难能可贵的。南昌矿山机械有限公司在 2010～2011 年共投入 3 000 多万元，用于厂房新建和增加设备，当前已建成 18 000m^2 现代化车间，并投入使用。当年还完成了 ϕ3.5m 立式车床的数控改造、镗床的数显改造和龙门铣床的改造,购置了数控火焰切割机、ϕ1 000mm 数控卧式车床和建造了退火炉等。公司计划3~5年内产值达到5亿元,以适应不断变化、不断增量的市场要求。河南焦矿2010年将下属中凯公司全部搬迁至新厂区,彻底改变了生产条件和作业环境。铸钢厂除尘设备的建成,基本满足了环保生产要求;铸造厂为满足产品大型化要求。对原有冲天炉生产设备进行了技术改造,购置了12t浇包1台,基建项目的投入对提升企业生产能力将起到很大作用。山东山矿机械有限公司2010年加大了技改力度,全年投入810万元,用于购置大型退火炉、数控车床、数控铣床以及精炼机、卷板机等,又新建一个生产车间,开始投入使用,提高了企业生产能力。

〔撰稿人:中国重型机械工业协会破碎粉磨设备专业委员会杨发孝　审稿人:中国重型机械工业协会徐善继〕

洗选设备

行业发展情况　2010年是国家"十一五"规划收官之年,我国洗选设备制造行业呈现一派欣欣向荣的景象。2005年洗选设备行业协会仅有会员42家,到2010年末已经有会员66家。除原机械部企事业单位和高校外,还包括煤炭、黑色金属、有色金属、非金属和电力等行业的洗选设备制造企业、科研院所和高校。国内洗选设备主要制造企业有100多家,重点企业有北方重工集团有限公司、中信重工机械股份有限公司矿山机器厂、上海建设路桥机械设备有限公司、河南太行振动机械股份公司、鞍山重型矿山机器股份有限公司、淮北矿山机器制造有限公司、沈阳隆基电磁科技股份有限公司、山东华特磁电科技股份有限公司和镇江电磁设备厂有限责任公司等企业。随着选矿厂和洗煤厂向大型化、自动化方向发展,"十一五"期间我国洗选设备制造行业取得了较快的发展,国内企业已能够为年处理能力1 000万吨级的洗煤厂和选矿厂提供所需的装备。

为适应国民经济高速发展对矿山洗选设备制造行业的更高要求,全行业加大了自身装备技术改造的投资,加强了选矿工程实验室的建设,国内一些选矿选煤科研单位研制出一批适应我国国情的洗选设备,有些企业也开发出能够替代进口设备的装备。全行业共同努力提升装备制造水平,努力为"十二五"国家建设提供大型、高效、节能和环保的矿山洗选装备。

2010年洗选设备行业主要企业经济指标见表1。

表1　2010年洗选设备行业主要企业经济指标

序号	企业名称	所有制	工业总产值		工业增加值(万元)	产品销售收入(万元)	产品销售税金及附加(万元)	年末固定资产	
			当年价(万元)	比上年增长(%)				原价(万元)	净值平均余额(万元)
1	北方重工集团有限公司	国有	1 280 846	-16.0	248 047	1 260 248	2 780	302 524	529 027
2	上海建设路桥机械设备有限公司	合资	91 866	-32.1	9 704	96 381	42	32 755	25 317
3	中信重工机械股份有限公司矿山机器厂	股份制	86 805	19.4	—	86 733	1 180	45 895	34 344
4	河南威猛振动设备股份有限公司	股份制	55 620	23.0	13 524	54 337	2 173	18 127	13 550
5	沈阳隆基电磁科技股份有限公司	民营	37 307	123.2	1 8249	36 150	83	5 044	4 614
6	郑州一帆机械设备有限公司	民营	26 000	29.0	2 320	26 000	113	6 430	4 728
7	赣州金环磁选设备有限公司	民营	23 238	59.2	4 574	23 238	87	4 045	2 995
8	鞍山重型矿山机器股份有限公司	股份制	20 683	39.0	10 481	20 683	189	8 439	6 540
9	山东华特磁电科技股份有限公司	股份制	18 767	52.9	6 284	17 458	107	3 370	2 771
10	河南群英机械制造有限责任公司	民营	16 933	43.6	4 027	16 948	39	7 243	4 036
11	海安县万力振动机械有限公司	股份制	16 610	10.0	9 713	16 100	110	5 560	243
12	淮北矿山机器制造有限公司	股份制	13 350	10.0	4 005	9 859	48	1 795	1 476
13	镇江电磁设备厂有限责任公司	股份制	10 300	5.0	1 840	9 980	80	6 700	5 600
14	唐山陆凯科技有限公司	民营	8 782	28.0	2 107	7 087	52	3 666	2 694
15	河南省平原矿山机械有限公司	民营	8 500	6.0	2 840	8 300	10	4 562	4 310
16	南昌矿山机械有限公司	民营	8 146	23.5	—	6 656	34	2 222	1 373

（续）

序号	企业名称	所有制	工业总产值		工业增加值（万元）	产品销售收入（万元）	产品销售税金及附加（万元）	年末固定资产	
			当年价（万元）	比上年增长(%)				原价（万元）	净值平均余额(万元)
17	镇江市江南矿山机电设备有限公司	民营	5 942	76.4	2 598	5 942	424	591	529
18	岳阳科德科技有限责任公司	民营	5 868	30.0	1 336	5 868	36	679	568
19	柳州中特高压电器有限公司	股份制	5 010	20.1	1 080	4 890	408	3 000	3 500
20	河南金特振动机械有限公司	民营	3 779	12.6	1 077	3 779	301	788	703
21	唐山汇力科技有限公司	民营	3 341	30.0	2 848	2 698	9	340	81
22	淮北市一环矿山机械有限公司	民营	2 100	—	—	2 100	93	—	—
23	徐州大陆振动机械有限公司	民营	1 600	14.0	200	1 300	120	194	153
24	北京矿冶研究总院机械研究所	国有	29 731	—	—	—	—	—	—

序号	企业名称	所有制	流动资产		流动负债		利润总额（万元）	所有者权益（万元）	全员劳动生产率（万元/人）
			合计（万元）	平均余额（万元）	合计（万元）	平均余额（万元）			
1	北方重工集团有限公司	国有	1 795 957	1 384 736	1 639 812	1 372 393	24 285	294 893	151
2	上海建设路桥机械设备有限公司	合资	85 418	79 633	93 053	90 471	471	22 248	6
3	中信重工机械股份有限公司矿山机器厂	股份制	22 620	35 046	22 653	32 601	5 073	2 445	124
4	河南威猛振动设备股份有限公司	股份制	12 100	12 085	5 255	5 281	5 231	23 535	80
5	沈阳隆基电磁科技股份有限公司	民营	26 681	21 068	18 422	17 086	6 473	16 462	37
6	郑州一帆机械设备有限公司	民营	18 200	19 000	14 300	14 400	3 640	9 800	12
7	赣州金环磁选设备有限公司	民营	17 788	16 271	11 792	10 950	3 506	10 301	20
8	鞍山重型矿山机器股份有限公司	股份制	21 394	17 131	12 740	12 484	4 791	16 257	80
9	山东华特磁电科技股份有限公司	股份制	15 165	13 087	5 315	5 262	3 675	15 468	38
10	河南群英机械制造有限责任公司	民营	12 892	12 500	10 718	10 812	536	6 207	29
11	海安县万力振动机械有限公司	股份制	4 090	3 926	3 067	2 937	880	1 164	59
12	淮北矿山机器制造有限公司	股份制	3 235	2 913	2 580	2 316	515	2 131	42
13	镇江电磁设备厂有限责任公司	股份制	4 170	4 050	4 090	3 530	250	6 360	69
14	唐山陆凯科技有限公司	民营	5 419	5 278	7 097	7 344	439	3 932	11
15	河南省平原矿山机械有限公司	民营	2 453	2 256	2 574	1 549	565	4 135	28
16	南昌矿山机械有限公司	民营	4 417	4 417	4 826	4 830	125	1 693	—
17	镇江市江南矿山机电设备有限公司	民营	2 622	2 164	2 527	1 813	922	2 204	71
18	岳阳科德科技有限责任公司	民营	1 594	1 412	640	631	405	2 230	—
19	柳州中特高压电器有限公司	股份制	—	—	—	—	750	—	—
20	河南金特振动机械有限公司	民营	2 566	2 283	—	—	675	2 462	25
21	唐山汇力科技有限公司	民营	4 500	3 415	3 121	2 664	74	1 372	35
22	淮北市一环矿山机械有限公司	民营	—	—	—	—	—	—	—
23	徐州大陆振动机械有限公司	民营	1 537	—	1 349	—	98	99	27
24	北京矿冶研究总院机械研究所	国有	—	—	—	—	—	—	—

注：—表示企业此项指标未报。

生产发展情况 受2008年国际金融危机的影响，2009年矿山洗选设备制造行业的产销增长幅度有所放缓，2010年明显恢复，行业经济效益不断提升。行业企业固定资产投资力度增大，21家企业合计投资额达到5.8亿元，其中基本建设投资3.7亿元，技术更新改造投资2.1亿元，为洗选设备制造业的快速发展奠定了基础。

2010年，洗选设备制造行业主要企业都取得较大的发展。据对行业24家企业的统计，全年完成工业总产值178.1亿元，其中洗选设备产值32.1亿元，新产品产值16.5亿元，占总产值的9.27%，利润6.3亿元，固定资产净值平均余额64.9亿元。行业内重点骨干企业加强了选矿工程实验室的建设，为大型化、自动化、高效、节能矿山洗选装备产品的研究、开发，建立了创新平台。

2010年行业主要生产企业洗选设备产值见表2。

表2 2010年行业主要生产企业洗选设备产值

序号	企业名称	企业总产值（万元）	洗选设备产值（万元）	洗选设备产值占总产值比重（%）
1	北方重工集团有限公司	1 280 846	64 017	5.0
2	上海建设路桥机械设备有限公司	91 866	2 575	2.8
3	中信重工机械股份有限公司矿山机械厂	86 805	6 100	7.0
4	河南威猛振动设备股份有限公司	55 620	55 620	100.0
5	沈阳隆基电磁科技股份有限公司	37 307	34 834	93.4
6	郑州一帆机械设备有限公司	26 000	4 000	15.4
7	赣州金环磁选设备有限公司	23 238	23 238	100.0
8	鞍山重型矿山机器股份有限公司	20 683	20 683	100.0
9	山东华特磁电科技股份有限公司	18 767	15 848	84.4
10	河南群英机械制造有限责任公司	16 933	762	4.5
11	海安县万力振动机械有限公司	16 610	4 275	25.7
12	淮北矿山机器制造有限公司	13 350	13 350	100.0
13	镇江电磁设备厂有限责任公司	10 300	10 300	100.0
14	唐山陆凯科技有限公司	8 782	4 922	56.0
15	河南省平原矿山机械有限公司	8 500	6 200	72.9
16	南昌矿山机械有限公司	8 146	6 346	77.9
17	镇江市江南矿山机电设备有限公司	5 942	5 281	88.9
18	岳阳科德科技有限责任公司	5 868	3 500	59.6
19	柳州中特高压电器有限公司	5 010	1 880	37.5
20	河南金特振动机械有限公司	3 779	1 800	47.6
21	唐山汇力科技有限公司	3 341	2 366	70.8
22	淮北市一环矿山机械有限公司	2 100	1 790	85.2
23	徐州大陆振动机械有限公司	1 600	1 600	100.0
24	北京矿冶研究总院机械研究所	29 731	29 731	100.0

分类产品生产情况 2010年洗选设备行业主要企业产品产量、产值及其增长情况见表3。

表3 2010年洗选设备行业主要企业产品产量、产值及其增长情况

序号	企业及产品名称	产量（台）	产值（万元）	产值比上年增长（%）
1	北方重工集团有限公司			
	分级机械	169	5 092	11.49
	重选机械	92	1 127	95.66
	浮选机械	191	6 107	8.40
	磁选机械	295	11 310	22.04
	浓缩机械	81	4 621	15.06
	过滤机械	184	8 027	10.63
	筛分机械	39	1 174	119.20
	其他	173	31 559	6.40
2	上海建设路桥机械设备有限公司			
	筛分机械	148	2 575	12.70

（续）

序号	企业及产品名称	产量（台）	产值（万元）	产值比上年增长（%）
	其他	3 809	79 291	-6.70
3	中信重工机械股份有限公司矿山机器厂			
	过滤机械	30	6 100	-32.00
4	沈阳隆基电磁科技股份有限公司			
	磁选机械	962	15 319	91.60
	电磁除铁器	1 554	13 452	176.70
	起重电磁永磁铁	861	2 473	18.40
	其他	283	6 063	88.00
5	郑州一帆机械设备有限公司			
	浮选机械	15		17.00
	电磁除铁器	10		19.00
	筛分机械	239		29.30
6	鞍山重型矿山机器股份有限公司			
	筛分机械	1 088	20 683	47.60
7	山东华特磁电科技股份有限公司			
	分级机械	77	1 708	279.00
	磁选机械	482	4 445	181.00
	过滤机械	5	75	100.00
	电磁、永磁除铁器	2 941	11 328	37.00
	其他	570	1 211	32.00
8	河南群英机械制造有限公司			
	分级机械	11	248	31.90
	浮选机械	4	122	167.30
	浓缩机械	12	146	39.50
	筛分机械	10	59	29.20
	其他	13	187	-15.00
9	海安县万力振动机械有限公司			
	磁选机械	4 150	2 160	5.00
	筛分机械	295	4 275	11.00
	其他	5 750	10 175	8.00
10	淮北矿山机器制造有限公司			
	浮选机械	32	1 820	11.00
	浓缩机械	276	11 530	10.00
11	镇江电磁设备厂有限责任公司			
	磁选机械	1 890	10 300	5.00
12	唐山陆凯科技有限公司			
	筛分机械	513	4 922	32.00
	其他	31 185	3 860	36.00
13	河南省平原矿山机械有限公司			
	筛分机械	660	6 200	8.50
14	南昌矿山机械有限公司			
	筛分机械	289	5 890	5.00
	其他	82	1 800	101.00
15	镇江市江南矿山机电设备有限公司			
	电磁除铁器	397	5 281	130.60

（续）

序号	企业及产品名称	产量（台）	产值（万元）	产值比上年增长（%）
	起重电磁永磁铁	5	77	0.00
16	柳州中特高压电器有限公司			
	磁选机械	20	288	30.20
	电磁除铁器		1 600	16.50
	其他	310	3 100	19.80
17	河南金特振动机械有限公司			
	分级机械	210	1 080	12.60
	筛分机械	140	720	12.60
18	唐山汇力科技有限公司			
	浮选机械	4	140	
	筛分机械	127	2 285	
19	赣州金环磁选设备有限公司			
	重选机械	102	2 244	19.50
	磁选机械	178	20 732	22.86
20	淮北市一环矿山机械有限公司			
	浮选机械	16	240	
	浓缩机械	70	1 500	
	过滤机械	12	360	
21	徐州大陆振动机械有限公司			
	筛分机械	55	1 600	14.00
22	北京矿冶研究总院机械研究所			
	重选机械	120	314	-25.00
	浮选机械	1 435	23 466	10.50
	磁选机械	486	5 951	2.30
23	河南威猛振动设备股份有限公司			
	筛分机械	3 174	55 620	23.00
24	岳阳科德科技有限责任公司			
	磁选机械	50	2 100	20.00
	除铁器	80	1 100	20.00
	起重电磁永磁铁	200	2 200	18.00

出口情况 据对14家企业的统计，2010年共出口各种洗选设备2 650台，出口交货值5.4亿元。2010年行业部分企业洗选设备出口情况见表4。

表4 2010年行业部分企业洗选设备出口情况

序号	企业及产品名称	出口量（台）	出口交货值（万元）	序号	企业及产品名称	出口量（台）	出口交货值（万元）
1	北方重工集团有限公司				洗选设备	27	84
	磁选机	120	6 300		其他设备	140	4 906
	大型搅拌槽	22	13 000	4	郑州一帆机械设备有限公司		
	大型浮选机	45	1 850		筛分机械	160	3 200
	浓缩机	8	1 300	5	山东华特磁电科技股份有限公司		
2	北京矿冶研究总院机械研究所				除铁器	20	120
	KYF—320m³ 超大型浮选机	28	4 000		磁选机械	5	79
3	上海建设路桥机械设备有限公司			6	海安县万力振动机械有限公司		
	破碎设备	622	7 839		螺旋输送机	805	828

（续）

序号	企业及产品名称	出口量（台）	出口交货值（万元）	序号	企业及产品名称	出口量（台）	出口交货值（万元）
	筛分机械	32	1 518		除铁器	20	300
	给料机	20	96	12	赣州金环磁选设备有限公司		
7	河南省群英机械制造有限责任公司				磁选机械	31	995
	选矿成套设备	76	800	13	河南威猛振动设备股份有限公司		
8	淮北矿山机器制造有限公司				筛分机械	239	4 742
	浓缩机	6	480	14	岳阳科德科技有限责任公司		
9	镇江电磁设备厂有限责任公司				除铁器	12	32
	除铁器	176	840		起重电磁铁	19	85
10	南昌矿山机械有限公司				磁选机械	5	60
	筛分机械	12	400		合计	2 650	53 854
11	柳州中特高压电器有限公司						

科研成果与新产品　2010 年，洗选设备行业研制开发了一大批技术先进的大型高效节能洗选设备，新产品不断诞生。如北方重工集团有限公司开发了 GHC—1545 超大型高效磁选机，磁场有效作用深度高达 120mm，单机处理能力达到 280t/h，被中国冶金矿山企业协会鉴定为“填补国内空白，具有国际领先水平”；开发的 2GHCG—1540 双筒大型磁选机，单机处理能力 240 ~ 260t/h；开发的直径 20m 特大型矿浆搅拌槽，有效容积为 5 000m^3，排放速率达 3 920m^3/h；开发的直径 3.8m 双螺旋分级机，溢流量 2 650t/d，转速 2.65r/min，返砂量达到 36 000t/d；开发的湿式粗颗粒预选机，大大提高了磁性矿物回收率，处理物料粒度为 0 ~ 12mm；开发的直径 75m 中心传动高效浓缩机，有效沉降面积达到 4 400m^2，单机处理能力 1 700t/d，为洗选设备行业发展做出了贡献。北京矿冶研究总院研制开发了 KYF—200m^3 大规格浮选机和国际上最大型的 KYF—320m^3 浮选机。沈阳隆基电磁科技股份有限公司研制了立式转环感应式湿法强磁选机、上吸式废钢及冶金渣用磁选机、球磨机排矿用弧形除铁器和磁性物料除铁器；山东华特磁电科技股份有限公司研制开发了稀土永磁絮体分离机、强磁场涡流分选机、低温超导除铁器。鞍山重型矿山机器股份有限公司研制了双层 56m^2TKB 巨型振动筛大型温热物料使用的直线振动筛等新产品。这些大型、高效节能型装备的研制成功，为我国洗选装备向国际先进水平迈进奠定了坚实的基础。

2010 年洗选设备行业部分企业新产品新技术开发项目见表 5。

表 5　2010 年洗选设备行业部分企业新产品新技术开发项目

序号	项目名称	主要技术性能	研制单位
1	GHC—1545 超大型高效磁选机	磁场有效作用深度：120mm，单机处理能力：270 ~ 280t/h	北方重工集团有限公司
2	2GHCG—1540 双筒大型磁选机	磁场有效作用深度：120mm，单机处理能力：240 ~ 260t/h	北方重工集团有限公司
3	直径 20m 特大型矿浆搅拌槽	有效容积：5 000m^3 排放速率：3 920m^3/h	北方重工集团有限公司
4	直径 3.8m 双螺旋分级机	溢流量：2 650t/d，转速：2.65r/min，返砂量：36 000t/d	北方重工集团有限公司
5	2DYKH3060 大型振动筛	处理量：300 ~ 1 300t/h，双振幅：8 ~ 10mm，工作面积：18m^2	北方重工集团有限公司
6	湿式粗颗粒预选机	提高了磁性矿物回收率，物料粒度：0 ~ 12mm	北方重工集团有限公司
7	直径 75m 中心传动高效浓缩机	有效沉降面积：4 400m^2，单机处理能力：1 700t/d	北方重工集团有限公司
8	KYF—320m^3 超大型浮选机	技术水平达到国际先进	北京矿冶设计研究总院
9	上吸式废钢及冶金渣用磁选机	国际先进水平	沈阳隆基电磁科技股份有限公司
10	球磨机排矿用弧形除铁器	国际先进水平	沈阳隆基电磁科技股份有限公司

（续）

序号	项目名称	主要技术性能	研制单位
11	双层 $56m^2$ TKB 巨型振动筛	筛面宽度：5.0m，筛面长度 11.3m，筛分面积：$56.5m^2$，振幅：6mm ± 0.5mm，处理量：2 500 ~ 3 000t/h，筛面倾角：20°。按自主创新《振幅递减筛分法及振动》发明专利机理设计，制造世界第一大振动筛，达到国际领先水平	鞍山重型矿山机器股份有限公司
12	大型温热物料用直线振动筛	用于沥青混合料搅拌站，对温度在 150 ~ 200℃的温热物进行烘干和粒度分级。筛面层数：5 层，筛面宽度：2.2m，筛面长度：5.6m，处理量：340t/h。达到国际先进水平	鞍山重型矿山机器股份有限公司
13	稀土永磁絮体分离机	以钕铁硼为吸附主体，采用改性的粉煤灰等原料作絮凝剂，与氮磷藻混凝形成絮体，再用物理方法，利用真空密封的高场强永磁转盘对磁性絮体的吸附作用，将氮磷藻与水体安全分离，无损地将它们移出水面，最大限度地改善水生态环境，达到国际先进水平	山东华特磁电科技股份有限公司
14	强磁场涡流分选机	利用各物质的导电性不同，采用特殊形状的钕铁硼为磁感应体，固定在由磁极和磁轭组成的强磁辊上。磁极分布采用楔块组合方式沿圆周方向排列，增加了磁场的强度和深度，达到国内领先水平	山东华特磁电科技股份有限公司
15	隔爆型电磁除铁器	国内先进	镇江电磁设备厂有限责任公司
16	精细不锈钢筛网研制与推广	滤管直径：38 ~ 1 500mm，滤管最大长度：6 000mm，最小筛缝：0.045mm	唐山陆凯科技有限公司
17	冶炼烧结筛分机械	国内领先	河南威猛振动设备股份有限公司

2010 年获得省部级科技成果奖的项目有：沈阳隆基电磁科技股份有限公司的“立式转环感应式湿法强磁选机”项目，获中国机械工业科学技术奖二等奖；山东华特磁电科技股份有限公司的“低温超导除铁器”项目和“中场强脉动卸矿回收机”项目均获中国机械工业科学技术奖三等奖；河南太行振动机械股份有限公司的“TQLS50125 特大型强力高幅振动筛”项目获中国机械工业科学技术奖三等奖。

固定资产投资 2010 年部分企业固定资产投资额见表 6。

表 6 2010 年部分企业固定资产投资额 （单位：万元）

序号	企业名称	固定资产投资	其中：基本建设投资	其中：技术更新改造投资
1	北方重工集团有限公司	6 739	6 054	685
2	上海建设路桥机械设备有限公司	1 640	975	665
3	中信重工机械股份有限责任公司洛阳矿山机械厂	21 261	7 854	13 407
4	河南威猛振动设备股份有限公司	1 100	740	360
5	沈阳隆基电磁科技股份有限公司	2 058	1 400	658
6	郑州一帆机械设备有限公司	2 500	2 000	500
7	鞍山重型矿山机器股份有限公司	3 026	2 378	648
8	山东华特磁电科技股份有限公司	5 417	5 329	88
9	河南群英机械制造有限责任公司	14	0	14
10	淮北矿山机器制造有限公司	560	390	170
11	镇江电磁设备厂有限责任公司	5 000	4 200	800

（续）

序号	企业名称	固定资产投资	其中:基本建设投资	其中:技术更新改造投资
12	唐山陆凯科技有限公司	130	8	122
13	河南省平原矿山机械有限公司	1 000	585	415
14	南昌矿山机械有限公司	839	551	288
15	镇江市江南矿山机电设备有限公司	908	444	464
16	柳州中特高压电器有限公司	108	38	70
17	河南金特振动机械有限公司	830	500	330
18	赣州金环磁选设备有限公司	1 248	365	883
19	淮北市一环矿山机械有限公司	3 000	2 300	700
20	徐州大陆振动机械有限公司	100	50	50
21	岳阳科德科技有限责任公司	575	460	115
	合计	58 053	36 621	21 431

注:由于四舍五入,合计数有微小出入。

标准化工作 2010 年共完成 12 项洗选设备标准的制定、修订工作,大大提升了行业的共性技术水平,使得标准的覆盖面更广,适用性更强,为行业发展做出了贡献。2010 年行业标准制定、修订情况见表 7。

表 7 2010 年行业标准制定、修订情况

序号	标准名称	标准编号	制定、修订情况
1	煤用跳汰机	JB/T 942—2000	修订
2	圆筒混合机		制定
3	筒式洗矿机		制定
4	振动筛设计规范	JB/T 9022—1999	修订
5	周边传动中心自动提耙浓缩机		制定
6	离心选矿机	JB/ 3651—1999	修订
7	立环脉动高梯度磁选机		制定
8	旋转概率筛	JB/T 4246—1999	修订
9	矿用座式振动筛(系列型谱)	JB/T 3687.1—1999	修订
10	矿用座式振动筛(技术条件)	JB/T 3687.2—1999	修订
11	悬挂式电磁除铁器	JB/T 7689—2004	修订
12	弛张筛	JB/T 10171—2000	修订

〔撰稿人:中国重型机械工业协会洗选设备专业委员会冯朝阳 审稿人:中国重型机械工业协会洗选设备专业委员会倪日亮〕

大型铸锻件

行业发展情况 2010年尽管受到国际金融危机的滞后影响，大型铸锻件行业整体仍然保持较为平稳的发展态势。工业总产值超过百亿元的企业有大连重工·起重集团有限公司、太原重型机械集团有限公司、中国第一重型机械集团公司、北方重工集团有限公司、中信重工机械股份有限公司、中国第二重型机械集团公司。销售产值位于前列的是大连重工·起重集团有限公司(142.77亿元)、太原重型机械集团有限公司(133.57亿元)、中信重工机械股份有限公司(125.08亿元)、北方重工集团有限公司(122.96亿元)、中国第一重型机械集团公司(94.32亿元)、中国第二重型机械集团公司(93.32亿元)、上海重型机器厂有限公司(39.79亿元)。利润总额较高及利润增长较快的企业为大连重工·起重集团有限公司(17.56亿元)、中国第一重型机械集团公司(11.55亿元)、中信重工机械股份有限公司(8.11亿元)、太原重型机械集团有限公司(7.12亿元)。二重重装、中国一重、中原特钢成功实现股票上市，为企业发展提供了有力的支持。

在技术研发方面，大型铸锻件行业在核电领域取得了突破性的进展。以CPR1000为代表的二代加反应堆压力容器和蒸汽发生器整套铸件已经实现首台(套)的制造，其中个别企业实现了批量制造。完成了以世界首支AP1000主管道为代表的一大批重大技术装备的研制任务。研制出550~600吨级优质钢锭及1 100MW核电常规岛发电机半速转子，并通过了专家鉴定，实现了批量化生产，标志着我国已具备自主生产超大型核电半速转子的能力。

在市场方面，冶金、船舶行业正逐步走出低谷，但国际金融危机的影响还在持续。国家淘汰落后产能的政策迫使煤炭、钢铁、水泥、有色金属等行业不断更新设备，添置重大高端装备，为大型铸锻件产品提供了巨大的市场空间；伴随国家大力发展新能源政策的出台，火电超超临界机组越来越受到重视，水电机组也有很大的市场，核电到2015年实现4 000万kW装机的计划目标不变，并且朝着更加规范化的方向发展，风电作为可再生能源也有着不可忽视的市场；石化行业依然保持稳定发展，而发展中的海洋工程及航空航天领域也为大型铸锻件提供了广阔的市场。

行业经济运行情况 2010年行业部分企业主要经济指标完成情况见表1。

表1 2010年行业部分企业主要经济指标完成情况

企业名称	产量		工业总产值(亿元)	比上年增长(%)	工业销售产值(亿元)	比上年增长(%)	出口交货值(亿元)	比上年增长(%)
	铸钢件(t)	锻钢件(t)						
中国第一重型机械集团公司	38 780	147 572	136.25	7.48	94.32	-5.66	6.66	-67.79
中国第二重型机械集团公司	47 649	139 863	102.93	10.07	93.32	2.84	5.15	-17.54
上海重型机器厂有限公司	40 748	70 196	38.46	2.91	39.79	23.08	5.10	-14.49
太原重型机械集团有限公司	43 825	148 613	137.23	20.14	133.57	22.38	6.31	-57.56
中信重工机械股份有限公司	94 561	40 716	127.43	20.99	125.08	21.10	4.30	33.46
鞍钢重机机械有限责任公司	11 341	20 792	19.52	-3.70	19.22	-4.28	1.15	25.83
中冶陕压重工设备有限公司	13 739	13 464	9.84	13.95	9.57	3.56	0.40	-42.47
广东韶铸集团有限公司	51 885	22 545	6.94	36.25	6.77	26.67	1.40	23.28
沈阳铸锻工业有限公司	27 167	8 670	5.10	20.00	4.10	5.40		
中山市广重铸轧钢有限公司	15 000		1.80	20.00	1.50	15.00		
宝鼎重工股份有限公司	7 713	27 277	4.11	7.50	4.04	8.60	0.06	-71.20
南车资阳机车有限公司	20 000	16 000	5.00	10.00	5.00	10.00	0.80	20.00
合计	412 408	655 708	594.61		536.28			

注：数据来源于各单位反馈的调查表及中国重型机械工业协会统计简报。

大型铸锻件市场 “十一五”期间，由于市场需求旺盛，大型铸锻件行业得到了高速发展。国际金融危机对大型铸锻件市场产生一定的影响，但行业整体仍呈现平稳发展的态势。展望“十二五”，政策环境对于机械工业发展非常有利。尤其是，党的十七届五中全会明确提出要培育和发展的七大战略性新兴产业中，机械工业就占了两个——高端装备制造业和新能源汽车产业，而且其他五个战略性新兴产业的发展也都离不开机械工业为其提供高端技术装备作支撑。由此看来，“十二五”期间的政策环境更加有利于机械工业的发展，机械工业在国民经济中的地位和作用将会更加重要。以下几个领域对大型铸锻件的需求情况如下：

(1)发电设备用大型铸锻件。“十二五”机械工业发展总体规划中，先进高效的电力设备是重点发展领域之一。在中国能源“十二五”规划中首次提出一次能源消费总量控制目标，初步定为41亿t标煤。未来将大力发展水电，核电到2015年实现4 000万kW装机的计划目标不变。“十二五”风电进入战略转型期，倡导分散式开发，鼓励发展低风速风电场，海上风电亦成为重点发展方向。“十二五”规划提出的风电装机目标为1亿kW。而太阳能光热发电也渐成为投资热点，预计2015年前，我国的太阳能光热发电装机容量将达到100万kW。为此，火电、水电、核电及风电设备市场活跃，尤其为60万kW超临界、60万~100万kW超超临界机组，以及大型蒸汽—燃气轮机联合循环发电机组用大型铸锻件和水电、核电设备用大型铸锻件创造了良好的市场环境。

(2)冶金矿山设备用大型铸锻件。大型冶金及矿山设备也是“十二五”机械工业发展总体规划中的重点发展领域之一。“十二五”期间，钢铁行业的重点是调整布局、淘汰落后产能，建设资源节约型、环境友好型钢厂，为此对冶金设备的要求是环保节能、连续化、大型化和自动化。虽然受国际金融危机的影响，2010年冶金矿山机械产品的出口仍处于下降状态，但行业总的销售产值同比增长29%，这说明冶金设备、矿山设备及其备品备件用大型铸锻件国内的消费需求依然旺盛，仍然具有广大的市场。

(3)石化设备用大型锻件。我国是石化产品生产和消费大国。“十二五”期间我国新建炼油厂规模达1 000万t，新建乙烯项目达100万t，巨大的市场需求量使得石化设备用大型锻件产销一直处于稳定增长状态。

(4)其他行业用大型铸锻件。船舶行业受国际金融危机影响明显，但高技术、高附加值的船舶仍然有着较好的市场。

海洋工程装备已列入“十二五”机械工业发展总体规划中的重点发展领域。海洋工程包括海上石油、海上风电、海洋勘探以及海水淡化等诸多方面。这一领域对于大型铸锻件行业，是有待深入开发的新市场。

国家“十二五”科学和技术发展规划中提出要加快实施大型飞机等11个方面的国家科技重大专项项目，因此大型航空模锻件必将有广阔的市场前景。

行业重点企业发展情况 二重重装于2010年2月2日在上海证券交易所上市。此次发行募集资金拟投向以下8个项目：提高国家重大技术装备设计制造水平改造项目、大型水电机组铸锻件国产化改造项目、第三代核电锻件改造项目、自主化建设大型热连轧机成套设备项目、风力发电机主轴产业化项目、工业炉窑全面节能改造项目、企业信息化项目、大型铸锻件数值模拟国家工程实验室项目，投资总额为27.96亿元，共需投入募集资金20.87亿元。

中国一重于2010年2月9日在上海证券交易所上市。此次发行募集的资金拟投向大型石化容器及百万千瓦级核电一回路主设备制造、铸锻钢基地建设及大型铸锻件自主化改造、中国一重滨海制造基地建设三大项目和补充流动资金，投资总额为83.89亿元。

中原特钢于2010年6月3日在深圳证券交易所上市。未来几年，中原特钢将立志成为以石油钻具、限动芯棒和大规格模具钢为代表产品，向先进装备制造业和能源冶金设备行业提供关键重要部件的专业制造商，建成具有自主创新能力和可持续发展能力的国际知名、国内一流的工业专用装备及大型特殊钢精锻件生产企业。

2010年，上海重型机器厂有限公司成功收购无锡锻压厂有限公司，并成立合资公司——上海电气(无锡)锻压有限公司。根据母公司上海电气集团关于取消四级企业法人的要求，上海重型机器厂有限公司在2010年完成对全资子公司上海重型机械成套工程公司的整合，该企业归并上海重型机器厂有限公司。

由大连重工·起重集团公司相对控股，集“产、研、用、资”多元资本组成的大连国通电气变频器项目在大连金州新区奠基。该项目是典型的轻资产、无污染、高科技项目，建成达产后将具备年产5 000台兆瓦级风电机组变频器的能力。

中冶陕压重工设备有限公司是由陕西压延设备厂与中冶科工集团合资成立的。2007年中冶陕压重工设备有限公司与中冶集团合资成立了中冶陕西轧辊有限公司，现正在对陕压厂、中冶陕压、中冶陕轧进行合并工作。

行业重点企业技改及装备能力提升情况 经过“十一五”期间的投资建设，大型铸锻件行业整体装备水平及产能得到大幅度提高。部分企业2010年技改情况如下：

(1)中国第二重型机械集团公司加快推进“一个中心，两个基地”建设。全年完成固定资产投资约23亿元，完工单项工程170余项，新增生产设备150多台。成都研发中心大楼主体工程全部完成。大型铸锻件数值模拟国家工程实验室投入试运行。德阳基地疏通高端瓶颈、三代核电、精衡公司二期、重型容器二期、800MN大型模锻压机、灾后重建、工业炉窑节能改造、重诚公司快锻机等重点技改项目有序推进。镇江基地一期工程核电容器厂房和重件码头投入试生产，成套装备厂房钢结构全面安装完成，二期工程已获国家核准全面开工建设。

(2)中国第一重型机械集团公司2010年加快技术改造步伐，加大了筒节成形机、630t·m操作机、100MN水压机等重点技改项目的推进力度，在年内全面投入使用，提升了公司的生产能力，为全面完成120亿元商品产值提供了坚实基础。公司重点技改项目120t电渣重熔炉在铸锻钢事业部水锻分厂正式投入生产，并于8月26日成功熔铸出80吨级电渣锭，标志着一重具备了大型电渣锭的生产能力，为建设国际一流铸锻钢生产基地奠定了坚实基础。

(3)上海重型机器厂有限公司在2010年投资用于完成大型核电及转子锻件产能完善技术改造项目。项目新建约19 600m^2厂房，新增台车炉、井式炉和淬火水槽、大型行车等20多台(套)先进工艺设备，可完成核电关键锻件及转子的热处理工艺。目前已形成年产钢液量25万t，最大铸钢件450t和最大双真空钢锭600t，最大电渣重熔钢锭450t，最大锻件350t，以及年产铸(钢)件及锻件约16万t的生产能力。在“十一五”期间投资建设的450t电渣炉已投入使用，并成功冶炼出用于制造核电产品的320t电渣重熔钢锭。

(4)太原重工股份有限公司借助国家大力扶植高端装备制造行业的契机，在原主业做大做强的基础上，大力推进产业结构调整，大力拓展风电、煤化工、核电等新能源装备领域。公司的天津临港重型装备研制基地项目以风电、核电、煤化工等新能源装备为主，一期计划2011年底进入试生产，最终目标是销售规模达到100亿元。公司投资15亿元建设的大型铸锻件国产化研制技术改造项目包括100MN、50MN压机，125MN油压机，80t电炉，120t精炼炉等。2011年底投产后，将形成年产5万t铸件和6.5万t锻件的产能，主要生产发电设备铸锻件、轧辊、容器等，目标新增销售收入30亿元、利润总额2.5亿元。高速列车轮轴国产化项目预计2012年投产，目标新增销售规模20亿元。

(5)2010年12月1日，中信重工机械股份有限公司“新重机”工程胜利竣工。该工程投资39亿元，是中信重工建厂以来投资规模最大、历时最长、工程量最浩大的重大工程。“新重机”工程正式竣工投产，意味着中信重工构建的高端重型装备制造体系基本完成。

(6)鞍钢重型机械有限责任公司总投资9亿元的铸钢厂搬迁改造项目已结束，正进行试生产。

(7)广东省韶铸集团有限公司2010年技改投入10 859万元。“大型高端铸锻件生产基地技术改造项目”是国家产业振兴和重点技术改造项目。为继续保持在圆锥轴承毛坯锻造工艺方面的优势，公司正在建设高端汽车轴承套圈生产基地。

(8)宝鼎重工股份有限公司总投资达33 400万元的年精加工20 000t大型铸锻件建设项目和年产2 000套起重机吊钩总成建设项目正在建设中。

(9)中山市广重铸轧钢有限公司于2009年8月实施生产扩建项目，总投资6亿元，当前已完成首期4亿元的投资，扩建面积23 000m^2。项目包括大型铸造车间、大型锻造车间、大型热处理车间、大型机加工车间；设备包括40t炉外精炼炉1套，32MN、130MN锻压机各1台，以及ϕ3m×13m深井炉，ϕ8m×13m水油池，其中32MN锻压机2011年底投产。

(10)中冶陕压重工设备有限公司2010年投资建设重跨车间，设备包括260数控镗床2台，20m数控龙门铣床1台。

(11)内蒙古北方重工业集团有限公司“16MN精锻机工程”进入全面建设阶段。精锻机工程总投资4.05亿元，计划于2011年底竣工并投入使用。项目建成后，一期工程将新增年产54 000t锻件的生产能力，长杆类精锻件将达到世界先进水平。

(12)武汉重工铸锻有限责任公司为增强在大型船舶锻件市场的竞争力以及开发非船用锻件市场，投资建设的80MN自由锻造油压机项目，于2010年7月竣工。压机投产后可生产5 000TEU以上集装箱，VLCC、VLOC等大型船用轴系、舵系锻件和桨轴成套产品，以及火电、水电、核电、风电、冶金、化工等非船用设备的大型锻件。

行业重大科研成果及技术进步情况 行业企业充分认识到产品研发与技术创新给企业带来的巨大效益，科研投入日益增加，自主创新能力得到大幅度提升。2010年，行业内许多企业都取得了丰硕的科研成果。

(1)2010年7月，中国第一重型机械集团公司成功浇注当前国内最大的160t空心钢锭。公司的创新产品——卧式辊磨机签订了两套制造合同，标志着卧式辊磨机的产业化进程取得了重大突破，企业在调整产品结构方面又取得一项成果。

中国第一重型机械集团公司在吸收世界最新工艺的基础上进行突破和创新，开发出低温多效蒸馏脱盐工艺技术，形成了具有自主知识产权的25 000t/d大型低温多效海水淡化工艺技术。该系统设计已通过专家评审。

中国第一重型机械集团公司2010年获得的科技进步奖主要有：“超大型加氢反应器自主创新及工程应用”获国家科技进步奖二等奖；“联合循环机组高中压转子制造技术创新及工程应用”获中国机械工业科学技术奖二等奖；“1 580mm热连轧机组”获中国机械工业科学技术奖二等奖；“1 800mm不锈钢炉卷轧机”获中国机械工业科学技术奖二等奖；“超超临界汽轮机组关键大型铸锻件制造技术的自主创新及工程应用”获黑龙江省科技进步奖一等奖。

(2)中国第二重型机械集团公司着力提高技术创新能力，大力推进产品结构调整。2010年加快推进以核电为代表的清洁能源产品开发。从二代加、三代到高温气冷堆，从全套锻件材料到主管道成套、稳压器成台，以及重型支撑，核电产品研发不断实现新突破。尤为突出的是550~600吨级特大钢锭和1 000兆瓦级以上核电常规岛半速转子锻件实现了批量化生产；自主研发制造了世界首支AP1000主管道，为我国第三代核电设备自主化、批量化生产打下了坚实的基础，对于提升我国装备制造业的核心能力具有深远的影响。自主研发的首台新型立磨试车获得成功。在航空钛合金、高强结构钢模锻技术开发方面也取得重大突破，新机型市场占有率超过50%。

2010年，二重集团公司的“神光—Ⅲ原型装置大尺度铝制真空靶室研制”获中国人民解放军总装备部一等奖；“550t/200t/50t—30m锻造起重机研究与应用”获四川省科技进步奖三等奖。当年新获专利授权43项，其中发明专利11项，2项发明专利获第十二届中国专利优秀奖。

(3)上海重型机器厂有限公司2010年共完成技术创新和新产品开发92项。堆内构件大锻件获2010年中国国际工业博览会金奖、上海电气集团科技进步奖一等奖。“165MN自由锻造油压机”、“630t·m锻造操作机”、“450t电渣重熔炉”三项科技成果通过了专家鉴定。完成专利申请受理26项，其中发明专利20项，累计获得专利授权15项。企业已申报“国家创新型企业”。

(4)太重集团公司自行研发制造的“核电站190/20+190t环形起重机”获中国机械工业科学技术奖二等奖。

(5)中信重工机械股份有限公司在2010年也取得了丰硕的科研成果。公司自行研制了2PGC-850防爆型双齿辊破碎机。洛阳重铸铁业有限责任公司成功浇铸了首件高强度厚大断面球墨铸铁件。国内最大的ϕ10.37m×5.19m半自磨机和ϕ7.32m×10.68m球磨机试车成功。由中信重工总包的世界首创水力式升船机设备通过了出厂验收。公司获得核电产品制造许可证，矿山重型装备国家重点实验室在公司揭牌。由公司承担的国家“863”计划国产首台盾构机减速器试制成功。

(6)中钢集团邢台机械轧辊有限公司2010年获批成为国家重点高新技术企业，其“中钢邢机”轧辊产品商标荣获中国驰名商标称号。公司生产的5.5m宽厚板轧机轧辊首次出口韩国浦项钢厂。公司还与重庆钢铁(集团)有限责任公司、蒂森克虏伯集团、邯郸钢铁集团有限责任公司等签署了战略合作协议。

(7)广东省韶铸集团有限公司非常重视提高企业科技研发能力，积极进行技术创新，实施新产品开发及创新项目18项。2010年研究开发经费投入2 727.5万元，实现新产品销售收入6 805万元。当年申请专利30项，其中11项为实用新型专利，19项为发明专利。

(8)其他还有中冶陕压重工设备有限公司2010年申报专利25项；南车资阳机车有限公司已为曲轴T-R装置成功开发出G32/40曲轴，2010年申报专利76项；鞍钢重型机械有限责任公司2010年申报专利34项。

行业标准化工作 2010年10月，国家标准化管理委员会正式批准成立全国大型铸锻件标准化技术委员会，编号为SAC/TC506，英文名称为National Technical Committee 506 on Heavy Casting and Forging of Standardization Administration of China。第一届全国大型铸锻件标准化技术委员会由47名委员组成，杨建辉任主任委员，王宝忠、林富生、凌进、钟杰任副主任委员，蒋新亮任委员兼秘书长，刘文、王孜、金嘉瑜任委员兼副秘书长，秘书处承担单位为中国第二重型机械集团公司。全国大型铸锻件标准化技术委员会主要负责大型铸锻件产品的材料选用、制造技术条件及验收方法等国家标准的制修订工作，由中国机械工业联合会同四川省质量技术监督局负责日常管理，由中国机械工业联合会负责其标准立项、报批等业务的指导。

2010年12月15日，在四川省德阳市隆重召开了全国大型铸锻件标准化技术委员会成立大会暨第一届一次会议。国家标准化管理委员会、中国机械工业联合会、四川省质量技术监督局领导及我国大型铸锻件、电机、汽轮机、冶金设备等行业的专家代表共47人出席大会。会议确定了《全国大型铸锻件标准化委员会章程》、《全国大型铸锻件标准化委员会组织机构》、《全国大型铸锻件标准化技术委员会秘书处工作细则》、《全国大型铸锻件标准化委员会工作程序》、《全国大型铸锻件标准化委员会国家标准制修订程序》和《全国大型铸锻件标准化委员会会费标准及管理办法(试行)》等，部署了标委会近期的主要任务。

由全国大型铸锻件标准化委员会负责的《大型合金结构钢锻件 技术条件》、《大型碳素结构钢锻件 技术条件》两项国家标准正在编制过程中。国家标准化管理委员会下达的“我国大型铸锻件标准体系建设”课题研究工作仍在进行中。

由机械工业大型铸锻件标准化技术委员会(CMIF/TC6)归口并负责组织制修订的《1 000MW及以上火电机组汽轮机高中压转子锻件 技术条件》等19项行业标准于2010年由国家工信部批准颁布并正式出版。这批新产品和新材料标准均涉及我国关键重大装备，技术要求高、难度大。为了保证标准的正确理解和顺利实施，推动我国大型铸锻件行业的技术进步，标委会于2010年11月15日至20日在云南省昆明市召开了2010版19项大型铸锻件行业标准宣贯会。会上由秘书处及制标单位对标准的制定原则、技术难点、关键参数、实施重点等内容进行了宣贯。

2010年，机械工业大型铸锻件标准化技术委员会还负责归口管理6项行业标准的制定工作及26项行业标准的修订工作，工作进展顺利。

〔撰稿人：中国重型机械工业协会大型铸锻件分会肖红原 审稿人：中国重型机械工业协会大型铸锻件分会蒋新亮、刘文、王舒〕

基 础 件

减 速 器

行业发展情况 2010年,减速器行业仍保持了稳健的发展态势,包括圆柱齿轮减速机、行星齿轮减速机、蜗轮蜗杆减速机及各种专用传动装置在内的各种产品产量均稳步增长。

尽管如此,由于我国多年来对包括减速机在内的机械基础零部件重要地位的认识不够到位,在科技投入、技改支持和发展鼓励政策等方面的支持力度远不及大型成套设备,因而我国减速机行业的发展速度滞后于机械工业的整体发展速度,减速机行业的发展滞后已成为制约主机行业发展的瓶颈。具体表现在:①通用系列产品品种、规格少,远没有形成能与国外同类产品抗衡的品牌和大规模制造企业。中、高端产品市场主要由外资品牌占据和控制,这种现象在工程机械、电力设备、煤炭设备行业尤其明显。国内产品在可靠性和产品外观等方面和国外品牌相比仍有一定差距。②专用高端产品自主开发能力尚比较薄弱,如风电增速箱、高速行星传动装置等产品,近些年设计开发主要依赖国外,众多制造企业还主要是靠和国外公司合作进行产品开发。尽管已取得一定的进步,但由于在高端设计分析技术及软件方面的科研支持力度不够,国内要想在在上述方面取得突破性进展,尚需付出艰苦努力。③企业规模普遍偏小,专业化程度低,多数企业产品同质现象严重,缺乏特色和竞争力,不利于行业整体水平和竞争力的提高。④基础共性技术开发力量薄弱,投入严重不足,无法形成对行业发展的技术支撑,影响行业发展和整体水平的提升。

正是由于已认识到存在的上述问题,国家有关部门近几年已陆续在科研开发和技改投入上加大了对减速机行业的支持力度,如"十一五"期间科技部对风电增速箱开发的资金投入已明显加大。2010年5月,中央对装备制造业产业振兴和技术改造的新增重点投资项目中,对2.5MW以上风电增速箱,转速为3 000~6 000r/min、传递功率为7 000~12 000kW应用于超临界和超超临界火电机组的高速齿轮传动装置和动车组专用齿轮箱等产品开发进行了资金支持。2010年10月,工业和信息化部又发布了"机械基础零部件产业振兴实施方案",在提出的发展目标中涉及清洁能源设备、轨道交通设备、船舶运输设备、施工机械及车辆等行业的传动件。在基础能力建设,提高产品质量和档次方面,提出了完善标准体系,加快标准实施;加大技术改造力度,提高企业工艺装备水平;搭建公共服务平台,提升行业整体技术水平;培育一批"专、精、特"企业和知名品牌等工作目标。通过加大政策引导与资金投入力度,加强基础科技开发,提高自主创新能力,促进了产业水平的快速提升。

2010年行业企业积极寻求融资渠道,上市步伐明显加快。一些企业正在积极进行上市前的准备工作,杭州前进齿轮箱有限公司已于2010年10月在上交所成功上市。

市场及销售 2010年减速机的市场销售情况整体较为活跃,下半年随着国内信贷紧缩和调控政策力度的加大,市场需求呈现小幅回落态势。这一情况尤其在风电、冶金、电力及有色等设备市场较为明显,一些企业出现了库存增加、资金回笼困难等问题。而在造船、建材、军工、煤炭及机车等设备市场依然保持了较为旺盛的需求。但由于受到行业产能扩张过快、市场竞争加剧及整体经济发展速度趋缓等因素的影响,各类产品销售价格均呈现不同程度的下降,平均降幅约为5%。

2010年减速机行业销售额约为800亿元,同比增长约25%。2010年国内上市公司传动件营业收入及其增长情况见表1。

表1 2010年国内上市公司传动件营业收入及其增长情况

序号	公司简称	营业总收入(亿元)	营业收入增长率(%)	利润(万元)
1	宁波东力	7.093	32.76	8 392
2	杭州前进	22.196	23.09	17 985
3	中国高速	73.926	30.90	138 364
4	太原重工	5.776	106.00	7 169
5	二重精衡	6.654		584
6	中船重齿	45.796		9 571

新产品开发及标准化 2010年行业企业在新产品开发方面取得了一定成绩,如大连重工·起重集团有限公司开发了3MW风电增速箱并成功投运;中信重工机械股份有限公司开发的矿渣辊式磨行星齿轮箱系列产品,其最大功率已达540kW;中国高速传动设备集团有限公司开发了动车组专用齿轮箱;山西平遥减速机有限公司开发了大功率刮板输送机减速器;中国重型机械研究院有限公司开发了100t操作机专用齿轮箱等。

科研项目获奖方面，重庆齿轮箱有限责任公司的"GVL1400双机并车带PTO船用离合减速齿轮箱"获中国机械工业科学技术奖二等奖；江苏金象传动设备有限公司的"新型立式磨机减速器的研发与产业化"获中国机械工业科学技术奖三等奖。

标准化工作在2010年也取得了积极的进展，一批行业标准陆续完成修订或起草。其中多项标准内容已根据国内现行技术及需求状况进行了较大修改。其中由中国重型机械研究院有限公司会同行业多家单位完成的"XP型行星齿轮减速器"，是在系统总结我国近几年研发生产行走类行星齿轮减速机的基础上，首次制定的行走类行星齿轮减速器标准，从而结束了我国没有该类产品系列及标准的历史。2010年完成的行业标准见表2。

表2　2010年完成的行业标准

序号	标准名称	标准号
1	圆柱、圆锥齿轮减速器	待批
2	圆柱齿轮减速器通用技术条件	待批
3	减（增）速器试验方法	待批
4	机械无级变速器分类及型号编制方法	待批
5	XP型行星齿轮减速器	待批
6	同轴式圆柱齿轮减速器	JB/T7000—2010
7	水泥工业用硬齿面减速机　第1部分：中心传动磨机	JC/T878.1—2010
8	水泥工业用硬齿面减速机　第2部分：边缘传动减速机	JC/T878.2—2010
9	水泥工业用硬齿面减速机　第3部分：窑用减速机	JC/T878.3—2010
10	水泥工业用硬齿面减速机　第4部分：立式磨机减速机	JC/T878.4—2010
11	水泥工业用硬齿面减速机　第5部分：辊压机减速机	JC/T878.5—2010
12	轴装式圆弧圆柱蜗杆减速器	JB/T6387—2010

技术交流及行业活动　为促进行业发展及技术交流，中国重型机械工业协会重型基础件分会开展了一系列行业活动。2010年4月召开了换届工作会议，2010年9月与《重型机械》杂志联合组织召开了行业技术交流会。这些活动促进了行业企业间的交流，扩大了协会在行业和相关企业的影响。

重型基础件分会还为举办"2011年全国水泥机械传动技术应用交流会"组织了论文征集活动，借此推动我国水泥机械传动技术及产品的进步与发展，也促进了传动件行业企业间加强技术交流和沟通。

此外，中国机械工程学会机械传动分会及中国齿轮工业协会在2010年也举办了一系列传动技术交流活动，对推动行业技术进步起到了积极的促进作用。

〔撰稿人：中国重型机械工业协会重型基础件分会赵玉良　审稿人：中国重型机械工业协会傅树利〕

制　动　器

中国重型机械行业制动器分行业主要是为起重运输机械、冶金机械、矿山设备、港口装卸机械、工程机械、风电和核电设备等装备制造业主机提供相关配套件和安全件的专业行业。

行业发展情况　2010年，我国制动器行业已经从2009年的低谷中跃升出来，各项指标均有较大幅度提高，170余个生产企业，完成工业总产值120 747万元，同比增长20.33%；完成主营业务收入112 965万元，同比增长18.53%；实现利润总额14 301万元，同比增长18.64%；生产制动器325 941台，同比增长22.83%。

从产品结构上看，电力液压块式制动器仍是主导产品，产量比上年增长15.63%，占制动器总产量的比重从2009年的83.73%下降到78.82%。各种盘式制动器的产量占制动器总产量（不含推动器）的比重继续上升，由2009年的10.88%上升到16.61%，产品结构进一步优化。2010年制动器行业主要经济指标完成情况见表1。2010年制动器行业主要企业主营业务收入和利润情况见表2。2009～2010年制动器行业分类产品产量见表3。2010年制动器行业主要企业产品产量见表4。

表1　2010年制动器行业主要经济指标完成情况

指标名称	单位	实际完成
企业数	个	170
工业总产值（当年价）	万元	120 747
工业增加值	万元	18 453
主营业务收入	万元	112 965
产品销售税金及附加	万元	3 902
利润总额	万元	14 301
年末固定资产原价	万元	45 747
流动资产净值平均余额	万元	113 887

表2　2010年制动器行业主要企业主营业务收入和利润情况

企业名称	主营业务收入（万元）	利润（万元）
江西华伍制动器股份有限公司	27 843	5 113
焦作制动器股份有限公司	27 114	4 161
甘肃天水长城控制电器有限责任公司	11 500	225
焦作市长江制动器有限公司	8 900	1 210
焦作市制动器开发有限公司	6 700	1 300
上海伯瑞制动器有限公司	5 308	312
焦作市虹桥重工科技发展股份有限公司	4 251	656
焦作市制动器有限公司	3 000	18
焦作市起重控制电器厂	2 900	45
沈阳市起重电器厂	2 500	330

表3　2009～2010年制动器行业分类产品产量

产品名称	2010年(台)	2009年(台)
电力液压块式制动器	256 916	222 186
电力液压盘式制动器	12 545	13 598
直流电磁铁块式制动器	8 012	5 488
交流电磁铁块式制动器	6 885	8 809
钳盘制动器	41 583	15 271
双推杆推动器	90 001	63 247
单推杆推动器	67 135	65 697

表4　2010年制动器行业主要企业产品产量

企业名称	产量(台)
焦作制动器股份有限公司	85 058
焦作市长江制动器有限公司	76 270
焦作市虹发制动器有限公司	38 800
焦作市制动器开发有限公司	36 000
江西华伍制动器股份有限公司	35 825
河南省电力液压制动器有限公司	31 000
焦作市虹桥重工科技发展股份有限公司	30 152
焦作市江河制动器有限公司	28 500
沈阳市起重电器厂	20 650
焦作市起重控制电器厂	19 825

“十一五”期间工业制动器行业经济指标完成情况

“十一五”期间，我国工业制动器行业保持了较高的增长速度。2010年，全行业生产工业制动器32.59万台，是2005年15.9万台的2.05倍，年均增长15.43%；完成工业总产值120 747万元，是2005年72 000万元的1.68倍，年均增长10.89%；实现销售收入112 965万元，是2005年68 000万元的1.66倍，年均增长10.68%；实现利润总额14 301万元，是2005年5 000万元的2.86倍，年均增长23.39%。

“十一五”工业制动器行业经济运行的主要特点

1. 产销呈波浪式增长态势

2005～2008年，得益于起重运输机械和冶金设备行业的高速发展，工业制动器行业产销出现前所未有的高速增长。其中，工业总产值年均增长24.50%；销售收入年均增长20.00%；产量年均增长11.70%。2009年，受国际金融危机的影响，冶金行业控制产能、压缩库存，导致工业制动器销量下降、价格下滑。全年产量同比下降5.42%，工业总产值同比下降27.72%，主营业务收入同比下降17.53%。2010年，行业企业紧紧抓住新能源设备、交通运输设备行业快速发展的机遇，努力开拓市场，整个行业出现了恢复性增长。其中，工业总产值增长20.33%，产量增长22.83%，主营业务收入增长18.53%。

2. 产品档次明显提高，产品结构进一步优化

行业龙头企业重点开发高档产品和新兴行业需要的产品，敢于和国外对手展开竞争；中小企业逐步改变了过去单纯依靠拼杀价格、低价销售的竞争手段，实施差异化经营战略，细分市场，找准定位，在开发特色产品，提高产品档次上下工夫，寻找局部优势，提高市场占有率。经过几年努力，整个行业的产品档次明显提高，特别是盘式制动器产量占比越来越高。2005年到2010年，盘式制动器的生产总量由13 000台猛增到54 128台，年均增长33.01%，比制动器总产量年均增长高出17.58个百分点，占全部制动器的比重也由8.18%提高到16.61%。和鼓式制动器相比，盘式制动器具有制动效能好，外形尺寸小，制动力大，可靠性好，安全性高等诸多优点。盘式制动器附加值也高，对利润的贡献率远高于鼓式制动器，是“十一五”期间利润增幅高于产值产量增幅的主因。

3. 在巩固传统市场的同时，开拓新能源设备市场成为一大亮点

“十一五”期间，我国工业制动器90%的市场在起重运输机械、冶金设备、矿山设备、港口装卸机械设备、建筑工程机械、水利工程设备等六大传统领域。当前，国内起重运输机械和冶金机械等工业制动器传统市场领域，高中低档产品齐全，除部分高档产品由国外或国外控股的合资企业供应外，其余主要由国内厂家供应，焦作制动器股份有限公司市场占有率最高。矿山设备、建筑工程机械、水利工程设备等工业制动器市场容量较小，国外或国外控股的合资企业、行业内厂家和主机企业集团内部的非专业制动器制造厂均有供应。在港口装卸机械配套的工业制动器方面，除部分高档产品由国外或国外控股的合资企业供应外，江西华伍重工股份有限公司具有较明显优势，市场占有率最高。

除了传统市场外，新能源设备市场，特别是风力发电设备市场工业制动器销量增长迅猛。2003～2010年，我国风电装机容量年均增长超过70%，到2010年底，全国风电装机容量达到4 473.3万kW，其中仅偏航制动器的市场容量就高达8.5亿元左右。如此大的市场，令行业内制动器厂家趋之若鹜，纷纷加大开发力度。当前国内偏航制动器90%的市场份额被国外厂家占领，国内厂家约占市场份额的10%，其中国内市场份额的约90%又由焦作瑞塞尔盘式制动器有限公司占据。该公司是国内唯一实现系列化、大批量、多客户供货的风电制动器生产商。焦作市制动器开发有限公司、江西华伍制动器股份有限公司等多家企业也在积极开发风电制动器，有的已有小批量供货。

4. 技改、研发力度加大，行业后劲增强

“十一五”以来，行业企业越来越重视研发机构的建设和研发费用的投入，重视知识产权的开发和保护，重视技术改造。据不完全统计，行业省级高新技术企业和省级工程技术中心各有3家；拥有实用新型专利40项，外观设计专利4项，专有技术95项；获得国家、省部级科技奖8项；正在申报的发明专利5项，实用新型专利19项。在技术改造方面，广大企业纷纷加大技术改造力度，进行新厂区建设、生产线建设和实验室建设。在硬件改造的同时，投入大批资金进

行软件改造，有的企业通过了质量管理体系、环境管理体系审核或取得了国内外市场准入许可的认证，有的企业大规模进行信息化建设。通过硬件和软件改造，扩大了企业的生产规模，提高了工艺水平和生产效率，加快了新产品开发速度，从而提高了产品质量，增强了市场竞争力，提升了市场占有率和经济效益，形成了良性循环。“十一五”期间，行业企业累计投入技改资金 6.15 亿元，是“十五”期间投入资金的 8.1 倍。其中江西华伍制动器股份有限公司、焦作制动器股份有限公司投入力度最大，合计占总投入的一半以上。焦作制动器股份有限公司自筹资金 2 亿多元，完成了工业制动器和风电偏航制动器的升级改造项目，制造设备和产品研发能力已接近世界先进水平。

5. 生产集中度明显提高

“十一五”以来，强势企业的大规模投资改造，拉大了企业之间的差距，出现了大者恒大、强者恒强的局面。当前行业内省级著名商标 2 个，省级名牌产品 2 个。江西华伍制动器股份有限公司于 2010 年 7 月在深交所创业板上市，结束了工业制动器行业没有上市公司的历史。根据 2010 年行业统计资料，前 5 家工业制动器生产企业的销售收入占到行业总销售收入的 72.64%。可以预见，行业的生产集中度将会越来越高，为稳定市场竞争秩序，防止恶性竞争，促进行业健康持续发展奠定了基础。

〔撰稿人：中国重型机械工业协会传动部件专业委员会郭希文　审稿人：中国重型机械工业协会傅树利〕

油膜轴承

生产发展情况　2010 年全国粗钢产量已突破 6 亿 t，从总体上看，产能已经过剩。随着国家节能减排政策的不断发力，钢铁行业结构调整也呈现加速迹象，为淘汰落后、调整结构、降低生产环节能耗和加大资源的回收利用，低碳技术将成为钢铁企业“十二五”发展的重点。作为轧机的关键部件，油膜轴承的可靠性和低能耗运行愈加得到各大钢铁企业的重视。油膜轴承行业的主要任务包括：满足一些新建轧线的配套、已建轧机正常运转的备件需求，以及一些在用轧机轴承的升级改造。

油膜轴承的承载能力由轴承几何尺寸、轴的转速、润滑油的粘度、轴承制造精度及材质等因素决定。而油膜轴承的运行质量，不仅与轴承本身的结构和制造质量有关，还与轴承的使用维护、润滑系统、润滑油、轧制制度以及轧机相关机构等有关。为了为用户提供完全解决方案和全过程服务，油膜轴承企业已逐渐从设备制造商向具有研究设计、设备制造、运行指导、咨询培训、故障诊断等功能的研制服务型企业转变。

油膜轴承具有承载能力大、速度范围宽、结构尺寸紧凑、使用寿命长等特点，在轧机上（特别在中厚板轧机和宽板带热轧机上）得到广泛应用。作为轧机油膜轴承专业制造商和国内唯一具有专业研究机构的太原重型机械集团有限公司，2010 年改造轧机油膜轴承的成功案例有：①为宝钢 1580 精轧机油膜轴承进行了升级改造设计，改造后的轧机油膜轴承在保证承载能力不变的前提下，提高了装拆效率，延长了轴承的使用寿命。②为太钢 1549 轧机 F1 油膜轴承进行了升级改造设计，改造后的轧机油膜轴承承载能力和装拆效率得到提高。③为八钢 1422 冷轧机油膜轴承、营口 2400 中板轧机油膜轴承等进行了在线温控系统的改造，使油膜轴承的运行温度得到动态控制，提高了轴承运行的稳定性。

2010 年，太原重型机械集团有限公司的油膜轴承继续保持国内 80% 以上的市场占有率，产品同时远销亚、欧、非、美洲等 15 个国家的钢铁企业。2010 年 10 月 15 ~ 18 日，太原重型机械集团有限公司在浙江杭州主持召开了油膜轴承行业协会理事扩大会议暨“油膜轴承应用及战略研讨”会议。

2010 年油膜轴承行业（仅收录太原重型机械集团有限公司资料）主要经济技术指标完成情况见表 1。

表 1　2010 年油膜轴承行业（仅收录太原重型机械集团有限公司资料）主要经济指标完成情况

指标名称	单位	实际完成
工业总产值（当年价）	万元	1 372 283
工业总产值比上年增长	%	20.8
工业增加值	万元	282 459
产品销售收入	万元	1 333 793
产品销售税金及附加	万元	7 314
年末固定资产原价	万元	397 790
年末固定资产净值	万元	220 204
流动资产合计	万元	1 783 458
流动资产平均余额	万元	1 518 047
流动负债合计	万元	1 291 921
流动负债平均余额	万元	1 161 786
所有者权益	万元	758 322
全员劳动生产率	元/人	206 612

产品分类、市场及销售　轧机油膜轴承按润滑原理可分为动压油膜轴承和静—动压油膜轴承。动压油膜轴承，其工作原理是流体动力润滑理论。当轴在轴瓦中旋转时，供入轴承的油被卷吸到收敛的楔形间隙，产生动压力，平衡

外载荷，形成液体摩擦，使轴与轴瓦脱离直接接触。动压油膜轴承广泛应用于各类大中小型轧机上。静—动压油膜轴承，是动压油膜轴承与静压油膜轴承的有机结合。轧机在启、制动或低速运行过程中，油膜难以形成，油膜厚度较薄，易形成半液体摩擦或混合摩擦状态，对油膜轴承的寿命有一定的影响。静—动压油膜轴承可改善油膜轴承低速运行时的性能，但投资较大、使用维护费用较高。静—动压油膜轴承主要应用于板带冷轧机、中厚板轧机和短流程轧机上。

2010 年国内有 14 条轧机生产线投产（使用油膜轴承），具体为湘潭钢铁集团有限公司 5000、兴澄特种钢铁有限公司 4300、唐山文丰有限公司 4300、山东莱芜信发钢铁有限公司 2800、济钢集团有限公司 4300 粗轧机、福建省三钢（集团）有限责任公司 2800 粗轧机、西部金属材料股份有限公司 2800、首钢京唐钢铁联合有限责任公司 1580、沧州中铁装备制造材料有限公司 1780、重庆钢铁（集团）有限责任公司 1780、广西柳州钢铁（集团）公司 1450、江西九江钢厂 3500、安阳钢铁集团有限责任公司 1780R1、秦皇岛首秦金属材料有限公司 4300 粗轧机等，共计 46 个机架油膜轴承投入运行。截至 2010 年底，全国已建使用油膜轴承的轧机机架数达到 563 个，其中宽带热轧机 388 个机架，中宽厚板轧机 108 个机架，带钢冷轧机 67 个机架。

2010 年油膜轴承行业（仅收录太原重型机械集团有限公司资料）主要产品产量和出口额见表 2。

表 2　2010 年油膜轴承行业（仅收录太原重型机械集团有限公司资料）主要产品产量和出口额

指标名称	单位	实际完成	比上年增长（%）
产量	t	3 693	-35.52
出口额	万元	630.88	-45.20

科技成果及新产品　2010 年油膜轴承行业（仅收录太原重型机械集团有限公司资料）新产品开发项目见表 3。

表 3　2010 年油膜轴承行业（仅收录太原重型机械集团有限公司资料）新产品开发项目

项目名称	主要技术性能
1580 热连轧机油膜轴承研制	油膜轴承直径：985mm、1 065mm，轧机轧制压力：35 000kN、4 000kN
1549 宽厚板轧机油膜轴承研制	油膜轴承直径：940mm，轧机轧制压力：5 000kN
4200 宽厚板轧机油膜轴承研制	油膜轴承直径：1 270mm，轧机轧制压力 8 000kN
1780 热连轧机油膜轴承研制	油膜轴承直径：945mm、1 115mm、1 065mm，轧机轧制压力：35 000kN、40 000kN、35 000kN

〔撰稿人：中国重型机械工业协会油膜轴承分会杨汇荣　审稿人：中国重型机械工业协会油膜轴承分会王文波〕

润滑液压设备

生产发展情况　2010 年，润滑液压设备生产企业同全国机械制造企业一样，面对国家加大内需的政策调控，主动迎接市场挑战，加大新产品开发力度，加快产品结构调整，扩大产品的应用领域。润滑液压产品作为机械产品，特别是作为大型、成套机械产品不可缺少的主要配套产品，其应用领域和需求量不断的扩大。2010 年，润滑液压设备行业工业总产值 22.46 亿元，较 2009 年增长 11.5%；随主机配套出口的产品总量，受国际金融危机的影响呈现负增长。2010 年润滑液压设备行业（30 个主要生产企业）主要经济指标完成情况见表 1。

表 1　2010 年润滑液压设备行业（30 个主要生产企业）主要经济指标完成情况

指标名称	单位	实际完成
企业数	个	30
工业总产值（当年价）	万元	224 669
工业总产值比上年增长	%	11.5
工业增加值	万元	43 810
产品销售收入	万元	194 121
产品销售税金及附加	万元	5 241
利润总额	万元	13 775
年末固定资产原价	万元	58 435
年末固定资产净值	万元	40 136
流动资产合计	万元	128 310
流动资产平均余额	万元	116 372
流动负债合计	万元	890 479
流动负债平均余额	万元	783 104
所有者权益	万元	79 414
全员劳动生产率	元/人	97 356

润滑液压设备行业主要生产企业有：太原矿山机器润滑液压设备有限公司、四川川润股份有限公司、常州市华立液压润滑设备有限公司、启东润滑设备有限公司、上海澳瑞特润滑设备有限公司、南通市南方润滑液压设备有限公司、启东市南方润滑液压设备有限公司、上海润滑设备厂有限公司、四平维克斯换热设备有限公司、启东中冶润滑设备有限公司、启东安升润滑设备有限公司、启东丰汇润滑设备有限公司、温州市三丰润滑设备制造有限公司、江苏澳瑞思液压润滑设备有限公司、沈阳市北方润华冷却设备有限公司、温州市龙湾润滑液压设备厂、北京中冶华润科技发展有限公司、大连华锐股份有限公司液压装备厂、沈阳市北方润滑设备制造有限公司、博山润滑设备厂、温州市润滑设备厂、沈阳市大金润滑设备厂、苏州宝宇液压设备制造有限公司、

四平市隆百洲机电科技有限公司、沈阳三丰液压润滑设备有限公司、启东恒泰自动化润滑设备有限公司、秦皇岛隆达润滑技术研发有限公司、启东江海液压润滑设备厂、浙江镇南精工机械有限公司和宁波盛发液压有限公司。

产品分类产量 按照使用领域的不同，润滑液压设备分为润滑产品和液压产品两大类。润滑产品又根据使用介质的不同和润滑部位的不同分为稀油润滑、干油润滑、油气润滑、工艺润滑和喷射润滑五大部分。液压产品主要有斜轴式轴向柱塞泵、径向柱塞马达、乳化液泵装置、冶金设备液压系统、综合采煤机液压元件和系统、液压油缸等。各主要生产企业在面对市场的同时，以销定产，主导产品的产量较2009年有一定幅度的增长，个别类型产品产量有一定幅度的下滑。2010年润滑液压设备行业主要产品产量及销量见表2。

表2 2010年润滑液压设备主要产品产量及销量

产品名称	数量单位	产量	产量比上年增长（%）	产值（万元）	销量	销量比上年增长（%）	销售额（万元）
稀油站（系统）	台、套	8 647	4.65	88 450	8 040	4.00	76 017
干油站（系统）	台、套	15 379	15.00	18 373	13 734	15.00	17 127
冷却器	台	7 283	26.00	28 404	6 713	25.01	26 181
干油分配器	块	143 045	17.00	7 409	150 170	-8.00	7 779
油气润滑系统	台、套	355	9.91	3 550	364	8.01	3 640
工艺润滑站（系统）	台、套	68	-10.53	34 000	64	-8.57	32 000
液压站（系统）	台、套	943	29.89	18 860	889	29.97	16 780
液压柱塞泵	台	1 577	112.00	2 521	1 500	110.50	2 324
其他润滑液压产品	台、套	5 140	16.00	5 963	6 604	17.99	7 792
液压缸		1 949		4 093	2 061	104.50	4 328

市场及销售 2010年，在国家拉动内需的前提下，随着重型机械行业的需求加大，各类润滑液压产品总的订货额和销售额呈上升趋势，其销售额较2009年增长11.5%，基本保证了润滑液压设备行业的健康发展。

产品进出口 2010年，由于整体国外市场的不景气，润滑液压设备行业随主机配套的出口额较2009年减少65.8%，而2010年进口额比2009年增加246.17%，进出口逆差大幅增加。2010年润滑液压设备产品进出口情况见表3。

表3 2010年润滑液压设备产品进出口情况

产品名称	数量单位	进口量	进口额（万美元）	产品名称	数量单位	出口量	出口额（万美元）
各种润滑泵	台、套	1 835	353.2	稀油站	台、套	217	250.4
电动机	台、套	17	21.0	液压站	台、套	7	19.1
各种控制阀	台、套	4 062	546.2	干油润滑系统	台、套	9	12.9
过滤器蓄能器	台、套	280	463.2	干油润滑泵	台、套	12	2.5
各种仪器仪表	台、套	4 207	392.6	干油分配器	块	3 350	19.3
其他	台、套	5 207	415.0	合计		3 595	304.2
合计		15 608	2 191.2				

基本建设和技术改造 2010年，润滑液压设备生产企业依据企业自身发展、产品发展和行业发展的情况，加大了基本建设和技术改造投入，其中四川川润股份有限公司1 524万元，启东安升润滑设备有限公司900万元，启东中冶润滑设备有限公司800万元，沈阳市北方润华冷却设备有限公司650万元，启东市南方润滑液压设备有限公司215万元，苏州宝宇液压设备制造有限公司211万元，温州市润滑设备厂78万元，博山润滑设备厂75万元，温州市龙湾润滑液压设备厂10万元。以上项目投产后，润滑液压设备行业的整体技术水平、装备水平将有明显的提高。2010年润滑液压设备行业部分企业固定资产投资情况见表4。

表4 2010年润滑液压设备行业部分企业固定资产投资情况

（单位：万元）

企业名称	固定资产投资	其中：基本建设投资	其中：技术更新改造投资
四川川润股份有限公司	1 524	1288	236
启东安升润滑设备有限公司	900	800	100
启东中冶润滑设备有限公司	800	500	300
沈阳市北方润华冷却设备有限公司	650	500	150
启东市南方润滑液压设备有限公司	215	100	115

（续）

企业名称	固定资产投资	其中：基本建设投资	其中：技术更新改造投资
苏州宝宇液压设备制造有限公司	211	160	51
温州市润滑设备厂	78	24	54
博山润滑设备厂	75	52	23
温州市龙湾润滑液压设备厂	10		10
合计	4 463	3 424	1 039

新产品开发和新技术应用 润滑液压产品已成为机械产品，特别是大型机械产品不可缺少的主要配套产品。主机对润滑效果和润滑液压功能的要求不断提高，促进了各主要生产企业的技术发展。各企业补充了必要的精密加工设备、检测设备、试验设备和辅助设备。润滑液压产品正在向智能控制、数字控制、专业化生产方向发展。太原矿山机器润滑液压设备有限公司开发的国内最高压力和最大流量的BRW439/37.5乳化液泵，样机在北京国际煤矿设备展览会上受到好评，电液控制阀组在用户完成了工业性试验。四川川润股份有限公司的日产1 000t至5 000t水泥生产线高低压稀油润滑集成系列产品、3MW风力发电机组齿轮箱润滑装置，冶金高炉余热发电机组润滑系统研制成功并投入使用，在阀孔加工、毛刺去除、清洗退磁等工艺方面进行了技术改进。四平维克斯换热设备有限公司的换热器VB140、V65板型新技术开发和V系列板换、高温固化、整体熔化等新技术的应用，为企业发展增添了后劲。2010年润滑液压设备新产品新技术开发项目见表5。2010年润滑液压设备行业技术专利申报情况见表6。

表5 2010年润滑液压设备新产品新技术开发项目

项目名称	主要技术性能	奖项名称	获奖等级	完成时间
3MW风力发电机组齿轮箱润滑装置研制	泵装置：运转温度范围－40～80℃，工作压力1MPa，流量200L/min；两台双过滤器：设计寿命20年，二级精度，滤芯寿命6个月，流量200L/min；油风冷却器：散热能力90kW，噪声80dB，设计寿命20年	四川省技术创新研制项目		2010.04.15
新型低噪声生料立磨高低压稀油润滑装置	技术先进、性能可靠、噪声低、操作方便	江苏省高新技术产品	省级	2010.04

表6 2010年润滑液压设备行业技术专利申报情况

专利名称	专利类型	专利号/申请号	申请日期	专利权人（或申请人）
一种分段式活塞双作用短行程液压缸装置	实用新型专利	ZL200920301325.8	2009.03.16	曹永福
复合式多工位冲模	实用新型专利	ZL200920303821.7	2009.05.31	杨继东
组合式弯管模	实用新型专利	ZL200920305630.4	2009.07.03	徐少川
风力发电润滑系统过滤器	实用新型专利	ZL200920306086.5	2009.07.13	艾文峰、方茂林、邓玉林
纯烧酒精废液锅炉炉排	实用新型专利	ZL200920312285.7	2009.10.12	胡晓宇
风力发电润滑系统过滤器	外观设计	ZL200930307239.3	2009.06.24	艾文峰、方茂林、邓玉林
双筒过滤器	实用新型专利	ZL201020167084.5	2010.04.22	王玉辉、李天丽、杨君良
一种用于圆弧管屏焊接的工装	实用新型专利	ZL201020238404.1	2010.06.28	杨继东 徐少川
一种组合式镗床刀盘	实用新型专利	ZL 201020600008.9	2010.11.10	杨继东
新型列管式冷却器装置	实用新型专利	ZL 201020648264.5	2010.12.08	李天丽、曹永福
一种叠加式平衡阀	实用新型专利	ZL201020642087.X	2010.12.06	李辉、刘福兰、谢常海
一种多机通用模具	实用新型专利	201020684019.X	2010.12.28	杨继东、徐少川
可控式辊压机液压系统	发明专利	ZL200810022167.2	2008.07.01	南通市南方润滑液压设备有限公司
采用高压螺杆泵的生料立磨高低压稀油润滑装置	实用新型专利	ZL201020023025.0	2010.01.19	南通市南方润滑液压设备有限公司
生料立磨高低压稀油润滑装置的集中数显式仪表柜	实用新型专利	ZL201020023028.4	2010.01.19	南通市南方润滑液压设备有限公司
集中数显式生料立磨高低压稀油润滑装置	实用新型专利	ZL201020023027.X	2010.1.19	南通市南方润滑液压设备有限公司

（续）

专利名称	专利类型	专利号/申请号	申请日期	专利权人（或申请人）
新型低噪声生料立磨高低压稀油润滑装置	实用新型专利	ZL201020023026.5	2010.01.19	南通市南方润滑液压设备有限公司
轧机主电机新型润滑控制系统	实用新型专利	ZL201020638149.X	2010.12.02	南通市南方润滑液压设备有限公司
二位四通换向阀	实用新型专利	ZL 2009 2 0257323.3	2009.10.29	施伟
电动润滑泵装置	实用新型专利	ZL 2009 2 0283710.4	2009.12.02	施伟
无泄漏程控阀箱	实用新型专利	ZL201020131883.7	2010.03.16	翟乃洲、翟悟超
电动快速注脂枪	实用新型专利	ZL201020131887.5	2010.03.16	翟乃洲、翟悟超
输送流体用连续流量六通切阀	实用新型专利	ZL201020562684.1	2010.10.15	高建栋
输送流体用连续流量三通切阀	实用新型专利	ZL201020562682.2	2010.10.15	高建栋
双筒网式磁芯过滤器	实用新型专利	2011020080790.0	2011.03.24	瞿俊俊、陆卫华
新型油箱	实用新型专利	201120146529.6	2011.05.10	顾诚、龚施州
新型电动多点润滑泵	实用新型专利	201120064258.7	2011.03.14	瞿俊俊、施建波
高强度、高密度压力和高精度的大通径换向阀	实用新型专利	ZL201020648459.X	2010.12.06	史长禄、郝尚清、王军
一种手液动换向阀	实用新型专利	ZL201020648539.5	2010.12.06	牛元祯、郝尚清、王亚新
一种可自动补偿的乳化液泵高压柱塞密封缸套组件	实用新型专利	ZL201020648480.X	2010.12.06	王亚新、郝尚清、牛元祯

〔撰稿人：中国重型机械工业协会润滑液压设备分会徐郁林　审稿人：中国重型机械工业协会润滑液压设备分会郝尚清〕

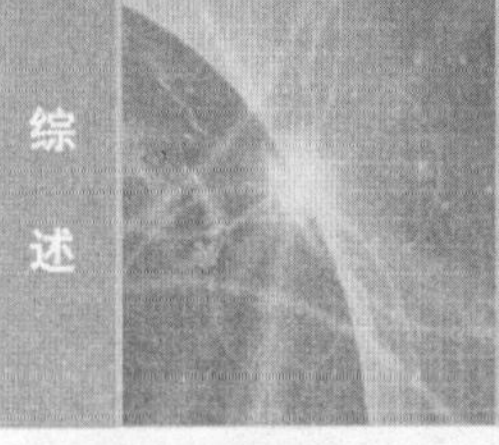

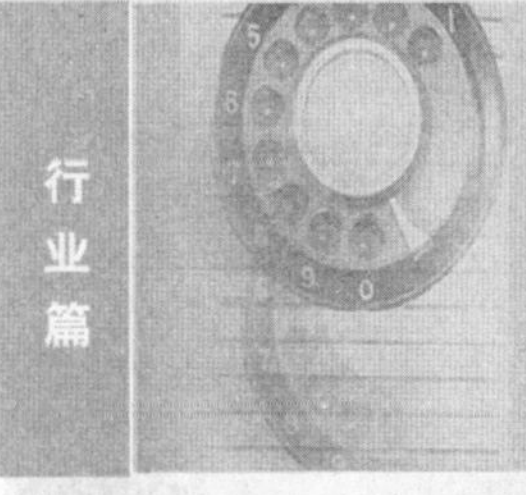

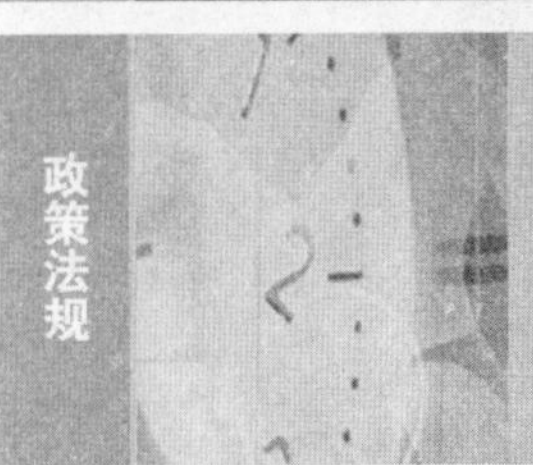

分析冶金机械、矿山机械、物料搬运机械国内、国外市场情况

It analyzes international and domestic market situations concerning metallurgical machinery, mining machinery, material hoisting and handling machinery

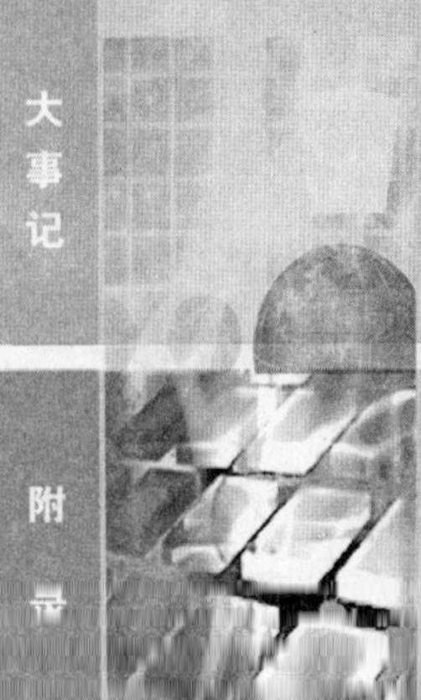

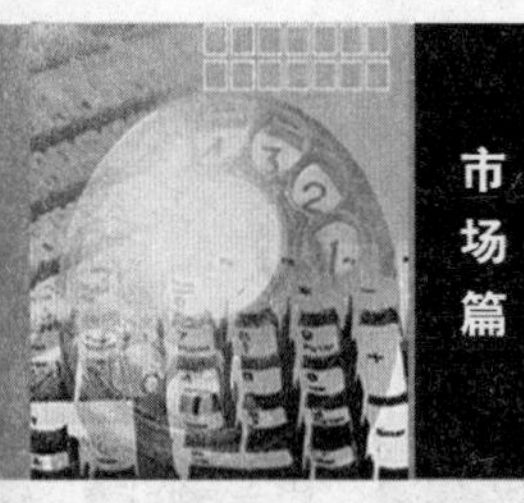

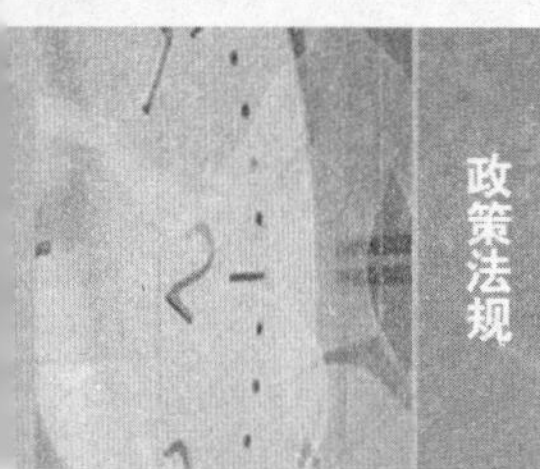

冶金机械国内市场及进出口情况

一、概述

冶金机械是金属冶炼、铸造、轧制、精整及深加工等生产过程专用设备的总称，包括炼铁设备、炼钢设备、有色金属熔炼设备、二次冶金设备、铸造设备、轧制设备、精整、深加工设备等，具有机、电、液一体化以及自动化、大型化、连续化的特征。

“十一五”时期后3年，我国冶金机械行业发展面临一系列困难：国际金融危机对世界钢铁市场和冶金设备市场冲击巨大，冶金设备国内外订货量大幅下降；我国冶金工业前几年的过度扩张，产能已大大超出国内市场需求，相当长时期内难以再上大项目，冶金设备订货萎缩；冶金机械行业企业纷纷上马大型装备项目，重复建设非常严重，不仅造成资金、资源浪费，同时重大型装备产能也远大于需求，加剧了市场竞争。冶金机械行业从2008年下半年开始，经济总量增长速度明显趋缓，但在国家拉动内需的一系列政策支持下，行业大多数企业加大结构调整力度，加强创新能力建设，大力开发新产品，加强优势特色产业的竞争能力，积极开拓国内外市场，经济运行质量趋于好转。

2010年，行业已走出金融危机时的低谷，工业生产总值、销售产值均呈现平稳增长的态势。2010年，冶金机械行业有593家企业，其中大型企业10家；完成工业总产值1 073.19亿元，同比增长25.69%；新产品产值245.65亿元，同比增长16.68%；工业销售产值983.38亿元，同比增长22.64%；出口交货值44.73亿元，同比下降22.09%。（注：上述数据为产品中含有冶金机械的企业的合计数据）

2010年，受全球金融危机的持续影响，国际冶金产品市场需求明显下降，对冶金设备需求量也随之下滑。虽然主要工业国家上半年结束了经济萎缩势头，但是世界经济复苏的基础仍很脆弱，贸易保护持续升温，一定程度上影响了我国冶金机械产品的出口。2010年，我国冶金机械进出口贸易锐减，行业出口形势依然严峻。

二、主要经济指标完成情况

2010年冶金机械主要产品产量见表1。2010年冶金机械主要产品进出口情况见表2。2010年冶金机械行业工业总产值前10位企业见表3。2010年1～12月冶金机械制造业固定资产投资见表4。

表1　2010年冶金机械主要产品产量

产品名称	产量单位	2010年	2009年	比上年增长(%)
冶金机械合计	万t	122.11	118.35	3.18
金属冶炼设备(76家)	万t	69.50	64.01	8.58
金属轧制设备(66家)	万t	52.61	54.34	-3.18

注：数据摘自《中国重机协会统计简报》(2011年1月30日)。

表2　2010年冶金机械主要产品进出口情况

海关货物名称	出口额(亿美元)	出口额比上年增长(%)	进口额(亿美元)	进口额比上年增长(%)	进出口总额(亿美元)	进出口顺差(亿美元)
冶金机械	14.27	-24.32	13.39	-15.00	27.66	0.89
金属冶炼设备	0.48	-60.77	0.24	-63.64	0.72	0.23
连铸设备	0.45	-4.21	0.10	-78.30	0.56	0.35
金属轧制设备	2.65	-32.36	4.19	11.22	6.84	-1.52
冶金设备零件	10.69	-19.31	8.85	-18.33	19.55	1.84

注：1. 数据摘自《中国重机协会统计简报》(2011年1月30日)。

2. 表中部分数据因四舍五入的原因，分项之和与总项略有出入。

表3　2010年冶金机械行业工业总产值前10位企业　(单位：亿元)

序号	企业名称	工业总产值(全部产品)	序号	企业名称	工业总产值(全部产品)
1	大连重工·起重集团有限公司	132.02	3	中钢集团邢台机械轧辊有限公司	25.12
2	中国第一重型机械集团公司	44.19	4	鞍钢重型机械有限公司	19.52

（续）

序号	企业名称	工业总产值（全部产品）	序号	企业名称	工业总产值（全部产品）
5	太原重型机械集团有限公司	17.82	8	中钢集团西安重机有限公司	7.71
6	中国第二重型机械集团公司	16.25	9	北京首钢机电有限公司	5.46
7	中冶陕压重工设备有限公司	8.52	10	中信重工机械股份有限公司	5.41

注：数据摘自《中国重机协会统计简报》（2011 年 1 月 30 日），统计范围为中国重型机械工业协会统计网员。

表 4　2010 年 1 ~ 12 月冶金机械制造业固定资产投资

项目	计划总投资		2010 年新开工项目计划总投资		自开始建设累计完成投资		2010 年完成投资	
	金额（亿元）	同比增长（%）	金额（亿元）	同比增长（%）	金额（亿元）	同比增长（%）	金额（亿元）	同比增长（%）
冶金机械制造	648.57	6.55	184.96	70.44	423.66	19.67	214.53	4.21
占全国比重（%）	1.57		0.93		1.53		1.12	

注：数据摘自《中国重机协会统计简报》（2011 年 1 月 30 日），部分数据四舍五入。

三、冶金机械市场的“群雄逐鹿”

2010 年，国内粗钢产量达到 6.27 亿 t，而国内市场粗钢表观消费量达到 6.1 亿 ~ 6.2 亿 t，但粗钢产能却达到近 8 亿 t，产能过剩 1.8 亿 ~ 1.9 亿 t，可以用严重过剩来形容，冶金设备市场需求已达到旺盛的高点抑或是拐点。

当前，国内主要冶金设备制造供应商多为国有企业，国有企业占据冶金设备近一半的市场份额，是我国冶金设备制造业的主力军。近年来，外资（包括外商投资及港澳台投资）企业凭借技术、售后服务、管理等优势参与国内市场竞争，特别是高端冶金设备市场竞争，且势头不减，2010 年外资企业大约占到 10% 的冶金设备市场份额。2010 年冶金机械行业主要产值指标见表 5。

表 5　2010 年冶金机械行业主要产值指标

企业类别	企业数（个）	工业总产值（亿元）	同比增长（%）	新产品产值（亿元）	同比增长（%）	工业销售产值（亿元）	同比增长（%）	出口交货值（亿元）	同比增长（%）
冶金机械行业	593	1 073.19	25.69	245.65	16.68	983.38	22.64	44.73	-22.09
占冶金矿山机械行业比重（%）	24.71	32.59		39.55		31.36		43.75	
1. 按企业规模分									
大型企业	10	457.82	23.80	199.72	20.14	402.66	16.88	24.04	-40.30
占行业比重（%）	1.69	42.66		81.30		40.95		53.74	
中型企业	53	260.13	10.66	21.84	-14.37	238.25	10.28	11.25	1.59
占行业比重（%）	8.94	24.24		8.89		24.23		25.15	
小型企业	530	355.25	42.69	24.09	28.25	342.47	41.91	9.44	55.51
占行业比重（%）	89.38	33.10		9.81		34.83		21.11	
2. 按注册类型分									
国有企业	28	360.88	11.99	162.84	11.93	331.11	8.28	13.63	-40.46
占行业比重（%）	4.72	33.63		66.29		33.67		30.47	
私营企业	352	228.69	38.75	10.41	29.92	222.12	39.98	1.48	-11.07
占行业比重（%）	59.36	21.31		4.24		22.59		3.31	
其他内资企业	166	389.51	42.59	65.19	58.24	340.26	36.18	14.57	-27.63
占行业比重（%）	27.99	36.29		26.54		34.60		32.57	
三资企业	47	94.11	0.56	7.21	-54.47	89.89	2.69	15.05	18.26
占行业比重（%）	7.93	8.77		2.94		9.14		33.65	

（续）

企业类别	企业数（个）	工业总产值（亿元）	同比增长（%）	新产品产值（亿元）	同比增长（%）	工业销售产值（亿元）	同比增长（%）	出口交货值（亿元）	同比增长（%）
3. 按控股类型分									
国有控股	54	612.98	21.28	218.83	20.52	536.45	14.93	26.45	-37.68
占行业比重(%)	9.11	57.12		89.08		54.55		59.14	
集体控股	32	27.60	12.81	1.23	144.52	26.80	9.70	0.34	-10.41
占行业比重(%)	5.40	2.57		0.50		2.73		0.76	
私人控股	456	344.64	47.23	17.43	45.91	335.96	48.30	3.30	44.83
占行业比重(%)	76.90	32.11		7.09		34.16		7.38	
三资控股	35	56.62	-6.36	7.21	-54.47	54.00	-3.12	12.16	1.66
占行业比重(%)	5.90	5.28		2.94		5.49		27.19	
其他控股	16	31.35	6.71	0.95	39.61	30.17	6.33	2.47	619.65
占行业比重(%)	2.70	2.92		0.39		3.07		5.53	

注:1. 数据摘自《中国重机协会统计简报》(2011年1月30日)。

2. 由于四舍五入,表中合计数有微小出入。

近年来,国家始终把坚持自主创新,提高国产化装备占有率作为冶金机械行业发展的重点,党的十七大报告更是把振兴装备制造业提升到前所未有的高度。2009年,《装备制造业调整与振兴规划》的出台,提出抓住九大产业重点项目实施装备自主创新,其中,以钢铁产业调整和振兴规划确定的工程为依托,以冷热连轧宽带钢成套设备、大型板坯连铸机、彩色涂层钢板生产设备、大型制氧机、大型高炉风机、余热回收装置等为重点,推进大型冶金成套设备自主化。当前,我国已经成为装备制造业大国,但产业大而不强、自主创新薄弱等问题依然突出。2009年12月,为提高装备制造业自主创新水平,满足国民经济和国家重点建设工程对高端装备产品的需求,国务院国有资产监督管理委员会编制了《重大技术装备自主创新指导目录》,旨在坚持国家战略需求和市场需求相结合;坚持产业链上下游协调发展;坚持成套装备、关键分系统和关键基础零部件同步发展,不断提升重大技术装备的自主创新水平。其中,大型高精度冶金成套设备、关键基础零部件及大型铸锻件等冶金机械产品已列入该目录中。

这些政策的出台,对冶金机械的技术升级与技术创新起到了积极的促进作用。随着大型冶金机械自主化、国产化率的提高,节能减排、淘汰落后工艺技术已经成为冶金机械行业发展新的思路,向高端装备市场发起了攻坚、冲锋,成效显著。

2010年4月,中国第一重型机械集团公司成功签订国内首台(套)1 420mm 五机架六辊冷连轧机组全线设备自主集成合同。

2010年4月,由中国重型机械研究院有限公司设计成套的国内规格最大,具有当今世界先进水平的1 780mm 六辊 UCM 型单机架可逆冷轧机组成功投产,该机组既可生产普碳素钢,又能兼顾不锈钢的生产。它的成功研制,填补了国内空白,极大地推动了大型冷轧机组国产化的步伐。

2010年5月,太原重型机械集团有限公司自主研发制造的国内首台(套)180mm 三辊连轧生产线一次性运行成功,填补了国内空白。

2010年7月,中国第二重型机械集团公司首次自主设计,机、电、液设备总成套供货的国内最大轧管机机组 ϕ630mm 皮尔格轧管机机组试车成功。该机组是四川三洲特种钢管有限公司为满足市场对大口径特种管材的需求,而新建的大口径特种钢管生产线中的主要设备。该生产线设计年产量10万t,是当前国内最大的钢管轧机生产线。

2010年7月,中国重型机械研究院有限公司签约 LG280 冷轧管机供货合同。

该机最大坯料管直径达360mm,最大成品管直径达325mm,是当前国内采用交流伺服回转送进系统的最大的冷轧管机,主要用于轧制高精度大规格钢管,机组具有较高的生产率和良好的市场前景。

2010年7月30日,中国第一重型机械集团公司承制的1 780mm 热连轧机组试车成功。该1 780mm 热连轧生产线是中国第一重型机械集团公司至今完成的具有自主知识产权的最大的机、电、液总承包项目。

2010年10月19日,由中国重型机械研究院有限公司研制的1 450mm 大型六辊冷轧机组负荷试车成功。该冷轧机组是国内首条用于轧制特殊钢种的六辊冷轧机组,具有工艺性强、设备配置齐全等特点。该机主要用于轧制钛、钛镍合金等特殊金属材料,轧制产品主要用于军事、航空和航天领域。

2010年12月,三峡全通涂镀板有限公司自主研发和制造成功的八辊五连轧冷压延机组生产线,是当前国内第一条新型生产线。

大型冶金设备属于国家高端、战略装备,进一步提高其核心关键技术水平和装备国产化率十分迫切。虽然我国冶金工业企业的自主创新能力已经大大增强,冶金机械行业企业的技术创新能力也得到全面提升，但是在高端技术方面，无论是冶金产品，还是冶金机械与国外仍有较大的差距，高端技术仍是攻关方向，是市场较量的主战场。

四、进出口情况

2010年，世界经济总体上呈不断起伏、逐步回升的趋势，欧洲、美国、日本等发达经济体经济开始缓慢好转，但由于世界经济复苏动力尚不足，许多深层次矛盾和问题尚未解决，加上欧洲主权债务危机还在扩展，经济发展的不确定性加大。与此同时，各国贸易保护加剧，贸易摩擦不断发生，这些都对我国冶金机械出口产生不利影响。

2010年，冶金机械出口额14.27亿美元，同比下降24.32%；进口额13.39亿美元，同比下降15.00%；进出口总额27.66亿美元，同比下降20.08%；进出口顺差0.89亿美元，比上年减少2.22亿美元，同比下降71.50%。2010年冶金机械产品进出口情况见表6。

表6　2010年冶金机械产品进出口情况

海关货物名称	数量单位	出口量	出口额（万美元）	进口量	进口额（万美元）	进出口总额（万美元）	进出口顺差（万美元）
冶金机械合计			142 727		133 875	276 602	8 851
1. 金属冶炼设备小计	台	400	4 764	28	2 416	7 180	2 348
炼焦炉	台	18	775	2	0	775	775
转炉	台	213	1 244	8	766	2 010	478
炉外精炼设备	台	169	2 744	18	1 650	4 394	1 094
2. 连铸设备小计	台	144	4 512	10	1 038	5 550	3 474
方坯连铸机	台	50	2 068	3	937	3 004	1 131
板坯连铸机	台	2	18	0	42	61	-24
其他钢坯连铸机	台	92	2 426	7	59	2 485	2 367
3. 金属轧制设备小计	台	9 463	26 523	1 163	41 893	68 416	-15 370
热轧管机	台	59	1 364	17	7 081	8 445	-5 718
冷轧管机	台	616	2 485	4	715	3 200	1 770
定、减径轧管机	台	59	432	3	1 494	1 927	-1 062
其他金属管轧机	台	170	312	1	15	327	297
板材热轧机	台	55	1 977	2	111	2 088	1 866
型钢轧机	台	160	1 167	0	0	1 167	1 167
线材轧机	台	543	2 600	27	4 451	7 051	-1 851
其他金属热轧机或冷热联合轧机	台	90	1 322	4	8 053	9 375	-6 731
板材冷轧机	台	1 795	5 658	38	7 592	13 250	-1 935
其他金属冷轧机	台	2 944	5 211	58	3 402	8 614	1 809
300t及以下的冷拔管机	台	41	378	21	634	1 011	-256
其他冷拔管机	台	7	39	0	0	39	39
拔丝机	台	2 610	2 625	686	6 144	8 768	-3 519
其他金属杆、管、型材、异型材等的拉拔机	台	314	954	302	2 201	3 155	-1 247
4. 冶金设备零件小计			106 928		88 528	195 455	18 400
海绵铁回转窑的零件	kg	2 441 954	834	1 263 820	997	1 831	-162
焦炉零件	kg	13 988 628	3 653	48 648	108	3 761	3 544
其他锭模及浇包	台	9 672	5 233	134	660	5 892	4 573
炉外精炼设备的零件	kg	6 926 303	3 451	220 159	695	4 146	2 756
钢坯连铸机用结晶器	kg	1 282 215	2 074	363 319	1 314	3 388	760
钢坯连铸机用振动装置	kg	192 350	166	269 751	1 077	1 243	-912
其他钢坯连铸机用零件	kg	9 544 842	5 348	303 060	2 520	7 868	2 828
其他转炉、浇包、锭模及铸造机的零件	kg	73 879 557	25 307	1 635 374	4 636	29 942	20 671
金属轧机用轧辊	支	131 292	20 848	152 091	46 199	67 046	-25 351
其他金属轧机零件	kg	102 000 000	40 016	8 701 131	30 322	70 338	9 694

注：1. 数据摘自《中国重机协会统计简报》2011年1月30日。

2. 由于四舍五入，表中合计数有微小出入。

2010年，冶金设备进口总额13.39亿美元，其中，金属冶炼设备进口额0.24亿美元，占1.79%；冶金设备零部件进口额8.85亿美元，占66.09%；连铸设备进口额0.10亿美元，占0.75%；金属轧制设备进口额4.19亿美元，占31.29%。

2010年冶金设备出口总额14.27亿美元，其中，金属冶炼设备出口额0.48亿美元，占3.36%；冶金设备零部件出口额10.69亿美元，占74.91%；连铸设备出口额0.45亿美元，占3.15%；金属轧制设备出口额2.65亿美元，占18.57%。

2010年6月22日，中国机械工业集团有限公司与马来西亚金狮集团签订炼铁炼钢项目总承包合同，合同总价达到9亿美元，是我国冶金机械行业史上签订的最大单笔EPC合同。合同项目包括高炉、烧结、焦化、球团、发电、炼钢、连铸、鼓风机、码头、原料输送、炉顶余压发电及中央控制系统等设备子项，建成投产后可达到年产200万t铁液和150万t板坯的生产能力。

2010年9月，中国第二重型机械集团公司制造的3支5m轧机支承辊出口韩国现代钢铁公司。

2010年10月，中国第一重型机械集团公司与约旦国际金属工业技术有限公司签订1 450mm单机架六辊可逆冷轧机项目出口合同。这是该公司与中东地区企业签订的首个轧钢成套出口项目，预计投产后将具备年产25万t冷轧钢卷的生产能力。

2010年11月中旬，中国第二重型机械集团公司签订出口印度的1 750mm不锈钢平整机组总包合同。由中国第二重型机械集团公司负责机械及流体设备的设计制造与供货，宝钢工程技术集团有限公司负责整条机组生产工艺及电气控制系统的设计供货。

总体来看，2010年在世界冶金机械设备市场(特别是中国和印度市场)竞争不断加剧的情况下，我国冶金机械设备进出口虽呈下降走势，但成套设备出口有所增加，呈现良好势头。由于在高端技术方面我国与国外知名厂商仍有一定的差距，为此产品的高端技术仍是制约我国冶金机械产品发展的瓶颈。我国冶金机械设备只有在产品技术上不断创新，掌握高端核心技术，才能在激烈的市场竞争中掌握主动权。

〔撰稿人：中国重型机械研究院有限公司宋晔　审稿人：中国重型机械研究院有限公司孟令忠〕

矿山机械国内市场及进出口情况

一、概述

随着我国经济的快速发展和工业化后期进程的加快，矿山机械服务领域的基础工业和基本建设部门对固体矿物资源的需求急剧增加。因此，进入21世纪以来，矿山机械产品国内市场需求旺盛。另一方面，全球经济的复苏和我国矿山机械产品的技术进步，使得矿山机械的出口也稳步增长。

二、国内市场概况

1. 国内市场容量变化情况

2010年，矿山机械产品国内市场容量达到了近年来的最高点2 213.31亿元(按1美元=6.622 7元计)，是2005年的5.2倍，是2009年的1.4倍。从市场容量构成看，国内产品供应量达2 094.10亿元，国产设备的国内市场占有率达93.85%。2005～2010年矿山机械国内市场变化情况见表1。

表1　2005～2010年矿山机械国内市场变化情况

年份	国内市场容量(亿元)	比上年增长(%)	国产产品供应量(亿元)	比上年增长(%)	国产设备国内市场占有率(%)
2005	426.36	32.70	388.55	40.09	91.16
2006	601.82	41.15	561.55	44.52	92.24
2007	885.55	47.15	832.21	48.20	94.00
2008	1 272.51	43.70	1 200.44	42.25	94.34
2009	1 616.13	27.00	1 541.14	28.38	95.36
2010	2 231.22	38.10	2 094.10	35.88	93.85

注：数据来源于中国重型机械工业年鉴(2006、2007、2008、2009)、中国重机通讯(2011.2)。

2. 国内市场容量分析

国内市场容量系指国内矿山机械市场中国产矿山机械产品销售额与矿山机械产品进口额之和。2001～2010 年国内矿山机械市场容量、国产矿山机械销售额及矿山机械进口额走势见图 1。2000～2010 年矿山机械国内市场容量走向见图 2。

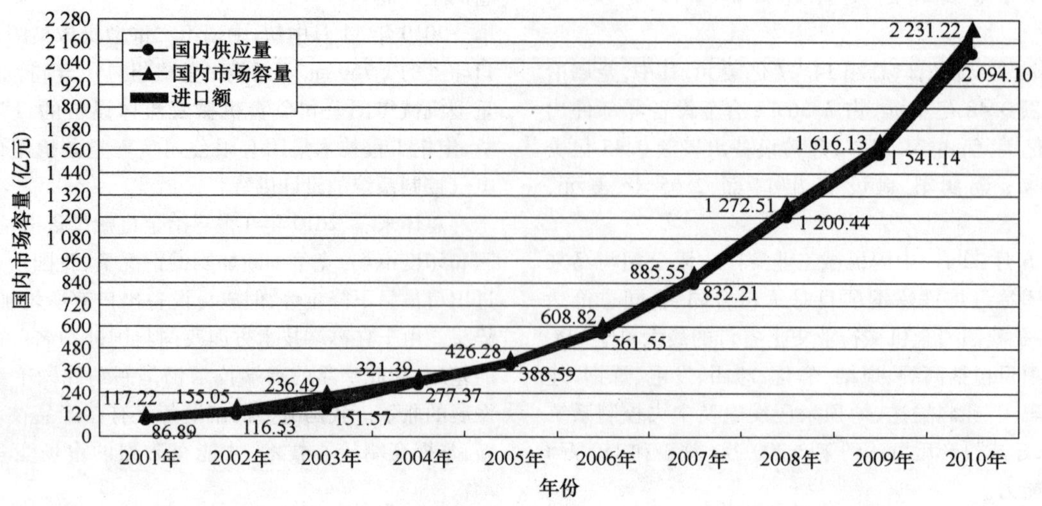

图 1　2001～2010 年国内矿山机械市场容量、国产矿山机械销售额及矿山机械进口额走势

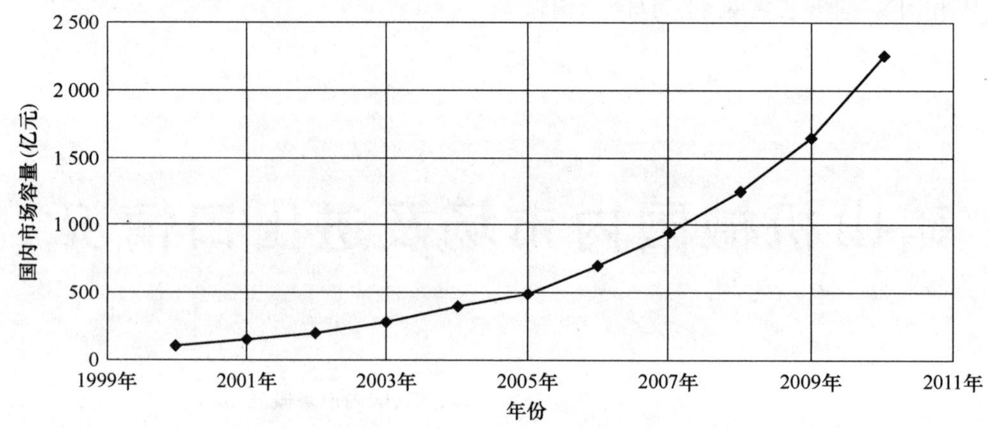

图 2　2000～2010 年矿山机械国内市场容量走向

图 1 展现了 2001 年以来，国内矿山机械市场、国内外产品供应额的发展态势。据此模型可对之后几年国内矿山机械市场容量进行预测。

由表 1 可见，一方面自 2005 年以来，国产设备的国内市场占有率一直保持在 90% 以上的高位，且呈逐年增长走势。这固然与国家矿山机械进口政策有关，但主要还是国产设备的技术进步，赢得了国内客户的认可和信赖，国内市场对国产设备依存度提高。另一方面，我国矿山机械行业过度依赖国内市场的单一结构也将制约行业做大做强，开拓国际市场，特别是高端市场，应是我国矿山机械行业企业的努力方向。

3. 国内市场进口设备的原因分析

随着全球经济的一体化，国内矿山机械用户，特别是大型矿山机械用户，如实力雄厚的大型煤矿、金属和非金属矿山，在矿山开发技术和设备的采购方面已经与国际接轨，国产设备在国内市场的价格优势已不能起太大作用。

从图 1 可见，2005～2010 年的 6 年间，矿山机械的年进口额稳定在 38 亿～53 亿元之间，平均约为 46.09 亿元，大约占国内市场容量的 5.00%～8.15%。占比不大的原因是国家为了支持和鼓励国产设备的发展，在 WTO 框架内出台了一些有关政策和措施，限制了矿山机械的大宗进口。进口的设备从国内市场的需求上讲，大多数是国内或尚不能制造，或国产设备在技术和质量上还不能满足国内市场的需求，尽管进口产品价格高昂，也必须进口。如年内从美国进口的两台大型步行式拉铲（共 5 680 万美元），国产设备在规格上和技术上还达不到要求，这些正常的设备进口是进口的主流；但还有些进口是国内用户钻具体政策的空子，更有甚者是为了小单位或个人的私利而千方百计促成设备的进口。总体上讲，国内市场对矿山机械“质”的需求，表现在下列几方面：

（1）随着国内矿山开发规模的扩大，要求设备的规格也要大型化，往往其要求是世界级的；

(2)技术性能(包括可靠性、设备可利用率、安全和环保等)一般不低于发达国家同类产品;

(3)由于我国矿物资源的开采将渐渐转向对"贫"、"深"和共生矿的综合利用开发,对设备的个性化要求将突显。因此国内供应商"为用户提供个性化的最终解决方案"将是用户所需。

当前"大型化"产品,低能耗产品、有效保护环境产品,高可靠性和高安全性产品,资源综合利用产品等是矿山机械发展的主流。但多数此类产品和技术仍被国际先进公司所垄断。

三、设备进出口情况

1. 主要产品进出口情况

2001年以来,矿山机械的进口额和出口额一直呈增长走势。进出口差额多年呈逆差,但2008~2010年已连续三年实现进出口顺差的好势头。2010年我国矿山机械进口额前10位国家都是发达国家,前10位国家合计进口额70 777万美元,占我国全部进口额的94.81%。2001~2010年矿山机械进出口情况见表2。2010年矿山机械主要产品进出口情况见表3。2010年矿山机械进口额前10位国家见表4。

表2　2001~2010年矿山机械进出口情况

年份	进口额（万美元）	出口额（万美元）	进出口总额（万美元）	进出口顺差（万美元）	产品外销率（%）
2001	16 576	5 553	22 129	-11 023	4.29
2002	29 179	7 131	36 310	-22 048	4.32
2003	60 320	7 619	67 939	-52 701	3.30
2004	59 970	11 411	71 381	-48 559	3.38
2005	45 412	20 266	65 678	-25 146	4.16
2006	60 543	29 407	89 950	-31 135	4.10
2007	76 170	46 285	122 454	-29 885	3.75
2008	61 020	82 539	143 560	21 518	3.40
2009	70 800	90 300	161 100	19 500	3.85
2010	74 650	93 688	168 340	19 038	2.88

注:数据来源于中国重机通讯(2011.2)。

表3　2010年矿山机械主要产品进出口情况　(单位:万美元)

产品名称	进口额	出口额	进出口总额	进出口顺差
1. 采掘设备小计	27 641	15 950	43 590	-11 692
其中:自推进截煤机、凿岩机及隧道掘进机	20 283	10 506	30 789	-9 778
矿用电铲	5 460	1 292	6 751	-4 168
采矿钻机	1 336	455	1 792	-881
牙轮直径 ϕ382mm以上的采矿钻机	74	23	97	-51
其他采矿钻机	1 262	432	1 696	-830
工程钻机	562	3 697	4 259	3 135
2. 破碎磨粉设备小计	28 466	54 400	82 866	25 933
齿辊式破碎和粉磨设备	9 137	7 264	16 401	-1 873
球磨式破碎和粉磨设备	2 205	16 451	18 656	14 245
其他破碎和粉磨设备	17 124	30 685	47 809	13 561
3. 筛分洗选设备小计	14 791	20 393	35 185	5 602
4. 矿井提升设备小计	392	600	991	208
电动矿井卷扬装置	276	564	839	288
非电动矿井卷扬装置	116	36	152	-80
5. 矿山机械零件小计	3 360	2 346	5 706	-1 014
合计	74 650	93 688	168 338	19 038

注:数据来源于中国重型机械工业协会《中国冶金矿山机械进出口统计年报2010》。

表4　2010年矿山机械进口额前10位国家

序号	进口来源国家	进口额（万美元）	占进口总额的比重（%）
	进口额总计	74 650	100.00
1	美国	23 883	31.99
2	德国	19 913	26.68
3	日本	5 988	8.02
4	澳大利亚	4 578	6.13
5	英国	4 451	5.96
6	法国	4 242	5.68
7	瑞典	3 147	4.22
8	奥地利	1 513	2.03
9	芬兰	1 090	1.46
10	丹麦	995	1.33

注:数据来源于中国重型机械工业协会《中国冶金矿山机械进出口统计年报2010》。

2. 出口设备分析

2001~2008年,我国矿山机械出口额一直呈高幅增长走势,且增幅多数年份在提高。虽然国际金融危机对矿山机械产品出口也造成一定影响,但2009~2010年出口额仍保持小幅和微幅增长,远没有像多数机械产品出口大幅下挫那么严重。

(1)矿山机械产品出口是矿山机械行业实力增强的体现。近20年来,随着我国国民经济的快速发展,对固体矿物资源需求猛增,促进了对矿山机械需求的大幅增长,助推了矿山机械行业高速发展。近20年矿山机械行业产值年均增幅高达35%以上,远高于机械工业和工业产值增幅。为了满足国民经济各行业对矿山机械,特别是高端矿山机械的需求,始于20世纪80年代初中期,矿山机械行业就开始大规模引进国外先进技术与装备,坚持引进吸收和再创新的技术路线,技术和管理水平大幅提升,大大缩短了与先进国家的技术差距。我国已经开始从矿山机械大国向强国转变,许多重大关键产品已经具有自主知识产权,技术水平达到或接近国际先进水平,如大型挖掘机、牙轮钻机、矿井提升机、竖井(工程)钻机、大型球磨机和自(半)磨机、大型辊压机、某些筛分机和洗选设备。这些系列设备及技术是我国实现矿山机械出口的技术基础。随着技术再创新的逐步深入,出口形势会变得更好。

(2)出口目的地分析。2010年,矿山机械出口总额为93 688万美元,出口额前20位国家合计出口65 674万美元,占出口总额的70.10%。2010年矿山机械出口额前20位国家见表5。

表5　2010年矿山机械出口额前20位国家

序号	出口目的国家	出口额（万美元）	占出口总额的比重（%）
	出口额总计	93 688	100.00
1	印度	10 131	10.81
2	越南	8 481	9.05
3	巴西	5 564	5.94
4	印度尼西亚	5 210	5.56
5	新加坡	3 739	3.99
6	伊朗	3 572	3.81
7	马来西亚	3 569	3.81
8	俄罗斯联邦	3 202	3.42
9	美国	2 943	3.14
10	沙特阿拉伯	2 774	2.96
11	蒙古	1 997	2.13
12	尼日利亚	1 949	2.08
13	澳大利亚	1 847	1.97
14	埃塞俄比亚	1 788	1.91
15	朝鲜	1 747	1.87
16	哈萨克斯坦	1 554	1.66
17	缅甸	1 551	1.66
18	秘鲁	1 491	1.59
19	土耳其	1 336	1.43
20	吉尔吉斯斯坦	1 229	1.31

注:数据来源于中国重型机械工业协会《中国冶金矿山机械进出口统计年报2010》。

从表5可见,①西方发达国家已经进入后工业化时期,对于普通固体矿物资源的需求相对较小,对矿山机械需求量不大;②经济新兴的发展中国家,易于接受我国矿山机械的性价比,因此是主要出口市场,如前8位国家(他们都是经济发展较快的新兴国家)合计占我国出口总额的46.39%。③就出口的地区来看,亚洲特别是东南亚地区占的比重较大。

(3)制约矿山机械出口的因素分析。在全球经济已进入一体化的当今时代,除了政治因素外,"质量、价格和交货期"是影响产品对外贸易的主要因素。尽管我国矿山机械的技术含量在逐年提升,但国产设备质量与国外产品的差异,仍然是制约设备出口的重要因素。价格因素同国内市场一样,对于较高端的产品往往作用不大。由表2可以看出,我国矿山机械产品外销率很低,这并非单纯是国内市场容量大或国家对国内市场供应采取了某些措施新政,关键是我国的矿山机械产品在诸多方面尚难满足国际市场的需求,这是主因。

制约矿山机械出口的主要因素表现在:①产品种类与规格,设备成套性能力;②智能控制水平;③设备的可靠性与安全性;④设备,特别是成套设备的环境保护与能耗指标;⑤固体资源的综合开发与利用能力。

〔撰稿人:洛阳矿山机械工程设计研究院有限责任公司张荣宽　审稿人:洛阳矿山机械工程设计研究院有限责任公司邹声勇〕

物料搬运机械进出口市场分析

物料搬运机械包括轻小型起重设备、起重机、输送机械、装卸机械、工业车辆、仓储机械、架空索道等几类产品。根据《中华人民共和国海关统计商品目录》的分类统计，物料搬运机械涉及的商品共有4类，以4位数字表示的商品代码分别为8425、8426、8427、8428。8425为轻小型起重设备，包括滑车及起重葫芦、卷扬机及绞盘、千斤顶等；8426为起重机；8427为工业车辆；8428为连续输送设备、电梯、自动扶梯、架空索道等。8431为上述4类商品的相关零部件。而属物料搬运机械的全路面起重机、汽车起重机列于海关统计商品目录的8705中；电动牵引车、短距离运货机动车辆等列于8709中。本文中提及的物料搬运机械行业产品还包括8705和8709中具有物料搬运机械属性的商品。

一、进出口市场概述

2010年与我国发生物料搬运机械进出口贸易的国家（地区）共有203个，进出口贸易总额126.3亿美元，其中进口贸易额38.7亿美元，进口国家（地区）63个；出口贸易额87.6亿美元，出口国家（地区）202个；进出口贸易顺差48.9亿美元。与2009年相比，进出口贸易总额增长6.1%，其中进口贸易额增长17.6%，出口贸易额增长1.9%，进出口贸易顺差下降7.9%。进出口贸易总额1亿美元至2亿美元的国家（地区）15个，2亿美元至3亿美元的国家（地区）5个，超过3亿美元的国家（地区）10个。进出口贸易总额前3位国家，分别是德国13.7亿美元，美国11.5亿美元，日本9.8亿美元。2010年我国物料搬运机械进出口贸易总额超过2亿美元的国家（地区）见图1。

2010年我国内地31个省、自治区、直辖市均有物料搬运机械进出口贸易业务，2010年我国物料搬运机械排名前10位省、直辖市的进出口贸易总额为112.2亿美元，占全国贸易总额的88.8%，其中除北京、湖南外，其他省、直辖市都处于沿海地区。2010年我国物料搬运机械进出口贸易总额前10位省、直辖市见图2。

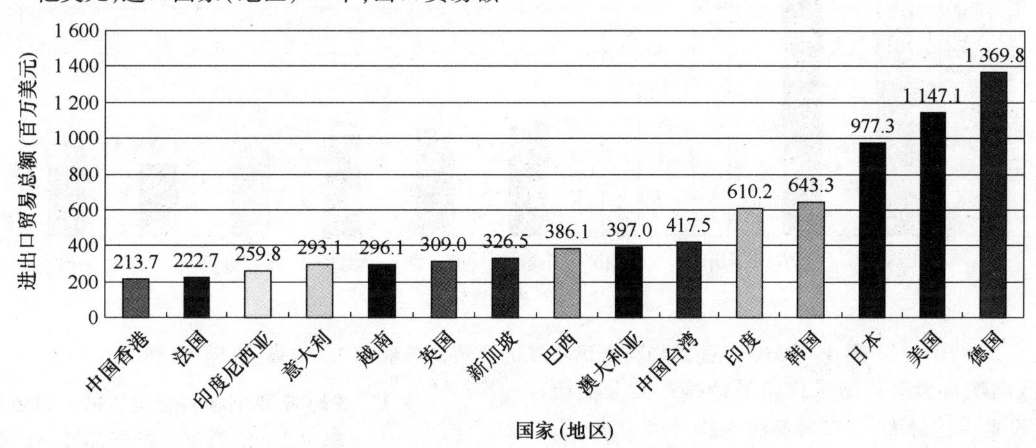

图1 2010年我国物料搬运机械进出口贸易总额超过2亿美元的国家（地区）

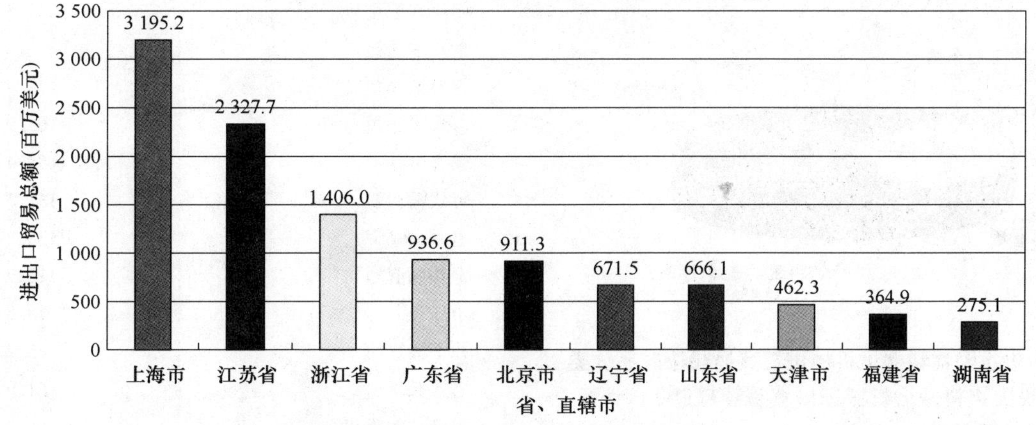

图2 2010年我国物料搬运机械进出口贸易总额前10位省、直辖市

二、进口市场概述

2010 年我国从 63 个国家(地区)进口物料搬运机械商品,进口贸易总额为 38.7 亿美元。我国进口贸易总额前 10 位国家(地区)中,德国和日本分别为 11.1 亿美元和 6.3 亿美元,分别占进口贸易总额的 28.7% 和 16.3%,远远超过排位其后的韩国、美国等国家。2010 年我国物料搬运机械进口贸易额前 10 位国家(地区)见图 3。

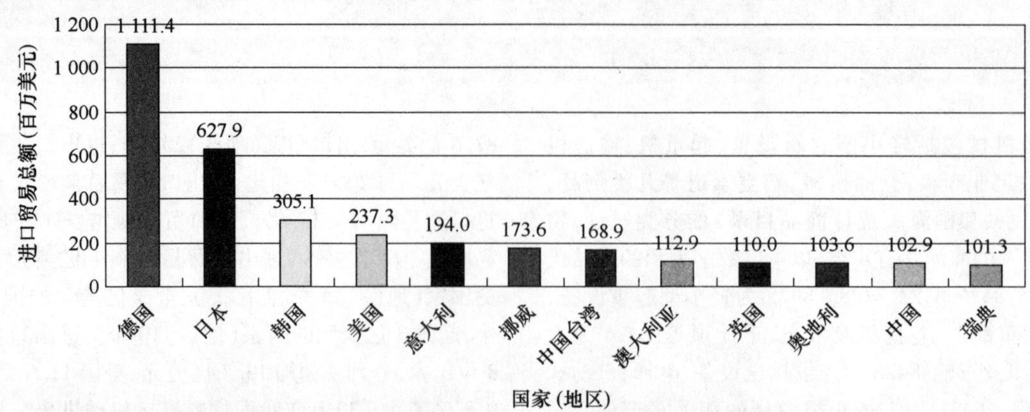

图 3 2010 年我国物料搬运机械进口贸易额前 10 位国家(地区)

注:图 3 中有关中国的数字表示从我国各地保税区进口的贸易额。

2010 年我国物料搬运机械进口贸易额按地区统计,前 10 位省、直辖市主要集中在沿海地区,前 4 位上海市、江苏省、广东省和北京市进口贸易总额为 21.5 亿美元,占全国进口贸易总额的 55.6%,其中进口贸易额最大的是上海市,计 6.477 亿美元,占全国进口贸易总额的 16.8%。2010 年我国物料搬运机械进口贸易总额前 10 位省、直辖市见图 4。

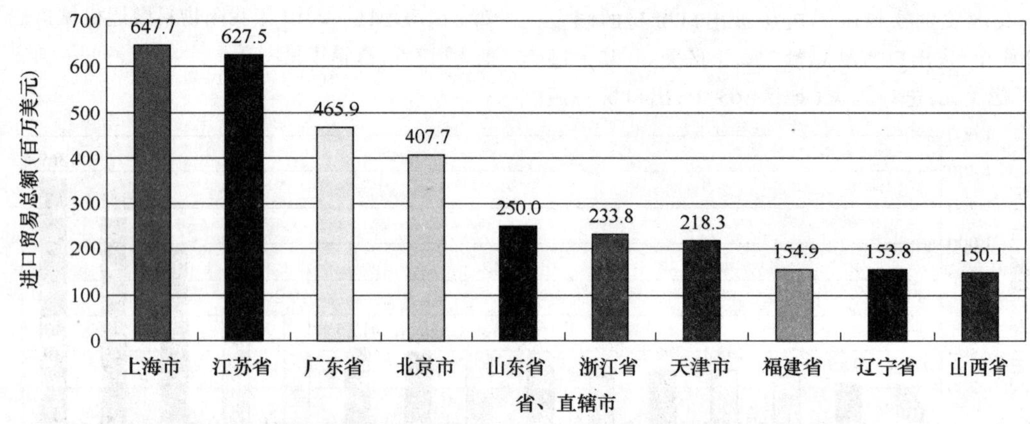

图 4 2010 年我国物料搬运机械进口贸易总额前 10 位省、直辖市

2010 年我国物料搬运机械进口贸易额按产品分类统计,连续搬运设备占比最大,进口贸易额达到 17.5 亿美元,占进口贸易总额的 45.4%。2010 年我国物料搬运机械进口贸易额按产品分类见图 5。

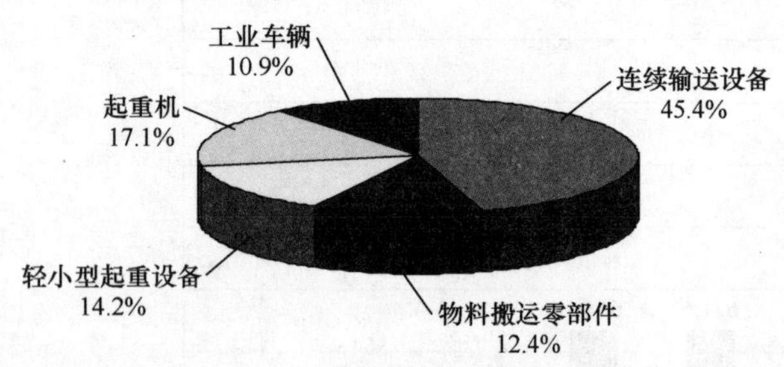

图 5 2010 年我国物料搬运机械进口贸易额按产品分类

2010 年我国物料搬运机械进口贸易额超过 2 000 万美元的产品及进口额见表 1。

表 1 2010 年我国物料搬运机械进口贸易额超过 2 000 万美元的产品及进口额

产品名称	进口额(百万美元)
门座式起重机	241.5
带式输送机	207.4
内燃叉车	178.6
链式输送机	163.9
载客电梯	154.4
辊式输送机	153.1
电动叉车	133.2
全路面起重机	112.7
千斤顶	78.3
井下输送机	65.2
塔式起重机	61.9
履带式起重机	56.2

（续）

产品名称	进口额（百万美元）
气力输送机	48.3
电动葫芦	45.6
集装箱装卸桥	36.7
有轨巷道堆垛机	30.1
通用桥式起重机	24.5
客运架空索道	22.7
斗式提升机	21.2

2010 年我国物料搬运机械进口贸易额按贸易方式分类见图6。

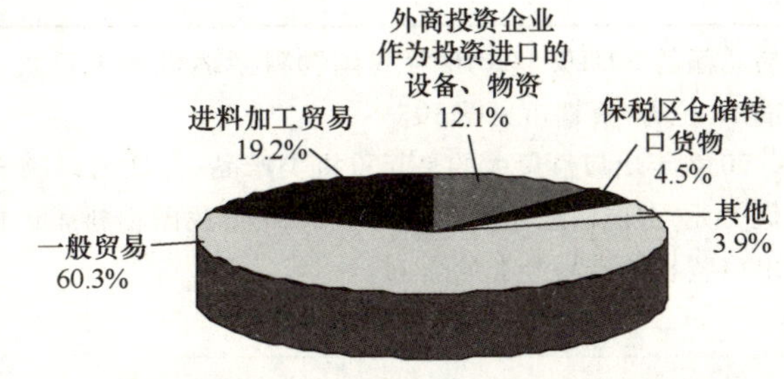

图6　2010 年我国物料搬运机械进口贸易额按贸易方式分类

从图 6 中可以看出，一般贸易是我国物料搬运机械进口贸易的主体。

2010 年我国进口物料搬运机械的企业按性质分类见图7。

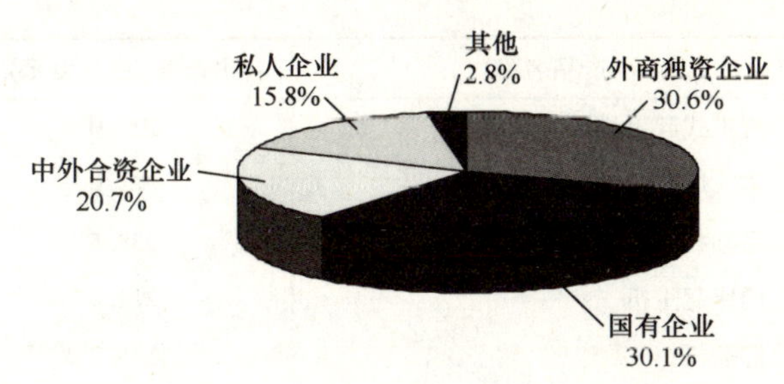

图7　2010 年我国进口物料搬运机械的企业按性质分类

图 7 中数据表明，外商独资企业、国有企业和合资企业是进口贸易的 3 大板块，其中外商独资企业占比最大，为 30.6%。但私人企业占比则从 2003 年的 4% 增至 2010 年的 15.8%，表明私人企业对高端物料搬运机械的需求在不断增长，逐渐成为进口市场的重要组成部分。

三、出口贸易概况

2010 年，我国物料搬运机械出口到 203 个国家（地区），出口贸易总额为 87.6 亿美元，其中出口贸易额超过 1 亿美元的国家（地区）共 24 个，其中出口贸易额超过 2 亿美元的国家（地区）12 个。出口去向最大的是美国，达 9.1 亿美元，占出口总额的 10.4%；印度居第二，出口额 6.1 亿美元，占出口总额的 7.0%。

2010 年我国物料搬运机械出口贸易额超过 2 亿美元的国家（地区）见图 8。

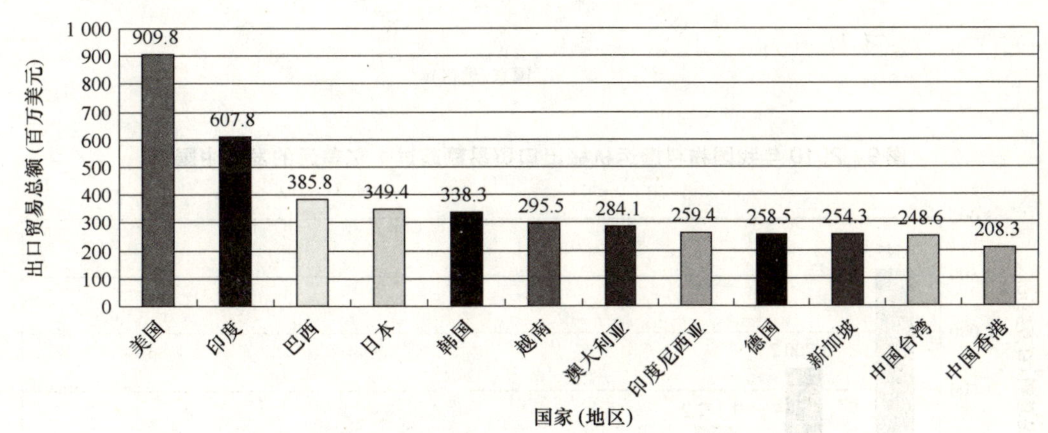

图8　2010 年我国物料搬运机械出口贸易额超过 2 亿美元的国家（地区）

2010 年我国物料搬运机械主要出口产品及出口额见表 2。

表 2　2010 年我国物料搬运机械主要出口产品及出口额

产品名称	出口额（百万美元）	产品名称	出口额（百万美元）
集装箱装卸桥	1 008.4	带式输送机	393.0
载客电梯	602.9	内燃叉车	389.7
千斤顶	469.7	门式起重机	352.4
自动梯及自动人行道	431.3	汽车起重机	305.2

（续）

产品名称	出口额(百万美元)	产品名称	出口额(百万美元)
履带式起重机	272.0	电动葫芦	80.6
塔式起重机	271.9	斗式提升机	75.9
手动托盘搬运车	238.5	链式输送机	71.5
门座起重机	212.3	全路面起重机	62.3
卸船机	135.7	辊式输送机	60.3
通用桥式起重机	115.4	集装箱场桥及跨运车	47.3
电动叉车	107.0	装船机	31.9
手动葫芦	93.8	集装箱叉车	19.6
带胶轮的其他流动式起重机	85.0		

2010年我国物料搬运机械出口贸易额超过1亿美元的发展中国家见图9。

2010年我国物料搬运机械出口贸易额前3位省、直辖市上海、江苏、浙江的出口贸易总额占全国出口贸易总额的61.9%。其中上海出口贸易额达25.5亿美元，占全国出口贸易总额的29.1%。2010年我国物料搬运机械出口贸易额前10位省、直辖市见图10。

2010年出口额最大的是起重机类产品，合计出口额30多亿美元，占出口总额的34.6%。2010年我国物料搬运机械出口贸易按产品分类见图11。

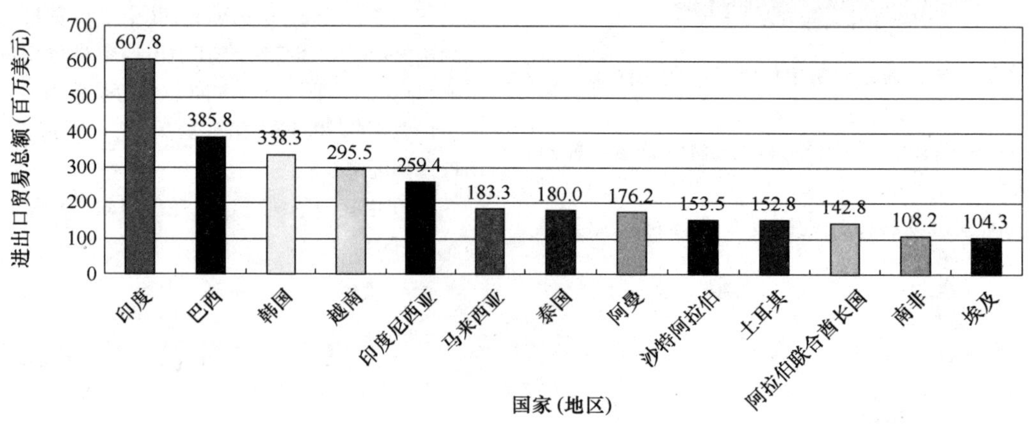

图9　2010年我国物料搬运机械出口贸易额超过1亿美元的发展中国家

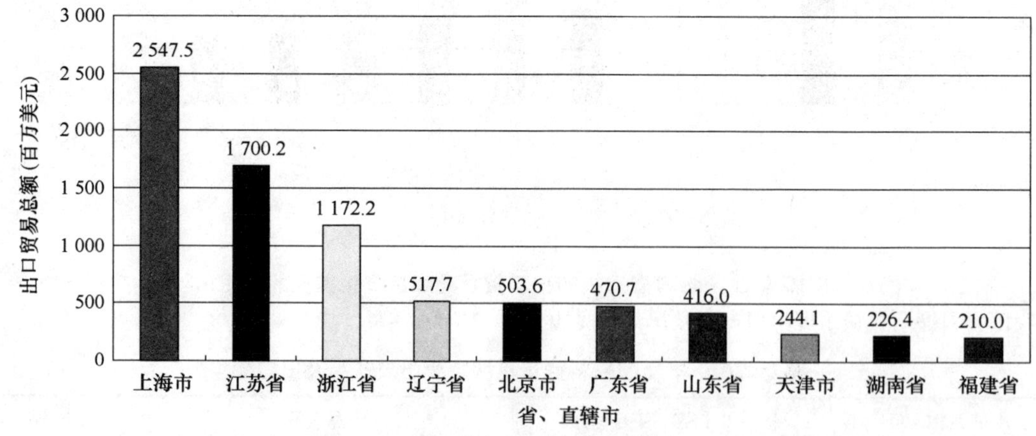

图10　2010年我国物料搬运机械出口贸易额排前10位省、直辖市

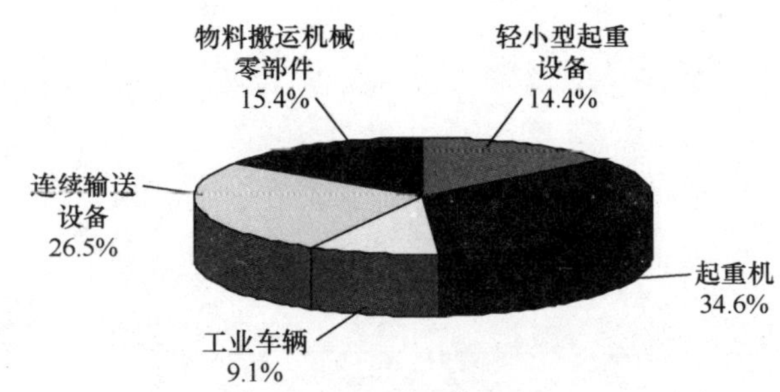

图 11　2010 年我国物料搬运机械出口贸易按产品分类

2010 年我国物料搬运机械出口贸易按贸易方式分类见图 12。

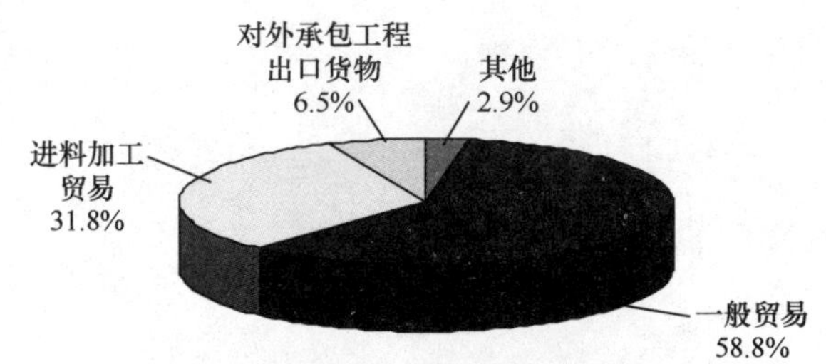

图 12　2010 年我国物料搬运机械出口贸易按贸易方式分类

从图 12 中的数据可以看出，我国出口贸易主要为一般贸易和进料加工贸易。

2010 年我国物料搬运机械出口贸易按企业性质分类见图 13。

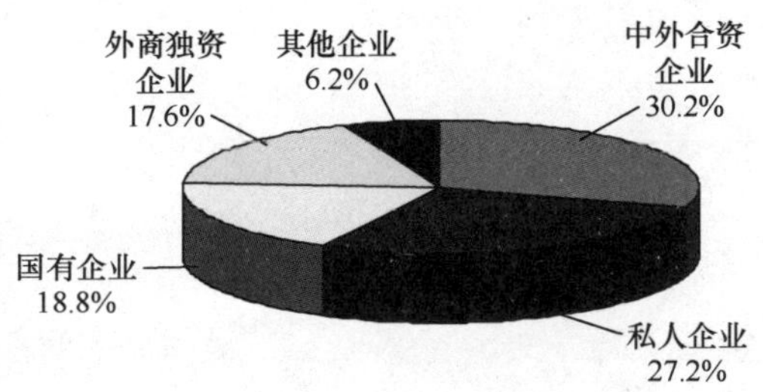

图 13　2010 年我国物料搬运机械出口贸易按企业性质分类

与 2009 年相比，私人企业出口占比增长 6.8%，中外合资企业出口占比下降 8.4%，外商独资企业出口占比略有增长，国有企业出口占比略有下降。

〔撰稿人：中国重型机械工业协会肖立群　审稿人：中国重型机械工业协会徐善继〕

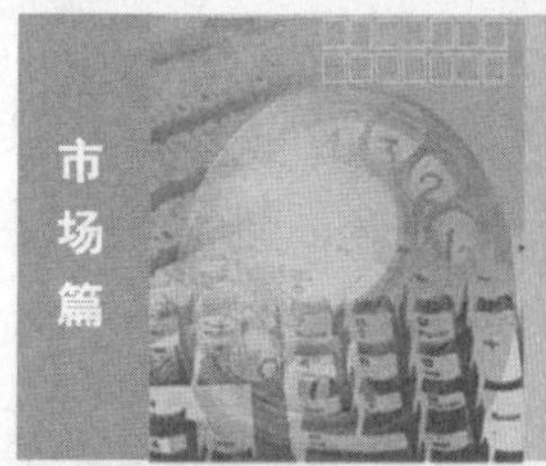

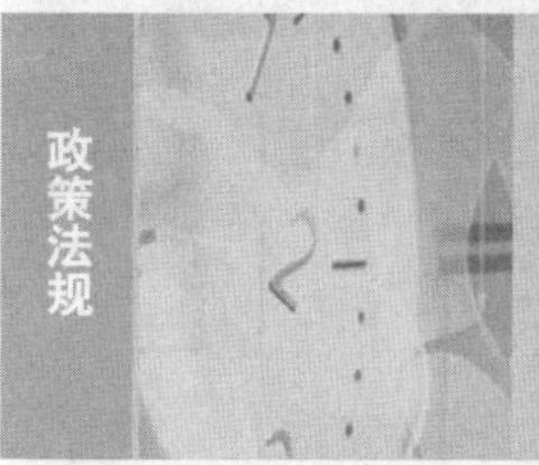

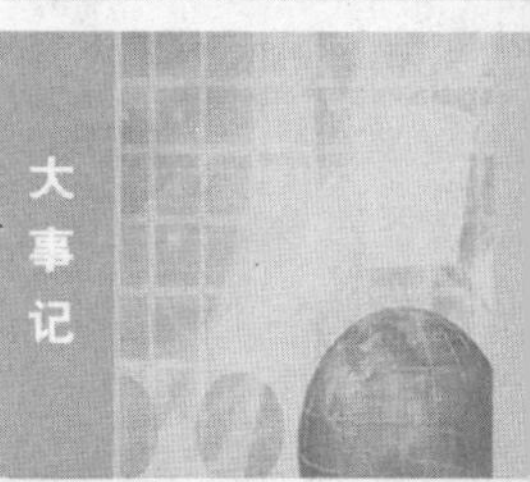

2010年重型机械行业主要企业运行情况，重点企业经营理念，文化建设及发展规划

Mainly enterprises' operating situations, business concepts, cultural development and development programs in the heavy machinery industry in 2010

企业介绍

能源装备
专栏

坚持又好又快、可持续发展

——聚焦上海电气重工集团核电产业

近年来，世界能源需求持续增长，能源价格显著上涨，能源安全和可持续利用成为各国高度关注的问题。长期以来，我国能源供应以煤炭为主，煤炭生产量占到能源生产总量的70%以上，对煤炭的高度依赖给工业生产、运输和节能减排带来了巨大的压力。2009年12月，温家宝总理在哥本哈根世界气候大会代表中国政府承诺，到2020年，中国单位国内生产总值二氧化碳排放比2005年下降40%～45%。在全球应对气候变化的时代背景下，发展核电已经成为当前优化我国能源结构、保证能源安全、改善环境的优先选择。为了满足国家能源需求增长和可持续发展的要求，党中央、国务院已确定了推动核电建设的方针，并采取了有力的措施，在确保核电安全发展的基础上推进我国核电建设。

一、超前谋划，夯实发展基础

为了抓住新能源变革的历史机遇，上海电气集团超前谋划，集合核电核岛制造的优质资源，于2007年1月组建上海电气重工集团。目前，上海电气重工集团共有8家下属企业，其中上海重型机器厂有限公司、上海电气核电设备有限公司（前身是上海锅炉厂核化车间）和上海第一机床厂有限公司是中国最早从事核电设备制造的企业，早在三十多年前就参与了秦山核电站30万kW中国第一套核电站机组的建造，拥有丰富的制造经验和长期的技术积累。上海第一机床厂有限公司目前依然是我国唯一具有堆内构件和控制棒驱动机构经营业绩的企业，上海电气核电设备有限公司是当时中国大陆首家获得ASME规范N、NPT、NS钢印许可资格证书的企业，经历了艰难困苦和脱贫解困的上海重型机器厂有限公司自2005年进行了如火如荼的热加工改造，于2008年成功制造了当时世界上最大的16 500t油压机和450t电渣重熔炉，为今天核电产业的发展做好了大型锻件方面的充足技术准备。

为了赢取先机和占据市场优势，上海电气集团按照五十年不落后的要求超前规划、科学布局，先后共投入60多亿元开展了临港基地一、二期建设，在战略谋划上，通过与闵行基地制造协同和内部联动，构建了上海电气重工集团集成制造的优势，拥有核电大锻件、压力容器、蒸汽发生器、稳压器、堆内构件和控制棒驱动机构以及核电主泵的相对完整的核岛主设备产业链。上海电气重工集团通过自主研制和全球采购，在两大基地配备了国际一流的熔铸、锻造、机加工、焊接、起吊、高精度检测等设备。由于两大基地伫立在浦江和东海之滨，又同时拥有陆路和海路运输优势。今天，闵行基地基础性潜力日渐释放，临港基地产业集聚的集约化优势逐渐发挥。具有五十多年历史的闵行基地正伴随重工集团的又好又快发展焕发青春、增强实力，临港基地正在聚焦核电、跨越提升，为夯实我国核电装备制造的发展基础戮力前行。

二、技术突破，保持市场领先

技术突破一直是上海电气重工集团实现经济效益稳步上升和战胜危机的不竭动力。自核电产业开创以来，上海电气重工集团致力于二代加、第三代、第四代核电技术的制造技术攻关，在掌握制造技术的同时创造了AP1000堆芯补水箱和AP1000稳压器等多个世界首台制造业绩。上海电气重工集团已经实现了二代加核电蒸汽发生器、堆内构件全套锻件交货，三代AP1000大部分关键件锻件交货，国内首套四代核电高温气冷堆压力容器、堆内构件成套交货。另外，压力容器、蒸汽发生器、稳压器、堆内构件的制造技术已覆盖了二代加CPR1000等技术路线，承担并正在实施AP1000压力容器、蒸汽发生器、堆内构件等国家科技重大专项；同时，通过引进德国KSB核电主泵技术，依托海南昌江项目进行制造国产化的技术攻关，计划到2013年先期实现水力部件的国产化，同时积极参与三代核电主泵的研发，计划到2015年完成AP1000和CAP1400电工频率50Hz三代主泵首台样机的试制工作。

目前，上海电气重工集团核电核岛的产能达到年产6套百万千瓦级核电反应堆压力容器、蒸汽发生器、稳压器生产能力和制造200MW高温气冷堆及极端重型机械设备；10～13套百万千瓦级核电堆内构件和控制棒驱动机构；10台百万千瓦级核电主泵，50台核二级、三级泵和相应配套的阀门（核安全等级二级、三级）。

在不断实现技术进步的同时，上海电气重工集团也收获了荣誉，连续获得多个有代表性的奖项——2010年，百万千瓦压水堆蒸汽发生器和堆内构件大锻件（二代加）获中国国际工业博览会金奖；2011年，岭澳（Ⅱ）百万千瓦级核电堆内构件主设备首次100%制造国产化获中国核能行业协会科学技术奖一等奖、岭澳（Ⅱ）百万千瓦级核电控制棒驱动机构主设备首次100%制造国产化获中国核能行业协会科学技术奖二等奖等。

另外，在核电业主和业内企业的支持帮助下，上海电气重工集团始终保持核岛主设备的市场占有率国内领先，截至2011年底，国内市场占有率达到了47.3%。自成立以来，上海电气重工集团广泛参与国内核电项目的市场，先后与中核总、中广核、国核核电、中电投、中核能源等国内核电集团建立了友好的多门类产品供货战略合作伙伴关系，核岛主设备产品覆盖了红沿河、宁德、阳江、方家山、福清、三门、海阳、石岛湾高温堆、田湾、台山、昌江、桃花江、彭泽以及国家重大专项石岛湾CAP1000等国内各大在役、在建核电站项目。

三、自主创新，构筑核心竞争力

2006年至今，以胡锦涛总书记为首的7位中共中央政治局常委和其他党和国家领导人先后视察了上海电气重工集团，在视察核电产业的发展情况时，他们分别对上海电气重工集团提出了殷切期望。肩负着时代的重托和历史的使命，上海电气重工集团一贯并坚持以提升软实力作为提高经济效益和战胜危机的主要抓手，通过培育和加强核电设备设计制造技术、培养一支核电人才队伍和提高内部管理水平来构筑企业的核心竞争力。

核电技术培育和核电人才队伍建设一直是上海电气重工集团的核心战略规划。上海电气重工集团先后成立了大型铸锻件研究、核电设备设计、焊接技术研究和检测试验等科研实体，国外通过与美国西屋、法国阿海珐、西班牙ENSA、日本三菱重工、韩国斗山重工等国际核电制造巨头开展技术合作，国内通过与中国核动力研究设计院、上海核工程研究设计院、清华大学核研院、上海交通大学、华东理工大学、中科院西安光学研究所等国内著名科研院所开展产学研合作，不但为核电人才创造了良好的成长、成才环境，而且还稳步提高了企业的科研攻关水平和综合技术实力，使上海电气重工集团在技术引进、消化、吸收和自主创新相结合的发展道路上，能够为国家核电事业的长期发展培育一代核电业的青年英才，在核电技术上发挥科技支撑作用。

在提高内部管理水平上，上海电气重工集团将继续推行“凡事有章可循、凡事有据可查、凡事有人负责、凡事有人监督”的核电行为规范，继续建设以“核安全文化”为核心的企业文化，提高核岛主设备产品的质量，继续深化信息技术的应用，把提升产品质量视作上海电气重工集团的生命。

上海电气重工集团从创业之初到取得现在的成绩是来之不易的。在新的历史时期，为了不断满足我国经济和社会发展持续增长的能源需求，保障核电设施营运安全，实现国家电力工业结构优化和可持续发展，上海电气重工集团将牢固树立发展核电产业的坚定信念，进一步聚焦国家战略、立足自主创新和突破技术瓶颈，为提升我国核工业技术水平和国际地位作出更大的努力和新的贡献。

在全球应对气候变化的时代背景下，发展核电已经成为优化能源结构、保证能源安全、改善环境的优先选择，核电亦成为全球能源结构中的重要组成部分。我国要想在核电技术领域赶超世界先进水平，还需要坚持不断创新，付出长期艰苦的努力。

《中国重型机械工业年鉴》将以“能源装备”专栏回顾行业企业进军核电装备领域的历程，记录企业创新经营的成功案例。

人物
访谈
加强自主创新
推进转型升级
促进由大变强

创新——打造世界级高端重型装备研发制造企业

——访中信重工机械股份有限公司董事长任沁新

任沁新：

中国中信集团公司董事，中信重工机械股份有限公司董事长、党委书记，全国人大代表，全国劳模，高级工程师，高级统计师，高级会计师。在把握市场经济脉搏、谋划企业战略、优化资源配置、推动企业改革创新方面，具有丰富的经验。

中信重工机械股份有限公司的前身为洛阳矿山机器厂，上点岁数的老人都愿意亲切地称之为“老洛矿”，是我国第一个五年计划期间兴建的156个重点项目之一。1993年，“老洛矿”整体资产划拨中信集团，更名为中信重型机械公司，2008年元月改制成立中信重工机械股份有限公司（以下简称中信重工）。

经过60年的建设与发展，公司已成为中国最大的重型机械制造企业之一、国家级创新型企业和高新技术企业、世界最大的矿业装备和水泥装备制造商、中国低速重载齿轮加工基地、大型铸锻和热处理中心，拥有矿山重型装备国家重点实验室和企业博士后工作站、院士工作站和“洛矿”牌球磨机、减速器、回转窑、辊压机等九块中国名牌、河南省名牌，致力于为全球客户提供煤炭、矿山、冶金、有色、建材、电力、节能环保、军工和高技术、电气传动和自动化、关键基础件等产业和领域的商品、工程与服务。

中信重工如何致力于提高企业整体竞争力，在全球经济一体化的大平台上，逐步发展成为具有核心竞争力的世界级重型装备企业？本刊记者采访了中信重工董事长、党委书记任沁新。

一、云层之上，高端制胜

采访中，记者了解到，“十一五”期间，中信重工实施“高端战略”，即：以高端技术支撑高端产品、以高端产品赢取高端客户、以高端客户占领高端市场，形成了云层之上的竞争优势，成功实现转型升级。在国内市场，中信重工与中国8大有色集团、10大钢铁集团、12大水泥生产商、13大煤炭基地结成长期战略合作伙伴。在国际市场，与世界三大矿业巨头、五大水泥集团和铜、金、铝三大有色巨头建立了长期供货关系。公司全资收购西班牙GANDARA公司，设立澳大利亚公司、巴西公司、南美办事处、南非公司、印度办事处、俄罗斯办事处等，形成了全球化的营销与服务网络，已发展成为开放性的国际化公司。

185MN 油压机成功锻造 438t 大钢锭

依托国家认定企业技术中心，中信重工构建了工程技术、产品技术、工艺技术“三位一体”的技术创新体系。借助企业拥有的“矿山重型装备国家重点实验室”等实验室系统，工业实验室、数字模拟实验、国际技术标准和基于云计算的技术研发等四个研发平台，国家认可计量检测中心和质量认证体系等多种手段，在高端制造体系平台上，中信重工成功研制出“年产千万吨级超深矿建井及提升装备设计及制造技术”、“年产千万吨级移动和半移动破碎站设计及制造技术”、“日产5 000～12 000t新型干法水泥生产线成套装备设计及制造技术”、“双压纯低温余热发电、干熄焦余热发电成套工艺及装备技术”、“日产800～1 200t低能耗智能化活性石灰成套装备设计及制造技术”等20大项核心技术。

通过系统投资，公司构建了一个包括重型冶铸、重型锻造、重型热处理、重型清理、重型机加工、重型磨机、重型铆焊、重铸铁业在内的全球装备制造业的高端配置。形成了一次性提供和生产精炼钢液900t、浇铸单重铸钢件600t、双真空高质量钢锭600t、锻件单重400t的能力。特别是185MN油压机和与之配套的750t•m锻造操作机已成为我国超临界、超超临界百万千瓦级火电，以及核电、水电、石化、船舶等关键件的核心装备制造资源。

二、诚赢四海，信达天下

在“十二五”起步之年的2011年，中信重工砥砺奋进、顽强拼搏，克服重重困难，在风云变幻中寻求机会，在跌宕起伏中劈波斩浪，在荆棘遍布中奋力前行，在充满挑战中取得成功，创造了历史上最好的业绩，经济规模和总量突破150亿元平台，累计已有订货256亿元，实现了“十二五”的良好开局。

中信重工人不但用智慧和汗水书写了企业发展的历史篇章，更创造了独具特色的诚信文化。公司站在铸就百年基业的战略高度，深入挖掘企业历史实践凝结的文化底蕴，总结提炼出以打造百年基业为目标、诚信为核心、经营理念为基础、焦裕禄精神为精髓、岗位诚信体系为特色的中信重工企业文化体系，为企业持续发展凝聚了强大的精神力量。

中信重工管理的最大特色是实施岗位诚信管理，建立岗位诚信管理体系。通过建立岗位规范，制定岗位诚信评价标准，考核员工诚信度并与薪酬挂钩，同时持续改进管理制度。通过岗位诚信管理体系，让员工处于制度和文化的影响之下，完成整个组织体系从“人管人”到“制度管人”再到“文化管人”的转换；通过岗位诚信管理体系，实现文化与管理的深度融合，促进了以诚信为核心的企业文化的落地。公司上下以岗位诚信规范为准绳，量化员工诚信行为和结果，实现以“岗位诚信”提升员工个人价值和企业核心竞争力，不断追求和实现卓越目标。

2011年，公司诚信文化荣获全国“企业文化30年实践十大典范案例”，并被授予“全国企业文化建设示范基地”。企业文化软实力已成为企业生生不息的活水之源。

三、节能技术，升级产业

作为重型装备制造企业，中信重工的主导产品所涉及的行业如水泥、冶金、矿山等都是能源消耗大户。因此，节能减排技术的运用推广不但可以增加企业自身价值，同时对我国相关产业转型升级和持续发展具有重要意义。公司认真贯彻落实科学发展观，紧跟国家产业政策导向，充分利用国家认定企业技术中心的研发优势，致力于节能型产品的开发，用节能技术装备中国工业，打造节能产品制造基地。

1．低温废气余热充分利用技术装备

我国水泥产量位居世界第一。由于水泥熟料煅烧技术的限制，水泥生产线窑头、窑尾仍有大量350℃以下中低温废气余热不能被充分利用，约30%的水泥熟料烧成系统总热量被排放，既浪费能源，又污染环境。

针对这一情况，公司研发了具有自主知识产权的双压纯低温余热发电系统，主要应用于水泥熟料干法生产线，回收水泥生产线的低温烟气余热资源，再将热能转化成电能，从而实现余热再利用。该系统无需外加热源，技术达到国际先进水平，其产业化项目也列入国家“863”计划，取得国家发明专利。

目前，中信重工纯低温余热发电技术正向硅冶炼、钢铁、玻璃窑、化工等工业炉窑纯低温余热发电领域延伸，将对推动相关行业和整个社会的节能降耗发挥积极作用。

2．变废为宝的大型立磨技术装备

高炉水淬渣（矿渣）是炼铁生产过程中产生的副产品，被当作废料在各地堆积如山。每年我国生铁产量超过2亿t，按国内平均生产1t生铁产生0.65t矿渣计算，则全年可产生矿渣1.3亿t。公司开发的高效节能矿渣立磨产品，利用料床粉碎原理，集粉磨、烘干、物料输送、选粉为一体，将废矿渣磨成具有良好化学活性的细粉，添加到水泥中得到强度更高的“矿渣水泥”。与传统球磨工艺相比，节能30%～40%，使过去难以清理的废钢渣变废为宝。

3．低品位矿山有效利用磨矿成套技术装备

一百年来，世界上能够生产大型矿用磨机的只有少数几家欧美国家企业。中信重工的进入，打破了6m以上大型矿用磨机研制的国际垄断。公司千万吨级磨矿成套装备，带动国内大型金属矿山和难处理矿处理工艺的技术进步和水平提高。我国大量的贫杂矿和难处理矿，因技术和装备落后难以综合利用。发展大型高效选矿设备，大量利用贫矿是中国矿业发展的必由之路。中信重工大型矿用磨机，代表了国内磨机的最高水平，并以其高产量和高可靠性，带动了矿山生产企业的增产、增效，使低品位矿山得到了有效利用。

4．引发能源革命的褐煤提质技术装备

“褐煤”是介于泥炭与沥青之间的一种棕黑色的低级煤，由于褐煤存在湿度大、二氧化碳排放量大、燃点低、热值低等缺点，一直为全球利用率极低型资源。随着当今世界能源的日趋紧缺，开发利用“褐煤”，被列入国家能源战略发展规划。

中信重工自主研制的国内最大的液压旋回破碎机通过出厂验收

中信重工不失时机抢抓机遇，成功研制我国首台、世界最大的大型成套国产化褐煤热压成型提质技术及装备。通过褐煤提质技术，可以使低热值褐煤热值提高837kJ/kg(2 000kcal/kg)，使“褐煤”变成方便运输的优质能源。该项技术的成功应用，将引发我国能源技术的一场革命。此项目已列入河南省重大科技专项，获得省政府项目资金支持800万元。

5．高效节能的活性石灰成套技术装备

通过持续创新，中信重工已拥有了日产750t至1 200t产能的大型活性石灰生产技术、工艺和装备，技术水平整体达到当前世界先进水平，主要性能指标处于国际领先水平。日产750t以上大型活性石灰生产线国内市场占有率已达80%以上，宝钢、武钢、太钢、鞍钢等都已使用活性石灰炼钢。2006年7月，中信重工总包的太钢3条日产1 000t活性石灰生产线成套工程成功达产，这项活性石灰生产线工程把国内大型活性石灰装备制造提升至超千吨级。

6．城市生活垃圾无害化资源化利用技术装备

中信重工是水泥装备生产的龙头企业，一直致力于新型干法水泥装备和工艺的研究。通过对国内外垃圾焚烧技术的研究，在大量试验的基础上，中信重工研制开发出了具有自主知识产权的垃圾焚烧技术。该技术是目前国内外最先进的利用水泥生产系统处理混合收集的生活垃圾技术，具有传统的垃圾填埋和焚烧无可比拟的优势。利用水泥生产系统处理城市生活垃圾技术，还能将生活垃圾中的可燃物替代部分燃料，完全达到了垃圾处理“无害化、减量化、资源化”的要求。

站在“十二五”新的起点上，中信重工将着力打造重大装备领域、环保节能领域、高技术领域、关键基础件领域4个增长极，围绕核心制造、工程成套和国际化经营等主业，完善用户服务中心、大客户服务中心、备件服务中心“三位一体”的新型客户服务体系，秉承一贯遵循的“诚信”核心价值观，为客户创造价值，以诚信铸就基业，追求用户追求，成就用户成就，与客户和社会各方共同创造，共赢未来！

中信重工—重型装备研发制造基地

科学管理　塑造品牌

——访北京约基同力机械制造有限公司董事长兼总经理马立民

马立民：

毕业于北京经济技术研修学院经济管理专业，现任北京约基同力机械制造有限公司董事长兼总经理。2010 年获“‘十一五’全国重型机械行业优秀企业家”称号。

北京约基同力机械制造有限公司（以下简称约基）是一家专门从事带式输送机研发、制造、安装、调试总承包工程的股份制企业。成立 10 年来，在北京市政府、通州区政府及中国重型机械工业协会的关怀与帮助下，在企业全体职工的努力下，约基取得了较大发展：年产值增加近 21 倍，2010 年达到 3.17 亿元（利润 2 471 万元），2011 年约 4 亿元；厂区面积增加 13 倍，达 20 万 m^2，其中建筑面积 6 万 m^2；职工总数翻了两番，达 500 余人。约基产品已出口到日本、法国、俄罗斯、印度、沙特阿拉伯、阿拉伯联合酋长国、埃及、南非、巴西等 43 个国家，并与多家国际知名的大承包商建立了常年供货协议。多年来，出口产品产值占总产值的比例都在 75% 以上。产品品种由单一的 DTII 型固定带式输送机增加到包括越野长距离带式输送机、煤矿井下带式输送机、露天矿用移置式带式输送机、可水平转弯带式输送机、U 型带式输送机、圆管带式输送机、挡边带式输送机和中间摩擦驱动带式输送机在内的多个机型。

约基是中国重型机械工业协会的理事单位，带式输送机分会的副理事长单位，中国机械工程学会物流工程分会输送技术专委会的常务理事，是联合国“全球契约组织”的成员，承诺在人权保护、提高劳工待遇、环境保护、打击腐败等方面遵循“全球契约组织”的规定。公司通过了 ISO9000 认证，还在国内带式输送机行业中率先通过了欧盟 CE 认证，取得了产品进入欧盟市场的准入证。约基开发了大量保护人身安全的部件，使产品的人性化程度达到国际水平。现拥有中国专利 21 项，其中发明专利 1 项。2009 年，约基获国家级高新技术企业称号。2011 年，获北京市“纳税信用 A 级单位”称号。U 型带式输送机项目被列入国家“火炬发展计划”。

约基如何在短短 10 年时间内快速发展并打造高端产品？本刊记者走访了北京约基同力机械制造有限公司董事长兼总经理马立民。

一、面向客户，开发适用产品

U 型带式输送机是具有多种优点的新型输送机，由 4 个或 5 个辊子组成承载托辊，两侧辊子呈垂直方向，把输送胶带“窝”成 U 形，其他部件与普通带式输送机完全一样。由于胶带“窝”成 U 形后对物料产生侧压力，因此 U 型带式输送机的输送能力可提高 25% 左右，输送倾角可增大 8°~12°；能以很小的半径水平转弯；运行时胶带不易跑偏、不撒料，环保性好。

约基在 U 型带式输送机的开发上做了大量工作，取得了可喜的成果。例如，天津振兴水泥厂预均化场的 B800×59m 胶带机，原输送能力为 600 t / h，2004 年扩产后要求提高到 800

t / h。约基将该输送机的槽形托辊改为 U 形托辊，其他部件保持不变，仅花了几万元就达到了预期目的，受到业主好评。约基为蒙西物流集团研制的两台大型 U 型输送机已经投入使用：其中一台带宽 1 200mm，机长 3 526m，输送能力 1 500t/h，线路中有 4 个半径为 700m 的水平转弯；另一台带宽 1 000mm，机长 829m，输送能力 1 000t/h，线路中有半径为 200m 和 300m 的水平转弯各 1 个。

约基在厂内建有循环运料的 U 型机试验台，进行了多项测试。在研发过程中，先后取得了 5 项关于 U 型机的专利。它们是：① U 型带式输送机的水平拐弯装置（ZL2010 2 0223383.6）；② U 型带式输送机在凸弧和凹弧段的托辊（ZL2010 2 0223382.1）；③ U 型带式输送机水平拐弯曲线段回程分支的倾斜托辊组（ZL2010 2 0518139.2）；④ U 型带式输送机水平拐弯段机架和承载托辊（ZL2010 2 0518140.5）；⑤在局部弯曲段设有 U 形托辊的普通带式输送机（ZL2010 2 0518146.2）。

把 U 型机技术溶入到普通带式输送机中，在其凹弧段和水平拐弯段采用 U 形托辊，可克服诸多弊端，使输送机性能得到极大的提高。在铅垂面内的凹弧半径因工艺布置的原因，不能避免空载起动发生飘带的情况，往往被迫使用压带轮，而压带轮会带来输送能力下降和碾压物料、损伤胶带等问题。如在凹弧段采用带水平挡辊的 U 形托辊就能有效防止飘带，并且运量不减。在水平转弯段采用 U 形托辊后，利用内挡辊的机械阻挡力，强制胶带转弯，可以使钢绳芯胶带的最小水平转弯半径为带宽的 200 倍，织物芯胶带为 50 倍。这远远小于圆管输送机和普通输送机的转弯半径，给输送线路的选择带来极大便利。

二、科学管理，打造高端产品

约基的发展得益于我国近年来经济高速发展、国力大大增强的大环境，也得益于公司内部推行的科学而严格的管理。公司把老子《道德经》中阐述的“图难於易，为大于细”的理念作为企业文化的核心，强调细节决定成败的道理，并提出了“苦练内功，积极打造带式输送机高端产品，抢占国际市场”的发展战略。约基定义的高端产品是：产品通过 CE 认证，确保人身安全；能符合世界先进国家产品标准的要求；使用寿命长；产品配有链式清扫机（又称清扫链），能将输送带上未清除干净的物料送入头部漏斗，也能将输送带在机头由槽形变为平形时，从侧面溢下的物料送入头部漏斗，以减少岗位工；所有部件都采用螺栓联接，现场安装时不用电焊；所有结构件都经过抛丸处理后才涂漆；配用国际知名厂家的电动机、减速器、输送带；附有翔实而具体的出厂文件。

为了提高产品质量、实现严密的质量控制，约基坚持对技术人员每月进行一次技术培训，提高其理论水平、外文水平和解决实际问题的能力，从而增强了公司科技开发能力。约基从美国 Overland 公司引进了大型带式输送机动态分析软件，使设计更保险、更先进。公司制定了 13 项企业标准，包括指标高于国家标准的“企业内控质量标准”和为贯彻这些标准而定出的 28 个质量控制点。从机加工、焊接、涂装、包装到检验的主要工艺过程都制定了规范，对滚筒、托辊辊子、金属结构件等制定了质量控制计划（QCP）。此外，通过在流水生产线上加工和装配主要部件的办法，尽量减少人为干扰因素。带式输送机的金属结构件除锈不到位、产品易返锈等是过去存在的一大问题。约基在业内率先建造了 3 条大型“喷漆、烘干悬挂流水线”，工件上线后不落地就能完成喷漆和烘干的全过程，避免了上述问题的出现。

“十一五”期间，约基引进了“CAXA 图文档”系统，实现资源共享、防止技术外流；引进“ERP”(企业资源计划) 系统，对企业的进、销、存环节进行精细化管理。“十二五”期间约基的目标是：完成二期扩建工程，在新购置的 11 万 m^2 厂区内建设 24 400m^2 金属结构车间 1 个、9 000m^2 机加工车间 2 个、8 000m^2 包装车间 1 个和 6 000m^2 办公搂 1 座。届时，总产值将达到 10 亿元。公司将加强质量管理，不断提高产品质量，扩大约基产品的国际知名度，创造名牌产品。同时，加大 U 型带式输送机、水平拐弯带式输送机和煤矿井下带式输送机的研发力度，扩大市场份额。

中国已连续多年位居带式输送机生产量和使用量世界第一的宝座，但在输送机的理论研究、设计水平、制造工艺、主要配套件（电动机、减速器、电控设备）的质量和质量保证体系等方面，与国际先进水平仍有差距。应该说，中国是带式输送机的大国而非强国。立足新的起点，面对新的征程，北京约基同力机械制造有限公司将立足企业实际，放眼全球，为实现大国变强国的伟大使命而努力拼搏。

创世界品牌 树百年“双金”

——访浙江双金机械集团股份有限公司董事长胡祖尧

胡祖尧：

浙江双金机械集团股份有限公司董事长，兼任中国砂石协会常务理事，浙江铸造协会常务理事；获得劳动模范、优秀科技工作者、优秀党员、关爱员工优秀企业家、慈善家等荣誉称号。

浙江双金机械集团股份有限公司坐落于杭州，成立于1987年，制造研发基地坐落于杭州瓶窑，占地面积近7万m^2(103亩)。经过20余年的发展，2011年底更名为浙江双金机械集团股份有限公司（以下简称双金）。

双金现有员工总数近千人，下设6家控股公司，有45项国家专利。公司自主研发的SJ1400圆锥机拥有11项国家发明专利，其技术处于国际先进水平。同时，公司成套设备已进入国家核电工程项目，先后承接了山东石岛湾、湖南桃花江、海南核电石料厂项目，是当前国内发展迅速的矿山机械成套设备及解决方案供应商之一。

双金先后在华东、华南、华北等全国各地建立营销及售后服务网点，市场营销网络遍及国内各省市。公司拥有广泛的客户群体，以优质快速的服务赢得了客户的高度评价。

双金先后通过了ISO9001质量体系认证、ISO14001环境管理体系认证、ISO18001职业健康安全体系认证、TS16949认证、AA标准化良好行为认证、AA测量管理体系认证、CE认证等。

多年来，公司先后获得了国家火炬计划重点高新技术企业、国家重点支持领域高新技术企业、浙江省工商企业信用AAA级守合同重信用企业、浙江省研发中心、浙江省名牌产品、杭州市著名商标等荣誉。

一、立足国内，开拓国际市场

双金创立伊始，以圆锥式破碎机的研发和制造为重点，并得以快速发展。公司跟随行业动态，持续投入资金对矿山机械新产品进行研发。2008～2009年，双金投巨资扩建厂房，对生产能力进行改进，在湖州及芜湖设立生产基地，成为浙江省最大的矿山机械产品制造基地之一，形成了良好的矿山机械产品技术研发和制造平台。

以良好的研发制造为基础，双金圆锥式破碎机自投放市场以来，就获得了国内外用户的一致好评，销售额逐年攀升。2008年4月，双金杭州营销总部正式成立，自此，双金面向全国的战略营销打响。双金已在全国各大城市建立和健全了营销及服务网络，并始终坚持“质量第一、用户至上”的经营理念。近年来，双金经济效益逐年提高，“双金”品牌在用户中树立了良好的信誉。

双金在立足国内的同时，积极开拓国际市场。公司拥有自营出口权，产品远销到美国、意大利、澳大利亚、日本等国际市场和中国台湾地区。每年出口到国外的铸件产品几千吨，年出口贸易额达到上千万元。双金在国际市场上树立了良好的品牌形象。

二、质量为本，创百年品牌

质量是企业的生命，质量管理是企业管理的核心。双金通过多年的实践探索，已经将质量管理提升到较高的文化层次，初步创建了具有双金特色的质量文化。

双金自创立之初便确立了“不断改进、力求完美、追求顾客满意”的质量方针，走上了一条追求质量“零缺陷”为目标的质量效益型道路。公司每年举行两轮滚动式内部质量审核，召开一次由总经理亲自主持的管理评审。同时，公司制定了一整套完整的愿景目标和计划管理体系，并与考核体系有效结合。在这个体系中，公司以“大质量”的概念贯穿整个经营过程，并且将质量管理体系延伸到厂外，采用动态管理方式，与优秀供应商建立稳定的互惠互利的长期合作关系，从源头上保证产品质量。

公司重视产品质量诚信制度建设，并通过实施、完善已有的“质量诚信制度”，做好产品售后服务。实行主要用户登门拜访制度和客户专线电话服务等，定期进行核查，对不符合要求的项目做出整改。

如今的双金人，已牢固树立起了“内在质量精品化、外在质量人性化”的产品制造理念，建立了以领导推动为核心的“十字交叉”质量责任链、生产过程链，“人盯人”的质量追溯制。双金的质量文化建设，已经成为企业在市场竞争中立于不败之地的重要法宝。

创新是企业的灵魂，可以使企业得到质的飞跃。在二十多年的经营过程中，双金集团能保持稳步健康发展，一个重要的原因就是依靠技术创新和技术改造，不断开发新产品。

公司十分注重技术改造与科技创新，于 2005 年建立了企业的研发中心。研发的 SJ1400 圆锥式破碎机，被认定为高新技术产品，2007 年又被列入国家火炬计划项目。SJ1200 在 2009 年被列入国家火炬计划项目；SJ1650 被认定为省级新产品；核岛建设专用 1400 圆锥机被认定为杭州市适度发展重工业首台套项目，并同时进入 3 大核岛项目使用，填补了国内空白。2011 年，双金坚持“创新先导、应用并重”的实时性战略，开发了一系列矿山机械产品，全面向矿山机械成套设备转型。公司已拥有 42 项实用新型专利，2 项发明专利。

双金与浙江大学、西安工业大学和浙江机电职业技术学院建立了长期稳定的合作关系，建立了产学研合作基地，将各行业的新技术、新工艺及时应用于新产品的研制开发，使新产品研发能力日趋增强。双金拥有专业开发人员 62 名，为公司创新提供了坚实的基础。

多年来，双金始终把品牌建设作为一个重大战略来实施，以品牌促发展，以品牌提水平，以品牌树形象，全面打造“双金”品牌，创建百年品牌。在保证质量的情况下，通过网站、电视、报刊、户外广告、产品画册等多种媒体对公司进行全方位、立体式的宣传，不断提高“双金”品牌的知名度。

如今，“双金”牌产品国内市场占有率达到了 8% 以上，销售收入也以每年超过 30% 的速度增长，用户满意度指数达到 98 分，稳居国内同行之首。双金人有信心让“双金”牌产品中国驰名，并走向世界。

三、以人为本，构建共和共赢的企业文化

多年来，双金始终把文明单位建设放在提高市场竞争力、促进公司改革发展的突出位置。在创建活动中，公司健全了创建组织，完善了职工代表大会、劳动保护委员会、法务部、企务公开小组等工会内部组织。结合自身实际情况，确定了创建口号，拟定了工作计划，使活动有组织、有计划，各职能部门齐抓共管，各负其职，协调配合。

公司坚持以人为本，实行民主管理，发挥工会的组织优势，在企业和员工之间搭建和谐相处的平台。公司以宣传栏、网站、公告栏等形式，定期发布企业信息，搞好企务公开，提供双向沟通的渠道，调动员工积极性和主动性，使职工人人参与创建活动，增强员工在创建活动中的主体地位。

公司先后制定了劳动合同制度、工资协商制度和劳动争议调解制度，通过了职业健康安全管理体系，切实维护职工权益。加强职工劳动保护，专门成立了安全生产科，并设置了专职安全员和兼职安全员，设立了安全监督小组，完善劳动安全条件，确保职工安全劳动和企业安全生产。双金通过举办职工岗前培训、专业技能培训、特殊岗位培训等，不断提高职工技能素质。通过采取走出去、请进来的方式，增加员工与外界交流、学习、取经的机会。公司被评为企业培训工作先进单位。

在党政领导的具体指导和全体员工的大力支持下，公司深入开展“送温暖”活动，逐步健全完善职工活动室、健身苑所、宣传窗等企业文化阵地。此外，还实施“闪亮”工程，对厂区进行绿化、美化、净化，实现了办公自动化，并启用了 ERP 系统，实现企业和员工的共同受益、共同发展。

在企业全面发展创品牌的同时，双金不忘自己的社会使命，敢于做一个负责任的企业。公司积极参加社会公益事业：资助余杭区瓶窑镇彭公村修路做水渠、为大学生提供实习机会、为困难儿童组织捐款、赞助老年节……一系列活动的开展，实现了双金公司内部与社会的和谐共处，进一步促进了共和共赢和谐企业文化的形成。

面对市场竞争以及大好的市场机遇，双金人有着清醒的认识。双金将着眼于高新技术的研发，立足于矿山机械行业，整合现有资源，依靠强大的技术研发团队，坚持以技术为核心，以服务为先导的品牌营销战略；秉承客户需求，努力为市场创造价值，拓展市场战略合作伙伴，突出双金企业文化。力争在 3～5 年的时间内销售收入突破 10 亿元，形成集团化产业链，创世界品牌、树百年双金。

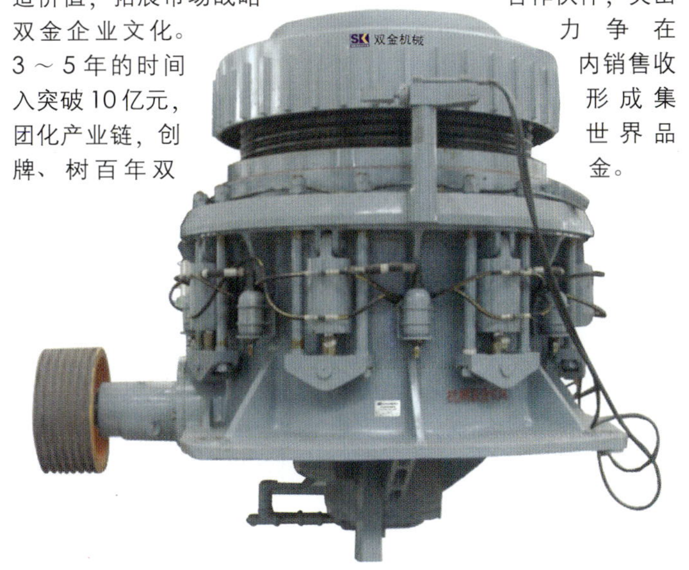

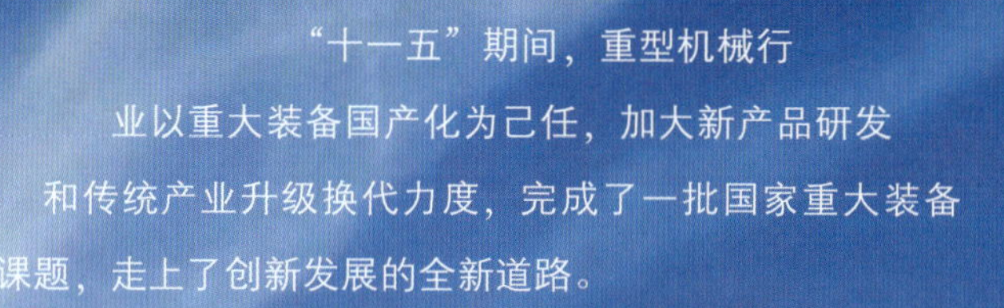

“十一五”期间，重型机械行业以重大装备国产化为己任，加大新产品研发和传统产业升级换代力度，完成了一批国家重大装备课题，走上了创新发展的全新道路。

2011年是“十二五”的开局之年。面对国际、国内多重风险和挑战，重型机械行业企业以市场为导向、科技创新为支撑，加快产业结构调整，保持了平稳较快发展，为实现各自“十二五”发展目标开创了良好局面。

中国重型机械行业的发展史，也是一部行业优秀企业家的成长史。《中国重型机械工业年鉴》将以“人物访谈”栏目客观、真实记录企业创新发展思路，展现优秀企业家的风采！

企业介绍

中国第一重型机械集团有限公司

2010年,中国第一重型机械集团公司(以下简称“一重”)紧紧围绕国家政策,积极调整生产组织结构,强化生产管理,加大经营工作力度,经过全体干部职工的艰苦努力,保持了企业的平稳运行。截至2010年末,一重资产总额2 912 128万元,负债1 226 339万元,净资产1 685 789万元,资产负债率42.1%。

一、生产发展情况

2010年,一重实现商品产值120亿元,商品产量31万t,销售收入85亿元,利润11.5亿元,工业增加值27.5亿元,国有资产保值增值率113%。2010年主要产品产量见表1。

表1　2010年主要产品产量

产品名称	产量(t)
成套设备	92 311
重型机械配件	26 098
大型铸锻件	18 984
加氢反应器	36 699
其他	136 577
合计	310 669

二、市场经营及销售

2010年主要产品销售收入见表2。

表2　2010年主要产品销售收入

产品名称	销售收入(万元)	占比(%)
成套设备	270 520	31.66
重型机械配件	92 496	10.83
大型铸锻件	99 396	11.63
加氢反应器	334 597	39.16
运输业务	7 751	0.91
其他	49 668	5.81
合计	854 428	100.00

2010年一重实现销售收入85.44亿元,新签订货合同160亿元。为拓展出口业务,一重成立了国际市场部及一重集团国际有限公司(德国),出口订货出现恢复增长,2010年完成出口交货值6.1亿元。工程总承包项目订货取得重大进展,签订了冷轧、热轧、铝板带轧工程等多个工程总承包项目,其业务已由钢铁领域扩展到有色金属领域。加大冶金备件订货力度和改变订货方式,先后两次组织全国性的轧辊技术及备件合作研讨会,与十余家钢铁企业签订了具有可操作性的轧辊零库存及备件供应合作协议。锻压产品订货额大幅度提高,合同额同比增长近3倍。石油化工设备订货取得可喜成绩,国内订货额创历史新高,继续保持了较高的市场占有率。牢固占据核电设备市场排头兵位置,实现核电产品订货20多亿元。

三、科技成果及新产品

核电设备方面,以第三代1 000MW级核电站主设备用大型铸锻件为对象,依托国家相应核电工程,掌握了关键制造技术,生产出满足技术规范和质量要求的大型铸锻件,制定出相关的技术规范和技术标准。研制出满足百万千瓦核电锻件要求的600吨级钢锭以及百万千瓦级核电核岛压力容器中接管段、整体顶盖,蒸发器中水室封头、锥形筒体、管板,主泵泵壳、主管道,堆内构件以及常规岛汽轮机和发电机转子等铸锻件,并制定了相应的国家或行业技术标准。经过多年的技术积累与创新,一重具备了“二代加”全套核岛锻件的生产能力,顺利实现了CPR1000核岛锻件的批量化生产,承制了世界首批AP1000三代核电核岛主要锻件。在核电技术领域取得的这些科技成果使一重成为为我国在建的12个核电站和1个实验快堆提供核能设备的重要企业之一。大型铸锻件方面,一重承担的相关课题顺利通过了国家验收。新产品开发方面,卧式辊磨机等新产品推向市场,将继续开发新能源、资源循环利用、节能减排等战略性新兴产品,加快构建能源装备、工业装备、环保装备和装备基础材料四大产业。2010年获得国家和省市科技进步奖9项。

四、产品质量及标准

2010年,一重完成了ISO9000质量管理体系国标和国军标的换版贯标工作以及特种设备(压力容器)、百万千瓦级核电不锈钢铸造泵壳等取证换证工作;加强了质量管理体系内审和内外部质保监察;建立了专项产品装备保障队伍,完善了专项产品售后服务和装备保障制度。

一重标准化管理委员会自2005年成立以来,在强化标准化管理、积极推进和采用先进技术标准、保证技术标准的顺利贯彻实施方面做了大量富有成效的工作,实现了从单一的标准采购到参与行业标准制修订的跨越,承担了10余项行业标准的制定工作；先后完成了机械工业大型铸锻件标准化技术委员会组织的大型高铬铸铁热轧工作辊，900MW及以上火电机组汽轮机高中压转子锻件、燃气轮机压缩机轮盘合金钢锻件等产品技术标准的制定工作，以及完成了炼钢、铸造、热处理、材料、检测等100余项热工艺标准的修订工作。一重围绕公司专业化生产线的建设，大力推进以关键重要件为核心的标准化、系列化管理，组织编制了关键重要件及批量件设计工艺指导书，为普通工艺下放以及生产效率与制造质量的提高奠定了基础。2010年，完成制定行业标准11项，完成修订行业标准9项；完成了16项工厂标准的制定和8项工厂标准的修订工作；编制完成产品工艺作业指导书、制造操作要领书280项。

五、基本建设及技术改造

2010年，一重计划进行固定资产投资265 753万元，实际完成157 138万元，主要用于建设齐齐哈尔市富拉尔基区建设铸锻钢基地、大连建设核电石化装备制造基地和在天津建设成套装备制造基地。2010年一重申报了“能源装备大型铸锻件生产流程专业化自动化技术升级改造项目”，并被列入国家重点技术改造项目。该项目投资85 715万元，其中中央预算内投资11 169万元。项目实施后将有效提高产品质量及成品率，降低生产成本并实现能源循环利用、节能减排，使铸锻钢基地综合制造能力达到或超过当前世界同行业先进水平。

2010年完成的技术改造项目效果体现在以下方面：一是对国民经济发展产生积极作用，满足了国家经济建设对大型铸锻件和重大技术装备的需求，根本改变了我国大型铸锻件和重大技术装备受制于人的被动局面，间接带动相关行业发展，促进国内装备制造业尤其是机床行业的发展以及带动相关科研、设计能力的提高；二是对实施产业结构调整、产品结构调整起到促进作用，提高了装备能力，为新产品开发搭建了平台；三是对主业发展具有提升作用，通过2010年技改投资项目的实施，使一重整体技术水平、生产能力和市场竞争力又跃上一个新台阶，扩大了企业的产业链和服务领域；四是在降低成本、挖潜增效，提高能源利用效率和强化节能减排，实现降本增效以及促进经济与资源、环境的协调发展等方面取得了明显成效，增强了可持续发展能力。

六、对外合作

2010年，一重针对所承担的“十一五”国家科技重大专项课题与各大学、企业、研究院所进行了广泛合作，通过产学研联合形成自主知识产权。主要成果包括成立了空心钢锭等六大产业化项目，完成了大型铸锻钢基地规划实施与建设、CPR1000核电大型锻件研制及评定、AP1000管板研制等。当前第三代AP1000核电锻件锻制技术难点均已攻克，所承担的核电重大专项课题研制任务已提前完成，达到了国家核电设备国产化目标。

七、改革与机构调整

2010年，一重实现了整体上市，成功迈入资本市场，成为第一家央企整体上市公司。按照企业发展规划进行了机构调整，注销了全资子公司有限公司和铸锻钢公司，并相应设立了重型装备事业部和铸锻钢事业部，成立了冶金工程事业部、国际市场部、能源装备材料科学研究所和一重集团国际有限公司（德国）等。

八、企业发展的主要或突出问题

（1）国内外经济形势和市场形势仍然十分复杂。要加强市场形势的研判和分析，将市场形势的变化及时传递到生产系统，推动相关部门改变思路，及时跟上市场变化的节奏。

（2）国际市场亟待开拓。重大装备市场的特点是每个国家的市场份额都不大，在当今全球经济一体化的发展格局中，企业必须以整个国际市场为目标，寻求更大的国际市场发展空间。因此亟需改变过去仅仅立足于国内市场的局限，切实转变经营观念，加快向国际市场进军的步伐。

（3）新产品开发及技术创新面临的挑战。“十一五”期间技术创新虽然发展态势良好，但与公司科学发展的要求、与国际同类先进企业相比还有较大差距。主要原因是没有完全处理好开发新产品与解决现实发展的关系，在自主创新中借用外部资源的力度还要进一步加强。

〔撰稿人：中国第一重型机械集团公司杨先仙　审稿人：中国第一重型机械集团公司刘昕宇〕

中国第二重型机械集团有限公司

一、生产经营情况

2010年，中国第二重型机械集团有限公司（以下简称中国二重）面对复杂的经济形势，坚持以“抓订单、促产出、严管理、保人气”为主线，通过科学组织、从严考核，创造了桂林福达125MN热模锻压力机、攀钢2050和福建鼎信850热连轧机等成台套产品制造周期的新纪录；长岭石化项目4台加氢反应器成功实现了在镇江基地的异地组焊和产出；大型模锻压机研制顺利推进。全年完成2条热连轧线、3条中板轧线，完成了核电汽缸4套、核电半速转子2件、300MW及以上汽缸94.5套、大型水电设备上冠下环6.5套、300MW及以上汽轮机低压转子59件、300MW及以上高中压转子63件、300MW及以上发电机转子46件、风电增速机785台、重型容器3 638t和核电产品3 075t，实现了由单件生产向批量生产的转变，推进了企业生产经营的平稳运行。

在营销方面，面对订单不足的主要矛盾，企业以灵活策略应对残酷竞争，在“量、价、款”上极力争取企业最大利益。

实现了订货结构的进一步优化，清洁能源产品订单占比超过60%。成功签订AP1000三代核电自主化依托项目主管道合同；与国内多家新客户达成风电增速机合作意向，与国外公司达成偏航减速机制造协议；拿下金山石化、武汉石化两大项目长周期设备制造合同。通过创新营销方式，加强协同合作，首次实现了广东东上1250/1450冷轧设备工程总包；签订的浙江永杰1850铝板热连轧机合同，首次实现有色轧制设备工程总包；签订的印度1750不锈钢冷轧带钢平整机合同，首次实现国外冶金设备工程总包。积极向国内多家钢厂推广冶金备件服务新模式，成功签订湘钢5m宽厚板轧机主传动万向节轴国产化研制合同，首次向国外小批量出口特大型锻钢支承辊。同时，子公司发挥各自优势，开放面向外部市场。万航“立足航空、拓展民用”、万路“推进企业物流向物流企业转变”、万通“依靠仓储带动经营”、万信“实施大经营战略”、万安“着力工业和生活服务升级”，均取得了不俗成绩。

全年共完成工业总产值103亿元，同比增长10%；完成机器产品产量13.9万t，同比下降18.7%；冶炼钢液27万t，同比增长16.7%；实现工业增加值20亿元，扣除自建800MN大型模锻压机的影响因素，完成合并口径销售收入68.67亿元，同比下降15%；实现利润总额2亿元，同比下降53.9%。

受市场行情影响，公司原主营业务冶金成套设备由于订单不足而致产能放空，订单充足的电站设备由于产能不足、生产组织等原因短期内难以释放产能，导致产出总量（产量和收入）有较大下降。其中，工业总产值出现一定增幅的原因除包含自制800MN模锻压机产值外，在制品量大也是一大原因，2010年在制品为11.5亿元，上年同期为3.8亿元，若扣除在制品，则比上年有所降低。

二、新产品开发情况

在国际金融危机的大环境下，中国二重通过科技创新，在提升原有产品技术等级的同时，积极稳妥地进行产品结构调整，在部分传统产品市场萎缩的情况下，保证了企业的经济效益。通过加快推进以核电为代表的清洁能源产品研发，核电产品研发不断实现新突破，已取得核岛锻件“全域”通行证。加快推进风电增速机新机型和船用齿轮箱开发。大型水电设备铸锻件制造技术日趋成熟，进一步巩固了国内龙头地位。成功实现汽轮机转子小批量精加工，拓展了市场空间。顺利取得SAD类压力容器分析设计资质，具备了向石化成台进军的先决条件。与国外公司合作开发煤气化设备、风电传动装置、环锻机等产品取得积极进展。首台新型立磨试车成功。模锻技术开发取得重大突破。年内新获专利授权43项，其中发明专利11项。2项发明专利获第十二届中国专利优秀奖，“二重”商标被认定为“中国驰名商标”。

1. 核电产品

核电铸锻件产品研制取得突破性进展，成功浇注了国内最大的核电560t特大型真空钢锭，开发成功国内首件1 100MW核电半速转子锻件产品，成为除日本之外全球第二家可制造该产品的企业；成功研制出全球第一支AP1000核电主管道锻件产品；核电管板已经实现批量供货，成为全球管板制造成品率最高的制造企业，也是国内唯一交付用户使用的企业；完成了压力容器接管段及整体顶盖锻件、蒸发器锥形筒体及上下封头等核心锻件的研制。

2. 风电增速机产品

在实现1.5MW风电增速机大批量生产的基础上，成功研制了2.5MW风电增速机样机，并通过了负荷试车；1.0MW风电增速机样机也成功进行了试车，并已经开始批量投料生产；为广东明阳生产的1.5MW风电增速机已经进入安装阶段，2011年底进行试车；同时与东方汽轮机厂共同研制的2.0MW风电增速机也进入初步设计阶段。风电增速机项目基本实现了1.0MW、1.5MW、2.5MW系列产品生产。

3. 大型水电设备铸锻件产品开发

以三峡700MW水电工程为依托，成功研制开发的三峡地下电站水轮机电渣熔铸活动导叶、700MW特大型水电镜板，得到三峡总公司的高度评价。国家三峡办组织国内专家评审认为，中国二重是目前国内第一家有能力提供全套700MW水电机组用大型铸锻件产品的企业。

4. 大型火电设备铸锻件产品开发

经过多年的技术和产品开发，针对超临界和超超临界火电机组对大型国产铸锻件的迫切需求，自筹资金开展了超临界机组10% Cr型高中压汽轮机转子、9% ~ 10% Cr缸体、3.5NiCrMoV超纯净转子及高低压复合转子等大型铸锻件的材料国产化研究和制造关键技术的研究，攻克了材料及制造关键技术。当前中国二重已经为市场提供了600MW以上大型超超临界火电机组铸锻件产品。

5. 大型立磨成套产品

项目组积极与市场部门配合，争取新产品市场。继2010年初取得北川四星水泥有限公司日产2 500t立磨项目的总包合同后，下半年又取得了东方新希望重庆水泥设备有限公司两条日产4 800t熟料干法水泥立磨生产线设计制造合同，其中一条生产线将采用中国二重专利技术进行设计制造。具有自主知识产权的日产5 000t新型水泥立磨研制成功，已在现场试车成功，获多项发明专利。

6. 800MN模锻压机设计开发

下达《800MN模锻压机研制专项科研计划》，全面开展800MN模锻压机的设计开发工作。800MN模锻压机基础建设工作已全面开展，并获得国家科技立项。

7. 万里长江第一吊的诞生

企业自主建造的起吊能力1 700t的万里长江第一吊和850t码头起重吊车于2009年11月在镇江成功起吊，标志着中国二重能够制造中国起吊能力最大的起重机。

8. 冶金设备总承包，电气自动化控制实现国产化

过去，中国冶金设备的电气自动化控制装置由德国西门子等公司提供。中国二重通过技术创新，已经实现电气

控制的自主设计。因此,中国二重已成功进入冶金设备工程总承包领域,提供的冶金设备产值从1亿多元提高到6亿~8亿元。同时,中国二重国际竞争力大大提高,冶金设备出口订单大大增加。

〔撰稿人:中国第二重型机械集团有限公司严详文 审稿人:中国第二重型机械集团有限公司李国庆〕

太原重型机械集团有限公司

太原重型机械集团有限公司(简称太重)始建于1950年,是新中国自行设计、建造的第一座重型机器厂,属于国家特大型骨干企业;1994年被确定为全国100家建立现代企业制度试点企业之一;1998年创立了中国重机行业第一家上市公司——太原重工股份有限公司;2005年进入中国制造业500强,2006年荣获"全国五一劳动奖状",2008年胜利跨入百亿企业的行列。下属企业有太原重工股份有限公司、太原重型机械集团煤机有限公司、榆次液压集团有限公司等。

太重主要生产起重设备、挖掘设备、轧钢设备、锻压设备、油膜轴承、煤炭机械成套设备、煤化工设备、液压元件和液压系统、铁路轮轴产品、减速机、焦炉设备、风电设备、航天发射装置、舞台设备、大型和精密铸锻件等产品。建厂六十年来,太重已为冶金、矿山、水电、交通、化工、建筑、航空航天等行业,特别是为国家重点建设项目提供了1 000余种、20 000多台(套)装备产品,创造了360多项国内外第一,培育了油膜轴承、起重机、减速机三个名牌产品,被誉为"国民经济的开路先锋"。其中,三峡1 200t桥式起重机、480t铸造起重机、20~55m^{3}矿用挖掘机、1.5MW风力发电机、ϕ340mm无缝管轧机、三辊连轧管机组、10 000t铝合金挤压机、1 800kW电牵引采煤机、神舟七号发射塔架、奥运会开闭幕式舞台设备等为太重标志性产品。

一、生产经营情况

2010年是太重建厂60周年,这一年太重广大干部职工沉着应对,砥砺奋进,有效巩固和扩大了应对国际金融危机的成果,保持了运行向好、素质提升、后劲增强的良好态势。生产经营、资本运作、产品开发、重点项目建设取得显著成绩,主要经济指标均全面超额完成。

一年来,太重广大干部职工精心组织、超常努力,克服了资金紧张、新产品与重点产品占比增多、难度大等诸多困难,实现了高产、超产。太原重工迈上了月产值10亿元的新台阶,单月生产3台大型挖掘机、2台大型压机、钢轮25 000片、车轴8 000根,创历史新高。单月生产轮对1 000副,增速器50台,实现了批量产出。钢液量实现连续高产,二季度月均超过10 000t,4 500t水压机产量连续两月超过3 000t。太矿集团规范外协外购工作,专业化协作取得明显成效。山西煤机采取增加核心设备、扩大外协等多项措施,单月铺设台数屡创新高。榆液集团推进体制机制调整,按产品板块专业化运营,产能得到释放。2010年主要经济指标完成情况见表1。

表1 2010年主要经济指标完成情况

指标名称	2009年完成(万元)	同比增长(%)
工业总产值	1 372 283	20.14
主营业务收入	1 333 793	22.87
利润	80 437	35.39
利税	151 833	46.72

二、市场经营及销售

2010年,针对严峻的市场形势,公司专门召开经销动员大会,积极调整经销组织结构,推出新的激励政策,为经销工作注入了活力和动力。经销战线广大职工充分发扬团队精神和拼搏精神,付出了艰辛努力,取得了较好的业绩。挖掘机、煤机、大型压机、轮轴销量增长强劲。棒线材轧机订货呈现良好态势,掘进机逐渐打开市场,液压板块适应市场的能力进一步增强。

1. 首台套订货成绩显著

200MN自由锻造液压机、660t履带起重机、660t全路面桁架臂起重机、500t全路面伸缩臂起重机、7 650t/h半移动破碎站、5MW风电增速器等新产品实现订货,落实了开发依托项目。

2. 成套项目取得突破性成果

签订了泓元海水淡化褐煤干燥成套项目、扬州龙川高合金钢管成套项目、韩国日进等三条连轧管生产线、河北金牛煤机成套设备等,成套设备订货31.3亿元。

3. 出口订货大幅增长

管轧机组出口沙特阿拉伯、韩国、印度,大型挖掘机出口俄罗斯、智利、蒙古,铸造起重机出口印度、越南、伊朗,轮轴产品出口加拿大、阿根廷、土耳其,全年实现出口订货14亿元。

三、科技成果及新产品

2010年,公司各单位大力推进技术创新,开发项目多,工作布置得力,成绩突出。集团公司被确定为全国第二批知识产权示范单位。"干熄焦开发应用"项目获得国家科技进步奖二等奖。

1. 首台套产品改进取得突出成绩

技术、生产、质量等部门密切配合,勇克难关,55 m^{3}挖掘机、1.5MW风电整机、80MN快锻机、墨龙ϕ180mm连轧管生产线、聊城ϕ273mm钢管生产线、起重机行星包等首台套重大新产品经过改进完善,达到国际先进水平,获得了用户肯定,充分体现了集团团队能打硬仗、善打硬仗的优良作风。55 m^{3}挖掘机又取得5台订货,市场地位进一步巩固。

超重型刮板输送机受到市场肯定，又取得4套订货。新型船用马达经过改进完善，得到用户认可，成为新的增长点。2 500kW采煤机也在积极改进。

2. 产品开发顺利完成

7m焦炉、2MW风电整机、EBZ200掘进机、EBZ160掘进机、SGZ1000/3×855三驱动刮板输送机、SGZ1350/700转载机等实现了当年开发、当年出产，增强了公司的发展后劲。

7 650t/h半移动破碎站、15m³液压挖掘机、TZC660履带起重机、75m³挖掘机、660t桁架臂起重机、500t全路面伸缩臂起重机等完成开发设计工作，极大地拓展了公司的产品领域。液压板块完善激励机制，加大研发投入，国家科技支撑计划——“高性能电磁伺服比例阀及其控制系统研究与应用”项目完成验收。

四、质量及标准

1. 质量管理继续加强

太原重工顺利通过了压力容器ASME、轮对压装AAR和欧洲轮对EC认证。实施了重点产品、出口产品质量跟踪制度，质量改进得到用户肯定。太矿集团召开品牌动员大会，加强质量体系建设，“太矿”牌成功申报中国驰名商标。山西煤机成立售后服务部，深入用户全方位提供支持，得到用户好评。

2. 安全节能环保工作稳步推进

加强安全技能培训和隐患排查整治力度，安全形势总体平稳。节能工作扎实推进，成为国家首批60家“两化融合促进节能减排示范企业”。环保工作成绩明显，荣获“太原市创建绿色工业企业先进单位”、“绿色十佳”等称号。

五、基本建设及技术改造

2010年，三大工程全面开工建设。技改战线职工统筹规划、加班加点、克服困难，较好完成了工程技改任务。

1. 三大工程全面推进

临港项目一期重型厂房主体结构完工，生活配套项目已经开工，所购研发中心大楼主体施工至十三层。

万吨项目西区库房建设完成，废钢厂搬迁完毕，丙烷站、联合泵站工程基本完工。炼铸钢厂主要设备招标完成，开始桩基施工。变电站、大型锻造厂房、热处理厂房具备开工条件。

高速列车关键零部件国产化项目于12月17日隆重举行了奠基仪式，正式开工建设。车轮锻轧线、热处理线、加工线、检测线等主体设备完成招标。

2. 三小工程和其他项目顺利完成

办公大楼、体育馆、玉河街及厂区美化改造等三小工程保质按期完成，为庆祝建厂六十周年献上了一份厚礼。太重集团榆次液压工业有限公司开始运营，新园区37万m²(550亩)土地得到落实。核电装卸料机试验厂房竣工投产，为核电产品发展创造了良好条件。公司各单位技改技措顺利完成，核心制造能力得到提升。

六、对外合作

太重煤机竞购澳大利亚威利朗沃国际集团于2010年中标(2011年4月公司已经完成对威利朗沃的并购)，对山西长锋耐磨件有限公司、内蒙古霍林河露天煤业股份有限公司等的投资收益良好。

七、改革与结构调整

1. 管理创新工作积极开展

建立了集团机关工作例会制度，制定下发了第一批管理制度汇编，管理工作逐渐步入规范化、制度化。技术开发经费抵扣所得税、土地摊销税前抵免，利用政策效果明显。分别召开了新能源、环保、海洋等工程装备战略研讨会，开阔了发展思路。组织了集团公司精益制造培训，选派20名骨干人员参加天津英语强化班，年度在岗人员培训率达到40%以上。依法治企扎实推进，学法用法成为常态，荣获山西省“依法治理标兵单位”称号。门禁管理开始运行，厂区秩序逐步好转。

2. 降本增效取得新成绩

全员全过程的成本管理得到加强，太原重工挖焦与轮轴分公司、山西煤机等实现利润比较突出。长锋公司红利分配2 370万元。国产配套件实现直供，优化了供应商结构，降低了采购成本。下发执行了《差旅费管理办法》、《协议酒店暂行管理办法》，首批办公用品完成集中招标，非生产性成本得到有效控制。

〔撰稿人：太原重型机械集团有限公司訾东元　审稿人：太原重型机械集团有限公司高培成〕

大连重工·起重集团有限公司

2010年，大连重工·起重集团有限公司积极应对复杂多变的国内外经济环境和诸多挑战，巩固了2009年应对危机成果，务实创新，推进二次发展创业，实现了持续科学发展。企业主要经济指标创历史新高，技术创新能力稳步提升，产品结构进一步优化，经济运行平稳健康，发展质量提高，进一步巩固了在国内重机行业中的地位。实现了由“起步应用”到“加速成长”的跨越式发展，为“十一五”画上了圆满的句号，为“保增长、保民生、保稳定”做出了应有贡献。2010年，大连重工·起重集团工程技术研究中心被命名为“辽宁省省级工程技术研究中心”；下属4家全资子公司被认定为高新技术企业，至此，集团公司共有7家所属全资子公司进入了高新技术企业行列；企业被确定为第二批全国企事业知识产权示范创建单位；“重工·起重”商标被认定为国家驰名商标。2010年主要经济指标完成情况见表1。

表1　2010 年主要经济指标完成情况

指标名称	实际完成(亿元)	同比增长(%)
工业总产值	145.5	8.8
销售收入	134.1	22.7
净利润	13.7	82.7

一、生产发展情况

企业经营总量连年大幅攀升,实现了跨越式发展。2010 年实现工业总产值 1 455 228 万元,工业增加值322 653 万元,主要产品产量 668 465t。2010 年经济发展呈现出"运行平稳健康、发展质量提高、更加和谐稳定"的特点。2010 年生产完成情况见表 2。

表2　2010 年生产完成情况

指标项目	单位	实际完成
工业总产值(当年价)	万元	1 455 228
工业增加值	万元	322 653
销售收入	万元	1 341 241
产品产量	t	668 465.23
传统主导产品产量	t	240 322.29
起重机械	t	46 104.55
装卸机械	t	32 419.84
港口机械	t	23 985.56
冶金机械	t	137 812.34
成长型拓展产品	t	367 824.13
矿山机械(含盾构机)	t	3 858.51
能源设备(风电、核电、火电、水电)	t	359 864.10
船用曲轴	t	4 101.52
传动设备(减速机)	t	514.37
机械产品配件	t	29 944.53
数控切割设备	t	2 565.99
毛坯(铸钢、铸铁、锻件)	t	27 293.92

二、市场经营及销售情况

1. 国内外市场拓展收效明显

针对国际经济危机的持续影响,加大市场开拓力度,特别是积极拓展核电市场,签订了 2 台 AP1000 三代核环吊合同,拓展了 5 项新产品,核电起重设备合同额在国内保持领先地位;打破了 6.25m 捣固焦炉机械市场被国外企业垄断的局面;成套工程方面,签订了集团公司首个矿渣立磨总包工程,与丹东港签订了"5 万 t 散码头设备总承包项目"合同,与唐山港曹妃店码头签订了"矿石码头设备成套总包项目"合同,实现了集团公司装卸工艺设备总包零的突破;与唐山天柱钢铁公司签订了"四机四流大方坯连铸机"合同,填补了集团公司在大方坯连铸机领域的空白;与云南天高镍业签订了"1 600mm 不锈钢板坯连铸机项目总承包工程"合同,填补了集团公司在不锈钢板坯连铸机领域总包的业绩空白。企业加快了由单机生产向工程成套的转变,重大装备工程总包能力再上一个新台阶。2010 年产品市场拓展取得明显效果,全年实现销售收入 1 341 241 万元,主要产品销售收入 1 314 161.73 万元。2010 年主要产品销售收入见表 3。

表3　2010 年主要产品销售收入

产 品 名 称	销售收入(万元)
主要产品总计	1 314 161.73
一、传统主导产品	515 387.19
1. 起重机械	106 565.63
2. 装卸机械	69 567.47
3. 港口机械	45 893.46
4. 冶金机械	293 360.63
二、成长型拓展产品	646 288.67
1. 矿山机械(含盾构机)	10 291.89
2. 能源设备(风电、核电、火电、水电)	627 988.40
3. 船用曲轴	8 008.38
三、传动设备(减速机)	1 059.19
四. 机械产品配件	57 528.80
五、数控切割设备	4 933.18
六、毛坯(铸钢件、铸铁件、锻件)	6 927.25
七、工业性作业	2 538.36
八、备料	3 382.15
九、产品安装	5 150.92
十、其他	8 666.02

2. 产品出口情况

2010 年,面对风云突变的国际市场形势,变"整机出口为主"为"核心零部件订货与整机订货并举"的出口营销方式,电炉部件、高端铸锻件、船用曲轴、风电增速机等批量型、效益型核心零部件出口明显增长;卸船机、脱磷转炉、钢铁液车、翻车机、斗轮堆取料机、焦炉设备等集团公司自主品牌产品实现海外订货。尤其值得一提的是 2MW 风电增速机首次出口印度,国外市场拓展取得了历史突破;大型斗轮堆取料机除出口澳大利亚、巴西外,也首次出口印度;焦炉机械除出口南非、巴西外,也首次出口印度;继单车翻车机出口伊朗后,双车翻车机首次出口印度,扩大了翻车机国际市场;大型钢(铁)液包首次实现向荷兰、英国等欧美发达国家出口;380t 筒型混铁车合同首次进入海外市场。在巩固俄罗斯、巴西、日本、韩国、澳大利亚等海外老市场的同时,新增墨西哥、尼日利亚、印度、荷兰等新客户,为出口持续发展奠定了基础。当前公司产品已遍布 74 个国家和地区。

3. 产销及国内外市场分析

2010 年以来,企业仍面临复杂多变的国内外经济环境,如市场需求不足、产品价格下降、综合成本上升、行业竞争加剧等诸多挑战。但与此同时也有一些有利条件:"十二五"是我国经济加快发展的重要战略机遇期;大连作为辽宁沿海经济带国家发展战略的核心区,以战略性新兴产业为主导的现代产业体系建设,必将为企业的新发展提供政策支持和重要保证;大连重工·起重集团"新老并举"结构调整的优势将进一步显现,成功开发的新能源和节能环保产业领域的新产品,必将为企业新发展提供一定的活力。

三、科技成果及新产品

1. 技术创新结出新硕果

2010年，技术中心按照企业年度科技发展计划和战略型新产品开发部署，着眼于传统主导产品的升级换代和新领域产业产品的拓展，共组织开展“380t筒型混铁车”等36项新产品开发，在进一步巩固和提升优势产品国内技术领先地位的同时，加快新领域产品的拓展步伐，并取得了阶段性成果，为企业未来发展提供了技术储备；完成了“固定回转式门座起重机整机发运技术研究”、“3MW风电润滑系统技术开发”等93项科研课题攻关。2010年申报专利96项，截至2010年末，集团公司已累计申请专利449项，累计授权专利324项。2010年，集团公司产品荣获市级以上奖项7项，7项产品通过了新产品投产和科技成果技术鉴定。

2. 重大装备产品实现新突破

一是加快装卸机械、港口机械、冶金机械、起重机械四大类传统主导产品的技术升级。对5.5m捣固焦炉机械技术优化升级，首次采用自主开发设计的双煤壁侧后移开闭技术，开发了“6m捣固焦炉机械”新产品；5.5m捣固焦炉机械升级换代并投入市场，迅速形成年产43套的批量化生产能力。为日本川崎重工制造了世界上第一台集直行、转弯、上料和卸料于一体的“废钢运输车”；仅用8个月时间，为新疆天业集团设计制造了国内最大的“40.5MV·A电石炉”，创造了我国企业新纪录；从2007年零的突破到2010年12月初，集团公司实现累计矿热炉订货105台，中、大型矿热炉市场占有率稳定在60%以上；自主设计制造了国内吨位最大、技术最先进的“40t/50t、45t/50t钢锭夹钳起重机”；为山东通裕集团设计制造了目前国内吨位最大、性能最先进的“550t锻造起重机”，并通过了国家质检部门的型式试验。

二是实现风力发电、曲轴、TBM/盾构机、核电起重设备等成长型新拓展产品的深度研发。2010年6月，“3MW风力发电增速机”通过了德国劳氏船级社（GL）认证，当年出产300套；11月，“1.5MW/82m叶片风电增速机”顺利通过了德国劳氏船级社（GL）型式认证和批量化生产制造过程监测（IPE）认证，为进一步开拓海外市场奠定了良好基础。成功开发出增速机、偏航和变桨驱动器、控制系统、双馈变频器、制动器、润滑系统、水冷系统、箱式变压器、环网柜、控制面板、塔架、轮毂、机座等10余种兆瓦级风电设备核心部件。

2010年12月，“瓦锡兰系列82t超大型船用曲轴”热装成功，这是集团公司继曼恩系列曲轴后，在产品系列规格型号和服务领域拓展方面取得的又一重大突破。

2010年10月26日，为大连地铁研制的首台盾构机（共提供4台设备）成功下线，各项指标完全达标，顺利通过了用户联检验收。12月28日，在大连地铁1号线开钻掘进，投入使用。

继为广东岭澳、辽宁红沿河、福建宁德、福清、浙江方家山、广东阳江等多个国家重点核电项目提供“百万千瓦核环吊”（二代加技术）后，2010年8月获得了国内首台第三代AP1000核环吊订单。这是集团公司被国家指定为第三代核环吊研制单位后，承揽的首台完全自主设计制造的三代核环吊。2010年11月，首次获得了3台AP1000三代核电装卸料机订单，取得了核电领域的新拓展，抢占了国内先机。

三是根据企业发展需要，谋划和拓展新的服务领域。通过对上述成长型新拓展产品的深度研发，加快了产业化进程，形成了支撑企业未来发展的支柱型新产业。同时，企业根据二次发展创业目标，积极开展新能源装备、工程机械、海工装备等新产品的研发，拓展新的服务领域。

四、质量及标准工作

1. 产品质量

2010年，集团公司产品质量稳步提高。获得了GB/T19001—2008版质量管理体系认证证书，荣获2010年省长质量管理奖和2项辽宁名牌产品、4项大连名牌产品荣誉称号。全年重大质量事故为零，产品出厂检验合格率为100%，在国家有关质量监督部门的各项产品质量抽查中无不合格。

2. 标准工作

2010年完成“三化”20项，完成84项企业技术标准制修订，主持或参与制（修）订的《臂式斗轮堆取料机 技术条件》等9项国家、行业标准获批发布。

五、基本建设及技术改造

根据企业战略规划和发展需求，加大基本建设及技术改造力度。一是风电装备生产能力完善、扩能、科研投资；二是其他专项及生产应急投资，主要包括安全环保措施改造、信息化建设、检测设备更新完善、公共事务改造、新产业开发项目论证、生产应急。2010年按计划实施风电增速机、曲轴、热处理、大型铸锻件、大型推进器等项目的扩能改造工程，形成了“一个总部、五大基地”战略布局和风电装备核心零部件、核电站用起重设备、大型船用曲轴、高端铸锻件、散料装卸机械、焦炉机械、起重机械等7大产品专业化生产能力，为企业扩大生产规模提供了有利条件，对项目未来发展和市场开发具有战略意义。

六、对外合作

截至2010年底，企业已先后与克虏伯、阿尔斯通、福伊特、西门子、夏尔克、弗尔兰德、东芝、住友、石川岛播磨、斗山、罗宾斯、奥钢联、亨肖、KONE、NEC、汉德森等众多国际知名公司建立了战略合作关系。通过实施联盟战略，进一步提升了传统主导产品技术水平，巩固了市场优势，为产品向做大做强目标发展和进军国际市场奠定了基础；对“十一五”末期拓展矿山、海工等新产业装备领域起到了重要推动作用，取得了技术与市场开发的双突破。

七、改革与调整

2010年，企业深化体制机制创新，整体改制工作圆满完成。按照上级统一部署和市政府批复的改制方案，集团公司上下积极主动，全力推进股改工作，增资扩股引入了华锋投资公司和创新投资公司，实现了股权结构多元化，完成了集团公司的整体改制。

八、主要问题

企业自主创新能力还不强，缺少具有自主知识产权的核心技术；管理精细化不够，母子公司管控体系和制度还不完善；资本运营进展相对较慢。持续发展的动力不足，二次发展创业未获较大突破，缺少支撑后续发展的新经济增长点。人才队伍建设尚需加强，缺少高素质、综合能力强的高端技术和管理人才。

〔撰稿人：大连重工·起重集团有限公司邵龙成、姜明东 审稿人：大连重工·起重集团有限公司邹胜〕

北方重工集团有限公司

北方重工集团有限公司（以下简称北方重工）是在沈阳重型机械集团有限责任公司和沈阳矿山机械（集团）有限责任公司合并重组基础上组建的国有独资公司。

一、发展情况

2010年是北方重工搬入新厂区进入实体运作的第一年，各职能本部和分公司在两厂整合后迅速完成了内部制度理顺、建章建制，在较短的时间里，实现了职能转换与业务对接，完成了企业资源的初步整合，建立了新的运行秩序。以提升企业运营水平为目的，优化产业链条和资源配置，进行流程再造，积极推进集团内部配套，按市场化要求运作，理顺集团公司内外配套体系，完成了北方重工质量、安全、环境和职业健康管理体系的一体化认证，为实现北方重工国际化企业的目标奠定了基础。通过搬迁重组改造，有效整合各种资源，北方重工产品互补性增强，技术水平和装备能力大幅度提高，生产能力不断放大，产品多元化和分公司的运作模式有效增强了集团抵御市场风险的能力，企业综合实力进一步壮大，经济运行质量明显提高。2010年主要经济指标完成情况见表1。

表1　2010年主要经济指标完成情况

指标名称	2010年完成（亿元）	同比增长（%）
工业增加值	24.8	1.66
出口交货值	22.0	45.72
营业收入	127.4	9.00
利润总额	2.4	285.59

二、国内外市场情况

2010年，北方重工实现全年订货124.91亿元，同比增长26.74%；其中国内市场订货70.80亿元，占全年订货比重的56.68%，同比增长17.82%；实现国际市场订货54.11亿元，占全年订货比重的43.32%，同比增长40.67%。海外市场的扩展和订货额的大幅提高，对集团公司的发展具有重大的现实意义和深远的历史意义。

2011年，国际市场形势更加错综复杂，欧美等发达国家仍然保持高失业率和低经济增长率，新兴市场的经济表现给刚走出金融风暴的全球经济增长了信心。然而随着市场中货币量的大量增多，特别是美国和日本等国第二轮量化宽松政策的推进，导致很多国家出现了通货膨胀。这很可能引发全球经济出现剧烈震荡，甚至不排除全球经济二次探底的可能性。

国内市场，2011年是“十二五”规划的开局之年，是各行业调整、转换的起始之年。2011年规划发展的重点行业都处在调整阶段，众多热点行业蓄势待发。同时，由于通胀预期正在加大，压力逐渐增强，为了缓解压力，国家将进一步限制银行贷款，控制新增项目建设，加大调整结构、转变发展方式的力度。这将导致部分国内市场的萎缩，使集团公司1～2年内来自矿山、电力、水泥、冶金等行业的订货受到极大的冲击和影响。

因此，企业应该时刻把握国内外经济走势，及时了解和掌握国家经济政策和相关产业动态，特别是要密切关注“十二五”规划开元之年产业结构的调整和布局，适时调整市场结构和营销策略，制定切实有效的保证措施，全力推动企业持续快速的发展。

三、科技成果及新产品研发

2010年，北方重工认真落实企业发展规划和年度科技发展计划，在加快新产品研发、成套技术开发和老产品改造升级方面取得了一系列新进展和新成果。全年完成22个新产品开发项目；申报专利38项，其中发明专利27项；完成双进双出磨煤机等五种主要产品的贯彻国际标准工作；完成4项国家标准、9项行业标准和6项企业标准的制定；开发出一批具有自主知识产权、科技含量高、竞争力强的拳头产品。

同国外公司合作开发了大型排土机、履带运输车产品技术，拓展了矿山开采重大技术装备的新领域，填补了该类产品的国内技术空白；以中煤平朔工程项目为依托，实施了千万吨级大型露天煤矿半连续开采工艺技术和重大成套装备技术的开发；结合西澳铁矿工程项目研制开发出带宽2.4m、运量13 000t/h国内最大的大型输送机产品，实现了带式输送机技术的又一次重大突破；公司还开发研制出大型双齿辊破碎机、适合北方地质条件的ϕ6.28m土压平衡盾构机、ϕ2.4m×12m和ϕ2m×11m非金属超细磨机等重大新产品。

在成套技术方面重点开发了大型火电输煤系统成套技术、1.422m大直径钢管轧机生产线、500mm板带轧制机组、1.725m不锈钢轧制准备机组等成套技术和装备，进一步提升了公司成套技术能力。

在老产品的升级改造方面，完成了双进双出磨煤机、中速磨、EBZ160改进型掘进机、25m×3.5m液压切分剪、输送机用高效率新型托辊组系列产品和2.7m定尺剪机组等产品的升级改造，进一步优化了产品性能，提高了产品竞争力。

四、产品质量

2010年,公司主要质量指标均处在规定指标范围内:质量故障损失额458.55万元,成品出厂合格率100%,重大质量事故为零。2010年质量指标计划完成情况见表2。2010年省级以上质量监督抽查情况见表3。

表2　2010年质量指标计划完成情况

指标名称	单位	计划	实际
成品出厂合格率	%	100	100
重大质量事故(20万元以上)	次	0	0
外部产品质量抽查合格率	%	100	100
回用品率	%	≤1.0	0.12
退修品率	%	≤1.0	0.09
综合废品率	%	≤0.8	0.18
责任废品率	%	≤0.5	0.02
内外部质量故障损失额	万元	≤1 142	458.55

表3　2010年省级以上质量监督抽查情况

产品名称	抽查部门	抽查结果
带式输送机	北京起重运输机械研究所	合格
	国家安全生产上海矿用设备检测检验中心	合格
掘进机	国家安全生产太原矿用设备检测检验中心	合格
采煤机	国家安全生产太原矿用设备检测检验中心	合格

五、基本建设及技术改造

2010年,完成固定资产投资额6 739万元,其中两座老厂房搬迁建设投入4 676万元;新购置起重设备9台,1 378万元;高压试验站、喷漆室等技术改造投入685万元。

六、发展的主要问题

一是企业现有的体制、机制与企业又好又快发展不完全适应,主要表现在没有实现投资主体的多元化,成长的动力和活力不足;二是企业现有的研发、生产、服务能力与日益增长的市场需求不完全适应,主要表现在独、精、特的拳头产品太少,有些产品的实物质量没有明显提升,有些产品的售后服务不能完全满足用户要求。

〔撰稿人:北方重工集团有限公司运行本部徐子明　审稿人:北方重工集团有限公司运行本部郤新民〕

中信重工机械股份有限公司

2010年,面对复杂多变的国内外经济形势,公司通过抢抓机遇,加快转型,保持了生产经营的平稳健康发展态势,全面完成了年初设定的各项指标,为"十一五"画上了圆满句号。

公司经济运行亮点主要表现在以下方面:主要经济指标逆势增长,综合实力进一步增强;新型创新体系发挥作用,技术引领市场效果凸显;营销订货成效显著,成套产业强势扩张;国际化经营步伐加快,全球化营销格局基本形成;生产管理模式不断创新,效率和质量同步提升;"新重机"工程整体完工,核心制造优势更加突出;内部管理持续改进,股改上市工作进展顺利;党建工作扎实推进,诚信文化深入人心;以人为本落到实处,员工共享企业发展成果。

公司全年实现营业总收入127.4亿元,完成年计划的127.40%,同比增长20.89%;实现工业总产值127.4亿元,完成年计划的127.43%,同比增长20.99%;实现利润总额8.1亿元,完成年计划的162.36%,同比增长59.32%;完成机器产品产量22.1万t,完成年计划的110.51%,同比增长10.51%;当年新增订货100.1亿元,完成年计划的100.13%,同比略有下降,累计已有订货235.5亿元,同比增长8.49%。

一、技术创新

1. 创新体系建设

构建并不断完善产品设计、制造工艺、工程成套"三位一体"的技术创新体系,分工明晰、均衡发展的系统性开发能力不断增强,以大型工程技术研究中心为代表的数字模拟实验平台、基于4CP的研发平台和以矿山重型装备国家重点实验室为代表的科研试验平台,为公司技术创新提供了硬件支撑。博士后工作站、整体素质不断提升的研发团队、与高校和科研院所建立的战略合作伙伴关系则为公司的技术创新提供了人力资源支撑。

2. 研发项目进展情况

年初列入科研开发计划的重点项目中,依托于澜沧江水电景洪项目的水力式垂直升船机完成了研发和制造;大型液压旋回破碎站、垃圾破碎站完成了开发;褐煤提质成形机工业试验成功,具备了大规模推向市场的条件;矿山用高压辊磨机已完成开发,并推向市场;尾矿赤泥过滤机正在积极进行工业化试验;利用水泥窑消纳城市垃圾项目已签订首个国内示范工程合同;新型智能提升机闸控系统和立磨减速器已成功推向市场。这些新产品的陆续推出,引领了新的市场需求,为公司创造了新的经济增长点。

3. 创新成果

由公司参与起草的《水泥厂余热发电设计规范》国家标准,从2010年10月1日起开始在全国正式贯彻实施。公司还参与了《水泥窑余热发电回收利用设备标准》和《钢铁行业烧结机余热发电回收利用设备标准》两个行业标准的起草工作。"大型干法水泥生产线纯低温余热发电设备系统及工艺流程"被国家知识产权局和世界知识产权组织授予第十一届中国专利优秀奖。GJL－920矫直机获中国机械工业科学技术奖一等奖,矿渣立磨获河南省科技进步奖二等奖,全断面掘进机研发及产业化、千万吨级煤炭超深矿建井及提升关键设备产业化、大型水泥厂纯低温余热发电技术研究及产业化三个河南省自主创新项目，顺利通过了河南省组织的专家验收组的验收。其中，盾构机驱动刀盘专用的行星减速器填补了国内空白。大型水泥厂纯低温余热发电技术项目获评河南省"'十一五'优秀重大科技专项"；矿山重型装备国家重点实验室获评"'十一五'优秀科技创新平台"。自行设计制造、拥有完全自主知识产权的目前国内最大的半自磨机、球磨机，世界首创景洪水力式升船机设备，世界最大的 LGMS5725 矿渣立磨，国内首台 MZL370 大型立磨双行星减速器，提升机新型智能闸控系统先后试车成功。2010 年，公司新产品产值率始终保持在 70% 以上。

二、市场营销

1. 市场营销体系建设

2010 年，公司加快国际化经营的步伐，新成立的国际业务部对国际业务进行归口管理，成功收购了西班牙 Gandara Censa 公司，成为公司生产制造基地。此外，公司还进一步完善大客户服务、用户服务、备件服务三位一体的新型客户服务体系，组织制定了服务管理办法、大客户管理办法及备件管理办法等管理文件，大服务网络平台建设和 CRM 也进入初步测试阶段。

2. 市场开拓情况

2010 年，由于各种因素的影响，市场形势发生了较大变化，国内外市场竞争加剧，特别是传统行业、传统产品受到挤压。公司始终坚持国际化经营战略、"四高"战略和大客户战略，保总量、调结构，确保了全年订货目标的实现。

三、生产组织与制造

1. 生产组织创新

公司建立了以生产指挥中心为核心的信息化生产组织管理平台，实现了对生产组织的指挥调度，提高了生产组织效率。部套分解、批量组织的生产组织方式得到进一步推广，并取得了明显实效。

2. 生产完成情况

全年，公司共出产机器产品 221 019.5t，完成年计划的 110.51%，同比增长 10.51%。2010 年，公司成功制造了江铜磨机，景洪升船机，120MN 张力拉伸机，3 500mm、4 300mm 宽厚板超大型轧机，巴西淡水河谷球磨机，18 500t 油压机及 750t · m 锻造操作机等一批世界级高端装备。原料立磨、矿渣立磨、配备新型智能闸控系统的大型提升机也逐步成为生产的聚焦点。热加工系统成功完成了冶炼、浇注核电设备用双真空钢锭，实现了核电锻件产品的正式生产，成功浇铸了公司有史以来首件高强度厚大断面的球墨铸铁件，标志着公司特大型球墨铸铁件铸造技术迈上了新台阶。

四、技术改造

历时 4 年的"新重机"工程已于 2010 年 12 月竣工，使公司形成了以目前世界最大、最先进的 18 500t 自由锻造油压机为标志的包括重型冶铸、重型锻造、重型热处理、重型机加工、重型磨机、重型铆焊、重型清理、重铸铁业在内的高端重型装备制造工艺体系。公司产能大幅提升，公司一次钢液浇注量提升至 920t，铸钢件、钢锭和锻钢件的最大规格分别达到 600t、600t 和 400t，灰铸铁件、球墨铸铁件和有色金属铸件最大分别达到 200t、150t 和 30t，铆焊件、热处理件的月均产量分别达到 7 600t 和 6 100t，机器产品产量月均 18 000t。

五、内部管理

1. 财务管理

加强财务管理与资金管控，全年保持经营资金的良性循环，经济总体运营状况良好，取得了较好的经营业绩。截至 2010 年底，公司资产总计 124.7 亿元，资产负债率由年初的 83.71% 下降至 78.08%，降低 5.63 个百分点；净资产 27.3 亿元，资产保值增值率 130.73%。

2. 人力资源管理

公司在控制员工总量的前提下，通过积极引进高层次人才和高技能工人，不断优化人力资源结构。年末在册人数 8 803 人，少于年初制定的人员总量控制指标。

人才引进方面，截至 2010 年末，公司招聘引进专业技术人员 160 名，其中博士 3 名，硕士 52 名，本科 105 名。2010 年，公司进站博士为 2 人，其中一人于 10 月 8 日进行了博士后中期考核，另外一名将于 2011 年 1 月份进行中期考核。同时，公司将根据课题，安排下一步博士后的招聘进站工作。此外，公司还招聘了一批高职高专生充实"新重机"工程人力储备。为进一步健全和完善公司人力资源招聘制度，制定了《中信重工机械股份有限公司招聘管理办法》。

内部人员的培训与选拔方面，公司对科级干部、科级后备干部、销售精英进行了针对性培训，以提升管理和营销方面的专业技能，对工人进行了工种等级技能培训，对新员工进行了入职培训，帮助其尽快融入公司。此外，公司还选派员工赴澳洲办事处工作学习，拓展员工国际化视野。继续与华中科技大学联合开办机械、材料和管理三个专业的在职研究生培训班，提升员工的理论水平和综合素质。为建立科学规范的基层后备干部选拔任用制度，公司制定了《中信重工基层后备干部管理指导意见》，并已完成首批次基层后备干部的选拔。

薪酬管理和劳务用工管理方面，发挥薪酬激励作用，在岗位评定、岗位诚信考核、绩效考核的基础上，调整薪酬分配办法，增加技能、学历等内容在分配方面的比重，通过薪酬结构的调整，不仅提高职工收入，同时也更加激励员工的学习与成长。按照《公司岗位诚信考核工作指导意见》的要求，继续推进诚信考核与绩效考核管理，指导、督促各单位绩效奖励、薪酬发放与诚信考核结果挂钩。按照公司"三查四严"专项管理整顿活动安排，拟订了《关于实施"四严"管理整顿工作的若干规定》（草案），参与公司"三查四严"工作督导和总结。修订完善《中信重工机械股份有限公司劳务用工管理办法》，在满足用工单位需求的同时，严格控制劳务用工总量。铆焊厂铆焊件涂装工程外包和安全环境部保洁工作整体外包为公司拓宽劳务用工领域进行了有益探索。

3. 质量管理

公司全面推行的卓越绩效管理模式，获河南省首届省长质量奖。在此基础上，公司正在按照卓越绩效管理模式的要求对现运行的四个体系程序文件和公司的规章制度进行梳理，实现在卓越绩效管理模式框架下的质量管理体系、环境/职业健康安全体系等各管理体系的兼容并蓄，并着手制定公司级和部门级的绩效管理指标体系。此外，公司还围绕卓越绩效管理开展了以“关注顾客，提升品质，追求卓越”为主题的第六次群策群力互动活动，在部分单位开展了质量成本管理试点，继续推进质量看板管理、6S 管理、QC 小组等工作，加强对外协件、外购件的质量管理，组织对大型铸锻件质量控制的专题攻关。总体来看，公司质量管理正在跨上一个新台阶。

4. 风险管控

以法律合规部成立为契机，公司风险管控工作进展迅速，已建立起系统风险监控预警指标体系及定期报告制度，并仍在不断完善中；初步完成了对公司现有规章制度的梳理；完成了对上市、海外并购、重大合同项目的风险评估。2010 年，公司未出现一起由重大风险事项造成的损失，历史遗留的诉讼案件处理也取得了突破。

5. 改革改制

2008 年完成股份制改造后，截至 2010 年 12 月 31 日，公司已具备上市条件。在上市项目组和各部门的共同努力下，完成了尽职调查和高管人员的上市辅导培训，积极争取尽快上市。

〔撰稿人：中信重工机械股份有限公司冯刚　审稿人：中信重工机械股份有限公司梁慧〕

上海电气重工集团

2007 年 1 月，上海电气集团整合优质资源组建上海电气重工集团。作为上海电气集团的关键产业集团和经营利润中心，上海电气重工集团聚焦国家战略，重点从事核电核岛主设备集成、大型铸锻件、大型船用曲轴和重型机器等产品产业化研制。上海电气重工集团所属成员企业有：上海重型机器厂有限公司、上海电气核电设备有限公司、上海第一机床厂有限公司、上海电气凯士比核电泵阀有限公司、上海电气核电技术装备有限公司和上海船用曲轴有限公司。

为了打破大型铸锻件生产制造瓶颈，改变我国大型铸锻件受制于人的局面，上海电气重工集团立足自主创新，全面提升产业规模和生产能级。大型铸锻件研制能力的不断提升，不但使上海电气重工集团基本形成世界级的热加工生产能力和极端加工制造能力，而且促进了上海电气重工集团核电装备产业的巨大发展，推进了核电核岛主设备集成制造和大型船用曲轴产业化进程，实现了集团内资源的优化配置和生产要素的合理流动。上海电气重工集团的经济效益实现了持续、稳步的增长，2010 年主营业务收入达到 59.3 亿元，净利润达到 3.3 亿元。

上海电气重工集团大力推行“凡事有章可循、凡事有据可查、凡事有人负责、凡事有人监督”的核电行为规范；大力建设以“核安全文化”为核心的企业文化；大力宣传“万吨精神”，并给“万吨精神”注入 21 世纪的新内涵。

上海电气重工集团拥有闵行和临港两大制造基地。闵行基地是我国著名的重型机械装备和大型铸锻件制造基地，是中国自主研发制造的第一台万吨级自由锻造水压机的诞生地。近年来，闵行基地进行了大规模的技术改造，走过了世界领先企业 10 年左右的攻关历程：形成了当时的三个“世界第一”——世界最大跨距的 16 500t 自由锻造油压机、世界上最大的 600t·m 锻造操作机和世界最大的 450t 电渣重熔炉。这一成果为上海电气重工集团大型铸锻件的生产能级和规模跻身世界一流行列提供了强力支撑。

当前，上海电气重工集团大型铸锻件的生产能级可达：最大一次浇注钢液量 720t，单件铸钢件最重 450t，双真空钢锭最重 600t 和最大锻钢件 350t；年生产规模可达：钢产量 25 万 t，大型铸钢件产量 4 万 t 和钢锭 19 万 t，锻件 12 万 t 和近 20 万 t 钢液铸件能力；实现了核电大钢锭从 200 吨级到 500 吨级的跨越，最大铸件已达 520t。

上海电气重工集团立足自主创新，实现了大型铸锻件关键技术突破：首次试制 1 000MW 超超临界低压转子成功交货；二代加核电核岛锻件大部分产品的产业化研制；三代 AP1000 大部分关键件锻件研制成功并交货；国内首套四代核电高温气冷堆堆内构件和压力容器全套锻件成套交货；同时，成功研制并批量化生产了全系列机型船用曲轴锻件，火电转子锻件和 Cr3、Cr4、Cr5 带钢支承辊。

临港基地位于上海东南的滨海之地。借助天然的地理优势，上海电气集团建造了可靠泊 5 000 吨级船舶的专用码头、拥有 1 400t 的码头吊装能力和滚装泊位。临港基地目前已经建成现代化的集成生产核电核岛主设备和大型船用曲轴的制造基地；已经具有年产 10 ~ 13 套百万千瓦级核电反应堆压力容器、蒸汽发生器、稳压器生产能力和年产 10 套百万千瓦级核电堆内构件和控制棒驱动机构和年产 10 台百万千瓦级核电主泵、50 台核二级、三级泵和相应配套阀门（核安全等级二级、三级阀门）的能力。

日本“3·11”福岛核电站事故后，第三代核电 AP1000 的技术加快了推广进程。值得关注的是，上海电气重工集团所属涉核企业是国内核电核岛 AP1000 技术中承担国产化依托项目最多的单位之一。当前，三代 AP1000 关键件的大部分锻件已经研制成功并实现批量交货；三代 AP1000 堆内构件和控制棒驱动机构的制造技术是国内承担消化吸收的唯一单位，正在按计划进行 AP1000 的技术研究，压力管器、蒸发器、稳压器的制造技术已覆盖了二代加 CPR1000 等技术路线，承担并正在实施 AP1000 压力容、蒸发器等国家科技重大专项。2011 年 12 月，全球首台 AP1000 稳压器在上海电气临港基地建成并顺利发运，标志着上海电气重工集团三代核电 AP1000 的制造技术实现了重大突破。上海电气集团引进德国 KSB 核电主泵技术，正在依托海南昌江项目进行制造国产化的技术攻关，计划到 2013 年先期实现水力部件的国产化；同时积极参与三代核电主泵的研发，计划到 2015 年完成 AP1000 和 CAP1400 电工频率 50Hz 三代主泵首台样机的试制工作。上海电气重工集团在第四代核电核岛高温气冷堆的制造技术处于全球领先地位。

上海电气重工集团船用曲轴制造技术和能力始终保持国内第一，拥有年产 200 根大型船用曲轴的制造能力。已先后交付了中国首根 6S60MC—C、6S70MC—C、8K80MC—C、8K90MC—C、Wartsila 8RT—flex68D 和 6RT—82C 等型号柴油机曲轴。其产品规格覆盖世界两大著名品牌柴油机公司设计的（MAN 公司 40—108 机型以及 Wartsila 公司 RT—flex50 至 96C/T 机型）全部柴油机曲轴。

上海电气重工集团立足自主创新，加大产学研的合作力度，集中力量完成核岛主设备和核电大型铸锻件的科研攻关任务。2010 年，上海电气重工集团百万千瓦压水堆核电蒸汽发生器和堆内构件大锻件荣获中国国际工业博览会金奖。

上海电气重工集团拥有国家级的技术中心。技术中心自成立以来，分别开创了“阮雪榆院士工作站”、“周尧和院士工作站”和“李治国（大型数控操作技术）工作室”，拥有重型机械设计研究、大型铸锻件研究、核电设备设计、机械加工工艺研究、焊接技术研究和无损检测等科研实体。

2010 年科技项目立项数达 76 项，上海电气重工集团所属企业获得国家级科研奖项 11 项，上海市级科研奖项 13 项，自主知识产权 31 项。上海重型机器厂有限公司获国家级高新技术企业、上海市知识产权局评出的“上海市专利工作试点企业”和“2008 年度闵行区专利申请优胜奖”等荣誉，上重公司技术中心获国家认定企业技术中心。上海电气核电设备有限公司、上海第一机床厂有限公司和上海船用曲轴有限公司获上海市级高新技术企业，上海电气核电设备有限公司技术中心获上海市认定企业技术中心，超常规提升了科研水平。

上海电气重工集团始终坚持以邓小平理论和“三个代表”重要思想为指导，深入贯彻落实科学发展观，认真贯彻党的十七大精神，团结和带领广大干部员工，通过高新技术产品研发，不断填补国内外装备制造空白，面向国际、面向高端，不断开创高新技术产业化的新局面。

〔供稿单位：上海电气重工集团〕

上海重型机器厂有限公司

2010 年是“十一五”的收官之年，也是上海重型机器厂有限公司（以下简称上重公司）在应对国际金融危机滞后效应考验中坚强奋进的一年，更是在克服发展“转型期”各种困难中迎难而上的一年。面对严峻的形势，公司党政领导班子团结和带领广大干部员工，坚定战略发展方向，采取积极有效的应对措施，全年完成销售收入 38 亿元，保持了企业发展势头。

一、全力承接合同，克服国际金融危机影响

自国际金融危机以来，市场形势更趋严峻，竞争更趋激烈。碾磨设备价格战达白热化，冶金设备市场萎缩，热加工产品市场由于技术瓶颈的制约，增加了合同承接的难度。公司管理层针对这一状况，要求经营系统主动适应市场，全力以赴抢订单。在机器产品市场上，加大了碾磨设备国外市场的开拓力度，加大了锻压、水泥设备等产品的合同承接量。在热加工产品市场上，一方面加大技术攻关的力度，以加快产出来提升承接合同的能力；另一方面进一步加强市场开发，加大市场承接力度。发挥大型铸锻件平台作用，挖掘业内市场资源，做好业内客户的跟踪和服务；同时开拓国内和国际市场，扩大外部市场份额。

二、制造能级持续攀升，整合长三角制造资源初见成效

2010 年，生产制造领域呈现的特点是总量高、周期短、新产品多、制造难度大等，尤其是核电产品出产任务重，对项目计划安排、综合资源掌握、生产组织协调等环节提出了很高的要求。面对繁重的生产任务，公司加大产、销协调力度，以加快核电产品产出为重点，调整生产组织方式，一方面加强内部计划的执行，另一方面强化外部资源的利用、管控，全年机器产品产量达到 14.2 万 t，同比增长 4.6%。近年来制造能级的持续攀升，并不是简单的数字累加，其核心体现了上重公司对长三角制造资源的整合、管控能力的提升。从最初的简单业务合作关系到后来的战略合作伙伴关系，上重公司正逐步实现从全部零部件制造向核心零部件制造的转变；发挥上重品牌和资源优势，打造以上重公司为核心的长三角制造业联盟，并已具雏形。

三、确立发展战略目标，提升自主创新能力

聚焦国家战略，发展以核电、火电设备为重点的大型铸锻件产业，是上重公司的战略目标。近年来，公司在规划、技术、生产等各个方面，围绕大型铸锻件的攻关开展了全面工作，确立了大型铸锻件作为上重公司的“生命工程”。

在广大科技人员的努力下，企业自主创新能力有了较大幅度的提升。以热加工工艺、材料开发为重点的科技创新、新产品开发项目，按照阶段性目标向前推进；继 165MN 自由锻造油压机、450t 电渣重熔炉分别获得 2008 年、2009 年中国国际工业博览会金奖之后，2010 年核电堆内构件大锻件又获得中国国际工业博览会金奖；“165MN 自由锻造油压机”、“630t · m 锻造操作机”、“450t 电渣重熔炉”三项科技成果通过了由中国机械工业联合会组织的院士专家组的鉴定。在技术创新的同时，积极组织推进高新技术产业化，组织开展专利申请工作，全年完成专利申请受理 24 项，获得专利授权 15 项。

大型铸锻件科研攻关，取得较大突破。随着热加工扩能改造一期工程的完成，突破工艺技术瓶颈成为“重中之重”。突破技术瓶颈，释放热加工产能，不仅关系到落实国家战略和上海电气战略发展目标，而且更是上重公司生存与发展的关键。在充分调动、发挥内部攻关力量的同时，公司还加强了产学研合作，与上海交通大学、上海电机学院等强强联合，成立了“大型铸锻件工程技术中心”、“大型铸锻件制造技术应用研究所”和“院士工作站”等，进行联合攻关。通过两年多的艰苦努力，大型铸锻件科研攻关取得较大突破，基本实现了预定目标。

四、增强企业发展的软实力，推进世界级工厂建设

近年来，公司作为上海电气创建“8 + 1”世界级工厂的一员，对标国内外先进企业，以质量管理为重点，扎实推进基础管理，全面提升管理水平，增强企业发展的软实力。

1. 全面开展“质量年”活动

2010 年是上重公司的“质量年”，全公司上下围绕“规范过程、规范行为、完善体系、深化管理、提高质量”的主题，积极开展“质量年”活动。公司成立了质量工作推进领导小组和工作小组，建立了以质量为中心的管理和考核制度，建立了各级领导质量负责制，实行了质量否决制；推广核电管控模式，加强过程控制；加强培训，注重实效。在巩固了 2009 年“千人培训”成果的基础上，2010 年进一步加强“四个凡事”核安全文化的教育和培训力度，从核安全意识、质量管理、技能水平等方面开展不同层次的培训，全年共进行质量培训 46 项，达 2 260 人次，大大提高了全员质量意识和工作质量。

2. 着力构建“四位一体”整合型管理体系

公司进一步结合世界级工厂的建设，启动了能源管理体系、环境管理体系和职业健康安全管理体系的认证工作，着力构建质量管理体系、能源管理体系、环境管理体系和职业健康安全管理体系“四位一体”的整合型管理体系。目前已完成环境、职业健康安全管理体系的内审和能源管理体系第一阶段的外审工作。整合型管理体系的构建和加强，不仅强化了公司在质量、能源、环境和职业健康安全等领域的管控能力，而且保证了管理体系的统一、有序，降低了管理成本，提高了管理有效性，提升了企业整体管理水平。

3. 进一步加强人力资源工作

积极引进新理念，探索新方法，优化人力资源结构，提高人力资源效能，为创建世界级工厂提供人力资源支撑。进一步推进和深化“1 + 3 + 5”大学生人才培养工作：以炼钢炉长、锻造指挥两个关键操作岗位为试点，探索具有本科学历的“双师型”（高级工程师 + 高级技师）一线工程师队伍人才培养模式；规范和完善青年后备干部选拔、培养机制，制定管理办法，实施优秀青年见习助理制，加快了青年后备干部成长。进一步加强技术人才队伍建设，通过进一步规范技术人员职务（岗位）序列，构建“Y”形职业发展通道，拓宽了技术人员尤其是青年技术人员的发展路径。进一步加强高技能人才的培养，取得了热加工工种的自主鉴定资质，为企业特殊、紧缺工种技术工人技能升级搭建平台，现已对炼钢、铸造、锻造、热处理等 10 个工种共 175 人进行了多等级的技能鉴定；为鼓励劳务人员提高技能水平，激发其学技术、作贡献的热情，出台了优秀劳务人员转为合同制员工的政策，现已有 17 名为企业服务 5 年以上并具有高级工或技师等级的优秀劳务人员转为合同制员工；通过加强技能培训、参加“李斌杯”技能大赛、实践“3 + 3 + 3”、“八个一批”技能人才培养活动，2010 年公司高级及以上技术工人占比由 2009 年的 22.5% 提高到 23.8%。

4. 进一步推进信息化建设

继实现物流管理信息系统、技术管理 BOM、CAPP 系统成功上线之后，2010 年在股份公司的指导下，全面推进了办公自动化 KOA 系统的上线。当前，KOA 已稳步上线运行四个多月，各业务流程趋于固定化、规范化，文件的审批、流转速度显著提高，既降低了管理成本，又提高了管理效率和管理水平。

2011 年是“十二五”的开局之年，也是上重公司实现转型发展、“再次创业”的关键一年。上重公司将深入贯彻科学发展观，以形成国际一流的大型铸锻件自主制造能力、满足核电产业发展需求为目标，加快转变经济发展方式；坚持自主创新的技术发展战略，加快技术瓶颈的突破；大力开拓市场，实现以国内市场为主向国内外市场并举的转型；提高核心制造能力，实现从制造全部零件向制造核心零部件的转型；探索商业模式创新，实现从单纯设备制造为主向以制造业为基础，全面向服务业延伸的转型；实施人才战略，推进管理创新，实现从国内制造大厂向世界级工厂的转型；着力培育别人难以复制的竞争优势，提高竞争能力、盈利能力和发展健康程度，全面完成预定目标，为“十二五”发展开好局，起好头。

〔供稿单位：上海重型机器厂有限公司总经理办公室〕

卫华集团有限公司

卫华集团有限公司是一家以研发、生产、经营起重机械为主业、多元化发展的综合性集团公司。卫华集团桥式、门式起重机连年产销量全国第一。卫华集团已经发展成为起重机械行业产销量最大、品牌影响力最强、最具竞争力的企业集团，入选“中国民营企业500强”、“中国机械500强”。

卫华集团占地面积近百万平方米，总资产33亿元，现有员工6 000余人，其中专业技术人员600余人。2010年卫华集团实现销售收入36.2亿元。卫华产品是“中国名牌”产品，“卫华”牌商标是“中国驰名商标”。卫华集团以优质的产品、超值的服务赢得了市场，得到了客户的认可。产品畅销全国，远销东南亚、中东、欧洲及非洲等国家和地区。

卫华集团以科技创新作为公司发展的主要动力之一。2009年，卫华集团成为“国家高新技术企业”、“国家企业知识产权试点单位”；2010年，卫华集团设有“国家级企业技术中心”和“博士后工作站”，以及国家认可的“技术检验测试中心”。卫华集团每年完成几十项具有国际、国内领先水平的研发项目，不断改进企业发展过程中的技术难题，使企业产品的技术水平处于行业领先地位。

一、调整营销思路，实现企业生产经营新突破

卫华集团对外开拓市场，对内挖掘潜力，对上用好政策，对下加强管理，通过坚持科技创新、结构调整、产品升级、提高质量、挖掘潜力，从而取得了骄人成绩。

根据市场环境，集团积极调整营销思路。在继续抓好钢铁、化工、造船等传统市场的同时，积极开发路桥机械、水工机械、岸边集装箱设备市场，不断开拓国际贸易业务，取得重大进展。

2010年，卫华集团实现工业总产值37亿元，同比增长16.2%；工业销售产值36.2亿元，同比增长16%；利税2.7亿元，同比增长13.6%。2010年主要产品产销情况见表1。

表1　2010年主要产品产销情况

产品种类	产量（台）	同比增长（%）	销售收入（亿元）	同比增长（%）
桥式、门式起重机	15 333	34.2	31.13	16
电动葫芦	14 380	9.1	4.2	23

二、坚持科技创新，加大技术改造力度，促进产品更新换代

卫华集团始终坚持科技为本，创新为魂的精神，坚持科技创新与产品升级相结合，充分发挥河南省起重机械装备工程技术研究中心、国家级实验室、博士后科研工作站、国家企业技术中心等机构的作用，坚持自主创新与引进先进技术消化吸收并举，不断优化方案设计，改进工艺，壮大科研队伍，加大研发投入，提高科技创新能力。

2010年卫华集团申报专利48项，其中发明专利4项。截至当前，公司申报专利151项，其中发明专利25项；已获国家专利授权109项，其中发明专利1项。同时还建立了国内第一个起重机专利数据库（含5 000余项起重机专利）和第一个国外起重机专利数据库（含万余项起重机专利）。继2008年被评为“河南省创新型试点企业”和“河南省知识产权优势企业”、2009年被列为“国家企事业知识产权试点单位”和“国家高新技术企业”之后，2010年卫华集团又获准设立“博士后科研工作站”，并晋升“国家企业技术中心”行列。

2010年集团科技项目主要类型为新产品、新工艺、工艺技术改造等，在架桥机、港口机械、欧式电动葫芦等产品上实现了重大突破。

1）自主研发的“GLQ系列双驱动交流变频港口轮胎起重机”，采用交流电机驱动和柴油机驱动的双驱动交流变频技术，解决了由于单驱动引发的能源浪费和环境污染难题，实现了高效节能减排，填补了国内外空白。此项目进行了国内外科技查新，为国内外首创，其核心技术申报了2项发明专利和2项实用新型专利。

2）自主研发的“BB8T（BX8T）、BB12T（BX12T）壁式悬臂起重机”是当前我国起重量最大、悬臂最长的壁行式悬臂起重机。通过采用“壁行式悬臂起重机上的起升机构”和“可调式平衡臂防卡轨装置”等专利技术，成功地解决了大吨位长悬臂引发的起重机水平轮压增大以及厂房建筑成本较大等问题，达到了国际先进水平。

3）成功研制80~400t低净空桥式起重机。该产品整机高度小，自重轻，轮压小，能耗低，解决了我国80~400t系列桥式起重机重量大、高度高、成本高、能耗大等问题，其中250t低净空桥式起重机出口英国，得到用户好评。

4）成功研制MG400/30t自顶升门式起重机。该起重机门架结构件为可拆卸式结构，所有构件均不超过25t，主梁、支腿采用分段连接，在端梁、支腿、下横梁上设计有装卸用的顶升支座，支腿分成8段，每段为1.5m，用高强螺栓现场连接，安装时采用液压千斤顶起升，自上而下逐段连接。解决了我国自顶升门式起重机自重大、起重量小，在矿区、石油开采区等流动性工作场所使用大型起重设备而又无法解决大型起重设备的运输安装等技术难题，为国内首创，达到国内领先水平。

5）成功研制0.5~2.5m核级遥控起重机。该机是利用自动定位技术和滚珠丝杠技术使起升机构、运行机构与桥架分离的高精度定位核废料桥式起重机，其核心技术申报了2项发明专利和5项实用新型专利，为国内外首创。

6）自主研发的“旋转电磁自翻转C形钩组合吊具”综合了电磁吊具和C形机械吊具的优点。其核心技术申报了2项发明专利和2项实用新型专利。该产品的研发成功，解决了组合吊具在使用过程中吊钩不能自行翻转的技术难题。

7）自主研发的“900t 移梁机”产品是公司首台移梁机产品。该产品采用了 PLC 控制，结构有限元分析、冗余设计等先进技术，应用了“防止起重机制动接触器粘联控制器、一种防止起重机过零位溜钩的控制线路”的自有实用新型专利技术，解决了移梁机在起吊过程转向作业时，提梁机走行不到位，大车转向角度小，梁体在吊装过程中受力不平衡、不安全等技术难题，达到国内领先水平。

8）在河南省率先研发成功“NH 型 3.2 ~ 50t 电动葫芦”。该电动葫芦的投产填补了河南省规模化生产世界水准电动葫芦的空白，同时将加快起重机行业的技术升级，促进行业技术进步及结构调整。

除上述产品以外，还研发了 600t 桥式起重机，400t 欧式结构桥式起重机，多功能绝缘桥式起重机，300t/h - 19.2m 堆料机，1500t/h 连续卸船机，以及消化、吸收与改进了 900t 铁路架桥机等。完成了桥架整体加工、优化热处理参数等工艺改进项目以及多项产品的标准化、系列化，加快了产品设计和生产准备过程。

集团在新产品开发方面，不断自主创新，完成各项工艺技术改造、新工艺推广、新产品开发等科技项目 70 多项。2010 年获奖科研项目见表 2。

表 2　2010 年获奖科研项目

序号	项目名称	奖项名称	获奖等级
1	BXBT（BB8）、BX12T（BB12）壁式悬臂起重机	国家重点新产品	重点新产品
		中国机械工业科学技术奖	三等奖
		河南省省院合作项目	
		河南省工业和信息化成果	一等奖
		河南省科学技术成果	
		新乡市科技进步奖	二等奖
2	MG400/30t—18m 自顶升门式起重机	河南省工业和信息化成果	三等奖
		河南省科学技术成果	
		河南省科技进步奖	三等奖

三、注重产品质量，打造卫华精品

卫华集团按照“关注客户，持续改进，过程控制，制造精品”的质量方针，完善质量控制机构，健全质量管理制度，运用质量管理方法，促进质量改进。

2010 年是卫华集团起重产品“质量年”，公司实施了从“制造产品”到“制造精品”的跃进。

一是引进卓越绩效管理模式，使公司的质量管理由检验的二级管理提升到预防的三级管理，质量管理工作由被动的“救火”步入主动的预防，质量管理从简单的产品制造质量，延伸到整个企业的经营质量和全体员工的素质，使企业的质量管理提升到一个新的高度。

二是集团制造管理中心分设质量控制管理部、工艺改进管理部和重点产品管理部，制定有关质量的管理制度 6 项，每月编制《集团质量情况报告》和《质量简报》，通过到各子公司进行现场质量督察，发现问题，提出改进建议，监督整改。

三是调动各种技术力量，组织技术和质量攻关。针对重大项目的重大质量难题和集团生产中长期存在的质量问题，组织相关人员攻关，取得良好效果。

四是实施并认真贯彻执行《产品质量奖惩制度》、《产品制造质量考核办法》、《产品质量保证金实施办法》等系列质量管理制度、办法，落实质量责任，奖罚并举，有效地激励了员工提高工作质量的意识，减少了工作失误和产品质量事故，降低了产品质量损失，同时加强外协、外购件的质量管理，跟踪配套件的质量改进。9 月还组织开展了“质量月”活动，宣传质量管理先进人物，弘扬“一次工作做好”的零缺陷理念，经常开展“质量合理化”建议等一系列全员参与的质量活动。2009 年售后服务费用比 2008 年下降近 30%。

五是公司国家级技术检验测试中心新增部分重要设备，完善了检测手段，提高了检测能力。产品在公司内部执行“三检制”，出厂前全部要经过国家起重运输机械质量监督检验中心的检查，通过层层把关，确保产品质量可靠。

四、对内加强基本建设，对外深入合作交流

2010 年，卫华集团投入 2000 多万元新建电气车间、附属结构车间、吊钩车间等生产车间 1.3 万 m^2，添置了立式车床、插齿机、滚齿机等设备，进一步提高了企业的技术装备水平和生产能力，为企业自主研发提供了一流的硬件基础。

“卫华集团有限公司技术检验测试中心”，已通过中国合格评定国家认可委员会的认可，并在原有金相分析室、力学分析室等涵盖力学、长度、无损、化学、电学的计量和检测机构基础上，又投入资金 300 余万元，筹建电器实验室，于 2010 年 6 月竣工。

卫华集团与华中科技大学机械科学与工程学院、郑州大学机械工程学院、武汉理工大学、西班牙 GH 公司等院校、科研院所及起重机械企业合作，建立了科研生产联合体，先后开发出 GLQ40t 双驱动交流变频港口轮胎起重机，BXBT（BB8）、BX12T（BB12）壁式悬臂起重机等产品。还聘请杨叔子院士为集团高级顾问，带动集团科技创新研发能力的不断提高，推动了集团科技人才的培养和全员素质的提升。

五、强化管理，打造一流企业

2010 年，卫华集团全面开展标准化工作，制定技术标准、管理标准、工作标准 300 余项，并且建立了标准电子数据库，对标准的收发、使用实现信息化管理。由中国企业联合会、国务院国资委企业改革局、工业和信息化部产业政策司和中小企业司共同主办的第十七届企业管理现代化创新成果奖评选活动，共有 435 项成果获准参审，有 183 项成果获奖，其中一等奖 32 项。卫华集团题为《以产业链延伸和产品升级为重点的民营装备制造企业战略转型》的研究成果，是获得一等奖的唯一一家河南省民营企业。

集团目标责任考核制度逐渐完善，日趋成熟。目标责任书制度的制定和执行较以前明显改进：紧密围绕集团经营计划确定各中心、各子公司的考核指标，确保集团总体目标的实现；相关指标能够有效涵盖职能部门的主要工作内容和目标，起到了积极的导向作用，各单位的年度目标更加明确，工作质量不断改进；考核指标的权重分配更加合理，较好地突出了重点考核指标；目标值的确定具有一定的难度，同时目标值尽可能量化，有效地兼顾了可操作性与挑战性；对应的考核单位界定更加合理，便于对考核数据进行审核把关。同时还推行季度、月度绩效考核，提高了员工工作责任心和积极性，也强化了各单位对部门人员的监督与管理力度。

2010 年卫华集团积极探索，引进精益思想、工具和方法，制定了精益管理体系建设规划，企业管理中心成立了精益管理办公室，并聘请北京冠卓管理咨询公司作为在子公司河南卫华推进精益管理工作的顾问，结合企业实际推进精益实施改善项目，形成了以 DMAIC 为基础的项目推进机制，建立了有效的精益管理体系，培育了卫华第一批精益骨干人才，圆满实现了第一阶段精益管理推进目标。截至 2010 年底，河南卫华一期 12 个精益改善项目成功完成，取得了阶段性改善成果，生产效率明显提高、生产周期缩短、库存下降、现场有序，占压的资金和场地得以释放，促进了产能的提升，年化财务收益约 1 357. 4 万元，并培养了一批精益管理骨干人才，取得了很多无形收益。

〔撰稿人：卫华集团有限公司吴庆宁　审稿人：卫华集团有限公司孙明尧〕

中国重型机械总公司

2010 年，中国重型机械总公司坚持以科学发展观统领全局，团结带领全体职工，坚定信念，锐意进取，抢抓机遇，真抓实干，全面完成了国机集团下达的各项经营考核指标，公司发展迈上了新的台阶。

一、抢抓机遇，经营业绩创历史新高

2010 年，公司把保持经营平稳较快发展作为首要任务，大力推进"业务领域多元化、业务类型多样化、市场区域分散化"的经营发展战略，紧紧抓住和把握不利形势中的发展机遇，取得了可喜的经营业绩。

1. 经营指标全面完成

实现主营业务收入 14. 025 亿元，利润总额 4 958 万元，进出口总额 1. 108 亿美元，成本费用占主营业务收入的比重 97. 38%，流动资产周转率 1. 01，技术投入比率为 1. 48%，已获利息倍数 5. 5。

2. 市场开发成效显著

在国家"走出去"战略的指引下，充分利用国家的对外经贸合作战略和资金支持，按照公司市场开发的总体部署，统筹国内、国外两个市场，坚持"区域滚动"的市场开发战略，积极推进国际市场区域分散化，全年签约额实现 83. 82 亿元，创历史新高。

(1)国际市场布局有效调整。根据国际市场变化情况，不断调整国际市场布局。2010 年，公司在泰国、斯里兰卡、马来西亚、孟加拉、乌干达等国家筹备设立驻外代表处，配备了人员，推进项目开发和市场的进一步拓展。驻泰国、斯里兰卡代表处已得到商务部正式批准设立。一类市场已由原来的 7 个调整到 9 个，二类市场也有了新的扩充，由原来的 11 个增加到 12 个，实现了一、二类市场的滚动调整。

(2)市场开发取得丰硕成果。2010 年，国际市场开发取得显著成效，出口项目成交额占总合同成交额的比重为 94. 94%，出口项目签约额占总合同签约额的比重为 95. 61%。在孟加拉、马来西亚、柬埔寨、泰国等市场实现了"区域滚动"发展。

马来西亚金狮集团金狮高炉公司炼铁炼钢项目，经过两年多的密切跟踪，签订了项目总承包合同，合同金额 9 亿美元。项目建成投产后可形成年产 200 万 t 铁液和 150 万 t 板坯的生产能力。

在孟加拉市场，先后签订孟加拉海德堡、孟加拉 M. I. 等 4 个粉磨站项目承包合同，累计金额 1. 017 亿美元。

签订柬埔寨农村电网一期项目 EPC 合同，总金额 5 356 万美元，由中国政府提供优惠买方信贷。

泰国燃料酒精厂 EPC 项目，经过两年多的不懈努力实现签约，合同金额 1. 09 亿美元。泰国煤矿堆场设备改造项目，合同金额 1 588 万美元。两个项目的签订，使公司自泰国欧宝项目之后重新进入了泰国市场。

巴西日产 400t 玉米淀粉生产线项目，合同金额 648 万美元，是公司在南美承揽的第一个总包项目，使公司进入了一个新的区域市场。

积极跟踪国内环保、冶金、矿山、港口、城市供热、铁路等行业项目。在河北徐水污水、吉林扶余污水、佳木斯污水、松原供热和厦深铁路牵引变压器项目等 5 个国外贷款项目的投标中中标，合计合同金额 1. 49 亿元。积极开发新的矿山项目，签订准噶尔煤矿 44 台 9 260 万元的车斗项目。

以上合同的签订，为公司今后几年稳定较快发展奠定了扎实的基础。

3. 业务发展多元并进

(1)主业发展势头强劲。2010 年，公司工程总承包、进出口贸易、招标代理和投资运营四大主业都取得一定的发展。

工程承包迅猛发展。2010 年，国内外工程承包项目合同成交额和签约额分别为 68.88 亿元和 80 亿元，占总合同成交额和签约额的比重分别为 94.78% 和 95.48%。各种形式的工程总承包和 EPC 交钥匙总承包业务在公司整体业务中的贡献越来越突出，已成为公司真正的核心主业。

进出口贸易稳步发展。铸件出口项目全年成交 1 800 万美元，出口量达到 2.5 万 t。港口船用柴油机、舵桨装置等设备的进口采购合同额达 6 580 万元。打包机、打捆机以及轧辊、破碎机零件等冶金设备零部件的进出口贸易保持了一定的规模。

招标代理继续巩固。积极为建材、航天等多个项目开展设备招标代理工作，全年招标金额累计达 2.08 亿元。

投资运营稳步推进。柬埔寨达岱水电站 BOT 项目，自 2010 年 3 月 29 日现场正式开工以来，进展顺利。当前，主坝和副坝的导流洞全线贯通，已经具备截流条件，实现了水电项目建设具有里程碑意义的节点。同时，通过优化设计，施工量下降，降低了总体投资，并可确保 2011 年 1 月 12 日实现干流截流，2013 年 6 月第一台机组发电，2013 年底 3 台机组全部建成发电。柬埔寨达岱水电站 BOT 项目的顺利实施，为今后的对外投资积累了经验。

柬埔寨金边—西哈努克港 230kVA 输变电项目是公司计划在柬埔寨投资兴建的第二个 BOT 项目。在柬埔寨达岱水电站 BOT 项目顺利实施的基础上，正在按计划、有步骤地促进输变电项目的启动。2010 年 11 月，已经正式向柬埔寨政府提交可研报告，项目预计投资 1.5 亿美元，建设和运营期限共 25 年，其中建设期 3 年，运营期 22 年。

(2)传统业务领域取得重大突破。冶金行业是公司传统的业务领域。近几年，经历了在国内市场的低谷中徘徊、在“走出去”道路上不断探索的艰辛历程。马来西亚金狮集团金狮高炉公司炼铁炼钢项目的成功签约，是公司在冶金行业实现“走出去”的一个重大突破，不仅是公司也是迄今为止我国冶金成套技术与装备出口单笔金额最大的合同，对公司的发展具有重要意义。

(3)新兴领域取得新的建树。2010 年，通过积极探索和不懈的努力，泰国木薯酒精 EPC 项目、巴西玉米淀粉生产线项目成功签约，使公司进入了生物能源和粮食加工业务领域，为公司在一个全新的业务领域开拓，实现多元化发展积累了经验，奠定了基础。

(4)业务类型实现重大创新。公司在中国出口信用保险公司的大力支持下，创造性地以融资租赁方式承揽的马来西亚金狮集团金狮高炉公司炼铁炼钢项目，是当前我国采用融资租赁方式出口重大冶金装备的最大项目，将对公司开拓国际工程承包市场产生重要影响。

(5)重点业务实现持续发展。公司在孟加拉建材行业连续签订水泥粉磨站项目，形成了良好的品牌优势；柬埔寨农村电网一期项目 EPC 合同的签订，进一步提升了公司在柬埔寨电力工程承包市场的地位；与泰国国家电力署签订的煤矿堆场设备改造项目合同，为进一步扩大合作创造了机遇，实现了建材、电力等重点业务的持续发展。

4. 重点项目执行不断强化

越南新光水泥厂 EPC 项目，自 2009 年 5 月开工以来，进展顺利，一直得到业主的充分肯定。已基本完成与投产运行有关的全部工作，收回合同全部款项的 90%。

土耳其新蒸汽锅炉 EPC 项目，经过全体项目组人员的共同努力和协调配合，提前近一个月完成主合同工程，得到业主的好评。12 月 9 日取得了业主签发的临时接收证书。

越南农山火电 EPC 项目，几经波折，经过撤换施工分包商，理顺了与业主方的关系，逐渐扭转了以前许多不利局面，逐渐步入正常轨道。

二、夯实基础，管理水平不断提升

1. 战略管理不断深化

继续深化战略管理，加强对公司《2009 ~ 2011 年总体战略》的宣传贯彻，保障相关工作落到实处。对公司完善产业链发展路径进行了专题研究，积极探索组建水泥设计机构的初步方案和公司相关企业资质申请方案的设想，推动公司总体战略的实施，以战略引领公司的发展。

2. 制度建设不断加强

围绕“实现精细化管理、进一步提升管理水平”的总体要求，持续开展规章制度学习周和自检自查活动。结合公司内外部环境变化和机构的调整，认真梳理现有制度，提出修订完善的意见和建议，并对执行中存在的问题进一步落实责任，推进整改工作。

3. 企业文化建设持续开展

按照国机集团关于母子品牌的管理和运行体系的要求，启动了国机集团和公司母子品牌 VI 链接的相关工作。以公司成立 30 周年庆典、迎新年联欢会等为载体，大力开展企业文化实践活动，持续推进企业文化建设，不断巩固企业文化建设成果。

4. 财务管理不断强化

一是加强经营资金的管理，保障资金的安全、完整，为公司经营活动提供强有力的支持。2010 年，公司与 9 家金融机构开展融资业务，取得综合授信额度 20.5 亿元。向国机集团融资 3 亿元，全年节省融资成本 585 万元。

二是积极参与项目前期开发和准备工作，加强对项目执行过程中的财务管理，为项目提供融资、结算及外汇管理等财务工作支持。搭建项目开发与融资桥梁，为项目提供融资渠道，创新融资模式。跟踪人民币汇率变化，加强有关项目的远期外汇买卖、外汇保值工作，提高了项目的经济效益。

三是加强对外投资管理工作，保证对外投资的保值增值。完成公司对柬埔寨达岱水电站BOT项目年度投资1.53亿元业务，第一笔融资款3 100万美元如期到账。

四是加强税务管理工作，完善税务管理环节，保证出口退税及时到位。2010年实际收回退税款10 311万元，有力地支持了公司资金的周转使用。同时，公司继续获得北京市纳税A级企业资格。

5. 人力资源管理不断加强

做好组织系统的运行维护，不断加强人员配置。2010年，公司调整组织机构，撤销了原7个专业部门，组建了5个工程事业部，优化了人力资源配置，组织完成了2010年全员岗位竞聘工作。

落实人才招聘和培训工作，促进人才队伍建设。加大招聘工作力度，全年接收应届毕业生和从社会招聘新员工27名。加强培训工作，重点开展国际工程保险、注册设备监理师继续教育、新员工岗前和工厂实习等多项培训活动，不断提高职工队伍整体素质和业务技能。

建立公司企业年金制度。制定了《总公司企业年金实施细则》和《2010年激励性年金奖励办法》，并完成了2010年的缴费工作。

6. 质量管理和职业健康安全管理体系建设持续深入

持续加强质量管理体系建设，按ISO9001:2008标准要求，完成了质量管理体系文件的换版升级。积极推动职业健康安全管理体系建设，通过加强监督检查，开展年度管理评审，全员质量和安全意识不断提高。顺利通过了质量管理体系换版后的复评认证，认证范围由原来的“机电设备成套工程承包”扩大为“工程总承包、项目管理、设备监理”。职业健康安全管理体系顺利通过了首次认证，实现了“两标一体化”。

组织《工程承包项目管理手册》的编写。引进外部资料，完成了17分册160余万字的初稿编写。

推进设备监制工作规范化。积极推进重点项目中的设备监制工作，不断提高设备制造质量管理的效果和规范性，保证了关键设备的质量。

7. 安全生产管理进一步加强

认真实施年度安全生产工作计划，制定《工程总承包项目安全生产管理文件备案管理办法》、《工程总承包项目安全检查管理暂行办法》，并强化执行。大力开展“安全生产月”、安全生产大检查、隐患整改、应急演练和绩效监测等活动，及时向海外项目组发出预警信息，强化全员安全生产管理的责任意识，规范安全生产管理工作。公司全年未发生重大安全生产责任事故，实现了年度工作目标，在国机集团安全生产年度考核中再次获得A级。

8. 全面风险管理体系建设积极推进

公司作为国机集团系统第一批全面风险管理试点单位，成立全面风险管理领导小组和工作小组。制定了《总公司开展全面风险管理体系建设的工作方案和工作计划》，明确了全面风险管理体系建设的基本思路、建设目标和设计原则，提出了总体方案，编制了工作计划，积极推进工作落实。

9. 信息化建设不断加强

不断完善OA系统，实现了49个流程上线运行。完成了公司外部网站的改版和英文版的完善工作。制定了《总公司信息化建设确保达到C级争取B级评价标准的实施方案》，并积极组织实施，制定了公司《2011~2013年信息化规划》和2011~2013年各项年度工作计划。

〔撰稿人：中国重型机械总公司刘东明　审稿人：中国重型机械总公司李军〕

云南冶金力神重工有限公司

一、生产发展情况

1. 2010年，公司坚持以“改革增活力、管理促效益、科技谋发展”的思路开展工作，及时调整、加强了领导班子，对公司职能、职责和业务进行了调整和归并。公司上下团结一致，克服了各方面的困难，生产经营和新基地项目建设前期工作取得了一定的成绩。全年完成工业总产值2.41亿元，销售收入3.34亿元，实现利润总额399.44万元。经济发展特点是市场竞争激烈、原材料价格上涨、经营压力加大。2010年主要产品产量见表1。

表1　2010年主要产品产量

产品种类	产量(台)
回转圆筒设备	35
金属压延加工设备	33
起重设备	171
铸锭设备	11
水利设备	5
矿山设备	99

二、市场经营及销售

2010年，宽带轧机成功进入省内市场，为云南瑞通钢业有限公司开发的宽辊面高速六辊可逆液压轧机，是为省内开发设计生产制造的第一套配置较高、板面较宽、速度较快、市场潜力较大的样板标杆产品。同时1250轧机成功打入京津唐地区市场。实验用轧机通过东北大学已进入太钢、鞍钢、首钢、莱钢、宝钢等我国一线钢铁企业。高速铜带轧机成功进入高精度铜带加工企业。起重机械产品在集团内部市场开拓情况良好。2010年主要产品销售收入见表2。

表 2　2010 年主要产品销售收入

序号	产品种类	销售收入(万元)
1	回转圆筒设备、起重设备、铸锭设备、水利设备	11 054
2	金属压延加工设备	6 557
3	矿山设备	1 619

三、科技成果及新产品

2010 年,公司申报的“1450 六辊 HC 可逆液压轧机成套设备研制及产业化”项目被云南省科技厅列为当年重点新产品开发项目。“ϕ160mm/ϕ550mm × 600mm 四辊可逆液压 AGC 精轧机”获 2010 年昆明市科技进步奖三等奖、云南冶金集团科技进步奖二等奖及云南省科技进步奖三等奖。2010 年申请并获授权的实用新型专利见表 3。

表 3　2010 年申请并获授权的实用新型专利

序号	项 目 名 称	专利类别
1	一种轧机辊系轴向定位装置	实用新型
2	一种组合式板带轧机除油装置	实用新型
3	一种用于线材除锈及去污的机械装置	实用新型
4	一种测量深孔内沟槽的游标卡尺	实用新型
5	一种高效颗粒橡胶液压打包机	实用新型
6	倒立式拉丝机双辊式压丝装置	实用新型
7	一种塔式起重机附着框装置	实用新型

四、质量及标准工作

2010 年,各主导产品质量整体有所提高,没有出现较大质量问题。产品的设计生产制造主要执行《重型机械标准》及桥式、门式、塔式起重机等特种设备的国家标准,无采用国际标准及转化情况。

五、基本建设及技术改造

“云南冶金重型装备研发制造基地”的建设进入有序进展阶段,当前委托中国联合工程公司编制的项目可行性研究报告,已经云南冶金集团规划部组织专家评审通过。投资方案经公司董事会、股东会审批报省发改委备案,地质灾害评估、压覆矿体评估已经通过,工业用地规划指标、环境影响评价、安全评价、职业卫生评价、节能评价等工作正在有序展开。

六、企业改革与结构调整

(1)2010 年 7 月公司领导班子进行了调整,并分别于 10 月、12 月对班子进行了充实。针对班子成员来自不同单位,工作经历、技术专业、业务专长各不相同的客观实际,及时完善并加强领导班子建设,确保生产经营各项工作平稳展开。

(2)理顺职责,优化管理,对部分管理职能进行了归并、整合,对人员以及资源进行了优化配置,有效解决了人浮于事、机构重叠、效率低下等问题,提高了工作效率。

(3)建立完善公司规章制度,加强信息沟通,严格考核,使责任层层落实。

(4)统一物资供应与营销业务管理,发挥集中优势。

七、企业发展的主要突出问题

(1)企业文化建设亟待加强。

(2)历史包袱沉重,制约企业发展。

(3)整体缺乏竞争力。从硬件来讲,装备不具备竞争力,大型、精密加工设备缺乏,加工设备老化严重,加工能力弱。从软件来讲,由于传统产品对引进技术的消化、吸收速度慢,新产品开发又迟迟难以取得重大的突破,公司产品在技术性能和价格上不具备强有力的竞争优势,市场竞争中处于不利境地,市场份额逐年萎缩。

(4)执行力建设有待加强。

〔撰稿人:云南冶金昆明重工有限公司牛爱京　审稿人:云南冶金昆明重工有限公司赵勇〕

中国重型机械研究院有限公司

2010 年,国际经济危机仍然冲击着装备制造行业,面对瞬息万变的国内外经济形势和竞争激烈的国内外市场,中国重型机械研究院有限公司(以下简称中国重型院有限公司)顺应时势,认真分析,稳定现有市场,加大开拓新市场,积极拓展国际市场,全年签订的经营合同额、创新的科研成果、完成的目标任务等,均取得了新的进展,以优秀的业绩为公司“十一五”画上了圆满的句号。

一、生产发展情况

2010 年公司签订合同总额 25.98 亿元,主营业务收入 18.89 亿元,工业增加值(EVA)1.26 亿元。

二、市场经营情况

1. 各专业市场经营情况

连铸专业承担的攀钢西昌连铸项目和广东广青板坯连铸机成套项目,标志着中国重型院有限公司连铸技术发展又步入新的阶段;板带精整专业巩固和开发市场并重,在柳钢取得 9 条生产线合同,同时注重国际市场开拓,首次出口热镀锌机组,首次签约热轧重卷横切机组合同;锻/挤压专业签订了 3 套快锻机组和 3 个铝挤压机项目合同,其中 25MN 双动正反向铝挤压机为国产首套;管棒专业开发的具有自主知识产权的 LG10 高速冷轧管机和采用伺服回转送进的 LG280 冷轧管机,填补了国内空白;环保专业在冶金领域把重点放在转炉煤气干法回收系统的自主开发和进口关键件的国产化攻关研制和推广上,该领域合同额占环保所合同额一半以上;钢液精炼专业成功争取到攀钢西昌 RH 总承包和马钢 VC/VD 及 LF 炉项目;轧制专业继成套设计攀钢 1 450mm 五机架冷连轧工程之后,又签订了 1 700mm 六辊 UCM 五机架冷连轧工程,实现了冷连轧机组核心系统全部自主化,填补了国内空白。

2. 产品生产情况

随着机械加工厂的整合及一年的运行,机械装备厂、电控装备厂的生产经营逐步走上协调发展的道路,产品严格按照质量和安全生产管理体系进行生产,实行全局宏观监管与局部精细化管控相结合的生产管理模式,产品质量得到大幅提高。电控装备厂坚持以产品开发与市场开发为主导,在维持和服务公司内部传统市场的同时,积极开拓公司外部市场。

3. 子公司生产情况

陕西冶金设计院加大开拓省外市场,中标鞍钢股份化工煤制气工程之脱硫系统工程、湖北宜化 40 + 10 万 t/a 兰碳设备设计及低温干馏方型兰碳炉等总承包项目。重型技术公司与伊朗七钴公司成功签约镀锌生产线成套出口合同。上海重型机械成套公司在镁合金板带轧机、烧结烟气脱硫、低品质蒸汽余热发电等项目上取得新的进展和突破。西安海威监理公司在做好油田设备监理服务的同时,拓宽经营思路,完成了 2 500t 石油钻杆复合加载试验系统的总体设计,扩展了新的市场支撑点。成都分院围绕服务西南客户的宗旨,建设分院的管理体系、服务体系,提升了整体实力。秦皇岛分院签订 2 项两辊环孔型冷轧管机成套设备合同。

三、科技成果及新产品

2010 年,中国重型院有限公司共有 15 项科技成果分获国家和省部级科技奖,完成 10 项技术成果鉴定和验收;获授权专利 107 项,其中发明专利 21 项、实用新型专利 83 项、外观设计专利 2 项、软件著作权 1 项。

全年争取国家、行业、地方及上级集团立项科研项目 22 项,其中列入国家层面的计划项目 8 项(包括国家科技重大专项课题 4 项)。"CMYQ—325 型全液压电液锤"被列为国家重点新产品项目。

填补国内空白项目 10 项:宝钢特钢钛镍拼卷机组,LG—280—HLS 型两辊冷轧管机,LG—10—GHLL 型两辊高速冷轧管机,1 780mm 高精度六辊 UCM 型单机架可逆冷轧机组,航空机轮刹车电量模拟试验台,800mm × 300mm 复合肥辊式挤压成形机,玻璃窑炉烟气湿法脱硫、湿法电除尘系统,板坯连铸设备总体设计系统,连铸结晶器在线调宽(锥)的液压伺服控制系统,冷轧机组计划执行系统软件产品。

6 项目列入陕西机械工业新产品试制计划:金属板带多辊精密矫直机,钢液精炼装备过程控制关键模型的开发,钢管排锯机,31.5MN 铜棒线材反向挤压机,ϕ7 000mm 数控径轴向轧环机,ϕ250mm 十辊高精度棒材矫直机。

开发应用新技术 8 项:板坯连铸设备动态轻压下数模与应用软件,板坯连铸设备总体设计系统,板坯连铸液压缸调宽结晶器,连铸电磁搅拌支撑辊装置,挤压机新型位置和速度检测技术,大型挤压机自适应上料机械手及旋转润滑装置,连铸结晶器在线调宽(锥)的液压伺服控制系统,RH 装置冶金工艺模型等研究应用。

研制新产品 4 项:自冷却润滑往复运动液压缸,浮动式间隙密封的长寿命振动液压缸,操作机行走及回转齿轮箱,冷轧机组计划执行系统软件产品。公司还实现了生产装备控制系统与生产管理信息系统的集成控制。

四、质量及标准化情况

2010 年 3 月 10 ~ 11 日,中国质量认证中心对中国重型机械研究院有限公司管理体系进行了认证审核。审核方认为:体系运行满足 GB/T 19001:2000、GB/T 24001:2004、GB/T 28001:2001 管理体系要求和相关法律法规要求。

2010 年完成冷轧金属板带精整剪切成套设备、横切机组、纵切机组、重卷机组行业标准的制定。该系列标准是国内首次制定,填补了该类成套大机组装备无标准的空白。

五、对外合作情况

中国重型院有限公司作为国家科技重大专项"高档数控机床与基础制造装备"、"金属挤压/模锻设备与工艺创新平台建设"课题的主持单位,组织行业优势单位—上海电气集团、中国第二重型机械集团公司、西安交通大学、中南大学、重庆大学、西北工业大学、清华大学、北京航空航天大学等合作打造创新平台,并提出"金属挤压/模锻设备与工艺创新能力平台'十二五'开放研究课题计划"共计 23 项。

2010 年 8 月,与陕西铜川市人民政府签订战略合作框架协议,按照"优势互补、互惠互利、共同发展"的原则,通过双方的合作,在铜川市扶持一批装备制造企业,支持其发展、快速做大做强。结合铜川产业现状及"十二五"发展总体目标,双方初步商定合作建设大型铝型材挤压机国家重大专项示范工程以及航空、交通、高铁、地铁、大型工业建筑等用的高端铝型材规模化生产基地工程;建设新型环保墙体材料生产项目;建设页岩油回收及副产品综合开发利用工艺与装备应用示范工程。

2010 年度中国重型院有限公司成为第一届"中国工程院科技合作委员会"团体成员,首届"绿色制造技术创新联盟"发起单位和理事单位,成为"西北技术转移联盟"首批成员单位,当选为"陕西省创新方法研究会"常务理事单位。

〔撰稿人:中国重型机械研究院有限公司宋晔　审稿人:中国重型机械研究院有限公司孟令忠〕

北京起重运输机械设计研究院

北京起重运输机械设计研究院(原北京起重运输机械研究所,以下简称北京起重院)创建于1958年,1999年转制为现代化的科技型企业,加入中国机械工业集团有限公司。主要从事物流仓储系统、客运索道、起重机械、物料输送机械等系统的总体规划、机电设计及工程总承包。经国家有关部门批准成立的国家起重运输机械质量监督检验中心、国家客运架空索道安全监督检验中心和国家安全生产北京矿用起重运输机械检验检测中心设在该院;中国机械工程学会物流工程分会、全国起重机械标准化技术委员会、全国连续搬运机械标准化技术委员会、全国工业车辆机械标准化技术委员会、全国物流仓储机械标准化技术委员会挂靠在该院。该院是中国重型机械工业协会副理事长单位。

一、生产经营情况

2010年,在国际市场大宗商品价格上涨、人工费用大幅提高的情况下,北京起重院适时调高了部分产品价格,总体价格涨幅控制在3%之内,保持了主要产品和服务的价格稳定,保证了产品的竞争力。同时,在国家扩大内需政策的有效拉动下,国内市场需求快速扩大,北京起重院在客运索道、物流仓储系统、垃圾抓斗起重机等优势领域加大了市场营销力度,迅速占领市场。2010年,以上各个领域产销及合同额均创历史新高,为北京起重院发展储备了项目资源,奠定了良好的基础。

2010年,签订合同总额超过7亿元,同比增长81%;主营业务收入3.3亿元,同比增长11%。其中索道工程、起重机械工程新签合同额均超过1亿元,而物流仓储工程新签合同额超过4亿元。同时索道工程市场占有率超过50%,生物质发电起重机市场占有率接近80%,自动化物流仓储系统市场占有率维持在30%左右。

2010年北京起重院共完成工程项目55项,比上年增加6项。仓储工程部完工的主要项目有锡林浩特立体库、高教配送中心、运载火箭物流中心、深圳一致物流中心等项目。其中锡林浩特立体库项目是该院为伊利乳业提供的第三座立体库项目,扩大了北京起重院在乳品行业的市场份额。起重工程部完工的主要项目有泰国垃圾吊、海螺垃圾吊、秦皇岛垃圾吊、汉口垃圾吊、余姚垃圾吊、无锡东部垃圾吊及国能龙江秸秆起重机等项目。其中海螺垃圾吊为北京起重院研制的国内首套全自动垃圾搬运系统,使北京起重院特种起重机技术水平上了一个新台阶。索道工程部完工的主要项目有金饶山索道、密云索道、溪口索道、剑门关索道、云顶索道、黑山谷索道及越南索道等项目。其中溪口索道和剑门关索道为脱挂索道,标志着北京起重院的脱挂索道技术真正推向市场,实现了工程化。

在近两年完成的项目中,经院优秀工程奖评审组评审,共评出2010年度优秀工程奖9项。

二、科技成果及新产品

2010年,“国药集团物流中心关键技术与成套设备研制”项目获中国机械工业科学技术奖一等奖;“国家标准《起重机设计规范》”获中国机械工业科学技术奖二等奖;“行业标准《电动葫芦桥门式起重机》”获中国机械工业科学技术奖二等奖;“双线往复车组吊厢式客运索道技术”项目获中国机械工业集团科学技术奖二等奖。

2010年北京起重院在研科技开发项目共14项,其中:科技部科研院所技术开发专项资金项目5项,国机集团科技基金项目6项,科技部国家科技支撑计划项目1项,北京市科技项目2项。

“全自动控制垃圾搬运起重机关键技术研究”项目取得实质性成果,其依托工程“新加坡吉宝西格斯工程有限公司半自动控制垃圾搬运起重机”和“安徽海螺川崎工程有限公司全自动控制垃圾搬运起重机”两个项目完成合同任务。该项目得到了科技部科研院所技术开发专项资金的立项支持。项目针对一系列核心技术进行了充分试验研究,开发成功垃圾搬运起重机技术,取得了“垃圾抓斗起重机远程诊断系统”、“一种阀控换向电动液压抓具”、“一种小车架式称量装置”、“电缆卷筒系统”、“垃圾抓斗起重机控制系统”等专利权;制定了垃圾搬运起重机制造标准,为产业化奠定了技术基础。该项目通过了中国机械工业联合会组织的鉴定,技术达到国际先进水平。

“通用型桥式起重机轻量化设计技术及应用”项目,针对桥式起重机的金属结构、起重小车、轻巧型大车模块化端梁、运行机构、主端梁连接形式、轻型主梁结构形式等主要部件进行了研究,确定了系列型谱和技术方案。此外,结合国家节能减排和绿色设计的相关指南,在该项目的基础上,开展了轻量化起重机关键技术的可行性研究,完成了项目建议书和可行性研究报告。该项目已列入机械工业“十二五”科技发展重点任务,并得到了国家科技支撑计划项目的立项支持。

2010年,北京起重院加强知识产权工作,积极引导科技人员开展自主知识产权的创造和挖掘,共申报实用新型专利10项,已获专利授权5项,申报并取得软件著作权3项。标准工作方面,完成国家标准14项和行业标准9项的制定工作,组织完成了对43项国家标准和7项行业标准的复审,较好地履行了四个全国标准化技术委员会的日常管理职责,确定并上报了四个专业的“十二五”标准化工作重点及重点项目。在开展标准化工作过程中,积极参加国际标准化组织的活动,派员赴法国巴黎参加了ISO/TC96起重机技术委员会2010年系列会议和ISO/TC110工业车辆技术委员会2010年系列会议。

三、质量管理体系运行情况

2010年,为了提高质量管理体系运行的有效性,结合北京起重院部门、职责、人员的调整，相关职能部门按计划完成了程序文件的修改工作。2010 年修改的程序文件有：质量目标制定程序、人员聘用程序、人员培训程序、基础设施提供及维护程序，并已在院局域网上和 OA 办公系统上向全院发布。

四、信息化建设情况

2010 年北京起重院信息化建设迈上了新的台阶，已基本实现系统的基本功能，为下一步信息化工作开展奠定了坚实的基础。OA 自动化办公系统的成功运行，使北京起重院真正进入了全员办公的智能化、信息化、低碳化阶段。同时，对财务管理系统、人力资源管理系统等各信息系统也进行了整体规划。此外还对企业邮箱、门户网站、PDM 系统、文件加密等进行了相关规划并逐步进入实施阶段。

五、行业技术服务

2010 年，国家起重运输机械质量监督检验中心共完成 195 家企业轻小型起重运输设备生产许可证的实地核查，对 436 台产品进行了检验，出具了 436 份生产许可证检验报告；与其他机构联合完成了 7 家企业的港口装卸机械产品生产许可证实地核查，完成港口装卸机械产品检验 5 台；完成了 44 家企业 143 台产品出口许可证的产品检验。此外，全年还完成了 508 家企业 1 378 台产品的型式试验，出具了 1 378 份产品型式试验报告和 1 378 份型式试验合格证书；鉴定评审中共完成了 283 家企业的制造条件鉴定评审和 30 家企业的安装、改造、维修条件鉴定评审。

2010 年，国家客运架空索道安全监督检验中心完成了 260 条客运索道的定期检验和 40 条新建索道的验收检验；受理了 92 条客运索道(其中包括拖牵索道 21 条)的总体设计审查；对 131 家索道公司的 141 条钢丝绳、76 家公司的 3 773套固定抱索器、15 家公司的 411 套脱挂抱索器、21 家公司的 470 根吊杆、9 家公司的 21 根主轴、12 套轮体、2 个吊架、1 套捕捉器进行了无损探伤检测，并及时出具了检验报告；完成了部件设计文件鉴定 18 件次，并完成了现场型式试验 23 件次。对 7 家制造、安装企业进行了条件评审。

2010 年，中国安全生产科学研究院安全生产检测技术中心对安检中心进行了安全生产检测检验机构资质的增项和监督评审。此次评审除原有的资质通过监督评审外，安检中心的资质范围还增加了防爆桥式起重机、防爆梁式起重机两项内容。2010 年，经多方努力，取得了安监总局对安标办的安全检验标志授权。截至 2010 年底，完成了 11 家企业的煤安产品检验；完成了 15 家企业的技术审查；参加现场评审 2 家。

〔撰稿人：北京起重运输机械设计研究院解小燕　审稿人：北京起重运输机械设计研究院张喜军〕

洛阳矿山机械工程设计研究院有限责任公司

洛阳矿山机械工程设计研究院(以下简称洛矿院)是中信重型机械公司下属的独立法人单位。其为全社会和总公司的技术服务内容包括：重型与矿山设备的工程工艺技术开发及设计，重型与矿山设备产品的技术研究及设计，产品制造工艺技术的开发及设计，我国矿山机械的行业工作。随着我国经济的迅猛发展及其对重型与矿山设备需求的旺盛，该院的经济与技术呈现稳步向上发展的趋势，2010 年各项经济技术指标创造了历史新高。

一、发展生产情况

2010 年，洛矿院全面完成了上级的年度考核指标和院的工作目标。2010 年经营指标完成情况见表 1。

表 1　2010 年经营指标完成情况　　(单位：万元)

序号	项目名称	2010 年计划	2010 年实际完成	完成率(%)	2009 年完成	同比增长(%)
1	新增订货	180 000	192 787	107.10	200 323	-3.8
2	新增生效合同	120 000	120 999	100.83	186 433	-35.0
3	销售收入	120 000	122 324	101.94	101 329	20.7
4	货币收入	100 000	100 190	100.19	70 291	42.5
5	利润	7 000	10 730	153.29	13 989	-23.3

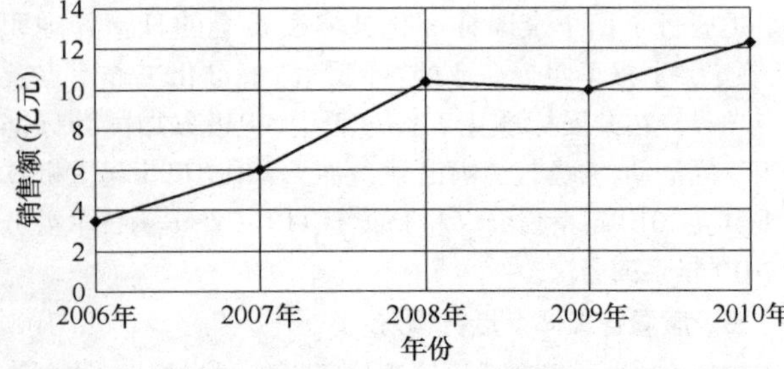

图 1　2006 ~2010 年销售额走势

技术经济发展的特点是：①经多年的努力，技术引导市场的作用逐步显现。如具有完全自主知识产权的大型 ϕ10.37m×5.19m 半自磨机和 ϕ7.32m×10.68m 球磨机的规格是国内之最，已由中信重机公司制造出厂发往巴西淡水河谷。开发设计的国内首台水力式升船机正在云南景洪现场安装调试。自主开发的 LGMS5024 原料立磨和 LGMS5725 矿渣立磨及其减速器已从水泥行业拓展到钢铁行业等。②在工程设计技术的带动下，工程总承包已是院经济收入的主要来源，2010 年占比已超过总收入的 90%。

二、市场经营及销售情况

全年实施工程项目 56 项，已验收工程总承包项目 11 项，其中包括南阳 4 500t/d 水泥厂等双锅双压纯低温余热发电项目 6 项，在平 2×800t/d 活性石灰工程，以及柳州水泥厂等 4 项钢渣立磨成套工程。

2010 年洛矿院新增生效合同 12.1 亿元。包括纯低温余热发电项目、活性石灰项目、立磨工程项目以及水泥厂工程项目等，在建和新开工项目共 45 项。

三、科技成果及新产品

2010 年获国家、部(省)级科技进步奖共 5 项，他们是：①大型矿山提升设备关键技术及应用(国家科技进步二等奖)；②LGMS4624 矿渣立磨(河南省科技进步奖二等奖)；③JGL—920 十辊管材矫直机(中国机械工业科学技术奖一等奖)；④特大(8 000t/d)新型干法水泥回转窑(中国机械工业科学技术奖二等奖)；⑥矿井提升设备(中国标准创新贡献奖二等奖)。

获批专利 61 项，其中发明专利 11 项，实用新型专利 50 项。

“十一五”国家科技支撑计划重点课题“低能耗、智能化、高活性大型石灰成套关键技术及设备研究”顺利通过了验收；“863”计划的先进能源领域“大型干法水泥生产线纯低温余热发电技术国产化”项目通过了国家发改委验收。

由洛矿院设计中信重机公司制造的 LGMS4624 矿渣立磨获 2010 年度国家级新产品项目立项。除此之外，针对市场需求还开发设计了 LGMS5725 矿渣立磨、HPU100－90 对辊成形机、ϕ10.37m×5.19m 双驱半自磨机、ϕ7.32m×10.68m 溢流型球磨机等 21 项新产品，均由中信重机公司制造出厂。

四、质量及标准

全年坚持“一把手”抓质量的原则，严格贯彻执行质量体系程序文件以及环境、职业健康安全管理体系文件；积极推进“零缺陷管理”、质量看板管理、6S 管理和 QC 小组活动，深入开展群策群力活动，有效推进了设计工艺质量的提高。

技术标准大平台得到进一步完善。增加了产品标准专辑，新增标准目录 400 条；完成了 2007 版重标贯彻规定的补充完善和《设计标准汇编(3)(4)》相关标准的修改等。

五、技术改造

2010 年中信重机公司旗下建立在洛矿院的国内矿山装备领域唯一的国家重点实验室——“矿山重型装备重点实验室”正式揭牌，实现了河南省国家重点实验室的新突破，并获得河南省“十一五”优秀科技创新平台称号。在实验平台内，建立和完善了球磨机、自磨机及半自磨机实验台；建立和完善了活性石灰、辊压机、对辊成形机、立磨粉磨机实验台，已逐步实现由单机试验提升到系统、工艺连续试验，为产品和工艺系统研发和工艺系统设备选型提供了有力保障。

洛矿院投资 100 余万元，购买了数十台计算机和数台图形工作站，并实现了三维设计软件的升级；购买了远程监控诊断设备，配备了热辐射检测仪、风速仪、转鼓试验机等检测和试验设备，完善了研发和设计手段。

六、行业工作

洛矿院恪守 1987 年洛阳矿山机械研究所进入洛阳矿山机器厂的文件要求和承诺，20 多年来在矿山机械行业标准、行业质量的监督检验、《矿山机械》杂志的编辑出版以及行业情报等方面，为我国矿山机械行业的发展，作出了一定贡献。

(1)行业标准。在 2009 年全国矿山机械标准化技术委员会换届的基础上，组建成立了全国矿山机械电气和液压传动与控制两个分技术委员会；通过年会的召开最终完成了 3 项国家标准和 20 项行业标准的审查上报，负责起草了 3 项国家标准；编辑出版了 4 期《矿山机械标准化》期刊；完成了破碎、筛分和洗选设备三部标准应用手册的编辑工作；矿用提升设备三项国家标准荣获“中国标准创新贡献奖”二等奖。

(2)行业质量监督检验。院实验室严格按国家级实验室管理要求开展各项工作。内审及管理评审结果均符合 GB/T 15418《检测和校准实验室的通用要求》，顺利通过了国家实验室认可委员会的实验室监督评审，飞行检查。年内先后分别完成 57 家用户的调度绞车生产许可证检验、港口装卸机械生产许可证检验、矿用产品安全标志检验、矿用产品安全标志技术审查以及行业委托检验；继续巩固了大型设备钢结构安全检验的市场，共完成大型装卸设备 4 台的检验和装卸设备 7 台的钢结构探伤检验工作；继续拓宽国内矿山在用设备的安全检测检验领域，组织完成了非煤矿山提升系统检验 60 余台(套)、河南省在用提升系统安全检验 120 余台(套)、通风机安全检验 30 余台(套)、完成了煤尘爆炸及自燃倾向性分析试验 100 项。

(3)《矿山机械》杂志。完成了全年 24 期半月刊杂志的编辑出版，刊文 26 981 页，约 600 万字；共处理作者投稿 3 320余篇，比上年增加 5 %，经审理并编辑刊登 992 篇，论文采用率 32.12 %，较上年减少 6 个百分点，得到读者广泛好评，连续四次被定为国家中文核心期刊。

(4)信息工作。利用现代网络技术及报刊、国内外杂志等多渠道收集最新技术动态信息、市场信息，完成《国外矿山机械》动态技术信息的编印工作；完成 12 期《重机信息》的采编和印刷；建成由 135 种《数字化期刊》和 25 793 册数字图书组成的数字图书库，已形成品种达到 6 370 种、总册数 47.8 万册的库容规模。

七、企业发展的主要和突出的问题

在技术方面，技术领军人才短缺，需要继续培养和引进高层次青年技术人员，以利院更加适应我国经济和技术不断发展的需要。

〔撰稿人：洛阳矿山机械工程设计研究院有限责任公司张荣宽　审稿人：洛阳矿山机械工程设计研究院有限责任公司刘工勉〕

鞍钢重型机械有限责任公司

2010年，鞍钢重型机械有限责任公司(以下简称鞍钢重型公司)遭遇前所未有的挑战。原材料和燃料价格上涨，产品价格下降，主要用户合同量减少，铸钢搬迁改造工程严重超支且未能达产导致形势进一步恶化，诸多不利因素把公司推向生死存亡的边缘。面对严峻挑战，公司党政工团齐心协力，以“增强八种意识，提升八种能力”为工作主线，果断采取措施，积极主动应对，全年完成利润51.8万元，完成销售收入184 162万元，完成工业总产值192 213万元。

一、转变观念，市场竞争意识得到增强

在经营系统推行“赛马”机制，实行“上不封顶，下保生活费”的经营政策，确保公司与经营人员利益的紧密融合。重新划定经营系统的经营业务和职能，定指标、增压力、要效益。广泛开展市场调研，明确市场定位和目标，锁定潜在市场需求，有层次、有重点组织开发。经努力，全年合同承揽总量达到18.62亿元。

为争取主要用户对公司的了解，打开重点产品市场，公司主要领导分别带队多次走访中国第二重型机械集团公司、东方电气集团、哈尔滨电气集团、国家能源局、国家核电技术公司、国家核安全局等单位，积极征求用户意见，加深双方了解，改善了关系，为今后合作打下了基础。在集团领导的支持和帮助下，获得了兄弟单位的了解和信任，经营人员不放过任何一次机会争取订单，为鞍钢重型公司市场份额的逐步回升打下了坚实基础。

二、重点突破，自主创新意识明显增强

经一年多努力，公司取得国家核安全局颁发的《民用核安全机械设备制造许可证》，成功锻造出AP1000核电站主管道锻件，产品质量符合技术要求，获业主和国家核电技术公司好评。这标志着鞍钢重型公司进军核电产品领域取得了重大突破。到2010年末，鞍钢重型公司完成了浙江三门2号核电站首套AP1000主管道锻件的全部锻制任务。

完成了矿山破碎机主轴装配、上架体和下架体的设计制造，并已交付使用。为河北莱宝提供的2 300中板轧机生产线顺利投产，充分证明鞍钢重型公司具备了中板轧机生产线工程设备的总承包能力。ϕ920mm挤管机主机组装完成，空载试车成功，宣告国内自主设计的大型挤管机制造成功。1500型钢轧机设备研制成功，标志着鞍钢重型公司型钢轧机设计制造能力达到国内领先水平。

公司全年完成离心复合铸造改进型高铬铸铁轧辊、粗轧半钢工作辊等20项科研攻关和新产品开发项目。包括AP1000核电主管道锻制在内的三项课题被纳入鞍钢集团公司重大科技项目。有30项实用新型专利被授权，公司有效专利总量已达56项。新产品开发项目形成产值4 759万元，创利达1 833万元。

三、多方提升降低成本意识，实现利润保平目标

加快向“精细化成本管理目标”迈进的步伐，开展行业对标工作。计财部以上半年完成指标为依据，调整部分消耗指标，提出下半年降成本目标，并将降成本结果与工资挂钩。技术部对公司所属毛坯单位的技术经济指标进行核查，制定了《工艺降低成本工作管理办法(草案)》，组织铸钢厂等三个单位制定、实施了本单位工艺降成本的具体措施。2010年下半年，所有原材料、配套件、设备备件(含年初签订包保协议部分)在上半年采购价格的基础上下降10%，降低了采购成本。上述降成本工作的开展取得了明显成效，和年初确定的计划相比，鞍钢重型公司全年实现降成本10 534万元，成本降低率5.3%，为完成全年利润保平目标创造了条件。

四、逐步渗透，管理责任意识渐入人心

推行资金使用预算制度，实行资金归口管理。清理各项资金占用，保证公司生产经营活动的正常进行。设备系统努力推进设备采购、维护及能源管理工作，对新设备投入生产后的使用、维护、检修工作进行提前部署。生产系统推行工程项目经理负责制，实行计划管理与重点设备管理联动，保证了生产信息通畅。全面治理、整顿现场环境和秩序，通过现场检查、集中曝光、限期整改等措施，使公司生产环境治理工作初见成效。贯彻安全六要管理模式，严格落实安全生产责任制，推进安全标准化作业。全年重伤以上事故为零，开创了安全生产新局面。

五、改革重组，资源优化配置意识显现

成建制将铸钢厂、锻造厂所属加工车间划归灵山机械厂。对机电装备厂与西部机械厂实施整体合并。全年调整、交流副厂处级以上干部达44人，占鞍钢重型公司副厂处级以上干部总数的50%，调整基层领导班子10个。

全力抓好新铸钢搬迁工程实施工作，成立了新铸钢项目工程指挥部。逐项检查验收新铸钢收尾工程项目。老铸钢停产后，鞍钢重型公司以严谨、科学的态度组织相关人员全力以赴地投入到后续工程中，确保了生产和搬迁的同步进行。

六、构建和谐，关心职工意识付诸行动

制定、实施了《鞍钢重型公司薪酬管理办法》和《规范各单位中层干部收入标准的指导意见》，通过对收入上限和下限的控制，加大分配监管力度，实现了“提低、保中、限高”的薪酬分配目标。

深入开展扶贫帮困送温暖活动。2010年春节、“五一”、“十一”三大节日期间，走访慰问特困、困难职工546户，救济1 651人次，救济金额481 637元。职工温暖工程专项救济金救济11人，救济金额16 300元。实施“金秋助学”工程，救济困难职工子女13人，救济金额2 7000元。做好大额医疗救助工作，救助在岗职工 15 人，救助金额 46 600 元；托管中心救助托管职工 198 人，救助金额 544 200 元。关心职工身体健康，组织 6 000 余名职工参加健康体检。重视职工就餐条件和饮食卫生，在公司 5 家食堂中开展 4 次卫生管理全面检查，对其中 3 家食堂提出了整改意见。

此外，信访调解、武装保卫、综合治理、审计监察、计划生育、保密等工作都充分发挥了各职能部门作用，为完成公司各项生产经营任务做出了积极贡献。

〔撰稿人：鞍钢重型机械有限责任公司阮征　审稿人：鞍钢重型机械有限责任公司扎世利〕

中钢集团衡阳重机有限公司

一、基本情况

中钢集团衡阳重机有限公司（以下简称中钢衡重）是中国中钢集团公司的全资子公司，主要从事矿山、冶金重型机械装备的研发、设计、制造、安装和服务，具有年产异型铸锻件 35 000t（铸钢件最大单重 100t）、钢结构件 10 000t、机加工及装配 30 000t 的综合机械制造和配套能力，主要为千万吨及以上级露天矿山和 400 万 t 以下井下矿山的开采和选矿、钢铁及有色和建材等行业生产提供关键工艺装备，如牙轮钻机、电动挖掘机、井下铲运机、破碎机、球磨机、烧结机、冶金炉、连铸机、轧机、卷取机及大型耐热耐酸铸件等。

公司已通过 GB/T 19001—2008 质量管理体系和 GB/T 24001—2004、GB/T 28001—2001 环境和职业健康安全管理体系认证，拥有省级企业技术中心，具有国家授予的企业自营进出口经营权、矿用产品生产许可、冶金机电设备安装工程等多项资质。近年来，通过强化技术创新、优化产品结构和内部运行机制，以及加大技术改造投入等措施，企业保持了持续较快发展势头。2010 年，公司相继获得了“湖南省推进新型工业化先进单位”、“湖南省百强企业”、“衡阳市优秀企业”等荣誉称号。

二、生产经营

2010 年，国际金融危机对装备制造业的滞后影响集中显现，装备市场需求回升缓慢，业内竞争激烈，加之资源类产品价格大幅上涨，物价居高不下，企业生产经营成本升高，资金压力进一步加大。面对新的困难和挑战，公司坚持以科学发展观统领全局，全力以赴保产出、争订单，千方百计促转型、增实力，通过不懈努力，战胜了重重困难，整体产出规模和经济效益继续保持了平稳增长，实现了当期发展指标。公司全年完成工业总产值 13.1 亿元，完成产量 5.6 万 t，实现利税再次突破亿元大关。

三、技术创新

2010 年，公司以加强技术创新能力建设为中心，在积极推进产品研发和工艺创新以及强化技术管理的同时，积极谋划公司“十二五”科技发展规划，以确保公司中长期战略发展目标的进一步落实。2010 年，公司结合国家产业政策以及市场需求，重点围绕传统产品技术升级和新产品开发两大方面，积极开展技术创新，努力为公司产品结构调整和优化提供技术支撑。2010 年，公司被认定为湖南省高新技术企业，并且承担了一些省、市重大科技专项工作，先后完成了大型模块化数控平面车铣床、侧翻式铲运机、井下升降台车、井下破碎锤等技术创新项目 8 项；全液压牙轮钻机研发、旋挖钻机转化设计、195B 电铲设计改进、大规格球磨机研发等一批新产品研发项目取得了阶段性成果；铲运机驱动桥、大电铲备件、风电设备机舱等关键零部件的制造技术创新和铁模覆砂等工艺攻关和推广应用取得较好成效。其中 CY—4 型铲运机获得中国机械工业科学技术奖三等奖，CAD/CAPP/PDM 信息一体化、高品质铸件轮带产品及铸钢托轮铁模覆砂工艺推广应用获得中国机械制造工艺协会年度科技成果奖三等奖。上述科技成果对提升产品市场竞争力和提高生产水平和效率，加快产出速度起到了重要促进作用。2010 年，公司结合完善技术创新激励机制，进一步加强了知识产权申报和管理工作，努力培育和扎实推进企业知识产权工作。据统计，2010 年度申请专利数较上年增长 55%，其中新增专利授权 10 项，而且授权专利的技术含量和先进性也有较大提高，公司被认定为湖南省知识产权优势培育企业。与此同时，公司还通过进一步完善技术管理制度和技术创新激励机制，继续加强公司技术中心软硬件建设，积极做好申报国家级技术中心相关工作，进一步巩固公司技术中心的创新主体地位。公司技术中心被评为年度优秀省级技术中心。

四、基本建设

2010 年以来，根据园区铸锻项目建设进入关键时期的新要求，公司努力克服阴雨天气较多、工作环境较差，时间紧、任务重等困难，认真抓好厂房施工、设备安装调试等节点的控制，组织协调各方力量，确保项目高标准、高质量地建设，为项目早日达产创造条件。同时，系统性地开展了人员培训，为项目的试产、投产做好人力资源准备。当前，项目厂房已全部完工，大部分工艺设备已完成投入运行前的调试工作，相关配套设施已基本具备项目试生产必需的条件，2011 年初项目开始试运行。项目投产后可为企业 2011 年乃至“十二五”期间的整体发展提供强有力的支撑。

五、质量、安全环保管理及标准化工作

1. 质量管理工作

为确保质量标准体系的有效运行，公司坚持以客户需求为关注焦点，狠抓产品质量预防、质量攻关、质量抽查检验等工作，加大对生产环节“三按”、“三检”等制度执行情况的监督检查，从严产品质量考核和质量损失责任追究，产品

质量整体保持稳定,基本实现了产品年度质量目标。积极尝试专业化运作的售后服务模式,提高响应、服务用户的前瞻性、及时性,售后服务工作取得一定进步。公司再次荣获衡阳市质量管理先进单位称号。

2. 安全和环保管理工作

认真贯彻落实"安全第一、预防为主、综合治理"的安全生产方针,开展了形式多样、覆盖面广的安全教育、培训工作,进一步增强了全员安全生产意识。积极推进"两体系"建设,加大安全巡查和隐患整改力度,进一步提高安全管理的预见性和有效性;加强对危险源(点)的监督和管理,确保危险源(点)处于受控状态;努力推行安全标准化班组建设,强化安全目标管理,取得初步成绩。

3. 标准化工作

2010年,公司积极推进各项标准化工作,全年共完成14项企业标准的修订工作,先后组织了多次国家、行业以及企业现行相关标准的专题培训和宣贯工作。公司还参与了GB 25523—2010《矿用机械正铲式挖掘机 安全要求》、GB 25518—2010《地下铲运机 安全要求》、GB/T 25708—2010《矿用球磨机和棒磨机》和GB/T 25706—2010《矿山机械产品型号编制方法》等多项国家标准的制修订工作。

〔撰稿人:中钢集团衡阳重机有限公司游朝阳、唐瑞 审稿人:中钢集团衡阳重机有限公司段文智〕

山东山矿机械有限公司

2010年,山东山矿机械有限公司(以下简称山矿公司)顺利实现了年度目标计划,确保了"十一五"规划目标的全面实现。山矿公司以"夯实基础,规范改善,提档升级"为指导思想,适时、分步采取多种举措,诸如开展产品标识管理和劳动竞赛活动,与咨询公司合作开展管理咨询活动,召开第三届股东及职工持股会会员代表大会,选举产生新的法人治理机构,以及不断提高职工收入等举措,积极应对市场严峻带来的困难和挑战,较好地保证和推动了企业发展。

2010年产值、产品销售收入、利税、利润及职工收入均有一定的增长。随着宏观经济的企稳回升,市场订货实现了突破,取得了恢复性的高增长,产品结构较上年有所改善,研发费用投入和新产品创新力度进一步加大,公司整体运营实现了质量、效益与规模的同步提升。全年完成产值、产品销售收入、订货都突破了7.6亿元,利税4 633万元,利润2 003万元,万元产值耗能逐渐降低,2010年同比下降8.57%。球磨机被新认定为山东省名牌产品,公司已拥有带式输送机、破碎机和球磨机三项山东名牌产品。公司技校被中华全国总工会命名为全国职工教育培训优秀示范点。

一、紧盯市场信息,抢抓订货,营销工作取得实效

市场开拓有了可喜进度,各类产品订货都有增长。公司取得了广西钦州港码头总包项目、上都电厂三期扩建项目、四乌金山发电公司项目等大型项目合同;取得了四川双马、华鲁恒升公司、滕州盛龙焦化公司管带机项目合同;破碎机订货合同额也实现突破,较上年翻了一番;球磨机订货较上年增长60%。

出口订单猛增。主要有:印度TALWANDI3×660MW超临界燃煤电站项目、印度KMPCL燃煤电站项目、印度GMR4×350MW能源公司等大型电站项目合同,并实现了向印度MIPP国际有限公司4×360MW电厂直接出口订货项目。北京企星冶金机电公司向印度SJW三期提供4PG1210四辊破碎机。

这些成绩的取得,一方面是受宏观经济形势和市场发展的良好影响,另一方面也是广大营销人员捕捉市场信息、跟踪项目的手段不断完善,能力显著提高;营销部在合同管理、合同评审、产品包装发运等环节方面进一步规范化,提高了工作水平,促进了市场的开拓。

二、积极开展技术创新,为市场开拓提供技术支持

为有效激励技术人员的积极性和主动性,促进技术创新,公司调整了技术机构,组建了工艺部、设计部和总工办;下发、执行《技术系统绩效考核管理办法》,科学、合理地考核技术人员的工作量。

2010年完成新产品开发、产品改进项目18项,其中开发设计了PYG9065多缸液压圆锥破碎机、PEY500×750液压颚式破碎机、PCFKS1416石灰石用可逆反击锤式破碎机、2PGYH1210焊接结构液压调整双辊破碎机、HSZ400环锤式破碎机和露天煤矿带式输送机、B2200带式输送机等新产品,并对PCFK18系列、PCFK16系列破碎机和管带机等产品进行了改进和优化设计。新产品、新工艺、新技术的应用,不仅增强了公司的市场竞争能力和经济效益,同时增强了发展后劲。

1750弹簧式圆锥破碎机、新型港口散状物料输送系统成套设备、PEY500×750液压颚式破碎机三项新产品通过了省级鉴定。SKGD管状带式输送机、超长距离大运量带式输送机、PYG200高能圆锥破碎机荣获山东省机械工业协会2010年度科学技术奖,中心传动湿式脱硫球磨机、PYG200高效能圆锥破碎机分别荣获济宁市2010年度科技进步奖一等奖和三等奖。

三、加强质量管控,严格执行标准,注重产品的提档升级

根据年初确定的产品提档升级要求,公司开展了一系列质量管理整顿活动:在生产一线成立质量技术服务组,开展产品标识专项管理工作,取得了阶段性成果。公司定期召开专题分析会,研究制定预防措施。分批次组织油漆涂

装生产及管理人员的专项培训活动，将学到的知识运用到实际生产中去，不断改进油漆操作规程和工艺，产品外观质量较以前有明显提高。

历年来，公司积极参与全国矿山机械、全国起重运输机械标准化活动，参与制修订国家标准、行业标准10余项。其中制定国家标准4项，参与修订国家标准2项，主持制定行业标准3项，主持修订行业标准1项，参与修订行业标准4项 。公司主持制定的行业标准JB/T 10876—2008《可逆反击锤式破碎机》、JB/T 11116—2010《四辊破碎机》和JB/T 11110—2010《煤用重型环锤式破碎机》技术内容先进合理，填补了行业空白，促进了行业技术进步。参与制定的国家标准GB/T 25651—2010《锤式破碎机 锤头磨耗》，是矿山机械行业首次制定的资源节约与综合利用方面的国家标准，填补了国内空白。参与审查起重运输机械国家标准、行业标准10余项，参与审查矿山机械国家标准、行业标准30多项。

四、以用户要求为工作指令，生产系统快速反应，做到快产快出

按照市场变化和用户要求，以及任务情况，生产系统做出快速反应，及时采取有效措施，系统安排生产任务，集中精力打“歼灭战”，突出抓好项目的清理扫尾工作。以经营生产协调会的形式理顺生产、销售衔接，基本上做到产销平衡。对重点和技术复杂的项目，适时成立专业项目组 ，以及时协调、解决生产过程中的问题，取得了较好效果。积极响应公司开展的两次大干活动的号召，不断烘托大干氛围，充分发挥能打硬仗、善打硬仗的传统，生产不断创出新高，较好完成全年生产任务。

五、夯实基础管理，为生产任务的完成提供支持和保障

公司针对生产任务较多，急供货项目集中等情况，利用5个月开展两次大干劳动竞赛活动，以“赛”促产活动取得了良好效果，并对在活动中涌现出的先进集体和个人进行了表彰、奖励，组织先进个人参观、游览世博会。

全面启动与管理咨询公司合作，开展管理咨询、培训活动。对法人治理结构、企业组织再造、计划业务流程、薪酬分配等方面进行完善和改造，构建与企业相匹配的管控模式和分配模式，建立高效的管理体系。现已调整技术组织机构，推行协同计划管理模式和技术人员绩效考核模块，其他模块正在调研、制定方案阶段，将逐步、全面推开。

根据生产任务目标完成情况和企业效益实现情况，从4月份开始增加职工收益，并向管理骨干和技术骨干倾斜。自6月份起又上调车间一线经济责任制结算单价，真正做到了多劳多得，有效地调动了职工的工作积极性，车间一线职工月度最高工资达到4 746元。

公司加大技改投入，全年投入810万元，增添了大型退火炉、数控车床和铣床、精炼机、卷板机、起吊设备，新建了车间，提高了生产能力，为2011年的生产发展奠定了基础。

在应对危机挑战中，公司砥砺奋进，经受了重大考验，积累了宝贵经验。但是，也应该清醒地认识到，企业发展中还存在一些差距和不足，突出表现在：部分职工对当前的严峻形势和市场经济的“游戏规则”以及企业细节管理重要性的深刻理解还不到位；对市场的变化还不能完全适应，反应较慢；技术资料的准确性还存在较大差距；公司一些浪费现象仍然突出，企业盈利水平不是太高。对这些问题，将采取切实措施加以解决。

2011年是国家“十二五”开局之年。站在新的历史起点上，公司上下将清醒地面对机遇和挑战。抓住用好难得的机遇和优势，坚定发展的信心和动力。

〔撰稿人：山东山矿机械有限公司吴传芹〕

中冶陕压重工设备有限公司

一、企业概况

中冶陕压重工设备有限公司是由中国冶金科工集团和陕西压延设备厂于2006年4月10日共同出资组建成立的。中国冶金科工集团是我国集科工贸于一体的大型综合性中央直属企业，陕西压延设备厂是由原一机部组织建设的国有大型骨干企业，是以大型精密板带轧机成套设备和板带处理成套设备为主要产品的重型机器制造企业。

中冶陕压重工设备有限公司承接了陕西压延设备厂的全部主营业务和相关资源，在西安高新区新型工业园区设立了总部和设计、销售、研发等机构；在陕西省富平县庄里镇建有生产基地，占地面积26万m^2。

公司在册职工2 500人左右，其中工程技术人员600余名(教授级高工8名，高级工程师86名)。公司拥有铸造、锻造、焊接、热处理、机械加工等全套工艺制造能力，生产装备精良。现有工艺制造设备、计量检测设备2 000余台(套)，其中“精大稀”设备200多台，数控设备70多台。公司已通过最新版ISO9001、ISO14001、OHSAS18001质量、环境职业健康、安全三标管理体系认证，同时获得了国家安全质量标准化一级企业称号，具有国家批准的进出口贸易经营权，有独立的新产品设计开发能力和先进的工艺制造技术，有严格的管理体系，可以按国家标准、国际标准、欧洲标准和日本标准制造设备。

二、经济运行情况

2010年主要生产经营指标完成情况见表1。

表1　2010年主要生产经营指标完成情况

指标名称	单位	2010年计划	2010年完成	2009年完成	完成年计划（%）	同比增长（%）
工业总产值（不含税）	万元	102 560	98 360	86 322	95.9	13.95
新产品产值（不含税）	万元	8 550	22 515	6 201	263.3	263.09
工业增加值	万元	20 000	22 965	20 362	114.8	12.78
工业销售产值	万元	102 560	95 695	92 408	93.3	3.56
出口交货值	万元	15 000	3 954	6 872	26.4	-42.46
机器产品产量	t	34 000	34 479	28 708	101.4	20.10
机加工时	h	1 740 000	1 788 029	1 795 204	102.8	-0.40
钢液产量	t	26 000	21 628	26 787	83.2	-19.26
铸钢件产量	t	6 800	6 529	8 736	96.0	-25.26
锻钢件产量	t	7 000	8 633	7 509	123.3	14.97
新签合同	万元	100 000	116 276	114 288	116.3	1.74
其中：出口合同	万元	15 000	1 452	4 489	9.7	-67.65

2010年实现工业增加值22 965万元，增长12.78%，超额完成年度计划14.83%。由于原材料价格提高等因素的影响，中间投入增大，相对减少了工业增加值。

企业特别注重科技投入，提高企业的技术创新能力，加速企业的技术进步，不断研发新产品，提高产品的科技含量，近年来新产品层出不穷，科技开发硕果累累，进一步优化了企业运行机制，使企业在激烈的市场竞争中立于不败之地。2010年开发新产品9项，共完成新产品产值22 515万元，增长263.09%，达到历史最好水平；申报专利25项。

当年新签合同116 276万元，增长1.74%。受国外市场不景气的影响，全年新签海外合同1 452万元，只完成年度计划的9.68%。这应引起相关部门的注意，采取有力措施，抓住有利时机，掌握主动权，主动出击，积极开拓国际市场，多承揽海外合同。2010年主要经济效益指标完成情况见表2

表2　2010年主要经济效益指标完成情况

指标名称	单位	2010年计划	2010年完成	2009年完成	完成年计划（%）	同比增长（%）
营业收入	万元	100 000	95 698	93 220	95.7	2.66
其中：主营业务收入	万元		91 337	91 946		-0.66
利润总额	万元	3 000	3 167	5 830	105.57	-45.68
利税总额	万元		6 851	9 891		-30.74
总资产贡献率	%		5.27	7.71		-2.44
资产保值增值率	%		105.58	113.14		-7.56
资产负债率	%	69	63.98	62.67		1.31
流动资产周转率	次		0.79	0.79		持平
成本费用利润率	%		3.62	6.38		-2.76
全员劳动生产率	元/人		84 215	68 283		15 932
产品销售率	%		97.29	107.05		-9.76
工业企业经济效益综合指数			120.41	128.46		-8.05

由于利润总额的大幅减少直接导致总资产贡献率、成本费用利润率等指标下滑，进而引发工业企业经济效益综合指数比上年下降8.05个百分点，直接影响了企业经济效益。

三、产品发展状况

企业经过多年发展，特别是近几年加大改革、创新步伐，已经形成年产机器设备35 000t的生产能力。企业产品广泛用于冶金、机械、化工、轻工、汽车产品等制造行业，产品不仅畅销国内市场，而且大量出口国际市场。

企业拥有15个系列近200个品种规格的产品。主导产品有：各种黑色及有色板带轧机、冷热板带平整机组、板带酸洗机组设备、连续退火机组设备、板带镀锌机组设备、连续棒材（型材）轧制成套设备、高速线材轧制成套设备、方坯及板坯连铸设备、各种飞剪及液压剪、各种硬齿面传动箱、汽车模具研配压机、铜铝型材挤压机、各种液压机械压力机等。近年来，开发具有知识产权的产品有各种规格的冷热轧机、卷取机、矫直机，以及铝、钨、钼、铅、铜等有色轧制设备，品种达24类。产品主要用户有国内宝钢、鞍钢、武钢、首钢、唐钢、攀钢、马钢、本钢、太钢、酒钢、涟钢、包钢、柳钢等大型钢铁企业,公司与世界8个国家的18家国际著名公司开展合作制造业务,产品出口德国、日本、韩国、美国、印度、俄罗斯、马来西亚、越南等国。

四、公司发展情况

公司以科学发展观为指导,全面贯彻党的“十七届五中全会”精神和中冶集团“以加快转变发展方式为主线,以做强做优为核心”的战略部署,坚持发展才是硬道理,积极推进管理创新、技术创新、市场创新;坚持“改革、发展、创新、和谐 ”的企业宗旨以及“精品、名牌、成套、创新”的产品研发方针,加快推进企业整合和新产品研发,以及大型铸锻件技术攻关和冶金轧制设备成套化研发进程;积极开拓轧辊项目市场,加速核电设备取证工作,确保了企业健康、平稳、持续发展。

〔撰稿人:中冶陕压重工设备有限公司李萍　审稿人:中冶陕压重工设备有限公司宁珠海〕

鞍山重型矿山机器股份有限公司

一、公司概况

鞍山重型矿山机器股份有限公司是国家级高新技术企业、机械行业标准起草单位、中国重型机械工业协会常务理事单位、中国重型机械工业协会洗选设备专业委员会副理事长单位、全国十佳选煤设备制造厂和煤炭工业先进选煤设备制造厂。公司是承担国家火炬计划、国家重点新产品计划的实施企业。

公司的主导产品是洗选、筛分用的振动筛系列产品,至今已研发出30个系列900多种规格产品。公司设计制造的以筛分能力大、筛分效率高、无故障、高可靠性为特点的大型振动筛高端产品,广泛用于煤炭、冶金、矿山、化工、发电、建材、筑路等行业的物料粒度分级和脱水、脱介作业。曾为国家重点工程项目的大型或特大型选煤厂、选矿厂建设和扩建提供了创世界之最的双层$56m^2$TKB巨型振动筛、宽筛面强迫同步直线振动筛、大型香蕉形直线振动筛、多单元组合振动筛、振幅递减椭圆振动筛等大型振动筛产品。

公司占地面积9万m^2,建筑面积6.9万m^2。公司具有独立的新产品开发设计能力和拥有机械加工、金属结构加工、整机装配等全套先进制造工艺技术,生产装备精良;现有工艺制造设备、计量检测设备500余台(套),其中“精大稀”设备70多台,数控设备60多台。公司有严格的质量管理体系,通过了最新版ISO 9001:2008质量管理体系认证。

二、市场经营

公司拥有国家批准的进出口贸易经营权,大力开拓国内外市场。在国内市场,公司加大对国内重点用户、潜在用户的走访力度,了解用户需求,在煤炭、冶金、矿山、建材、发电、筑路等行业开展有针对性用户营销工作,建立了新用户的合作关系,产品销往32个省、自治区、直辖市,扩大了销量。同时在国际市场中,公司产品可远销至美国、日本、印度及南美洲、欧洲、非洲等国家。

三、科技成果

科技研发上,公司拥有省级企业技术中心研发机构和博士后工作站,承担着振动筛装备的科技开发、新产品设计和制造、检测和试验、人才培训、技术咨询及标准制定、修订等任务。

公司根据市场需求和振动筛技术发展趋势确定了以研发高效、节能的大型振动筛为战略目标,发展特宽筛面直线振动筛,采用现代设计方法和高新技术,解决特大型振动筛存在的诸多技术难题,创造出新型原理、新型结构的振动筛。

近年来,公司在自主研发方面取得了大量成果,主要有:振幅递减椭圆振动筛设计和制造技术;筛面面积达到$34m^2$的“$34m^2$超大型振动筛”技术;香蕉形多段筛面直线振动筛设计和制造技术;4.3m×9.2m大型香蕉形直线振动筛优化设计技术;多单元组合振动筛设计和制造技术;双层$56m^2$TKB巨型振动筛设计和制造技术等。

2010年,“双层$56m^2$TKB巨型振动筛”技术创新成果通过了省级科技成果暨新产品投产技术鉴定。通过两年的工业试验,“双层$56m^2$TKB巨型振动筛”新产品的筛分面积达到$56m^2$,经科技查新证明,筛分面积创世界之最,鉴定结论为:技术性能指标达到国际领先水平,打破了国外先进国家长期垄断大型振动筛市场的格局,闯出了替代进口大型振动筛创新之路,实现了设计和制造巨型振动筛零的突破。

“4.3m×9.2m大型香蕉形振动筛”科技成果是当今筛分面积达$39.56m^2$、2008年经省级科技成果暨新产品投产技术鉴定达到国际领先水平,开创世界之最的香蕉形直线振动筛。

截至2010年,经省级科技成果暨新产品投产技术鉴定,公司自主创新研发成果中被评定为国际领先水平的有4项,国际先进水平8项。同时,公司获国家重点新产品证书7项,中国机械工业科学技术奖2项,辽宁省科技进步奖9项,辽宁省优秀新产品奖7项,辽宁省科技成果转化奖1项。其中“4.3m×9.2m大型香蕉形直线振动筛”荣获2009年中国机械工业科学技术奖二等奖。

四、专利与标准

公司为辽宁省知识产权“兴业强企”工程试点企业。在加强了创新管理体制建设后,公司实施以设计、制造大型高性能振动筛为目标的品牌战略和技术创新知识产权战略,增强核心竞争力,争占中国振动筛市场。企业攻克技术难关,自主研究专利技术并得到国家知识产权局授权的有74项,其中发明专利6项。公司建立了标准化体系,设立了标准化技术委员会,技术中心下设标准化专职工程师,从研究、设计、工艺、管理都进行了标准化。公司是全国矿山机械标准化技术委员会委员单位，近年主持起草了国家标准1项，机械行业标准15项。公司建立了以“鞍重”牌为商标的品牌体系，2010年成为“辽宁省著名商标”，“鞍重”牌振动筛产品已成为辽宁名牌产品。

五、技术改造

公司重视基本建设和技术改造。在完成了“振幅递减椭圆振动筛产业化工程项目”和“建设重矿工程研究中心项目”，形成了自主研发和批量生产大型高端振动筛产品的能力之后，公司投资购置国内外先进的数控加工中心，建设振动筛振动器加工生产线，形成标准化、流水线批量生产能力，为公司提高产能奠定了坚实的生产基础。

〔撰稿人：鞍山重型矿山机器股份有限公司刘春玉　审稿人：鞍山重型矿山机器股份有限公司杨永柱〕

沈阳隆基电磁科技股份有限公司

沈阳隆基电磁科技股份有限公司现为国家级高新技术企业，国家火炬计划重点高新技术企业，行业标准起草单位，中国重型机械工业协会常务理事单位，中国重型机械 业协会洗选分会副理事长单位。厂区占地面积14万m^2，建筑面积9万m^2，员工1 000余人，其中60%拥有专科以上学历。公司拥有中国机械工业联合会指定的行业唯一的磁选工程技术研究中心、辽宁省工程技术研究中心和一个与中科院电工所合作的联合实验室。在销售方面，公司销售额连续10年居同行业首位，是磁选机、除铁器、起重电磁铁、有色金属分选机、永磁起重器等工业磁力应用产品的专业供应商。公司拥有50多项国家专利和多项创造性技术成果，产品出口世界30多个国家。“隆基”作为中国驰名商标产品，已为国内外4 000多家客户提供了可靠、增值、便利的专业设备和方案。

一、市场经营及销售

公司是以磁性装备制造为主体的工业企业，重点发展磁选及重选设备产品。磁选方面包括立式感应湿式强磁选机、矿用磁选机、干选机、除铁器、起重电磁铁、有色金属分选机、高梯度磁过滤器等。重选方面包括HMDS强磁高效磁选机、煤用磁选机等。公司2010年工业总产值55 000万元，比上年增长57.14%；设备销售占行业市场份额的38.6%。洗选设备销售总额50 000万元，出口额达15 000万元。

二、科技成果及新产品

公司坚持自主研发，拥有中国机械工业联合会指定的行业唯一的磁选工程技术研究中心、辽宁省工程技术研究中心和一个与中科院电工所合作的联合实验室，专业技术团队235人，拥有50余项国家专利和多项创造性技术成果。2010年立式感应湿式强磁选机获得国家火炬计划立项。

新产品高梯度磁过滤器在磁场强度、磁系冷却、滤芯布置和冲洗方式上具备集成创新特点。与原有设备相比，独特的磁系设计并配以高聚磁专用不锈钢基体滤芯，能满足180℃高温水的除铁要求，出水铁含量低于15μg/L，其节水节能的特点更加符合国家能源环保战略。产品的各项指标均达到国际先进水平，荣获中国国际专利技术与产品交易会金奖。

高强磁煤用重介质磁选机荣获国家发明专利，采用先进的磁路设计和磁性材料等最新科研成果，确保50年内磁力降低不超过1%。按照隆基公司推荐的工艺要求，经众多用户实际应用，该产品能够保证重介质回收率达99.9%，为磁选效果提供了有力保证。

磁性物料除铁器获得国家专利证书。主要应用于选矿、冶金行业，该产品采用独特的磁场排布技术，可以从磁性物料中有效、不间断地分拣杂铁，从而保护输送设备，提高工作效率，具有良好的经济效益和社会效益，达到国际先进水平。

上吸式废钢及冶金渣磁选机选出率高，吸力强劲，运行可靠。钢渣专用带磁机运行平稳，分选效果显著，适用于各种工况下的钢渣生产线，可有效解决当前钢渣线存在的问题。

三、产品质量及标准工作

公司是行业内首家通过ISO9001质量体系认证的单位，严格按照ISO9001质量体系组织设计、生产、销售及管理，并于2005年通过CE认证，取得欧盟自由出口权。公司整体通过了质量、环境、职业安全健康管理体系认证，拥有先进的检测设备和方法，有专业的质检和售后服务团队，有关产品质量投诉，保证在48h之内派出最佳人员赴现场（国内），服务结果请顾客签字确认，并形成服务档案。产品的设计、生产与销售严格执行ISO9001（2000）标准，并由“中国检验认证集团质量认证有限公司”监督。公司售后服务得到了用户极高的评价与肯定。

四、基本建设及技术改造

公司于2008年新扩建厂区20 000m^2，成为中国机械工业联合会指定的行业唯一的磁选工程技术研究中心、国家级高新技术企业、国家火炬计划重点高新技术企业。

2009年，公司在抚顺经济开发区大南新区再建厂区60 000m^2，作为辽宁省工程技术研究中心和中科院联合实验室，当前已投入使用。

近三年来，公司在新产品研发方面投入1 400多万元，购入先进的检验分析设备，可模拟实际现场进行分析实验，根据实验结果为用户量身设计产品及方案，满足用户的实际需要。在技术改造方面，公司在行业内率先普及运用了三维CAD设计系统，同时，根据市场形势及公司发展需要，又先后引进PDM系统及ERP管理系统。当前PDM系统已经开始使用,ERP 系统正在进行建设、调试,希望以此提高企业运行效率,降低产品成本,助力企业健康、快速地向前发展。

五、管理创新

公司从2006 年起就开始了信息化建设。从设计源头抓起,根据企业自身的特点设计适合的信息化流程,不断优化企业管理模式。从产品设计、技术管理到生产管理,再到业务管理、财务管理、人力资源管理等,在3 年时间内全部实现信息化。公司重点产品在客户端的使用状况与公司进行协同,使得客户在遇到故障时能够得到即时的反馈,完善了公司的服务,推进了企业的健康发展。

〔撰稿人:沈阳隆基电磁科技股份有限公司李增勇〕

北京清源发机电设备工程监理有限公司

——北京科正平机电设备检验所监理部

一、概况

北京清源发机电设备工程监理有限公司的成立及资质由原国家机械工业局发文批准,于2000 年8 月22 日经北京市工商行政管理局正式注册(注册号为 1101021163330),是具有甲级机电设备监理资质的专业设备监理机构,并经国家技术监督检验检疫总局确认。

自2003 年7 月起,公司迁入北京起重运输机械研究所(现更名为:北京起重运输机械设计研究院,以下简称北起院)办公,由最大股东单位北起院对接管公司的经营和管理。根据北起院的总体要求,公司于2007 年5 月正式并入北京科正平机电设备检验所(北起院全资子公司),原业务及人事关系一并纳入北京科正平机电设备检验所管理,所内部门为科正平监理部。

科正平机电设备检验所是具有国家甲级资质的专业设备工程监理机构,有在聘国家注册设备监理工程师40 余名,各类专家30 余人,其专业涵盖港口工程、冶金工业、水利工程、船舶工程、物流工程及其他专用设备工程等专业。现为中国设备监理协会理事单位会员。自2001 年成立以来,检验所设备监理工作已经走过了10 年的发展历程。如今的检验所管理制度体系完善,专业技术力量雄厚,已形成一支技术专业化、制度规范化、管理科学化的监理队伍,在港口工程、冶金工业、水利工程、船舶工程、物流工程及其他专用设备工程(如客运架空索道)的监理工作中,得到了市场的认同和业主的充分肯定。

二、准则、依据和目标

守法、诚信、公正、科学是公司的行为准则。国家的法律、法规、技术标准,业主的委托合同是公司的行为依据。保证工程质量,如期完成项目,提高投资效益,是公司的行为目标。

三、资质及设备监理专业范围

科正平机电设备检验所在散料码头工程监理范围内具有甲级资格,在集装箱码头工程—箱门式起重机,件杂货码头工程—门座起重机,炼铁设备工程—原料码头及综合料场设备,矿山工程—有色矿—运输设备,水资源工程—起重设备,水利发电站工程—水轮发电机组主要辅助设备(起重机),船舶制造设备工程—船舶起重设备,物流工程—制造业物流设备工程、货场拣选处理系统,专用设备—客运索道工程监理专业范围内具有乙级资格。

四、监理业绩情况

科正平机电设备检验所监理业绩见表1。

表1　科正平机电设备检验所监理业绩

序号	项目名称
一	港口和造船工程监理项目
1	大连大船重工 100t、30t、40t、45t 门座起重机监理项目
2	秦皇岛港翻车机(煤四期三车翻车机)监理项目
3	青岛北船重工 D4576K10 门座起重机监理项目
4	湛江港卸船机、斗轮堆取料机、皮带机监理项目
5	南通港狼山港区三期散货泊位码头装卸设备工艺系统监理项目
6	青岛北船重工 80t、32t,D3276K10,D3273K12 型门座起重机监理项目
7	惠州港 MQ4030 门座起重机监理项目
8	渤船重工 S10045K100 型、10t 门座起重机监理项目
9	上海临港重机 27 台桥吊监理项目
10	长江三峡水利枢纽永久船闸、厂坝二期工程门机、桥机设备监理项目
11	江苏新扬子造船有限公司 900t×168m、600t×186m、800t×186m 龙门起重机监理项目
12	东营港 16t、40t 门座式起重机监理项目
13	泉州船舶工业有限公司 250t×80m 龙门起重机监理项目
14	大连大洋船舶工程有限公司 D3270K10 型门座起重机项目
15	蓬莱中柏京鲁船业 800t 门式起重机、40t 门座起重机监理项目
16	江苏中海工业有限公司 400t 造船龙门起重机监理项目
17	越南(煤头)化肥项目两台 DQL 400/200. 30 臂式斗轮堆取料机监理项目
18	中海工业(江苏)有限公司 4 台 400t 龙门起重机、"127 台起重机及加工设备委托监理"项目监理项目
19	京唐港首钢码头有限公司矿石、原辅料及成品泊位工程桥式抓斗卸船机(6 台)监理项目
20	青岛扬帆船舶制造有限公司"1#、2#船坞坞门工程设备施工项目"建设工程委托监理项目

（续）

序号	项目名称
二	物流工程监理项目
1	柳州卷烟厂异地技改项目自动化物流系统监理项目
2	长沙卷烟厂配方库自动化物流系统监理项目
3	广西南宁卷烟总厂立体仓库监理项目
4	北京天利大厦机械式停车库设备工程监理项目
5	中国农科院国家种质库自动化存取设备监理项目
6	T3 国航货运站货物处理系统设备基础工程监理项目
7	中国银行北京市分行货架及配套系统采购项目委托监理项目
8	中国普天机械式停车库监理项目
三	客运索道监理项目
1	张家界天门山索道驱动装置等设备监理项目
2	四川阿坝州大九寨达谷冰川索道土建监理项目
3	溪口托挂索道、越南索道设备制造、安装工程监理项目
4	重庆金佛山西坡索道工程监理项目
5	山西省灵石石膏山索道工程监理项目
四	专用设备工程监理项目
1	中国人民解放军 91003 部队专用桥式起重机监理项目
2	渤船重工 S1036K10.5 专用门座起重机 1 台、3 台建筑吊监理项目
3	马来西亚金狮集团 HDRI 称量输送系统工程监理项目
4	东海龙源生物质发电燃料自动化生产线系统技术咨询
5	巴基斯坦乌奇电站起重设备监理项目
6	内蒙古元宝山大型露天煤矿 3 600m^3/h 表面剥采系统设备关键部件、质量考核、系统质量评价及验收监理项目
7	秦皇岛港煤码头四期工程大型翻卸设备机电设备关键部件质量考核、系统质量评价及验收监理项目

（续）

序号	项目名称
8	秸秆起重机制造监理项目
9	广州新沙煤矿石码头工程装卸与控制系统、成套设备监理项目
10	广州市机械设备成套公司珠钢工程设备制造质量监制项目
五	设备安装调试维保服务监理项目
1	大连集龙物流有限公司 6 台 GJM 轨道式集装箱起重机安装维保服务
2	工体宿舍电梯（日立电梯）改造安装调试维保服务
3	大连大船重工 2 台 MQ4573K12 门座起重机焊缝裂纹故障修复维保服务
4	百莱玛公司桥式起重机安装调试维保服务
5	南通港狼山三期散货泊位码头装卸设备工艺系统质保期维保服务
6	中海工业（江苏）有限公司 400t 龙门起重机质保期维保服务
7	长江三峡水利枢纽永久船闸、厂坝二期工程门机、桥机设备监理及维保服务

五、主要设备监理荣誉

公司曾获得“三峡工程金属结构及启闭机设备制造 先进监造站”荣誉称号；

曾在“南通港狼山港区三期工程通用散货泊位装卸工艺设备系统监理”工作中做出突出贡献，2010 年获得中国设备监理协会颁发的“首届全国优秀设备工程监理单位（服务成果奖）”。

〔供稿单位：北京清源发机电设备工程监理有限公司〕

河南省郑起起重设备有限公司

一、企业概况

河南省郑起起重设备有限公司是由原郑州起重设备厂经股份制改造而成，始建于 1957 年，历史悠久，设备齐全，工艺先进，享誉全国，注册资金 1.08 亿元。企业于 1998 年顺利通过 ISO9001 质量认证，2010 年获得 3C 认证，是中国重型机械工业协会、桥式起重机分会和中国物料搬运协会副理事长单位。企业的注册商标为“郑起”牌，可设计生产各类单双梁桥式起重机、门式起重机、防爆起重机、绝缘起重机、冶金起重机、多功能起重机、轨道式集装箱门式起重机、岸边集装箱起重机、轮胎式集装箱起重机、门座起重机、装卸船机等，是中原起重机协会龙头企业。公司已成为中国起重行业产销量最大、品牌影响力最强、最具竞争力的企业集团之一，正在申请国家高新技术企业。

二、市场经营及销售情况

2010 年，在以董事长和总经理为核心的公司领导班子的正确领导下，广大业务营销人员急用户之所急，想用户之所想，处处以用户的利益为着想，在原有市场规模的基础上，积极拓展新市场。在全体员工的共同努力下，企业产品已进入机械制造、钢铁冶金、石油化工、能源交通、港口物流、汽车及船舶制造等领域，并远销欧美、亚非拉等 54 个国家和地区。全年销售收入 18.07 亿元，其中桥式起重机 6.23 亿元，门式起重机 5.78 亿元，集装箱门式起重机 2.36 亿元，港口机械 2.31 亿元，多功能起重机 1.21 亿元，配件及其他 0.18 亿元。

三、科技成果及新产品

公司现有高级工程师 28 名，330 余名工程技术人员。2010 年新产品开发投入 1 500 万余元。共获得 3 项国家发明专利、18 项国家实用新型专利。开发的新产品有：三梁四小车起重机，定位变向轨道起重机，轨道式集装箱门式起重机,轮胎式集装箱门式起重机,岸边集装箱起重机,多功能起重机,无减速器起重机,新型欧式起重机、门座起重机等。可应用于起重机的新技术:起重机运行机构防滑装置,双机构低净空起升起重机起升绕绳机构,单线双功能接线端子排,起重机大车 BPS 自动纠偏方法和纠偏系统,电动平车智能电控系统,钢丝绳液压自动调整装置,一种带电器控制的起重机小车,无齿轮电动钢包,起重机三项异步电动机调速装置等。

四、所获荣誉

成功建于诚信,努力终有回报。郑起公司先后获得"中国机械百强企业"、"全国重合同守信用企业"、"国家认定企业技术中心"、"中国 100 家最佳雇主"、"国家技术创新示范企业"、"全国质量管理先进企业"等多项殊荣,"郑起"牌桥式、门式起重机获得"中国名牌产品"称号,"郑起"牌商标被评为"中国驰名商标"。多次荣获省、市"优秀企业"、"科技型企业"、"质量管理奖"等荣誉称号。

五、技术创新

多年的厚积薄发,为公司积累了大量的高技能人才,使公司的技术创新能力位于同行业前列。公司在同行业中率先使用 CAD、CAE、CAPP 等计算机辅助软件,特别是当前世界先进的集优化设计、运动分析、模拟仿真、加工制造、数据库管理于一体的 Solidworks 软件的应用,大大提高了设计质量,产品设计和新产品开发更加方便、快捷,产品的安全性、可靠性、稳定性更高,使得公司的设计、加工制造能力得到了跨越式发展,提高了公司适应市场需求变化的反应能力,产品不断推陈出新。

六、产品质量及标准工作

2008 年通过"北京兴国环球"管理体系认证后,企业按 ISO9001:2008 标准要求建立了质量管理体系,并通过了体系认证,确保其持续有效运行,产品质量依据国家、行业及企业标准进行严格控制。从签订合同、设计、采购、生产、标示、检验、储运等各个环节进行标准化作业管理,做到产品每个环节的可追溯性。产品质量稳步提高,得到了广大用户的认同,并荣获"全国质量管理先进企业"、"中国名牌产品"等称号。

七、基本建设

经过多年的发展壮大,公司的规模不断扩大,由过去的占地面积不足 10 万 m^2,到现在的占地面积 190 万 m^2,现有职工 1 180 余人。郑起品牌价值已超过 51.9 亿元,固定资产 2 亿元。公司拥有各种设备 200 多台(套),其中高精尖设备 15 台(套),包括微机控制的加工中心、氮化炉、全自动齿轮综合检测仪、大型数控切割机、全自动流水作业抛丸机、自动焊机、大型剪板机、大型翻转工装等,专用设备 40 余台(套),焊接设备 160 台。公司在沈丘还拥有 1 000t 码头 2 个,保证了大型结构件的制造、运输、安装。

八、管理创新

郑起公司坚持以人为本的企业理念,弘扬企业文化,员工的知识和技能成为企业保持竞争优势的重要资源,公司从追求利润最大化向追求企业可持续成长观转变;从传统的单一绩效考核向全面的绩效管理转变;从片面追求企业自身利益向注重履行社会责任,实现经济、环境、社会协调发展,并通过了 SA8000 社会道德责任标准国际认证。同时坚持顾客导向观念,用信息技术改变企业的运作方式。

九、对外合作

郑起公司与西南交通大学、郑州大学、太原科技大学、北京起重运输机械研究院、郑州机械研究所等科研院所开展广泛合作,建立"西南交通大学学生实习基地"、"博士后科研流动工作站"。与科尼、德马格、西门子、ABB、英国 Street、SEW、日本住友等国际知名企业合作,使得公司不仅在产品设计、技术研发和新技术应用等方面始终走在行业前列,同时还为公司的技术创新和人才培养奠定了良好的基础。

〔供稿单位:河南省郑起起重设备有限公司〕

承载品牌积淀 铸造重起辉煌

——重庆起重机厂有限责任公司

一、实力企业、勇立潮头

重庆起重机厂有限责任公司于 1957 年正式成立。公司为原国家机械工业部选点建设,西南地区唯一生产起重运输机械的专业厂家,中国重型机械工业协会起重葫芦分会常务理事单位。公司具有 A 级生产资质证、超大型水电站启闭机生产资质证,是 ISO9000 质量体系认证单位、GJB9001B 国军标体系认证单位、中国质量服务信誉 AAA 级企业。公司"巨鹰"牌桥式和门式起重机系列产品获中国十佳名优产品及重庆市名牌称号。公司拥有重庆市市级技术中心,隶属于重庆机电控股(集团)公司,系国有独资企业。

公司地处重庆市主城区九龙坡区,占地面积 15 万 m^2;机构设置齐备,管理系统完善,拥有 4 火头数控火焰切割机、加工中心等高精尖设备 180 台(套),具有强大的生产制造能力。

公司发展从小到大,历经艰辛。拥有员工 760 人,其中中高级职称 88 人,高级技术工人 400 人,重庆市焊接协会专家委员会成员 1 人。

重庆起重机厂有限责任公司秉承以人为本的核心理念,致力打造和谐的氛围,以和谐创造力量,以和谐实现企业持续发展。公司坚持将企业建成家,凝聚职工,齐心协力;将企业建成学校,促进全员技能提升,质量胜人一筹;将企业建成军队,勇打硬仗,效率领先一步。

“十亿重起”规划，确立了“敬业、创新、安全、优质”的核心价值观：忠诚企业，勤奋工作，实现人生价值；不断创新市场、创新技术、创新管理，追求企业的持续发展；安全第一，预防为先，责任重于泰山；质量是企业的生命，优质获取竞争优势。

二、安全优质、广阔市场

求实奋进、开拓创新，用辛勤的汗水、智慧的双手，重庆起重机厂有限责任公司凭借50多年的技术和工艺储备，制造了广泛应用于机械、冶金、石化、水电、能源、交通、港口、兵工、化工、酿造、航空、核工业等行业的优质产品。

公司产品涵盖了0.5～32t钢丝绳电动葫芦、电动悬挂起重机、电动单梁起重机，5～400t轻型欧式起重机，1 300t架桥机、平车、堆取料机，50～3 600kN固定和移动式启闭机、各类平面和弧面闸门，5～400t固定和移动式单双梁门式起重机、集装箱门机、装卸桥，5～500t电动双梁桥式起重机，并能够实现防爆、绝缘、淬火、变频、遥控等各项功能，涉及6个大类91个系列1 000多个规格型号。

重庆起重机厂有限责任公司不仅在小起重量产品系列化、标准化方面的设计制造优势明显，而且铸就了重点攻克大吨位产品、长跨度产品、特殊用途起重机的底蕴：100～500t起重机服务于中国二重集团、重钢集团、攀钢集团、ABB变压器公司等一大批用户；用于九龙港、寸滩港、万州港的集装箱门机、门座机顶天立地；用于苏南重工的220t四梁冶金铸造吊运转自如；用于葛洲坝电站、广西龙滩电站、青海拉西瓦电站、溪洛渡电站的超大型启闭机，为蓄水灌良田，卸奔腾万里之洪水，造亿万度清洁能源铸就功勋。公司产品还广泛出口越南、缅甸、巴基斯坦、埃塞俄比亚、厄瓜多尔等东南亚、西亚、非洲、欧洲、南美洲国家。

三、科技创新、先人一步

“创新日日进取，立业天天作为”。重庆起重机厂有限责任公司加强与大学和科研院所的合作，在起重专业大学设立了奖学金，不断引入生力军，实施项目合作，持续提高产品设计水平，提升技术创新能力，并取得了显著成效。公司获得专利32项，产品屡获殊荣，深得用户好评。

技术是重庆起重机厂有限责任公司扎根起重行业的保障；质量是重庆起重机厂有限责任公司快速发展的基石；诚信是重庆起重机厂有限责任公司赢得新用户的桥梁；服务是重庆起重机厂有限责任公司留住老用户的纽带。

在50多年的发展历程中，重庆起重机厂有限责任公司凭借丰富的生产经验和技术储备，先后开发设计制造了航空业——成都飞机制造公司和西安飞机制造公司用环形起重机，苏南重工用四梁冶金铸造起重机，长江沿岸港口物流用集装箱门机、门座起重机、装船机、岸边吊等起重设备。从节能环保的科学发展观角度和为用户降低厂房建设成本考虑，为西南铝业集团公司和重庆ABB公司优化设计了欧式轻型起重机。此外，还为成都军区部队装备了高技术标准起重机，为航空部队的亚洲第一风洞实验基地提供了特殊专用起重机，为甘肃金川公司和白银公司开发制造的电解铜多功能天车荣获“重庆创造”铜奖。

近年来，全国电解铜行业新添置的多功能天车90%以上由重庆起重机厂有限责任公司提供，取代了同类设备的进口 。公司积极对接“畅通重庆”建设工程，在重庆高速公路建设中的特大桥梁检修车方面做出了优异的成绩，先后制造加装了桥梁底部软连接悬挂检修车、桥梁侧部锚索检修车和桥塔内部检修升降机。

面对中国起重业的蓬勃发展，“千亿机电”的规划，重庆起重机厂有限责任公司必将再展宏图。前所未有的技术改造壮大了公司实力，并将进一步打造西部起重运输机械研发制造高地，实现制造欧式轻型起重机、大型起重机械软硬件的再度改造。展望未来，重庆起重机厂有限责任公司员工充满信心，并将继续努力，铸就百年辉煌。

〔供稿单位：重庆起重机厂有限责任公司〕

中国长江航运集团电机厂

中国长江航运集团电机厂隶属于中国外运长航集团，成立于1970年，地处湖北省武汉市江夏区藏龙岛工业园区。企业主要生产低压中小型冶金起重特种电机及电磁搅拌器，产品广泛应用于冶金、起重、建筑、港口、水利电力等领域，并直接出口至俄罗斯、越南、新加坡、印度、巴基斯坦等国家，是全国冶金起重及防爆电机行业协会成员之一。

一、发展理念

运用新技术、新材料、新的设计理念改善和提高电机的性能，提高相关工作系统的运行效率，为顾客及合作伙伴提供各种类型的专业电机、特殊电机，为企业创造更多的价值，为国家节能减排，行业技术进步作出应有的贡献。

二、发展目标

到“十二五”末，中国长江航运集团电机厂各项经济指标进入中小型电机行业前5名，企业生产规模超过10亿元，低压大功率电机、中型冶金起重用变频电机、双馈电动机、发电机系统等具有先进技术的产品成为国内知名品牌，产品广泛用于相关行业知名企业。初步实现管理先进、效率领先；质量稳定、品牌知名；资源制度，配置合理；产品市场，持续发展的目标，使“长航电机”成为国内有影响力的一流的电机厂。

三、发展愿景

到2020年，中国长江航运集团电机厂将发展为中小型电机行业中的国际知名品牌，以双馈电动机、发电机、风力发电机等为代表的新型电机及系统成为企业核心产品。企业管理流程、工艺流程、生产设施、设备为国内先进，运营效率高，盈利能力强，成为国内特种电机及系统集成的核心企业，为国内技术进步，缩小与国际先进水平的差距作出贡献。

当前企业的主要产品冶金起重电机YZR112～560（1.5～630kW）、变频调速电机YZP112～560（1.5～1 120kW）、辊道变频电机YGP112～500已跟国内大型企业的起重机及冶金设备进行配套。在已有产品的基础上，企业研制改型第三代起重冶金用低压高效率、超高效率三相异步电动机系列产品（YZR3系列等），中型起重冶金电动机及专用变频调速电动机，低压变频调速低压大功率变频专用节能型三相异步电动机系列产品；高压变极风机及压缩机电机、水冷及水冷变频电机、其他机械等专用高效率三相异步电动机系列产品。攻克部分中小型电机及系统技术难题，开发具有自主知识产权的新一代中小型电机及系统（如轴带及系统、大及特大型辊道变频电机），并通过新技术推广，新标准和检测方法的制订、宣贯，以及相关产品检测服务，迈出电机及系统工程技术发展跨越性的一步。加快推进企业自主创新研发和产业化能力，最终推动该领域的技术成果产业化，形成企业新的增长点。

企业坚持有市场、有效益、有能力、可持续发展的发展基础，实事求是，有效发展，并在发展中不断增强自主性增长机制，步入良性循环。"十二五"期间，企业将调整经营重心：由传统市场向新兴市场延伸（如风力发电、船用轴带系统等）；由标准化产品向差异化、高附加值产品延伸。

其次，企业进一步拓展与大学、科研院所的联系，坚持"产、学、研"合作开发产品，合作研究重大课题，共同开发具有前瞻性、高价值的原创性研究课题，争取与院校共建专用、特种新型电机博士后流动站。

最后，企业大力实施品牌战略，积极培育"长航电机"品牌，把企业品牌和发展技术含量高、市场潜力大的产品有机地结合起来，争创国际知名品牌。

〔供稿单位：中国长江航运集团电机厂〕

江阴真良机械有限公司

一、企业发展概况

江阴真良机械有限公司始建于1984年，是早期加入中国重型机械工业协会的成员单位。公司主要产品为各种型号、规格的起重机成套零部件、冶金机械、港口机械，并承接非标设计、制造以及大型机加工件。

公司总占地面积近3万m^2，总建筑面积约2万m^2，现有员工近百名。公司下设8个部室（经营部、会计部、生产部、技术部、质检部、设备部、供应部、外协部）及新成立的江阴真良机械有限公司重型数控分公司。

2001年4月国家起重运输机械质量监督检测中心对公司的企业管理、质保体系、产品质量等进行了全面的审查考核，各项指标均符合标准要求，并颁发了质量认可证书。2001年9月公司通过了ISO9001:2008质量管理体系认证及计量合格确认认证，使公司的管理、产品质量又上新的台阶。2007年10月份，公司生产的400t吊钩组顺利通过了国家起重运输机械质量监督检验中心的验收，并获得了国内首张T级50～250号起重吊钩组产品质量认可证书。

公司本着"人有我优、不断进取"的发展理念，近年来从齐重数控装备股份有限公司、昆明机床有限公司等公司购进多台重型数控卧式车床和大型数控落地镗铣床，加工能力更强，精度更高。

公司主要产品为直径4.8m以下，长度18m的各种规格卷筒组（包括折线卷筒），900t以下各种吊钩组（包括电动旋转吊钩组、绝缘吊钩组等各种非标吊钩组），150t以下、长度18m的各种轴类的数控加工和数控镗铣加工。

二、市场经营及销售情况

公司成立二十多年来，始终坚持以质量取胜为原则，先后与上海振华港机、上海电气集团、中国水利电力物资有限公司、太原重型机械集团有限公司、中信重工机械股份有限公司、武汉船用机械有限公司、银鹭集团、北京太富力传动机器有限公司、南通润邦重机有限公司、大连起重机器厂、中铁山桥集团、江阴兴澄特种钢铁有限公司、卫华集团、江苏象王集团、银川起重机器股份有限公司、江西起重机械总厂等50多家大中型起重机专业厂家建立了合作关系。可靠的质量、优质的服务受到了客户们的称赞和青睐。产品销往全国各地，在我国的一些重点工程上屡屡大显身手，如广东飞来峡水利枢纽工程、三峡工程、三星重工、欧华船厂、黄河小浪底工程、南通体育会展中心屋顶开闭大型卷筒等，并有部分产品出口至国外。平均年销售额约7 000万元。

三、科技成果及新产品

江阴真良机械有限公司科技力量雄厚，拥有各类专业人员组成的经验丰富、素质优良、专业齐全的科技人才队伍和高级技师、工人技师组成的技术人才队伍，在国内起重机械配件同行业中逐步形成了技术优势和领先地位。公司与国内众多的著名起重机厂商和冶金科研设计院所长期保持着广泛的技术合作，并参与了吊钩组、卷筒组等多项国家标准的制定工作。近年来，公司广泛开展技术交流和制造工作，积累了丰富的冶金吊、起重设备的设计、制造经验，在激烈的市场竞争中不断地调整产品结构，对关键部件有独特的制造方法和工艺手段。产品结构合理，性能优越，使用方便可靠。公司软件、硬件的整体技术水平都达到了较高的水准。公司拥有"电机内置式旋转吊钩、带定位装置的旋转吊钩、折线螺纹卷筒"等实用新型专利

（证书专利号：ZL 2010 2 0182401.0、ZL 2010 2 0182340.8、ZL 2010 2 0182339.5）。

四、所获荣誉

公司曾获江苏省优秀科技企业，江苏省明星企业、江苏

省名牌产品，以及中国重型机械工业协会桥式起重机分会、国家起重运输机械质量监督检验中心、江苏名牌产业促进会、江苏市场产品质量监督调查委员会、无锡市重合同守信用企业认定委员会、江苏远东国际评估咨询有限公司等颁发的多项荣誉。

五、产品质量及标准工作

公司起重吊钩部分产品质量按照 GB/T 10051.1—2010 标准制造及检测，起重机卷筒部分产品质量执行 JB/T 9006.1—1999、JB/T 9006.2—1999、JB/T 9006.3—1999 标准相关机械部分执行 JB/T 5000.1 ~ 15—2007 标准。

六、管理创新

公司采用了 CAD 计算机辅助设计和 ERP 财务管理技术，企业资源得到了充分的优化和整合。公司充满了生机和活力，正以崭新的姿态开创未来。公司多年来在起重机械备件方面积累了丰富的设计和制造经验，愿意与业内外各单位精诚合作，同铸辉煌未来。

〔供稿单位：江阴真良机械有限公司〕

南京开关厂有限公司

南京开关厂有限公司创建于 1956 年，是定点生产低压电器元件、起重控制电器和电气成套装置的骨干企业之一。公司于 2003 年整体改制，2004 年搬迁至省级开发区——南京市江宁滨江开发区，共投资 3 000 万元，厂区占地面积 35 000m²，一期工程厂房占地面积 12 000m²。公司现有工程技术人员 65 人，其中高级技术职称 28 人。

顺利完成改制后，公司对产品结构和市场定位进行了果断调整，即立足于起重行业配套，大力发展电控成套设备，带动电器元件。公司不断吸收国内外先进技术，完善 QK 系列电动葫芦控制箱和 DK 系列单梁起重机控制箱性能品质。经过几年努力，该产品市场覆盖面已达 80% 以上，市场份额超过 20%。随着滨江新厂区的建成和生产条件的完善，公司又先后投产了 QS 系列起重机司机室，THQ1、TQK、TQ1 系列联动控制台，XQ1、XQD 系列起重机保护箱，XQS、XQY、XQZ 系列起重机交流控制箱，QJ6S—8S 起重机自激动力制动调速控制箱，BKX 系列隔爆葫芦控制箱，BLXZ1 系列隔爆断火限位器和 BDAK 系列隔爆按钮控制站等一大批新产品，产品配套于三峡水电、首钢搬迁、内蒙古煤电等一大批国家重点建设工程中。

2006 年，公司自行研制的起重机运行制动控制手柄获得国家专利（专利号：2004200547373）；2007 年，公司先后承接制造了港口门座式起重机变频控制系统、国家环保秸杆发电起重机变频控制系统和造纸行业特种起重机遥控变频控制系统。2010 年公司自行研制了 QST 系列起重机（太空舱）司机室，QSS—1 型全视野起重机司机室。公司还先后为上海新火车站、南京禄口国际机场、华能电厂、大港油田、南京长江二桥等著名工程提供产品配套。

公司具有先进完备的企业管理体系和质量管理体系，于 1999 年通过 ISO9002 质量体系认证，相关产品于 2003 年获“3C”认证，所有产品均被中国国际贸易促进委员会和法国科技质量监督评价委员会列入“中国进入 WTO 推荐产品”。CJ40 系列、CJ20NKJ 节电型系列接触器和 QK20 电动葫芦控制箱荣获 1999 年度“华东优秀科技产品奖”；“紫峰”牌交流接触器起重控制器在 2000 年被江苏省质量管理协会评为“用户满意产品”。

自 2003 年起，公司连续被评为“重合同守信用企业”，在 2004 年的“中国质量万里行”活动中被评为“全国起重电器产品质量稳定合格企业”。2011 年 1 月公司获得“江苏质量诚信 AAA 级品牌企业”称号。

〔供稿单位：南京开关厂有限公司〕

湖北省钟祥市新宇机电制造有限公司

湖北省钟祥市新宇机电制造有限公司创建于 1968 年，主要生产各类振动电机、振动机械、输送机械，是中国电器工业协会中小型电机分会理事单位、中国重型机械工业协会洗选设备专业委员会理事单位。

公司集振动电机、振动设备生产基地，铸造基地和电器设备基地三位一体，以振动电机、振动机械为主导，铸铁、铸钢、电器、电控产品为支撑，是全国最大的振动电机制造企业和振动机械骨干企业。

一、企业产品

1. 振动电机

主要包括 VB 系列振动电机、VBE 系列高效节能振动电机、VBH 系列频繁起动振动电机、VBL 立式振动电机、VBB 系列隔爆振动电机、VLB 系列户外隔爆振动电机、VBCB 侧板式振动电机和 VLBL 铝壳长杆振动电机。

2. 振动机械

主要包括平动椭圆振动筛、直线振动筛、圆振筛、振动给料机、振动料斗、振动输送机、振动放矿机和带式输送机。

二、企业优势

1. 市场优势

公司产品畅销全国各地，并进入国际市场。根据《中国电器工业年鉴》统计，“钟祥市新宇机电制造有限公司振动电机占国内振动电机市场份额的20%以上”，市场占有份额国内第一。公司被中国重型机械工业协会洗选设备专业委员会评为“重点配套企业”。

2. 技术优势

公司作为主要起草单位编制和修订了国家行业标准《三相异步振动电机技术条件》(JB/T5330—2007)，为全国振动电机的设计和生产提供了指导性技术文件。开发的VBE系列高效节能振动电机是国内振动电机更新换代产品，具有高效节能、体型小、重量轻、售价低，综合性能远远优于国内现有产品的优势。公司技术中心是湖北省省级企业技术中心，具有强大的产品研制和开发能力，现有38名工程技术人员从事产品研发，其中教授级高级工程师2人，享受国家政府津贴专家2人。

3. 品牌优势

公司生产的“宇兴”牌振动电机是国内振动电机行业和广大客户公认的品牌产品，是“湖北名牌产品”。公司研发的高新技术振动电机新产品，技术性能国内领先、部分产品替代进口，列入“国家火炬计划”，荣获“国家重点新产品证书”、“国家知识产权专利”。同时，公司研发的用于煤炭、有色矿山等行业的平动椭圆振动筛属国内首创，研制的给料筛分振动料斗、振动给料机在煤炭、钢铁、矿山、港口等行业建立了良好的信誉。这些新产品分获“湖北省重大科学技术成果奖”、“湖北省星火科技成果二等奖”、“湖北省科技进步三等奖”。

4. 基础优势

公司质量管理体系获得ISO9001:2008质量管理体系认证；产品获CQC认证，CCC认证和CE认证，享有“外贸进出口自营权”。公司内部局域网、公司网站、CAD设计系统、互联网构筑起企业计算机信息管理系统，产品实现了计算机优化设计。

三、企业荣誉

公司是湖北省高新技术企业，获湖北省科技中小企业重点培育企业、湖北省重点培育的100家有发展潜力的中小型企业、湖北省优秀民营科技企业、湖北省著名企业、湖北省科技型中小企业创新奖等荣誉和称号，被列为湖北省创新型企业建成试点单位。

〔供稿单位：湖北省钟祥市新宇机电制造有限公司〕

河南省矿山起重机有限公司

2010年，在复杂多变的国内外经济环境下，河南省矿山起重机有限公司上下一心，锐意创新，沉着应对，稳健高效，走过了一条科学、高效、快速、持续的发展历程。公司从寂寂无名到享誉华夏，从380人发展到如今的2 700余人，从占地面积不足4万m^2猛增到如今的68万m^2，销售收入由300万元增至20余亿元，拥有480余家销售服务机构辐射国内外，各类加工设备1 300台(套)，能独立完成车、铣、刨、磨、拉、镗、滚、钻、冲压、切割、折弯、卷板、铆焊、化验及热处理等全部工艺流程。河南省矿山起重机有限公司走出了飞速跨越的“黑马”速度，谱写了起重企业发展的传奇。当前，不仅单梁、双梁起重机产销量稳居行业之首，而且综合实力位居全国同行三强之列。

一、生产发展情况

公司主要从事“矿源”牌电动葫芦，单梁、双梁、桥式、门式起重机等五大系列80多个品种的研发、制造、销售与安装，并广泛服务于机械、冶金、电力、铁路、水利、港口、航空、军工、汽车、船舶、石油化工、制管、煤炭等领域。公司以“精心制造，持续改进，追求卓越，用户满意”的质量方针，赢得了市场和行业的认可与信任。产品畅销全国30多个省、市，并出口到澳大利亚、越南、印度、泰国及东南亚各国。2010年产销双梁起重机3 200余台，同比增长28%；单梁起重机20 000余台，同比增长33%；电动葫芦及配件23 000台(套)，同比增长15%。2010年销售收入突破20.3亿元，同比增长57%；人均产值和经济效益在同行业中名列前茅。公司已成为资金技术力量雄厚，软硬件先进，生产能力强大的中国起重机设计、制造的龙头企业。

二、科技成果及新产品

公司自成立以来，董事长和董事会就把产品研发工艺革新放在首位，决心以科研促发展，以高技术含量、新产品、精品占领市场。2010年研发费用投入450万元。

2010年，公司获得一种单梁起重机主梁、双梁起重机主梁及用该主梁的双梁起重机、一种起重机主梁装配工装、双梁起重机的主梁组装成型机等9项国家专利，2011年又成功荣获LDAK单梁桥式起重机主梁整体成型工艺技术研究、双梁桥式起重机主梁整体成型工艺技术研究两项科学技术成果鉴定。为顺应高速发展的态势，使产品的科技含量再上新台阶，品种更新、更全、更大，公司于2010年初成功组建了“新乡市起重运输机械工程技术研究中心”，并与郑州大学机械工程学院、河南科技学院建立了技术研发战略合作伙伴关系，与长垣同行建立了互通有无、互相合作、互惠共赢的兄弟协作关系。

研发费用的高投入及高、精、尖设备的不断引进促进了公司大吨位、大跨度起重机的研发和升级：为湖北省武穴市研制的ME150t+50t/100m的造船门机，打破了国内跨度最长的起重机记录，该双梁造船门机的研发、制造成功，解决了跨度过长的系列难题，各种技术参数达到了国际先进水平；为唐山燕山钢铁公司制作的YZS280/80/15t—22m四梁铸造起重机填补了河南省起重行业大吨位、大跨度铸造起重机制造的空白，开创了公司设计、生产此类型产品的先河，并在制造过程中积累了经验，为进军该领域市场奠定了坚实的基础。

三、基础设施、先进设备与技术改造

公司不断加大投资力度，投资指数平均以每年30%的速度递增。当前，公司基础设施及生产、检测设备基本上达到了国内先进水平。

2002年4月，一期建厂工程破土动工，河南省矿山起重机有限公司随之创建。

2003～2004年底，二期工程扩建占地面积60 000m^2的生产场地，建成了15 000m^2的标准化钢构车间。

2005～2006年底，三期工程扩建占地面积1 5000m^2的生产场区，上马大吨位、大跨度的起重机生产项目，建成5座标准化钢构生产车间及现代化的办公大楼，产品由原来的单梁、双梁起重机发展到五大系列50多个品种。

2007～2008年底，四期工程新建占地面积5 000m^2的钢构车间及现代化的葫芦喷漆流水生产线，引进大型钢材预处理生产线、直线切割机等现代化生产设备。

2009年，扩建五期工程项目和老厂区改造工程，占地面积8万m^2，建成6座共5万m^2的大型钢构车间，新上1座机加工中心，设备全部换代更新为现代化一流数控车床，效率和产值提高25%～30%，生产的起重机品种由50个增加到80多个，同时引进了数控热处理生产线。

2010年，六期扩建工程购进大型钢材开卷校平设备，使公司50t以下双梁腹板实现无缝化；购进大型落地镗床、单面铣床等大型车床，成立年产1 000t的V法铸造生产线。V法铸造生产线的引入实现了公司车轮组全部自给自足。此外，还引进单梁主体梁槽盖板一次成型生产线，实现了在工装器具的辅助下主梁成型及焊接流水线作业，可以有效降低原料消耗与工人劳动强度，提高产品质量与劳动生产率，真正实现了"工业化建设由'规模型'建设向节能降耗、附加值高的'效益型'建设的转变"。

在技术改造方面，公司在斥巨资购进高、精、尖设备，打造世界级加工实力的同时，注重自主创新，改良各种加工设备。

（1）公司自主研发具有国内领先水平的双梁主梁液压组焊机，实现了80t以下双梁腹板无焊缝，避免主梁产生局部波浪变形，满足不同高度箱主梁对焊接的需求，全程采用液压、电磁等自动系统，极大地提高了工作效率。

（2）与上海威特力共同研发的国内先进的电动单梁主梁焊接成型机，能够实现工件的360°旋转、任意角度工位定位施焊的要求，大大提高了焊接质量和工作效率。

（3）抛丸机选用行业内先进的单元盘叶片高效抛丸器，能极大提高钢材的抗疲劳强度和抗腐蚀能力，延长使用寿命；国内领先的V法铸钢线生产出的铸件砂眼气孔少，产品密实度高，表面光洁，轮廓清晰，尺寸准确。

四、质量管理

近年来，面对变幻莫测的经济形势，公司领导坚持持续改进工作系统和过程方法，从自身存在的问题入手，不断反省和提升自己。

公司拥有完善的质量保证体系，全面严格的管理制度，较早通过了ISO9001:2008质量管理体系、ISO14001:2004环境管理体系及OHSAS18001:1999职业健康安全管理体系认证。

2008年，公司以质量管理体系为基础，全面引进卓越绩效管理模式，并将其11项核心价值观和领导、战略、顾客与市场、资源、过程管理、测量分析与改进以及经营结果7个方面的标准、要求融合为公司内部可执行的文件和标准，从战略管理、系统管理和操作执行3个层面以及财务、顾客与市场、内部运营、学习与成长4个方面搭建了关键绩效指标评价体系，有效收集数据和信息，并对绩效进行测量，科学规范的过程管理体系促进了公司管理水平的提升和绩效的改善。公司恪守"创造价值、追求卓越、服务社会"的企业使命，树立了"用户为源、员工是本、回报股东、造福社会"的核心价值观，建立以"卓越绩效管理模式"为框架的经营管理体系。体系的建立与完善提升了企业参与市场竞争的能力。10月份公司顺利通过"新乡市市长质量奖"。

五、信息化建设

公司专门设立信息部，成员5人，下设网络运维组和信息开发组。网络运维组维护正常网络安全及硬件维修保养等，信息开发组专门开发维护公司自身的软件平台，包括ERP平台、OA平台、PDM平台及一些系统程序的开发。

对于公司整个网络系统，信息部制定了严格的规章制度，包括《ERP权限申请制度》、《OA管理权限制度》、《计算机管理制度》和《公司信息化管理制度》等，确保公司网络的安全。

当前ERP平台已覆盖到销售、财务、供应、生产、研发等多个部门，从早期单纯的财务链应用，到供应链的实施，再到对销售管理系统、技术图文档管理系统和生产系统的实现，经历了从各部门信息流通困难到公司信息一体化，从单纯的信息流通管理到对公司决策运营提供有力支持的转变；保持了与公司发展战略的一致性与进步性。

〔供稿单位：河南省矿山起重机有限公司〕

中国重型机械工业年鉴2011

统计资料

客观反映2010年重型机械行业主要经济指标及产品进出口情况

It objectively reflects the main economic indicators and product import & export of the heavy machinery industry in 2010

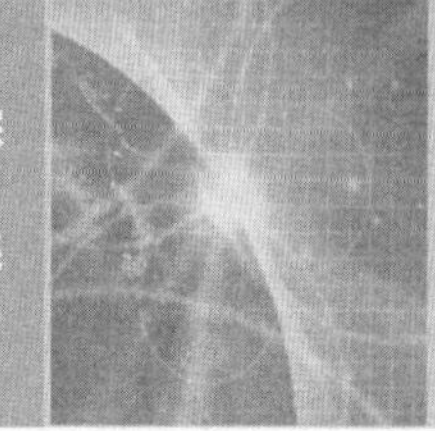

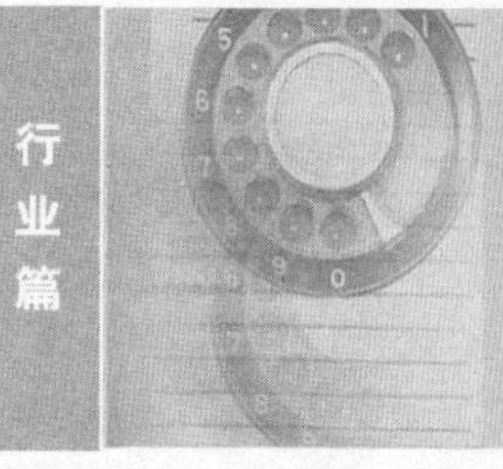

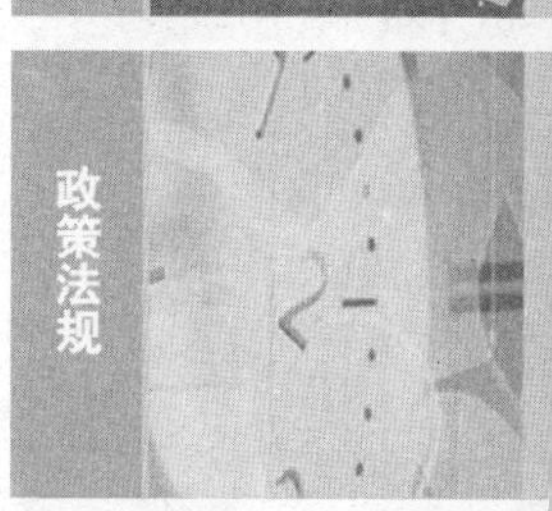

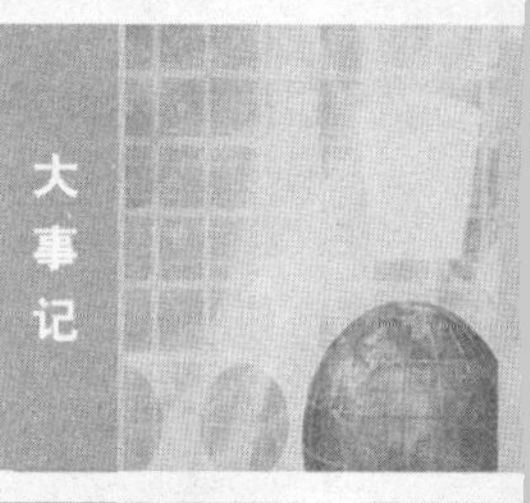

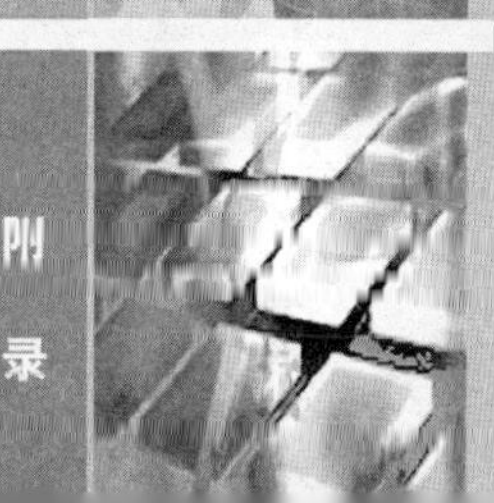

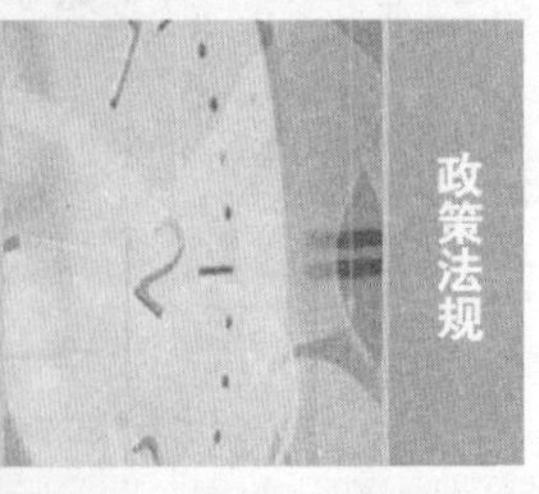
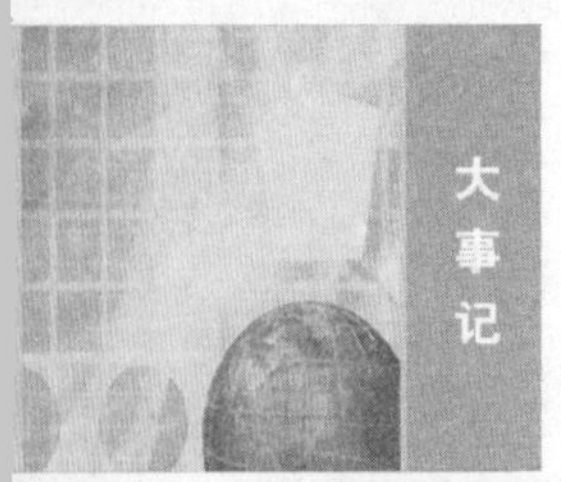

2010 年重型机械行业主要经济指标

行业及企业分类	企业数（个）	工业总产值（当年价）（亿元）	工业销售产值（当年价）（亿元）	其中：出口交货值（亿元）	全部从业人员年均人数（人）	流动资产合计（亿元）	应收账款（亿元）	存货（亿元）
重型机械行业合计	4 686	7 111.88	6 941.60	602.84	885 286	4 507.37	1 331.20	1 187.62
一、冶金矿山机械行业	2 384	3 207.58	3 114.26	159.66	453 016	2 292.30	751.44	598.39
占重型机械行业比重(%)	50.87	45.10	44.86	26.48	51.17	50.86	56.45	50.39
1. 按企业规模分								
大型企业	29	1 144.83	1 108.32	112.14	131 697	1 292.34	441.02	325.59
占行业比重(%)	1.22	35.69	35.59	70.24	29.07	56.38	58.69	54.41
中型企业	183	711.23	688.30	21.91	127 416	523.19	163.45	151.81
占行业比重(%)	7.68	22.17	22.10	13.72	28.13	22.82	21.75	25.37
小型企业	2 172	1 351.52	1 317.64	25.60	193 903	476.77	146.96	120.99
占行业比重(%)	91.11	42.14	42.31	16.04	42.80	20.80	19.56	20.22
2. 按注册类型分								
国有企业	90	652.15	620.45	27.64	91 251	783.13	239.66	212.68
占行业比重(%)	3.78	20.33	19.92	17.31	20.14	34.16	31.89	35.54
私营企业	1 487	1 037.62	1 013.05	14.23	142 967	289.54	93.63	68.26
占行业比重(%)	62.37	32.35	32.53	8.91	31.56	12.63	12.46	11.41
其他内资企业	680	1 285.67	1 245.20	89.18	189 330	990.84	347.65	257.59
占行业比重(%)	28.52	40.08	39.98	55.86	41.79	43.22	46.26	43.05
三资企业	127	232.15	235.56	28.61	29 468	228.80	70.50	59.85
占行业比重(%)	5.33	7.24	7.56	17.92	6.50	9.98	9.38	10.00
3. 按控股类型分								
国有控股	175	1 428.64	1 373.88	116.80	184 383	1 582.99	531.81	428.06
占行业比重(%)	7.34	44.54	44.12	73.15	40.70	69.06	70.77	71.54
集体控股	127	100.89	97.25	1.64	32 360	49.11	18.38	11.79
占行业比重(%)	5.33	3.15	3.12	1.03	7.14	2.14	2.45	1.97
私人控股	1 894	1 414.94	1 379.60	19.42	200 332	425.11	131.59	100.89
占行业比重(%)	79.45	44.11	44.30	12.17	44.22	18.55	17.51	16.86
三资控股	98	163.89	168.25	18.07	21 095	194.20	55.81	48.52
占行业比重(%)	4.11	5.11	5.40	11.32	4.66	8.47	7.43	8.11
其他控股	90	99.22	95.29	3.73	14 846	40.89	13.85	9.12
占行业比重(%)	3.78	3.09	3.06	2.33	3.28	1.78	1.84	1.52
二、物料搬运(起重运输)设备行业	2 302	3 904.30	3 827.34	443.18	432 270	2 215.06	579.77	589.23
占重型机械行业比重(%)	49.13	54.90	55.14	73.52	48.83	49.14	43.55	49.61
1. 按企业规模分								
大型企业	17	1 309.93	1 299.55	247.61	82 632	938.90	213.93	238.45
占行业比重(%)	0.74	33.55	33.95	55.87	19.12	42.39	36.90	40.47
中型企业	241	1 284.04	1 254.01	120.79	163 280	683.10	188.86	195.48
占行业比重(%)	10.47	32.89	32.76	27.26	37.77	30.84	32.58	33.18
小型企业	2 044	1 310.34	1 273.78	74.78	186 358	593.07	176.97	155.30
占行业比重(%)	88.79	33.56	33.28	16.87	43.11	26.77	30.52	26.36
2. 按注册类型分								
国有企业	59	564.34	547.71	30.28	47 974	354.46	69.92	112.35
占行业比重(%)	2.56	14.45	14.31	6.83	11.10	16.00	12.06	19.07
私营企业	1 352	1 120.21	1 086.21	49.21	147 948	409.44	125.42	98.16
占行业比重(%)	58.73	28.69	28.38	11.10	34.23	18.48	21.63	16.66
其他内资企业	562	871.25	853.78	65.25	138 265	507.71	119.67	139.71
占行业比重(%)	24.41	22.32	22.31	14.72	31.99	22.92	20.64	23.71
三资企业	329	1 348.50	1 339.63	298.44	98 083	943.45	264.76	239.01
占行业比重(%)	14.29	34.54	35.00	67.34	22.69	42.59	45.67	40.56
3. 按控股类型分								
国有控股	101	836.60	827.26	42.28	67 476	570.45	108.18	168.67
占行业比重(%)	4.39	21.43	21.61	9.54	15.61	25.75	18.66	28.63
集体控股	80	102.78	102.36	12.16	23 576	38.30	10.67	16.73
占行业比重(%)	3.48	2.63	2.67	2.74	5.45	1.73	1.84	2.84
私人控股	1 733	1 645.73	1 591.76	118.73	230 705	756.79	213.77	180.71
占行业比重(%)	75.28	42.15	41.59	26.79	53.37	34.17	36.87	30.67
三资控股	260	1 089.28	1 087.89	267.36	79 797	758.45	228.64	200.52
占行业比重(%)	11.29	27.90	28.42	60.33	18.46	34.24	39.44	34.03
其他控股	[illegible]	[illegible]	218.06	2.65	[illegible]	91.08	18.50	22.60
占行业比重(%)	[illegible]	5.89	[illegible]	[illegible]	[illegible]	[illegible]	[illegible]	[illegible]

（续）

行业及企业分类	其中：产成品（亿元）	固定资产合计（亿元）	固定资产原价（亿元）	累计折旧（亿元）	固定资产净值年平均余额（亿元）	资产总计（亿元）	流动负债合计（亿元）	其中：应付账款（亿元）
重型机械行业合计	363.01	1 635.68	2 149.03	718.78	1 430.23	6 800.71	3 537.84	1 065.27
一、冶金矿山机械行业	168.90	853.70	1 102.21	378.31	723.90	3 452.88	1 818.56	601.07
占重型机械行业比重（%）	46.53	52.19	51.29	52.63	50.61	50.77	51.40	56.42
1. 按企业规模分								
大型企业	78.95	399.80	468.50	151.73	316.76	1 839.46	1 005.68	325.24
占行业比重（%）	46.74	46.83	42.51	40.11	43.76	53.27	55.30	54.11
中型企业	49.05	172.42	264.19	113.34	150.85	758.80	458.00	162.63
占行业比重（%）	29.04	20.20	23.97	29.96	20.84	21.98	25.18	27.06
小型企业	40.91	281.48	369.52	113.23	256.29	854.63	354.88	113.20
占行业比重（%）	24.22	32.97	33.53	29.93	35.40	24.75	19.51	18.83
2. 按注册类型分								
国有企业	52.84	218.79	231.49	80.00	151.48	1 064.85	631.32	208.98
占行业比重（%）	31.29	25.63	21.00	21.15	20.93	30.84	34.72	34.77
私营企业	29.23	183.19	245.85	79.30	166.55	526.78	233.23	62.28
占行业比重（%）	17.31	21.46	22.30	20.96	23.01	15.26	12.82	10.36
其他内资企业	75.62	365.05	509.65	183.66	325.98	1 513.43	817.39	275.07
占行业比重（%）	44.77	42.76	46.24	48.55	45.03	43.83	44.95	45.76
三资企业	11.20	86.68	115.23	35.34	79.89	347.82	136.62	54.75
占行业比重（%）	6.63	10.15	10.45	9.34	11.04	10.07	7.51	9.11
3. 按控股类型分								
国有控股	112.81	495.80	594.38	193.84	400.54	2 263.04	1 290.36	431.26
占行业比重（%）	66.79	58.08	53.93	51.24	55.33	65.54	70.96	71.75
集体控股	4.01	15.79	31.88	17.58	14.30	71.94	48.07	15.43
占行业比重（%）	2.37	1.85	2.89	4.65	1.98	2.08	2.64	2.57
私人控股	40.97	253.34	368.26	139.76	228.49	753.46	342.17	100.74
占行业比重（%）	24.26	29.68	33.41	36.94	31.56	21.82	18.82	16.76
三资控股	8.50	65.40	77.09	18.27	58.82	285.88	105.07	42.53
占行业比重（%）	5.03	7.66	6.99	4.83	8.13	8.28	5.78	7.08
其他控股	2.60	23.37	30.60	8.85	21.75	78.57	32.89	11.10
占行业比重（%）	1.54	2.74	2.78	2.34	3.00	2.28	1.81	1.85
二、物料搬运（起重运输）设备行业	194.11	781.98	1 046.82	340.48	706.33	3 347.83	1 719.28	464.20
占重型机械行业比重（%）	53.47	47.81	48.71	47.37	49.39	49.23	48.60	43.58
1. 按企业规模分								
大型企业	78.60	274.02	358.27	110.19	248.08	1 367.52	704.26	167.14
占行业比重（%）	40.49	35.04	34.22	32.36	35.12	40.85	40.96	36.01
中型企业	62.27	230.56	321.46	111.37	210.09	1 020.43	560.29	166.86
占行业比重（%）	32.08	29.48	30.71	32.71	29.74	30.48	32.59	35.95
小型企业	53.25	277.40	367.09	118.91	248.16	959.88	454.73	130.19
占行业比重（%）	27.43	35.47	35.07	34.93	35.13	28.67	26.45	28.05
2. 按注册类型分								
国有企业	58.27	73.82	93.77	32.87	60.91	479.73	259.10	73.72
占行业比重（%）	30.02	9.44	8.96	9.65	8.62	14.33	15.07	15.88
私营企业	33.47	223.15	294.46	97.39	197.07	691.99	315.34	85.77
占行业比重（%）	17.25	28.54	28.13	28.60	27.90	20.67	18.34	18.48
其他内资企业	49.92	189.48	248.51	83.03	165.48	793.49	388.84	99.83
占行业比重（%）	25.72	24.23	23.74	24.39	23.43	23.70	22.62	21.51
三资企业	52.44	295.53	410.08	127.19	282.88	1 382.62	755.99	204.88
占行业比重（%）	27.02	37.79	39.17	37.36	40.05	41.30	43.97	44.14
3. 按控股类型分								
国有控股	88.66	132.94	189.98	75.11	114.87	782.89	431.66	121.09
占行业比重（%）	45.67	17.00	18.15	22.06	16.26	23.38	25.11	26.09
集体控股	3.31	9.27	13.15	4.15	9.00	53.20	31.53	10.74
占行业比重（%）	1.71	1.19	1.26	1.22	1.27	1.59	1.83	2.31
私人控股	59.60	329.01	421.27	136.55	284.72	1 207.68	560.58	148.28
占行业比重（%）	30.71	42.07	40.24	40.10	40.31	36.07	32.61	31.94
三资控股	32.20	265.07	365.47	111.38	254.09	1 149.49	625.62	172.40
占行业比重（%）	16.59	33.90	34.91	32.71	35.97	34.34	36.39	37.14
其他控股	10.34	45.68	56.94	13.28	43.65	154.57	69.89	11.68
占行业比重（%）	5.33	5.84	5.44	3.90	6.18	4.62	4.07	2.52

（续）

行业及企业分类	长期负债合计（亿元）	负债合计（亿元）	所有者权益合计（亿元）	其中:实收资本（亿元）	1. 国家资本（亿元）	2. 集体资本（亿元）	3. 法人资本（亿元）	4. 个人资本（亿元）
重型机械行业合计	428.09	4 033.59	2 752.77	1 226.89	115.25	21.22	458.14	367.84
一、冶金矿山机械行业	257.21	2 107.67	1 337.90	620.29	90.64	16.17	265.99	142.60
占重型机械行业比重(%)	60.08	52.25	48.60	50.56	78.65	76.20	58.06	38.77
1. 按企业规模分列								
大型企业	180.20	1 185.89	652.81	246.59	60.65	11.27	116.30	26.46
占行业比重(%)	70.06	56.27	48.79	39.75	66.91	69.71	43.72	18.55
中型企业	43.40	509.39	245.01	143.36	20.65	1.06	92.49	17.38
占行业比重(%)	16.87	24.17	18.31	23.11	22.78	6.58	34.77	12.19
小型企业	33.61	412.39	440.08	230.34	9.34	3.83	57.20	98.76
占行业比重(%)	13.07	19.57	32.89	37.13	10.31	23.70	21.50	69.26
2. 按注册类型分								
国有企业	129.20	762.75	301.69	124.29	54.66	0.39	68.51	0.73
占行业比重(%)	50.23	36.19	22.55	20.04	60.30	2.40	25.76	0.51
私营企业	20.02	264.85	260.25	116.20	0.04	0.45	34.42	81.18
占行业比重(%)	7.78	12.57	19.45	18.73	0.04	2.80	12.94	56.93
其他内资企业	99.39	927.12	581.10	261.51	35.91	15.22	151.66	58.63
占行业比重(%)	38.64	43.99	43.43	42.16	39.62	94.15	57.02	41.12
三资企业	8.61	152.95	194.86	118.29	0.04	0.10	11.40	2.06
占行业比重(%)	3.35	7.26	14.56	19.07	0.04	0.64	4.29	1.44
3. 按控股类型分								
国有控股	206.86	1 503.09	755.30	330.16	90.23	11.21	197.37	28.34
占行业比重(%)	80.42	71.32	56.45	53.23	99.55	69.34	74.21	19.87
集体控股	2.04	51.11	20.75	10.38	0.09	4.11	2.52	3.65
占行业比重(%)	0.79	2.42	1.55	1.67	0.09	25.43	0.95	2.56
私人控股	38.75	398.06	353.16	158.31	0.30	0.84	53.73	103.12
占行业比重(%)	15.07	18.89	26.40	25.52	0.33	5.20	20.20	72.31
三资控股	7.95	115.74	170.14	108.54	0.00	0.00	6.75	1.33
占行业比重(%)	3.09	5.49	12.72	17.50	0.00	0.00	2.54	0.93
其他控股	1.60	39.68	38.55	12.90	0.03	0.00	5.61	6.17
占行业比重(%)	0.62	1.88	2.88	2.08	0.03	0.00	2.11	4.33
二、物料搬运(起重运输)设备行业	170.88	1 925.92	1 414.87	606.60	24.61	5.05	192.16	225.24
占重型机械行业比重(%)	39.92	47.75	51.40	49.44	21.35	23.80	41.94	61.23
1. 按企业规模分								
大型企业	107.10	811.36	554.07	91.98	6.18	0.00	23.79	33.23
占行业比重(%)	62.68	42.13	39.16	15.16	25.11	0.00	12.38	14.75
中型企业	35.76	614.46	402.93	209.07	15.64	1.03	72.21	48.16
占行业比重(%)	20.93	31.90	28.48	34.47	63.54	20.38	37.58	21.38
小型企业	28.02	500.10	457.86	305.55	2.79	4.02	96.15	143.86
占行业比重(%)	16.40	25.97	32.36	50.37	11.35	79.62	50.04	63.87
2. 按注册类型分								
国有企业	15.42	275.82	203.69	28.54	14.20	0.00	13.71	0.33
占行业比重(%)	9.02	14.32	14.40	4.70	57.72	0.00	7.13	0.15
私营企业	21.62	356.92	331.65	186.86	0.00	0.84	60.68	124.69
占行业比重(%)	12.65	18.53	23.44	30.80	0.01	16.71	31.58	55.36
其他内资企业	39.94	440.62	349.86	139.81	10.15	2.94	56.58	68.72
占行业比重(%)	23.37	22.88	24.73	23.05	41.26	58.20	29.45	30.51
三资企业	93.90	852.56	529.66	251.40	0.25	1.27	61.18	31.51
占行业比重(%)	54.95	44.27	37.44	41.44	1.02	25.09	31.84	13.99
3. 按控股类型分								
国有控股	22.20	461.86	320.80	73.70	24.20	0.05	37.48	5.31
占行业比重(%)	12.99	23.98	22.67	12.15	98.33	0.97	19.51	2.36
集体控股	1.43	33.19	19.60	7.74	0.00	2.85	3.42	0.68
占行业比重(%)	0.84	1.72	1.39	1.28	0.01	56.46	1.78	0.30
私人控股	44.79	629.67	575.20	283.75	0.39	1.85	96.08	177.51
占行业比重(%)	26.21	32.69	40.65	46.78	1.60	36.70	50.00	78.81
三资控股	92.15	719.41	429.70	202.22	0.02	0.29	33.61	25.91
占行业比重(%)	53.93	37.35	30.37	33.34	0.06	5.83	17.49	11.50
其他控股	10.30	81.78	69.57	39.19	0.00	0.00	21.56	15.83
占行业比重(%)	6.03	4.25	4.92	6.46	0.00	0.04	11.22	7.03

（续）

行业及企业分类	5. 中国港澳台资本（亿元）	6. 外商资本（亿元）	主营业务收入（亿元）	主营业务成本（亿元）	主营业务税金及附加（亿元）	主营业务利润（亿元）	其他业务收入（亿元）	其他业务利润（亿元）
重型机械行业合计	42.60	221.84	6 966.97	5 788.14	34.28	1 144.56	349.16	20.45
一、冶金矿山机械行业	5.08	99.81	3 111.30	2 567.21	18.84	525.25	56.45	10.07
占重型机械行业比重（%）	11.93	44.99	44.66	44.35	54.98	45.89	16.17	49.22
1. 按企业规模分								
大型企业	0.00	31.91	1 071.54	873.96	4.92	192.67	30.57	3.58
占行业比重（%）	0.00	31.97	34.44	34.04	26.10	36.68	54.15	35.61
中型企业	2.78	8.99	720.75	590.57	4.52	125.67	16.10	3.38
占行业比重（%）	54.73	9.01	23.17	23.00	23.97	23.93	28.52	33.55
小型企业	2.30	58.91	1 319.01	1 102.69	9.41	206.91	9.78	3.10
占行业比重（%）	45.27	59.02	42.39	42.95	49.93	39.39	17.33	30.84
2. 按注册类型分								
国有企业	0.00	0.00	598.21	501.27	3.05	93.88	14.52	1.32
占行业比重（%）	0.00	0.00	19.23	19.53	16.21	17.87	25.72	13.12
私营企业	0.04	0.08	1 018.04	845.77	8.38	163.90	6.66	2.13
占行业比重（%）	0.77	0.08	32.72	32.95	44.46	31.20	11.80	21.13
其他内资企业	0.01	0.08	1 263.82	1 048.46	6.90	208.46	29.73	5.41
占行业比重（%）	0.10	0.08	40.62	40.84	36.63	39.69	52.66	53.70
三资企业	5.04	99.66	231.23	171.71	0.51	59.01	5.55	1.21
占行业比重（%）	99.13	99.84	7.43	6.69	2.70	11.24	9.82	12.06
3. 按控股类型分								
国有控股	0.14	2.86	1 356.59	1 115.52	7.12	233.94	37.41	5.17
占行业比重（%）	2.76	2.86	43.60	43.45	37.79	44.54	66.27	51.34
集体控股	0.02	0.00	108.49	94.95	0.53	13.01	0.90	0.27
占行业比重（%）	0.39	0.00	3.49	3.70	2.81	2.48	1.59	2.68
私人控股	0.07	0.26	1 381.54	1 156.66	9.52	215.36	11.79	3.58
占行业比重（%）	1.38	0.26	44.40	45.06	50.50	41.00	20.88	
三资控股	4.71	95.74	165.65	119.12	0.29	46.24	4.86	1.02
占行业比重（%）	92.72	95.92	5.32	4.64	1.54	8.80	8.61	10.13
其他控股	0.14	0.95	99.03	80.95	1.39	16.70	1.50	0.02
占行业比重（%）	2.76	0.96	3.18	3.15	7.36	3.18	2.66	0.20
二、物料搬运（起重运输）设备行业	37.52	122.03	3 855.67	3 220.93	15.43	619.31	292.70	35.55
占重型机械行业比重（%）	88.07	55.01	55.34	55.65	45.02	54.11	83.83	50.78
1. 按企业规模分								
大型企业	5.75	23.04	1 338.22	1 108.42	3.90	225.89	248.79	1.05
占行业比重（%）	15.33	18.88	34.71	34.41	25.30	36.47	85.00	10.13
中型企业	9.94	62.09	1 248.74	1 035.38	5.26	208.10	27.69	4.22
占行业比重（%）	26.49	50.88	32.39	32.15	34.07	33.60	9.46	40.60
小型企业	21.83	36.90	1 268.72	1077.12	6.27	185.32	16.22	5.12
占行业比重（%）	58.19	30.24	32.91	33.44	40.63	29.92	5.54	49.27
2. 按注册类型分								
国有企业	0.00	0.30	572.26	483.45	1.76	87.05	243.21	0.87
占行业比重（%）	0.00	0.25	14.84	15.01	11.39	14.06	83.09	8.39
私营企业	0.30	0.34	1 071.92	908.33	6.27	157.32	13.24	2.27
占行业比重（%）	0.81	0.28	27.80	28.20	40.66	25.40	4.52	21.89
其他内资企业	0.50	0.92	851.16	714.62	4.71	131.84	13.32	3.45
占行业比重（%）	1.32	0.75	22.08	22.19	30.50	21.29	4.55	33.18
三资企业	36.72	120.47	1 360.33	1114.53	2.69	243.10	22.94	3.79
占行业比重（%）	97.87	98.72	35.28	34.60	17.45	39.25	7.84	36.54
3. 按控股类型分								
国有控股	0.99	5.67	844.23	709.13	3.06	132.04	247.33	1.67
占行业比重（%）	2.65	4.65	21.90	22.02	19.84	21.32	84.50	16.04
集体控股	0.08	0.70	102.10	90.35	0.41	11.34	6.78	0.78
占行业比重（%）	0.21	0.58	2.65	2.81	2.65	1.83	2.32	7.55
私人控股	4.44	3.47	1 574.94	1 315.90	9.04	250.00	18.78	4.84
占行业比重（%）	11.84	2.84	40.85	40.85	58.56	40.37	6.42	46.57
三资控股	31.64	110.75	1 114.65	919.10	2.06	193.50	19.07	2.70
占行业比重（%）	84.32	90.76	28.91	28.54	13.32	31.24	6.51	26.01
其他控股	0.37	1.43	219.75	186.45	0.87	32.44	0.75	0.40
占行业比重（%）	0.98	1.17	5.70	5.79	5.63	5.24	0.26	3.83

（续）

行业及企业分类	营业费用（亿元）	管理费用（亿元）	其中:税金（亿元）	财务费用（亿元）	其中:利息支出（亿元）	营业利润（亿元）	投资收益（亿元）	补贴收入（亿元）	营业外收入（亿元）
重型机械行业合计	195.63	411.12	24.93	48.88	41.16	566.50	1.19	10.32	24.39
一、冶金矿山机械行业	80.38	206.90	14.98	29.75	24.79	255.75	0.77	7.94	15.22
占重型机械行业比重(%)	41.09	50.33	60.11	60.86	60.24	45.15	64.96	76.97	62.41
1. 按企业规模分									
大型企业	24.94	94.74	6.08	14.53	14.08	90.84	6.30	6.20	11.00
占行业比重(%)	31.03	45.79	40.60	48.85	56.80	35.52	817.79	78.03	72.28
中型企业	21.06	49.56	4.06	5.78	5.04	59.97	-4.47	0.91	3.05
占行业比重(%)	26.20	23.95	27.11	19.44	20.32	23.45	-579.80	11.50	20.01
小型企业	34.39	62.60	4.84	9.43	5.67	104.93	-1.06	0.83	1.17
占行业比重(%)	42.78	30.26	32.29	31.72	22.88	41.03	-137.99	10.47	7.71
2. 按注册类型分									
国有企业	16.33	53.05	4.69	8.77	8.58	35.96	0.13	0.49	0.74
占行业比重(%)	20.31	25.64	31.29	29.48	34.60	14.06	17.36	6.14	4.88
私营企业	26.85	44.72	5.15	8.20	5.11	91.24	-0.64	0.67	1.06
占行业比重(%)	33.40	21.62	34.36	27.56	20.62	35.68	-83.18	8.49	6.94
其他内资企业	27.68	89.80	4.66	11.63	10.33	98.38	1.40	6.73	12.03
占行业比重(%)	34.43	43.40	31.08	39.11	41.69	38.47	181.48	84.69	79.00
三资企业	9.53	19.33	0.49	1.15	0.77	30.17	-0.12	0.05	1.40
占行业比重(%)	11.85	9.34	3.26	3.85	3.09	11.80	-15.66	0.68	9.19
3. 按控股类型分									
国有控股	33.21	118.96	7.34	17.05	16.33	97.73	6.90	6.74	12.21
占行业比重(%)	41.31	57.50	49.00	57.33	65.87	38.21	895.21	84.89	80.18
集体控股	2.52	7.24	0.26	0.57	0.30	5.22	-0.14	0.17	0.55
占行业比重(%)	3.13	3.50	1.73	1.91	1.19	2.04	-18.44	2.16	3.61
私人控股	35.50	60.54	6.78	11.14	7.36	119.31	-6.00	0.95	0.99
占行业比重(%)	44.17	29.26	45.22	37.46	29.69	46.65	-778.47	11.92	6.53
三资控股	7.00	15.63	0.41	0.68	0.54	24.37	0.01	0.02	1.26
占行业比重(%)	8.71	7.55	2.74	2.29	2.18	9.53	1.38	0.25	8.24
其他控股	2.15	4.54	0.20	0.31	0.27	9.13	0.00	0.06	0.22
占行业比重(%)	2.68	2.19	1.34	1.04	1.07	3.57	0.32	0.74	1.44
二、物料搬运(起重运输)设备行业	115.25	204.22	9.94	19.13	16.37	310.75	0.42	2.38	9.17
占重型机械行业比重(%)	58.91	49.67	39.89	39.14	39.76	54.85	35.04	23.03	37.59
1. 按企业规模分									
大型企业	34.07	68.68	1.89	2.63	2.81	122.53	0.79	0.01	3.86
占行业比重(%)	29.56	33.63	18.97	13.75	17.19	39.43	190.32	0.61	42.14
中型企业	45.59	68.14	3.45	5.81	5.57	105.92	0.65	0.83	3.08
占行业比重(%)	39.55	33.37	34.71	30.40	34.05	34.09	155.87	34.74	33.63
小型企业	35.60	67.40	4.61	10.69	7.98	82.30	-1.02	1.54	2.22
占行业比重(%)	30.89	33.00	46.32	55.86	48.76	26.48	-246.19	64.65	24.23
2. 按注册类型分									
国有企业	12.31	33.33	0.69	0.74	0.90	45.36	0.80	0.17	2.81
占行业比重(%)	10.68	16.32	6.91	3.84	5.51	14.60	191.33	6.99	30.64
私营企业	30.33	47.57	4.15	8.97	6.86	79.33	-0.90	1.55	1.06
占行业比重(%)	26.32	23.29	41.70	46.90	41.91	25.53	-217.49	65.38	11.52
其他内资企业	24.09	43.43	2.79	6.59	5.59	71.07	0.03	0.36	1.92
占行业比重(%)	20.90	21.27	28.07	34.45	34.17	22.87	6.84	15.08	20.97
三资企业	48.51	79.89	2.32	2.83	3.01	114.99	0.50	0.30	3.38
占行业比重(%)	42.09	39.12	23.32	14.81	18.40	37.01	119.31	12.55	36.87
3. 按控股类型分									
国有控股	19.16	48.80	1.85	0.29	0.42	70.67	1.32	0.22	3.71
占行业比重(%)	16.62	23.90	18.62	1.54	2.54	22.74	318.38	9.09	40.43
集体控股	1.51	5.38	0.37	0.41	0.29	5.79	-0.65	0.04	0.26
占行业比重(%)	1.31	2.64	3.71	2.16	1.74	1.86	-156.05	1.81	2.82
私人控股	50.57	76.21	5.20	13.93	11.16	125.38	-0.69	1.92	2.76
占行业比重(%)	43.88	37.32	52.25	72.83	68.16	40.35	-164.96	80.82	30.06
三资控股	39.25	65.02	1.89	2.77	3.25	90.67	0.39	0.15	2.31
占行业比重(%)	34.06	31.84	18.99	14.48	19.83	29.18	94.58	6.43	25.21
其他控股	4.76	8.80	0.64	1.72	1.26	18.23	0.03	0.04	0.14
占行业比重(%)	4.13	4.31	6.45	8.99	7.73	5.87	8.04	1.84	1.48

（续）

行业及企业分类	营业外支出（亿元）	利润总额（亿元）	亏损总额（亿元）	利税总额（亿元）	应交所得税（亿元）	本年应付工资总额（亿元）	本年应付福利费总额（亿元）	本年应交增值税（亿元）	本年进项税额（亿元）
重型机械行业合计	30.11	553.21	21.12	804.40	78.99	407.74	25.39	216.91	849.94
一、冶金矿山机械行业	14.18	249.70	6.59	371.40	31.59	201.82	10.33	102.86	386.33
占重型机械行业比重(%)	47.07	45.14	31.20	46.17	40.00	49.50	40.68	47.42	45.45
1. 按企业规模分									
大型企业	6.90	94.18	1.45	140.54	10.64	87.58	3.79	41.44	183.79
占行业比重(%)	48.66	37.72	21.96	37.84	33.68	43.40	36.71	40.29	47.57
中型企业	3.69	53.62	2.11	81.29	7.24	55.12	2.30	23.15	83.07
占行业比重(%)	26.01	21.48	32.06	21.89	22.92	27.31	22.22	22.51	21.50
小型企业	3.59	101.90	3.03	149.57	13.71	59.12	4.24	38.26	119.47
占行业比重(%)	25.33	40.81	45.98	40.27	43.40	29.29	41.06	37.20	30.92
2. 按注册类型分									
国有企业	3.99	32.35	1.35	58.70	3.36	59.84	2.58	23.30	90.45
占行业比重(%)	28.17	12.96	20.56	15.81	10.65	29.65	25.00	22.65	23.41
私营企业	3.59	87.50	0.85	128.31	10.67	42.92	2.92	32.43	89.25
占行业比重(%)	25.32	35.04	12.95	34.55	33.76	21.27	28.26	31.53	23.10
其他内资企业	5.72	99.32	2.84	145.14	13.66	79.34	3.88	38.92	182.84
占行业比重(%)	40.35	39.78	43.07	39.08	43.24	39.31	37.56	37.84	47.33
三资企业	0.87	30.53	1.54	39.25	3.90	19.72	0.95	8.21	23.80
占行业比重(%)	6.16	12.23	23.41	10.57	12.36	9.77	9.17	7.98	6.16
3. 按控股类型分									
国有控股	8.40	101.17	2.68	158.31	12.84	111.14	5.01	50.01	221.29
占行业比重(%)	59.26	40.52	40.74	42.62	40.64	55.07	48.50	48.62	57.28
集体控股	0.22	5.52	0.80	8.95	0.94	10.49	0.61	2.91	7.93
占行业比重(%)	1.53	2.21	12.19	2.41	2.99	5.20	5.95	2.82	2.05
私人控股	4.19	109.37	1.34	160.07	13.80	59.88	3.75	41.19	130.28
占行业比重(%)	29.59	43.80	20.33	43.10	43.68	29.67	36.31	40.04	33.72
三资控股	0.70	24.92	1.50	30.90	3.18	15.08	0.67	5.69	18.15
占行业比重(%)	4.94	9.98	22.76	8.32	10.07	7.47	6.49	5.53	4.70
其他控股	0.66	8.72	0.26	13.17	0.83	5.22	0.28	3.06	8.68
占行业比重(%)	4.67	3.49	3.99	3.55	2.64	2.59	2.74	2.98	2.25
二、物料搬运(起重运输)设备行业	15.94	303.51	14.53	433.00	47.39	205.93	15.06	114.06	463.60
占重型机械行业比重(%)	52.93	54.86	68.80	53.83	60.00	50.50	59.32	52.58	54.55
1. 按企业规模分									
大型企业	4.14	122.02	8.48	163.39	23.39	57.77	6.68	37.46	174.39
占行业比重(%)	25.98	40.20	58.33	37.73	49.36	28.05	44.36	32.85	37.62
中型企业	7.92	101.74	2.53	146.78	14.26	89.15	4.37	39.78	142.86
占行业比重(%)	49.67	33.52	17.38	33.90	30.10	43.29	28.99	34.88	30.82
小型企业	3.88	79.75	3.53	122.83	9.74	59.01	4.01	36.81	146.35
占行业比重(%)	24.36	26.28	24.29	28.37	20.54	28.65	26.65	32.28	31.57
2. 按注册类型分									
国有企业	2.15	46.07	0.79	63.55	9.93	27.35	1.65	15.72	105.23
占行业比重(%)	13.48	15.18	5.44	14.68	20.96	13.28	10.96	13.78	22.70
私营企业	3.01	76.88	1.40	114.14	9.94	48.64	2.68	30.98	112.43
占行业比重(%)	18.91	25.33	9.62	26.36	20.98	23.62	17.79	27.16	24.25
其他内资企业	5.73	66.99	1.26	102.25	6.73	63.45	2.94	30.55	98.16
占行业比重(%)	35.93	22.07	8.68	23.61	14.20	30.81	19.52	26.79	21.17
三资企业	5.05	113.58	11.08	153.07	20.79	66.48	7.79	36.80	147.79
占行业比重(%)	31.68	37.42	76.26	35.35	43.86	32.29	51.72	32.26	31.88
3. 按控股类型分									
国有控股	4.99	69.47	1.74	98.51	12.14	39.76	3.33	25.98	140.65
占行业比重(%)	31.31	22.89	11.97	22.75	25.62	19.31	22.12	22.78	30.34
集体控股	0.65	4.78	0.07	9.44	0.61	15.92	0.55	4.25	12.63
占行业比重(%)	4.10	1.58	0.48	2.18	1.30	7.73	3.64	3.72	2.72
私人控股	5.36	122.69	1.85	179.82	15.32	81.68	4.52	48.09	171.16
占行业比重(%)	33.63	40.42	12.74	41.53	32.32	39.66	30.04	42.16	36.92
三资控股	4.15	88.92	10.77	118.94	16.86	56.66	6.11	27.96	118.20
占行业比重(%)	26.02	29.30	74.12	27.47	35.58	27.52	40.55	24.51	25.50
其他控股	0.79	17.65	0.10	26.30	2.45	11.90	0.55	7.78	20.96
占行业比重(%)	4.95	5.82	0.68	6.07	5.18	5.78	3.66	6.82	4.52

（续）

行业及企业分类	本年销项税额（亿元）	亏损企业亏损面（%）	总资产贡献率（%）	资本保值增值率（%）	流动资产周转率（次）	成本费用利润率（%）	工业产品销售率（%）	资产负债率（%）	工业总产值全员劳动生产率（万元/人）
重型机械行业合计	1 004.78	8.81	12.43	140.47	1.55	8.59	97.61	59.31	80.33
一、冶金矿山机械行业	472.52	7.97	11.47	159.91	1.36	8.66	97.09	61.04	70.81
占重型机械行业比重（%）	47.03								
1. 按企业规模分									
大型企业	216.16	6.90	8.41	194.62	0.83	9.34	96.81	64.47	86.93
占行业比重（%）	45.75								
中型企业	104.71	9.84	11.38	110.75	1.38	8.04	96.78	67.13	55.82
占行业比重（%）	22.16								
小型企业	151.65	7.83	18.16	157.17	2.77	8.43	97.49	48.25	69.70
占行业比重（%）	32.09								
2. 按注册类型分									
国有企业	108.07	23.33	6.32	117.57	0.76	5.58	95.14	71.63	71.47
占行业比重（%）	22.87								
私营企业	117.41	5.99	25.33	141.21	3.52	9.45	97.63	50.28	72.58
占行业比重（%）	24.85								
其他内资企业	216.06	8.24	10.27	200.48	1.28	8.43	96.85	61.26	67.91
占行业比重（%）	45.73								
三资企业	30.97	18.90	11.51	184.02	1.01	15.14	101.47	43.97	78.78
占行业比重（%）	6.55								
3. 按控股类型分									
国有控股	261.23	17.71	7.72	162.03	0.86	7.88	96.17	66.42	77.48
占行业比重（%）	55.28								
集体控股	10.36	13.39	12.85	141.35	2.21	5.24	96.39	71.04	31.18
占行业比重（%）	2.19								
私人控股	166.84	6.23	22.22	148.22	3.25	8.65	97.50	52.83	70.63
占行业比重（%）	35.31								
三资控股	23.14	18.37	11.00	178.06	0.85	17.50	102.66	40.48	77.69
占行业比重（%）	4.90								
其他控股	10.95	6.67	17.10	175.15	2.42	9.91	96.04	50.51	66.83
占行业比重（%）	2.32								
二、物料搬运（起重运输）设备行业	532.26	9.69	13.42	125.99	1.74	8.53	98.03	57.53	90.32
占重型机械行业比重（%）	52.97								
1. 按企业规模分									
大型企业	192.06	5.88	12.15	126.56	1.43	10.05	99.21	59.33	158.53
占行业比重（%）	36.08								
中型企业	167.79	4.98	14.93	136.11	1.83	8.81	97.66	60.22	78.64
占行业比重（%）	31.52								
小型企业	172.41	10.27	13.63	117.67	2.14	6.70	97.21	52.10	70.31
占行业比重（%）	32.39								
2. 按注册类型分									
国有企业	115.08	15.25	13.43	183.64	1.61	8.69	97.05	57.49	117.63
占行业比重（%）	21.62								
私营企业	135.82	7.91	17.49	127.18	2.62	7.72	96.96	51.58	75.72
占行业比重（%）	25.52								
其他内资企业	121.63	7.65	13.59	81.21	1.68	8.49	98.00	55.53	63.01
占行业比重（%）	22.85								
三资企业	159.73	19.45	11.29	165.30	1.44	9.12	99.34	61.66	137.49
占行业比重（%）	30.01								
3. 按控股类型分									
国有控股	159.43	20.79	12.64	82.74	1.48	8.94	98.88	58.99	123.99
占行业比重（%）	29.95								
集体控股	14.89	6.25	18.28	88.33	2.67	4.90	99.59	62.40	43.59
占行业比重（%）	2.80								
私人控股	203.54	7.67	15.81	136.19	2.08	8.42	96.72	52.14	71.33
占行业比重（%）	38.24								
三资控股	126.79	21.54	10.63	179.42	1.47	8.67	99.87	62.59	136.51
占行业比重（%）	23.82								
其他控股	27.62	6.25	17.83	135.83	2.41	8.75	94.85	52.91	74.85
占行业比重（%）	5.19								

（续）

行业及企业分类	主营业务收入利润率（%）	主营业务收入利润总额率（%）	工业资金利润率（%）	工业资金利税率（%）	每百元固定资产创利润（元）	每百元固定资产创利税（元）	每百元流动资产创利润（元）	每百元流动资产创利税（元）	流动比率	速动比率
重型机械行业合计	16.43	7.94	9.01	13.09	33.82	49.18	12.27	17.85	1.27	0.94
一、冶金矿山机械行业	16.88	8.03	7.94	11.81	29.25	43.50	10.89	16.20	1.26	0.93
占重型机械行业比重（%）										
1. 按企业规模分										
大型企业	17.98	8.79	5.57	8.31	23.56	35.15	7.29	10.87	1.29	0.96
占行业比重（%）										
中型企业	17.44	7.44	7.71	11.69	31.10	47.15	10.25	15.54	1.14	0.81
占行业比重（%）										
小型企业	15.69	7.73	13.44	19.73	36.20	53.14	21.37	31.37	1.34	1.00
占行业比重（%）										
2. 按注册类型分										
国有企业	15.69	5.41	3.23	5.86	14.79	26.83	4.13	7.50	1.24	0.90
占行业比重（%）										
私营企业	16.10	8.59	18.51	27.14	47.76	70.04	30.22	44.31	1.24	0.95
占行业比重（%）										
其他内资企业	16.49	7.86	7.33	10.70	27.21	39.76	10.02	14.65	1.21	0.90
占行业比重（%）										
三资企业	25.52	13.20	9.68	12.44	35.23	45.29	13.34	17.16	1.67	1.24
占行业比重（%）										
3. 按控股类型分										
国有控股	17.24	7.46	4.87	7.62	20.41	31.93	6.39	10.00	1.23	0.90
占行业比重（%）										
集体控股	11.99	5.08	8.50	13.79	34.93	56.67	11.23	18.23	1.02	0.78
占行业比重（%）										
私人控股	15.59	7.92	16.12	23.59	43.17	63.19	25.73	37.65	1.24	0.95
占行业比重（%）										
三资控股	27.91	15.05	9.60	11.90	38.11	47.25	12.83	15.91	1.85	1.39
占行业比重（%）										
其他控股	16.86	8.80	13.57	20.49	37.30	56.34	21.32	32.20	1.24	0.97
占行业比重（%）										
二、物料搬运（起重运输）设备行业	16.06	7.87	10.13	14.45	38.81	55.37	13.70	19.55	1.29	0.95
占重型机械行业比重（%）										
1. 按企业规模分										
大型企业	16.88	9.12	10.06	13.47	44.53	59.63	13.00	17.40	1.33	0.99
占行业比重（%）										
中型企业	16.66	8.15	11.14	16.07	44.13	63.66	14.89	21.49	1.22	0.87
占行业比重（%）										
小型企业	14.61	6.29	9.16	14.11	28.75	44.28	13.45	20.71	1.30	0.96
占行业比重（%）										
2. 按注册类型分										
国有企业	15.21	8.05	10.76	14.84	62.41	86.08	13.00	17.93	1.37	0.93
占行业比重（%）										
私营企业	14.68	7.17	12.15	18.04	34.45	51.15	18.78	27.88	1.30	0.99
占行业比重（%）										
其他内资企业	15.49	7.87	9.61	14.67	35.35	53.96	13.19	20.14	1.31	0.95
占行业比重（%）										
三资企业	17.87	8.35	9.17	12.35	38.43	51.80	12.04	16.22	1.25	0.93
占行业比重（%）										
3. 按控股类型分										
国有控股	15.64	8.23	9.88	14.01	52.26	74.10	12.18	17.27	1.32	0.93
占行业比重（%）										
集体控股	11.11	4.68	10.05	19.84	51.58	101.77	12.49	24.64	1.21	0.68
占行业比重（%）										
私人控股	15.87	7.79	11.30	16.56	37.29	54.65	16.21	23.76	1.35	1.03
占行业比重（%）										
三资控股	17.36	7.98	8.69	11.62	33.55	44.87	11.72	15.68	1.21	0.89
占行业比重（%）										
其他控股	14.76	8.03	12.91	19.23	38.64	57.58	19.38	28.88	1.30	0.98
占行业比重（%）										

注：1. 表中原始数据来源于国家统计局年报资料。

2. 由于四舍五入，合计数有微小出入。

〔供稿人：中国重型机械工业协会臧义成、李革　审稿人：中国重型机械工业协会徐善继〕

2010 年冶金矿山机械行业主要经济指标

行业及企业分类	企业数（个）	工业总产值（当年价）（亿元）	工业销售产值（当年价）（亿元）	其中：出口交货值（亿元）	全部从业人员年均人数（人）	流动资产合计（亿元）	应收账款（亿元）	存货（亿元）
冶金矿山机械行业	2 384	3 207.58	3 114.26	159.66	453 016	2 292.30	751.44	598.39
(一)冶金机械行业	605	1 050.18	1 006.19	51.75	146 663	968.59	328.99	270.55
占冶金矿山机械行业比重(%)	25.38	32.74	32.31	32.41	32.37	42.25	43.78	45.21
1. 按企业规模分								
大型企业	12	466.58	441.80	30.40	58 779	569.50	216.47	164.67
占行业比重(%)	1.98	44.43	43.91	58.75	40.08	58.80	65.80	60.87
中型企业	60	259.84	251.24	11.04	39 603	239.50	65.47	64.12
占行业比重(%)	9.92	24.74	24.97	21.32	27.00	24.73	19.90	23.70
小型企业	533	323.76	313.15	10.31	48 281	159.59	47.05	41.76
占行业比重(%)	88.10	30.83	31.12	19.93	32.92	16.48	14.30	15.44
2. 按注册类型分								
国有企业	25	216.30	203.50	5.30	30 528	274.87	72.07	79.81
占行业比重(%)	4.13	20.60	20.22	10.24	20.82	28.38	21.91	29.50
私营企业	354	221.24	216.79	8.16	35 966	111.40	34.44	29.52
占行业比重(%)	58.51	21.07	21.55	15.76	24.52	11.50	10.47	10.91
其他内资企业	177	514.14	491.83	23.79	68 226	509.82	200.59	137.96
占行业比重(%)	29.26	48.96	48.88	45.98	46.52	52.64	60.97	50.99
三资企业	49	98.50	94.07	14.51	11 943	72.50	21.90	23.27
占行业比重(%)	8.10	9.38	9.35	28.03	8.14	7.49	6.66	8.60
3. 按控股类型分								
国有控股	54	589.90	562.66	32.27	73 532	717.09	259.38	201.97
占行业比重(%)	8.93	56.17	55.92	62.35	50.14	74.03	78.84	74.65
集体控股	30	18.90	17.80	0.34	4 296	10.32	4.56	2.36
占行业比重(%)	4.96	1.80	1.77	0.65	2.93	1.06	1.39	0.87
私人控股	468	355.65	344.73	9.73	58 794	175.86	48.59	45.04
占行业比重(%)	77.36	33.87	34.26	18.80	40.09	18.16	14.77	16.65
三资控股	35	49.24	45.66	6.49	6 582	51.81	12.99	16.76
占行业比重(%)	5.79	4.69	4.54	12.54	4.49	5.35	3.95	6.20
其他控股	18	36.49	35.33	2.93	3 459	13.52	3.46	4.41
占行业比重(%)	2.98	3.47	3.51	5.66	2.36	1.40	1.05	1.63
(二)矿山机械行业	1 779	2 157.40	2 108.07	107.91	306 353	1 323.71	422.45	327.84
占冶金矿山机械行业比重(%)	74.62	67.26	67.69	67.59	67.63	57.75	56.22	54.79
1. 按企业规模分								
大型企业	17	678.25	666.52	81.74	72 918	722.84	224.55	160.92
占行业比重(%)	0.96	31.44	31.62	75.75	23.80	54.61	53.16	49.08
中型企业	123	451.39	437.06	10.88	87 813	283.69	97.98	87.69
占行业比重(%)	6.91	20.92	20.73	10.08	28.66	21.43	23.19	26.75
小型企业	1 639	1 027.76	1 004.49	15.29	145 622	317.18	99.91	79.23
占行业比重(%)	92.13	47.64	47.65	14.17	47.53	23.96	23.65	24.17
2. 按注册类型分								
国有企业	65	435.85	416.95	22.35	60 723	508.26	167.60	132.87
占行业比重(%)	3.65	20.20	19.78	20.71	19.82	38.40	39.67	40.53
私营企业	1 133	816.38	796.26	6.07	107 001	178.14	59.19	38.74
占行业比重(%)	63.69	37.84	37.77	5.63	34.93	13.46	14.01	11.82
其他内资企业	503	771.53	753.37	65.38	121 104	481.02	147.06	119.64
占行业比重(%)	28.27	35.76	35.74	60.59	39.53	36.34	34.81	36.49
三资企业	78	133.65	141.49	14.11	17 525	156.29	48.60	36.59
占行业比重(%)	4.38	6.19	6.71	13.07	5.72	11.81	11.50	11.16
3. 按控股类型分								
国有控股	121	838.74	811.21	84.53	11 0851	865.90	272.42	226.09
占行业比重(%)	6.80	38.88	38.48	78.34	36.18	65.41	64.49	68.96
集体控股	97	81.99	79.45	1.30	28 064	38.79	13.81	9.44
占行业比重(%)	5.45	3.80	3.77	1.20	9.16	2.93	3.27	2.88
私人控股	1 426	1 059.29	1 034.87	9.70	141 538	249.26	83.00	55.85
占行业比重(%)	80.16	49.10	49.09	8.99	46.20	18.83	19.65	17.04
三资控股	63	114.65	122.58	11.58	14 513	142.38	42.82	31.76
占行业比重(%)	3.54	5.31	5.81	10.73	4.74	10.76	10.14	9.69
其他控股	72	62.73	59.96	0.80	11 387	27.38	10.38	4.71
占行业比重(%)	4.05	2.91	2.84	0.74	3.72	2.07	2.46	1.44

（续）

行业及企业分类	其中：产成品（亿元）	固定资产合计（亿元）	固定资产原价（亿元）	累计折旧（亿元）	固定资产净值（亿元）	资产总计（亿元）	流动负债合计（亿元）	其中：应付账款（亿元）
冶金矿山机械行业	168.90	853.70	1 102.21	378.31	723.90	3 452.88	1 818.56	601.07
（一）冶金机械行业	66.43	403.17	497.77	159.46	338.32	1 506.60	784.41	258.87
占冶金矿山机械行业比重（%）	39.33	47.23	45.16	42.15	46.73	43.63	43.13	43.07
1. 按企业规模分								
大型企业	34.78	230.04	270.72	91.39	179.33	876.24	430.57	149.46
占行业比重（%）	52.35	57.06	54.39	57.32	53.01	58.16	54.89	57.73
中型企业	19.82	96.96	120.93	32.21	88.72	367.58	221.08	69.85
占行业比重（%）	29.84	24.05	24.29	20.20	26.23	24.40	28.18	26.98
小型企业	11.83	76.17	106.12	35.85	70.26	262.77	132.75	39.56
占行业比重（%）	17.81	18.89	21.32	22.49	20.77	17.44	16.92	15.28
2. 按注册类型分								
国有企业	13.73	112.64	109.10	41.01	68.09	409.99	203.79	66.65
占行业比重（%）	20.66	27.94	21.92	25.72	20.13	27.21	25.98	25.75
私营企业	10.99	54.20	68.63	18.08	50.54	181.27	99.67	24.48
占行业比重（%）	16.55	13.44	13.79	11.34	14.94	12.03	12.71	9.46
其他内资企业	37.75	198.95	265.56	78.18	187.38	795.69	416.66	145.65
占行业比重（%）	56.82	49.35	53.35	49.03	55.39	52.81	53.12	56.26
三资企业	3.96	37.37	54.48	22.18	32.30	119.65	64.29	22.08
占行业比重（%）	5.97	9.27	10.95	13.91	9.55	7.94	8.20	8.53
3. 按控股类型分								
国有控股	46.10	287.36	344.71	111.14	233.58	1 106.00	563.73	194.01
占行业比重（%）	69.39	71.27	69.25	69.70	69.04	73.41	71.87	74.95
集体控股	0.55	2.92	9.51	6.67	2.83	13.91	8.39	2.92
占行业比重（%）	0.82	0.72	1.91	4.19	0.84	0.92	1.07	1.13
私人控股	16.43	84.98	108.68	29.51	79.17	282.49	155.42	42.83
占行业比重（%）	24.73	21.08	21.83	18.50	23.40	18.75	19.81	16.54
三资控股	2.72	19.98	22.02	6.95	15.08	76.27	45.23	14.91
占行业比重（%）	4.09	4.96	4.42	4.36	4.46	5.06	5.77	5.76
其他控股	0.64	7.93	12.85	5.20	7.65	27.93	11.63	4.19
占行业比重（%）	0.96	1.97	2.58	3.26	2.26	1.85	1.48	1.62
（二）矿山机械行业	102.47	450.53	604.44	218.85	385.59	1 946.29	1 034.15	342.20
占冶金矿山机械行业比重（%）	60.67	52.77	54.84	57.85	53.27	56.37	56.87	56.93
1. 按企业规模分列								
大型企业	44.17	169.76	197.78	60.34	137.44	963.22	575.11	175.78
占行业比重（%）	43.11	37.68	32.72	27.57	35.64	49.49	55.61	51.37
中型企业	29.22	75.46	143.25	81.13	62.12	391.21	236.92	92.78
占行业比重（%）	28.52	16.75	23.70	37.07	16.11	20.10	22.91	27.11
小型企业	29.08	205.31	263.41	77.38	186.03	591.86	222.13	73.64
占行业比重（%）	28.37	45.57	43.58	35.36	48.25	30.41	21.48	21.52
2. 按注册类型分								
国有企业	39.12	106.15	122.38	38.99	83.40	654.87	427.53	142.32
占行业比重（%）	38.17	23.56	20.25	17.82	21.63	33.65	41.34	41.59
私营企业	18.24	128.98	177.22	61.22	116.00	345.51	133.56	37.80
占行业比重（%）	17.80	28.63	29.32	27.97	30.08	17.75	12.92	11.04
其他内资企业	37.87	166.09	244.09	105.49	138.60	717.74	400.73	129.42
占行业比重（%）	36.96	36.87	40.38	48.20	35.94	36.88	38.75	37.82
三资企业	7.24	49.31	60.75	13.15	47.59	228.17	72.33	32.67
占行业比重（%）	7.07	10.94	10.05	6.01	12.34	11.72	6.99	9.55
3. 按控股类型分								
国有控股	66.72	208.45	249.67	82.70	166.96	1 157.04	726.63	237.25
占行业比重（%）	65.11	46.27	41.31	37.79	43.30	59.45	70.26	69.33
集体控股	3.46	12.87	22.38	10.91	11.47	58.03	39.68	12.51
占行业比重（%）	3.38	2.86	3.70	4.98	2.97	2.98	3.84	3.65
私人控股	24.54	168.36	259.58	110.26	149.32	470.96	186.75	57.91
占行业比重（%）	23.95	37.37	42.95	50.38	38.72	24.20	18.06	16.92
三资控股	5.78	45.41	55.07	11.33	43.74	209.61	59.84	27.62
占行业比重（%）	5.64	10.08	9.11	5.18	11.34	10.77	5.79	8.07
其他控股	1.97	15.44	17.75	3.65	14.10	50.64	21.25	6.91
占行业比重（%）	1.92	3.43	2.94	1.67	3.66	2.60	2.06	2.02

（续）

行业及企业分类	长期负债合计（亿元）	负债合计（亿元）	所有者权益合计（亿元）	其中：实收资本（亿元）	1. 国家资本（亿元）	2. 集体资本（亿元）	3. 法人资本（亿元）	4. 个人资本（亿元）
冶金矿山机械行业	257.21	2 107.67	1 337.90	620.29	90.64	16.17	265.99	142.60
（一）冶金机械行业	153.26	948.48	556.80	252.38	40.25	3.58	131.78	58.90
占冶金矿山机械行业比重（%）	59.58	45.00	41.62	40.69	44.40	22.11	49.54	41.30
1. 按企业规模分								
大型企业	113.80	544.38	331.10	119.20	28.05	2.41	62.98	23.04
占行业比重（%）	74.26	57.39	59.47	47.23	69.68	67.37	47.79	39.12
中型企业	28.64	251.32	116.10	79.30	8.52	0.21	58.09	6.00
占行业比重（%）	18.69	26.50	20.85	31.42	21.18	5.73	44.08	10.19
小型企业	10.81	152.78	109.59	53.87	3.68	0.96	10.71	29.86
占行业比重（%）	7.05	16.11	19.68	21.35	9.14	26.90	8.13	50.70
2. 按注册类型分								
国有企业	82.23	287.53	122.46	53.42	16.85	0.00	36.50	0.07
占行业比重（%）	53.66	30.31	21.99	21.17	41.86	0.00	27.70	0.13
私营企业	6.14	107.20	73.98	34.34	0.00	0.05	7.70	26.59
占行业比重（%）	4.00	11.30	13.29	13.61	0.00	1.29	5.85	45.14
其他内资企业	59.79	478.51	315.95	138.78	23.36	3.43	81.26	30.68
占行业比重（%）	39.01	50.45	56.74	54.99	58.05	95.83	61.66	52.09
三资企业	5.10	75.23	44.41	25.83	0.04	0.10	6.32	1.56
占行业比重（%）	3.33	7.93	7.98	10.23	0.09	2.89	4.80	2.64
3. 按控股类型分								
国有控股	132.53	698.06	406.98	181.54	40.23	2.41	112.25	23.85
占行业比重（%）	86.48	73.60	73.09	71.93	99.96	67.37	85.18	40.49
集体控股	0.40	8.99	4.83	2.07	0.00	1.04	0.73	0.29
占行业比重（%）	0.26	0.95	0.87	0.82	0.00	29.11	0.55	0.49
私人控股	15.70	174.07	108.15	47.10	0.00	0.12	14.67	32.16
占行业比重（%）	10.24	18.35	19.42	18.66	0.00	3.40	11.13	54.60
三资控股	4.50	50.57	25.69	18.37	0.00	0.00	2.87	0.90
占行业比重（%）	2.94	5.33	4.61	7.28	0.00	0.13	2.18	1.52
其他控股	0.13	16.78	11.14	3.29	0.02	0.00	1.26	1.71
占行业比重（%）	0.08	1.77	2.00	1.30	0.04	0.00	0.96	2.90
（二）矿山机械行业	103.96	1 159.19	781.11	367.91	50.39	12.59	134.21	83.70
占冶金矿山机械行业比重（%）	40.42	55.00	58.38	59.31	55.60	77.89	50.46	58.70
1. 按企业规模分								
大型企业	66.40	641.51	321.71	127.39	32.60	8.86	53.32	3.42
占行业比重（%）	63.87	55.34	41.19	34.62	64.69	70.38	39.73	4.08
中型企业	14.75	258.07	128.91	64.06	12.13	0.86	34.40	11.38
占行业比重（%）	14.19	22.26	16.50	17.41	24.07	6.83	25.63	13.59
小型企业	22.80	259.62	330.49	176.47	5.66	2.87	46.49	68.90
占行业比重（%）	21.93	22.40	42.31	47.97	11.24	22.80	34.64	82.32
2. 按注册类型分								
国有企业	46.96	475.22	179.23	70.87	37.81	0.39	32.01	0.66
占行业比重（%）	45.18	41.00	22.95	19.26	75.03	3.09	23.85	0.78
私营企业	13.88	157.65	186.27	81.86	0.04	0.41	26.72	54.59
占行业比重（%）	13.35	13.60	23.85	22.25	0.08	3.23	19.91	65.22
其他内资企业	39.61	448.60	265.15	122.73	12.54	11.80	70.40	27.95
占行业比重（%）	38.10	38.70	33.95	33.36	24.89	93.68	52.46	33.40
三资企业	3.50	77.72	150.46	92.46	0.00	0.00	5.08	0.50
占行业比重（%）	3.37	6.70	19.26	25.13	0.00	0.00	3.79	0.60
3. 按控股类型分								
国有控股	74.33	805.03	348.32	148.61	50.00	8.80	85.13	4.49
占行业比重（%）	71.50	69.45	44.59	40.39	99.22	69.90	63.43	5.36
集体控股	1.65	42.12	15.92	8.31	0.09	3.07	1.79	3.36
占行业比重（%）	1.59	3.63	2.04	2.26	0.17	24.39	1.34	4.01
私人控股	23.06	223.98	245.01	111.21	0.30	0.72	39.05	70.96
占行业比重（%）	22.18	19.32	31.37	30.23	0.59	5.71	29.10	84.78
三资控股	3.45	65.17	144.45	90.18	0.00	0.00	3.88	0.43
占行业比重（%）	3.31	5.62	18.49	24.51	0.00	0.00	2.89	0.51
其他控股	1.47	22.90	27.41	9.60	0.01	0.00	4.35	4.46
占行业比重（%）	1.42	1.98	3.51	2.61	0.02	0.00	3.24	5.33

（续）

行业及企业分类	5. 中国港澳台资本（亿元）	6. 外商资本（亿元）	主营业务收入（亿元）	主营业务成本（亿元）	主营业务税金及附加（亿元）	主营业务利润（亿元）	其他业务收入（亿元）	其他业务利润（亿元）
冶金矿山机械行业	5.08	99.81	3 111.30	2 567.21	18.84	525.25	56.45	10.07
（一）冶金机械行业	1.67	16.21	1 006.40	816.51	5.49	184.39	14.50	4.38
占冶金矿山机械行业比重（%）	32.88	16.24	32.35	31.81	29.13	35.11	25.68	43.52
1. 按企业规模分								
大型企业	0.00	2.73	427.80	338.23	2.30	87.27	4.84	1.12
占行业比重（%）	0.00	16.86	42.51	41.42	41.92	47.33	33.36	25.61
中型企业	0.11	6.38	268.77	218.35	1.40	49.01	5.91	1.72
占行业比重（%）	6.33	39.35	26.71	26.74	25.55	26.58	40.74	39.30
小型企业	1.56	7.10	309.83	259.93	1.79	48.11	3.76	1.54
占行业比重（%）	93.67	43.79	30.79	31.83	32.54	26.09	25.90	35.10
2. 按注册类型分								
国有企业	0.00	0.00	196.83	162.66	1.19	32.98	1.14	0.35
占行业比重（%）	0.00	0.00	19.56	19.92	21.63	17.89	7.84	8.07
私营企业	0.00	0.01	224.00	186.03	1.60	36.37	2.86	0.85
占行业比重（%）	0.00	0.04	22.26	22.78	29.14	19.72	19.75	19.46
其他内资企业	0.00	0.06	492.15	392.60	2.45	97.09	8.61	2.56
占行业比重（%）	0.00	0.36	48.90	48.08	44.70	52.65	59.37	58.50
三资企业	1.67	16.14	93.42	75.22	0.25	17.95	1.89	0.61
占行业比重（%）	100.0	99.60	9.28	9.21	4.54	9.74	13.04	13.98
3. 按控股类型分								
国有控股	0.00	2.81	557.22	444.98	3.08	109.17	5.92	1.85
占行业比重（%）	0.00	17.33	55.37	54.50	56.11	59.20	40.82	42.20
集体控股	0.02	0.00	19.33	16.88	0.06	2.39	0.12	0.06
占行业比重（%）	1.00	0.00	1.92	2.07	1.18	1.29	0.84	1.34
私人控股	0.03	0.13	348.47	287.93	2.14	58.40	6.91	1.92
占行业比重（%）	1.57	0.79	34.63	35.26	39.02	31.67	47.64	43.78
三资控股	1.62	12.97	47.28	38.19	0.15	8.94	1.29	0.51
占行业比重（%）	97.07	80.04	4.70	4.68	2.66	4.85	8.91	11.62
其他控股	0.01	0.30	34.09	28.54	0.06	5.49	0.26	0.05
占行业比重（%）	0.36	1.85	3.39	3.49	1.02	2.98	1.79	1.06
（二）矿山机械行业	3.41	83.61	2 104.91	1 750.70	13.35	340.86	41.95	5.68
占冶金矿山机械行业比重（%）	67.12	83.76	67.65	68.19	70.87	64.89	74.32	56.48
1. 按企业规模分								
大型企业	0.00	29.18	643.74	535.73	2.62	105.40	25.73	2.46
占行业比重（%）	0.00	34.90	30.58	30.60	19.60	30.92	61.34	43.31
中型企业	2.68	2.62	451.99	372.22	3.11	76.66	10.19	1.66
占行业比重（%）	78.44	3.13	21.47	21.26	23.32	22.49	24.30	29.13
小型企业	0.74	51.81	1 009.17	842.75	7.62	158.80	6.03	1.57
占行业比重（%）	21.56	61.97	47.94	48.14	57.08	46.59	14.36	27.56
2. 按注册类型分								
国有企业	0.00	0.00	401.38	338.61	1.87	60.90	13.38	0.97
占行业比重（%）	0.00	0.00	19.07	19.34	13.98	17.87	31.90	17.01
私营企业	0.04	0.07	794.04	659.74	6.78	127.53	3.80	1.27
占行业比重（%）	1.14	0.08	37.72	37.68	50.76	37.41	9.05	22.42
其他内资企业	0.01	0.02	771.67	655.85	4.45	111.37	21.12	2.84
占行业比重（%）	0.15	0.03	36.66	37.46	33.31	32.67	50.34	50.00
三资企业	3.37	83.51	137.81	96.49	0.26	41.06	3.66	0.60
占行业比重（%）	98.71	99.89	6.55	5.51	1.95	12.05	8.71	10.57
3. 按控股类型分								
国有控股	0.14	0.05	799.36	670.55	4.04	124.77	31.49	3.32
占行业比重（%）	4.22	0.06	37.98	38.30	30.26	36.61	75.06	58.39
集体控股	0.00	0.00	89.16	78.07	0.46	10.62	0.77	0.21
占行业比重（%）	0.00	0.00	4.24	4.46	3.48	3.12	1.84	3.64
私人控股	0.04	0.13	1 033.08	868.74	7.37	156.96	4.88	1.66
占行业比重（%）	1.29	0.16	49.08	49.62	55.22	46.05	11.64	29.28
三资控股	3.09	82.77	118.37	80.93	0.14	37.29	3.57	0.52
占行业比重（%）	90.67	99.00	5.62	4.62	1.07	10.94	8.51	9.06
其他控股	0.13	0.65	64.94	52.41	1.33	11.20	1.24	-0.02
占行业比重（%）	3.81	0.78	3.09	2.99	9.97	3.29	2.95	-0.38

（续）

行业及企业分类	营业费用（亿元）	管理费用（亿元）	其中：税金（亿元）	财务费用（亿元）	其中：利息支出（亿元）	营业利润（亿元）	投资收益（亿元）	补贴收入（亿元）	营业外收入（亿元）
冶金矿山机械行业	80.38	206.90	14.98	29.75	24.79	255.75	0.77	7.94	15.22
（一）冶金机械行业	21.38	77.10	4.39	13.02	11.93	77.03	-4.65	5.55	10.99
占冶金矿山机械行业比重（%）	26.59	37.26	29.28	43.78	48.14	30.12	-604	69.94	72.18
1. 按企业规模分									
大型企业	9.46	40.71	1.90	8.05	7.80	32.65	0.28	4.98	9.08
占行业比重（%）	44.26	52.81	43.20	61.83	65.32	42.39	-6.01	89.75	82.61
中型企业	4.55	17.95	0.80	2.69	2.61	23.61	-4.71	0.31	1.75
占行业比重（%）	21.29	23.28	18.16	20.67	21.88	30.65	101.3	5.67	15.97
小型企业	7.36	18.43	1.70	2.28	1.53	20.77	-0.22	0.25	0.16
占行业比重（%）	34.45	23.91	38.64	17.50	12.79	26.96	4.74	4.58	1.42
2. 按注册类型分									
国有企业	3.04	17.78	0.53	2.78	2.86	11.75	0.32	0.23	3.26
占行业比重（%）	14.20	23.06	12.16	21.38	23.97	15.25	-6.84	4.19	29.63
私营企业	5.37	12.36	0.92	2.17	1.66	16.07	0.38	0.13	0.39
占行业比重（%）	25.11	16.04	20.93	16.70	13.89	20.87	-8.19	2.32	3.56
其他内资企业	9.78	40.72	2.76	7.52	7.01	41.80	-5.32	5.18	7.10
占行业比重（%）	45.77	52.82	62.91	57.72	58.74	54.26	114.20	93.29	64.65
三资企业	3.19	6.23	0.18	0.55	0.40	7.41	-0.04	0.01	0.24
占行业比重（%）	14.93	8.08	3.99	4.21	3.39	9.62	0.83	0.20	2.16
3. 按控股类型分									
国有控股	11.28	52.22	2.41	8.90	8.83	40.84	0.47	5.27	10.33
占行业比重（%）	52.76	67.73	55.02	68.33	74.01	53.02	-10.17	94.83	93.98
集体控股	0.43	1.23	0.02	0.12	0.09	0.66	-0.15	0.08	0.29
占行业比重（%）	2.03	1.60	0.41	0.89	0.74	0.86	3.30	1.36	2.67
私人控股	7.66	18.30	1.70	3.67	2.72	29.57	-5.00	0.20	0.14
占行业比重（%）	35.84	23.74	38.70	28.21	22.81	38.39	107.41	3.56	1.29
三资控股	1.67	3.85	0.12	0.24	0.21	2.95	0.03	0.01	0.12
占行业比重（%）	7.81	4.99	2.77	1.82	1.79	3.83	-0.54	0.19	1.06
其他控股	0.33	1.50	0.14	0.10	0.08	3.01	0.00	0.00	0.11
占行业比重（%）	1.55	1.94	3.10	0.75	0.66	3.90	0.00	0.07	1.00
（二）矿山机械行业	59.01	129.81	10.60	16.72	12.86	178.72	5.42	2.39	4.23
占冶金矿山机械行业比重（%）	73.41	62.74	70.72	56.22	51.86	69.88	704.11	30.06	27.82
1. 按企业规模分									
大型企业	15.48	54.03	4.19	6.48	6.29	58.19	6.02	1.21	1.93
占行业比重（%）	26.23	41.62	39.53	38.74	48.89	32.56	110.99	50.77	45.47
中型企业	16.50	31.61	3.27	3.09	2.43	36.36	0.25	0.60	1.29
占行业比重（%）	27.97	24.35	30.82	18.47	18.87	20.35	4.55	25.06	30.50
小型企业	27.02	44.16	3.14	7.15	4.15	84.17	-0.84	0.58	1.02
占行业比重（%）	45.79	34.02	29.65	42.78	32.24	47.09	-15.53	24.17	24.04
2. 按注册类型分									
国有企业	13.29	35.27	4.15	5.98	5.72	24.21	-0.18	0.25	-2.51
占行业比重（%）	22.53	27.17	39.21	35.79	44.47	13.55	-3.41	10.68	-59.37
私营企业	21.48	32.36	4.23	6.02	3.45	75.17	-1.02	0.55	0.67
占行业比重（%）	36.41	24.93	39.93	36.02	26.87	42.06	-18.84	22.86	15.72
其他内资企业	17.89	49.08	1.90	4.12	3.32	56.58	6.71	1.54	4.92
占行业比重（%）	30.33	37.81	17.90	24.63	25.85	31.66	123.76	64.66	116.2
三资企业	6.34	13.10	0.31	0.60	0.36	22.76	-0.08	0.04	1.16
占行业比重（%）	10.74	10.09	2.96	3.57	2.81	12.74	-1.51	1.79	27.42
3. 按控股类型分									
国有控股	21.93	66.74	4.93	8.15	7.50	56.89	6.42	1.47	1.88
占行业比重（%）	37.17	51.42	46.50	48.75	58.31	31.83	118.42	61.76	44.36
集体控股	2.08	6.01	0.24	0.45	0.21	4.56	0.01	0.10	0.26
占行业比重（%）	3.53	4.63	2.28	2.70	1.61	2.55	0.21	4.03	6.03
私人控股	27.84	42.24	5.08	7.47	4.64	89.74	-1.00	0.75	0.85
占行业比重（%）	47.18	32.54	47.92	44.66	36.09	50.21	-18.41	31.38	20.12
三资控股	5.33	11.78	0.28	0.44	0.33	21.41	-0.01	0.01	1.14
占行业比重（%）	9.04	9.08	2.68	2.64	2.54	11.98	-0.26	0.53	26.91
其他控股	1.82	3.04	0.07	0.21	0.19	6.12	0.00	0.05	0.11
占行业比重（%）	3.09	2.34	0.62	1.26	1.46	3.42	0.04	2.30	2.57

（续）

行业及企业分类	营业外支出（亿元）	利润总额（亿元）	亏损总额（亿元）	利税总额（亿元）	应交所得税（亿元）	本年应付工资总额（亿元）	本年应付福利费总额（亿元）	本年应交增值税（亿元）	本年进项税额（亿元）
冶金矿山机械行业	14.18	249.70	6.59	371.40	31.59	201.82	10.33	102.86	386.33
（一）冶金机械行业	5.67	76.19	3.68	115.45	9.59	73.99	3.61	33.77	166.15
占冶金矿山机械行业比重（%）	40.03	30.51	55.80	31.08	30.34	36.66	34.96	32.83	43.01
1. 按企业规模分									
大型企业	2.41	39.31	0.83	58.05	4.95	38.66	1.88	16.43	100.91
占行业比重（%）	42.53	51.60	22.45	50.28	51.59	52.25	52.13	48.66	60.73
中型企业	2.33	17.20	1.29	27.28	2.16	20.14	0.68	8.68	33.10
占行业比重（%）	40.98	22.57	35.06	23.63	22.55	27.22	18.73	25.70	19.92
小型企业	0.94	19.68	1.56	30.13	2.48	15.19	1.05	8.66	32.14
占行业比重（%）	16.49	25.83	42.48	26.10	25.86	20.53	29.14	25.65	19.34
2. 按注册类型分									
国有企业	1.75	13.33	1.08	21.17	0.97	22.47	1.10	6.66	36.87
占行业比重（%）	30.83	17.49	29.41	18.34	10.10	30.37	30.52	19.72	22.19
私营企业	0.86	15.06	0.34	23.54	1.84	11.33	0.74	6.87	26.89
占行业比重（%）	15.21	19.77	9.18	20.39	19.15	15.31	20.49	20.35	16.18
其他内资企业	2.60	40.78	1.32	60.38	5.71	32.67	1.37	17.14	93.35
占行业比重（%）	45.80	53.53	35.78	52.30	59.54	44.15	37.82	50.77	56.18
三资企业	0.46	7.02	0.94	10.36	1.08	7.52	0.40	3.09	9.05
占行业比重（%）	8.15	9.21	25.63	8.97	11.22	10.16	11.17	9.16	5.45
3. 按控股类型分									
国有控股	3.94	47.30	2.05	71.41	6.21	48.25	2.32	21.03	114.97
占行业比重（%）	69.48	62.08	55.67	61.86	64.80	65.21	64.26	62.28	69.20
集体控股	0.04	0.77	0.07	1.42	0.12	1.45	0.06	0.59	1.93
占行业比重（%）	0.74	1.02	1.88	1.23	1.28	1.97	1.77	1.74	1.16
私人控股	1.31	22.30	0.63	34.58	2.48	18.37	1.01	10.13	41.12
占行业比重（%）	23.14	29.27	17.22	29.95	25.90	24.83	28.10	30.01	24.75
三资控股	0.31	2.76	0.93	4.07	0.55	4.58	0.17	1.17	5.77
占行业比重（%）	5.49	3.62	25.24	3.52	5.69	6.19	4.58	3.45	3.47
其他控股	0.06	3.06	0.00	3.96	0.22	1.34	0.05	0.85	2.35
占行业比重（%）	1.14	4.01	0.00	3.43	2.33	1.81	1.29	2.53	1.42
（二）矿山机械行业	8.50	173.51	2.91	255.95	22.01	127.83	6.72	69.09	220.18
占冶金矿山机械行业比重（%）	59.97	69.49	44.20	68.92	69.66	63.34	65.04	67.17	56.99
1. 按企业规模分									
大型企业	4.48	54.87	0.62	82.49	5.70	48.92	1.91	25.01	82.88
占行业比重（%）	52.75	31.62	21.34	32.23	25.88	38.27	28.43	36.20	37.64
中型企业	1.36	36.43	0.82	54.02	5.08	34.98	1.62	14.48	49.97
占行业比重（%）	16.01	20.99	28.26	21.10	23.08	27.37	24.10	20.95	22.69
小型企业	2.66	82.21	1.47	119.44	11.23	43.92	3.19	29.60	87.33
占行业比重（%）	31.24	47.38	50.40	46.67	51.05	34.36	47.47	42.85	39.66
2. 按注册类型分									
国有企业	2.24	19.02	0.27	37.53	2.40	37.37	1.48	16.64	53.58
占行业比重（%）	26.38	10.96	9.40	14.66	10.88	29.23	22.04	24.08	24.33
私营企业	2.73	72.43	0.52	104.77	8.83	31.60	2.18	25.56	62.36
占行业比重（%）	32.07	41.75	17.71	40.93	40.12	24.72	32.43	36.99	28.32
其他内资企业	3.12	58.54	1.52	84.76	7.95	46.67	2.52	21.78	89.49
占行业比重（%）	36.71	33.74	52.28	33.12	36.14	36.51	37.43	31.52	40.64
三资企业	0.41	23.52	0.60	28.89	2.83	12.20	0.54	5.12	14.75
占行业比重（%）	4.83	13.55	20.62	11.29	12.85	9.54	8.10	7.41	6.70
3. 按控股类型分									
国有控股	4.46	53.87	0.64	86.90	6.63	62.90	2.69	28.98	106.32
占行业比重（%）	52.44	31.05	21.91	33.95	30.12	49.20	40.02	41.95	48.28
集体控股	0.18	4.74	0.73	7.53	0.82	9.04	0.55	2.32	6.00
占行业比重（%）	2.06	2.73	25.22	2.94	3.73	7.07	8.20	3.36	2.72
私人控股	2.88	87.06	0.71	125.49	11.32	41.51	2.74	31.06	89.16
占行业比重（%）	33.89	50.18	24.27	49.03	51.42	32.47	40.71	44.95	40.49
三资控股	0.39	22.16	0.57	26.83	2.63	10.50	0.51	4.52	12.38
占行业比重（%）	4.58	12.77	19.58	10.48	11.95	8.22	7.54	6.55	5.62
其他控股	0.60	5.66	0.26	9.20	0.61	3.88	0.24	2.21	6.33
占行业比重（%）	7.03	3.26	9.03	3.60	2.78	3.04	3.52	3.20	2.87

（续）

行业及企业分类	本年销项税额（亿元）	亏损企业亏损面（%）	总资产贡献率（%）	资本保值增值率（%）	流动资产周转率（次）	成本费用利润率（%）	工业产品销售率（%）	资产负债率（%）	工业总产值全员劳动生产率（万元/人）
冶金矿山机械行业	472.52	7.97	11.47	159.91	1.36	8.66	97.09	61.04	70.81
（一）冶金机械行业	194.08	11.74	8.46	162.02	1.04	8.21	95.81	62.95	71.60
占冶金矿山机械行业比重（%）	41.07								
1. 按企业规模分									
大型企业	112.76	8.33	7.51	205.05	0.75	9.92	94.69	62.13	79.38
占行业比重（%）	58.10								
中型企业	41.22	13.33	8.13	112.42	1.12	7.06	96.69	68.37	65.61
占行业比重（%）	21.24								
小型企业	40.10	11.63	12.05	138.88	1.94	6.83	96.72	58.14	67.06
占行业比重（%）	20.66								
2. 按注册类型分									
国有企业	42.19	28.00	5.86	107.27	0.72	7.16	94.08	70.13	70.85
占行业比重（%）	21.74								
私营企业	33.76	10.45	13.90	144.61	2.01	7.31	97.99	59.14	61.51
占行业比重（%）	17.39								
其他内资企业	107.40	9.60	8.47	222.19	0.97	9.05	95.66	60.14	75.36
占行业比重（%）	55.34								
三资企业	10.72	20.41	9.00	122.88	1.29	8.24	95.50	62.88	82.48
占行业比重（%）	5.52								
3. 按控股类型分									
国有控股	132.10	22.22	7.26	175.82	0.78	9.14	95.38	63.12	80.22
占行业比重（%）	68.06								
集体控股	2.54	26.67	10.88	111.29	1.87	4.15	94.19	64.62	43.99
占行业比重（%）	1.31								
私人控股	50.80	9.40	13.20	151.20	1.98	7.02	96.93	61.62	60.49
占行业比重（%）	26.17								
三资控股	5.86	20.00	5.61	82.71	0.91	6.28	92.73	66.31	74.82
占行业比重（%）	3.02								
其他控股	2.79	0.00	14.48	211.79	2.52	10.03	96.82	60.09	105.49
占行业比重（%）	1.44								
（二）矿山机械行业	278.44	6.69	13.81	158.44	1.59	8.87	97.71	59.56	70.42
占冶金矿山机械行业比重（%）	58.93								
1. 按企业规模分									
大型企业	103.40	5.88	9.22	184.94	0.89	8.97	98.27	66.60	93.02
占行业比重（%）	37.14								
中型企业	63.49	8.13	14.43	109.28	1.59	8.60	96.83	65.97	51.40
占行业比重（%）	22.80								
小型企业	111.55	6.59	20.88	164.34	3.18	8.93	97.74	43.86	70.58
占行业比重（%）	40.06								
2. 按注册类型分									
国有企业	65.88	21.54	6.60	125.82	0.79	4.84	95.66	72.57	71.78
占行业比重（%）	23.66								
私营企业	83.65	4.59	31.32	139.91	4.46	10.07	97.54	45.63	76.30
占行业比重（%）	30.04								
其他内资企业	108.66	7.75	12.27	179.57	1.60	8.05	97.65	62.50	63.71
占行业比重（%）	39.02								
三资企业	20.25	17.95	12.82	215.71	0.88	20.18	105.87	34.06	76.26
占行业比重（%）	7.27								
3. 按控股类型分									
国有控股	129.13	15.70	8.16	148.42	0.92	7.02	96.72	69.58	75.66
占行业比重（%）	46.38								
集体控股	7.82	9.28	13.32	153.97	2.30	5.47	96.89	72.57	29.22
占行业比重（%）	2.81								
私人控股	116.05	5.19	27.63	146.94	4.14	9.20	97.69	47.56	74.84
占行业比重（%）	41.68								
三资控股	17.28	17.46	12.96	223.99	0.83	22.51	106.92	31.09	79.00
占行业比重（%）	6.21								
其他控股	8.16	8.33	18.55	163.54	2.37	9.85	95.58	45.23	55.09
占行业比重（%）	2.93								

（续）

行业及企业分类	主营业务收入利润率（%）	主营业务收入利润总额率（%）	工业资金利润率（%）	工业资金利税率（%）	每百元固定资产创利润（元）	每百元固定资产创利税（元）	每百元流动资产创利润（元）	每百元流动资产创利税（元）	流动比率	速动比率
冶金矿山机械行业	16.88	8.03	7.94	11.81	29.25	43.50	10.89	16.20	1.26	0.93
（一）冶金机械行业	18.32	7.57	5.55	8.42	18.90	28.64	7.87	11.92	1.23	0.89
占冶金矿山机械行业比重（%）										
1. 按企业规模分										
大型企业	20.40	9.19	4.92	7.26	17.09	25.23	6.90	10.19	1.32	0.94
占行业比重（%）										
中型企业	18.24	6.40	5.11	8.11	17.74	28.13	7.18	11.39	1.08	0.79
占行业比重（%）										
小型企业	15.53	6.35	8.35	12.78	25.84	39.56	12.33	18.88	1.20	0.89
占行业比重（%）										
2. 按注册类型分										
国有企业	16.76	6.77	3.44	5.46	11.83	18.80	4.85	7.70	1.35	0.96
占行业比重（%）										
私营企业	16.24	6.72	9.10	14.21	27.79	43.42	13.52	21.13	1.12	0.82
占行业比重（%）										
其他内资企业	19.73	8.29	5.75	8.52	20.50	30.35	8.00	11.84	1.22	0.89
占行业比重（%）										
三资企业	19.22	7.51	6.39	9.43	18.78	27.72	9.68	14.29	1.13	0.77
占行业比重（%）										
3. 按控股类型分										
国有控股	19.59	8.49	4.71	7.11	16.46	24.85	6.60	9.96	1.27	0.91
占行业比重（%）										
集体控股	12.34	4.00	5.85	10.76	26.50	48.79	7.50	13.81	1.23	0.95
占行业比重（%）										
私人控股	16.76	6.40	8.55	13.26	26.25	40.69	12.68	19.66	1.13	0.84
占行业比重（%）										
三资控股	18.92	5.83	3.84	5.67	13.80	20.36	5.32	7.85	1.15	0.77
占行业比重（%）										
其他控股	16.12	8.96	14.24	18.48	38.52	49.98	22.60	29.33	1.16	0.78
占行业比重（%）										
（二）矿山机械行业	16.19	8.24	9.78	14.43	38.51	56.81	13.11	19.34	1.28	0.96
占冶金矿山机械行业比重（%）										
1. 按企业规模分										
大型企业	16.37	8.52	6.15	9.24	32.32	48.59	7.59	11.41	1.26	0.98
占行业比重（%）										
中型企业	16.96	8.06	10.14	15.04	48.27	71.58	12.84	19.04	1.20	0.83
占行业比重（%）										
小型企业	15.74	8.15	15.74	22.86	40.04	58.18	25.92	37.66	1.43	1.07
占行业比重（%）										
2. 按注册类型分										
国有企业	15.17	4.74	3.10	6.11	17.92	35.35	3.74	7.38	1.19	0.88
占行业比重（%）										
私营企业	16.06	9.12	23.58	34.11	56.16	81.23	40.66	58.81	1.33	1.04
占行业比重（%）										
其他内资企业	14.43	7.59	9.05	13.10	35.24	51.03	12.17	17.62	1.20	0.90
占行业比重（%）										
三资企业	29.79	17.06	11.44	14.05	47.69	58.60	15.05	18.49	2.16	1.65
占行业比重（%）										
3. 按控股类型分										
国有控股	15.61	6.74	5.01	8.09	25.85	41.69	6.22	10.04	1.19	0.88
占行业比重（%）										
集体控股	11.92	5.32	9.18	14.57	36.84	58.46	12.22	19.40	0.98	0.74
占行业比重（%）										
私人控股	15.19	8.43	20.85	30.05	51.71	74.54	34.93	50.35	1.33	1.04
占行业比重（%）										
三资控股	31.51	18.73	11.80	14.29	48.81	59.08	15.57	18.84	2.38	1.85
占行业比重（%）										
其他控股	17.25	8.72	13.23	21.49	36.67	59.60	20.69	33.62	1.29	1.07
占行业比重（%）										

注：1. 表中原始数据来源于国家统计局年报资料。

2. 由于四舍五入，合计数有微小出入。

〔供稿人：中国重型机械工业协会臧义成、李革　审稿人：中国重型机械工业协会徐善继〕

2010 年冶金机械行业主要经济指标及按省、自治区、直辖市分布

序号	地区名称	企业数（个）	工业总产值（当年价）（亿元）	工业销售产值(当年价)（亿元）	其中:出口交货值（亿元）	流动资产合计（亿元）	固定资产合计（亿元）	资产总计（亿元）	负债合计（亿元）	主营业务收入（亿元）
	冶金机械行业	605	1 050.18	1 006.19	51.75	968.59	403.17	1 506.60	948.48	1 006.40
1	辽宁省	81	246.89	243.05	10.19	204.38	86.00	326.01	215.59	239.55
	占行业比重(%)	13.39	23.51	24.16	19.68	21.10	21.33	21.64	22.73	23.80
2	河北省	95	144.77	138.40	10.03	95.75	53.54	162.78	114.56	146.28
	占行业比重(%)	15.70	13.79	13.75	19.37	9.89	13.28	10.80	12.08	14.54
3	江苏省	134	143.57	139.64	11.36	75.57	48.63	133.42	82.34	137.29
	占行业比重(%)	22.15	13.67	13.88	21.94	7.80	12.06	8.86	8.68	13.64
4	四川省	14	118.60	108.15	5.66	150.55	84.98	241.04	176.25	93.79
	占行业比重(%)	2.31	11.29	10.75	10.93	15.54	21.08	16.00	18.58	9.32
5	黑龙江省	4	117.75	107.45	6.67	196.12	46.10	286.42	118.54	96.33
	占行业比重(%)	0.66	11.21	10.68	12.88	20.25	11.43	19.01	12.50	9.57
6	湖南省	29	54.36	51.50	0.00	13.62	18.93	33.18	21.30	53.74
	占行业比重(%)	4.79	5.18	5.12	0.00	1.41	4.69	2.20	2.25	5.34
7	陕西省	9	38.54	38.03	0.56	55.53	15.05	74.74	50.65	37.26
	占行业比重(%)	1.49	3.67	3.78	1.08	5.73	3.73	4.96	5.34	3.70
8	湖北省	39	28.81	28.46	0.85	33.40	8.01	45.55	34.10	39.52
	占行业比重(%)	6.45	2.74	2.83	1.65	3.45	1.99	3.02	3.60	3.93
9	河南省	27	23.71	23.46	0.01	9.49	4.12	15.07	8.01	31.25
	占行业比重(%)	4.46	2.26	2.33	0.03	0.98	1.02	1.00	0.84	3.11
10	北京市	26	22.93	21.92	0.52	44.69	5.81	53.58	44.10	26.91
	占行业比重(%)	4.30	2.18	2.18	1.01	4.61	1.44	3.56	4.65	2.67
11	山东省	23	16.50	16.37	1.44	8.00	3.56	14.34	7.73	15.81
	占行业比重(%)	3.80	1.57	1.63	2.78	0.83	0.88	0.95	0.81	1.57
12	福建省	10	14.54	14.52	0.00	7.56	2.44	10.47	5.04	12.07
	占行业比重(%)	1.65	1.38	1.44	0.00	0.78	0.61	0.69	0.53	1.20
13	上海市	19	13.31	12.59	0.77	14.20	3.72	20.58	11.92	13.08
	占行业比重(%)	3.14	1.27	1.25	1.49	1.47	0.92	1.37	1.26	1.30
14	山西省	11	12.48	11.39	1.64	11.23	4.06	15.96	12.52	12.10
	占行业比重(%)	1.82	1.19	1.13	3.16	1.16	1.01	1.06	1.32	1.20
15	天津市	17	11.86	11.42	1.44	14.86	5.57	21.39	12.33	11.31
	占行业比重(%)	2.81	1.13	1.14	2.77	1.53	1.38	1.42	1.30	1.12
16	吉林省	7	6.48	5.99	0.00	3.80	2.14	7.40	4.01	5.03
	占行业比重(%)	1.16	0.62	0.60	0.00	0.39	0.53	0.49	0.42	0.50
17	浙江省	19	5.83	5.23	0.29	5.23	1.98	7.54	4.53	5.30
	占行业比重(%)	3.14	0.56	0.52	0.56	0.54	0.49	0.50	0.48	0.53
18	重庆市	2	4.93	4.41	0.00	2.79	1.63	4.59	3.92	4.41
	占行业比重(%)	0.33	0.47	0.44	0.00	0.29	0.40	0.30	0.41	0.44
19	江西省	5	4.73	4.73	0.00	0.35	0.73	1.09	0.57	5.03
	占行业比重(%)	0.83	0.45	0.47	0.00	0.04	0.18	0.07	0.06	0.50
20	内蒙古自治区	7	4.70	4.40	0.00	3.45	0.58	4.28	2.69	4.24
	占行业比重(%)	1.16	0.45	0.44	0.00	0.36	0.14	0.28	0.28	0.42
21	安徽省	10	4.13	3.74	0.00	2.91	0.56	3.73	1.79	3.91
	占行业比重(%)	1.65	0.39	0.37	0.00	0.30	0.14	0.25	0.19	0.39
22	贵州省	4	2.85	2.57	0.33	2.64	1.23	5.96	2.83	2.26
	占行业比重(%)	0.66	0.27	0.26	0.63	0.27	0.30	0.40	0.30	0.22
23	广东省	5	2.50	2.26	0.01	1.00	0.59	1.63	1.34	2.24
	占行业比重(%)	0.83	0.24	0.22	0.01	0.10	0.15	0.11	0.14	0.22
24	甘肃省	3	2.50	2.49	0.00	2.94	2.25	6.30	4.92	3.71
	占行业比重(%)	0.50	0.24	0.25	0.00	0.30	0.56	0.42	0.52	0.37
25	广西壮族自治区	4	2.12	2.15	0.00	1.27	0.26	1.55	0.86	1.98
	占行业比重(%)	0.66	0.20	0.21	0.00	0.13	0.06	0.10	0.09	0.20
26	云南省	1	0.75	1.88	0.00	7.29	0.72	8.02	6.03	2.00
	占行业比重(%)	0.17	0.07	0.19	0.00	0.75	0.18	0.33	0.64	0.20

（续）

序号	地区名称	利润总额（亿元）	利税总额（亿元）	全部从业人员年均人数（人）	工业总产值全员劳动生产率（万元/人）	主营业务收入利润率（%）	主营业务收入利润（总额）率（%）	工业产品销售率（%）	资产负债率（%）	亏损企业亏损面（%）
	冶金机械行业	76.19	115.45	146 663	71.60	18.32	7.57	95.81	62.95	11.74
1	辽宁省	23.65	34.34	17 814	138.59	20.11	9.87	98.44	66.13	18.52
	占行业比重（%）	31.04	29.75	12.15						
2	河北省	6.73	10.33	28 471	50.85	17.56	4.60	95.60	70.38	8.42
	占行业比重（%）	8.83	8.95	19.41						
3	江苏省	8.26	13.58	18 069	79.46	15.06	6.01	97.26	61.71	5.22
	占行业比重（%）	10.84	11.76	12.32						
4	四川省	4.59	8.00	16 138	73.49	16.53	4.90	91.19	73.12	14.29
	占行业比重（%）	6.03	6.93	11.00						
5	黑龙江省	13.59	18.67	12 054	97.69	25.53	14.11	91.25	41.39	0.00
	占行业比重（%）	17.84	16.18	8.22						
6	湖南省	4.42	7.04	7 063	76.97	22.07	8.22	94.73	64.19	0.00
	占行业比重（%）	5.80	6.10	4.82						
7	陕西省	1.00	2.45	8 316	46.35	14.29	2.68	98.67	67.77	22.22
	占行业比重（%）	1.31	2.12	5.67						
8	湖北省	3.81	5.39	5 151	55.93	18.66	9.65	98.80	74.88	20.51
	占行业比重（%）	5.01	4.67	3.51						
9	河南省	1.67	2.52	6 068	39.07	11.14	5.35	98.94	53.18	0.00
	占行业比重（%）	2.20	2.19	4.14						
10	北京市	1.38	2.47	5 178	44.29	16.59	5.12	95.58	82.31	7.69
	占行业比重（%）	1.81	2.14	3.53						
11	山东省	0.83	1.68	3 315	49.78	12.02	5.28	99.20	53.88	13.04
	占行业比重（%）	1.10	1.45	2.26						
12	福建省	1.28	1.89	1 471	98.87	19.64	10.57	99.82	48.13	0.00
	占行业比重（%）	1.68	1.64	1.00						
13	上海市	1.14	1.49	1 847	72.08	19.78	8.70	94.58	57.91	15.79
	占行业比重（%）	1.49	1.29	1.26						
14	山西省	-0.05	0.37	2 298	54.32	7.97	-0.40	91.28	78.48	36.36
	占行业比重（%）	-0.06	0.32	1.57						
15	天津市	1.12	1.34	1 544	76.80	17.61	9.88	96.31	57.63	29.41
	占行业比重（%）	1.47	1.16	1.05						
16	吉林省	0.36	0.49	3 485	18.59	12.63	7.11	92.48	54.13	0.00
	占行业比重（%）	0.47	0.42	2.38						
17	浙江省	0.28	0.48	1 188	49.11	16.63	5.27	89.71	60.06	31.58
	占行业比重（%）	0.37	0.42	0.81						
18	重庆市	0.63	0.64	294	167.84	24.31	14.29	89.34	85.25	0.00
	占行业比重（%）	0.83	0.55	0.20						
19	江西省	0.40	0.59	562	84.15	36.67	7.91	100.00	52.73	0.00
	占行业比重（%）	0.52	0.51	0.38						
20	内蒙古自治区	0.18	0.22	428	109.79	11.90	4.20	93.54	62.97	14.29
	占行业比重（%）	0.23	0.19	0.29						
21	安徽省	0.46	0.67	1 300	31.79	31.73	11.73	90.40	47.86	30.00
	占行业比重（%）	0.60	0.58	0.89						
22	贵州省	0.35	0.42	962	29.59	24.02	15.51	90.14	47.45	0.00
	占行业比重（%）	0.46	0.36	0.66						
23	广东省	0.07	0.12	540	46.38	10.35	3.19	90.29	82.34	0.00
	占行业比重（%）	0.09	0.10	0.37						
24	甘肃省	-0.23	-0.14	1 603	15.61	1.43	-6.13	99.62	78.15	66.67
	占行业比重（%）	-0.30	-0.12	1.09						
25	广西壮族自治区	0.08	0.13	447	47.53	8.77	3.96	101.13	55.56	0.00
	占行业比重（%）	0.10	0.11	0.30						
26	云南省	0.20	0.25	1 057	7.13	13.44	9.88	249.19	75.25	0.00
	占行业比重（%）	0.26	0.22	0.72						

注：1. 表中原始数据来源于国家统计局年报资料。

2. 由于四舍五入，合计数有微小出入。

〔供稿人：中国重型机械工业协会臧义成、李革　审稿人：中国重型机械工业协会徐善继〕

2010 年矿山机械行业主要经济指标及按省、自治区、直辖市分布

序号	地区名称	企业数（个）	工业总产值（当年价）（亿元）	工业销售产值(当年价)（亿元）	其中:出口交货值（亿元）	流动资产合计（亿元）	固定资产合计（亿元）	资产总计（亿元）	负债合计（亿元）	主营业务收入（亿元）
	矿山机械行业	1 779	2 157.40	2 108.07	107.91	1 323.71	450.53	1 946.29	1 159.19	2 104.91
1	河南省	246	486.38	475.00	56.03	229.20	91.39	350.89	208.89	489.55
	占行业比重(%)	13.83	22.54	22.53	51.92	17.32	20.29	18.03	18.02	23.26
2	辽宁省	261	364.20	361.57	16.95	265.10	60.38	368.35	248.83	340.53
	占行业比重(%)	14.67	16.88	17.15	15.71	20.03	13.40	18.93	21.47	16.18
3	山西省	63	242.39	236.60	6.32	263.90	52.21	339.55	229.44	237.96
	占行业比重(%)	3.54	11.24	11.22	5.86	19.94	11.59	17.45	19.79	11.30
4	山东省	249	190.16	182.69	1.89	49.68	36.48	96.27	49.90	185.99
	占行业比重(%)	14.00	8.81	8.67	1.75	3.75	8.10	4.95	4.30	8.84
5	河北省	97	124.82	119.77	2.57	71.39	29.38	108.16	54.55	119.81
	占行业比重(%)	5.45	5.79	5.68	2.39	5.39	6.52	5.56	4.71	5.69
6	上海市	36	88.67	91.28	13.61	108.71	31.53	145.45	96.70	92.94
	占行业比重(%)	2.02	4.11	4.33	12.61	8.21	7.00	7.47	8.34	4.42
7	四川省	53	86.63	82.94	0.32	21.06	11.37	36.98	19.13	84.04
	占行业比重(%)	2.98	4.02	3.93	0.30	1.59	2.52	1.90	1.65	3.99
8	江苏省	140	86.50	84.98	2.09	34.61	16.45	55.15	30.21	84.86
	占行业比重(%)	7.87	4.01	4.03	1.94	2.61	3.65	2.83	2.61	4.03
9	安徽省	152	75.92	73.30	0.03	30.90	15.24	50.48	26.30	74.96
	占行业比重(%)	8.54	3.52	3.48	0.03	2.33	3.38	2.59	2.27	3.56
10	湖南省	67	54.07	52.38	0.25	15.06	6.45	28.78	18.69	49.74
	占行业比重(%)	3.77	2.51	2.48	0.23	1.14	1.43	1.48	1.61	2.36
11	吉林省	34	40.66	38.92	0.00	10.34	13.16	24.56	11.84	37.30
	占行业比重(%)	1.91	1.88	1.85	0.00	0.78	2.92	1.26	1.02	1.77
12	天津市	51	37.12	37.10	4.28	48.68	30.70	91.36	21.34	33.94
	占行业比重(%)	2.87	1.72	1.76	3.97	3.68	6.81	4.69	1.84	1.61
13	江西省	38	33.70	33.39	0.64	7.14	8.94	16.89	6.73	33.76
	占行业比重(%)	2.14	1.56	1.58	0.59	0.54	1.98	0.87	0.58	1.60
14	北京市	25	32.69	31.25	0.33	28.83	6.82	36.62	24.85	31.69
	占行业比重(%)	1.41	1.52	1.48	0.30	2.18	1.51	1.88	2.14	1.51
15	宁夏回族自治区	8	27.52	29.05	0.00	22.12	4.34	28.30	16.51	29.19
	占行业比重(%)	0.45	1.28	1.38	0.00	1.67	0.96	1.45	1.42	1.39
16	黑龙江省	22	26.28	25.53	0.00	23.45	4.64	30.58	18.83	24.02
	占行业比重(%)	1.24	1.22	1.21	0.00	1.77	1.03	1.57	1.62	1.14
17	内蒙古自治区	14	25.91	25.77	0.00	12.86	4.29	18.39	9.22	25.61
	占行业比重(%)	0.79	1.20	1.22	0.00	0.97	0.95	0.94	0.80	1.22
18	湖北省	59	22.57	21.11	0.00	6.19	4.63	11.52	4.77	21.09
	占行业比重(%)	3.32	1.05	1.00	0.00	0.47	1.03	0.59	0.41	1.00
19	浙江省	55	20.12	19.49	0.55	12.78	3.59	18.69	11.05	19.72
	占行业比重(%)	3.09	0.93	0.92	0.51	0.97	0.80	0.96	0.95	0.94
20	重庆市	27	16.28	16.21	0.00	9.98	4.99	15.31	6.88	18.68
	占行业比重(%)	1.52	0.75	0.77	0.00	0.75	1.11	0.79	0.59	0.89
21	福建省	20	14.93	14.77	0.62	4.16	1.89	6.48	3.43	14.68
	占行业比重(%)	1.12	0.69	0.70	0.57	0.31	0.42	0.33	0.30	0.70
22	广西壮族自治区	13	13.64	11.98	0.70	10.36	1.77	14.34	10.49	11.18
	占行业比重(%)	0.73	0.63	0.57	0.65	0.78	0.39	0.74	0.91	0.53
23	云南省	9	11.64	11.94	0.00	7.14	1.27	10.68	7.64	11.72
	占行业比重(%)	0.51	0.54	0.57	0.00	0.54	0.28	0.55	0.66	0.56
24	陕西省	8	11.11	9.96	0.18	13.92	1.65	17.54	7.83	11.37
	占行业比重(%)	0.45	0.51	0.47	0.16	1.05	0.37	0.90	0.68	0.54
25	广东省	12	11.01	10.98	0.34	7.03	2.12	10.19	6.99	10.98
	占行业比重(%)	0.67	0.51	0.52	0.31	0.53	0.47	0.52	0.60	0.52
26	贵州省	12	6.36	5.42	0.17	4.20	1.62	6.05	4.17	4.81
27	甘肃省	4	3.37	2.28	0.04	3.06	1.40	4.83	1.65	2.36
28	新疆维吾尔自治区	4	2.75	2.43	0.00	1.88	1.81	3.90	2.35	2.46

（续）

序号	地区名称	利润总额（亿元）	利税总额（亿元）	全部从业人员年均人数（人）	工业总产值全员劳动生产率（万元/人）	主营业务收入利润率（%）	主营业务收入利润（总额）率（%）	工业产品销售率（%）	资产负债率（%）	亏损企业亏损面（%）
	矿山设备行业	173.51	255.95	306 353	70.42	16.19	8.24	97.71	59.56	6.69
1	河南省	46.15	64.16	49 937	97.40	15.68	9.43	97.66	59.53	2.44
	占行业比重（%）	26.60	25.07	16.30						
2	辽宁省	27.20	39.15	35 248	103.32	15.18	7.99	99.28	67.55	8.81
	占行业比重（%）	15.68	15.29	11.51						
3	山西省	11.86	21.16	33 030	73.38	13.29	4.98	97.61	67.57	14.29
	占行业比重（%）	6.84	8.27	10.78						
4	山东省	13.06	20.20	35 478	53.60	18.10	7.02	96.07	51.83	2.01
	占行业比重（%）	7.53	7.89	11.58						
5	河北省	13.28	18.66	20 988	59.47	21.93	11.08	95.95	50.43	10.31
	占行业比重（%）	7.65	7.29	6.85						
6	上海市	13.01	15.11	8 248	107.51	17.33	14.00	102.94	66.49	8.33
	占行业比重（%）	7.50	5.90	2.69						
7	四川省	5.36	9.39	17 941	48.29	13.74	6.38	95.74	51.75	1.89
	占行业比重（%）	3.09	3.67	5.86						
8	江苏省	7.03	11.37	13 148	65.79	16.93	8.28	98.24	54.77	6.43
	占行业比重（%）	4.05	4.44	4.29						
9	安徽省	3.80	6.50	18 118	41.90	10.52	5.07	96.55	52.09	5.26
	占行业比重（%）	2.19	2.54	5.91						
10	湖南省	2.65	4.80	9 375	57.68	15.77	5.33	96.87	64.93	8.96
	占行业比重（%）	1.53	1.87	3.06						
11	吉林省	0.81	1.54	4 559	89.19	10.94	2.17	95.72	48.19	2.94
	占行业比重（%）	0.47	0.60	1.49						
12	天津市	3.69	4.87	4 848	76.56	22.18	10.88	99.95	23.36	17.65
	占行业比重（%）	2.13	1.90	1.58						
13	江西省	2.76	4.28	6 553	51.43	18.61	8.16	99.07	39.84	0.00
	占行业比重（%）	1.59	1.67	2.14						
14	北京市	2.26	3.66	5 001	65.37	18.82	7.13	95.59	67.85	8.00
	占行业比重（%）	1.30	1.43	1.63						
15	宁夏回族自治区	2.95	4.75	4 174	65.92	20.41	10.12	105.57	58.32	0.00
	占行业比重（%）	1.70	1.85	1.36						
16	黑龙江省	6.10	7.63	6 268	41.93	34.36	25.39	97.15	61.57	9.09
	占行业比重（%）	3.52	2.98	2.05						
17	内蒙古自治区	3.73	5.24	2 659	97.45	19.37	14.56	99.45	50.14	14.29
	占行业比重（%）	2.15	2.05	0.87						
18	湖北省	1.00	1.76	4 565	49.44	14.13	4.74	93.55	41.45	6.78
	占行业比重（%）	0.58	0.69	1.49						
19	浙江省	1.04	1.88	5 026	40.04	14.66	5.25	96.86	59.11	7.27
	占行业比重（%）	0.60	0.73	1.64						
20	重庆市	2.07	3.00	4 366	37.29	31.94	11.07	99.58	44.96	3.70
	占行业比重（%）	1.19	1.17	1.43						
21	福建省	0.74	1.16	1 678	88.95	9.92	5.05	98.97	52.96	5.00
	占行业比重（%）	0.43	0.45	0.55						
22	广西壮族自治区	0.19	1.44	4 610	29.58	6.19	1.69	87.83	73.17	30.77
	占行业比重（%）	0.11	0.56	1.50						
23	云南省	1.33	1.66	2 406	48.38	8.25	11.37	102.53	71.52	0.00
	占行业比重（%）	0.77	0.65	0.79						
24	陕西省	0.46	0.92	2 826	39.31	18.05	4.05	89.64	44.66	37.50
	占行业比重（%）	0.27	0.36	0.92						
25	广东省	0.65	1.01	1 805	61.00	14.95	5.90	99.73	68.57	16.67
	占行业比重（%）	0.37	0.39	0.59						
26	贵州省	0.08	0.20	1 168	54.43	10.53	1.61	85.20	68.93	16.67
27	甘肃省	0.28	0.39	1 622	20.79	28.74	11.84	67.56	34.07	25.00
28	新疆维吾尔自治区	-0.03	0.06	708	38.78	9.85	-1.13	88.35	60.25	25.00

注：1. 表中原始数据来源于国家统计局年报资料。

2. 由于四舍五入，合计数有微小出入。

〔供稿人：中国重型机械工业协会臧义成、李革　审稿人：中国重型机械工业协会徐善继〕

2010 年物料搬运（起重运输）机械行业主要经济指标及按省、自治区、直辖市分布

序号	地区名称	企业数（个）	工业总产值（当年价）（亿元）	工业销售产值（当年价）（亿元）	其中：出口交货值（亿元）	流动资产合计（亿元）	固定资产合计（亿元）	资产总计（亿元）	负债合计（亿元）	主营业务收入（亿元）
	物料搬运（起重运输）机械行业	2 302	3 904.30	3 827.34	443.18	2 215.06	781.98	3 347.83	1 925.92	3 855.67
1	江苏省	487	1 080.33	1 060.98	108.03	595.23	163.52	864.45	470.24	1 066.52
	占行业比重（%）	21.16	27.67	27.72	24.38	26.87	20.91	25.82	24.42	27.66
2	上海市	178	560.24	557.62	178.85	496.85	188.12	784.46	511.83	538.09
	占行业比重（%）	7.73	14.35	14.57	40.36	22.43	24.06	23.43	26.58	13.96
3	浙江省	371	376.43	367.96	61.19	202.20	52.17	284.53	168.86	372.69
	占行业比重（%）	16.12	9.64	9.61	13.81	9.13	6.67	8.50	8.77	9.67
4	山东省	151	274.17	268.08	5.98	56.15	73.79	149.28	52.76	263.32
	占行业比重（%）	6.56	7.02	7.00	1.35	2.53	9.44	4.46	2.74	6.83
5	辽宁省	204	266.50	259.76	15.33	85.78	39.26	137.44	75.23	258.88
	占行业比重（%）	8.86	6.83	6.79	3.46	3.87	5.02	4.11	3.91	6.71
6	河南省	208	240.53	235.04	1.41	117.49	46.72	180.26	90.37	234.73
	占行业比重（%）	9.04	6.16	6.14	0.32	5.30	5.97	5.38	4.69	6.09
7	广东省	120	216.06	216.50	11.59	151.60	26.90	189.44	117.24	245.19
	占行业比重（%）	5.21	5.53	5.66	2.61	6.84	3.44	5.66	6.09	6.36
8	天津市	44	178.27	180.30	11.19	89.05	22.06	119.79	70.47	185.09
	占行业比重（%）	1.91	4.57	4.71	2.52	4.02	2.82	3.58	3.66	4.80
9	安徽省	107	147.57	137.67	10.42	61.09	40.08	110.85	50.46	143.10
	占行业比重（%）	4.65	3.78	3.60	2.35	2.76	5.13	3.31	2.62	3.71
10	湖南省	52	140.38	135.11	2.58	83.17	23.30	110.34	70.90	132.78
	占行业比重（%）	2.26	3.60	3.53	0.58	3.75	2.98	3.30	3.68	3.44
11	河北省	81	112.23	111.45	14.67	76.80	32.84	118.72	56.01	109.67
	占行业比重（%）	3.52	2.87	2.91	3.31	3.47	4.20	3.55	2.91	2.84
12	湖北省	54	57.84	53.76	1.33	40.22	19.30	63.22	44.82	52.84
	占行业比重（%）	2.35	1.48	1.40	0.30	1.82	2.47	1.89	2.33	1.37
13	福建省	45	54.39	52.77	17.55	34.94	17.98	55.63	32.90	59.92
	占行业比重（%）	1.95	1.39	1.38	3.96	1.58	2.30	1.66	1.71	1.55
14	北京市	38	46.44	42.93	1.19	39.34	7.21	53.72	31.94	42.58
	占行业比重（%）	1.65	1.19	1.12	0.27	1.78	0.92	1.60	1.66	1.10
15	四川省	33	35.14	34.44	0.36	13.19	4.33	20.16	13.01	33.89
	占行业比重（%）	1.43	0.90	0.90	0.08	0.60	0.55	0.60	0.68	0.88
16	吉林省	20	27.25	26.75	0.00	8.82	4.74	13.77	9.24	27.75
	占行业比重（%）	0.87	0.70	0.70	0.00	0.40	0.61	0.41	0.48	0.72
17	陕西省	8	19.83	16.43	0.36	7.53	2.14	10.90	6.48	16.49
	占行业比重（%）	0.35	0.51	0.43	0.08	0.34	0.27	0.33	0.34	0.43
18	重庆市	24	15.66	15.31	0.05	9.61	2.40	13.26	9.43	14.89
	占行业比重（%）	1.04	0.40	0.40	0.01	0.43	0.31	0.40	0.49	0.39
19	江西省	11	15.64	15.22	0.00	6.27	3.92	13.65	5.77	14.88
	占行业比重（%）	0.48	0.40	0.40	0.00	0.28	0.50	0.41	0.30	0.39
20	广西壮族自治区	14	15.40	15.45	1.02	17.18	4.48	22.39	17.90	17.28
	占行业比重（%）	0.61	0.39	0.40	0.23	0.78	0.57	0.67	0.93	0.45
21	黑龙江省	13	8.55	7.67	0.00	7.02	2.07	10.13	6.19	8.74
	占行业比重（%）	0.56	0.22	0.20	0.00	0.32	0.26	0.30	0.32	0.23
22	山西省	9	5.52	6.39	0.00	5.44	1.47	6.96	5.48	6.07
	占行业比重（%）	0.39	0.14	0.17	0.00	0.25	0.19	0.21	0.28	0.16
23	宁夏回族自治区	7	3.89	4.05	0.00	4.97	1.75	7.55	4.71	4.23
	占行业比重（%）	0.30	0.10	0.11	0.00	0.22	0.22	0.23	0.24	0.11
24	云南省	10	2.41	2.09	0.00	1.86	0.45	2.58	1.40	2.35
	占行业比重（%）	0.43	0.06	0.05	0.00	0.08	0.06	0.08	0.07	0.06
25	新疆维吾尔自治区	7	1.54	1.55	0.08	1.58	0.52	2.14	1.05	1.54
	占行业比重（%）	0.30	0.04	0.04	0.02	0.07	0.07	0.06	0.05	0.04
26	内蒙古自治区	3	0.92	0.87	0.00	0.79	0.25	1.12	0.50	0.99
27	甘肃省	2	0.87	0.88	0.00	0.84	0.19	1.03	0.69	0.89
28	贵州省	1	[illegible]	0.20	0.00	0.03	0.00	0.03	0.02	0.29

（续）

序号	地区名称	利润总额（亿元）	利税总额（亿元）	全部从业人员年均人数（人）	工业总产值全员劳动生产率（万元/人）	主营业务收入利润率（%）	主营业务收入利润（总额）率（%）	工业产品销售率（%）	资产负债率（%）	亏损企业亏损面（%）
	物料搬运(起重运输)机械行业	303.51	433.00	432 270	90.32	16.06	7.87	98.03	57.53	9.69
1	江苏省	82.99	116.13	93 693	115.30	15.49	7.78	98.21	54.40	8.01
	占行业比重(%)	27.34	26.82	21.67						
2	上海市	16.16	29.42	43 835	127.81	12.96	3.00	99.53	65.25	17.42
	占行业比重(%)	5.33	6.79	10.14						
3	浙江省	32.51	44.70	48 749	77.22	17.26	8.72	97.75	59.35	10.24
	占行业比重(%)	10.71	10.32	11.28						
4	山东省	19.23	31.23	26 282	104.32	15.42	7.30	97.78	35.34	4.64
	占行业比重(%)	6.34	7.21	6.08						
5	辽宁省	14.97	23.45	25 280	105.42	14.25	5.78	97.47	54.73	12.25
	占行业比重(%)	4.93	5.42	5.85						
6	河南省	24.86	32.37	49 670	48.42	16.68	10.59	97.72	50.13	0.96
	占行业比重(%)	8.19	7.48	11.49						
7	广东省	18.86	28.19	27 206	79.42	18.18	7.69	100.20	61.89	10.83
	占行业比重(%)	6.22	6.51	6.29						
8	天津市	30.99	38.25	14 714	121.16	23.18	16.74	101.14	58.83	9.09
	占行业比重(%)	10.21	8.83	3.40						
9	安徽省	14.76	20.29	16 802	87.83	15.92	10.32	93.29	45.52	12.15
	占行业比重(%)	4.86	4.69	3.89						
10	湖南省	16.23	21.30	15 704	89.39	16.97	12.22	96.25	64.26	9.62
	占行业比重(%)	5.35	4.92	3.63						
11	河北省	11.68	16.65	17 839	62.91	20.67	10.65	99.30	47.18	7.41
	占行业比重(%)	3.85	3.84	4.13						
12	湖北省	3.91	6.43	10 827	53.42	13.37	7.40	92.94	70.90	12.96
	占行业比重(%)	1.29	1.49	2.50						
13	福建省	6.85	8.85	6 906	78.76	22.82	11.43	97.02	59.15	4.44
	占行业比重(%)	2.26	2.04	1.60						
14	北京市	2.21	2.84	5 897	78.76	15.08	5.19	92.44	59.46	28.95
	占行业比重(%)	0.73	0.66	1.36						
15	四川省	1.78	3.41	5 700	61.65	13.78	5.24	98.01	64.55	6.06
	占行业比重(%)	0.59	0.79	1.32						
16	吉林省	0.63	1.40	4 223	64.52	9.70	2.28	98.18	67.08	10.00
	占行业比重(%)	0.21	0.32	0.98						
17	陕西省	1.35	1.72	1 776	111.67	15.29	8.16	82.84	59.46	25.00
	占行业比重(%)	0.44	0.40	0.41						
18	重庆市	0.63	1.01	3 540	44.23	14.98	4.24	97.74	71.12	8.33
	占行业比重(%)	0.21	0.23	0.82						
19	江西省	1.09	1.60	2 578	60.65	22.62	7.30	97.35	42.24	9.09
	占行业比重(%)	0.36	0.37	0.60						
20	广西壮族自治区	0.70	1.75	3 424	44.97	4.52	4.07	100.34	79.96	14.29
	占行业比重(%)	0.23	0.40	0.79						
21	黑龙江省	0.71	1.15	2 424	35.27	23.95	8.14	89.72	61.10	23.08
	占行业比重(%)	0.23	0.26	0.56						
22	山西省	-0.01	0.16	2 369	23.29	13.53	-0.17	115.85	78.77	33.33
	占行业比重(%)	0.00	0.04	0.55						
23	宁夏回族自治区	0.02	0.17	1 071	36.36	14.73	0.54	103.99	62.46	14.29
	占行业比重(%)	0.01	0.04	0.25						
24	云南省	0.14	0.18	622	38.81	14.82	5.81	86.73	54.18	10.00
	占行业比重(%)	0.04	0.04	0.14						
25	新疆维吾尔自治区	0.03	0.08	462	33.41	18.20	1.73	100.22	49.01	14.29
	占行业比重(%)	0.01	0.02	0.11						
26	内蒙古自治区	0.20	0.22	275	33.30	8.21	20.41	94.92	44.67	0.00
27	甘肃省	0.01	0.03	380	22.93	14.42	0.56	101.04	66.88	0.00
28	贵州省	0.01	0.02	22	132.72	25.61	4.01	99.13	87.92	0.00

注：1. 表中原始数据来源于国家统计局年报资料。

2. 由于四舍五入，合计数有微小出入。

〔供稿人：中国重型机械工业协会臧义成、李革　审稿人：中国重型机械工业协会肖立群〕

2010年冶金矿山机械产品产量及按省、自治区、直辖市分布

序号	产品及地区名称	产品代码	企业数（个）	2009年（t）	2010年（t）	占总计比重（%）	同比增长（%）
一	金属冶炼设备总计	3615020	76	640 144	695 023	100.00	8.57
1	辽宁省		11	200 509	207 635	29.87	3.55
2	河北省		10	122 118	140 182	20.17	14.79
3	江苏省		8	87 132	85 254	12.27	-2.16
4	河南省		11	57 855	82 641	11.89	42.84
5	山东省		2	28 637	36 956	5.32	29.05
6	湖南省		2	23 899	32 581	4.69	36.33
7	陕西省		4	24 139	20 725	2.98	-14.14
8	吉林省		1	11 787	15 838	2.28	34.37
9	上海市		6	32 825	14 184	2.04	-56.79
10	北京市		2	3 207	13 955	2.01	335.08
11	黑龙江省		1	1 072	13 292	1.91	1 139.93
12	湖北省		2	7 295	9 829	1.41	34.74
13	云南省		2	10 679	6 614	0.95	-38.07
14	贵州省		1	5 107	6 483	0.93	26.95
15	山西省		1	2 003	3 910	0.56	95.25
16	广西壮族自治区		3	2 818	3 364	0.48	19.35
17	浙江省		3	18 247	711	0.10	-96.10
18	福建省		1	439	387	0.06	-11.85
19	安徽省		1	301	300	0.04	-0.33
20	四川省		2	63	164	0.02	160.32
21	天津市		2	12	18	0.00	50.00
二	金属轧制设备总计	3615110	66	543 378	526 079	100.00	-3.18
1	湖南省		6	59 414	102 406	19.47	72.36
2	黑龙江省		3	98 924	74 365	14.14	-24.83
3	山西省		2	67 450	64 733	12.30	-4.03
4	四川省		4	95 222	57 181	10.87	-39.95
5	江苏省		6	33 923	38 828	7.38	14.46
6	河北省		6	22 980	36 951	7.02	60.80
7	陕西省		3	25 846	34 045	6.47	31.72
8	河南省		5	22 734	30 734	5.84	35.19
9	辽宁省		9	32 623	23 945	4.55	-26.60
10	上海市		6	48 808	22 160	4.21	-54.60
11	浙江省		6	19 728	21 238	4.04	7.66
12	天津市		1	5 127	5 693	1.08	11.03
13	山东省		2	2 793	3 958	0.75	41.70
14	广东省		2	1 421	3 443	0.65	142.29
15	云南省		1	3 281	2 622	0.50	-20.09
16	湖北省		1	1 841	2 432	0.46	32.10

（续）

序号	产品及地区名称	产品代码	企业数（个）	2009 年（t）	2010 年（t）	占总计比重（%）	同比增长（%）
17	内蒙古自治区		1	1 114	1 274	0.24	14.36
18	北京市		2	149	71	0.01	-52.32
三	采矿专用设备总计	3611020	406	3 522 228	4 198 370	100.00	19.20
1	河南省		51	870 754	1 200 613	28.60	37.88
2	山东省		50	432 802	379 069	9.03	-12.42
3	辽宁省		62	300 918	372 207	8.87	23.69
4	山西省		13	251 547	324 805	7.74	29.12
5	河北省		34	295 296	311 322	7.42	5.43
6	陕西省		10	181 967	203 190	4.84	11.66
7	上海市		15	163 112	184 670	4.40	13.22
8	湖南省		29	133 893	170 022	4.05	26.98
9	四川省		14	102 563	148 050	3.53	44.35
10	北京市		9	112 035	146 477	3.49	30.74
11	江苏省		13	142 980	140 344	3.34	-1.84
12	宁夏回族自治区		4	82 225	104 568	2.49	27.17
13	江西省		10	79 008	93 046	2.22	17.77
14	安徽省		7	64 566	74 055	1.76	14.70
15	浙江省		12	59 835	71 023	1.69	18.70
16	黑龙江省		7	28 704	47 328	1.13	64.88
17	吉林省		12	54 567	44 120	1.05	-19.15
18	重庆市		5	48 962	39 883	0.95	-18.54
19	广东省		5	22 289	30 115	0.72	35.12
20	湖北省		11	22 195	28 811	0.69	29.81
21	广西壮族自治区		10	9 716	21 284	0.51	119.05
22	云南省		7	20 195	21 109	0.50	4.53
23	内蒙古自治区		3	17 655	17 022	0.41	-3.59
24	贵州省		4	2 447	8 946	0.21	265.64
25	天津市		2	5 218	6 713	0.16	28.66
26	新疆维吾尔自治区		3	12 469	4 422	0.11	-64.54
27	福建省		3	3 262	3 935	0.09	20.63
28	甘肃省		1	1 047	1 218	0.03	16.29
四	水泥专用设备总计	3614010	71	824 959	1 160 814	100.00	40.71
1	辽宁省		13	180 169	379 960	32.73	110.89
2	江苏省		11	170 141	241 720	20.82	42.07
3	河南省		10	158 384	147 029	12.67	-7.17
4	四川省		7	68 915	88 065	7.59	27.79
5	广西壮族自治区		3	44 346	71 117	6.13	60.37
6	河北省		3	68 805	65 042	5.60	-5.47
7	山东省		5	47 736	54 216	4.67	13.57
8	安徽省		5	33 773	51 736	4.46	53.19
9	上海市		2	13 735	28 558	2.46	107.92
10	浙江省		4	19 174	22 701	1.96	18.39
11	北京市		1	5 898	5 103	0.44	-13.47
12	天津市		2	1 686	1 940	0.17	15.07
13	湖北省		1	280	1 554	0.13	454.91

（续）

序号	产品及地区名称	产品代码	企业数（个）	2009 年（t）	2010 年（t）	占总计比重（%）	同比增长（%）
14	湖南省		1	393	1 436	0.12	265.39
15	广东省		2	1 400	636	0.05	-54.57
16	江西省		1	10 124	0	0.00	-100.00
五	铸钢件总计	3591020	1 216	6 205 665	8 719 321	100.00	40.51
1	河北省		66	641 539	1 333 745	15.30	107.90
2	江苏省		225	855 076	1 045 614	11.99	22.28
3	河南省		79	765 303	1 010 194	11.59	32.00
4	辽宁省		110	606 819	703 628	8.07	15.95
5	安徽省		113	494 744	644 286	7.39	30.23
6	浙江省		171	465 221	602 356	6.91	29.48
7	山东省		80	441 327	566 665	6.50	28.40
8	广西壮族自治区		23	335 686	486 064	5.57	44.80
9	四川省		56	286 677	423 045	4.85	47.57
10	广东省		20	234 310	344 632	3.95	47.08
11	福建省		28	149 898	270 280	3.10	80.31
12	湖北省		54	179 793	245 877	2.82	36.76
13	湖南省		34	173 626	232 316	2.66	33.80
14	吉林省		13	129 810	180 348	2.07	38.93
15	重庆市		31	83 337	175 374	2.01	110.44
16	黑龙江省		14	54 912	81 559	0.94	48.53
17	山西省		7	38 386	63 812	0.73	66.24
18	宁夏回族自治区		4	42 204	61 577	0.71	45.90
19	江西省		11	36 333	42 886	0.49	18.04
20	天津市		16	31 915	41 723	0.48	30.73
21	云南省		7	36 243	37 385	0.43	3.15
22	北京市		13	26 194	27 360	0.31	4.45
23	上海市		7	25 985	26 875	0.31	3.43
24	内蒙古自治区		8	14 947	22 737	0.26	52.12
25	甘肃省		7	23 388	15 972	0.18	-31.71
26	陕西省		7	12 735	14 050	0.16	10.33
27	新疆维吾尔自治区		5	11 299	10 858	0.12	-3.91
28	贵州省		6	5 777	4 972	0.06	-13.94
29	青海省		1	2 181	3 135	0.04	43.74
六	锻件总计	3592010	612	5 215 485	7 052 122	100.00	35.22
1	山东省		168	2 040 095	2 752 956	39.04	34.94
2	河南省		35	561 925	837 984	11.88	49.13
3	江苏省		73	399 598	507 444	7.20	26.99
4	广东省		14	423 523	393 868	5.59	-7.00
5	浙江省		68	321 515	387 890	5.50	20.64
6	湖南省		5	211 114	384 600	5.45	82.18
7	辽宁省		63	275 838	276 827	3.93	0.36
8	上海市		23	174 622	199 770	2.83	14.40
9	安徽省		32	121 971	168 041	2.38	37.77
10	河北省		11	48 424	167 444	2.37	245.79
11	黑龙江省		7	4 392	158 000	2.24	3 497.44

（续）

序号	产品及地区名称	产品代码	企业数（个）	2009 年（t）	2010 年（t）	占总计比重（%）	同比增长（%）
12	重庆市		10	97 790	153 579	2.18	57.05
13	山西省		12	99 164	134 170	1.90	35.30
14	湖北省		13	71 343	114 815	1.63	60.93
15	福建省		7	67 228	101 813	1.44	51.44
16	四川省		17	64 968	83 588	1.19	28.66
17	江西省		3	59 630	65 278	0.93	9.47
18	天津市		13	47 954	49 404	0.70	3.02
19	陕西省		6	43 276	28 727	0.41	-33.62
20	北京市		15	22 266	23 544	0.33	5.74
21	云南省		7	16 151	16 391	0.23	1.49
22	贵州省		1	15 587	13 573	0.19	-12.92
23	吉林省		3	9 485	12 349	0.18	30.20
24	甘肃省		1	8 096	10 680	0.15	31.92
25	广西壮族自治区		3	9 337	9 170	0.13	-1.79
26	宁夏回族自治区		1	160	148	0.00	-7.50
27	内蒙古自治区		1	34	69	0.00	102.94

注：表中原始数据来源于国家统计局 2010 年 12 月月报资料，由编者整理。

〔供稿人：中国重型机械工业协会臧义成、李革　审稿人：中国重型机械工业协会徐善继〕

2010 年冶金矿山机械进出口按产品分类量值及比重

税号	货品名称	数量单位	出口量	出口额（万美元）	进口量	进口额（万美元）	进出口总额（万美元）	进出口顺差（万美元）
	冶金矿山机械总计			236 414		208 525	444 939	27 889
	占重型机械行业总计比重（%）			21.26		35.04	26.06	5.40
	（一）冶金机械合计			142 727		133 875	276 602	8 852
	占冶金矿山机械总计比重（%）			60.37		64.20	62.17	31.74
	1. 金属冶炼设备小计	台	400	4 764	28	2 416	7 180	2 348
84178010	炼焦炉	台	18	775	2	0	775	775
84541000	转炉	台	213	1 244	8	766	2 010	478
84542010	炉外精炼设备	台	169	2 744	18	1 650	4 394	1 094
	2. 连铸设备小计	台	144	4 512	10	1 038	5 550	3 474
84543021	方坯连铸机	台	50	2 068	3	937	3 004	1 131
84543022	板坯连铸机	台	2	18	0	42	61	-24
84543029	其他钢坯连铸机	台	92	2 426	7	59	2 485	2 367
	3. 金属轧制设备小计	台	9 463	26 523	1 163	41 893	68 416	-15 370
	（1）板材轧机	台	1 850	7 634	40	7 703	15 338	-69
84552110	板材热轧机	台	55	1 977	2	111	2 088	1 866
84552210	板材冷轧机	台	1 795	5 658	38	7 592	13 250	-1 935

（续）

税　　号	货品名称	数量单位	出口量	出口额（万美元）	进口量	进口额（万美元）	进出口总额（万美元）	进出口顺差（万美元）
	（2）管轧机	台	904	4 593	25	9 306	13 899	-4 713
84551010	热轧管机	台	59	1 364	17	7 081	8 445	-5 718
84551020	冷轧管机	台	616	2 485	4	715	3 200	1 770
84551030	定、减径轧管机	台	59	432	3	1 494	1 927	-1 062
84551090	其他金属管轧机	台	170	312	1	15	327	297
84552120	（3）型材轧机	台	160	1 167			1 167	1 167
84552130	（4）线材轧机	台	543	2 600	27	4 451	7 051	-1 851
	（5）其他金属轧机	台	3 034	6 534	62	11 455	17 989	-4 922
84552190	其他金属热轧机或冷热联轧机	台	90	1 322	4	8 053	9 375	-6 731
84552290	其他金属冷轧机	台	2 944	5 211	58	3 402	8 614	1 809
	（6）拉拔机	台	2 972	3 995	1 009	8 978	12 973	-4 983
84631011	300t 及以下的冷拔管机	台	41	378	21	634	1 011	-256
84631019	其他冷拔管机	台	7	39			39	39
84631020	拔丝机	台	2 610	2 625	686	6 144	8 768	-3 519
84631090	金属杆、管、型材、异型材等的拉拔机	台	314	954	302	2 201	3 155	-1 247
	4. 冶金设备零件小计			106 928		88 528	195 456	18 400
	（1）金属冶炼设备零件			38 477		7 096	45 573	31 382
84179010	海绵铁回转窑的零件	kg	2 441 954	834	1 263 820	997	1 831	-162
84179020	焦炉零件	kg	13 988 628	3 653	48 648	108	3 761	3 544
84542090	其他锭模及浇包	台	9 672	5 233	134	660	5 892	4 573
84549010	炉外精炼设备的零件	kg	6 926 303	3 451	220 159	695	4 146	2 756
84549090	其他金属冶炼设备及铸造机的零件	kg	73 879 557	25 307	1 635 374	4 636	29 942	20 671
	（2）连铸机零件	kg	11 019 407	7 587	936 130	4 911	12 498	2 676
84549021	钢坯连铸机用结晶器	kg	1 282 215	2 074	363 319	1 314	3 388	760
84549022	钢坯连铸机用振动装置	kg	192 350	166	269 751	1 077	1 243	-912
84549029	其他钢坯连铸机用零件	kg	9 544 842	5 348	303 060	2 520	7 868	2 828
	（3）金属轧制设备零件			60 864		76 521	137 384	-15 657
84553000	金属轧机用轧辊	个	131 292	20 848	152 091	46 199	67 046	-25 351
84559000	其他金属轧机零件	kg	101 872 842	40 016	8 701 131	30 322	70 338	9 694
	（二）矿山机械合计			93 688		74 650	168 338	19 038
	占冶金矿山机械总计比重（%）			39.63		35.80	37.83	68.26
	1. 采掘、凿岩设备、钻机小计	台	49 798	15 949	434	27 641	43 590	-11 692
	（1）截煤机、凿岩机及隧道掘进机	台	33 098	10 505	205	20 283	30 789	-9 778
84303100	自推进的截煤机、凿岩机及隧道掘进机	台	932	8 896	113	12 831	21 727	-3 936
84303900	非自推进的截煤机、凿岩机及隧道掘进机	台	3 2166	1 610	92	7 452	9 062	-5 842
84305020	（2）矿用电铲	台	4	1 292	2	5 460	6 751	-4 168
	（3）采矿钻机	台	331	455	176	1 336	1 792	-881
84305031	牙轮直径在 382mm 及以上的采矿钻机	台	116	23	3	74	97	-51
84305039	其他采矿钻机	台	215	432	173	1 262	1 695	-830
	（4）工程钻机	台	16 365	3 697	51	562	4 258	3 135
84306911	钻筒直径在 3m 以上的非自推进工程钻机	台	14	132			132	132
84306919	其他非自推进工程钻机	台	16 351	3 565	51	562	4 127	3 003
	2. 破碎粉磨设备小计	台	23 668	54 400	1 056	28 466	82 866	25 933
84742010	齿辊式矿物破碎或粉磨设备	台	2 851	7 264	206	9 137	16 401	-1 873
84742020	球磨式矿物破碎或粉磨设备	台	2 026	16 451	140	2 205	18 656	14 245

（续）

税　号	货品名称	数量单位	出口量	出口额（万美元）	进口量	进口额（万美元）	进出口总额（万美元）	进出口顺差（万美元）
84742090	其他矿物破碎或粉磨设备	台	18 791	30 685	710	17 124	47 809	13 561
	3. 筛分、洗选设备小计	台	18 523	20 393	1 883	14 791	35 185	5 602
84741000	筛分、洗选设备	台	18 523	20 393	1 883	14 791	35 185	5 602
	4. 矿山提升（卷扬）设备小计	台	2 783	600	13	391	991	208
84253110	电动矿山提升（卷扬）设备	台	1 428	564	8	276	839	288
84253910	非电动的矿山提升（卷扬）设备	台	1355	36	5	116	152	-80
	5. 矿山机械零件小计	kg	8 446 980	2 346	1 889 712	3 360	5 706	-1 014
84314910	矿用电铲用零件	kg	8 446 980	2 346	1 889 712	3 360	5 706	-1 014

注：1. 表中原始数据来源于海关总署2010年12月月报统计资料，编者按照2010年国家统计局《统计用产品分类目录》对产品名称及分类作了适当调整。进出口顺差为负数表示逆差。

2. 因矿山机械零件进出口多混在税号84314000和84749000中无法区分，本表仅列了84314910一个税号商品。

〔供稿人：中国重型机械工业协会臧义成、李革　审稿人：中国重型机械工业协会徐善继〕

2010年冶金矿山机械进出口额按国家（地区）统计

序号	国家（地区）名称	出口额（万美元）	占出口总额的比重（%）	序号	国家（地区）名称	进口额（万美元）	占进口总额的比重（%）
	冶金矿山机械总计	236 414	100.00		冶金矿山机械总计	208 525	100.00
1	印度	42 874	18.14	1	德国	60 532	29.03
2	越南	14 220	6.01	2	美国	44 225	21.21
3	巴西	12 938	5.47	3	日本	26 368	12.64
4	印度尼西亚	10 207	4.32	4	意大利	23 023	11.04
5	日本	9 123	3.86	5	英国	9 600	4.60
6	美国	8 720	3.69	6	法国	8 909	4.27
7	马来西亚	7 797	3.30	7	奥地利	6 736	3.23
8	韩国	7 720	3.27	8	瑞典	5 639	2.70
9	俄罗斯联邦	7 637	3.23	9	澳大利亚	4 604	2.21
10	伊朗	7 364	3.12	10	韩国	4 488	2.15
11	中国台湾	6 515	2.76	11	中国台湾	2 262	1.08
12	泰国	5 543	2.34	12	瑞士	1 535	0.74
13	土耳其	4 652	1.97	13	俄罗斯联邦	1 437	0.69
14	沙特阿拉伯	4 271	1.81	14	巴西	1 347	0.65
15	新加坡	4 083	1.73	15	芬兰	1 191	0.57
16	墨西哥	3 603	1.52	16	丹麦	1 000	0.48
17	意大利	3 210	1.36	17	乌克兰	942	0.45

（续）

序号	国家(地区)名称	出口额（万美元）	占出口总额的比重（%）	序号	国家(地区)名称	进口额（万美元）	占进口总额的比重（%）
18	哈萨克斯坦	3 209	1.36	18	比利时	929	0.45
19	德国	3 184	1.35	19	中华人民共和国	541	0.26
20	摩洛哥	2 929	1.24	20	新加坡	499	0.24
21	澳大利亚	2 764	1.17	21	波兰	473	0.23
22	尼日利亚	2 721	1.15	22	荷兰	287	0.14
23	乌克兰	2 717	1.15	23	西班牙	259	0.12
24	阿拉伯联合酋长国	2 443	1.03	24	加拿大	250	0.12
25	蒙古	2 027	0.86	25	斯洛文尼亚	236	0.11
26	缅甸	2 025	0.86	26	马来西亚	220	0.11
27	埃塞俄比亚	1 878	0.79	27	新西兰	195	0.09
28	南非	1 874	0.79	28	南非	188	0.09
29	朝鲜	1 830	0.77	29	朝鲜	184	0.09
30	菲律宾	1 743	0.74	30	印度	78	0.04
31	秘鲁	1 656	0.70	31	卢森堡	69	0.03
32	吉尔吉斯斯坦	1 555	0.66	32	捷克	56	0.03
33	智利	1 537	0.65	33	挪威	55	0.03
34	埃及	1 536	0.65	34	保加利亚	31	0.02
35	利比亚	1 526	0.65	35	印度尼西亚	31	0.01
36	比利时	1 515	0.64	36	泰国	23	0.01
37	巴基斯坦	1 505	0.64	37	以色列	21	0.01
38	孟加拉国	1 340	0.57	38	中国香港	18	0.01
39	阿根廷	1 312	0.55	39	爱尔兰	18	0.01
40	荷兰	1 267	0.54	40	斯洛伐克	9	0.00
41	阿尔及利亚	1 256	0.53	41	匈牙利	8	0.00
42	英国	1 069	0.45	42	越南	3	0.00
43	白俄罗斯	963	0.41	43	土耳其	1	0.00
44	也门共和国	962	0.41	44	尼泊尔	1	0.00
45	加拿大	950	0.40	45	哥伦比亚	1	0.00
46	叙利亚	939	0.40	46	墨西哥	1	0.00
47	安哥拉	903	0.38	47	伊朗	0	0.00
48	塔吉克斯坦	864	0.37	48	葡萄牙	0	0.00
49	哥伦比亚	767	0.32	49	菲律宾	0	0.00
50	西班牙	748	0.32	50	多米尼加共和国	0	0.00

注:2010 年冶金矿山机械共出口 178 个国家(地区),从 50 个国家(地区)进口,表中仅列出前 50 位国家(地区)。

〔供稿人:中国重型机械工业协会臧义成、李革　审稿人:中国重型机械工业协会徐善继〕

2010年冶金机械进出口额按国家(地区)统计

序号	国家(地区)名称	出口额(万美元)	占出口总额的比重(%)	序号	国家(地区)名称	进口额(万美元)	占进口总额的比重(%)
	冶金机械合计	142 727	100.00		冶金机械合计	133 875	100.00
1	印度	32 743	22.94	1	德国	40 619	30.34
2	日本	8 964	6.28	2	意大利	22 876	17.09
3	巴西	7 374	5.17	3	日本	20 380	15.22
4	韩国	7 172	5.02	4	美国	20 342	15.19
5	中国台湾	6 258	4.38	5	奥地利	5 223	3.90
6	美国	5 777	4.05	6	英国	5 149	3.85
7	越南	5 739	4.02	7	法国	4 667	3.49
8	印度尼西亚	4 997	3.50	8	韩国	4 258	3.18
9	泰国	4 833	3.39	9	瑞典	2 492	1.86
10	俄罗斯联邦	4 435	3.11	10	中国台湾	1 315	0.98
11	马来西亚	4 229	2.96	11	巴西	1 216	0.91
12	伊朗	3 792	2.66	12	瑞士	1 174	0.88
13	土耳其	3 316	2.32	13	俄罗斯联邦	1 127	0.84
14	意大利	3 020	2.12	14	乌克兰	942	0.70
15	墨西哥	2 939	2.06	15	比利时	837	0.62
16	德国	2 715	1.90	16	西班牙	259	0.19
17	摩洛哥	2 655	1.86	17	斯洛文尼亚	236	0.18
18	乌克兰	2 542	1.78	18	马来西亚	203	0.15
19	阿拉伯联合酋长国	1 795	1.26	19	加拿大	106	0.08
20	哈萨克斯坦	1 655	1.16	20	芬兰	101	0.08
21	沙特阿拉伯	1 498	1.05	21	中华人民共和国	95	0.07
22	荷兰	1 247	0.87	22	卢森堡	69	0.05
23	埃及	1 208	0.85	23	保加利亚	31	0.02
24	阿根廷	1 133	0.79	24	波兰	30	0.02
25	比利时	1 130	0.79	25	新西兰	26	0.02
26	巴基斯坦	970	0.68	26	澳大利亚	25	0.02
27	孟加拉国	962	0.67	27	荷兰	13	0.01
28	菲律宾	925	0.65	28	中国香港	13	0.01
29	澳大利亚	917	0.64	29	印度	10	0.01
30	南非	890	0.62	30	斯洛伐克	9	0.01
31	叙利亚	856	0.60	31	匈牙利	8	0.01
32	尼日利亚	772	0.54	32	挪威	6	0.00
33	西班牙	667	0.47	33	新加坡	4	0.00
34	英国	659	0.46	34	丹麦	4	0.00
35	加拿大	610	0.43	35	捷克	3	0.00

（续）

序号	国家(地区)名称	出口额（万美元）	占出口总额的比重（%）	序号	国家(地区)名称	进口额（万美元）	占进口总额的比重（%）
36	乌兹别克斯坦	480	0.34	36	泰国	3	0.00
37	缅甸	475	0.33	37	越南	1	0.00
38	立陶宛	452	0.32	38	印度尼西亚	1	0.00
39	塔吉克斯坦	438	0.31	39	哥伦比亚	1	0.00
40	奥地利	436	0.31	40	土耳其	1	0.00
41	利比亚	418	0.29	41	墨西哥	1	0.00
42	阿尔及利亚	414	0.29	42	伊朗	0.4	0.00
43	瑞士	404	0.28	43	葡萄牙	0.1	0.00
44	突尼斯	365	0.26	44	菲律宾	0.1	0.00
45	罗马尼亚	347	0.24	45	多米尼加共和国	0.0	0.00
46	新加坡	344	0.24				
47	吉尔吉斯斯坦	326	0.23				
48	芬兰	319	0.22				
49	智利	317	0.22				
50	约旦	298	0.21				

注：2010 年冶金机械共出口 159 个国家(地区)，表中仅列出前 50 位国家(地区)。

〔供稿人：中国重型机械工业协会臧义成、李革　审稿人：中国重型机械工业协会徐善继〕

2010 年矿山机械进出口额按国家(地区)统计

序号	国家(地区)名称	出口额（万美元）	占出口总额的比重（%）	序号	国家(地区)名称	进口额（万美元）	占进口总额的比重（%）
	矿山机械合计	93 688	100.00		矿山机械合计	74 650	100.00
1	印度	10 131	10.81	1	美国	23 883	31.99
2	越南	8 481	9.05	2	德国	19 913	26.68
3	巴西	5 564	5.94	3	日本	5 988	8.02
4	印度尼西亚	5 210	5.56	4	澳大利亚	4 578	6.13
5	新加坡	3 739	3.99	5	英国	4 451	5.96
6	伊朗	3 572	3.81	6	法国	4 242	5.68
7	马来西亚	3 569	3.81	7	瑞典	3 147	4.22
8	俄罗斯联邦	3 202	3.42	8	奥地利	1 513	2.03
9	美国	2 943	3.14	9	芬兰	1 090	1.46
10	沙特阿拉伯	2 774	2.96	10	丹麦	995	1.33
11	蒙古	1 997	2.13	11	中国台湾	947	1.27
12	尼日利亚	1 949	2.08	12	新加坡	494	0.66
13	澳大利亚	1 847	1.97	13	中华人民共和国	446	0.60
14	埃塞俄比亚	1 788	1.91	14	波兰	443	0.59

（续）

序号	国家（地区）名称	出口额（万美元）	占出口总额的比重（%）	序号	国家（地区）名称	进口额（万美元）	占进口总额的比重（%）
15	朝鲜	1 747	1.87	15	瑞士	361	0.48
16	哈萨克斯坦	1 554	1.66	16	俄罗斯联邦	311	0.42
17	缅甸	1 551	1.66	17	荷兰	274	0.37
18	秘鲁	1 491	1.59	18	韩国	230	0.31
19	土耳其	1 336	1.43	19	南非	188	0.25
20	吉尔吉斯斯坦	1 229	1.31	20	朝鲜	184	0.25
21	智利	1 220	1.30	21	新西兰	168	0.23
22	利比亚	1 108	1.18	22	意大利	147	0.20
23	南非	984	1.05	23	加拿大	144	0.19
24	也门共和国	949	1.01	24	巴西	131	0.18
25	白俄罗斯	860	0.92	25	比利时	93	0.12
26	阿尔及利亚	842	0.90	26	印度	68	0.09
27	菲律宾	819	0.87	27	捷克	53	0.07
28	安哥拉	754	0.80	28	挪威	49	0.07
29	泰国	710	0.76	29	印度尼西亚	30	0.04
30	墨西哥	664	0.71	30	泰国	21	0.03
31	哥伦比亚	662	0.71	31	以色列	21	0.03
32	阿拉伯联合酋长国	648	0.69	32	爱尔兰	18	0.02
33	坦桑尼亚	610	0.65	33	马来西亚	17	0.02
34	苏丹	583	0.62	34	中国香港	6	0.01
35	加纳	573	0.61	35	越南	2	0.00
36	塞拉利昂	559	0.60	36	尼泊尔	1	0.00
37	纳米比亚	553	0.59	37	土耳其	1	0.00
38	韩国	549	0.59	38	保加利亚	1	0.00
39	巴基斯坦	534	0.57	39	葡萄牙	0.3	0.00
40	阿曼	511	0.54				
41	赞比亚	484	0.52				
42	德国	469	0.50				
43	肯尼亚	446	0.48				
44	塔吉克斯坦	426	0.45				
45	英国	410	0.44				
46	斯里兰卡	407	0.43				
47	老挝	389	0.41				
48	中国香港	388	0.41				
49	比利时	385	0.41				
50	阿塞拜疆	384	0.41				

注:2010 年矿山机械共出口 168 个国家（地区），表中仅列出前 50 位国家（地区）。

〔供稿人:中国重型机械工业协会臧义成、李革　审稿人:中国重型机械工业协会徐善继〕

2010年物料搬运(起重运输)机械分类产品产量及按省、自治区、直辖市分布

序号	产品及地区名称	产品代码	产量单位	企业数(个)	2009年	2010年	占总计比重(%)	同比增长(%)
一	起重机总计	3530100	t	413	5 239 856	5 778 922	100.00	10.29
1	河南省		t	96	757 803	1 201 354	20.79	58.53
2	山东省		t	71	909 905	1 129 012	19.54	24.08
3	湖南省		t	10	573 371	875 819	15.16	52.75
4	江苏省		t	31	611 330	656 222	11.36	7.34
5	上海市		t	16	1 337 363	554 909	9.60	-58.51
6	安徽省		t	14	191 004	334 543	5.79	75.15
7	浙江省		t	39	139 444	182 268	3.15	30.71
8	辽宁省		t	11	154 724	177 985	3.08	15.03
9	广西壮族自治区		t	6	84 629	129 046	2.23	52.48
10	四川省		t	8	74 956	88 636	1.53	18.25
11	山西省		t	4	80 547	80 943	1.40	0.49
12	广东省		t	17	59 398	60 411	1.05	1.71
13	重庆市		t	15	49 323	57 684	1.00	16.95
14	吉林省		t	11	43 250	55 327	0.96	27.92
15	北京市		t	12	31 566	40 961	0.71	29.76
16	江西省		t	3	19 610	34 854	0.60	77.73
17	湖北省		t	9	33 773	25 822	0.45	-23.54
18	天津市		t	7	20 055	20 754	0.36	3.49
19	新疆维吾尔自治区		t	5	8 670	15 072	0.26	73.84
20	云南省		t	6	11 575	13 277	0.23	14.70
21	宁夏回族自治区		t	2	9 477	12 209	0.21	28.83
22	河北省		t	6	20 925	10 634	0.18	-49.18
23	黑龙江省		t	5	8 273	7 775	0.13	-6.02
24	甘肃省		t	3	4 486	7 133	0.12	59.01
25	福建省		t	5	3 478	4 655	0.08	33.84
26	陕西省		t	1	922	1 616	0.03	75.27
二	电动车辆(电动叉车)总计	3530280	台	37	126 084	302 457	100.00	139.89
1	黑龙江省		台	1	0	140 300	46.39	
2	浙江省		台	9	36 625	40 078	13.25	9.43
3	湖北省		台	2	28 231	34 582	11.43	22.50
4	安徽省		台	6	18 184	29 086	9.62	59.95
5	上海市		台	3	19 753	27 606	9.13	39.76
6	江苏省		台	2	5 658	17 528	5.80	209.79
7	福建省		台	1	4 969	8 006	2.65	61.12
8	山东省		台	2	2 102	2 595	0.86	23.45
9	广东省		台	3	9 947	1 860	0.61	-81.30
10	北京市		台	1	181	351	0.12	93.92
11	辽宁省		台	2	121	303	0.10	150.41

（续）

序号	产品及地区名称	产品代码	产量单位	企业数（个）	2009年	2010年	占总计比重（%）	同比增长（%）
12	陕西省		台	2	163	82	0.03	-49.69
13	河南省		台	2	150	80	0.03	-46.67
14	四川省		台	1	0	0	0.00	
三	内燃叉车总计	3530290	台	40	78 356	153 089	100.00	95.38
1	浙江省		台	5	21 141	59 878	39.11	183.23
2	安徽省		台	7	24 359	40 613	26.53	66.73
3	陕西省		台	2	7 576	11 446	7.48	51.08
4	湖北省		台	3	4 390	10 376	6.78	136.36
5	广西壮族自治区		台	1	2 939	6 922	4.52	135.52
6	江苏省		台	4	5 467	4 710	3.08	-13.85
7	辽宁省		台	2	3 191	4 460	2.91	39.77
8	上海市		台	3	2 544	3 674	2.40	44.42
9	北京市		台	2	2 051	3 552	2.32	73.18
10	福建省		台	2	2 235	3 075	2.01	37.58
11	河南省		台	3	1 238	2 792	1.82	125.53
12	山东省		台	3	1 038	1 509	0.99	45.38
13	天津市		台	1	187	82	0.05	-56.15
14	广东省		台	1	0	0	0.00	
15	四川省		台	1	0	0	0.00	
四	输送机械（输送机和提升机）总计	3530311	t	159	1 031 016	1 420 953	100.00	37.82
1	安徽省		t	33	200 486	287 132	20.21	43.22
2	辽宁省		t	3	175 581	275 546	19.39	56.93
3	山西省		t	3	152 762	270 213	19.02	76.88
4	山东省		t	5	70 966	105 119	7.40	48.13
5	江苏省		t	15	67 753	100 541	7.08	48.39
6	内蒙古自治区		t	1	61 300	70 650	4.97	15.25
7	浙江省		t	20	47 695	63 235	4.45	32.58
8	湖北省		t	21	65 039	58 955	4.15	-9.35
9	河北省		t	4	29 358	46 092	3.24	57.00
10	黑龙江省		t	2	37 567	30 056	2.12	-19.99
11	宁夏回族自治区		t	1	31 116	28 023	1.97	-9.94
12	北京市		t	7	13 056	15 109	1.06	15.72
13	河南省		t	9	8 645	13 492	0.95	56.07
14	天津市		t	3	12 116	11 321	0.80	-6.56
15	吉林省		t	3	10 334	9 889	0.70	-4.30
16	福建省		t	2	4 830	8 586	0.60	77.76
17	广东省		t	8	5 223	7 381	0.52	41.32
18	广西壮族自治区		t	4	5 444	4 672	0.33	-14.17
19	云南省		t	4	3 659	4 126	0.29	12.76
20	四川省		t	3	1 480	3 338	0.23	125.57
21	重庆市		t	2	1 905	2 693	0.19	41.36
22	贵州省		t	2	1 200	2 487	0.18	107.20
23	湖南省		t	1	549	1 183	0.08	115.48
24	新疆维吾尔自治区		t	1	2 251	1 114	0.08	-50.51
25	陕西省		t	2	20 701	0	0.00	-100.00

（续）

序号	产品及地区名称	产品代码	产量单位	企业数（个）	2009 年	2010 年	占总计比重（%）	同比增长（%）
五	减速机总计	3579020	台	251	3 611 093	5 313 671	100.00	47.15
1	浙江省		台	66	1 496 866	2 365 643	44.52	58.04
2	江苏省		台	30	694 263	963 863	18.14	38.83
3	上海市		台	10	285 963	534 476	10.06	86.90
4	天津市		台	9	206 652	265 799	5.00	28.62
5	广东省		台	8	172 862	235 818	4.44	36.42
6	湖北省		台	10	177 765	196 313	3.69	10.43
7	山东省		台	30	163 421	170 563	3.21	4.37
8	北京市		台	6	91 170	160 880	3.03	76.46
9	湖南省		台	8	111 987	131 770	2.48	17.67
10	辽宁省		台	22	61 361	82 775	1.56	34.90
11	河南省		台	12	62 197	78 323	1.47	25.93
12	重庆市		台	7	30 794	48 212	0.91	56.56
13	河北省		台	7	17 511	24 616	0.46	40.57
14	山西省		台	4	10 408	12 270	0.23	17.89
15	安徽省		台	6	6 760	9 808	0.18	45.09
16	四川省		台	2	6 481	9 157	0.17	41.29
17	内蒙古自治区		台	2	5 825	7 993	0.15	37.22
18	广西壮族自治区		台	2	5 135	5 519	0.10	7.48
19	黑龙江省		台	3	529	5 294	0.10	900.76
20	陕西省		台	2	2 255	3 236	0.06	43.50
21	吉林省		台	1	293	769	0.01	162.46
22	青海省		台	1	0	288	0.01	
23	宁夏回族自治区		台	2	581	268	0.01	-53.87
24	云南省		台	1	14	18	0.00	28.57

注：表中原始数据来源于国家统计局 2010 年 12 月月报资料，由编者整理。

〔供稿人：中国重型机械工业协会臧义成、李革　审稿人：中国重型机械工业协会肖立群〕

2010 年物料搬运（起重运输）机械进出口按产品分类量值及比重

税　号	货品名称	数量单位	出口量	出口额（万美元）	进口量	进口额（万美元）	进出口总额（万美元）	进出口顺差（万美元）
	物料搬运（起重运输）机械总计			875 592		386 546	1 262 139	489 046
	占重型机械行业总计比重（%）			78.74		64.96	73.94	94.60
	1. 轻小型起重设备合计	台	41 683 002	125 780	1 162 961	54 892	180 672	70 887
	占行业总计比重（%）			14.37		14.20	14.31	14.50
84251100	（1）电动葫芦	台	657 265	8 058	17 598	4 561	12 619	3 497
84251900	（2）滑车及手动葫芦等	台	2 425 051	9 383	27 422	1 375	1 0758	8 007
	（3）卷扬机及绞盘	台	6 765 716	38 881	32 444	30 030	77 711	51

（续）

税　号	货品名称	数量单位	出口量	出口额（万美元）	进口量	进口额（万美元）	进出口总额（万美元）	进出口顺差（万美元）
84253190	电动的卷扬机及绞盘	台	1 442 217	27 784	16 145	22 907	50 691	4 877
84253990	其他非电动卷扬机及绞盘	台	5 323 499	11 097	16 299	15 923	27 020	-4 827
	(4)千斤顶	台	29 937 338	46 995	1 082 017	7 859	54 854	39 135
84254100	车库中使用的固定千斤顶系统	台	17 555	27	80	25	52	2
84254210	其他液压千斤顶	台	18 675 486	33 940	61 548	4 213	38 153	29 727
84254910	未列名千斤顶	台	11 244 297	13 028	1 020 389	3 621	16 649	9 407
	(5)汽车举升机	台	1 897 632	22 464	3 480	2 267	24 731	20 197
84254290	液压提升机	台	391 713	17 885	2 169	1 495	19 379	16 390
84254990	未列名提升机	台	1 505 919	4 579	1 311	772	5 351	3 807
	2. 起重机合计	台	15 443	291 706	2 394	65 954	357 660	225 753
	占行业总计比重(%)			33.32		17.06	28.34	46.16
	(1)桥式起重机	台	2 305	17 193	545	4 470	21 663	12 724
84261120	通用桥式起重机	台	1 645	11 544	268	2 446	13 990	9 098
84261190	其他桥式起重机	台	660	5 649	277	2 024	7 673	3 625
84261930	(2)龙门式起重机	台	587	35 235	27	1 582	36 817	33 654
	(3)装卸桥	台	210	106 436	18	4 136	110 572	102 300
84261921	抓斗式卸船机	台	22	5 406			5 406	5 406
84261941	门式装卸桥	台	33	188	4	387	575	-200
84261942	集装箱装卸桥	台	143	100 841	6	3 669	104 510	97 172
84261943	其他动臂式装卸桥	台	8	1	7	79	81	-78
84261949	未列名装卸桥	台	4	0.4	1	0	0.4	0.4
84262000	(4)塔式起重机	台	1 980	27 194	59	6 185	33 379	21 009
84263000	(5)门座起重机	台	830	21 227	499	24 150	45 377	-2 923
	(6)流动式起重机	台	3 911	73 317	687	20 331	93 648	52 987
	① 轮式起重机	台	2 753	45 701	85	14 346	60 047	31 356
	汽车起重机	台	2 012	30 521	4	148	30 669	30 374
87051091	起重量≤50t 汽车起重机	辆	1 574	19 082	3	94	19 176	18 988
87051092	50t＜起重量≤100t 汽车起重机	辆	423	10 403	1	53	10 456	10 349
87051093	起重量＞100t 汽车起重机	辆	15	1 037			1 037	1 037
	全路面起重机	辆	458	6 229	38	11 269	17 498	-5 041
87051021	起重量≤50t 全路面起重机	辆	384	4 088			4 088	4 088
87051022	50t＜起重量≤100t 全路面起重机	辆	67	1 426	3	192	1 618	1 235
87051023	起重量＞100t 全路面起重机	辆	7	714	35	11 078	11 792	-10 363
	轮胎式起重机	台	283	8 951	43	2 929	11 880	6 022
84264110	轮胎式自推进起重机	台	35	447	16	2 082	2 529	-1 635
84264190	其他带胶轮自推进起重机械	台	248	8 505	27	847	9 351	7 658
84264910	② 履带式起重机	台	572	27 203	38	5 623	32 826	21 580
	③ 其他流动式起重机	台	586	413	564	362	775	51
84264990	其他不带胶轮自推进起重机械	台			1	3	3	-3
84269100	供装于公路车辆的其他起重机	台	586	413	563	359	773	54
	(7)其他起重机	台	5 620	11 104	559	5 100	16 204	6 003
84261200	胶轮移动式吊运架及跨运车	台	720	4 732	27	87	4 819	4 645
84261990	未列名桥架类起重机移动式吊运架及跨运车	台	426	1 337	93	341	1 678	996
84269900	未列名起重机	台	4 474	5 035	439	4 673	9 708	362

（续）

税　　号	货品名称	数量单位	出口量	出口额（万美元）	进口量	进口额（万美元）	进出口总额（万美元）	进出口顺差（万美元）
	3. 工业车辆合计	台	1 612 112	79 162	16 523	38 340	117 502	40 823
	占行业总计比重(%)			9.04		9.92	9.31	8.35
	(1)电动车辆(叉车)	台	19 705	10 843	8 037	14 504	25 347	-3 661
84271020	乘驾式高起升堆垛叉车	台	291	146	331	1 184	1 330	-1 038
84271090	其他电动叉车	台	19 414	10 697	7 706	13 320	24 017	-2 623
	(2)内燃叉车	台	27 437	40 935	1 914	18 345	59 279	22 590
84272010	集装箱叉车	台	105	1 965	27	482	2 447	1 483
84272090	其他内燃叉车	台	27 332	38 970	1 887	17 863	56 833	21 107
	(3)短距离牵引车	辆	2 333	924	1 332	1 672	2 596	-748
87091110	电动牵引车	辆	2 010	256	1 023	1 054	1 310	-797
87091910	其他机动牵引车	辆	323	667	309	619	1 286	49
	(4)短距固定平台搬运车	辆	29 695	2 611	691	760	3 371	1 851
87091190	短距离电动固定平台搬运车	辆	20 842	1 157	249	271	1 428	885
87091990	其他短距离固定平台搬运车	辆	8 853	1 454	442	489	1 943	965
84279000	(5)其他工业车辆	台	1 532 942	23 850	4 549	3 059	26 909	20 791
	4. 电梯、自动梯及升降机合计	台	38 715	106 430	2 360	17 253	123 683	89 176
	占行业总计比重(%)			12.16		4.46	9.80	18.23
84281010	载客电梯	台	23 626	60 287	1 988	15 439	75 726	44 848
84281090	其他升降机及倒卸式起重机	台	1 443	3 009	339	1 742	4 751	1 267
84284000	自动梯及自动人行道	台	13 646	43 134	33	73	43 207	43 061
	5. 连续搬运设备及其他合计	台	1 546 137	136 819	108 490	161 428	298 248	-24 609
	占行业总计比重(%)			15.63		41.76	23.63	-5.03
	(1)输送机械(输送机及提升机)	台	99 858	84 821	34 679	104 813	189 635	-19 991
84282000	① 气力输送机	台	8 064	2 185	1 924	4 827	7 013	-2 642
84283100	② 地下专用的输送机	台	92	110	48	6 523	6 633	-6 413
84283200	③斗式提升输送机	台	3 398	7 585	667	2 118	9 703	5 467
84283300	④ 带式输送机	台	16 560	39 299	8 828	20 745	60 044	18 554
84283910	⑤ 链式输送机	台	4 770	7 146	3 492	16 394	23 540	-9 248
84283920	⑥ 辊式输送机	台	7 606	6 027	2 276	15 311	21 338	-9 284
84283990	⑦未列名输送机及提升机	台	57 647	22 244	16 748	36 204	58 449	-13 960
	⑧ 架空索道	台	1 721	225	696	2 691	2 916	-2 465
84286010	货运架空索道	台	5	3	17	243	247	-240
84286021	循环式客运架空索道	台	2	80	13	2 266	2 346	-2 186
84286029	其他客运架空索道	台	5	6	2	7	13	0
84286090	其他缆车、架空索道	台	1 709	135	664	174	310	-39
	(2)装卸船机	台	408	11 353	18	249	11 602	11 104
84261910	装船机	台	393	3 189	15	167	3 356	3 023
84261929	其他卸船机	台	15	8 164	3	82	8 246	8 082
	(3)其他连续搬运设备及其他设备	台	1 445 871	40 644	73 793	56 366	97 010	-15 722
84289010	矿车推动机、货车倾卸机及类似设备	台	53	872.57	47	302.46	1 175.03	570.11
84271010	有轨巷道堆跺机	台	1	6	144	3 010	3 016	-3 003
84289020	机械停车设备	台	2 783	1 177	16	151	1 328	1 026
84289090	未列名搬运、装卸机械	台	1 443 034	38 588	73 586	52 904	91 492	-14 315
	6. 物料搬运设备零件合计	kg		135 695		48 679	184 374	87 015
	占行业总计比重(%)			15.50		12.59	14.61	17.79

（续）

税号	货品名称	数量单位	出口量	出口额（万美元）	进口量	进口额（万美元）	进出口总额（万美元）	进出口顺差（万美元）
84311000	(1)轻小型起重机设备零件	kg	56 377 885	12 634	3 170 947	8 644	21 277	3 990
	(2)工业车辆零件	kg	258 788 327	34 077	13 799 700	12 246	46 322	21 831
84312000	税号8427所列机械的零件	kg	256 872 302	33 271	13 444 942	11 618	44 890	21 653
87099000	短距离搬运车及站台牵引车零件	kg	1 916 025	805	354 758	627	1 433	178
84313100	(3)电梯、自动梯及升降机零件	kg	266 325 963	50 032	9 106 577	10 366	60 398	39 666
84313900	(4)连续搬运设备及其他零件	kg	119 942 717	35 599	7 238 207	12 316	47 915	23 283
84314100	(5)戽斗、铲斗、抓斗及夹斗	kg/个	113 968	3 353	31 947	5 108	8 462	-1 755

注：表中原始数据来源于海关总署2010年12月月报统计资料，编者按照2010年国家统计局《统计用产品分类目录》对产品名称及分类作了适当调整。进出口顺差为负数表示逆差。

［供稿人：中国重型机械工业协会臧义成、李革　审稿人：中国重型机械工业协会肖立群］

2010年物料搬运（起重运输）机械进出口额按国家（地区）统计

序号	国家（地区）名称	出口额（万美元）	占出口总额的比重（%）	序号	国家（地区）名称	进口额（万美元）	占进口总额的比重（%）
	物料搬运（起重运输）机械总计	875 592	100.00		物料搬运（起重运输）机械总计	386 546	100.00
1	美国	90 981	10.39	1	德国	111 137	28.75
2	印度	60 777	6.94	2	日本	62 791	16.24
3	巴西	38 580	4.41	3	韩国	30 506	7.89
4	日本	34 938	3.99	4	美国	23 729	6.14
5	韩国	33 826	3.86	5	意大利	19 404	5.02
6	越南	29 547	3.37	6	挪威	17 356	4.49
7	澳大利亚	28 411	3.24	7	中国台湾	16 889	4.37
8	印度尼西亚	25 941	2.96	8	澳大利亚	11 293	2.92
9	德国	25 845	2.95	9	英国	11 001	2.85
10	新加坡	25 428	2.90	10	奥地利	10 360	2.68
11	中国台湾	24 865	2.84	11	中华人民共和国	10 292	2.66
12	中国香港	20 828	2.38	12	瑞典	10 130	2.62
13	英国	19 895	2.27	13	法国	9 013	2.33
14	俄罗斯联邦	18 932	2.16	14	荷兰	7 965	2.06
15	马来西亚	18 330	2.09	15	新加坡	7 221	1.87
16	泰国	17 996	2.06	16	芬兰	5 700	1.47
17	阿曼	17 620	2.01	17	瑞士	3 143	0.81
18	沙特阿拉伯	15 346	1.75	18	西班牙	2 840	0.73

（续）

序号	国家（地区）名称	出口额（万美元）	占出口总额的比重（%）	序号	国家（地区）名称	进口额（万美元）	占进口总额的比重（%）
19	土耳其	15 278	1.74	19	南非	2 426	0.63
20	阿拉伯联合酋长国	14 276	1.63	20	捷克	2 252	0.58
21	法国	13 257	1.51	21	丹麦	1 846	0.48
22	南非	10 819	1.24	22	马来西亚	1 626	0.42
23	埃及	10 428	1.19	23	加拿大	1 326	0.34
24	比利时	10 148	1.16	24	土耳其	1 229	0.32
25	意大利	9 909	1.13	25	波兰	922	0.24
26	尼日利亚	9 205	1.05	26	泰国	763	0.20
27	伊朗	8 948	1.02	27	中国香港	538	0.14
28	荷兰	8 770	1.00	28	比利时	443	0.11
29	西班牙	8 754	1.00	29	斯洛文尼亚	400	0.10
30	菲律宾	8 471	0.97	30	匈牙利	358	0.09
31	墨西哥	8 225	0.94	31	卢森堡	304	0.08
32	加拿大	8 177	0.93	32	印度	239	0.06
33	哥伦比亚	7 380	0.84	33	墨西哥	175	0.05
34	苏丹	7 167	0.82	34	新西兰	151	0.04
35	秘鲁	6 840	0.78	35	罗马尼亚	124	0.03
36	哈萨克斯坦	6 596	0.75	36	以色列	119	0.03
37	缅甸	6 490	0.74	37	乌克兰	113	0.03
38	阿尔及利亚	6 242	0.71	38	越南	65	0.02
39	阿根廷	6 174	0.71	39	爱沙尼亚	59	0.02
40	巴拿马	6 020	0.69	40	希腊	55	0.01
41	瑞典	5 414	0.62	41	爱尔兰	53	0.01
42	巴基斯坦	4 522	0.52	42	白俄罗斯	50	0.01
43	智利	4 336	0.50	43	印度尼西亚	35	0.01
44	塞内加尔	4 253	0.49	44	巴西	33	0.01
45	安哥拉	3 989	0.46	45	斯洛伐克	31	0.01
46	孟加拉国	3 895	0.44	46	菲律宾	13	0.00
47	埃塞俄比亚	3 851	0.44	47	俄罗斯联邦	7	0.00
48	黎巴嫩	3 844	0.44	48	阿拉伯联合酋长国	5	0.00
49	肯尼亚	3 587	0.41	49	阿根廷	4	0.00
50	波兰	3 575	0.41	50	斯里兰卡	3	0.00

注:2010 年物料搬运（起重运输）机械共出口 202 个国家（地区），从 64 个国家（地区）进口，表中仅列出前 50 位国家（地区）。

〔供稿人:中国重型机械工业协会臧义成、李革　审稿人:中国重型机械工业协会肖立群〕

2010年轻小型起重设备进出口额按国家(地区)统计

序号	国家(地区)名称	出口额(万美元)	占出口总额的比重(%)	序号	国家(地区)名称	进口额(万美元)	占进口总额的比重(%)
	轻小型起重设备合计	125 780	100.00		轻小型起重设备合计	54 892	100.00
1	美国	41 445	32.95	1	德国	11 097	20.22
2	日本	5 882	4.68	2	挪威	10 017	18.25
3	韩国	5 567	4.43	3	日本	6 702	12.21
4	德国	5 019	3.99	4	新加坡	4 071	7.42
5	澳大利亚	3 841	3.05	5	美国	3 028	5.52
6	印度	3 246	2.58	6	荷兰	2 868	5.22
7	法国	3 243	2.58	7	韩国	2 460	4.48
8	加拿大	3 117	2.48	8	意大利	2 290	4.17
9	英国	3 092	2.46	9	南非	2 248	4.09
10	新加坡	3 031	2.41	10	法国	1 937	3.53
11	俄罗斯联邦	3 020	2.40	11	芬兰	1 790	3.26
12	越南	2 968	2.36	12	瑞典	934	1.70
13	荷兰	2 590	2.06	13	土耳其	841	1.53
14	泰国	2 293	1.82	14	西班牙	573	1.04
15	巴西	2 155	1.71	15	马来西亚	549	1.00
16	印度尼西亚	1 737	1.38	16	中国台湾	516	0.94
17	马来西亚	1 679	1.34	17	瑞士	441	0.80
18	阿拉伯联合酋长国	1 582	1.26	18	捷克	361	0.66
19	意大利	1 576	1.25	19	澳大利亚	293	0.53
20	南非	1 451	1.15	20	丹麦	282	0.51
21	中国台湾	1 444	1.15	21	英国	234	0.43
22	土耳其	1 439	1.14	22	匈牙利	204	0.37
23	芬兰	1 438	1.14	23	波兰	197	0.36
24	墨西哥	1 329	1.06	24	加拿大	183	0.33
25	西班牙	1 236	0.98	25	奥地利	156	0.28
26	波兰	1 128	0.90	26	中华人民共和国	128	0.23
27	瑞典	1 083	0.86	27	印度	122	0.22
28	比利时	1 067	0.85	28	比利时	85	0.16
29	阿根廷	924	0.73	29	泰国	79	0.14
30	伊朗	877	0.70	30	希腊	45	0.08
31	沙特阿拉伯	792	0.63	31	爱沙尼亚	34	0.06
32	中国香港	758	0.60	32	白俄罗斯	31	0.06
33	菲律宾	695	0.55	33	墨西哥	29	0.05
34	智利	641	0.51	34	新西兰	24	0.04
35	缅甸	612	0.49	35	越南	16	0.03
36	丹麦	568	0.45	36	中国香港	11	0.02
37	乌克兰	484	0.38	37	罗马尼亚	5	0.01

（续）

序号	国家（地区）名称	出口额（万美元）	占出口总额的比重（%）	序号	国家（地区）名称	进口额（万美元）	占进口总额的比重（%）
38	埃及	470	0.37	38	巴西	3	0.01
39	捷克	419	0.33	39	菲律宾	3	0.01
40	新西兰	416	0.33	40	爱尔兰	2	0.00
41	尼日利亚	405	0.32	41	阿拉伯联合酋长国	1	0.00
42	哥伦比亚	389	0.31	42	以色列	1	0.00
43	秘鲁	372	0.30	43	葡萄牙	1	0.00
44	奥地利	340	0.27	44	印度尼西亚	0.4	0.00
45	巴基斯坦	285	0.23	45	阿曼	0.1	0.00
46	委内瑞拉	282	0.22				
47	挪威	280	0.22				
48	哈萨克斯坦	280	0.22				
49	孟加拉国	260	0.21				
50	拉脱维亚	250	0.20				

注：2010 年轻小型起重设备共出口 181 个国家（地区），表中仅列出前 50 位国家（地区）。

〔供稿人：中国重型机械工业协会臧义成、李革　审稿人：中国重型机械工业协会肖立群〕

2010 年起重机进出口额按国家（地区）统计

序号	国家（地区）名称	出口额（万美元）	占出口总额的比重（%）	序号	国家（地区）名称	进口额（万美元）	占进口总额的比重（%）
	起重机合计	291 706	100.00		起重机合计	65 954	100.00
1	印度	25 251	8.66	1	德国	33 544	50.86
2	巴西	21 189	7.26	2	中华人民共和国	5 248	7.96
3	中国台湾	17 249	5.91	3	韩国	5 095	7.72
4	美国	14 273	4.89	4	挪威	4 491	6.81
5	越南	12 798	4.39	5	日本	3 435	5.21
6	印度尼西亚	11 042	3.79	6	荷兰	3 047	4.62
7	新加坡	9 534	3.27	7	奥地利	2 549	3.86
8	英国	8 859	3.04	8	意大利	1 529	2.32
9	中国香港	8 322	2.85	9	澳大利亚	1 264	1.92
10	韩国	7 588	2.60	10	芬兰	1 174	1.78
11	埃及	7 567	2.59	11	英国	760	1.15
12	泰国	7 184	2.46	12	波兰	626	0.95
13	阿曼	6 920	2.37	13	瑞典	606	0.92
14	苏丹	6 372	2.18	14	美国	542	0.82
15	法国	5 812	1.99	15	斯洛文尼亚	346	0.52
16	澳大利亚	5 692	1.95	16	捷克	318	0.48
17	马来西亚	5 463	1.87	17	马来西亚	245	0.37

（续）

序号	国家（地区）名称	出口额（万美元）	占出口总额的比重（%）	序号	国家（地区）名称	进口额（万美元）	占进口总额的比重（%）
18	德国	5 291	1.81	18	卢森堡	236	0.36
19	沙特阿拉伯	4 769	1.63	19	丹麦	183	0.28
20	哥伦比亚	4 763	1.63	20	新加坡	168	0.25
21	比利时	4 717	1.62	21	中国台湾	148	0.22
22	巴拿马	4 675	1.60	22	比利时	86	0.13
23	阿尔及利亚	4 439	1.52	23	土耳其	64	0.10
24	秘鲁	4 394	1.51	24	法国	52	0.08
25	日本	4 197	1.44	25	越南	48	0.07
26	土耳其	3 957	1.36	26	印度	43	0.06
27	塞内加尔	3 652	1.25	27	加拿大	41	0.06
28	哈萨克斯坦	3 551	1.22	28	瑞士	31	0.05
29	菲律宾	3 079	1.06	29	西班牙	29	0.04
30	巴基斯坦	2 893	0.99	30	俄罗斯联邦	2	0.00
31	黎巴嫩	2 881	0.99	31	爱尔兰	2	0.00
32	缅甸	2 736	0.94	32	新西兰	1	0.00
33	阿拉伯联合酋长国	2 728	0.94	33	匈牙利	0.3	0.00
34	南非	2 714	0.93	34	以色列	0.2	0.00
35	墨西哥	2 633	0.90				
36	希腊	2 466	0.85				
37	伊朗	2 425	0.83				
38	肯尼亚	2 289	0.78				
39	俄罗斯联邦	2 256	0.77				
40	西班牙	2 223	0.76				
41	伊拉克	2 188	0.75				
42	安哥拉	1 602	0.55				
43	尼日利亚	1 585	0.54				
44	厄瓜多尔	1 436	0.49				
45	坦桑尼亚	1 381	0.47				
46	蒙古	1 351	0.46				
47	约旦	1 283	0.44				
48	利比亚	1 075	0.37				
49	博茨瓦那	945	0.32				
50	纳米比亚	843	0.29				

注:2010年起重机共出口155个国家(地区),表中仅列出前50位。

〔供稿人:中国重型机械工业协会臧义成、李革　审稿人:中国重型机械工业协会肖立群〕

2010 年工业车辆进出口额按国家(地区)统计

序号	国家(地区)名称	出口额(万美元)	占出口总额的比重(%)	序号	国家(地区)名称	进口额(万美元)	占进口总额的比重(%)
	工业车辆合计	79 162	100.00		工业车辆合计	38 340	100.00
1	巴西	6 572	8.30	1	澳大利亚	8 829	23.03
2	美国	6 178	7.80	2	日本	7 588	19.79
3	德国	4 938	6.24	3	美国	6 555	17.10
4	俄罗斯联邦	4 244	5.36	4	德国	6 217	16.22
5	阿根廷	3 761	4.75	5	韩国	2 010	5.24
6	土耳其	3 078	3.89	6	瑞典	1 466	3.82
7	澳大利亚	2 195	2.77	7	法国	1 441	3.76
8	南非	1 942	2.45	8	意大利	1 168	3.05
9	中国香港	1 846	2.33	9	中国台湾	623	1.63
10	法国	1 800	2.27	10	中华人民共和国	580	1.51
11	意大利	1 741	2.20	11	芬兰	517	1.35
12	印度	1 717	2.17	12	英国	432	1.13
13	泰国	1 552	1.96	13	丹麦	382	1.00
14	英国	1 448	1.83	14	西班牙	160	0.42
15	比利时	1 422	1.80	15	荷兰	119	0.31
16	沙特阿拉伯	1 303	1.65	16	加拿大	95	0.25
17	印度尼西亚	1 292	1.63	17	挪威	47	0.12
18	波兰	1 289	1.63	18	新西兰	28	0.07
19	新加坡	1 155	1.46	19	罗马尼亚	23	0.06
20	荷兰	1 145	1.45	20	比利时	21	0.06
21	韩国	1 111	1.40	21	爱尔兰	19	0.05
22	越南	1 089	1.38	22	瑞士	6	0.02
23	伊朗	1 078	1.36	23	中国香港	6	0.02
24	阿尔及利亚	1 057	1.33	24	奥地利	3	0.01
25	突尼斯	877	1.11	25	以色列	1	0.00
26	智利	862	1.09	26	捷克	0.1	0.00
27	芬兰	826	1.04	27	新加坡	0.1	0.00
28	西班牙	798	1.01	28	马来西亚	0.0	0.00
29	阿拉伯联合酋长国	730	0.92	29	波兰	0.0	0.00
30	马来西亚	704	0.89				
31	委内瑞拉	679	0.86				
32	以色列	675	0.85				
33	菲律宾	655	0.83				
34	墨西哥	650	0.82				
35	加拿大	641	0.81				
36	利比亚	625	0.79				
37	尼日利亚	616	0.78				

（续）

序号	国家(地区)名称	出口额（万美元）	占出口总额的比重（%）	序号	国家(地区)名称	进口额（万美元）	占进口总额的比重（%）
38	瑞典	538	0.68				
39	孟加拉国	500	0.63				
40	安哥拉	498	0.63				
41	秘鲁	476	0.60				
42	中国台湾	464	0.59				
43	巴拿马	462	0.58				
44	日本	448	0.57				
45	乌克兰	426	0.54				
46	哈萨克斯坦	425	0.54				
47	瑞士	417	0.53				
48	葡萄牙	400	0.51				
49	摩洛哥	383	0.48				
50	巴基斯坦	378	0.48				

注:2010年工业车辆共出口179个国家(地区),表中仅列出前50位。

〔供稿人:中国重型机械工业协会臧义成、李革　审稿人:中国重型机械工业协会肖立群〕

2010年电梯、自动扶梯及升降机进出口额按国家(地区)统计

序号	国家(地区)名称	出口额（万美元）	占出口总额的比重（%）	序号	国家(地区)名称	进口额（万美元）	占进口总额的比重（%）
	电梯、自动扶梯及升降机合计	106 430	100.00		电梯、自动扶梯及升降机合计	17 253	100.00
1	印度	8 718	8.19	1	日本	13 474	78.09
2	新加坡	6 303	5.92	2	德国	805	4.66
3	韩国	5 979	5.62	3	韩国	555	3.21
4	马来西亚	5 237	4.92	4	中国台湾	474	2.75
5	阿拉伯联合酋长国	4 685	4.40	5	芬兰	433	2.51
6	土耳其	4 446	4.18	6	新加坡	353	2.05
7	沙特阿拉伯	4 309	4.05	7	瑞典	318	1.84
8	澳大利亚	4 039	3.80	8	法国	216	1.25
9	俄罗斯联邦	3 675	3.45	9	泰国	119	0.69
10	越南	2 923	2.75	10	美国	115	0.67
11	泰国	2 816	2.65	11	瑞士	107	0.62
12	印度尼西亚	2 574	2.42	12	荷兰	81	0.47
13	墨西哥	2 502	2.35	13	意大利	75	0.43
14	巴西	2 381	2.24	14	奥地利	44	0.25
15	南非	2 372	2.23	15	西班牙	39	0.23
16	菲律宾	1 988	1.87	16	英国	14	0.08

（续）

序号	国家(地区)名称	出口额（万美元）	占出口总额的比重（%）	序号	国家(地区)名称	进口额（万美元）	占进口总额的比重（%）
17	伊朗	1 912	1.80	17	希腊	9	0.05
18	中国香港	1 843	1.73	18	挪威	9	0.05
19	智利	1 735	1.63	19	加拿大	6	0.04
20	意大利	1 673	1.57	20	土耳其	4	0.02
21	德国	1 572	1.48	21	比利时	2	0.01
22	哥伦比亚	1 457	1.37	22	巴西	1	0.01
23	西班牙	1 362	1.28	23	中华人民共和国	1	0.01
24	孟加拉国	1 302	1.22	24	爱尔兰	0.5	0.00
25	美国	1 271	1.19	25	澳大利亚	0.3	0.00
26	秘鲁	1 163	1.09				
27	中国台湾	1 078	1.01				
28	荷兰	1 046	0.98				
29	哈萨克斯坦	1 018	0.96				
30	阿曼	996	0.94				
31	卡塔尔	975	0.92				
32	英国	972	0.91				
33	科威特	957	0.90				
34	以色列	779	0.73				
35	比利时	726	0.68				
36	安哥拉	715	0.67				
37	捷克	688	0.65				
38	埃及	632	0.59				
39	巴林	599	0.56				
40	肯尼亚	570	0.54				
41	芬兰	527	0.50				
42	阿塞拜疆	497	0.47				
43	缅甸	472	0.44				
44	巴拿马	463	0.44				
45	委内瑞拉	459	0.43				
46	巴基斯坦	442	0.42				
47	新西兰	435	0.41				
48	加拿大	426	0.40				
49	波兰	424	0.40				
50	约旦	400	0.38				

注:2010 年电梯自动扶梯及升降机共出口 164 个国家(地区),表中仅列出前 50 位。

〔供稿人:中国重型机械工业协会臧义成、李革　审稿人:中国重型机械工业协会肖立群〕

2010 年连续搬运设备及其他进出口额按国家(地区)统计

序号	国家(地区)名称	出口额(万美元)	占出口总额的比重(%)	序号	国家(地区)名称	进口额(万美元)	占进口总额的比重(%)
	连续搬运设备及其他合计	136 819	100.00		连续搬运设备及其他合计	161 428	100.00
1	印度	16 966	12.40	1	德国	42 932	26.59
2	阿曼	9 551	6.98	2	日本	24 622	15.25
3	澳大利亚	8 064	5.89	3	韩国	16 805	10.41
4	越南	8 013	5.86	4	中国台湾	14 385	8.91
5	日本	7 933	5.80	5	意大利	12 176	7.54
6	印度尼西亚	7 030	5.14	6	美国	9 270	5.74
7	美国	6 289	4.60	7	英国	8 820	5.46
8	俄罗斯联邦	4 622	3.38	8	奥地利	6 437	3.99
9	中国香港	4 559	3.33	9	瑞典	5 052	3.13
10	巴西	3 954	2.89	10	法国	3 106	1.92
11	阿拉伯联合酋长国	2 845	2.08	11	中华人民共和国	2 934	1.82
12	埃塞俄比亚	2 798	2.05	12	新加坡	2 316	1.43
13	尼日利亚	2 681	1.96	13	挪威	2 254	1.40
14	沙特阿拉伯	2 469	1.80	14	瑞士	2 002	1.24
15	缅甸	2 325	1.70	15	荷兰	1 392	0.86
16	韩国	2 245	1.64	16	芬兰	1 319	0.82
17	马来西亚	2 191	1.60	17	西班牙	952	0.59
18	泰国	2 165	1.58	18	丹麦	770	0.48
19	中国台湾	1 768	1.29	19	澳大利亚	621	0.38
20	新加坡	1 760	1.29	20	马来西亚	583	0.36
21	伊朗	1 663	1.22	21	加拿大	556	0.34
22	德国	1 643	1.20	22	捷克	462	0.29
23	南非	1 589	1.16	23	中国香港	361	0.22
24	英国	1 588	1.16	24	泰国	170	0.11
25	加拿大	1 294	0.95	25	墨西哥	126	0.08
26	比利时	1 160	0.85	26	比利时	122	0.08
27	土耳其	1 084	0.79	27	匈牙利	122	0.08
28	哈萨克斯坦	1 054	0.77	28	以色列	117	0.07
29	也门共和国	1 052	0.77	29	乌克兰	113	0.07
30	菲律宾	990	0.72	30	罗马尼亚	96	0.06
31	埃及	915	0.67	31	新西兰	94	0.06
32	蒙古	895	0.65	32	印度	68	0.04
33	瑞典	822	0.60	33	卢森堡	58	0.04
34	白俄罗斯	793	0.58	34	斯洛文尼亚	51	0.03
35	孟加拉国	767	0.56	35	波兰	35	0.02
36	阿塞拜疆	729	0.53	36	巴西	28	0.02

（续）

序号	国家(地区)名称	出口额（万美元）	占出口总额的比重（%）	序号	国家(地区)名称	进口额（万美元）	占进口总额的比重（%）
37	意大利	721	0.53	37	爱尔兰	23	0.01
38	安哥拉	713	0.52	38	土耳其	23	0.01
39	马达加斯加	687	0.50	39	斯洛伐克	21	0.01
40	摩洛哥	685	0.50	40	南非	9	0.01
41	荷兰	673	0.49	41	白俄罗斯	8	0.00
42	墨西哥	655	0.48	42	菲律宾	5	0.00
43	法国	632	0.46	43	保加利亚	3	0.00
44	叙利亚	496	0.36	44	塞尔维亚	3	0.00
45	吉尔吉斯斯坦	490	0.36	45	阿拉伯联合酋长国	1	0.00
46	塞内加尔	466	0.34	46	印度尼西亚	1	0.00
47	朝鲜	446	0.33	47	越南	1	0.00
48	阿根廷	433	0.32	48	俄罗斯联邦	0.2	0.00
49	利比亚	428	0.31	49	委内瑞拉	0.1	0.00
50	委内瑞拉	408	0.30				

注:2010年连续搬运设备及其他共出口174个国家(地区),从52个国家(地区)进口,表中仅列出前50位国家(地区)。

〔供稿人:中国重型机械工业协会臧义成、李革　审稿人:中国重型机械工业协会肖立群〕

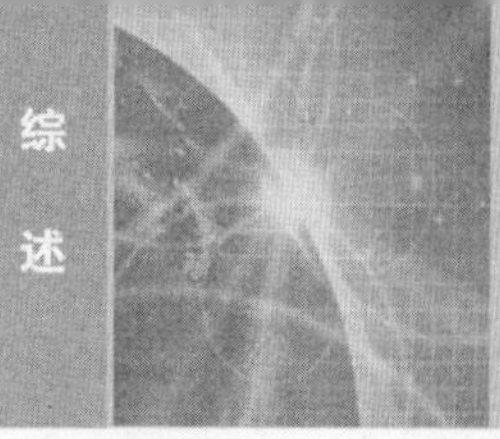

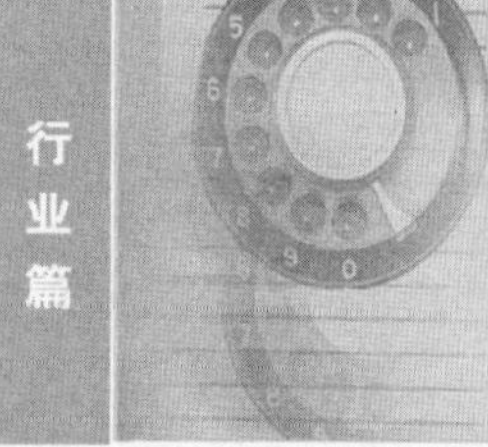

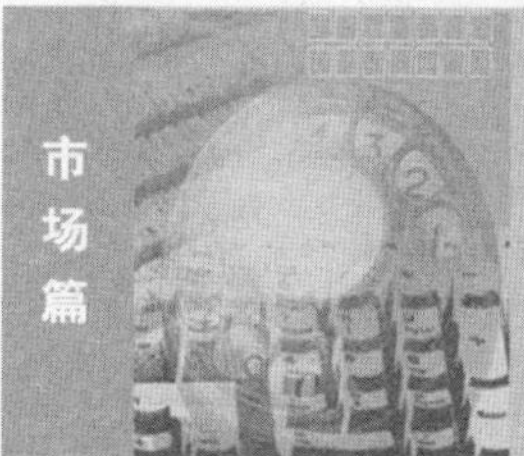

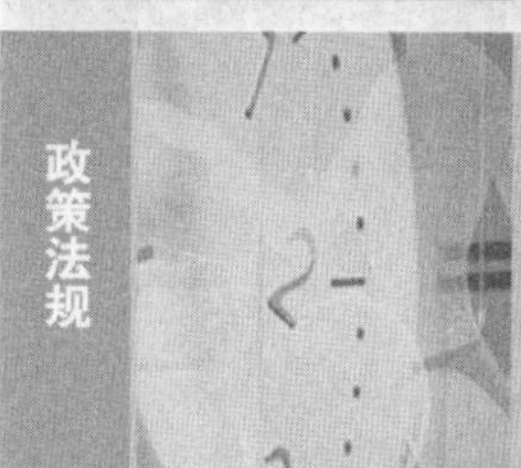

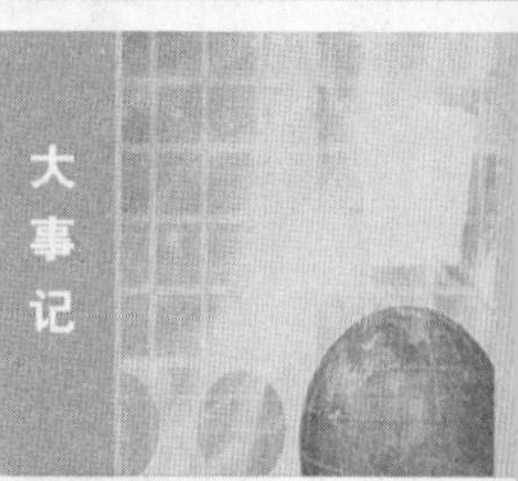

标准与质量

重型机械行业标准化及质量工作情况

It publishes the progress made in standardization and quality inspection by the heavy machinery industry

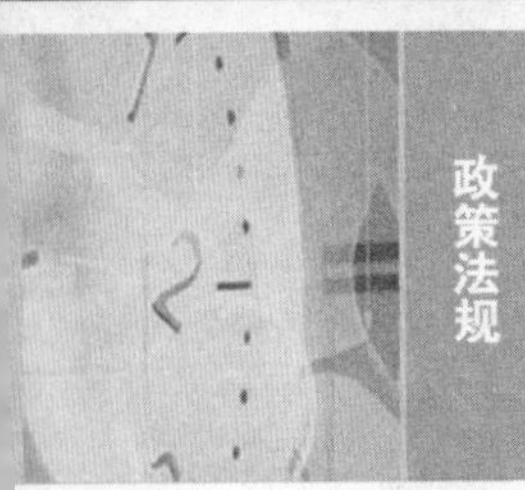

我国矿山机械行业标准化工作情况

2010年,全国矿山机械标准化技术委员会(SAC/TC88)(下简称全国矿机标委会)按时、保质保量完成了上级下达的各项标准化工作任务,具体情况如下:

一、标准制定、修订年度计划完成情况

1. 全国矿机标委会通过召开标准起草协调工作会议、标准审查会议以及标委会年会,2010年共组织审查通过了16项国家标准和18项行业标准。当前这些标准正处于批准发布阶段。

在完成的16项国家标准中,1项属于基础标准,6项属于资源节约与综合利用标准,9项属于产品标准。2010年审查通过的国家标准见表1。

表1 2010年审查通过的国家标准

序号	标准项目名称	标准级别	标准类别	标准属性	标准发布情况
1	矿山机械产品型号编制方法	国标	基础	推荐	GB/T 25706—2010
2	复摆颚式破碎机　颚板磨耗	国标	资源节约综合利用	推荐	GB/T 25702—2010
3	复摆颚式破碎机　能耗指标	国标	资源节约综合利用	推荐	GB/T 25700—2010
4	复摆颚式破碎机　金属单耗	国标	资源节约综合利用	推荐	GB/T 25701—2010
5	溢流型球磨机　衬板磨耗	国标	资源节约综合利用	推荐	GB/T 25705—2010
6	溢流型球磨机　能耗指标	国标	资源节约综合利用	推荐	GB/T 25703—2010
7	溢流型球磨机　金属单耗	国标	资源节约综合利用	推荐	GB/T 25704—2010
8	球磨机和棒磨机	国标	产品	推荐	GB/T 25708—2010
9	自磨机和半自磨机	国标	产品	推荐	GB/T 25709—2010
10	液压防爆提升机和提升绞车	国标	产品	推荐	GB/T 25707—2010
11	矿用手持式乳化液钻机	国标	产品	推荐	发布阶段
12	矿用初撑力注液装置	国标	产品	推荐	发布阶段
13	矿用单体液压支柱用注液装置	国标	产品	推荐	发布阶段
14	矿用斜巷行人助行装置	国标	产品	推荐	GB/T 25710—2010
15	耙斗装岩机导向轮、尾轮和制动闸带 技术条件	国标	产品	推荐	发布阶段
16	矿用手动拔柱器	国标	产品	推荐	发布阶段

完成的18项机械行业标准均为产品标准,涉及的相关产品,有的是近年来通过自主创新发展的新产品,有的是根据市场需求研发的先进适用产品,有的是矿山机械的关键配套件。为这些产品及时制定行业标准,有利于促进矿山机械新产品、新技术成果的推广应用,以及在指导产品发展、促进行业技术进步和保护环境等方面发挥积极的作用。其中还有不少项目是经复审确定为需要修订的项目,是保证标准先进性和时效性所必须的。2010年审查通过的行业标准见表2。

表2 2010年审查通过的行业标准

序号	标准项目名称	标准级别	标准类别	标准属性	标准发布情况
1	筒型内滤式真空过滤机	行标	产品	推荐	JB/T 1653—2010
2	圆盘真空过滤机用扇形滤板	行标	产品	推荐	JB/T 3275—2010
3	折带过滤机	行标	产品	推荐	JB/T 3276—2010
4	浅槽型机械搅拌式浮选机	行标	产品	推荐	JB/T 5502—2010
5	立式原料/熟料辊磨机	行标	产品	推荐	JB/T 6126—2010
6	立磨粉磨系统原料易磨性试验方法	行标	方法	推荐	JB/T 6117—2010
7	热矿振动筛	行标	产品	推荐	JB/T 9033—2010

（续）

序号	标准项目名称	标准级别	标准类别	标准属性	标准发布情况
8	电磁双辊强磁选机	行标	产品	推荐	JB/T 9039—2010
9	带式压滤机	行标	产品	推荐	JB/T 9040—2010
10	超导除铁器	行标	产品	推荐	JB/T 11109—2010
11	超重型环锤式破碎机	行标	产品	推荐	JB/T 11110—2010
12	高频网振筛	行标	产品	推荐	JB/T 11111—2010
13	矿用双齿辊破碎机	行标	产品	推荐	JB/T 11112—2010
14	立环式电磁感应湿式强磁选机	行标	产品	推荐	JB/T 11113—2010
15	石材矿山开采设备 金刚石串珠锯	行标	产品	推荐	JB/T 11114—2010
16	石材矿山开采设备 二维可移动圆盘式锯切机	行标	产品	推荐	JB/T 11115—2010
17	四辊破碎机	行标	产品	推荐	JB/T 11116—2010
18	物料分选用金属探测仪	行标	产品	推荐	JB/T 11117—2010

2. 2010年重点组织完成《圆锥破碎机 能耗指标》等4项国家标准和《筒式洗矿机》等20项行业标准的起草、征求意见、送审和审查等工作。

3. 编制《"十二五"矿山机械行业标准化发展规划》

按照国家标准委和中国机械工业联合会的统一部署，全国矿机标委会编制完成了《"十二五"矿山机械行业标准化发展规划》(以下简称《规划》)。《规划》就"十二五"期间行业标准化工作的指导思想和工作目标、主要工作任务、重点领域及重点项目、主要措施和建议等进行了分析和叙述。矿山机械行业"十二五"期间标准化工作的重点领域，一是在现有行业标准体系的基础上，积极采用国际标准和国外先进标准，研究制定矿山机械行业通用图形符号、补充完善技术术语和产品可靠性考核等基础通用标准；二是注重与国际标准接轨，并积极参与地下采矿机械领域国际标准的制定，促进自主创新产品进入国际市场；三是制定天然石开采和加工处理设备以及大型露天矿开采设备和运矿车辆安全标准；四是适应行业发展需要和促进科研成果的同步转化，解决新型和大型矿山机械装备标准的缺失问题，重点组织制定产品设计技术、新型和大型矿山机械装备及关键零部件制造技术、电液传动与控制技术、产品可靠性评定等方面标准，促进新技术、新工艺、新设备、新材料的推广应用。以矿山机械行业产品节能、节材、节水和提高资源综合利用为目标，研制矿山机械产品能耗(效)指标、原材料消耗指标、高效节能产品和难开采难选别加工处理的低品位废弃矿物的回收利用设备标准，进一步完善行业标准体系，促进行业产品技术水平的提高。

《规划》确定了在"十二五"期间矿山机械设备专业领域标准化重点项目共108项，其中国家标准41项、行业标准67项。

4. 组织标准宣贯

为强化矿山机械标准的宣贯，全国矿机标委会秘书处与中国标准化出版社联合编辑出版了《矿山机械标准应用手册破碎粉磨设备与焙烧设备卷》、《筛分设备卷》和《洗选设备卷》，当前已完成组稿编辑工作；《矿用设备安全标准汇编》也已定稿。通过开展标准的宣传、解释和培训，让企业和用户了解标准、理解标准，进而正确使用标准。

5. 开展标准复审工作

为了提高标准水平，保证标准的时效性，促进产业升级和技术进步，调整标准体系和定期对现行标准进行复审是标委会重要工作之一。根据国家标准化管理委员会和中国机械工业联合会关于做好2009年度国家标准复审工作的通知要求，全国矿机标委会对归口的2004年以前(含2004年)批准发布的11项现行国家标准进行了复审。

根据工业和信息化部及中国机械工业联合会关于开展2010年度机械行业标准复审工作的通知要求，全国矿机标委会对归口的2004年以前(含2004年)批准发布的20项现行机械行业标准进行了清理。在广泛征求标准原负责起草单位意见的基础上，依据国家标准化相关政策，对这些标准的技术水平、使用情况及存在问题进行了认真分析研究，逐项提出了复审意见和结论，并在2010年8月西宁召开的会议上进行了审查，逐项做出了复审结论。

6. 组织机构建设

2010年全国矿机标委会组织成立两个分技术委员会，即电气设备分技术委员会(SAC/TC88/SC1)和液压传动与控制设备分技术委员会(SAC/TC88/SC1)，秘书处均挂靠在洛阳中重自动化工程公司。另，2009年还成立了石材矿山开采机械标准化工作组(SAC/TC88/WG2)，秘书处挂靠在福建省莆田市华龙石材机械有限公司。至此，SAC/TC88下已设两个分技术委员会和两个标准工作组。

7. 引导企业积极参与标准制、修订工作

行业标准化工作只有与市场经济紧密结合，与企业发展需求紧密结合，才能充满新的活力，取得明显发展。多年来，全国矿机标委会十分重视依靠企业的力量促进行业标准化工作的开展。全国矿机标委会通过公开征集标准项目，调动了企业参与标准化工作的积极性，吸引了大量关心标准化工作的单位(企业)和个人参与矿山机械行业标准化工作，使企业真正成为标准化工作的主体，同时也使标准与工作实际密切结合，实用性更强。

二、全国矿机标委会归口标准综合情况

1. 全国矿机标委会归口标准情况见表3。

表3 全国矿机标委会归口标准情况

产品分类		国家标准	机械行业标准	合计
D90 综合	强制性	2		2
	推荐性	8		8
D91 建井设备	强制性	1		1
	推荐性	1	7	8
D92 采掘设备	强制性	6		6
	推荐性	7	21	28
D93 提升、贮运设备	强制性	7		7
	推荐性	13	32	45
D94 破磨、焙烧设备	强制性	2		2
	推荐性	9	50	59
D95 筛分设备	强制性	1		1
	推荐性		39	39
D96 洗选设备	强制性	2		2
	推荐性	4	62	66
D99 其他设备	强制性			
	推荐性		12	12
合计	强制性	21		21
	推荐性	42	223	265
	总数	63	223	286

2. 归口标准的构成及标龄

就标准构成而言，方法标准、零部件标准均属产品标准范畴。近几年在巩固产品标准的同时，一方面加强了基础通用标准的制、修订工作，因为它是矿山机械标准化管理的共性技术标准；另一方面随着国家对资源开发利用的政策导向和以人为本、和谐发展政策的加强，安全标准和资源节约标准逐年增加，虽然占比不大，但数量提高较快。标准年龄反映的是技术、产品品种和质量的发展速度，2010年5年内标龄占比55%，较上年增加14个百分点。

2010年底全国矿机标委会归口范围内各类标准的构成见图1。

2010年底全国矿机标委会归口范围内标准的标龄构成见图2。

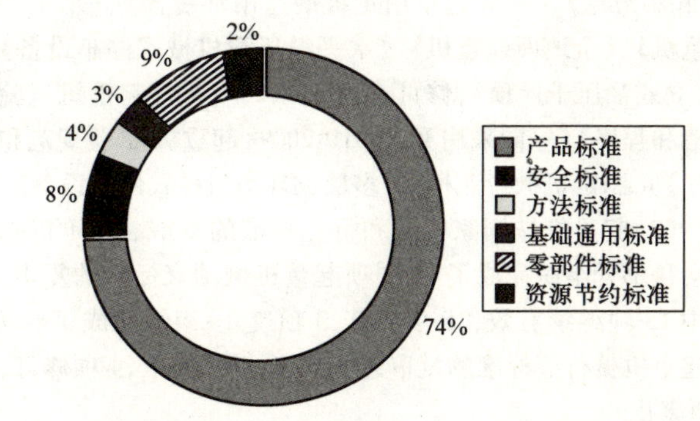

图1 2010年底全国矿机标委会归口范围内各类标准的构成

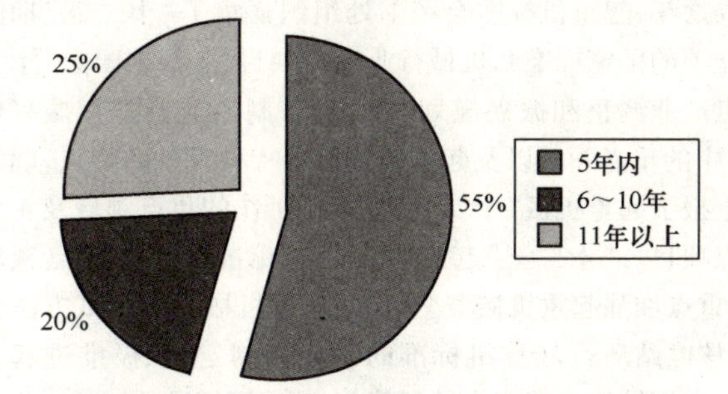

图2 2010年底全国矿机标委会归口范围内标准的标龄构成

〔撰稿人：洛阳矿山机械工程设计研究院有限责任公司杨现利 审稿人：洛阳矿山机械工程设计研究院有限责任公司邹声勇〕

物料搬运（起重运输）机械行业标准化工作情况

物料搬运（起重运输）机械包括起重机械、连续搬运机械、工业车辆和物流仓储设备。截至2010年12月31日，物料搬运（起重运输）机械行业已经制定标准400项，其中国家标准200项（包括强制性标准11项，推荐性标准189项），机械行业标准200项。这些标准对于提高物料搬运机械产品质量、降低生产成本、规范市场秩序、保障健康和安全及促进贸易发挥了重要作用。

一、国内现行标准情况

1. 起重机械标准化工作情况

全国起重机械标准化技术委员会（SAC/TC227）负责起重机械国家标准和行业标准的归口管理工作。截至2010年12月31日，我国起重机械行业共有现行有效标准245项，其中国家标准157项（包括8项强制性标准和149项推荐性标准），机械行业标准88项。

2010年，全国起重机械标准化技术委员会（以下简称

“起重机标委会”)共完成9项国家标准和3项机械行业标准的制修订工作,并完成了部分重要标准的制修订工作及其他工作。

(1)重点制修订的国家标准和行业标准。2010年重点完成了如下标准的制修订工作:制定强制性国家标准《汽车举升机安全规程》,制定国家标准《造船门式起重机》、《起重机 轧制滑轮》、《一般起重用4级锻造吊环螺栓》、《平衡式起重机》、《全地面起重机》、《水平循环类机械式停车设备》和《立式油压千斤顶》,修订GB/T 5905—1986《起重机试验规范和程序》(等同采用ISO 4310:2009《起重机 试验规范和程序》),制定机械行业标准《多层循环类机械式停车设备》。

(2)起重机械国家标准和行业标准的复审。起重机标委会秘书处组织完成了对43项起重机械国家标准的复审,其中15项继续有效,25项修订,3项废止;组织完成了对7项起重机械行业标准的复审,其中1项继续有效,4项修订,2项废止。

(3)参与机械工业“十二五”标准化规划的编制工作。2010年是“十一五”规划的收官之年,也是“十二五”规划的布局之年,起重机标委会秘书处组织征集了“十二五”期间拟立项的国家标准和机械行业标准项目,并根据国家“十大重点产业调整和振兴规划”及“装备制造业调整和振兴规划”中的重点领域以及起重机械属于特种设备的特点,确定并上报了起重机械“十二五”标准化工作的重点领域及4个重点项目。“十二五”起重机械行业标准化工作重点领域是:重点加强起重机械安全标准、起重机械能效测试方法标准、核电站环行起重机标准的研究和制定,积极推进起重机—金属结构承载能力验证等21项国际标准的转化。

(4)机械工业标准化现状调查工作。按时完成了起重机标委会《标准化技术组织调查表》的填报工作,并分别选取5家具有代表性的大、中、小企业填写了《企业标准化工作调查表》,一并上报。

(5)配合特种设备开展的工作。配合国家质检总局特种设备安全监察局针对“关于起重机械超载保护装置有关问题”,在全体委员以及相关专家中进行了广泛征求意见,并将意见汇总返回至国家质检总局特种设备安全监察局。根据国家质量监督检验检疫总局的要求,按时完成了《起重机标委会2007工作概述》、《起重机标委会2008工作概述》和《起重机标委会2009工作概述》的编写工作。受国家质量监督检验检疫总局特种设备安全监察局的委托,组织对天津天安起重电器有限公司生产的功率式起重量限制器进行了技术论证,为今后起重机械标准化技术委员会承担更多的产品论证工作打下了基础。

(6)积极做好质检公益科研专项项目“起重机械能耗测试方法标准研究”的申报和组织工作。为配合特种设备节能监管工作的要求,起重机标委会通过国标委向科技部申报了2009年度质检公益科研专项项目“起重机械能效测试方法标准研究”,重点对电动葫芦、起重机械用工业制动器和冶金用电动机、起重、机械起升机构和运行机构及冶金起重机开展能效测试方法标准研究。该项目由北京起重运输机械设计研究院联合起重机械行业的主要企业共同研究,于2011底完成。

为配合质检公益科研专项项目“起重机械能效测试方法标准研究”,争取按时完成科研项目中规定的任务,起重机标委会秘书处先后组织召开了公益性科研项目“起重机械能效测试方法标准研究”启动会议,公益性科研项目“起重用电动机能效测试方法”、“电动葫芦能效测试方法”、“工业制动器能效测试方法”初稿讨论会,“冶金起重机整机能效测试方法等三项标准”初稿讨论会等5个会议。通过开展上述工作,为科研项目的顺利进行打下了坚实的基础。

(7)开展重要标准的宣贯工作。2010年,在江苏省常州市举办了国家标准GB 12602—2009《起重机械超载保护装置》宣贯会,在辽宁省大连市举办了国家标准GB/T 5972—2009《起重机 钢丝绳 保养、维护、安装、检验和报废》等3项国家标准宣贯会,在上海市、郑州市和济南市举办了3期GB 6067.1—2010《起重机械安全规程 第1部分:总则》宣贯会。通过标准宣贯会,促进了企业对标准的认识,提高了企业执行标准的自觉性。

(8)2010年标委会委员标准化知识培训。2010年5月14日至18日在湖北宜昌举办了“2010年标委会委员标准化知识”培训班,来自全国起重机械标准化技术委员会下属各分技术委员会委员及工作组成员共计110余人参加了培训。培训班在给大家提供相互交流平台的同时,使各位委员在短时间内了解和掌握了国家标准化工作的方针、政策,了解了中国机械工业标准化的现状和今后的发展思路,基本掌握了标准编写的要求,为更好地履行委员职责打下了良好的基础,

2. 连续搬运机械标准化工作情况

全国连续搬运机械标准化技术委员会(SAC/TC331)负责连续搬运机械国家标准和行业标准的归口管理工作。截至2010年12月31日,我国连续搬运机械行业共有现行有效标准103项,其中国家标准22项(包括2项强制性标准和20项推荐性标准),机械行业标准81项。

2010年,全国连续搬运机械标准化技术委员会(以下简称“物料搬运机械标委会”)组织连续搬运机械行业完成了机械行业标准《摩擦驱动悬挂输送机》的制定和JB/T 9015—1999《带式输送机用逆止器》的修订工作,并完成了如下其他工作:

(1)连续搬运机械行业标准的复审。连续搬运机械标委会秘书处组织完成了对16项国家标准的复审,其中11项继续有效,4项修订,1项废止。

(2)参与机械工业“十二五”标准化规划的编制工作。连续搬运机械标委会秘书处组织征集了“十二五”期间拟立项的国家标准和机械行业标准项目,并根据国家“十大重点产业调整和振兴规划”及“装备制造业调整和振兴规划”中的重点领域,确定并上报了连续搬运机械“十二五”标准化工作的重点领域及8个重点项目。“十二五”连续搬运机械行业标准化工作重点领域是:重点加强带式输送机、斗轮堆取料机、散料连续装卸船机、斗式提升机、板式给料机、板式

输送机等安全标准的研究和制定。

(3)机械工业标准化现状调查工作。按时完成了连续搬运机械标委会的《标准化技术组织调查表》填报工作，并分别选取5家具有代表性的大、中、小企业填写了《企业标准化工作调查表》，一并上报。

(4)2010年未完工的标准制修订项目。2010年底未完工的标准工作：制定机械行业标准《刮板式堆取料机》、《桥式斗轮取料机》和《液力传动油》；修订机械行业标准《中型板式给料机》、《重型板式给料机》、《带式输送机用逆止器》、《圆管带式输送机》、《普通型、限矩型液力偶合器 铸造叶轮 技术条件》、《调速型液力偶合器 叶轮 技术条件》、《波状挡边带式输送机》、《垂直斗式提升机》、《限矩型液力偶合器 试验方法》和《悬挂输送机 链和链轮》。

3. 工业车辆标准化工作情况

全国工业车辆标准化技术委员会(SAC/TC332)负责工业车辆国家标准和机械行业标准的归口管理工作。截至2010年12月31日，我国工业车辆行业共有现行有效标准38项，其中国家标准21项(包括1项强制性标准和20项推荐性标准)，机械行业标准17项。

2010年，全国工业车辆标准化技术委员会(以下简称"工业车辆标委会")组织工业车辆行业共完成了5项国家标准和1项机械行业标准的制修订工作及其他相关工作：

(1)制修订工业车辆国家标准和机械行业标准。制定国家标准《工业车辆 电气要求》(等同采用ISO 20898:2008《工业车辆 电气要求》)、《工业车辆安全 噪声辐射的测量方法》(等同采用EN12053—2001《工业车辆安全 噪声辐射的测量方法》)、《工业车辆安全 振动的测量方法》(等同采用EN13059—2002《工业车辆安全 振动的测量方法》)，修订GB/T 18849—2002《机动工业车辆 制动器性能和零件强度》(等同采用ISO 6292:2008《机动工业车辆和牵引车 制动器性能和零件强度》)，整合修订GB/T 14687—1993《工业车轮》和GB/T 14688—1993《工业脚轮》，修订JB/T 3299—1999《手动插腿式液压叉车》。

(2)参与机械工业"十二五"标准化规划的编制工作。工业车辆标委会秘书处在工业车辆行业中征集了"十二五"期间拟立项的国家标准和机械行业标准项目，并根据国家"十大重点产业调整和振兴规划"及"装备制造业调整和振兴规划"中的重点领域和重点项目，确定并上报了工业车辆"十二五"标准化工作的重点领域及2个重点项目。"十二五"工业车辆行业标准化工作的重点领域是：加强工业车辆稳定性验证系列国际标准和工业车辆电磁兼容性国外先进标准的转化，以及工业车辆安全标准的研究和制定。

(3)机械工业标准化现状调查工作。按时完成了工业车辆标委会的《标准化技术组织调查表》的填报工作，并分别选取5家具有代表性的大、中、小企业填写了《企业标准化工作调查表》，一并上报。

(4)配合特种设备开展的工作。2010年3月26日，工业车辆标委会配合国家质检总局特种设备安全监察局在北京市召开了国家标准草案GB/T 16178《场(厂)内机动车辆安全检验技术要求》(报批稿)协调会议。会议解决了上述标准中与工业车辆相关标准不协调的问题，进一步明确了标准适用范围，即"本标准规定了场(厂)内机动车辆在使用中的安全技术状况的检验要求"。按时完成了《工业车辆标委会2007年工作概述》、《工业车辆标委会2008工作概述》和《工业车辆标委会2009工作概述》的编写工作。

(5)开展重要标准的宣贯工作。在辽宁省大连市组织召开了JB/T 3300—2010《平衡重式叉车整机试验方法》宣贯会，来自全国从事平衡重式叉车设计、制造、安装、检验和使用者共计40余人参加了宣贯会。此次宣贯会是工业车辆行业近几年首次举办的标准宣贯会，受到了与会代表的欢迎和好评。

(6)2010年未完工的标准制修订项目。2010年底仍在制定的国家标准《工业车辆 稳定性验证 第1部分：总则》、机械行业标准《内燃平衡重式叉车 能效测试方法》、《内燃平衡重式叉车 能效限定额》、《叉车 侧移器》；仍在修订JB/T 3811—1999《固定平台搬运车》。

4. 物流仓储设备标准化工作情况

2006年9月，机械工业物流仓储设备标准化技术委员会(CMIF/TC10)成立，物流仓储设备标准由机械工业物流仓储设备标准化技术委员会归口管理工作。2008年8月9日，国家标准化管理委员会批准筹建"全国物流仓储设备标准化技术委员会"。2009年8月完成全国物流仓储设备标准化技术委员会组建方案的上报，等待国家标准化管理委员会正式批准组建的通知。

截至2010年12月31日，物流仓储设备行业共有现行有效标准14项，均为机械行业标准。

2010年，机械工业物流仓储设备标准化技术委员会(以下简称"物流仓储设备标委会")组织物流仓储设备行业完成了JB/T 5319.2—1991《有轨巷道堆垛起重机 安全规范》和JB/T 9018—1999《有轨巷道式高层货架仓库设计规范》的修订，机械行业标准《立体仓库组合式钢结构货架技术条件》的制定工作及其他相关工作。

(1)参与机械工业"十二五"标准化规划的编制工作。物流仓储设备标委会秘书处在物流仓储设备行业中征集了"十二五"期间拟立项的国家标准和机械行业标准项目，并根据国家"十大重点产业调整和振兴规划"及"装备制造业调整和振兴规划"中的重点领域和重点项目，确定并上报了物流仓储设备"十二五"标准化工作的重点领域及6个重点项目。"十二五"物流仓储设备行业标准化工作重点领域是：重点加强立体仓库货架系统设计标准、立体仓库信息管理系统标准、分拣设备术语分类标准、物流仓储配送中心输送、分拣系统及周边配套设备分类术语标准、冷链输送设备标准、低温立体仓库标准的研究和制定。

(2)《全国物流标准专项规划》涉及的物流仓储设备标准。2010年6月12日，国家标准化管理委员会、国家发展和改革委员会等十一部委编制了《全国物流标准专项规划》。该规划中共有标准项目137项，其中属于筹建的"全国物流仓储设备标准化技术委员会"归口的物流仓储设备标准计划项目共13项。物流仓储设备标准计划项目见表1。

表1 物流仓储设备标准计划项目

序号	标准项目名称	起草单位
1	物流仓储配送中心输送、分拣系统及周边设备分类和术语	北京起重运输机械设计研究院
2	立体仓库货架 术语和分类	北京起重运输机械设计研究院
3	物流仓储配送中心箱式多层连续升降机技术规范	北京起重运输机械设计研究院
4	物流仓储配送中心导轮式分拣机技术规范	北京起重运输机械设计研究院
5	物流仓储配送中心螺旋箱式输送机技术规范	北京起重运输机械设计研究院
6	库房货架一体化仓库	江苏六维物流设备实业有限公司
7	仓储货架使用规范	南京音飞货架制造有限公司
8	重力式货架	南京音飞货架制造有限公司、东莞市海力物流系统设备有限公司和江苏六维物流设备实业有限公司
9	悬臂式货架	南京音飞货架制造有限公司、江苏六维物流设备实业有限公司
10	搁板式货架	东莞市海力物流系统设备有限公司、湖北物资流通技术研究所
11	数控升降柜技术条件	南京音飞货架制造有限公司
12	阁楼式货架	江苏六维物流设备实业有限公司、南京音飞货架制造有限公司
13	冷库用货架	江苏六维物流设备实业有限公司

(3)机械工业标准化现状调查工作。完成了物流仓储设备标委会的《标准化技术组织调查表》的填报工作，并分别选取5家具有代表性的大、中、小企业填写了《企业标准化工作调查表》，一并上报。

二、国际标准化工作情况

(1) 2010年国际标准文件管理及投票情况。日常负责国际标准化组织工作的ISO/TC96(起重机技术委员会)、ISO/TC101(连续机械搬运设备技术委员会)、ISO/TC110(工业车辆技术委员会)和ISO/TC111(钢制圆环链、吊链、部件及附件技术委员会)4个技术委员会国内对口的标准化技术业务工作，包括国际标准文件的登记、存档工作，并负责对国际标准文件的投票。2010年共收到ISO/TC96文件129个：其中投票文件29个，实际投票29个，正式国际标准5个，其他文件95个。收到ISO/TC110文件111个：其中投票文件26个，实际投票26个，正式国际标准2个，其他文件83个。收到ISO/TC111文件10个：其中投票文件3个，实际投票3个，正式国际标准1个，其他文件6个。收到ISO/TC101文件20个：其中投票文件20个，实际投票20个。

(2) 2010年参加国际会议情况

1)组团参加ISO/TC96起重机技术委员会系列会议。2010年5月31日至6月5日，起重机标委会组成12人代表团赴法国巴黎参加ISO/TC96起重机技术委员会2010年系列会议。出席此次会议的有澳大利亚、中国、法国、芬兰、德国、印度、日本、韩国、马来西亚、南非、波兰、英国和美国共13个国家。在SC8会议上，专题讨论了中国对ISO 12488—1:2005《起重机——车轮及大车和小车轨道公差——第1部分：总则》所提的意见，国际标准文件编号为：ISO/TC96/SC8 N319。这些意见中，有些属于国际标准本身的编辑性错误，有些属于对国际标准的理解不同，中国所提的意见多数被采纳。针对ISO 12488—1:2005错误较多的问题，与会代表一致同意应登记一个新工作项目对ISO 12488—1:2005《起重机——车轮及大车和小车轨道公差——第1部分：总则》进行修订，并由英国、中国、德国、日本、波兰和美国组成工作组，英国是项目负责人，草案进入DIS稿阶段，无需进一步分发。这是我国首次参与ISO/TC96国际标准的修订，是一个重大突破。

2)组团参加ISO/TC110工业车辆技术委员会系列会议。2010年3月17～18日，工业车辆标委会组成4人代表团代表国家标准化管理委员会(SAC)赴法国巴黎参加2010年ISO/TC110工业车辆技术委员会系列会议。本次系列会议包括ISO/TC110“工业车辆技术委员会”会议、ISO/TC110/SC1“通用术语分技术委员会”会议、ISO/TC110/SC4“越野车辆分技术委员会”会议和相关的工作组会议。SC2“机动工业车辆分技术委员会”和SC3“车轮和脚轮分技术委员会”会议空缺。中国代表团参加了其中的ISO/TC110大会、SC1分技术委员会会议、SC1/WG1工作组会议和SC4分技术委员会会议。此次会议是我国第四次组团参加ISO/TC110系列会议，作为P成员，会上中国代表积极参与讨论，代表中国发表更多的意见。尤其是在SC1“术语”分技术委员会会议上，中国代表经过努力，不仅成为ISO 5053—1《工业车辆—术语和分类—第1部分：工业车辆类型》标准修订工作组成员之一，而且争取到把中文作为一种文字增加到新修订的标准中。这也是我国首次参与ISO/TC110标准的修订，是一个零的突破。同时，通过和各国与会代表的相互交流，更好地了解了其他国家工业车辆标准化的情况。

全国起重机械标准化技术委员会将和相关标委会一起，充分发挥标准化工作在振兴装备制造业中的基础性作用，增强自主创新能力，提高我国物料搬运(起重运输)机械产品的整体水平，扩大产品的出口量，使标准化工作更上一个台阶。

〔撰稿人：北京起重运输机械设计研究院赵春晖　审稿人：中国重型机械工业协会肖立群〕

2010 年全国特种设备安全状况

一、特种设备的基本情况

(一)特种设备使用情况

截至 2010 年底,全国拥有特种设备 647.65 万台。其中:锅炉 60.73 万台,压力容器 233.59 万台,电梯 162.85 万台,起重机械 150 万台,场(厂)内专用机动车辆 38.90 万辆,客运索道 860 条,大型游乐设施 1.58 万台(套)。另有气瓶 14 072.73 万只,工业压力管道 73.2 万 km。设备总量比 2009 年增长 11.2%。

全国现有持证的特种设备作业人员 562.23 万人,其中 2010 年考核发证 165.2 万人,比 2009 年增长 18.7%。

(二)特种设备生产情况

我国现有特种设备生产(含设计、制造、安装、改造、维修、气瓶充装)单位 47 276 家,持有特种设备许可证 52 239 张。

(三)特种设备安全监察和检验检测情况

截至 2010 年底,全国质检系统共设置特种设备安全监察机构 3 092 个,其中国家级 1 个、省级 32 个、市级 458 个、县级 2 601 个。全国特种设备安全监察人员共 9 874 人。

全国现有特种设备综合性检验机构 516 个,其中质检部门所属检验机构 331 个,行业检验机构及企业自检机构 185 个。另外还有型式试验机构 18 个,无损检测机构 257 个,气瓶检验机构 1 694 个。检验机构人员共 57 533 人,其中质检部门所属检验机构 24 624 人。

2010 年,全国各级质检部门开展特种设备执法监督检查 71.6 万次,责令整改各类问题 19.8 万个。特种设备检验机构对 348.77 万台特种设备及元部件的制造过程进行了监督检验,发现并督促企业处理质量安全问题 3.99 万个;对 60.49 万台特种设备安装、改造、维修过程进行了监督检验,发现并督促企业处理质量安全问题 17.61 万个;对 303.66 万台在用特种设备进行了定期检验,发现并督促企业处理质量安全问题 293.83 万个。

二、特种设备安全状况

(一)事故总体情况

2010 年共发生特种设备事故 296 起,其中,较大事故 87 起,未发生重大事故和特别重大事故;死亡 310 人,受伤 247 人,直接经济损失 6 681 万元。与 2009 年相比,事故总起数减少 22%,死亡人数减少 1.6%,受伤人数减少 39%,直接经济损失减少 8%。

2010 年特种设备万台事故起数为 0.64 起,万台设备死亡人数为 0.67 人,与 2009 年相比,万台事故起数减少 30.4%,万台设备死亡人数下降 11.8%,死亡人数控制在国务院安委会下达的特种设备安全生产控制指标之内,事故状况保持平稳态势。

2004~2010 年万台设备事故死亡人数走势见图 1。

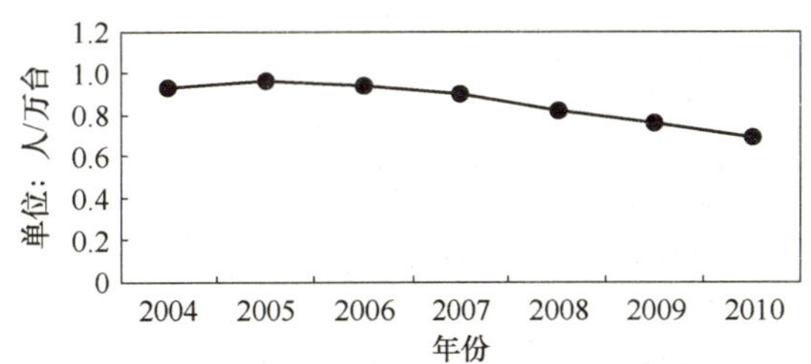

图 1 2004~2010 年万台设备事故死亡人数走势

注:万台设备事故死亡人数从 2004 年开始统计。

(二)事故特点

1. 起重机械、电梯、场(厂)内专用机动车辆事故占比较高。在 296 起事故中,起重机械事故 79 起,电梯事故 44 起,场(厂)内专用机动车辆事故 34 起,上述 3 类设备事故合计占事故总起数的 53%。

2. 事故主要发生在使用环节。发生在使用环节的事故有 201 起,占事故总起数的 68%;安装(拆卸)环节事故 26 起,占事故总起数的 9%;维修、调试、改造环节事故 8 起,占事故总起数的 3%;气瓶充装运输存储环节事故 8 起,占事故总起数的 3%。此外,其他事故(含相关、涉险事故)也主要发生在使用环节。

3. 事故的行业分布状况。特种设备事故主要发生在制造业、服务业、建筑业,发生在上述 3 个行业的特种设备事故起数分别占事故总起数的 45%、23% 和 18%。

从设备分类看,锅炉事故主要发生在食品和木材加工制造业以及洗浴等服务业;压力容器事故主要发生在化工和建材制造业,气瓶事故主要发生在化工、建筑和燃气行业;压力管道事故主要发生在化工和食品加工业;电梯事故主要发生在建筑安装、商场、宾馆、居民住宅;起重机械事故主要发生在机械、冶金、建材、造船等制造业和建筑业、物流业;场(厂)内专用机动车辆事故主要发生在冶金、建材制造业和物流业;大型游乐设施事故主要发生在公园和景区。

4. 事故的地区分布状况。发生在东、中、西部地区的特种设备事故分别占事故总起数的 57%、22%、21%。西部省份事故增长较快。

(三)事故原因

从管理层面分析,违章作业仍是造成事故的主要原因,约占 73%,具体表现为作业人员违章操作、操作不当,甚至无证作业,以及维护缺失、管理不善等;因设备制造、安装以及运行过程中产生的质量安全缺陷导致的事故约占 19%;因非法行为导致的事故,约占 5%,具体表现为非法制造、非法修理、非法改造、非法充装气体和非法使用。

从技术层面分析，锅炉缺水、超压，快开门式压力容器安全联锁装置使用不当或失效，压力管道中危险化学品介质泄漏，氧气瓶内混入可燃介质，电梯安装维保人员安全防护措施不当，起重机械操作不当和设备存在安全隐患，场（厂）内专用机动车辆行驶中撞压等是造成事故的主要原因。

三、2010 年特种设备安全监察工作实施情况

一是认真开展安全生产年和质量提升活动。按照国务院和质检总局关于开展“质量和安全年”和质量提升活动的统一部署，开展特种设备安全进企业、进社区、进校园“三进”活动和执法、治理及宣传教育“三项行动”。围绕“三进”宣传、安全示范、科技平台建设等重大活动，总局联合 4 个部委成功举办了特种设备安全大型专题晚会并在中央电视台播出，宣传特种设备质量安全知识。

二是加强以使用环节为重点的安全监察。全系统积极开展特种设备隐患排查整治和气瓶充装站、检验站两站治理工作，共排查企业 31.8 万家、整改一般隐患 17.6 万项、重大隐患 2.2 万项，累计落实隐患治理资金 7 300 万元，执法查处各类非法违法行为 3.7 万起；治理两站 1.7 万个、取缔两站 131 个，检验气瓶 1 700 多万只、报废气瓶 235.7 万只。另外，还组织开展了基础建设工地起重机械、非金属压力容器、储气井治理工作和机电类设备维保的监督检查。

三是积极服务经济社会发展。组织开展了“四个一”节能工程，对 1 056 台在用燃煤工业锅炉进行能效快速测试试点，选出 112 个安全与节能管理标杆锅炉房，作为示范样板；组织对 11 个机构的锅炉设计文件进行节能审查试点；遴选并公布了第一批 19 项节能技术和产品推荐目录。服务国家重点工程建设，会同有关部门完成西气东输二线工程压力管道用钢管和热收缩带的安全质量问题调查处理工作，查处和整顿违法违规制造、使用行为，保障西二线西段按期通气。组织对神华包头、宁夏煤制烯烃项目特种设备进行监督检查和检验，做好高铁等国家重大建设项目特种设备安全监察和服务工作。在上海世博会和广州亚运会期间，专门召开了重大活动安全保障专题研讨会，组织专家对世博和亚运重要场馆特种设备进行安全检查，对世博园燃料电池汽车用进口氢气瓶进行安全技术论证，认真做好日常巡查和应急值守，出色地完成了上海世博会和广州亚运会的特种设备安保任务，得到了总局领导高度赞扬和各方高度评价。上海质监系统共有 10 个集体、29 位个人获得了 49 项省部级以上表彰。青海、甘肃质监部门全力做好玉树地震、舟曲特大山洪泥石流救灾和灾后恢复重建工作。

四是着力提升基础保障能力。制定了《特种设备安全发展战略纲要》、《关于进一步加强特种设备安全工作的若干意见》等纲领性指导文件；组织研究编制了《特种设备安全与节能“十二五”专项规划》和节能监管、信息化、科技等子规划，谋划事业科学发展。

六个工作体系建设取得积极进展。配合全国人大财经委起草特种设备安全法草案，使用监管、锅炉监察等 20 多项规章、规范制修订取得积极进展。推动“金质工程”（一期）特种设备行政许可系统的安装与应用，完善了监管系统的事故报告、统计和分析功能，推进了监察和检验数据的互联互通，部分地区开展了基于物联网技术的动态监管试点。各地通过分解下达事故指标把特种设备安全纳入地方政府目标考核，完善了安全责任体系建设。对新《条例》实施一年来的事故调查处理工作进行了全面总结，并制定了加强和改进事故调查处理工作的指导意见，公布了 26 个特种设备应急预案指南，开展了安全监察机构绩效评价，山东开展了检验机构绩效评价试点。“十一五”国家科技支撑计划项目顺利通过验收，“十二五”项目获得立项，基于风险的特种设备科学监管关键技术研究正式启动。

五是行政许可和检验工作改革取得新进展。研究拟定了进一步合并、减少、下放行政许可的方案，对 100 多家特种设备生产单位、检验检测机构和鉴定评审机构进行了监督抽查，对违法违规单位进行了严肃处理；在大量调查研究论证的基础上，下发了《关于改进特种设备检验工作提升检验能力的指导意见》，对 44 个检验规程进行清理并着手修订，对企业自行选择检验单位进行试点。

六是大质量工作机制和大质检文化建设不断推进。与建设、安监等部门共同对基础建设工地起重机械开展联合治理，探索建立部门联合监管机制；与中石油、国资委、国家能源局、安监总局、审计署等部门联合对西气东输二线有关问题进行调查处理；与安监、旅游等部门联合对大型游乐设施开展安全督察；主动配合国家发改委和节能标准化组织推进节能工作，配合执法司开展液化石油气掺加二甲醚专项执法行动；各地普遍加强与安监、交通、铁路、住建、工信、旅游、电力、水利、教育、环保、公安消防等部门的协调，建立合作联动机制。

四、2011 年特种设备安全监察工作重点

按照国务院继续深入开展“安全生产年”活动和总局工作部署，围绕全面落实《国务院关于进一步加强企业安全生产工作的通知》，狠抓“三深化”、“三推进”，并针对 2010 年事故特点，重点抓好四个方面的工作：

一是抓质量。按照建设大质量工作机制要求，以提升生产源头质量安全水平为着力点，将特种设备质量安全工作融入大质量工作中，努力提升质量水平。加强与标准、计量、认证等工作结合，构筑抓特种设备质量安全的合力。严格生产源头监管，加大对鉴定评审工作的监督检查和获证企业的证后监督抽查工作，严格市场准入和退出。加强特种设备企业质量安全信用信息共享平台建设，加大对违规企业惩戒力度。继续对压力管道元件制造等薄弱环节进行治理，加强对新技术新产品的监管，强化生产企业责任。

二是保安全。严格使用环节监管，把使用环节作为监管的重中之重，全面推进以使用单位分类监管为重点的使用环节监管机制。严格重点设备领域监管，按照《进一步加强特种设备安全工作的若干意见》，将事故易发、多发、频发的设备和社会影响面大、敏感度高的高风险设备作为监管重点，严防重特大事故发生。严厉打击非法违法行为，加大对企业违法违规生产、使用行为和作业人员无证、违章作业行为的依法惩治力度；对存在违法违章使用的单位，一律责令整顿，并严格落实监管措施；对触犯法律的有关单位和人员，一律依法严格追究法律责任；对查处的非法违法行为，要加强跟踪监督，督促企业落实整改措施。研究建立有奖举报制度和社会监督制度，鼓励媒体和群众举报，并做好举报后查处工作。继续完善作业人员理论考试机构考化和实际操作模拟化，严把作业人员准入关，督促并帮助企业做好作业人员的日常培训，提高作业人员安全意识和操作水平。

三是促发展。全面推进锅炉节能监管，全面开展锅炉设计文件节能审查和锅炉定型产品能效测试工作，严把能效准入关。加强节能监管能力建设，开展对能效测试机构的监督检查，加强锅炉能效测试人员培训，规范测试工作，提高测试质量。服务重点产业调整振兴，依托重点工程，研究实施有利于产业振兴的行政许可、检验检测监管措施，促进重点产业调整振兴和经济结构调整。服务战略性新兴产业发展，促进特种设备产品在节能环保、高端装备制造、新能源等战略性新兴产业的安全应用。服务区域经济发展，配合城镇化建设，做好供电、供气、供热等基础设施建设中的特种设备安全与节能工作。围绕一些地区经济特色和产业优势，完善产业集群区域监管机制和服务措施，建设配套检验检测能力，支持特种设备产业集群发展。服务外贸发展大局，围绕国家外交外贸大局，积极开展国际合作交流，努力开拓国际合作交流新渠道，加强与重要国家和地区在特种设备安全与节能领域的合作。服务重大活动和重大项目，积极做好建党90周年庆祝活动等重大活动和重要节假日期间重点领域、重点场所、重点部位特种设备的安全保障工作。继续做好国家重大工程项目特种设备安全监察。

四是强基础。继续完善六个工作体系。按照建设法治质检的要求完善法规标准体系，推动特种设备安全法立法工作；进一步完善动态监管体系，继续落实总局“金质工程”及其推广应用的部署，加快监察与检验数据的互联互通。进一步推进安全责任体系建设，探索地方各级政府和有关行业管理部门“一岗双责”制度，落实企业主体责任；狠抓风险管理体系建设，加强风险理论及其应用研究，建立四级质量安全分析报告和风险分析报告制度，加快应急管理机构、平台和技术体系建设。继续推进绩效评价体系建设，研究特种设备质量安全节能工作宏观评价指标体系，继续实施对安全监察机构、扩大对检验检测机构、研究对企业的绩效评价工作。大力推进科技支撑体系建设，完善全国特种设备科技协作平台，抓好特种设备安全与节能科技的创新突破和推广应用，组织实施“十二五”国家科技支撑计划项目。

〔撰稿人：国家起重运输机械质量监督检验中心王顺亭〕

与重型机械行业有关的政策法规

It carries the policies, laws and regulations related to the heavy machinery industry

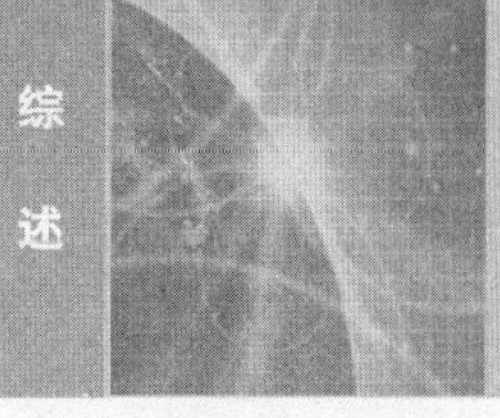

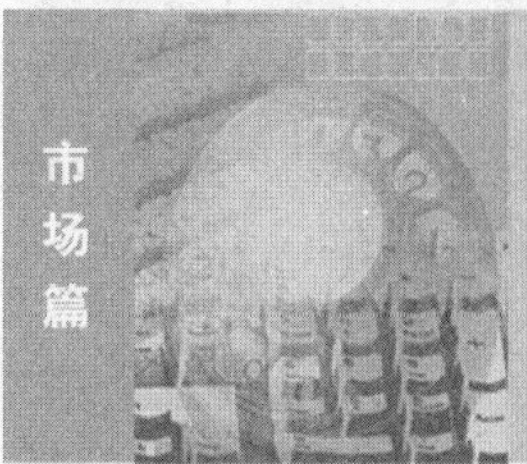

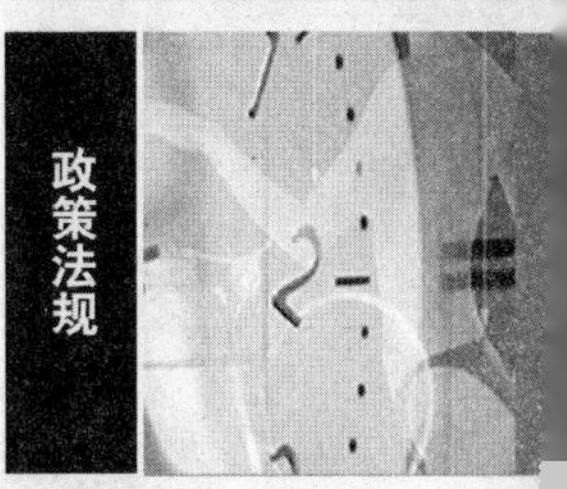

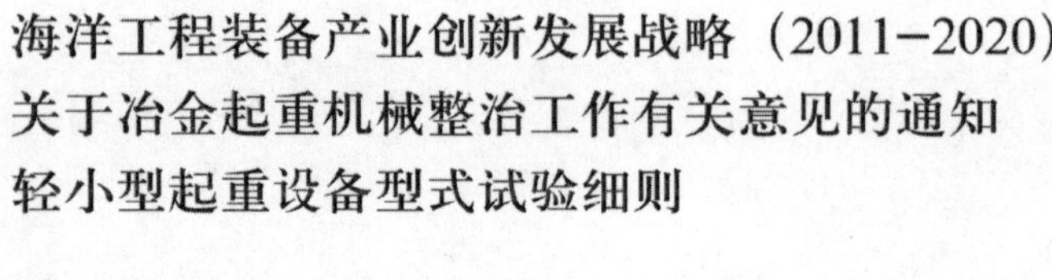
海洋工程装备产业创新发展战略（2011–2020）
关于冶金起重机械整治工作有关意见的通知
轻小型起重设备型式试验细则

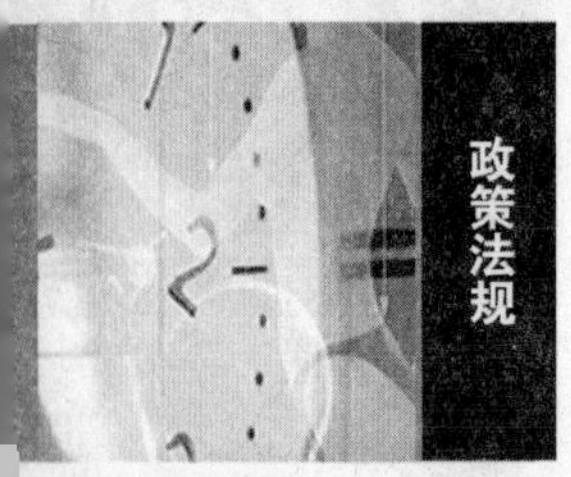

海洋工程装备产业创新发展战略

（2011－2020）

为贯彻落实《国务院关于加快培育和发展战略性新兴产业的决定》（国发〔2010〕32号）精神，增强海洋工程装备产业的创新能力和国际竞争力，推动海洋资源开发和海洋工程装备产业创新、持续、协调发展，特制定本战略。战略实施期为2011－2020年。

一、战略意义

海洋工程装备产业是开发利用海洋资源的物质和技术基础，是我国当前加快培育和发展的战略性新兴产业，是船舶工业调整和振兴的重要方向。

海洋工程装备主要指海洋资源（特别是海洋油气资源）勘探、开采、加工、储运、管理、后勤服务等方面的大型工程装备和辅助装备，具有高技术、高投入、高产出、高附加值、高风险的特点，是先进制造、信息、新材料等高新技术的综合体，产业辐射能力强，对国民经济带动作用大。

党的十七届五中全会把发展海洋经济提到了国家战略的高度，明确提出了提高海洋开发、控制、综合管理能力。《国务院关于加快培育和发展战略性新兴产业的决定》明确将海洋工程装备产业纳入重点培育和发展的战略性新兴产业。

近年来，我国海洋工程装备产业发展具备了一定基础，已成功设计和建造了浮式生产储卸装置（FPSO）、自升式钻井平台、半潜式钻井平台以及多种海洋工程船舶，在基础设施、技术、人才等方面初步形成了海洋工程装备产业的基本形态，但在高端新型装备设计、建造、配套、工程总承包能力等方面尚明显落后于发达国家，难以满足国内海洋开发和参与国际竞争的需要。

未来10年，是我国海洋工程装备产业快速发展的关键时期。充分利用我国船舶工业和石油装备制造业已经形成的较为完备的技术体系、制造体系和配套供应体系，抓住全球海洋资源勘探开发日益增长的装备需求契机，加强技术创新能力建设，加大科研开发投入力度，大幅度提升管理水平，完全有可能实现我国海洋工程装备产业跨越发展。

二、指导思想和战略目标

1. 指导思想

坚持以邓小平理论和“三个代表”重要思想为指导，深入贯彻落实科学发展观，面向国内国际两个市场，以需求为导向，立足科技创新，完善支撑体系，充分发挥企业的市场主体作用和政府的引导推动作用，重点突破海洋深水勘探装备、钻井装备、生产装备、工程船舶的设计制造核心技术，全面提升自主研发设计、专业化制造及设备配套能力，提高核心竞争力，实现海洋工程装备产业跨越发展。

2. 战略目标

到2015年，基本形成海洋工程装备产业的设计制造体系，初步掌握主力海洋工程装备的自主设计和总包建造技术、部分新型海洋工程装备的制造技术以及关键配套设备和系统的核心技术，基本满足国家海洋资源开发的战略需要。

到2020年，形成完整的科研开发、总装制造、设备供应、技术服务产业体系，打造若干知名海洋工程装备企业，基本掌握主力海洋工程装备的研发制造技术，具备新型海洋工程装备的自主设计建造能力，产业创新体系完备，创新能力跻身世界前列。

三、总体部署

“十二五”期间，按照“市场为牵引、创新为驱动、总装为龙头、配套为骨干”的发展思路，在现有基础上加强对主力装备技术的引进消化吸收再创新，掌握总体设计技术和建造技术，启动一批主力装备、新型装备和关键配套设备的核心技术研发和产业化项目，加强创新能力建设，健全和完善技术创新体系，建设符合海洋工程装备产业创新发展要求的科研开发协作机制，推动自主研发设计能力快速提高。

“十三五”期间，着力开展集成创新，注重培育原始创新能力，进一步提高主力海洋工程装备的设计制造能力，掌握关键共性技术，加快发展新型海洋工程装备，开展前瞻性海洋工程装备技术研究，推动我国海洋工程装备产业由低端制造向高端集成方向发展。

四、战略重点

1. 主力海洋工程装备

指量大面广、占市场总量80%以上的海洋工程装备，主要包括：物探船、工程勘察船、自升式钻井平台、自升式修井作业平台、半潜式钻井平台、半潜式生产平台、半潜式支持平台、钻井船、浮式生产储卸装置（FPSO）、半潜运输船、起重铺管船、风车安装船、多用途工作船、平台供应船等。重点突破自主开发设计的关键核心技术，具备概念设计、基本设计和详细设计能力。

2. 新型海洋工程装备

指近年来国际上新发展起来的、我国目前尚处于空白状态的、有广阔市场前景的海洋工程装备，主要包括：液化天然气浮式生产储卸装置（LNG—FP—SO）、深吃水立柱式平台（SPAR）、张力腿平台（TLP）、浮式钻井生产储卸装置（FDPSO）、自升式生产储卸油平台、深海水下应急作业装备及系统，以及其他新型装备。重点突破总装建造技术，逐步提升集成设计能力，填补国内空白。

3. 前瞻性海洋工程装备

指代表当今国际海洋工程装备新兴技术，可能改变当前海洋资源开发模式的新装备，主要包括：多金属结核、天然气水合物等开采装备，波浪能、潮流能等海洋可再生能源开发装备，海水提锂等海洋化学资源开发装备，以及其他新型装备。重点开展概念性技术研究，提高前瞻性技术开发能力，为未来装备发展做好技术储备。

4. 关键配套设备和系统

指海洋工程平台和作业船的配套系统和设备，以及水下采油、施工、检测、维修等设备，主要包括：自升式平台升降系统、深海锚泊系统、动力定位系统、FPSO 单点系泊系统、大型海洋平台电站、燃气动力模块、自动化控制系统、大型海洋平台吊机、水下生产设备和系统、水下设备安装及维护系统、物探设备、测井/录井/固井系统及设备、铺管/铺缆设备、钻修井设备及系统、安全防护及监测检测系统，以及其他重大配套设备。重点突破系统集成设计技术、系统成套试验和检测技术、关键设备和系统的设计制造技术等。

5. 关键共性技术

指制约我国海洋工程装备自主创新能力的关键技术和共性技术，主要包括：设计建造标准体系研究、海工工程管理技术、深海设施运动性能及载荷分析预报技术、深海设施动力响应及强度分析技术、深海锚索/立管等柔性构件的动力特性分析技术、深海海洋工程装备风险控制技术、深海设施长效防腐及防护技术、深水浮式结构物恶劣海况下安全性评估技术、海上构筑物寿命评估及弃置技术等。

五、战略实施途径

1. 支持创新驱动，实施产业创新发展工程

将海洋工程装备发展战略纳入国家加快培育和发展战略性新兴产业的总体部署，组织实施海洋工程装备产业创新发展工程，突破核心装备设计制造技术，完善标准体系，全面提升自主研发设计、专业化制造及关键配套技术水平，加快引进消化吸收再创新，大力开展集成创新，积极培育原始创新能力，加速创新成果转化。加强创新能力建设，整合现有资源，依托现有条件，建设若干具有世界先进水平的国家工程研究中心、国家工程实验室、国家重点实验室、国家工程技术研究中心、企业技术中心等，并大力完善以企业为主体的技术创新体系。

2. 以需求为牵引，形成产业联盟

面向国际国内两个市场，促进应用和供给的融合，遵循海洋油气开发规律和程序要求，充分发挥企业的市场主体作用。积极培育油气企业海上油气田规划、施工建设、设备制造、安装和维护能力，以及油气开采技术开发能力。支持船舶工业企业提高装备设计、建造和总包能力，推动产业结构调整升级。鼓励船用设备配套企业积极开展关键配套设备及系统研制。支持设立由大型骨干企业主导，科研机构、高校、专业技术服务公司等参与的产业联盟，推进产、学、研、用密切结合。

3. 加强国际合作，打造一流人才队伍

鼓励优势企业走出去，积极参与境外相关产业的合资合作，充分利用各种有利的国际资源，提高企业的国际竞争力。改革和完善企业分配和激励机制，积极营造人才发展良好环境，创造条件吸引海外有专长的工程技术专家、学者来国内工作。依托创新平台的建设和重大科研项目的实施，积极培养具有跨专业学科研发能力的领军人才。

4. 加强政策引导，完善产业结构

加强产业统筹规划和政策导向，对产能建设、行业协作、产业布局、创新发展等重要领域和关键环节，发挥政府宏观引导和协调作用，统筹现有设施和新建能力，坚持设计、制造、总装和配套同步发展。

六、保障措施

1. 加大国家支持力度

以提高设计制造能力、加速产业发展为目标，针对战略发展重点，依托优势企业，统筹工程化技术开发、标准制定、关键装备及配套设备产业化和创新能力建设等环节，加大国家投入力度，推动要素整合和技术集成，努力实现海洋工程装备产业核心技术重大突破。结合海洋工程装备产业特点，进一步落实相关税收支持政策。

2. 鼓励研究开发和创新

鼓励企业、科研机构、高校对重点项目和重大工程进行联合攻关。鼓励企业加大对海洋工程装备的研发投入和创新成果产业化的投入，按照企业所得税法律法规和有关政策规定，落实企业开发新技术、新产品、新工艺发生的研究开发费用在计算应纳税所得额时加计扣除的优惠政策。鼓励国内企业开展海外并购，与有实力的国际设计公司合资合作。推动国际海洋工程装备技术转移，鼓励境外企业和研究开发、设计机构在我国设立合资、合作研发机构。推动建立由项目业主、装备制造企业和保险公司风险共担、利益共享的重大技术装备保险机制。

3. 改进和完善金融服务

鼓励和支持金融机构加快金融产品和服务方式创新，有效拓宽海洋工程装备制造企业融资渠道。鼓励金融机构灵活运用票据贴现、押汇贷款、保函等多种方式，支持信誉良好、产品有市场、有效益的海洋工程装备企业加快发展。按照有关政策规定，进一步探索改进适合海洋工程装备产业特点的信贷担保方式，拓宽抵押担保物范围。积极开展海洋工程装备的融资租赁业务。支持符合条件的海洋工程装备制造企业上市融资和发行债券。

4. 做好组织和协调

有关部门应加强对海洋工程装备产业创新发展的总体规划和协调，制定和落实相关政策，组织实施海洋工程装备创新研发及产业化专项工程，推进关键设备和系统的示范应用，协调科技、金融、财税等各方关系，引导和推动全社会力量，将海洋工程装备产业创新发展战略落到实处。

关于冶金起重机械整治工作有关意见的通知

质检办特〔2007〕375 号

各省、自治区、直辖市质量技术监督局：

2007 年 4 月 18 日，辽宁省铁岭市清河特殊钢有限责任公司发生钢水包倾覆的特别重大事故，造成现场 32 名工人死亡。按照总局发出的《关于开展特种设备隐患排查和起重机械专项整治行动的通知》（国质检特函〔2007〕355 号）的要求，各地都进行了工作部署。据初步了解，仅辽宁、江苏 2 个省就查出用于冶金行业的非冶金起重机械 2 000 多台。为了保证该类设备的使用安全，结合企业生产经营的情况，经研究，现就冶金起重机械整治工作通知如下：

一、在用非冶金起重机械用于吊运熔融金属整治要求

（1）对于已经采用通用桥式起重机吊运熔融金属的，应当更换为符合 JB/T7688. 15—1999《冶金起重机技术条件 铸造起重机》要求的铸造起重机。如果由于厂房、基础等因素不具备更换铸造起重机条件的单位，除满足通用桥式起重机的法规规范和标准外，必须对原起重机进行改造并达到下列基本技术条件的要求：

1）采用冶金起重专用电动机，当环境温度超过 40℃的场合，应选用 H 级绝缘的电动机；

2）装设有两套独立作用的制动器（双制动）；

3）必须装设起重量限制器；

4）装设有不同形式（一般为重锤式和旋转式并用）的上升极限位置的双重限位器（双限位），并应控制不同的断路装置，起升高度大于 20m 的起重机，还应根据需要装设下降极限位置限位器；

5）用可控硅定子调压、涡流制动器、能耗制动器、可控硅供电、直流机组供电调速以及其他由于调速可能造成超速的起升机构和 20t 以上用于吊运熔融金属的通用桥式起重机必须具有超速保护；

6）起升机构应具有正反向接触器故障保护功能，防止电动机失电而制动器仍然在通电进而导致失速发生；

7）所有电气设备的防护等级应满足有关标准的规定；

8）长期在高温环境下工作的起重机械，对其电控设备需要采取防护措施；

9）选择适用于高温场合的钢丝绳，且具有足够的安全系数；

10）不得使用铸铁滑轮；

11）原起重机工作级别低于 A6（不包括 A6）的，应降负荷使用，下降幅度应根据实际工作情况而定，但降载后规定的起重量不得超过原额定起重量的 80%。

（2）对于已经采用额定起重量大于 10t 的以电动葫芦作为起升机构的各类起重机械，不允许吊运熔融金属。

（3）对于已经采用额定起重量小于或等于 10t 的以电动葫芦作为起升机构的各类起重机械吊运熔融金属的，必须对原起重机进行更换或改造并达到下列基本技术条件的要求：

1）不得采用普通电动葫芦作起升机构；

2）具有支持制动器和安全制动器；

3）具有不同形式的上升双重限位器（起升高度大于 20m 的起重机，还应装设下降极限位置限位器）；

4）具有起重量限制器；

5）具有高温隔热保护功能的电动葫芦；

6）具有吊运熔融金属工况的足够的安全系数，工作级别要达到 M5 级（含 M5 级）以上；

7）选择适用于高温场合的钢丝绳，且具有足够的安全系数；

8）尽可能采用遥控等远离热源的操纵方式，否则必须设置操作人员的安全通道。

（4）上述起重机的改造必须要有改造许可资质的单位进行，改造必须履行告知手续，改造后的起重机，必须经由有资质的检验检测机构按照《起重机械监督检验规则》和本文要求进行监督检验，合格后，方可按照规定投入使用。

（5）吊运熔融金属起重机的改造工作应在 2008 年 6 月 30 日前完成，使用单位应当立即制订更换计划或改造方案，抓紧落实，否则应停止使用。实施改造期间，使用单位应当监护使用，必须采取有效措施，确保设备安全运行。

（6）吊运熔融金属起重机的定期检验周期由 2 年缩短为 1 年。

二、新出厂安装吊运熔融金属的起重机要求

新出厂安装吊运熔融金属的起重机，是指从本文发布之日起出厂并安装的吊运熔融金属的起重机械，不包括大修、改造、移装的吊运熔融金属的起重机械。

（1）新出厂安装吊运熔融金属的起重机要求如下：

1）额定起重量大于或等于 75t 的起重机，必须选用符合 JB/T7688. 15—1999《冶金起重机技术条件 铸造起重机》要求的铸造起重机。

2）额定起重量小于 75t 的起重机，应当选用工作级别为 A7（包括 A7）以上的通用桥式起重机，但其配置等要求，必须达到上述第一条（1）中改造后起重机的 11 条基本技术条件及相应要求。

3）以电动葫芦作起升机构吊运熔融金属的起重机，只能用于额定起重量小于或等于 10t 的工况，其配置等要求，必须达到上述第一条（3）中改造后的基本技术条件及相应要求，其中电动葫芦的工作级别要求由M5级(含M5级)以上提高到M6级(含M6级)以上。

(2)吊运融熔非金属物料(温度低于熔融金属)和吊运炽热固态金属的起重机，可根据工作场所的危险程度适当放宽要求，也可以参照上述要求进行处理。

各地质量技术监督局应当尽快采取有效措施，做好非冶金起重机用于冶金行业的整治，防止类似事故的重复发生。工作中存在的问题，请及时报告总局特种设备安全监察局。

轻小型起重设备型式试验细则

第一条 为了规范轻小型起重设备型式试验工作，提高型式试验工作的质量，根据《起重机械型式试验规程(试行)》，制定本细则。

第二条 本细则适用于输变电施工用抱杆、电站牵张设备、内燃平衡重式机械传动叉车、蓄电池平衡重式叉车、内燃侧面叉车、插腿式叉车、前移式叉车、三向堆垛叉车、托盘堆垛车、防爆叉车、钢丝绳电动葫芦、防爆钢丝绳电动葫芦、环链电动葫芦和气动葫芦等轻小型起重设备的型式试验。

第三条 本细则技术指标和要求主要引用了GB/T3811—1983《起重机设计规范》和GB6067—1985《起重机械安全规程》、GB10827—1999《机动工业车辆安全规范》以及有关轻小型起重设备国家标准、行业标准的规定。如果上述相关标准被修订，应当参照最新标准执行。

第四条 轻小型起重设备型式试验样机投入试验前，制造单位应当按照使用说明书的要求调试合格。

第五条 轻小型起重设备进行型式试验时，制造单位应当在现场提供以下技术资料：

(一)样机总图及重要零部件图；

(二)样机相关的计算资料；

(三)样机的合格证和使用说明书；

(四)样机安全保护装置的型式试验报告或型式试验合格证书；

(五)样机制造过程中有关的质量证明文件。

第六条 轻小型起重设备进行型式试验时，试验条件应当满足产品行业标准和国家标准及相应产品使用说明书的有关规定，并同时满足下列要求：

(一)试验现场的试验动力源应当与设计一致。

(二)环境温度一般为-5℃~40℃，空气相对湿度不大于85%，海拔高度一般不超过1 000m，风速不超过8.3m/s，内燃平衡重式机械传动叉车、内燃平衡重式液力传动叉车、内燃平衡重式液压传动叉车、内燃侧面叉车、蓄电池平衡重式叉车、内燃防爆叉车、蓄电池防爆叉车、三向堆跺叉车进行型式试验时，风速一般不超过5m/s。

(三)制造检单位应当提供试验所需的试验载荷，试验载荷的精度为±1%。

(四)试验现场的环境不得有易燃、易爆及腐蚀性气体，场地周围应当设置安全警戒线，试验场内应当有安全管理措施。

(五)参加试验的特种设备作业人员，必须符合特种设备作业的有关规定。

(六)电站牵张设备试验用地锚应当牢固、可靠，满足试验用最大牵引力、最大张力的要求。

(七)叉车实芯轮胎应当符合该车技术条件或者有关技术条件的规定，同一桥上两个轮胎之间的硬度差不超过邵氏硬度5度。

(八)内燃平衡重式机械传动叉车、内燃平衡重式液力传动叉车、内燃平衡重式液压传动叉车、内燃侧面叉车、蓄电池平衡重式叉车、内燃防爆叉车、蓄电池防爆叉车试验用场地应当平整、清洁，应当为混凝土地面，坡度不大于0.5%，面积应当满足叉车做全圆周回转。试验跑道应当为混凝土地面，并且平整、清洁，坡度不大于0.5%，长度不小于200m，宽度不小于5m，纵向坡度不大于0.5%。

(九)插腿式叉车、前移式叉车、托盘堆垛车试验用场地应当是平坦坚实的水泥地面，相邻平面误差不大于10mm/m^2，直线跑道应当是干燥坚实的水泥路面，其纵向坡度不大于0.3%，其长度不小于80m。

(十)对使用性能和安全有特殊要求的试验项目，依据设计图样和合同规定执行。

第七条 轻小型起重设备型式试验用仪器和量具应当经过检定合格，并且在检定有效期内。

第八条 轻小型起重设备型式试验的试验项目、技术要求和试验方法应当按本细则规定实施。

第九条 轻小型起重设备已通过型式试验的产品，更换主要部件(或总成)对产品功能、安全性能有影响的，应当进行相关部分项目的型式试验。

内燃平衡重式机械传动叉车、内燃平衡重式液力传动叉车、内燃平衡重式液压传动叉车、内燃侧面叉车、蓄电池平衡重式叉车、内燃防爆叉车、蓄电池防爆叉车、三向堆跺叉车、插腿式叉车、前移式叉车、托盘堆垛车等同型号不同规格的同一系列段叉车(指功率相近、轮距相同而起重量不同的叉车)在大规格叉车已经进行型式试验的条件下,小规格叉车只进行差异性子项的型式试验,不再进行可靠性试验。

同一规格,但发动机型式不同的、增加起升高度的、发动机功率变化超过5%的叉车,只进行差异性子项的型式试验,不再进行可靠性试验。

第十条 轻小型起重设备型式试验结果的判定原则:本细则规定的所有检验和试验项目必须全部合格,则综合判定为合格。本细则规定的所有检验和试验项目单项出现不合格,则综合判定为不合格。

第十一条 本细则由国家质量监督检验检疫总局负责解释。

第十二条 本细则自2008年4月30日起施行。

大事记

记载2010年重型机械行业发生的重大事件

It records the important events happening to the heavy machinery industry in 2010

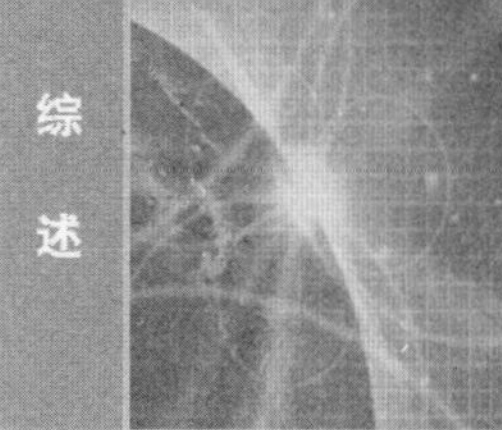

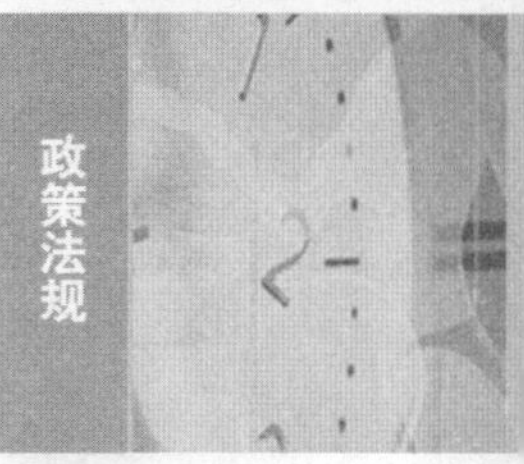

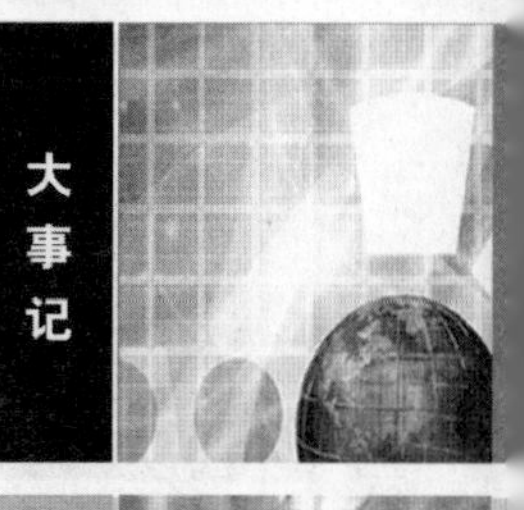

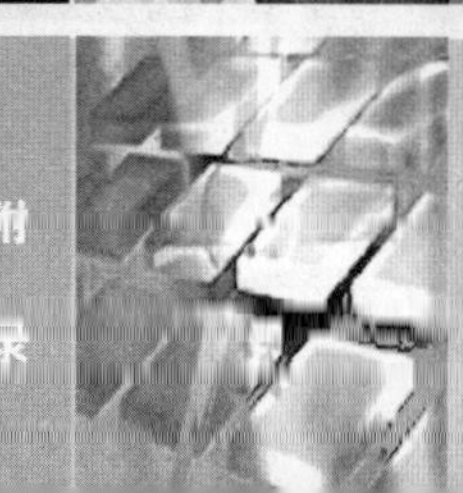

综述
行业篇
市场篇
企业篇
统计资料
标准与质量
政策法规
大事记
附录

2010年重型机械行业大事记

1月

6日 国家能源局在北京召开能源科技发展现场会，李克强副总理参观了中国第一重型机械集团公司等16家企业、院所的国家能源研发(实验)中心成果展，对我国在能源装备生产能力、能源装备技术、能源装备国产化等方面取得的重大成果感到高兴和欣慰。他强调指出，此次获得授牌的16家研发(实验)中心应充分发挥技术创新的优势，充分发挥大型国有企业的主体作用，加大自主成果的研发，努力实现装备及技术的进步与核心技术的自主化。会前，中国第一重型机械集团公司国家能源重大装备材料研发中心作为首批16家国家能源研发(实验)中心之一，获得国家能源局授牌。这标志着该公司在核电、水电、火电等重大装备材料研发方面已具备很好的基础条件、良好的业绩与进一步发展的前景，将承担起新一代能源、高效清洁能源装备材料与技术的研发任务。

11日 2009年度国家科学技术奖励大会在北京人民大会堂隆重召开。中国第一重型机械集团公司"2 150mm宽带钢热连轧机组装备关键技术自主创新及工程应用"项目荣获国家科学技术进步奖二等奖。该机组是国内第一条自主研发设计的高精度、高品质、高水平、高自动化的高端大型热连轧机组成套设备，与国外同类先进机组相比，其工艺流程缩短65m，粗轧机刚度提高8.5%，精轧机刚度提高15%，工作辊窜辊行程、弯辊力、飞剪剪切能力等技术指标均超过国外水平，实现了大型宽带钢热连轧机组装备关键技术的自主创新，达到了高效、清洁轧制的工程应用效果，并拥有完全自主知识产权，获得9项专利授权。与国外技术总成，合作制造一套同类热连轧机生产线相比，节省投资32亿元，为用户节省投资1/2以上。

中国重型机械研究院有限公司和宝钢、燕山大学共同完成的"中薄板坯连铸机成套技术与关键设备开发及应用"项目荣获国家科技进步奖二等奖。该项目是集理论研究、试验研究、科技开发、工程应用为一体的自主创新和集成创新项目。与传统连铸机相比，其生产流程简化，节能效果更加突出，金属收得率更高，成形产品生产周期大大缩短，代表了连续铸钢技术装备的新发展方向。该项目技术难度大，涵盖中薄板坯连铸机总体设计技术、全部核心成套设备，共完成创新技术与设备12项，已获得和受理发明专利4项、实用新型专利11项。

15日 国家主席胡锦涛来到位于临港新城的上海电气临港重装备制造基地考察，同企业干部职工共谋装备制造业调整振兴之策。他说，装备制造业是我国的重要基础性、战略性产业，也是上海的支柱产业。他为这个基地形成的生产规模和能力感到振奋，希望基地充分发挥产业、技术、人才集聚优势，努力打造世界一流的现代装备制造基地，为振兴我国装备制造业贡献更大力量。在承接国家重大核电工程设备制造业务的上核公司，在生产核电蒸发器、汽轮发电机组等设备的临港工厂，胡锦涛勉励大家以推动电力设备国产化为己任，努力抢占世界电力设备制造高地。在曲轴公司，胡锦涛对他们生产的曲轴填补了国内空白，结束了我国船用曲轴长期依赖进口的局面表示祝贺，鼓励他们生产出更多具有国际一流水平的产品，推动我国由"造船大国"向"造船强国"迈进。

19日 中外合资企业江苏三马起重机械制造有限公司举行揭牌庆典。江苏三马创建于1958年，是靖江为数不多的具有50年历史的整机制造厂之一。该公司电动葫芦产销量位居全行业前列。芬兰科尼起重机集团是世界上最大的工业起重机制造集团，在高端起重机市场上处于领先地位。江苏三马和科尼集团从2007年起开始正式接触洽谈合资事宜，此次合资合作中，双方共计投资3亿元。合作后，江苏三马产品将进入科尼的全球销售网络。

22日 上海振华重工(集团)股份有限公司与美国港口集团在美国纽约举行大额采购订单签约仪式。美国港口集团将从振华重工采购总共8台、价值6亿元的岸边集装箱起重机。首批4台岸桥设备将于2012年8月交付使用。美国港口集团是世界领先的码头运营商、货物装卸及运输商。此次采购的岸桥是能够装卸当前世界上最大集装箱运输船的超巴拿马岸桥，起重机严格按照技术参数设计，完全符合美国当地标准。在国际金融危机的不利影响下，中国企业仍能继续在美国市场立足，获得订单，实属不易。

26日 巨力索具股份有限公司首次公开发行A股在深圳证券交易所中小企业板上市，证券简称"巨力索具"，证券代码"002342"，首批发行数量5 000万股，发行价格为24元/股。巨力索具股份有限公司是巨力集团旗下专业从事索具制造的企业，主营业务为索具及相关产品的研发、设计、生产和销售，主要产品有合成纤维吊装带索具、钢丝绳索具、钢丝绳、钢拉杆、梁式吊具、缆索、冶金夹具、链条索具、索具连接件和索具加工设备等。公司全面实施国际化战略，利用现代化ERP的计算机管理技术，建立起具有国际竞争力的全球营销服务网络。在中国有6个销售子公司、64个销售办事处；在全球100多个国家和地区建立了稳定的销售服务网络。公司已取得ISO9001国家质量体系认证、CE

认证、CE认证、CCS认证、LR认证、DNV认证、煤安标认证、ISO14001环境管理体系认证、GB/T28001职业健康安全管理体系认证,并成功纳入海军武器装备合格承制方,荣获“中国驰名商标”称号。

30日 全国人大常委会委员长吴邦国视察了上海电气重工集团上海重型机器厂有限公司。在上海重型机器厂有限公司450t电渣重熔炉车间,吴邦国委员长听取了上海电气集团及上海电气重工集团、上海重型机器厂有限公司近几年核电设备产业发展情况及上海电气集团的发展战略构想,以及核电、火电和水电设备大型锻件及大型船用曲轴的生产制造情况。吴邦国委员长随后又到1.65万t油压机车间,观看了万吨油压机与630t·m操作机联动锻压核电设备用特大钢锭的情况,对上海电气集团、上海电气重工集团及上重公司近几年来取得的发展成绩给予充分肯定。

月内 北方重工工程机械公司新型纵轴掘进机EBZ230研发成功并通过国家安全标志抽样检测。该机采用多项专利技术,适用于半煤岩及全岩、硬岩巷道的掘进。同时,该公司又增配了自主研发的除尘系统和侧支撑,能够有效降低掘进过程中的粉尘和提高工作的稳定性。此前,该公司已开发有EBH90和EBH132两种横轴掘进机和EBZ160、EBZ132纵轴掘进机。更加先进的EBZ230型掘进机是北方重工集团与辽宁工程技术大学合作开发的纵截割方式掘进机,标志着北方重工集团拥有了横、纵两种截割方式的系列掘进机,可以更好地满足市场的需求,也为公司扩大掘进机市场奠定了基础。北方重工集团持续改进创新,基于人性化设计开发的系列掘进机都具有整机结构紧凑、配置先进、生产工艺性高、故障率低、生产成本低等特点。

★ 中钢集团衡阳重机有限公司完成了自主创新的$3m^3$中型地下铲运机驱动桥产品设计工作,填补了这项技术的国内空白。地下无轨设备驱动桥是地下无轨设备的关键部件,大中型驱动桥一直依赖进口,价格昂贵,制约着国内企业的发展。中钢集团衡阳重机有限公司在攻克小型地下无轨设备驱动桥设计制造的基础上,综合国内外研究成果,结合公司制造水平进行开发,完成了$3m^3$中型地下铲运机驱动桥产品的设计工作。该项目运用了较新的设计方法,如运动学分析、动力学分析及强度校核。在结构设计及计算中运用了三维建模及运动仿真、有限元分析等。该项目的开发成功,将显著降低成台产品成本,提高公司地下无轨采矿设备的市场竞争力。

2月

2日 经上海证券交易所上证发字[2010]5号文批准,二重集团(德阳)重型装备股份有限公司在上海证券交易所发行A股上市。证券简称“二重重装”,证券代码“601268”,其中首次公开发行中网上资金申购发行的24 000万元股股票于2010年2月2日起上市交易。

8日 经上海证券交易所上证发字[2010]6号文批准,中国第一重型机械股份公司在上海证券交易所成功上市,证券简称“中国一重”,证券代码“601106”,本次A股发行的股份数200 000万股,其中首次公开发行中网上资金申购发行100 000万股股票于2010年2月9日起上市交易。

9日 中国第一重型机械集团公司制造的秦山核电二期扩建工程4号机组反应堆压力容器在一重大连基地竣工,经多方专家严格评审,一次验收合格,准许出厂。秦山核电二期扩建工程是我国“十一五”期间开工的首个核电项目,其压力容器的制造完成对实现我国核电设备的国产化目标关系重大。同时,它也是我国自主设计的首个所有主体锻件全部国产化的核电核心设备,对进一步提高国内核电设备技术的创新能力,促进核电设备产业的自主化、国产化具有十分深远的现实意义。

月内 西南铝业集团有限责任公司成功生产出国内3104制罐料专用最大宽度铸锭,规格达520mm×1 850mm。3104制罐料作为一种高技术产品,市场前景广阔,具有可观的经济效益。下游制罐企业采用更大宽度的大卷料用于生产,可增加一次冲罐数量,提高生产效率。当前,西南铝业集团有限责任公司已全力着手研制3104制罐料用更大规格铸锭的生产工艺。

★ 太原重工轮轴分公司研发制造的220副高速列车轮对产品发往瑞士,这是太重生产的高速轮对首次进入欧洲市场。高速列车轮对产品是火车轮与火车轴的集成组装产品,适用于时速350km的高速列车运行,其技术标准和质量要求远远高于一般火车轮、轴产品。此前,太重轮对产品已出口20多个国家和地区,其中仅出口东南亚国家的高速轮对就达1 800副,特别是轮对进入欧洲市场,标志着太重火车轮对高端产品出口步伐大大加快。

★ 北方重工工程机械公司成功研制的“ZZ9000支撑掩护式特种自行液压支架”,大大提高了液压支架撤出工作的安全性,降低了支架撤出成本,提高了回撤速度。它的研发成功填补了国内煤矿综采工作面液压支架机械化支护的一项空白。

3月

5日 中联重科股份有限公司(以下简称中联重科)与美国Global公司签署了25台越野轮胎起重机批量出口的年度合作协议,首单合同价值622万美元。这是我国轮胎起重机产品首次批量出口北美高端市场。其中RT750越野轮胎起重机的最大起重能力为75t,是当前国产最大吨位的越野轮胎起重机。中联重科瞄准全球最高端的北美市场,全球采购、全球研发,设计起点高、标准适应性强,产品一次性通过了国家权威机构的定型检测和国际知名专家组的评审。该产品全轮驱动、全轮转向,整车长度短,越野能力强,操控极为方便,可吊重行驶,极大地扩展了产品使用范围,实现了一车多用。起重特性、臂架长度和作业高度均高于国外同类产品水平,产品整机性能达到世界先进水平,极具性价比优势。美国Global公司为中联重科轮胎起重机项目总代理,年度订单总计近百台轮胎起重机产品,型号包括

35t、55t、75t 和 100t 系列产品，将用于美国和美洲其他地区的建筑及大型项目施工。继中联重科工程起重机产品、混凝土机械产品进入海外高端市场后，此笔订单表明了中联重科正逐步提高向全球高端市场投放各种产品的能力。

6 日 中信重工机械股份有限公司签订了为哈电集团（秦皇岛）重型装备有限公司承制高温气冷堆锻件的合同。这是中信重工第一份核电设备锻件订单，标志着中信重工成功挺进核电设备领域。中信重工表示，一定会精心组织、精心制造，干好哈电重装项目，为进一步拓宽合作领域、推动双方共同发展打下更加坚实的基础。

★ 依托山东华特磁电科技股份有限公司全资子公司潍坊新力超导磁电科技有限公司的“中科院高能所超导磁体工程技术研究中心”举行了揭牌仪式。中科院高能物理研究所研制的低温超导磁体，是利用超导线圈在低温条件下产生零电阻效应的特性研发的新产品。它可以通入极大的电流产生超强的磁场，在磁电设备领域有着广阔的应用前景，并可带来显著的节能环保效果，是发展低碳经济，促进节能减排，建设资源节约型、环境友好型社会的重要支持技术之一。超导磁体工程中心目前的研究方向是低温超导磁选机研发、低温超导工业污水处理系统研发和超导核磁共振成像设备磁体研发。其中，低温超导磁选机主要应用于贫铁矿和尾矿、赤泥等铁矿资源回收，低温超导工业污水处理系统主要应用于工业污水处理，配套的低温超导核磁共振设备属于世界先进的医疗诊断器械。该工程中心的成立，搭建了一个新兴高端产业创新发展平台，将对行业的技术创新体系建设，引领行业技术进步，加快超导磁体技术产业化具有重要的推动作用。

月内 中国第一重型机械集团公司与西班牙恩萨公司（ENSA）签订战略合作协议，将为恩萨公司提供核反应堆压力容器和蒸发器的锻件。这是一重集团首次与世界级核工业大型设备供应商西班牙恩萨公司的合作，标志着中国制造的核电设备锻件得到了国际核电设备制造业的认可，使中国的大型核电产品跻身于国际市场，为一重集团赢得了破解发展难题的主动权。此次合作中，恩萨公司将向一重集团提供沸水堆（BWR）压力容器锻件的图纸和技术条件，该锻件尺寸超大，最大直径 8m，最大高度 4m，一重集团将对该堆型锻件进行研发。

★ 中国第二重型机械集团公司（以下简称二重集团）研制的三峡地下电站 700MW 机组大型成套铸锻件在东电成功加工组焊，各项指标均满足技术要求，其质量已达到国际先进水平，可以替代进口。自此，二重集团已具备三峡大型水电机组关键铸锻件的成套制造能力。

★ 上海电气上重公司自行设计制造的世界上第一台 450t 电渣炉成功冶炼出 320t 核电设备用电渣锭，钢锭直径达 3.6m，高度 4m，整个冶炼过程持续近 70h。320t 特大型电渣锭是用于锻造核电压力壳上筒体的大锻件，它的冶炼成功是核电设备核心生产流程中关键部件和工艺的重大突破。

4 月

27 日 2010 年全国劳动模范和先进工作者表彰大会在北京人民大会堂隆重举行。中国重型机械工业协会 6 位理事会成员荣获 2010 年“全国劳动模范”荣誉称号，他们是：大连重工·起重集团有限公司董事长兼总经理宋甲晶、中信重工机械股份有限公司总经理任沁新、中国重型机械研究院有限公司院长谢东钢、上海国际港务（集团）股份有限公司副总裁包起帆、巨力索具股份有限公司董事长杨建忠、上海科大重工集团有限公司董事长李平。

28 日 中国机械工业联合会在京发布了 2009 年中国机械工业百强企业名单，这 100 家企业合计主营业务收入突破万亿元大关，达 10 515 亿元。中国重型机械工业协会的 9 家会员单位被列入其中，他们是：上海振华重工（集团）股份有限公司、大连重工·起重集团有限公司、北方重工集团有限公司、太原重型机械集团有限公司、中信重工机械股份有限公司、中国第一重型机械集团公司、中国第二重型机械集团公司、卫华集团有限公司、江苏通润机电集团有限公司。

★ 中信重工机械股份有限公司为江阴兴澄特种钢铁公司研制的 3 500mm 炉卷中板轧机项目正式投产，这是当前国内规格最大、技术最先进的中板轧机设备生产线。该生产线自动化程度高，配备在线连续超声探伤和高科技在线监测设备，投产后预计年生产能力在 120 万 t 左右。与国内同类生产线相比，该生产线具有效率高、成本低、交货周期短等三大特点。

30 日 张家港长力机械有限公司、武汉科技大学、河南中鸿集团三方联合开发的 6m 固定站式捣固焦炉成套机械在长力机械有限公司顺利通过由中国机械工业联合会组织的科技成果鉴定。该设备是专门为满足大容积 6m 捣固焦炉而开发的，是焦炉清洁生产的新工艺装备，主要包括捣固、装煤、推焦、拦焦、熄焦、导烟等设备。专家组认为该项目采用符合中国国情的固定捣固站设计理念，填补了国内空白，主要技术性能达到国际先进水平。

月内 国内第一支 1 100MW 核电半速转子在中国第二重型机械集团公司顺利通过联检，并包装发往用户，标志着我国已经能够自主生产超大型核电半速转子。该产品是核电发电机组中的核心部件，产品重量大、体积大，内部质量要求高，因而制造难度大，制造风险也大，世界上仅有日本一家公司能够制造。中国二重对 560t 特大型真空钢锭进行了生产工艺评审，对生产中可能出现的风险和针对风险采取的对策做了充分的研究，对冶炼、浇注该钢锭的各种技术参数进行了论证，制定了严密的工艺和生产措施，认真执行集团公司“核老大、核优先、核严格”的方针，严格按照核文化的“四个凡是”进行操作，为核电半速转子的顺利出产创造了条件，终于成功制造出我国第一支 1 100MW 核电半速转子，填补了国家核电设备制造领域的空白。

5 月

4 日 北方重工重矿机械设备制造有限公司自主研发、

设计制造的50MN双柱上传动多拉杆预应力框架快锻压机一次性试生产成功。该压机是国内拥有自主知识产权的具有国际先进水平的首台大型自由锻造液压机。压机主机的框架为多拉杆预应力结构，预紧操作容易且预紧力准确。这种机架具有较强的抗偏载能力和良好的刚性，活动梁的四面导向和导向间隙可调也是现代压机应有的功能。其液压系统采用Wepuko-Pahnke公司的RX500型正弦泵，由伺服缸、伺服阀和传感器等组成的伺服机构可改变泵摇杆的偏向，从而改变泵的流量及实现换向，同时不需要大量主控阀就能完成空降、加压、卸压及回程全过程。压机的电控泵系统采用西门子多CPU、DP总线控制，具有微机自动控制尺寸和压机与操作机联动的功能，使该压机具有高速、高自动化、高锻造精度、高可靠性等先进性能，锻造精度达±1.5mm，快锻次数达70次/min。

8~10日　中国重型机械工业协会五届三次会员代表会议暨理事会议在北京召开。

常务副理事长徐善继做了题为《加快调整产业结构，转变经济发展方式，实现重型机械行业又好又快地发展》的工作报告。报告从两个方面汇报了协会所做的工作：始终坚持为企业和政府双向服务宗旨，推动重型机械行业又好又快发展；遵照国资委行业协会办公室的指示精神，认真推进协会改革，促进协会工作健康有序的发展。在2010年的工作安排中，列出了当年要办的十项重点工作，包括认真完成重型机械行业“十二五”发展规划的编制工作，继续做好协会统计工作，加强行业经济运行分析研究；做好中国机械工业名牌产品的推荐与评审等工作。报告还提出了当前重型机械行业的发展形势及“十二五”发展思路，指出了行业当前存在的主要问题，用翔实的统计数据反映了重型机械行业上年的经济运行情况。

经与会代表认真审议，大会通过了《中国重型机械工业协会五届三次会员代表大会工作报告》、《中国重型机械工业协会五届三次理事会财务报告》、《中国重型机械工业协会五届理事会关于调整、增补副事长、常务理事、理事的议案》等文件。

中国机械工业联合会执行副会长蔡惟慈、杨学桐及工信部装备司处长杨拴昌、国家能源局处长王书强、工信部运行监测协调局处长景晓波、国家发改委经济运行调节局调研员李镜、国家质检总局特种设备安全监察局调研员尚洪等领导应邀出席会议。杨拴昌处长介绍了工信部正在组织编制装备制造业“十二五”规划的指导思想、正在推进的工作及相关的政策措施。王书强处长分析了与能源相关的市场热点行业的现况和发展趋势，并就重型机械行业的发展提出了建议。

大会组织了专题报告会。蔡惟慈副会长介绍了我国机械工业最新的经济运行情况和行业发展建议；中国—东盟商务理事会中方常务秘书长许宁宁介绍了中国—东盟自贸区发展进程及给我国制造行业带来的发展机遇，同时还就行业和企业进入东盟自贸区提出了建议；中国钢铁工业协会常务副秘书长李世俊介绍了我国钢铁行业形势和企业对策；中国水泥协会副秘书长刘作毅介绍了我国水泥工业近期发展和市场热点情况；中国船舶工业协会秘书长王锦连介绍了我国船舶工业产业发展和“十二五”规划发展思路。

北方重工集团有限公司董事长耿洪臣、中钢设备有限公司总经理陆鹏程、大连重工·起重集团有限公司副总经理邹胜、中信重工机械股份有限公司副总经理王继生等领导，围绕调整产业结构转变增长方式，介绍了各自单位的最新进展、成功经验和体会。

10~12日　中国机械工业联合会和中国重型机械工业协会主办的“2010中国（北京）国际矿山、起重运输机械展览会暨重型、矿山、起重运输机械科技创新成果展览会”在北京国家会议中心举行。展会面积近12 000m^2，展出了各种破碎机、挖掘机、采煤机、提升机等矿山机械设备，集装箱装卸桥、斗轮堆取料机、桥式起重机、门式起重机等起重运输机械设备，减速器、制动器、电动滚筒等矿山、起重运输机械配套件，以及工业控制和自动化领域及驱动领域、低压电器领域的系列产品等。参会厂商近300家，有上海振华重工、大连重工·起重集团有限公司、太原重型机械、中国一重、中国二重、北方重工、中信重工、上海重工、上海建设路桥、卫华集团等行业龙头企业，以及上海起重运输机械厂、江阴凯澄起重机械有限公司、浙江东海减速机有限公司、青岛立邦达工控技术有限公司、南通润邦重机有限公司、宁夏天地奔牛银起设备有限公司等行业骨干企业，参展的还有西门子（中国）有限公司、ABB（中国）有限公司、施耐德电气（中国）有限公司等国外企业。中国重机协会破磨分会整体参展。展会观众达8 000多人次，是历届矿山、起重运输机械展览会规模最大的一次，为企业展示实力、介绍产品、了解市场、寻求商机提供了良机，受到参展企业的一致好评。

18日　中国二重研制的第三代核电关键设备AP1000主管道在北京通过专家鉴定，这标志着中国二重攻克了“世界级”核电设备研制难题。AP1000主管道是连接反应堆压力容器和蒸汽发生器的大型厚壁承压管道，是核蒸汽供应系统输出堆芯热能的“大动脉”，也是保证核安全的关键设备。主管道制造实现国产化，使得我国第三代核电自主化依托项目4台机组的主管道能够实现国内采购，大幅降低了主管道的采购成本，与从国外进口相比可为国家节约8亿多元。这是我国装备制造企业在三代核电关键设备国产化工作中实现的一个非常重要的关键节点目标，对推动第三代核电设备自主化意义重大。

19日　国内最大吨位（1 250t）液压履带式起重机，在辽宁省抚顺市成功进行吊装1 560t最大重量试验后，正式交付用户。这是我国首台拥有自主知识产权的QUY1250型超大型起重机，它的成功下线，标志着中国超大型起重机的制造技术已达到世界先进水平。

20日　中国重型机械工业协会起重葫芦分会组织会员单位为玉树地震灾区重建捐赠了238台不同吨位起重量的手拉葫芦、手扳葫芦，总价值超过10万元。

月内 太原重型机械集团有限公司自主研发制造的国内首台(套)180三辊连轧生产线在山东墨龙集团钢管公司一次性运行成功,填补了国内空白。该机组具有效率高、制品质量好、产量高、能耗少的优点,是生产直径60～180mm高质量无缝钢管的关键设备,价格仅为国外产品的2/3。太重集团已具备机组成套生产能力,一举打破了国外公司技术垄断的局面,成为世界上第三家掌握此项技术的公司。

★ 中信重工为中国铜业巨头江铜集团旗下、国内最大的露天铜矿——德兴铜矿扩大采选生产规模技改项目量身设计制造了我国当前最大的ϕ10.37m×5.19m半自磨机和ϕ7.32m×10.68m球磨机。这组磨机首次采用超大功率双电动机驱动方式,其关键件大齿轮外径12.99m,是当前国内磨机使用的最大直径齿轮,加工精度等级、热处理硬度以及轴承的承载能力等均前所未有。作为扩产项目的核心装备,这两套国内矿磨巨无霸投用后,将使江铜德兴铜矿的日采选综合生产能力从当前的10万t增加到13万t,矿山寿命将延长8年,从而实现了节约利用资源的目标。中信重工与江铜集团的合作,将为我国装备产业与资源产业协同推进、转型升级和实现经济增长方式转变发挥积极的示范带动作用,对优化壮大国家产业实力意义重大。

★ 江苏省泰兴减速机总厂接到了全球核电项目采购供应商——美国福斯公司发来的核电循环水自动调节装置用减速机与风电偏航变桨减速机订单,同时全球发电设备与轨道交通基础设施领域最大的采购供应商——法国阿尔斯通公司正式批准泰兴为其全球风电、核电齿轮箱网上供应商,并向泰兴交付了出口文书条款。这一数额颇大的国际减速机订货合同与一份意义非凡的产品营销国际文书,意味着泰兴拿到了处于国际前沿高科技领域的核电与风电装备减速机出口通行证,成功进入了两大国际高端设备供应商的全球采购供应网络。

6月

6日 第二届中国企业创新日活动暨2010年(第十届)中国企业创新论坛在北京人民大会堂举行。中国一重集团公司董事长吴生富荣膺中国企业最具创新力十大领军人物,并登台接受国家领导人颁发获奖证书。吴生富董事长说,获得这个奖项非常荣幸,将在企业深化改革、加快发展、推动科技和管理创新方面继续努力,做更多的工作。

18日 国内矿山装备领域唯一的国家重点实验室——矿山重型装备国家重点实验室在中信重工机械股份有限公司正式揭牌成立。实验室学术委员会首次会议同时召开。中信重工总经理任沁新指出,国家重点实验室建设不仅体现企业在技术研发上取得的成就,也体现了企业为国家科研和技术装备进步所做的贡献,体现了国家的科研技术水平。

19日 三一重装与铁法煤业集团联合开发的"国内首套刨煤机成套开采设备"成功下线,并将发往铁煤集团进行工业性试验。这是当前最适合于薄煤层安全、高效开采的装备,其开采技术融合了机械、液压、电子、网络控制等众多科技成果,主要用于煤矿井下1.3m以下薄煤层的长壁开采,年产量可达150万～200万t。作为一种"浅截深、多循环"的采煤设备,刨煤机成套设备具有截深自动控制、自动推溜、自动移架降架、自动喷雾灭尘和远程控制的功能,并可实现主要参数的数显和动画显示,可真正实现全自动无人工作面操作,在薄煤层、瓦斯大的矿井开采中独具优势。我国薄煤层占煤炭资源总量的20%左右,而当前对于薄煤层的开采存在较大困难,资源浪费严重。此前,仅有德国的一家企业生产适用于薄煤层开采的设备。三一刨煤机成套开采设备实现工作面无人自动化刨煤,提高了高价值煤炭资源同收率,实现了煤矿井下本质安全,打破了长期以来国外产品的垄断局面。

23日 国内规模最大、设施最先进的润滑液压设备生产基地——川润股份成都工业园在郫县正式建成投产。基地位于成都现代工业港北片区,临317国道和成灌快铁,整个园区先期投资2.5亿元,占地面积15万m^2,拥有上百台先进的生产和研发设备。

23～26日 为促进重型机械行业科技创新,中国重型机械工业协会在山东泰安组织召开了"2010年度重型机械行业科技创新工作会议暨行业'十二五'规划研讨会"。行业主要重点骨干企业、研究院所、高校等17家单位参加了会议。会议按照工信部装备工业司及中国机械工业联合会等对编写重型机械行业"十二五"规划的要求,对提交会议的《重型机械行业"十二五"规划(讨论稿)》进行了深入细致的讨论,提出了许多好的意见和建议,为完善重型机械行业"十二五"规划起到了积极和重要的作用。

24日 中共中央政治局常委李长春莅临中国二重视察工作。在展示大厅,李长春观看了挂图、沙盘模型和电视宣传片,听取了二重集团公司党委书记、总经理石柯对公司概况和"一个中心,两个基地"建设情况的汇报。李长春说:"二重这样的企业,是国宝,是国家工业实力的标志,是装备制造业的龙头,是典型的共和国长子。没有这样一批基础工业,就谈不上国防力量、国民经济各部门的力量。"视察了水压机车间和重容分厂后,他说:"要宣传二重。要提高国人对装备制造业在国民经济中重要地位的认识,对共和国长子在国家的战略地位要有新认识。要结合中央提出的转变经济发展方式的要求,在微观主体上落实。"

28日 中国一重生产的世界首台筒节成形机成功生产出合格试验件。热试数据表明,与传统生产方法相比,筒节成形机具有生产效率高、节能节材等诸多优点。成形后的加氢反应器筒节最大直径差和壁厚差提高了一个数量级,大大减轻了锻造环节的设备负荷量,平衡了生产资源,能够减少50%的机械加工量和工时,节约20%的材料消耗,而且筒节材料致密性更高,产品质量更好。加氢反应器筒节是加氢反应器这一石化炼油设备的主体构成部分,材质十分特殊,生产技术难度很大。为了满足市场对加氢反应器的大量需求,实现加氢反应器筒节的批量化生产,中国一重凭借自身在筒节生产和黑色金属成形设备设计制造上的丰富经验，经过几年努力，设计制造出世界首台筒节成形机，其成形工艺也为世界首创，开辟了筒节生产工艺的新途径。这将能有效解决我国大型筒节批量化生产问题，进一步满足我国重型压力容器装备等行业的需求。

月内 大连重工·起重集团有限公司承制出口澳大利亚的第一台堆料机在泉水基地码头顺利交货，标志着我国自主设计的大型堆料机首次打入发达国家市场。出口澳矿项目的两台堆料机将在澳大利亚强热带飓风地区使用，所有的设计、制造均按照澳大利亚标准进行，如该设备是在地面进行远程控制、机上无操作室。该堆料机产品外观质量要求严格，漆膜厚度要求均匀，全部进行后处理，工作量较大。大连重工集中优势攻克了生产制造的瓶颈，按期、保质、保量地完成了生产任务，为进一步打开海外市场积累了经验。

★ 上海振华重工为美国AB/F公司设计制造的1 700t浮吊荣获美国北加利福尼亚州结构工程师协会颁发的“优秀工程奖”。1 700t浮吊是公司为美国新海湾大桥项目配套供货的一艘安装在驳船上的浮吊，具备内陆水域通航的能力。该浮吊为固定臂架式，通过创造性设计，增加了很多新型功能，具有很强的适应性。它是美国西海岸最大的浮吊，起重臂长约25层楼高，能举起1 700t的重量，等同于大约1 000辆汽车的重量。该浮吊于2009年5月投入使用，现在美国北加州奥克兰湾区作业，其方便可靠的性能得到了用户的高度评价。

★ 国家科技进步奖评选会议在京举行，上海振华重工(集团)股份有限公司以4 000t全回转浮吊、7 500t全回转浮吊为依托的“海上重型起重装备全回转浮吊关键技术及应用”项目获得2010年度国家科技进步奖二等奖。该项目包括创新设计无平衡梁四排全滚轮的全回转支承装置、智能型恒张力大型锚绞车、高强钢的焊接工艺和技术、自重超过50t超大型负荷4 000吨级吊钩的制造工艺技术。振华重工以自主创新和集成创新为主，攻克了海洋重型工程装备大吨位全回转浮吊设计、制造、安装和测试的关键技术，自主完成了包括电控、安全保护和主要机电配套等核心部件的全部设计与制造，实现了技术和产品的跨越式升级，为振华重工打开世界海洋重型浮吊装备的大门奠定了基础。振华重工已发展成为世界上能设计制造大型浮吊的三家企业之一。

7月

1日 我国自主研发的技术最先进、容量最大的风力发电机组3.6MW大型海上风机，在上海电气临港重装备基地成功下线，并顺利通过了地面联调并网满负载发电试验。这台由上海电气风电设备有限公司独立研发、试制成功的大型海上风机，风轮直径116m，单个叶片56.4m。这标志着我国掌握了大容量风电机组设计核心技术，填补了国内海上风机独立研制的空白。该风机具备以下特点：带齿轮箱的双馈型式，技术成熟可靠；开放性控制系统，能根据用户需要、不同风场进行修改；气动性能优良；采用安全可靠的变桨、润滑系统、防腐系统等，并运用了远程监控系统、自动消防系统、视频监控系统，进一步提高了机组运行的可靠性。单台3.6MW海上风机，每年可以发电900万kW·h，节约煤炭约3 150t标准煤，并且零排放。

10日 中共中央总书记、国家主席胡锦涛莅临中信重工机械股份有限公司视察。

在中信重工重装厂，胡锦涛总书记察看了世界最大、也是唯一的16m数控滚齿机和“大飞机”项目120MN拉伸机侧梁的加工情况。在听到任沁新总经理介绍说，当前中信重工已凭借领先的技术优势和拥有全球稀缺装备，拉动了一大批全球订单，并跻身于国际大型矿山装备制造领域前列，总书记说：“我们拥有了技术，又有装备，就更有优势了！”他指出：企业的生命还是要靠创新，一个企业从生产型转变为研发型，一是靠创新意识，二是靠激励机制，两者结合，通过增强自主创新意识来提高企业的竞争力，通过竞争来激活我们的机制，这样的话，企业就青春永驻。

在得知中信重工在大型铸件和锻件的生产方面已站在世界的最高端，并浇铸出当前世界上最大的570t铸件时，胡锦涛总书记表示，中信重工以前是矿山机械类企业，在新的条件下在原来那些产品基础上，通过加大技术创新，提高了产品的档次，提升了市场竞争力，通过市场的需求激发企业的创新活力。

走进“新重机”工程重型锻造工部现代化的厂房，展现在总书记眼前的是世界最大、最先进，也是唯一的18 500t自由锻造油压机。任沁新总经理详细介绍了18 500t自由锻造油压机这一国家战略装备资源的特点和优势。胡锦涛总书记对中信重工建造的18 500t油压机和建设者予以高度评价：“你们制造了18 500t油压机，为中国人争了光，争了气！”

总书记对中信重工近几年的快速发展给予了高度评价，他说：“你们这几年的变化说明，企业的生命在于创新。中信重工由生产型企业转变为研发型企业，是转变经济发展方式在企业的成功实践。这就是科学发展。”

总书记对中信重工的未来发展提出要求和殷切期望，他说：要坚持两手抓，一手抓好深化改革，激活机制；一手抓好自主创新，提高竞争力。希望你们再接再厉，不断增强自主创新能力，全面提升企业竞争力，在世界装备制造领域占有一席之地。

20日 太原科技大学(长垣)起重机械工程技术研发中心在河南长垣起重工业园区举行揭牌仪式。太原科技大学和长垣起重机工业园区达成9项产学研合作协议。双方共同协作，调整战略规划，提高和优化园区产业结构、技术结构。太原科技大学为园区企业提供设计技术咨询和服务，用高新技术武装和改造园区传统产业。双方加快园区高新技术产业发展的产业选择、技术开发、成果转让。太原科技大学以决策咨询、人才培养等方式支持长垣起重机工业园区的经济社会发展，增强园区企业的高新技术研究开发实力；以工程技术研发中心为依托，从事科学研究、技术开发和推进科研成果转化。长垣起重工业园区提供政策、办公场所以及中试基地、实习场所等方面的优惠条件。双方共同协作建立起重机运行基础数据中心。技术研发中心的揭牌成立，必将进一步发挥产学合作的积极作用，进一步提升起重工业园区科技创新能力和企业核心竞争力，对长垣经济发展方式转变起到巨大的推动作用。

23 日 国务院国资委在京召开了中央企业负责人会议，公布了2007～2009年任期业绩优秀企业和特别奖获奖企业名单。纳入国资委考核范围的中央企业有132家，其中23家企业获得“科技创新特别奖”，15家企业获得“管理进步特别奖”。中国第一重型机械集团公司荣获“科技创新特别奖”和“管理进步特别奖”，是重型装备制造行业唯一一家获得两项殊荣的企业。

月内 上海振华重工自主研制的3 800kW可升降全回转吊舱推进器完成总装，并成功进行了推进、回转和伸缩等功能测试。这标志着上海振华重工自主研制的动力定位推进器取得了重大技术突破，为开拓海工推进器产品市场迈出了坚实的一步。该项目为我国动力定位推进器行业的首创，填补了国内该领域的技术空白。动力定位系统是工程船舶深海作业的关键设备，当今仅有国外少数几家公司掌握其关键技术，产品价格昂贵，交货期长，已成为制约我国发展海上重工装备的瓶颈。上海振华重工完成的3 800kW大功率可升降全回转吊舱推进器直接使用电动机驱动螺旋桨，取消了传统的齿轮传递装置，显著提高了推进效率。项目组研制的不同于潜艇的深水密封，除能保证用于60m水深外，还拥有出色的产品寿命与可靠性，不仅在密封的寿命期内可免于维护，还能对密封的实际性能进行在线监测。这些技术难题的攻克，打破了国外的技术封锁，实现了关键零部件国产化。

8月

11 日 国家知识产权局发出授权公告，山东华特磁电科技股份有限公司自行研发的“永磁干式磁选机”被授予国家发明专利权。发明公开了一种永磁干式磁选机，包括机架，在机架上安装有由主轴电动机驱动的主轴，主轴上通过磁系支撑板安装有随主轴转动的复合磁系；在复合磁系的外周安装滚筒，滚筒由滚筒电动机驱动并相对于主轴逆向转动；在滚筒上套装有与滚筒轴向等长的环状输料带，输料带的另一端由安装在机架上的从动转辊支撑；输料带的上方安装有带有进料口的进料装置，输料带的下方、沿输料带转动方向并排安装有带有出料口的非磁性物料箱、磁性物料箱，进料装置、非磁性物料箱及磁性物料箱共同组成封闭空间。该发明结构简单，磁性物质与非磁性物质分离彻底、设备故障率低。至此，该公司国家授权发明专利已达6项，全部授权专利拥有量已达72项。

13 日 国内第一根海上风力发电机组单管桩在江苏海上龙源风电场施工现场试桩成功。这标志着我国海上风电工程施工工艺有了新的突破，为加速我国海上风电发展奠定了基础。国电龙源电力集团股份有限公司和上海振华重工(集团)股份有限公司合作成立的江苏龙源振华海洋工程有限公司完成了每套重285t，直径5m，高度42m的风力发电机组基础单管桩的制作任务，并承担了本次单管桩试桩任务。

16 日 上海市质量技术监督局在上海展览中心召开“2009年度上海市质量金奖表彰大会”。上海建设路桥机械设备有限公司总经理程幸之荣获“2009年度上海市质量金奖个人荣誉”称号。程幸之总经理积极探索新的发展模式，以科技创新提升企业综合能力，以信息化建设带动企业基础管理，以企业文化建设推动企业持续发展。在他的带领下，该公司被评为“上海市实施卓越绩效管理先进企业”，建立的《卓越绩效管理系统》获得了“上海市企业管理现代化创新成果奖”。

月内 巨力索具股份有限公司生产出国内最大的钢丝绳。该公司大型钢丝绳制造厂成功下线了一根ϕ60ZBB6×36SW+IWR1960级的提升用钢丝绳，填补了国内空白。它标志着 巨力钢丝绳制造厂的生产技术提高到国际先进技术水平，成为钢丝绳行业技术发展的开拓者。此绳是国内单根最长9 200m、单根最重1 50t、高强度1960级ZBB镀锌大型浮吊用钢丝绳，是采用世界上最大、国内性能最先进的KS8/2500合绳机制作的。主要用于海上运输、起吊等作业，满足了海洋事业用绳，为开拓大型钢丝绳市场奠定了坚实的基础。

★ 中国二重的万吨水压机成功锻制了一支600MW超临界高中压转子，标志着二重已具备提供超临界、超超临界关键锻件的能力，为解决“受制于人”的问题、提高电力装备国产化率做出了新贡献。超临界高中压转子是超临界火电机组的关键零部件，工作温度和蒸汽压力都比普通和亚临界机组高，对锻件的要求也特别高。目前这些大型锻件多依赖进口，已成为我国重大装备制造业发展的瓶颈。

9月

12 日 中国重型机械总公司迎来三十周年华诞，举行了庆典仪式。柬埔寨王国首相洪森发来贺信，表示中国为柬埔寨和平、发展与建设提供了宝贵的支持与援助，中国重型机械总公司也积极致力于柬埔寨的经济建设，祝愿中国重型机械总公司在柬投资建设的柬埔寨达岱水电BOT项目早日建成发电，以造福人民生活，为柬埔寨的社会经济发展做出贡献。柬埔寨把中国视为长期的战略盟友，发展对华合作是柬埔寨对外政策的重要方向。近年来，两国经贸、文化、旅游等领域合作关系进入历史最好时期。随着柬埔寨的经济发展，与中国在农业、电力等基础设施方面的合作日益增多，欢迎中国重型机械总公司及更多的中国企业到柬埔寨投资发展，为进一步加强两国间的传统友好合作关系做出新的贡献。

13日 上海振华重工(集团)股份有限公司为美国新海湾大桥项目建造的第五船钢箱梁发运仪式在振华重工长兴分公司隆重举行。美国加州州长阿诺德·施瓦辛格亲临现场参加启航仪式,他对见证中美两国友谊的世界级桥梁工程给予了高度评价。新海湾大桥是美国加州政府项目,由著名华裔建筑学家林同炎创办的林同炎设计所设计。作为世界第一单塔自锚抗震悬索钢结构桥梁,能抵抗八级地震,是世界同类钢结构桥梁中技术难度最高、造价最高的。该项目的钢塔和桥梁全部钢构件均由上海振华重工承制,这也是中国企业首次承担如此大规模的国际复杂钢构桥梁的建造。建成后作为美国西海岸标志性建筑的新海湾大桥,将和美国东海岸标志性建筑自由女神像遥相辉映,它连接的是美国旧金山和中国上海姊妹友好城市30年的友情,连接的是美国人民和中国人民真挚的情谊。

19日 中国重型机械工业协会肖立群秘书长,率起重机行业会员单位组成的代表团,对美国起重机市场进行了考察。代表团访问了美国物料搬运工业协会总部,与协会的首席执行官及其他协会领导进行了交流,美方协会介绍了美国物料搬运工业协会及相关的美国起重机制造商协会、美国葫芦制造商协会等专业协会的基本情况、美国起重机械市场概况及近期的发展变化情况,双方讨论了如何加强协会之间的交流与合作。代表团还考察了4家美国起重机械制造企业,与1家美国国际采购公司进行了交流。代表团了解了美国起重机市场的发展方向,以及美国企业制造工艺和工厂现场管理特点;了解了美国企业参与中国起重机市场的意向,同时也找到了我国在管理、产品质量、产品研发和产品试验等方面存在的差距。代表团成员对协会发挥交流平台和组织核心作用表示充分认可,感谢协会组织这样的考察活动,普遍反映这次考察非常成功。

29日 太原重型机械集团有限公司建厂60周年大会隆重举行。全国政协主席贾庆林发来贺信。贾庆林贺信中说:“值此太原重型机械集团有限公司60华诞之际,我谨向太重全体员工和家属致以热烈的祝贺,向为太重创业和发展作出贡献的同志们表示诚挚的问候,向致力于太重实现更大发展的同志们表示崇高的敬意。希望太重深入贯彻落实科学发展观,以高端化为目标,以国际化为追求,加快转变经济发展方式,继续深化改革和扩大开放,着力加强自主创新,切实完善公司治理结构,促进企业又好又快发展,努力建设国际一流的现代化企业集团,为我国国民经济建设做出新的更大贡献。”太原重型机械集团有限公司始建于1950年,是新中国自行设计、建造的第一座重型机械厂,属于国家特大型骨干企业。2005年进入中国制造业500强,2008年跨入百亿企业行列。

30日 中国机械工业科学技术奖励办公室上网公示,重型机械行业荣获2010年度中国机械工业科学技术奖项目为特等奖1项,一等奖6项,二等奖14项,三等奖15项。其中,特等奖1项为:大连重工·起重集团有限公司的“20 000t×125m多吊点桥式起重机”。一等奖6项为:湘电重型装备股份有限公司的“SF33900型220t电动轮自卸车”,燕山大学的“整辊镶块智能型冷轧带钢板形仪与工程应用”,北京起重运输机械研究院的“国药集团物流中心关键技术与成套设备研制及其推广应用”,中国重型机械研究院有限公司的“钢液炉外精炼(RH)成套技术与关键设备开发及其应用”,中信重工机械股份有限公司、洛阳矿山机械工程设计研究院有限责任公司的“JGL—920十辊管材矫直机”,四川川润动力设备有限公司的“日产5 000t水泥生产线余热发电锅炉成套设备研制”。

月内 太重集团公司举行了大型铸锻件国产化研制项目开工奠基仪式。项目建成后,将大大提高太重的热加工能力,填补华北西北地区万吨压机的空白,为尽快占领中国乃至世界重型装备制造的制高点创造条件。该项目也将带动山西省铸锻件产业的发展,进而全面提升该省装备制造行业的产品质量和水平。近年来,随着太重主导产品大型化、重型化的发展,现有的铸锻件生产能力已经不能满足其自身发展的要求,制约了太重在重大技术装备国产化中发挥更大的作用。为了提高企业的竞争力,保持良好的发展势头,太重做出了建设大型铸锻件国产化研制项目,加快产品结构调整,发展军工、核电、造船、化工等高端装备制造的战略性选择。计划总投资15亿元,建设总面积近11.5万m^2,在充分挖掘现有设备生产能力的基础上,新增125MN油压机及与之匹配的大型关键设备。建成后年新增钢液12.5万t、铸件2.5万t、锻件4万t;可一次提供830t精炼钢液、400t钢锭,具备500t铸钢件浇铸能力及240t锻件锻造能力。

★ 由中信重工机械股份有限公司牵头研制的、国内首台国产化盾构机减速器完成全部工厂试验测试,各项性能指标符合设计要求,达到预期目标。这标志着由中信重工承担的国家863计划盾构机项目子课题“土压平衡盾构机大功率减速器”取得重大成功。该盾构机减速器长约1m、最大外径570mm,具有高可靠性、大转矩、高功率密度及小体积的特点,属于高精密产品,设计使用寿命为1万h,最大功率为150kW。每台盾构机需要配置6~8台这样的减速器。国内首台国产化盾构机减速器的研制成功,不仅使中信重工掌握了盾构机减速机的关键技术,而且将有助于提升我国盾构机大功率减速器的自主设计能力,改变我国盾构机减速器长期依赖进口的局面,实现盾构机减速器的国产化。

★ 北京市委、市政府召开全市人才工作会议,宣布了《关于表彰北京市有突出贡献的科学、技术、管理人才的决定》。北京起重运输机械研究院院长陆大明和首都各条战线40名专家、学者荣获“北京市有突出贡献的科学、技术、管理人才”荣誉称号。陆大明主持研发的我国第一套用于感光纸基材料存贮的自动化立体仓库系统,打破了国外产品的垄断。他主持研制的自动化物流仓储系统,填补了国内空白,达到了国际先进水平。该成果应用于联想集团集成化物流系统和国航货运散货物流系统等项目。近年来,他先后获得中国机械工业集团科技进步奖一等奖1项、二等奖2项,北京市科技进步奖二等奖1项。

10月

1日 18时59分,我国在西昌卫星发射中心用长征三号丙运载火箭将嫦娥二号卫星成功送入太空,为国庆节献上了一份厚礼。嫦娥二号在制作、运输、安装发射过程中所用的横梁吊具、吊装带软索具、卸扣及吊环螺钉等索具产品,均由巨力索具股份有限公司提供。这是巨力索具产品在国家重点工程中的又一次成功应用。

18日 太重集团公司出口俄罗斯的WK—35矿用挖掘机发运仪式隆重举行。太重长期致力于露天采掘设备的研制工作,拥有雄厚的研发实力和丰富的制造经验,是国内最大的大型挖掘设备专业制造企业。在做好国内市场的同时,太重积极开拓国际市场。此次与中航国际工贸公司合作向俄罗斯库斯巴斯煤业有限公司出口WK—35矿用挖掘机,是太重首次向发达国家出口大型挖掘机产品,标志着我国国产大型矿用挖掘机产品真正走向国际市场。

27~29日 国际标准化组织微束分析技术委员会(ISO/TC202)第十七次会议在日本冲绳举行。中国、法国、德国、日本、韩国、南非、英国、美国等8国代表出席会议。中国一重能源装备材料研究所张作贵博士提出了适用于钢铁产品的微束显微分析方法国际标准的制定思路,得到与会专家的一致认可。会议决定由中国一重作为发起人,策划制定"微束分析—电子背散射衍射测量相组成及分布"的国际标准,计划于2011年5月完成初稿,提交ISO国际标准化组织技术委员会。该标准的制定是中国一重在国际标准制定领域的重大突破,对中国一重抢先占有该高技术领域标准的主导权,提升在能源装备制造业领域的国际地位具有极其重要的意义。

28日 上海电气与印度信诚在上海举行超大电厂项目合同签字仪式。上海电气制造的36台660MW超临界火力发电机组将出口印度,合同金额高达82.91亿美元,这是印度历史上最大的进口合同,也是上海电气迄今为止承接的最大合同。这标志着上海电气高效清洁能源装备进入海外市场,已开始实现由单个项目向集群项目的转变,由项目合作向中长期战略合作的转变,由引进消化吸收再创新为主向自主创新、自主技术为主的转变。

月内 2010年度液气密行业技术进步奖揭晓,广州机械科学研究院的"重大装备用高性能密封件"项目荣获一等奖。该项目是"十一五"国家科技支撑计划课题,由广州机械科学研究院密封所和宝力特公司共同承担完成。项目研制的产品分别应用于大型煤矿综采装备液压支架、冶金装备AGC油缸、大型水轮发电机组,技术处于国内领先水平,部分技术填补了国内空白。产品综合性能和使用寿命达到了同类进口产品水平,可代替进口产品,减少了我国重大装备对国外进口关键基础件的依存度,为提高我国重大装备制造业的国际竞争力做出了重要的贡献。

11月

5日 中信重工自主设计制造、拥有完全自主知识产权的当前国内最大规格的LGMS5725矿渣立磨在辽宁营口成功投产。矿渣立磨的用途是将钢厂产生的大量废渣,经粉磨处理变成高标号的水泥,变废为宝、"点渣成金"。这台立磨在实际运行中,台时产量达到160t以上,比设计指标高10%左右,年产量可达140万t以上。这台设备产品性能、技术指标均达到国外同类产品先进水平,彻底打破了国外公司对年产120万t以上粉磨线市场的垄断,对我国建材、冶金等行业节能环保、技术改造和产业升级将产生积极的推动作用。而且和国外同类立磨比较,单台成本低1 500万~2 000万元,供货周期短8个月以上,且投资成本不到熟料生产线及粉磨站的1/4。按每吨矿渣粉新增利润50元计算,1年可产生利润6 000万元,2年多即可收回投资成本。其节能环保效益更为可观,单台立磨全年节电可达3 600万kW·h,节煤2.3万t标准煤,减排二氧化碳4.9万t,节约石灰石等原材料资源180万t。现在中信重工已成为世界上唯一一家能够同时提供机、电、液系统和主减速机的大型成套粉磨系统厂家。

6~8日 在江苏省无锡市举行的第七届中国国际专利与名牌博览会上,河北同力滑车有限公司研制的JDB系列镶嵌式固体润滑轴承起重滑车荣获了中国国际专利与名牌博览会创新奖。该公司经过反复实验,最后以铜合金材料为基体,并在基体上开出排列有序、大小适当的孔穴,再嵌入含油的石墨或二硫化钼颗粒作为固体润滑材料,当轴承在无油润滑条件下工作时,由于摩擦热的作用,固体润滑材料会逐渐转到摩擦副工作表面,从而可降低摩擦系数。

9~13日 2010中国国际工博会在上海新国际博览中心举行。上海电气重工集团申报的"百万千瓦压水堆核电蒸汽发生器和核内构件大锻件"项目顺利通过工博会的初评、专家评审、大评委终评等三级评审,获得本届工博会金奖。该项目由"百万千瓦压水堆核电蒸汽发生器(二代加)"和"堆内构件大锻件(二代加)"两个项目组合而成。根据国家有关政策,获奖项目可优先列入当年或下一年度国家重点产业振兴和技术改造专项给予重点扶持的项目;获奖产品可优先认定当年度或下一年度国家自主创新产品,在科技成果转化和实施产业化过程中可得到相关优惠政策的重点扶持。

月内 上海振华重工在长兴岛基地正式向韩国三星重工交付了"SAMSUNG 5号"8 000t浮式起重船(浮吊)。这艘起重船的设计、制造以及电控系统、安全保护系统、主要机电配套均由振华重工自主完成。这标志着在海洋工程船舶,特别是大型海上起重船舶领域,振华重工的产品系列更加完整、技术更趋成熟。"SAMSUNG 5号"属于"非自航非旋转双臂架浮吊",船体主结构采用纵骨架式,由横向强框架支撑,主甲板为强力甲板。船上共配有11台60t绞车,包括9台定位锚绞车,2台系泊绞车,最大起重量8 000t(另外还可承受10%的超载额度)，水面最大起升高度131m，具有臂架长(达174m)、人字架高、开档距离大等特点。

★　两支特大型水电主轴锻件在二重水压机车间完成所有工序，顺利出产。该主轴锻件采用380t钢锭整锻成形，是该公司当前生产的最大锭型水电主轴锻件。该主轴锻件重达200t，属空心厚壁带法兰锻件，外形复杂，探伤和性能要求均很高，制造难度很大。为保证成形和探伤，车间采用了经多次讨论和改进的锻造工艺方案，经过半个多月的锻制，两件特大型水电主轴锻件顺利进入热处理工序并制定了专用的正回火工艺，最终检测合格。

★　港迪电气自主研发的"轮胎式集装箱龙门起重机(RTG)油改电低价自动取电系统"荣获2010年度国家重点新产品奖。该系统是港迪电气自主研发的港口码头大型起重设备的节能减排技术，已获得多项国家发明专利、美国专利、PCT专利优先权。其高架供电技术、低架自适应接触取电技术能满足不同吞吐量、不同条件港口码头集装箱物流的RTG油改电要求。产品实用新颖，发明的核心技术世界领先。所含关键技术在改造传统起重产业、提升起重电气控制系统装备技术水平方面发挥了重要作用，目前已大量应用于国内港口码头，经济效益、社会效益和生态效益显著，为我国建设绿色、低碳港口提供了新的技术手段。港迪电气在自主创新、开发新兴产业节能减排技术方面锐意创新，取得了重要成绩。

12月

10日　株洲天桥起重机股份有限公司股票"天桥起重"在深圳证券交易所中小板正式挂牌上市，成为株洲市首家登陆证券市场的国有控股企业。股票代码"002523"，交易首日股价便一路飙升，其发行价为19.5元，收盘价为22.2元，涨幅达13.8%。

15日　中信重工自主创新研制的国内首套最大的提升机机电成套暨新型智能闸控系统在神华宁煤成功运行，为国内大型高端矿井提升机成套装备替代进口提供了技术支撑，为实现安全、高效、高端大型矿井提升机机、电、液一体化、国产化奠定了坚实基础。该系统采用了控制性能优越的恒值闭环恒减速控制方案、全方位覆盖的安全控制理念和故障监控措施。具备双设定值恒减速闭环控制和双设定值恒力矩后备保护制动功能，对系统故障可实现主动判断并实施相应的安全保护措施，使矿井提升机在各种载荷、各种速度及各种工况下，实现安全、平稳、可靠运行。

17日　中信重工与河南省投资集团有限公司下属河南同力水泥股份有限公司签订国内首个"利用水泥厂回转窑消纳城市生活垃圾项目"示范工程总承包合同。该项目利用水泥回转窑系统的高温环境，对混合收集垃圾的有毒有害物质进行彻底分解，杜绝垃圾焚烧过程中二英的合成与排放，并将飞灰和灰渣通过煅烧和水化反应固化到水泥中，避免二次污染。生活垃圾中的热量，还可以替代水泥厂部分煤的用量加以利用。该项目由中信重工自主设计研发，已经申报四项国家发明专利。示范工程将利用洛阳黄河同力现有5 000t/d水泥干法回转窑系统，建设一条500t/d城市生活垃圾处理线，项目设计年处理生活垃圾16.5万t。二期5 000t/d水泥生产线投产后，年处理生活垃圾能力可达到33万t。

22～24日　经过第三方专业检测公司连续三天的严格检测，中钢衡重首次发往香港特区的两台CY—2C铲运机通过了用户现场检测，各项技术参数全部达到用户要求。该批次两台铲运机用于特区政府某海底隧道的工程掘进，其尾气排放与海洋防腐蚀要求等方面远高于一般井下运输设备。中钢衡重将此次高规格技术检测提升到学习先进经验、提高技术水平、适应国际规则的高度，选派了优秀技术人员、工人技师及质检人员配合用户现场检测。

月内　中国一重大型低温多效蒸馏海水淡化系统设计通过专家评审。中国一重在吸收世界最新工艺的基础上突破和创新，掌握了具有自主知识产权的25 000t/d大型低温多效海水淡化工艺技术，所开发的主动型及时可控预处理技术，采用加砂强化混凝沉淀、机械搅拌器主动调速匹配等技术，反应时间短，对原海水水质变化适应性强，可保证低温多效海水蒸发装置的高效和稳定运行，减少工程投资。同时通过实验研究，解决了低成本材料的防腐、换热管弹性密封连接和喷淋均匀性控制等技术难题，获得了各项关键技术数据，为实际工程应用提供了保证。系统自动化程度高，可实现计算机数据采集、实时监测，确保系统安全和稳定运行。该项目设计方案合理可行，通过系统的工程化设计和相关工艺实验，掌握了核心设计制造技术，预期的技术和经济指标可达到国际先进水平，具备了工程化和市场化推进条件。专家组希望中国一重尽快落实示范工程事宜。

〔撰稿人：中国重型机械工业协会李广孝　审稿人：中国重型机械工业协会徐善继〕

附录

中国重型机械工业协会组织机构、第五届理事会理事名单、分会会员名录

Provides the organization frame of CHMIA, name list of member of CHMIA 5th board of directors, directory of enterprises of CHMIA member

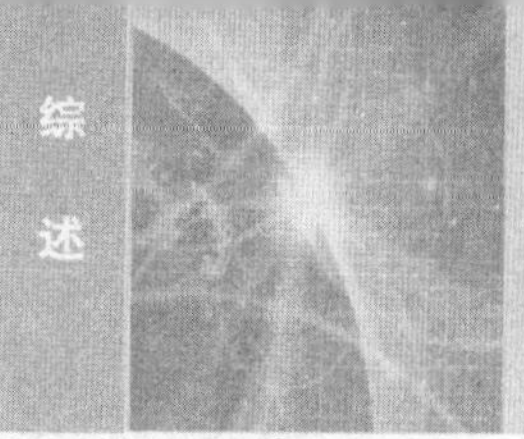

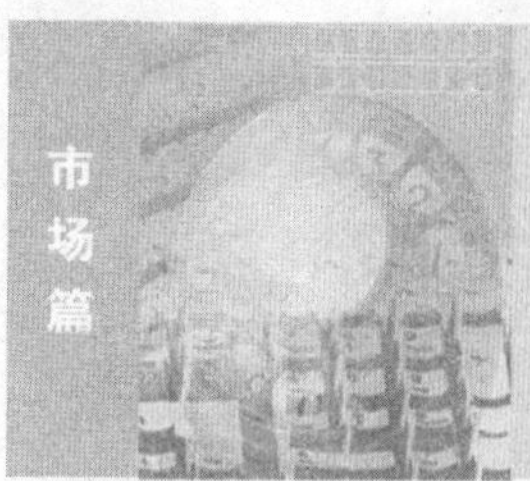

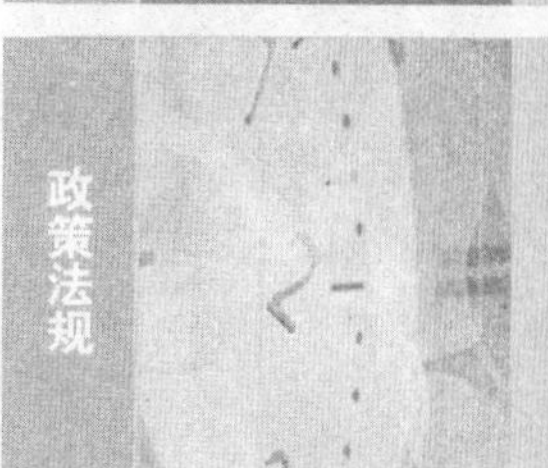

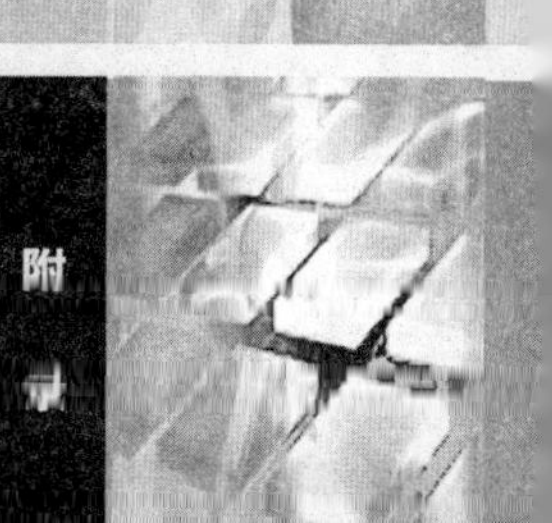

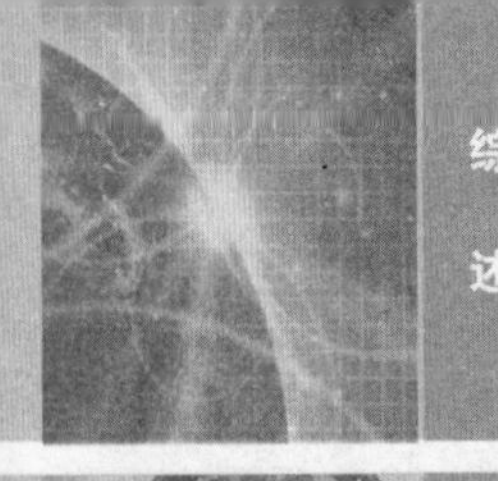

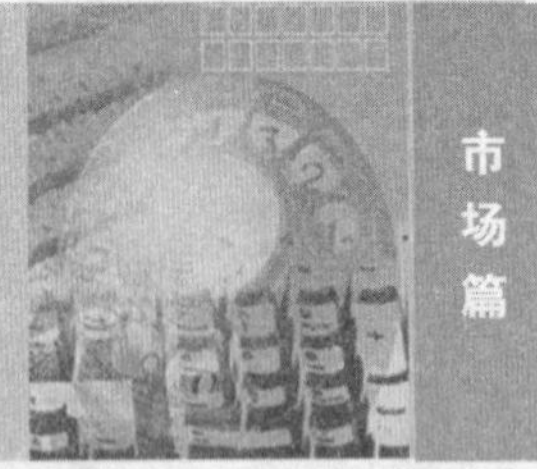

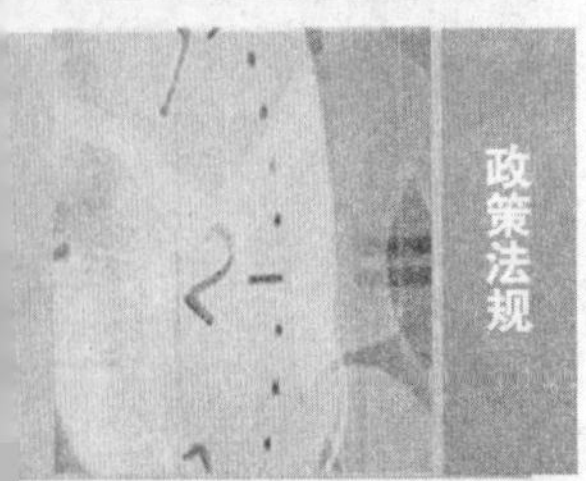

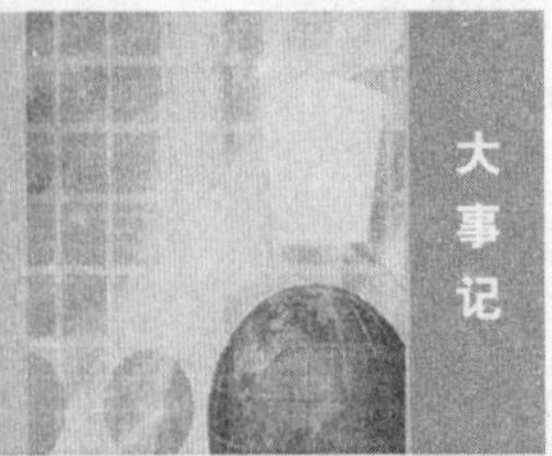

附录

中国重型机械工业协会组织机构

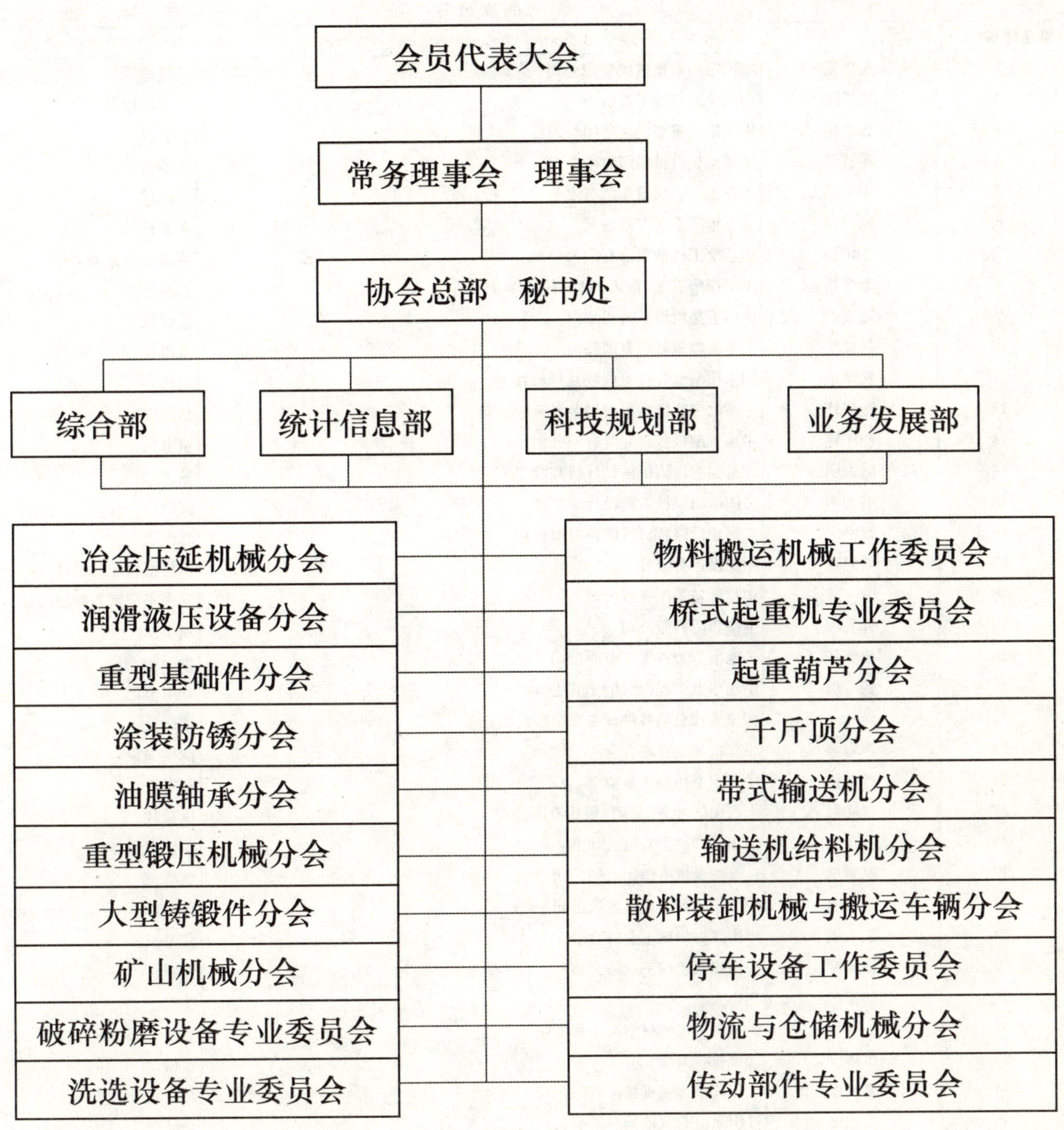

〔供稿人:中国重型机械工业协会张艳君〕

中国重型机械工业协会第五届理事会
常务理事、理事

序　号	姓　名	单位名称	职　务
常务理事			
1	吴生富	中国第一重型机械集团公司	总经理
2	徐善继	中国重型机械工业协会	常务副理事长
3	石　柯	中国第二重型机械集团公司	董事长
4	岳普煜	太原重型机械集团有限公司	董事长
5	宋甲晶	大连重工·起重集团有限公司	总经理
6	耿洪臣	北方重工集团有限公司	董事长
7	任沁新	中信重工机械股份有限公司	董事长兼党委书记
8	康学增	上海振华重工(集团)股份有限公司	总裁
9	陆文俊	中国重型机械总公司	总经理
10	吕亚臣	上海重型机器厂有限公司	董事长
11	武津生	国家质量监督检验检疫总局科技司	司长
12	张庆伟	上海电气临港重型机械装备有限公司	总经理
13	谢东钢	中国重型机械研究院有限公司	董事长
14	陆大明	北京起重运输机械设计研究院	院长
15	戚天明	洛阳矿山机械工程设计研究院	院长
16	程幸之	上海建设路桥机械设备有限公司	总经理
17	陆鹏程	中钢设备有限公司	执行董事兼总经理
18	方　芳	中材装备集团有限公司	党委书记常务副总经理
19	韩宪保	卫华集团有限公司	董事长
20	焦苏华	云南冶金力神重工有限公司	董事长
21	杨　勇	中国华电工程(集团)有限公司	党组书记
22	尚　洪	国家质检总局特种设备安全监察局	调研员
23	李海燕	中国机械工业联合会	副秘书长
24	肖立群	中国重型机械工业协会	秘书长
25	包起帆	上海国际港务(集团)股份有限公司	副总裁
26	王建跃	宝山钢铁股份有限公司	总经理助理
27	顾雄斌	江苏通润机电集团有限公司	董事长
28	张耀明	中钢集团衡阳重机有限公司	总经理
29	王玉敏	中国建材机械工业协会	秘书长
30	许亚雄	中国煤炭机械工业协会	理事长
31	刘宏民	燕山大学	校长
32	王国强	吉林大学机械科学与工程学院	党委书记兼副院长
33	徐格宁	太原科技大学	副校长
34	梁敏志	上海起重运输机械厂有限公司	总经理
35	黄珑琳	江阴凯澄起重机械有限公司	总经理
36	杨建忠	巨力索具股份有限公司	董事长
37	鲍生旭	北京首钢机电有限公司	总经理
38	王顺亭	国家起重运输机械质量监督检验中心	常务副主任
39	张　策	中色科技股份有限公司	董事长

（续）

序　号	姓　名	单位名称	职　务
40	彭国成	三一集团港口机械有限公司	总经理
41	马昭喜	山东山矿机械有限公司	董事长兼总经理
42	廖纯德	衡阳运输机械有限公司	董事长
43	杨　军	四川矿山机器(集团)有限责任公司	董事长兼总经理
44	成固平	株洲天桥起重机股份有限公司	董事长
45	徐新民	山起重型机械股份公司	董事长
46	李　静	芜湖起重运输机器有限公司	董事长
47	黄庆学	山西省现代轧制工程技术研究中心	主任
48	陈　思	唐山冶金矿山机械厂	厂长
49	张观华	张家港长力机械有限公司	董事长兼总经理
50	周水妹	杭州西子石川岛停车设备有限公司	总经理
51	荆汝大	河南长垣起重工业园区管理委员会	主任
52	张家驷	北京清源发机电设备工程监理有限公司	总经理
53	张国林	泰星减速机股份有限公司	董事长
54	殷永庆	江苏泰隆减速机股份有限公司	副总经理
55	宫　强	天津起重设备有限公司	总经理
56	黄海珊	广州起重机械有限公司	董事长兼总经理
57	张战波	北京中冶设备研究设计总院有限公司	院长
58	彭　兵	广州机械科学研究院	副院长
59	覃　勇	南宁广发重工集团有限公司	董事长
60	黄金荣	河南太行振动机械股份有限公司	董事长
61	郭章先	豫飞重工集团有限公司	董事长
62	段京丽	焦作制动器股份有限公司	董事长
63	辜宁生	江苏三马起重机械制造有限公司	董事长兼总经理
64	承洪宇	常州市华立液压润滑设备有限公司	董事长
65	罗永忠	四川川润股份有限公司	总经理
66	李福光	焦作市科瑞森机械制造有限公司	董事长
67	黄乐亭	天地科技股份有限公司	副总经理
68	陈铁坚	中联重科物料输送设备有限公司	总经理
69	聂仲毅	中钢集团西安重机有限公司	总经理
70	翁耀根	无锡华东重机科技集团有限公司	董事长
71	崔培军	河南省矿山起重机有限公司	董事长
72	齐景光	中原圣起有限公司	董事长
73	葛　明	象王重工股份有限公司	董事长
74	龚欣荣	四川省自贡运输机械集团有限公司	副总经理
75	李　平	上海科大重工集团有限公司	董事长
76	罗岳芳	宁波东力传动设备股份有限公司	市场副总
77	杨永柱	鞍山重型矿山机器股份有限公司	董事长兼总经理
78	张承臣	沈阳隆基电磁科技股份有限公司	总经理
79	王兆连	山东华特磁电科技股份有限公司	董事长兼总经理
80	明艳华	中国重型机械工业协会停车设备工作委员会	理事长
理事			
81	李　镜	国家发展和改革委员会经济运行调节局应急处	调研员
82	马　克	中国第一重型机械股份公司	总裁
83	曾祥东	中国第二重型机械集团公司	副总经理
84	张克斌	太原矿山机器集团有限公司	董事长

（续）

序　　号	姓　　名	单位名称	职　　务
85	邹　胜	大连重工·起重集团有限公司	副总经理
86	王铁锋	北方重工集团有限公司	副董事长、党委书记
87	杨好志	北方重工集团有限公司	总经理助理
88	王继生	中信重工机械股份有限公司	副总经理
89	王伯芝	济南重工股份有限公司	董事长
90	程诗彬	湖北宜都机电工程股份有限公司	董事长
91	汤保昌	新乡市起重设备厂有限责任公司	总经理
92	赵国其	杭州武林机器有限公司	总经理
93	金国性	南昌凯马有限公司	总经理
94	郭守锦	山东莱钢泰达车库有限公司	董事长
95	白荟民	北京起重工具厂	厂长
96	姚　宏	上海冶金矿山机械厂	副厂长
97	郑世静	天水长城控制电器有限责任公司	总经理
98	张鼎庆	长沙重型机器制造有限责任公司	总经理
99	陈海涛	南京起重机械总厂有限公司	董事长兼总经理
100	王金发	哈尔滨重型机器有限责任公司	总经理
101	段志禹	河北金马矿山机械集团公司	董事长
102	胡善宏	淮北矿山机器制造有限公司	董事长
103	喻连生	江西起重机械总厂	董事长
104	黄国富	广西百色矿山机械厂	厂长
105	马卫国	新疆通用机械有限公司	总经理
106	张志华	郑州新大方重工科技有限公司	董事长总裁
107	张胜利	SEW－传动设备(天津)有限公司	董事总经理
108	宋济隆	浙江东力集团有限公司	董事长
109	张文忠	浙江双鸟机械有限公司	董事长
110	周　斌	上海润滑设备厂有限公司	董事长
111	张先锋	北京锋必达矿山机械有限公司	董事长兼总经理
112	汪国春	铜陵天奇蓝天机械设备有限公司	总经理
113	杨万林	自贡九天水利机械有限公司	总经理
114	雷耀民	内蒙古北方重工业集团有限公司特殊钢厂	厂长
115	陈学清	重庆起重机厂有限责任公司	总经理
116	宋保魁	河南省郑起起重设备有限公司	董事长
117	蔡景新	河南省新乡市矿山起重机有限公司	董事长
118	胡国和	河南重工起重机集团有限公司	董事长兼总经理
119	郝兆庆	新乡市中原起重机械总厂有限公司	董事长兼总经理
120	韩永章	河南华东起重机集团有限公司	总裁
121	韩宜增	河南豫中起重集团有限公司	董事长
122	刘汉礼	本溪钢铁(集团)起重机制造有限公司	董事长兼总经理
123	李子木	宁夏天地奔牛银起设备有限公司	总经理
124	阮曙峰	浙江众擎起重机械制造有限公司	董事长
125	王孙同	浙江东海减速机有限公司	总经理
126	曹　磊	机科发展科技股份有限公司	事业部经理
127	杨杏茹	北京中重重机软件科技有限公司	总经理
128	张志玲	柳州起重机器有限公司	董事长
129	金宇顺	洛阳起重机厂	厂长
130	马立民	北京约基同力机械制造有限公司	董事长兼总经理

（续）

序号	姓名	单位名称	职务
131	项建忠	浙江通力重型齿轮股份有限公司	总经理
132	冯国祯	江阴齿轮箱制造有限公司	董事长兼总经理
133	冯　勇	湖州双力自动化科技装备有限公司	总经理
134	龚友良	南昌矿山机械有限公司	总经理
135	江　鹏	湖北鄂重重型机械有限公司	董事长
136	孙文田	鞍钢重型机械有限责任公司	副总经理
137	徐　敏	无锡新大力电机有限公司	总经理
138	张彦五	上海嘉庆轴承制造有限公司	董事长
139	张春丽	河南省东风起重机械有限公司	总经理
140	何国胜	八达机电有限公司	董事长
141	张瑞庆	无锡宏达重型锻压有限公司	董事长
142	操文章	安徽攀登重工股份有限公司	董事长兼总经理
143	潘　宁	马钢股份公司重型机械设备制造公司	经理
144	纪　清	河北同力滑车有限公司	总经理
145	聂春喜	山西新富升机器制造有限公司	董事长
146	杜　勇	武汉电力设备厂	副厂长
147	赵清林	长垣县起重行业协会	常务副会长
148	王建新	新乡县振动机械设备行业协会	理事长
149	张　英	新泰市羊流起重机械协会	秘书长
150	冀慎珠	山东青云起重机械有限公司	董事长
151	张清明	山东光明起重机械集团有限公司	董事长
152	刘鼎越	辽源重型实业集团有限公司	常务副总经理
153	王金祥	秦皇岛天业通联重工股份有限公司	总经理
154	侯向保	河南焦矿机器有限公司	董事长
155	吴建一	湖北银轮起重机械股份有限公司	总经理
156	吴　建	南通润邦重机有限公司	执行董事、总经理
157	李　坤	天津重钢机械装备股份有限公司	总经理
158	李祥启	潍坊大洋自动泊车设备有限公司	董事长
159	李荣华	通化市起重运输机械制造有限责任公司	董事长
160	陈　红	马鞍山钢铁股份有限公司第二机械设备制造公司	经理
161	谢徐洲	江西华伍制动器股份有限公司	总经理
162	韩红静	北京斯诺堡轴承有限公司	总经理
163	黄　曦	上海精星仓储设备工程有限公司	总经理
特聘个人理事			
164	赵　兵	中国机械工业集团有限公司	总裁助理
165	须　雷	德马格起重机械（上海）有限公司	高级经理
166	周小平	中国第一重型机械集团公司	副总工程师
167	蒋新亮	中国第二重型机械集团公司	副总工程师
168	王　鹰	太原科技大学	教　授
169	黄文林	北京约基同力机械制造有限公司	总工程师
170	徐京鸿	中钢设备有限公司	副总经济师
171	李国杰	三一集团港口机械有限公司研究院	副院长
直管会员			
172	陈建军	哈尔滨重型机械工业控股有限责任公司	总经理
173	周应创	岳阳科德科技有限责任公司	总经理

〔供稿人：中国重型机械工业协会肖立群、张艳君〕

中国重型机械工业协会会员名录

矿山机械

企业名称:中信重工机械股份有限公司
地　　址:河南省洛阳市涧西区建设路206号
邮　　编:471039
电　　话:0379－64088001
传　　真:0379－64214680

企业名称:国家矿山重型装备重点实验室
地　　址:河南省洛阳市涧西区建设路206号
邮　　编:471039
电　　话:0379－64088003
传　　真:0379－64214680

企业名称:洛阳矿山机械工程设计研究院有限责任公司
地　　址:河南省洛阳市涧西区建设路206号
邮　　编:471039
电　　话:0379－64087722
传　　真:0379－64221800

企业名称:太原重型机械集团有限公司
地　　址:山西省太原市万柏林区玉河街53号
邮　　编:030024
电　　话:0351－6365768
传　　真:0351－6361133

企业名称:太原矿山机器集团有限公司
地　　址:山西省太原市经济技术开发区电子街25号
邮　　编:030009
电　　话:0351－3040108
传　　真:0351－3041942

企业名称:上海建设路桥机械设备有限公司
地　　址:上海市奉贤区金汇镇工业路188号
邮　　编:201404
电　　话:021－51393838
传　　真:021－51393800

企业名称:山东山矿机械有限公司
地　　址:山东省济宁市济安桥北路11号
邮　　编:272041
电　　话:0537－2226931
传　　真:0537－2228529

企业名称:上海冶金矿山机械厂
地　　址:上海市闸北区汶水路210号
邮　　编:200072
电　　话:021－56652175
传　　真:021－56639508

企业名称:南昌凯马有限公司
地　　址:江西省南昌市国家经济技术开发区丁香路凯马机电工业园
邮　　编:330101
电　　话:0791－3951398
传　　真:0791－3951350

企业名称:中国矿业大学机电工程学院
地　　址:江苏省徐州市三环南路
邮　　编:221116
电　　话:0516－83590758
传　　真:0516－83590289

企业名称:山西新富升机器制造有限公司
地　　址:山西省太原市小东门街新开南巷27号
邮　　编:030013
电　　话:0351－3075217
传　　真:0351－2664710

企业名称:济南重工股份有限公司
地　　址:山东省济南市东郊机场路
邮　　编:250109
电　　话:0531－86139298
传　　真:0531－88287286

企业名称:中钢集团衡阳重机有限公司
地　　址:湖南省衡阳市珠晖区东风路
邮　　编:421002
电　　话:0734－8352311
传　　真:0734－8332398

企业名称:淄博大力矿山机械有限公司
地　　址:山东省淄博市周村区东门路北首
邮　　编:255300

电　　话:0533－6181501
传　　真:0533－6181392

企业名称:浙江矿山机械有限公司
地　　址:浙江省义乌市义亭镇矿机一路96号
邮　　编:322005
电　　话:0579－85817891
传　　真:0579－85815387

企业名称:鞍山市重型矿山机器股份有限公司
地　　址:辽宁省鞍山市立山区胜利北路900号
邮　　编:114042
电　　话:0412－6215364
传　　真:0412－6216900

企业名称:山东省淄博生建机械厂
地　　址:山东省淄博市淄川区昆仑路1号
邮　　编:255129
电　　话:0533－5787201
传　　真:0533－5780070

企业名称:吉林大学机械科学与工程学院
地　　址:吉林省长春市人民大街5988号
邮　　编:130025
电　　话:0431－85094404
传　　真:0431－85095288

企业名称:太原科技大学材料学院
地　　址:山西省太原市万柏林区窊流路66号
邮　　编:030024
电　　话:0351－6998056
传　　真:0351－6863369

企业名称:山东泰山天盾矿山机械有限公司
地　　址:山东省新泰市开发区新兴路
邮　　编:271200
电　　话:0538－7069810－8603
传　　真:0538－7069332

企业名称:湘电重型装备股份有限公司
地　　址:湖南省湘潭市下摄司街302号
邮　　编:411101
电　　话:0731－58595267
传　　真:0731－58595267

企业名称:徐州矿山设备制造有限公司
地　　址:江苏省徐州市九里区时代大道南
邮　　编:221140
电　　话:0516－87836917－8088
传　　真:0516－87836922

企业名称:四川矿山机器(集团)有限责任公司
地　　址:四川省江油市建设北路888号
邮　　编:621701
电　　话:0816－3696888
传　　真:0816－3698888

企业名称:重庆泰丰矿山机器有限公司
地　　址:重庆市九龙坡区石坪桥横街66号
邮　　编:400051
电　　话:023－68822731
传　　真:023－68822731

企业名称:韶关市韶瑞重工有限公司
地　　址:广东省韶关市西郊武江科技工业园
邮　　编:512026
电　　话:0751－8136683
传　　真:0751－8136193

企业名称:安徽盛运机械股份有限公司
地　　址:安徽省桐城市同安路265号
邮　　编:231400
电　　话:0556－6213999
传　　真:0556－6205280

企业名称:郑州鸿源重型机械有限公司
地　　址:河南省郑州市郑上路石砦
邮　　编:450100
电　　话:0371－64629998
传　　真:0371－64602334

企业名称:如皋昌昇建工机械有限责任公司
地　　址:江苏省如皋市皋南光华工业园
邮　　编:226553
电　　话:0513－87283901
传　　真:0513－87283901

企业名称:洛阳百克特摩擦材料有限公司
地　　址:河南省洛阳市高新开发区孙辛辅路4号
邮　　编:471003
电　　话:0379－65112136
传　　真:0379－64183328

企业名称:无锡贝特尔机器制造有限公司
地　　址:江苏省无锡市蠡园开发区隐秀路B2楼
邮　　编:214072
电　　话:0510－85168022
传　　真:0510－85165400

企业名称:洛阳大华重型机械有限公司
地　　址:河南省洛阳市洛龙科技园关林大道西

邮　　编:471022
电　　话:0379 - 65520221
传　　真:0379 - 65511602

企业名称:河北金马矿山机械集团公司
地　　址:河北省遵化市东新庄镇
邮　　编:064209
电　　话:0315 - 6999117
传　　真:0315 - 6998918

企业名称:中信重型机械公司实业总公司工程塑料厂
地　　址:河南省洛阳市涧西区建设路206 号
邮　　编:471039
电　　话:0379 - 64088063
传　　真:0379 - 64214823

企业名称:株洲力达液压机械有限责任公司
地　　址:湖南省株洲市新华东路115 号
邮　　编:412000
电　　话:0731 - 22493253
传　　真:0731 - 28780421

企业名称:浙江武精机器制造有限公司
地　　址:浙江省金华市武义县青年路106 号
邮　　编:321200
电　　话:0579 - 7641326
传　　真:0579 - 7647558

企业名称:广东省韶铸集团有限公司
地　　址:广东省韶关市北郊十里亭
邮　　编:512031
电　　话:0751 - 8832578
传　　真:0751 - 8853784

企业名称:平顶山煤矿机械有限责任公司(规划发展部)
地　　址:河南省平顶山市湛河区南环路西段2 号
邮　　编:467001
电　　话:0375 - 4978682
传　　真:0375 - 4943795

企业名称:湖州新天翔橡胶厂
地　　址:浙江省湖州市杨家埠经济开发区九九桥
邮　　编:313000
电　　话:0572 - 2361336
传　　真:0572 - 2361386

企业名称:湖州恒通机械设备有限公司
地　　址:浙江省湖州市滨河路288 号爱都花园2 号楼1 单元15FA
邮　　编:313000
电　　话:0572 - 2367341、2367342
传　　真:0572 - 2367343

企业名称:安徽铜陵学院机械工程系
地　　址:安徽省铜陵市铜陵学院新区
邮　　编:244000
电　　话:0562 - 5881015
传　　真:0562 - 2837940

企业名称:浙江鑫隆机械制造有限公司
地　　址:浙江省瑞安市塘下镇海安城西南路92 号
邮　　编:325205
电　　话:0577 - 65279838
传　　真:0577 - 65279868

企业名称:鹤壁市豫兴煤机有限公司
地　　址:河南省鹤壁市山城区豫兴工业园
邮　　编:458000
电　　话:0392 - 2560169
传　　真:0392 - 2566177

企业名称:鹤壁市万丰矿山机械制造有限公司
地　　址:河南省鹤壁市山城区石林乡东石林村
邮　　编:458000
电　　话:0392 - 2566777
传　　真:0392 - 2560777

企业名称:鹤壁市四达矿山设备有限公司
地　　址:河南省鹤壁市山城区汤鹤路中段
邮　　编:458000
电　　话:0392 - 2560391
传　　真:0392 - 2560800

企业名称:鹤壁市通达矿山设备有限公司
地　　址:河南省鹤壁市山城区汤鹤路中段山城工业区
邮　　编:458000
电　　话:0392 - 2560354
传　　真:0392 - 2568096

企业名称:鹤壁市星光矿山机械制造有限公司
地　　址:河南省鹤壁市山城区石林乡东石林村
邮　　编:458000
电　　话:0392 - 2563669
传　　真:0392 - 2566433

企业名称:鹤壁市双信矿山机械有限公司
地　　址:河南省鹤壁市山城区汤鹤路中段路北
邮　　编:458000
电　　话:0392 - 2560366
传　　真:0392 - 2568366

企业名称:重庆四丰矿山建筑机械有限公司
地　　址:重庆市大渡口区八桥镇互助工业园
邮　　编:400084
电　　话:023 - 68953208
传　　真:023 - 68953258

企业名称:广州富通光科技术有限公司
地　　址:广东省广州市科学城光谱中路广州科技创新基地 E 区 203 室
邮　　编:510663
电　　话:020 - 32290991
传　　真:020 - 32290977

企业名称:河南太行振动机械股份有限公司
地　　址:河南省新乡市经济开发区西区中央大道北段 66 号
邮　　编:453731
电　　话:0373 - 5590168
传　　真:0373 - 5586881

企业名称:郑州一帆机械设备有限公司
地　　址:北京市海淀区三里河路 11 号建材联合会南配楼 422 室
邮　　编:100831
电　　话:010 - 88383719
传　　真:010 - 88380880

企业名称:山东升金矿山机械有限公司
地　　址:山东省新泰市新安路 53 号
邮　　编:271200
电　　话:13805487285
传　　真:0538 - 2200111

企业名称:宁夏天地西北煤机有限公司
地　　址:宁夏石嘴山市大武口工业园区
邮　　编:753001
电　　话:0952 - 2175328
传　　真:0952 - 2175329

企业名称:上海驿德桥轴承有限公司
地　　址:上海市共和新路 425 号凯鹏国际大厦 9 层 G 座
邮　　编:200070
电　　话:021 - 61486717
传　　真:021 - 61486718

企业名称:山东东平开元机械制造有限公司
地　　址:山东省泰安市东平县工业园区
邮　　编:271500
电　　话:0538 - 2821052
传　　真:0538 - 6356808

企业名称:浙江镇南精工机械有限公司
地　　址:浙江省诸暨市店口镇解放路 259 号
邮　　编:311835
电　　话:0575 - 87655388
传　　真:0575 - 87655618

企业名称:南昌矿山机械研究所
地　　址:江西省南昌市下罗枫林东大街
邮　　编:330001
电　　话:0791 - 3806998
传　　真:0791 - 3805987

企业名称:南昌矿山机械有限公司
地　　址:江西省南昌市湾里区盘龙路 23 号
邮　　编:330004
电　　话:0791 - 3798611
传　　真:0791 - 3761006

企业名称:鹤壁中机矿山设备有限公司
地　　址:河南省鹤壁市汤河街 63 号
邮　　编:458000
电　　话:0392 - 2616293
传　　真:0392 - 2102988

企业名称:山东华特磁电科技股份有限公司
地　　址:山东省潍坊市临朐县经济技术开发区
邮　　编:262600
电　　话:0536 - 3158808
传　　真:0536 - 3158801

企业名称:沈阳隆基电磁科技股份有限公司
地　　址:辽宁省抚顺市经济开发区顺发路 82 号
邮　　编:113122
电　　话:024 - 56700045
传　　真:024 - 56605768

企业名称:浙江东海减速机有限公司
地　　址:浙江省温州市平阳县经济开发区(敖江镇)
邮　　编:325401
电　　话:0577 - 63675933
传　　真:0577 - 63635393

企业名称:石家庄油漆厂
地　　址:河北省石家庄市中山西路 433 号
邮　　编:050000
电　　话:0311 - 85233768
传　　真:0311 - 83013681

企业名称:洛阳兴达重工设备有限公司
地　　址:河南省洛阳市孟津县麻屯镇水泉村

邮　　编:471132
电　　话:0379－62232199
传　　真:0379－62231178

企业名称:鸡西永益煤矿机械制造有限公司
地　　址:黑龙江省鸡西市鸡冠区南星街47号
邮　　编:158100
电　　话:0467－2725068
传　　真:0467－2725068

企业名称:大连思沃特液力传动设备有限公司
地　　址:辽宁省大连市甘井子区营城子街道对门沟
邮　　编:116036
电　　话:0411－84444529
传　　真:0411－84444509

企业名称:遵化市君盛同合矿山机械厂
地　　址:河北省遵化市黎河桥西
邮　　编:064200
电　　话:0315－6601508
传　　真:0315－6603668

企业名称:遵化市禹铭矿山机械厂
地　　址:河北省遵化市黎河桥路西
邮　　编:064200
电　　话:0315－6883926
传　　真:0315－6603658

企业名称:河北宣化工程机械股份有限公司
地　　址:河北省张家口市宣化区东升路21号
邮　　编:075105
电　　话:0313－3186001
传　　真:0313－3186026

企业名称:哈尔滨国海星轮传动有限公司
地　　址:黑龙江省哈尔滨市哈平路工业区烟台三路8号
邮　　编:150060
电　　话:0451－86522278
传　　真:0451－86530858

企业名称:洛阳百力克矿山机械有限公司
地　　址:河南省洛阳市洛新工业园双湘路12号
邮　　编:471822
电　　话:0379－65190660
传　　真:0379－67312866

企业名称:无锡优利康电气有限公司
地　　址:江苏省无锡市蠡园经济开发区国家创意产业园5号楼3层
邮　　编:214000
电　　话:0510－85161131
传　　真:0510－85161139

企业名称:江苏三羊开泰煤矿电机制造有限公司
地　　址:江苏省丹阳市开发区胡桥大贡
邮　　编:212313
电　　话:0511－86981555
传　　真:0511－86967626

企业名称:《矿山机械》杂志社
地　　址:河南省洛阳市建设路206号
邮　　编:471039
电　　话:0379－64087786
传　　真:0379－64087868

企业名称:全国矿山机械标准化技术委员会
地　　址:河南省洛阳市建设路206号
邮　　编:471039
电　　话:0379－64087746
传　　真:0379－64087746

企业名称:国家矿山机械质量监督检测中心
地　　址:河南省洛阳市建设路206号
邮　　编:471039
电　　话:0379－64087838
传　　真:0379－64215427

企业名称:杭州重型机械有限公司
地　　址:浙江省杭州市东新路806号
邮　　编:310004
电　　话:0571－85378458
传　　真:0571－85374879

企业名称:朝阳重型机器有限公司
地　　址:辽宁省朝阳市黄河路三段22号
邮　　编:122000
电　　话:0421－2810279
传　　真:0421－2811597

破碎粉磨设备

企业名称:上海建设路桥机械设备有限公司
地　　址:上海市奉贤区金汇镇工业路188号
邮　　编:201404
电　　话:021－51393838
传　　真:021－51393800

企业名称:北方重工集团有限公司矿山冶金设备分公司
地　　址:辽宁省沈阳市经济技术开发区开发大路16号
邮　　编:110027

电　　话:024 – 25802282
传　　真:024 – 25802282

企业名称:山东山矿机械有限公司
地　　址:山东省济宁市济安桥北路 11 号
邮　　编:272041
电　　话:0537 – 2225292
传　　真:0537 – 2228529

企业名称:四川矿山机器(集团)有限责任公司
地　　址:四川省江油市建设北路 888 号
邮　　编:621701
电　　话:0816 – 3696888
传　　真:0816 – 3698888

企业名称:北京锋必达矿山机械有限公司
地　　址:北京市门头沟区中门寺街 69 号
邮　　编:102300
电　　话:010 – 61890942
传　　真:010 – 61891117

企业名称:上海重型机器厂有限公司
地　　址:上海市闵行区江川路 1800 号
邮　　编:200245
电　　话:021 – 67287017
传　　真:021 – 54725084

企业名称:云南冶金力神重工有限公司
地　　址:云南省昆明市龙泉路 871 号
邮　　编:650203
电　　话:0871 – 6085302
传　　真:0871 – 6085303

企业名称:河南焦矿机器有限公司
地　　址:河南省焦作市焦东中路 28 号
邮　　编:454002
电　　话:0391 – 3976001
传　　真:0391 – 3929939

企业名称:南昌矿山机械有限公司
地　　址:江西省南昌市湾里区盘龙路 23 号
邮　　编:330004
电　　话:0791 – 3782882
传　　真:0791 – 3961006

企业名称:河北金马矿山机械集团公司
地　　址:河北省遵化市东新庄镇
邮　　编:064209
电　　话:0315 – 6999117
传　　真:0315 – 6999117

企业名称:浙江矿山机械有限公司
地　　址:浙江省义乌市义亭镇矿机一路 96 号
邮　　编:322005
电　　话:0579 – 85815385
传　　真:0579 – 85815387

企业名称:河南省群英机械制造有限责任公司
地　　址:河南省焦作市解放中路 397 号
邮　　编:454002
电　　话:0391 – 3906898
传　　真:0391 – 3933430

企业名称:上海嘉庆轴承制造有限公司
地　　址:上海市民德路 158 号 1802 室
邮　　编:200071
电　　话:021 – 56559515
传　　真:021 – 56639899

企业名称:常熟仕名重型机械有限公司
地　　址:江苏省常熟市北三环
邮　　编:215500
电　　话:0512 – 52858639
传　　真:0512 – 52850414

企业名称:江苏鹏胜重工有限公司
地　　址:江苏省淮安市盱眙县工业园区国槐大道
邮　　编:211700
电　　话:0517 – 88293993
传　　真:0517 – 88293883

企业名称:松滋市金津矿山机械有限责任公司
地　　址:湖北省松滋市城东工业园永兴路 2 号
邮　　编:434200
电　　话:0716 – 6210381
传　　真:0716 – 6222339

企业名称:广西桂林矿山机械厂
地　　址:广西桂林市灵川县桂矿路 1 号
邮　　编:541200
电　　话:0773 – 6825032
传　　真:0773 – 6812096

企业名称:哈尔滨国海星轮传动有限公司
地　　址:黑龙江省哈尔滨市哈平路工业园区烟台三路 8 号
邮　　编:150060
电　　话:0451 – 86530858
传　　真:0451 – 86523288

企业名称:南宁广发重工集团有限公司
地　　址:广西南宁市秀安路15号
邮　　编:530001
电　　话:0771-3932005
传　　真:0771-3123661

企业名称:洛阳矿山机械工程设计研究院有限责任公司
地　　址:河南省洛阳市涧西区建设路206号
邮　　编:471039
电　　话:0379-64087722
传　　真:0379-64221800

企业名称:上海冶金矿山机械厂
地　　址:上海市闸北区汶水路210号
邮　　编:200072
电　　话:021-56650499
传　　真:021-56639508

企业名称:溧阳中材重型机器有限公司
地　　址:江苏省溧阳市天目湖工业园区滨河路11号
邮　　编:213332
电　　话:0519-80895001
传　　真:0519-80895018

企业名称:上海龙阳机械厂
地　　址:上海市浦东新区龙东支路98号
邮　　编:201201
电　　话:021-68915989
传　　真:021-58970007

企业名称:郑州一帆机械设备有限公司
地　　址:河南省郑州市荥阳开发区演武路东段
邮　　编:450100
电　　话:0371-64962323
传　　真:0371-64606468

企业名称:遵化市宏宇矿山机械有限公司
地　　址:河北省遵化市西留村乡学汉坨村
邮　　编:064200
电　　话:0315-6601688
传　　真:0315-6603666

企业名称:湖北枝江峡江矿山机械有限责任公司
地　　址:湖北省枝江市白洋镇沿江街1号
邮　　编:443208
电　　话:0717-4400029
传　　真:0717-4402299

企业名称:山东大通机械科技有限公司
地　　址:山东省淄博市博山区夏家庄镇良庄村
邮　　编:255200
电　　话:0533-4200699
传　　真:0533-4200699

企业名称:上海多灵沃森机械设备有限公司
地　　址:上海市石龙路555号
邮　　编:200237
电　　话:021-54083495
传　　真:021-54083494

企业名称:成都大宏立机器制造有限公司
地　　址:四川省成都市大邑县工业大道128号
邮　　编:611330
电　　话:028-88201030
传　　真:028-88201030

企业名称:山东益杰重工机械有限公司
地　　址:山东省淄博市博山区博莱高速公路博山路口
邮　　编:255200
电　　话:0533-4658626
传　　真:0533-4658727

企业名称:河北万矿机械厂
地　　址:河北省张家口市西山产业集聚区(万全县)矿机路6号
邮　　编:076250
电　　话:0313-4881100
传　　真:0313-4811166

企业名称:包头市冶金矿山机械制造有限公司
地　　址:内蒙古包头市东河区巴彦塔拉大街128号
邮　　编:014040
电　　话:0472-4111538
传　　真:0472-4172310

企业名称:遵化新保益达重型机械制造有限公司
地　　址:河北省遵化市黎河桥西行4公里路南
邮　　编:064200
电　　话:0315-6989111
传　　真:0315-6989222

企业名称:海门市重型矿山机械厂
地　　址:江苏省海门市三厂镇厂洪路10号
邮　　编:226121
电　　话:0513-82602392
传　　真:0513-82608081

企业名称:成都市双流金石机械制造有限公司
地　　址:四川省成都市双流县金桥镇永和村三组
邮　　编:610200

电　　话:028－85851618
传　　真:028－85851618

企业名称:河北百盛重型机械有限公司
地　　址:河北省邢台市中兴西大街体育馆东侧天添宾馆401室
邮　　编:054000
电　　话:0319－2679180
传　　真:0319－2679180

企业名称:山东华力电机集团股份有限公司
地　　址:山东省荣成市明珠路89号
邮　　编:264300
电　　话:0631－7551153
传　　真:0631－7553744

企业名称:中南大学机械系
地　　址:湖南省长沙市岳麓山南路105号
邮　　编:454002
电　　话:0731－88877025
传　　真:0731－88851136

企业名称:湖北省荆州市巨鲸传动机械有限公司
地　　址:湖北省荆州市沙市区东方大道58号
邮　　编:434000
电　　话:0716－8303999
传　　真:0716－8303886

企业名称:河北省邯郸市邯山冶金机械备件厂
地　　址:河北省邯郸市马庄收费站东200米
邮　　编:056001
电　　话:0310－5503398
传　　真:0310－5276955

企业名称:山东华特磁电科技股份有限公司
地　　址:山东省潍坊市临朐县经济技术开发区
邮　　编:262600
电　　话:0536－3158808
传　　真:0536－3158801

企业名称:北京斯诺堡轴承有限公司
地　　址:北京市西城区广安门外三义东里20号
邮　　编:100055
电　　话:010－63427566
传　　真:010－63479753

企业名称:启东市南方润滑液压设备有限公司
地　　址:江苏省启东市惠萍镇工业园区
邮　　编:226255
电　　话:0513－83792888
传　　真:0513－83795028

企业名称:上海山姆卡特机械工业有限公司
地　　址:上海市奉贤区南奉公路4818号
邮　　编:201406
电　　话:021－51695510
传　　真:021－60911384

企业名称:浙江镇南精工机械有限公司
地　　址:浙江省诸暨市店口镇解放路259号
邮　　编:311835
电　　话:0575－87655388
传　　真:0575－87655618

企业名称:朝阳华亿重工机械制造有限责任公司
地　　址:辽宁省朝阳市双塔区中山大街一段13号
邮　　编:122000
电　　话:0421－3724900
传　　真:0421－3724900

企业名称:章丘市东风水泥机械配件厂
地　　址:山东省章丘市相公庄镇相四村
邮　　编:250203
电　　话:0531－83831130
传　　真:0531－83821626

企业名称:洛阳市豫跃矿冶设备有限公司
地　　址:河南省洛阳市建设路133号
邮　　编:471039
电　　话:0379－64250589
传　　真:0379－64250589

企业名称:定襄县佳敏机械锻造有限公司
地　　址:山西省忻州市定襄县神山乡神山村
邮　　编:035400
电　　话:0350－3329586
传　　真:0350－6090911

企业名称:山东黑山路桥机械科技有限公司
地　　址:山东省淄博市博山区八陡镇黑山前165号
邮　　编:255203
电　　话:0533－4518240
传　　真:0533－4518147

企业名称:浙江鑫隆机械制造有限公司
地　　址:浙江省瑞安市塘下镇海安城西南路92号
邮　　编:325205
电　　话:0577－65279838
传　　真:0577－65279868

企业名称:宁波市实立矿山机械制造有限公司
地　　址:浙江省宁波市象山县石浦镇兴港路 100 号
邮　　编:315731
电　　话:0574－65912665
传　　真:0574－65912665

企业名称:北京华诺维科技发展有限责任公司
地　　址:北京市南四环西路 188 号总部基地 18 区 23 号楼 304 室
邮　　编:100044
电　　话:010－88399333
传　　真:010－68364270

企业名称:邯郸四达电机股份有限公司
地　　址:河北省邯郸市中华北大街 680 号
邮　　编:056004
电　　话:0310－3178286
传　　真:0310－7022961

企业名称:宁波市江东昊伦联轴器机械制造有限公司
地　　址:浙江省宁波市江东北路 403 号
邮　　编:315051
电　　话:0574－87772470
传　　真:0574－87761632

洗选设备

企业名称:北方重工集团有限公司矿山机械分公司
地　　址:辽宁省沈阳市经济技术开发区开发大路 16 号
邮　　编:110860
电　　话:024－25802787
传　　真:024－24324605

企业名称:中信重工机械股份有限公司矿山机器厂
地　　址:河南省洛阳市涧西区建设路 206 号
邮　　编:471039
电　　话:13683852278
传　　真:0379－64088600

企业名称:淮北矿山机器制造有限公司
地　　址:安徽省淮北市濉溪经济开发区工业园白杨路 15 号
邮　　编:235005
电　　话:13965876158
传　　真:0561－6063318

企业名称:河南太行振动机械股份有限公司
地　　址:河南省新乡市经济开发区中央大道 66 号
邮　　编:453731
电　　话:13903800578
传　　真:0373－5586811

企业名称:鞍山重型矿山机器股份有限公司
地　　址:辽宁省鞍山市立山区胜利北路 900 号
邮　　编:114042
电　　话:13904120312、13019635430
传　　真:0412－5239900

企业名称:沈阳隆基电磁科技股份有限公司
地　　址:辽宁省抚顺市经济开发区顺发路 82 号
邮　　编:113122
电　　话:13904930842
传　　真:024－56605768

企业名称:山东华特磁电科技股份有限公司
地　　址:山东省潍坊市临朐县经济技术开发区华特路
邮　　编:262600
电　　话:13791661888
传　　真:0536－3158801

企业名称:镇江电磁设备厂有限责任公司
地　　址:江苏省镇江市丹徒新区谷阳大道东延 99 号
邮　　编:212004
电　　话:13805282608
传　　真:0511－85622591

企业名称:海安县万力振动机械有限公司
地　　址:江苏省南通市海安县江海西路 168 号
邮　　编:226600
电　　话:13706277726
传　　真:0513－88814780

企业名称:北京矿冶研究总院机械研究所
地　　址:北京市西直门外文兴街 1 号
邮　　编:100044
电　　话:010－88399608
传　　真:010－68336186

企业名称:煤炭科学研究总院唐山设计研究院
地　　址:河北省唐山市新华西道 21 号
邮　　编:063012
电　　话:13703348985、13703385692
传　　真:0315－2829275

企业名称:中煤国际工程集团南京设计研究院
地　　址:江苏省南京市浦口区浦东路 20 号
邮　　编:210031
电　　话:025－85046362
传　　真:025－85046441

企业名称:洛阳矿山机械工程设计研究院有限责任公司
地　　址:河南省洛阳市涧西区建设路 206 号
邮　　编:471039
电　　话:0379－64087804
传　　真:0379－64221800

企业名称:东北大学资源与土木工程学院
地　　址:辽宁省沈阳市东北大学 139 信箱
邮　　编:110006
电　　话:15904051956
传　　真:024－23890448

企业名称:南昌矿山机械有限公司
地　　址:江西省南昌市湾里区盘龙路 23 号
邮　　编:330004
电　　话:13807085540
传　　真:0791－3761006

企业名称:柳州中特高压电器有限公司
地　　址:广西柳州市柳东路 222 号
邮　　编:545006
电　　话:13707726048
传　　真:0772－2615882

企业名称:新乡市瑞丰机械设备有限公司
地　　址:河南省新乡市高新技术经济开发区青龙路中段
邮　　编:453731
电　　话:13903734527
传　　真:0373－5595133

企业名称:钟祥市新宇机电制造有限公司
地　　址:湖北省钟祥市元佑路 42 号
邮　　编:431900
电　　话:13707264888
传　　真:0724－4223279

企业名称:沈阳鸿翔复合弹性设备有限公司
地　　址:辽宁省沈阳市大东区大什字街 80－1 号 23－4
邮　　编:110014
电　　话:13604904882
传　　真:024－88472546

企业名称:上海嘉庆轴承制造有限公司
地　　址:上海市民德路 158 号铭德广场 1802 室
邮　　编:200071
电　　话:13701723177、13801810616
传　　真:021－56559515

企业名称:辽源重型实业集团有限公司
地　　址:吉林省辽源市西宁大街 273 号
邮　　编:136200
电　　话:13604375653
传　　真:0437－3170955

企业名称:上海盾牌筛网滤器合作公司(原上海前哨矿筛厂)
地　　址:上海市海宁路 1388 号鸿波大厦 601 室
邮　　编:200070
电　　话:13601943842
传　　真:021－63543856

企业名称:郑州一帆机械设备有限公司
地　　址:北京市海淀区三里河路 11 号建材联合会南配楼 422 室
邮　　编:100831
电　　话:13901186062
传　　真:010－88380880

企业名称:大同市矿山机械厂
地　　址:山西省大同市王家园
邮　　编:037039
电　　话:0352－4191172
传　　真:0352－4191320

企业名称:辽源市重型选矿机械有限公司
地　　址:吉林省辽源市友谊路 17 号
邮　　编:136200
电　　话:0437－3227060
传　　真:0437－3227060

企业名称:河南师大振动机械有限公司
地　　址:河南省新乡市建设东路 46 号
邮　　编:543007
电　　话:13603737789
传　　真:0373－3326999

企业名称:唐山汇力科技有限公司
地　　址:河北省唐山市路南区唐古街 3 号
邮　　编:063001
电　　话:13503152229
传　　真:0315－2876709

企业名称:徐州大陆振动机械厂
地　　址:江苏省徐州市铜山新区南
邮　　编:221112
电　　话:13905206272
传　　真:0516－83530939

企业名称:江苏保龙机电制造有限公司
地　　址:江苏省溧阳市昆仑开发区昆仑北路 75 号

邮　　编:213300
电　　话:13906143181
传　　真:0519－87301886

企业名称:江苏省姜堰市橡胶制品厂
地　　址:江苏省姜堰市广电路29号
邮　　编:225500
电　　话:13901420400
传　　真:0523－88286079

企业名称:河南省群英机械制造有限责任公司
地　　址:河南省焦作市解放中路397号
邮　　编:454002
电　　话:13782713789
传　　真:0391－3911397

企业名称:辽阳市望水橡胶制品厂
地　　址:辽宁省辽阳市振兴路下王家256号
邮　　编:111004
电　　话:13704196882
传　　真:0419－3306825

企业名称:江都市金马矿机配件有限公司
地　　址:江苏省江都市通江路43号
邮　　编:225200
电　　话:13705250833
传　　真:0514－86893833

企业名称:郑州矿山机械厂
地　　址:河南省郑州市崔庙镇
邮　　编:450131
电　　话:13838198558
传　　真:0371－64602334

企业名称:淮北市协力重型机器有限责任公司
地　　址:安徽省淮北市相山区任井村渠黄路
邮　　编:235000
电　　话:13905612169
传　　真:0561－4080808

企业名称:淮北市一环矿山机械有限公司
地　　址:安徽省淮北市淮海西路西段凤凰山工业园
邮　　编:235000
电　　话:13909615455
传　　真:0561－3015222

企业名称:淮北科源矿山机器有限公司
地　　址:安徽省淮北市南黎路西段
邮　　编:235000
电　　话:13905610939
传　　真:0561－3038516

企业名称:吉林新冶设备有限责任公司
地　　址:吉林省吉林市龙潭区新山路25－2号
邮　　编:132021
电　　话:0432－3043344
传　　真:0432－3043313

企业名称:北京有色冶金设计研究总院
地　　址:北京市海淀区复兴路12号
邮　　编:100038
电　　话:010－63936452
传　　真:010－63963662

企业名称:沈阳永翔科技有限公司
地　　址:辽宁省沈阳市和平区十三纬路39号(1－21－10)
邮　　编:110002
电　　话:13804077264
传　　真:024－22722669

企业名称:上海建设路桥机械设备有限公司
地　　址:上海市奉贤区金汇镇工业路188号
邮　　编:201404
电　　话:13801869012、13761239626
传　　真:021－63133936

企业名称:新乡市博恒机械有限公司
地　　址:河南省新乡市经济开发区高新西区中央大道
邮　　编:453731
电　　话:0373－5582038
传　　真:0373－5586895

企业名称:镇江市鸿兴磁选设备有限公司
地　　址:江苏省镇江市润州区民营开发区
邮　　编:212002
电　　话:13705283961
传　　真:0511－85287177

企业名称:松滋市金津矿山机械有限责任公司
地　　址:湖北省松滋市城东工业园永兴路2号
邮　　编:434200
电　　话:13972364370
传　　真:0716－5951166

企业名称:抚顺沃尔普机电设备有限公司
地　　址:辽宁省抚顺市望花区辽中街42号(抚顺县拉古工业园区)
邮　　编:113001
电　　话:024－56380740

传　　真:024 - 56380540

企业名称:辽宁志远筛子王制造有限公司
地　　址:辽宁省鞍山市达到湾工业园 7506 号
邮　　编:114044
电　　话:13204233336、13304926686
传　　真:0412 - 5210599

企业名称:镇江市江南矿山机电设备有限公司磁选设备厂
地　　址:江苏省镇江市丁卯开发区健力宝路(纬二路 9 号)
邮　　编:212009
电　　话:13906104105
传　　真:0511 - 88893966

企业名称:淮北中芬矿山机器有限公司
地　　址:安徽省淮北市烈山工业园 A 区 011 号
邮　　编:235000
电　　话:13905610503
传　　真:0561 - 3091224

企业名称:河南省平原矿山机械有限公司
地　　址:河南省新乡市黄河大道 289 号
邮　　编:453700
电　　话:13803802825
传　　真:0373 - 5071699

企业名称:河北金马矿山机械集团公司
地　　址:河北省遵化市新东庄镇
邮　　编:064209
电　　话:13933336380
传　　真:0315 - 6998918

企业名称:河南威猛振动设备股份有限公司
地　　址:河南省新乡市新乡县工业路 1 号
邮　　编:453700
电　　话:13837359259
传　　真:0373 - 5590098

企业名称:唐山陆凯科技有限公司
地　　址:河北省唐山市高新技术产业园区南开道
邮　　编:063020
电　　话:13931545906
传　　真:0315 - 3852866

企业名称:江都市亚业筛网厂
地　　址:江苏省江都市城南工业园刘桥路
邮　　编:225200
电　　话:13905258171
传　　真:0514 - [illegible]

企业名称:潍坊泉鑫电磁设备有限公司
地　　址:山东省潍坊市临朐县东城开发区嵩山路
邮　　编:262600
电　　话:13953602255
传　　真:0536 - 3159796

企业名称:柳州市远健磁力设备制造有限责任公司
地　　址:广西柳州市柳江县新兴工业园兴福路 12 号
邮　　编:545112
电　　话:13607806468
传　　真:0772 - 3269178

企业名称:马鞍山矿山研究院网络信息中心
地　　址:安徽省马鞍山市湖北路 9 号
邮　　编:243004
电　　话:13956220721
传　　真:0555 - 2475796

企业名称:沈阳卓创科技开发有限公司
地　　址:辽宁省沈阳市沈河区西滨河路 40 号
邮　　编:110014
电　　话:13322435317
传　　真:024 - 62530971

企业名称:河南省金特振动机械有限公司
地　　址:河南省新乡市经济开发区太行北路西段
邮　　编:453731
电　　话:13803734948
传　　真:0373 - 5597320

企业名称:江苏科行环境工程技术有限公司
地　　址:江苏省盐城市亭湖区新洋路 9 号
邮　　编:224003
电　　话:13705103032
传　　真:0515 - 88566200

企业名称:黑旋风工程机械开发有限公司
地　　址:湖北省宜昌市大连路 8 号
邮　　编:443005
电　　话:0717 - 6467192、13997721910
传　　真:0717 - 6066395

企业名称:浙江镇南精工机械有限公司
地　　址:浙江省诸暨市店口镇解放路 259 号
邮　　编:311835
电　　话:13395758888
传　　真:0575 - 87655618

物料搬运机械

企业名称:上海国际港务(集团)有限公司
地　　址:上海市杨浦区杨树浦路18号
邮　　编:200082
电　　话:021-65858328
传　　真:021-65858328

企业名称:北京起重运输机械设计研究院
地　　址:北京市东城区雍和宫大街52号
邮　　编:100007
电　　话:010-64031452
传　　真:010-64052584

企业名称:大连重工·起重集团有限公司
地　　址:辽宁省大连市西岗区八一路169号
邮　　编:116013
电　　话:0411-86852166
传　　真:0411-86852222

企业名称:太原重型机械集团有限公司
地　　址:山西省太原市万柏林区玉河街53号
邮　　编:030024
电　　话:0351-6361948
传　　真:0351-6362554

企业名称:华电重工装备有限公司
地　　址:北京市海淀区西三环北路91号南门
邮　　编:100044
电　　话:010-51964967
传　　真:010-68710553

企业名称:承德输送机集团有限责任公司
地　　址:河北省承德市双塔山
邮　　编:067001
电　　话:0314-4320286
传　　真:0314-4044530

企业名称:卫华集团有限公司
地　　址:河南省新乡市长垣县文明西路工业园区
邮　　编:453400
电　　话:0373-8887699
传　　真:0373-8887646

企业名称:江阴凯澄起重机械有限公司
地　　址:江苏省江阴市澄江东路18号
邮　　编:214429
电　　话:0510-86199700
传　　真:0510-86196633

企业名称:衡阳运输机械有限公司
地　　址:湖南省衡阳市珠晖区狮山路1号
邮　　编:421002
电　　话:0734-3172001
传　　真:0734-8377929

企业名称:株洲天桥起重机股份有限公司
地　　址:湖南省株洲市田心北门
邮　　编:412001
电　　话:0731-28462032
传　　真:0731-28462033

企业名称:浙江双鸟机械有限公司
地　　址:浙江省嵊州市黄泽镇工业园区
邮　　编:312455
电　　话:0575-83055888
传　　真:0575-83051765

企业名称:三一集团有限公司港机公司
地　　址:上海市浦东新区川沙经济园区川大路319号
邮　　编:201206
电　　话:021-58599583

企业名称:国家起重运输机械质量监督检测中心
地　　址:北京市东城区雍和宫大街52号
邮　　编:100007
电　　话:010-64018780
传　　真:010-64052252

企业名称:全国起重机械标准化技术委员会
地　　址:北京市东城区雍和宫大街52号
邮　　编:100007
电　　话:010-64053038
传　　真:010-64052252

企业名称:吉林水工机械有限公司
地　　址:吉林省吉林市吉丰东路86号
邮　　编:132013
电　　话:0432-4626703
传　　真:0432-4626703

企业名称:交通运输部水运科学研究院
地　　址:北京市海淀区西土城路8号
邮　　编:100088
电　　话:010-62079449
传　　真:010-62079447

企业名称:中联重科物料输送设备有限公司
地　　址:湖南省长沙市芙蓉中路二段279号金源大酒店
邮　　编:410007

电　　话:0731 - 85169170
传　　真:0731 - 85169169

企业名称:广州起重运输机械有限公司
地　　址:广东省广州市花都区北兴镇花都大道北 28 号
邮　　编:510897
电　　话:020 - 86790991
传　　真:020 - 86796828

企业名称:长春发电设备有限责任公司
地　　址:吉林省长春市经济技术开展区金川街 588 号
邮　　编:130031
电　　话:0431 - 84603800
传　　真:0431 - 84603811

企业名称:北京清源发机电设备监理有限公司
地　　址:北京市东城区雍和宫大街 52 号
邮　　编:100007
电　　话:010 - 84044057
传　　真:010 - 84052584

企业名称:大连港集团公司技术设备处
地　　址:辽宁省大连市中山区港湾街 1 号
邮　　编:116004
电　　话:0411 - 82626760
传　　真:0411 - 82624790

企业名称:秦皇岛港务集团有限公司技术中心
地　　址:河北省秦皇岛市海滨路 35 号
邮　　编:066002
电　　话:0335 - 3092223
传　　真:0335 - 3094331

企业名称:国家核电工程有限公司
地　　址:浙江省三门市核电站办公楼(国核技)
邮　　编:317111
电　　话:0576 - 81326991
传　　真:0576 - 81326900

企业名称:太原科技大学
地　　址:山西省太原市万柏林区瓦流路 138 号
邮　　编:030024
电　　话:0351 - 6221994
传　　真:0351 - 6220233

企业名称:大连理工大学机械工程学院
地　　址:辽宁省大连市甘井子区凌工路 2 号
邮　　编:116023
电　　话:0411 - 84708409 - 8019
传　　真:0411 - 84708425

企业名称:上海交大机械工程与自动化研究所
地　　址:上海市徐汇区华山路 1954 号
邮　　编:200436
电　　话:021 - 62932641 - 807
传　　真:021 - 62932641 - 807

企业名称:东北大学机械工程与自动化学院
地　　址:辽宁省沈阳市和平区文化路 3 号巷 11 号
邮　　编:110004
电　　话:024 - 83680540

企业名称:西南交通大学机械工程研究所
地　　址:四川省成都市二环北路 111 号
邮　　编:610031
电　　话:028 - 87601625
传　　真:028 - 87601625

企业名称:吉林大学机械工程学院
地　　址:吉林省长春市西民主大街 6 号南岭校区
邮　　编:130026
电　　话:0431 - 85095428
传　　真:0431 - 85095288

企业名称:洛阳起重机厂
地　　址:河南省洛阳市唐宫东路 10 号
邮　　编:471009
电　　话:0379 - 63453638
传　　真:0379 - 63415999

企业名称:山东省淄博生建机械厂
地　　址:山东省淄博市淄川区昆仑镇昆仑路 1 号
邮　　编:255129
电　　话:0533 - 5787353
传　　真:0533 - 5780070

企业名称:武汉港机重工有限公司
地　　址:湖北省武汉市汉阳区鹦鹉大道 373 号
邮　　编:430052
电　　话:027 - 84525462
传　　真:027 - 84524517

企业名称:江西起重机械总厂
地　　址:江西省樟树市共和东路 82 号
邮　　编:331200
电　　话:0795 - 7333174
传　　真:0795 - 7364566

企业名称:上海电力环保设备总厂有限公司
地　　址:上海市虹口区广中路 1001 号
邮　　编:200072

电　　话:021－56655880
传　　真:021－56657888

企业名称:太原科技大学
地　　址:山西省太原市万柏林区瓦流路 138 号
邮　　编:030024
电　　话:0351－6221994
传　　真:0351－6220233

企业名称:北京佳苏鸿源物流技术研究所
地　　址:北京市东城区方家胡同 46 号松梅宾馆 210 室
邮　　编:100007
电　　话:010－84026658
传　　真:010－84026658

企业名称:武汉港迪机械工程设计有限公司
地　　址:湖北省武汉市武昌区和平大道 1040 号 87 信箱
邮　　编:430063
电　　话:027－68862958
传　　真:027－68862904

企业名称:河南重工起重机集团有限公司
地　　址:河南省新乡市长垣县位庄工业园区 6 号
邮　　编:453424
电　　话:0373－8927999
传　　真:0373－8712958

企业名称:广西百色矿山机械厂
地　　址:广西百色市工业园区(六塘内)
邮　　编:533000
电　　话:0776－2770806
传　　真:0776－2770488

企业名称:河南天隆输送装备有限公司
地　　址:河南省新乡市高新技术开发区科隆工业园内
邮　　编:453000
电　　话:0373－5066522
传　　真:0373－5066226

企业名称:合肥迈特机械制造有限责任公司
地　　址:安徽省合肥市望江西路 188 号
邮　　编:230022
电　　话:0551－5584450
传　　真:0551－5584453

企业名称:佛山市南海迪华输送设备有限公司
地　　址:广东省佛山市南海区大沥镇谢边
邮　　编:528231
电　　话:0757－85555554
传　　真:0757－85552145

企业名称:贵阳黔劲运输机械有限责任公司
地　　址:贵州省贵阳市乌当区新添寨新庄
邮　　编:550018
电　　话:0851－6461333
传　　真:0851－6461333

企业名称:秦皇岛市山海关北方博大起重机械有限公司
地　　址:河北省秦皇岛市山海关区关城南路东段
邮　　编:066200
电　　话:0335－5071178
传　　真:0335－5059288

企业名称:唐山矿山设备厂
地　　址:河北省唐山市开平区开平东环路 13 号
邮　　编:063021
电　　话:0315－3363158
传　　真:0315－3361264

企业名称:郑州天力起重设备有限公司
地　　址:河南省郑州市京广北路 84 号附 1 号
邮　　编:450052
电　　话:0371－66961464
传　　真:0371－66988649

企业名称:郑州市华中建筑机械有限公司
地　　址:河南省郑州市上街区工业路 114 号
邮　　编:450041
电　　话:0371－68934862
传　　真:0371－68942180

企业名称:新乡市中原起重电器厂有限公司
地　　址:河南省新乡市长垣县东关工业路
邮　　编:453400
电　　话:0373－8810889
传　　真:0373－8812882

企业名称:武汉市志伟输送机械制造有限公司
地　　址:湖北省武汉市黄陂区泡桐开发区护林岗
邮　　编:430347
电　　话:027－61660613
传　　真:027－61669074

企业名称:武汉丰凡科技开发有限责任公司
地　　址:湖北省武汉市青山区工业一路 6 号
邮　　编:430080
电　　话:027－86879863
传　　真:027－86879863

企业名称:南京科瑞起重输送机械有限责任公司
地　　址:江苏省南京市浦口经济开发区万寿路 1 号

邮　　编:211800
电　　话:025－58194652
传　　真:025－58194651

企业名称:宜昌市三峡输送机械制造公司
地　　址:湖北省宜昌市西陵区窑湾乡东山村
邮　　编:443003
电　　话:0717－6445067
传　　真:0717－6445067

企业名称:深圳市格蓝德工业自动化设备有限公司
地　　址:广东省深圳市南山区南海大道2005号海王大厦
邮　　编:518054
电　　话:0755－26434006
传　　真:0755－27434106

企业名称:长沙中圆重工机械有限公司
地　　址:湖南省长沙市宁乡县新城工业发展园
邮　　编:410600
电　　话:0731－87821958
传　　真:0731－87823499

企业名称:湖州电动滚筒有限公司
地　　址:浙江省湖州市环城西路605号
邮　　编:313000
电　　话:0572－2031173
传　　真:0572－2053013

企业名称:阳泉电工机械有限责任公司
地　　址:山西省阳泉市南外路义井段
邮　　编:045000
电　　话:0353－2033451
传　　真:0353－2034938

企业名称:吴江市麒麟起重机械有限公司
地　　址:江苏省吴江市铜罗镇人民街20号
邮　　编:215237
电　　话:0512－63881419
传　　真:0512－63881774

企业名称:河南省东风起重机械有限公司
地　　址:河南省新乡市长垣县工业路96号
邮　　编:453400
电　　话:0373－8810220
传　　真:0373－8810386

企业名称:上海锋馥输送机械有限公司
地　　址:上海市奉贤区浦卫公路8208号
邮　　编:201417
邮　　编:021－57451879
电　　话:021－57452792

企业名称:西安神力起重运输机械有限公司
地　　址:陕西省西安市新四路高科广场D座1号楼18层
邮　　编:710075
电　　话:029－84288254
传　　真:029－84204345

企业名称:无锡石油化工起重机有限公司
地　　址:江苏省无锡市惠山新区长安张村路9号
邮　　编:214178
电　　话:0510－83592637
传　　真:0510－83591226

企业名称:成都三江起重机制造有限公司
地　　址:四川省成都市金堂县三中园区工业新区西一横路
邮　　编:610400
电　　话:028－84998583
传　　真:028－84998582

企业名称:鞍山市起重机械厂
地　　址:辽宁省鞍山市立山区奖工街1号
邮　　编:114033
电　　话:0412－6619166
传　　真:0412－6600118

企业名称:开封起重机有限公司
地　　址:河南省开封市周天路西段6号
邮　　编:475004
电　　话:0378－2536388
传　　真:0378－2536387

企业名称:威信自动化设备有限公司
地　　址:江苏省昆山市周市镇新镇金龙路170号
邮　　编:215337
电　　话:0512－57666666
传　　真:0512－57666777

企业名称:上海大力神悬挂输送机械有限公司
地　　址:上海市北新区江场西路200号甲
邮　　编:200436
电　　话:021－56652356
传　　真:021－56652356

企业名称:上海海希工业通讯设备有限公司
地　　址:上海市徐汇区田林路388号新业大楼1026－1033室
邮　　编:200233
电　　话:021－54902525
传　　真:021－54902626

企业名称:上海港能机电技术有限公司
地　　址:上海市浦东新区世纪大道 1500 号东方大厦 820 室
邮　　编:200122
电　　话:021－58357411
传　　真:021－58357456－24

企业名称:常州市潞城常东塑料五金厂
地　　址:江苏省常州市潞城镇李唐村
邮　　编:213025
电　　话:0519－88402188
传　　真:0519－88400668

企业名称:江苏省泰州鑫光机械制造有限公司
地　　址:江苏省泰州市凤凰西路 79 号
邮　　编:225300
电　　话:0523－86848779
传　　真:0523－86845688

企业名称:韩国高丽制钢株式会社北京代表处
地　　址:北京市建国门外大街 19 号国际大厦 19－5A 室
邮　　编:100004
电　　话:010－65931833
传　　真:010－65931876

企业名称:长沙第三机床厂
地　　址:湖南省长沙市韶山中路 376 号
邮　　编:410007
电　　话:0731－85531529
传　　真:0731－85538196

企业名称:岳阳强力电磁设备有限公司
地　　址:湖南省岳阳市花板桥 137 号信箱
邮　　编:414000
电　　话:0730－8638729
传　　真:0730－8636523

企业名称:霸州市格林电器有限公司
地　　址:河北省霸州市经济技术开发区迎宾道 1 号
邮　　编:065700
电　　话:0316－7950521
传　　真:0316－7950522

企业名称:大连众益电气工程有限公司
地　　址:辽宁省大连市沙河口区民政街 417 号 B 座 10－3 号
邮　　编:116021
电　　话:0411－84519311
传　　真:0411－84518435

企业名称:平凉市荣康实业有限责任公司
地　　址:甘肃省平凉市崆峒区西郊本义经济开发区 312 国道南
邮　　编:744000
电　　话:0933－8711841
传　　真:0933－8718305

企业名称:宁波莱斯特传动设备制造有限公司
地　　址:浙江省宁波市江北区庄桥车站对面
邮　　编:315032
电　　话:0574－87560766
传　　真:0574－87560966

企业名称:河南奔宇电机有限公司
地　　址:河南省新乡市长垣县南关工业区
邮　　编:453400
电　　话:0373－8898200
传　　真:0373－8856125

企业名称:天津市顺捷机械有限公司
地　　址:天津市河西区解放南路 459 号增 18 号
邮　　编:300120
电　　话:022－28237255
传　　真:022－23976330

企业名称:深圳市测力佳控制技术有限公司
地　　址:广东省深圳市南山区雨油天安工业区 5 座 8A
邮　　编:518054
电　　话:0755－26416796
传　　真:0755－26052242

企业名称:陕西宝鸡第二发电有限责任公司
地　　址:陕西省宝鸡市凤翔县长青镇石头坡
邮　　编:721405
电　　话:0917－3815051
传　　真:0917－3815051

企业名称:华能国际电力开发公司北京分公司
地　　址:北京市朝阳区高碑店路
邮　　编:100023
电　　话:010－87737817
传　　真:010－87737817

企业名称:南京瑞昌物流有限公司
地　　址:江苏省南京市白下区苜蓿园大街 66 号 15－204
邮　　编:210007
电　　话:025－84381490
传　　真:025－84381490

企业名称:深圳赤湾港航股份有限公司港务本部
地　　址:广东省深圳市南山区赤湾二路 5 号
邮　　编:518068
电　　话:0755－26817658
传　　真:0755－26684567

企业名称:中国石化集团上海工程有限公司
地　　址:上海市浦东新区张杨路 769 号
邮　　编:200120
电　　话:021－58366600
传　　真:021－58354176

企业名称:南京港惠宁码头有限责任公司
地　　址:江苏省南京市新生圩 1 号
邮　　编:210038
电　　话:13809048382
传　　真:025－85801430

桥式起重机

企业名称:上海起重运输机械厂有限公司
地　　址:上海市杨浦区民星路 191 号
邮　　编:200433
电　　话:021－65564735
传　　真:021－56639864

企业名称:大连重工·起重集团有限公司
地　　址:辽宁省大连市西岗区八一路 169 号
邮　　编:116013
电　　话:0411－86852166
传　　真:0411－86852222

企业名称:卫华集团有限公司
地　　址:河南省新乡市长垣县文明西路工业园区
邮　　编:453400
电　　话:0373－8887699
传　　真:0373－8887646

企业名称:太原重工股份有限公司
地　　址:山西省太原市万柏林区玉河街 53 号
邮　　编:030024
电　　话:0351－6362824
传　　真:0351－6362554

企业名称:北京起重运输机械设计研究院
地　　址:北京市东城区雍和宫大街 52 号
邮　　编:100007
电　　话:010－64053039
传　　真:010－84037436

企业名称:株洲天桥起重机股份有限公司
地　　址:湖南省株洲市田心北门
邮　　编:412001
电　　话:0731－28462032
传　　真:0731－28462033

企业名称:山起重型机械股份公司
地　　址:山东省青州市昭德北路 2198 号
邮　　编:262515
电　　话:0536－3203038
传　　真:0536－3203037

企业名称:广州起重机械有限公司
地　　址:广东省广州市花都区花东镇北兴花都大道北 28 号
邮　　编:510897
电　　话:020－86798891
传　　真:020－86796828

企业名称:宁夏天地奔牛银起设备有限公司
地　　址:宁夏银川市西夏区银川经济技术开发区金波南街 160 号
邮　　编:750021
电　　话:0951－5615026
传　　真:0951－3067126

企业名称:武汉钢铁重工集团冶金重工有限公司
地　　址:湖北省武汉市青山区厂前街青王路 9 号
邮　　编:430083
电　　话:027－86303703
传　　真:027－86865751

企业名称:重庆起重机厂有限公司
地　　址:重庆市九龙坡区中梁山人和场
邮　　编:400052
电　　话:023－65269394
传　　真:023－65258916

企业名称:南京起重机械总厂有限公司
地　　址:江苏省南京市浦口区泰冯路 62 号
邮　　编:210011
电　　话:025－58842388
传　　真:025－58841693

企业名称:洛阳起重机厂
地　　址:河南省洛阳市唐宫东路 10 号
邮　　编:471009
电　　话:0379－63415918
传　　真:0379－63415999

企业名称:常州市常欣电子衡器有限公司
地　　址:江苏省常州市中凉亭夏凉路68号
邮　　编:213001
电　　话:0519－86643942
传　　真:0519－86640473

企业名称:杭州起重机有限公司
地　　址:浙江省杭州市良渚镇勾运路19号
邮　　编:311112
电　　话:0571－88747563
传　　真:0571－88747388

企业名称:黑龙江富锦富华起重机有限公司
地　　址:黑龙江省富锦市富福路西段
邮　　编:156101
电　　话:0454－2350200
传　　真:0454－2349210

企业名称:柳州起重机器有限公司
地　　址:广西柳州市荣军路226号
邮　　编:545005
电　　话:0772－3117615
传　　真:0772－3117615

企业名称:德马格起重机械(上海)有限公司
地　　址:上海市奉贤区庄行欧洲工业园区叶庄公路125号
邮　　编:201415
电　　话:021－37182205
传　　真:021－57464558

企业名称:河南豫飞重工集团有限公司
地　　址:河南省新乡市新飞大道北段81号
邮　　编:453002
电　　话:0373－3321000
传　　真:0373－3321906

企业名称:辽宁清原第一缓冲器制造有限公司
地　　址:辽宁省抚顺市146信箱
邮　　编:113103
电　　话:024－53022438
传　　真:024－53020828

企业名称:云南冶金昆明重工有限公司
地　　址:云南省昆明市龙泉路871号
邮　　编:650203
电　　话:0871－6085085
传　　真:0871－6085285

企业名称:江苏泰隆减速机股份有限公司
地　　址:江苏省泰兴市大庆东路88号
邮　　编:225400
电　　话:0523－87668088
传　　真:0523－87665426

企业名称:湖北银轮起重机械股份有限公司
地　　址:湖北省赤壁市河北大道170号
邮　　编:437300
电　　话:0715－5337928
传　　真:0715－5337966

企业名称:本溪钢铁(集团)起重机制造有限公司
地　　址:辽宁省本溪市明山区文化路14号
邮　　编:117022
电　　话:0414－4845903
传　　真:0414－4829202

企业名称:河南省郑起起重设备有限公司
地　　址:河南省郑州市化工路158号
邮　　编:450066
电　　话:0371－67848168
传　　真:0371－67848299

企业名称:新乡市中原起重电器厂有限公司
地　　址:河南省新乡市长垣县东关工业区工业路
邮　　编:453400
电　　话:0373－8810889
传　　真:0373－8812882

企业名称:河南省东风起重机械有限公司
地　　址:河南省新乡市长垣县工业路96号
邮　　编:453400
电　　话:0373－8814223
传　　真:0373－8814996

企业名称:广东永通起重机械实业有限公司
地　　址:广东省顺德市陈村镇潭村工业区三路
邮　　编:528313
电　　话:0757－23329912
传　　真:0757－23833832

企业名称:石家庄市动力机械厂
地　　址:河北省石家庄市良村经济开发区三峡路23号
邮　　编:052165
电　　话:0311－86087072
传　　真:0311－88080711

企业名称:河南重工起重机集团有限公司
地　　址:河南省新乡市长垣县位庄工业园区6号
邮　　编:453424
电　　话:0373－8927999

传　　真:0373 - 8927999

企业名称:河南华东起重机集团有限公司
地　　址:河南省新乡市长垣县位庄工业区
邮　　编:453424
电　　话:0373 - 8619880
传　　真:0373 - 8619880

企业名称:江西起重机械总厂
地　　址:江西省樟树市共和东路82号
邮　　编:331200
电　　话:0795 - 7364266
传　　真:0795 - 7364566

企业名称:浙江众擎起重机械制造有限公司
地　　址:浙江省诸暨市城西工业区
邮　　编:311800
电　　话:0575 - 87385688
传　　真:0575 - 87387610

企业名称:无锡新大力电机有限公司
地　　址:江苏省无锡市长安镇
邮　　编:214177
电　　话:0510 - 83761037
传　　真:0510 - 83621022

企业名称:丹东振安建工机械有限公司
地　　址:辽宁省丹东市振安区鸭绿江村89号
邮　　编:118003
电　　话:0415 - 3147945
传　　真:0415 - 4188606

企业名称:四川川起起重设备有限公司
地　　址:四川省成都市金堂县赵镇赵杨路西段666号
邮　　编:610400
电　　话:028 - 84932244
传　　真:028 - 84932244

企业名称:通化市起重运输机械制造有限责任公司
地　　址:吉林省通化市保安路2369号
邮　　编:134000
电　　话:0435 - 3617315
传　　真:0435 - 3617752

企业名称:山东安信起重设备有限公司
地　　址:山东省新泰市羊流工业区
邮　　编:271208
电　　话:0538 - 7440328
传　　真:0538 - 7444617

企业名称:江苏三马起重机械制造有限公司
地　　址:江苏省靖江市江防西路3号
邮　　编:214500
电　　话:0523 - 84866933
传　　真:0523 - 56778610

企业名称:新乡市起重设备厂有限责任公司
地　　址:河南省新乡市红旗区南干道111号
邮　　编:453003
电　　话:0373 - 3054082
传　　真:0373 - 3058094

企业名称:中原圣起有限公司
地　　址:河南省新乡市长垣县位庄工业园区1号
邮　　编:453424
电　　话:0373 - 8710562
传　　真:0373 - 8711808

企业名称:河南省矿山起重机有限公司
地　　址:河南省新乡市长垣县长恼工业区
邮　　编:453400
电　　话:0373 - 8735555
传　　真:0373 - 8735555

企业名称:芜湖起重运输机器有限公司
地　　址:安徽省芜湖市长江南路8号
邮　　编:241001
电　　话:0553 - 5855088
传　　真:0553 - 5852711

企业名称:河南豫中起重集团有限公司
地　　址:河南省新乡市长垣县城南工业区
邮　　编:453424
电　　话:0373 - 8791368
传　　真:0373 - 8791898

企业名称:新乡市中原起重机械总厂有限公司
地　　址:河南省新乡市长垣县东关工业区
邮　　编:453400
电　　话:0373 - 8814682
传　　真:0373 - 8810258

企业名称:新疆通用机械有限公司
地　　址:新疆米泉市振兴路1号
邮　　编:831400
电　　话:0991 - 6868164
传　　真:0991 - 6868968

企业名称:河南省新乡市矿山起重机有限公司
地　　址:河南省新乡市长恼工业区

邮　　编:453423
电　　话:0373－8732008
传　　真:0373－8732014

企业名称:浙江通力重型齿轮股份有限公司
地　　址:浙江省瑞安市林垟工业区
邮　　编:325207
电　　话:0577－65599838
传　　真:0577－65598888

企业名称:江苏象王起重机有限公司
地　　址:江苏省盐城市建湖县经济开发区明珠东路1号
邮　　编:224700
电　　话:0515－86317221
传　　真:0515－86317221

企业名称:上海豪力起重机械有限公司
地　　址:上海市浦东新区凌白公路1128号
邮　　编:201201
电　　话:021－58971138
传　　真:021－58971159

企业名称:温州合力建设机械有限公司
地　　址:浙江省温州市平阳县鳌江镇鳌江大道390号
邮　　编:325401
电　　话:0577－63196610
传　　真:0577－63196610

企业名称:宁波市凹凸重工有限公司
地　　址:浙江省宁波市机场路与鄞州大道立交桥口
邮　　编:315176
电　　话:0574－88008778
传　　真:0574－88008779

企业名称:焦作制动器股份有限公司
地　　址:河南省焦作市博爱县人民路北侧
邮　　编:454450
电　　话:0391－2931288
传　　真:0391－2924446

企业名称:宁波东力传动设备股份有限公司
地　　址:浙江省宁波市江北工业园区C区荪湖路1号
邮　　编:315033
电　　话:0574－87587777
传　　真:0574－88388889

企业名称:河南华北起重吊钩有限公司
地　　址:河南省新乡市长垣县工业园区华北大道12号
邮　　编:453424
电　　话:0373－8791377
传　　真:0373－8710583

企业名称:奔宇电机集团有限公司
地　　址:河南省新乡市长垣县起重工业园纬二路西段
邮　　编:453400
电　　话:0373－8622311
传　　真:0373－8622313

企业名称:武汉力威起重机制造有限公司
地　　址:湖北省武汉市武昌区张家湾
邮　　编:430065
电　　话:027－88117256
传　　真:027－88117256

企业名称:常州常矿起重机械有限公司
地　　址:江苏省常州市武进高新区凤鸣路18－2号
邮　　编:213119
电　　话:0519－88609206
传　　真:0519－88609203

企业名称:常州市潞城常东塑料五金厂
地　　址:江苏省常州市潞城镇潞横路中段
邮　　编:213025
电　　话:0519－88402188
传　　真:0519－88400668

企业名称:上海市黄渡起重机械厂
地　　址:上海市嘉定区黄渡镇曹安路21号桥东首
邮　　编:201804
电　　话:021－59596451
传　　真:021－59595138

企业名称:山东省淄博生建机械厂
地　　址:山东省淄博市淄川区昆仑路1号
邮　　编:255129
电　　话:0533－5787381
传　　真:0533－5780070

企业名称:西安起重机械厂
地　　址:陕西省西安市莲湖区红光路72号
邮　　编:710077
电　　话:029－84241596
传　　真:029－84251072

企业名称:大连起重矿山机械有限公司
地　　址:辽宁省大连市甘井子区营口路10号
邮　　编:116036
电　　话:0411－86704818
传　　真:0411－86704184

企业名称:上海伯瑞制动器有限公司
地　　址:上海市奉贤区奉城镇东街98号
邮　　编:201411
电　　话:021－57522358
传　　真:021－57522350

企业名称:江西特种电机股份有限公司
地　　址:江西省宜春市东风大街10号
邮　　编:336000
电　　话:0795－3285285
传　　真:0795－3263554

企业名称:上海科大重工集团有限公司
地　　址:上海市青浦工业园区华青路815号
邮　　编:201700
电　　话:021－69211558
传　　真:021－69211138

企业名称:上海雄风起重设备厂有限公司
地　　址:上海市松江区佘北公路2199号
邮　　编:201602
电　　话:021－57796242
传　　真:021－57792656

企业名称:宝鼎重工股份有限公司
地　　址:浙江省杭州市郊塘栖镇一号桥南
邮　　编:311106
电　　话:0571－86380888
传　　真:0571－86380688

企业名称:常州市海之杰港口起重机设备有限公司
地　　址:江苏省常州市新区汤庄叶汤公路
邮　　编:213133
电　　话:0519－83205268
传　　真:0519－83205568

企业名称:天津津起起重设备有限公司
地　　址:天津市津南区葛沽镇
邮　　编:300352
电　　话:022－28682369
传　　真:022－28682369

企业名称:浙江阳戈电器有限公司
地　　址:浙江省台州市三门县海游镇沙田洋经济开发区
邮　　编:317100
电　　话:0576－83373758
传　　真:0576－83373755

企业名称:浙江立新起重开关厂
地　　址:浙江省乐清市柳市镇柳横路1658号西仁宕工业区
邮　　编:325604
电　　话:0577－62718111
传　　真:0577－62718999

企业名称:大连辽南起重机器厂
地　　址:辽宁省大连市旅顺口区水师营镇
邮　　编:116065
电　　话:0411－86233046
传　　真:0411－86233046

企业名称:中外合资无锡天宝电机有限公司
地　　址:江苏省无锡市玉祁镇锡玉路38号
邮　　编:214183
电　　话:0510－83880261
传　　真:0510－83889752

企业名称:河南省中原起重机械总厂
地　　址:河南省新乡市长垣县文明路402号
邮　　编:453400
电　　话:0373－8810848
传　　真:0373－8813875

企业名称:常州武进起重电器有限公司
地　　址:江苏省常州市武进区横林镇莲蓉村
邮　　编:213103
电　　话:0519－88501043
传　　真:0519－88501298

企业名称:河南省飞马起重机械有限公司
地　　址:河南省长垣县位庄工业园区纬五东路
邮　　编:453400
电　　话:0373－8712222
传　　真:0373－8711976

企业名称:江阴真良机械有限公司
地　　址:江苏省江阴市利港镇
邮　　编:214444
电　　话:0510－86636637
传　　真:0510－86636637

企业名称:郑州市大林机械有限公司
地　　址:河南省荥阳市京城北路7号
邮　　编:450100
电　　话:0371－64601631
传　　真:0371－64607555

企业名称:昌乐县东田聚氨酯厂
地　　址:山东省潍坊市昌乐县红河镇大宅科
邮　　编:262413
电　　话:0536－6973111

传　　真:0536－6973255

企业名称:天水长城控制电器厂起重电气设备厂
地　　址:甘肃省天水市秦城区南廓路 11 号
邮　　编:741018
电　　话:0938－8383411
传　　真:0938－8383411

企业名称:新乡克瑞重型机械科技股份有限公司
地　　址:河南省新乡市长垣县华垣路西段
邮　　编:453400
电　　话:0373－8887988
传　　真:0373－8887999

企业名称:新乡市广增起重设备有限公司
地　　址:河南省新乡市长垣县长恼工业区
邮　　编:453423
电　　话:0373－8639183
传　　真:0373－8639488

企业名称:山东烟起起重设备有限公司
地　　址:山东省烟台市福山区福海路 141 号
邮　　编:265500
电　　话:0535－6362473
传　　真:0535－6367663

企业名称:厦门银鹭重工有限公司
地　　址:福建省厦门市翔安区银鹭高科技园区
邮　　编:361111
电　　话:0592－7177585
传　　真:0592－7177585

企业名称:大连宝通工业控制有限公司
地　　址:辽宁省大连市河口工业园区汇贤街 19 号
邮　　编:116023
电　　话:0411－84798860
传　　真:0411－84798611

企业名称:上海神安起重运输机械制造有限公司
地　　址:上海市青浦区西岑莲西路 4398 号
邮　　编:201721
电　　话:021－59294306
传　　真:021－59295355

企业名称:焦作市长江制动器有限公司
地　　址:河南省焦作市武陟县大司马工业区 888 号
邮　　编:454981
电　　话:0391－7517888
传　　真:0391－7515658

企业名称:焦作市制动器开发有限公司
地　　址:河南省焦作市武陟工业园 18 号
邮　　编:454950
电　　话:0391－7268818
传　　真:0391－7268019

企业名称:南京开关厂有限公司
地　　址:江苏省南京市江宁区滨江开发区绣王路 2 号
邮　　编:211178
电　　话:025－86106952
传　　真:025－86106515

企业名称:泰兴市华东减速机制造有限公司
地　　址:江苏省泰兴市鑫泰路 318 号
邮　　编:225400
电　　话:0523－87694282
传　　真:0523－87694337

企业名称:无锡市宏泰起重电机有限公司
地　　址:江苏省无锡市惠山区前州镇园区万寿路 17 号
邮　　编:214181
电　　话:0510－83392288
传　　真:0510－83395888

企业名称:新乡市鹏升起重设备有限公司
地　　址:河南省新乡市长垣县位梁工业区
邮　　编:453424
电　　话:0373－8719619
传　　真:0373－8719398

企业名称:施耐德电气(中国)投资有限公司
地　　址:上海市宜山路 1009 号创新大厦 15 楼
邮　　编:200233
电　　话:021－62848800
传　　真:021－62848800

企业名称:江苏太兴隆减速机有限公司
地　　址:江苏省泰兴市城区科技工业园
邮　　编:225400
电　　话:0523－87996888
传　　真:0523－87996999

企业名称:开封起重机有限公司
地　　址:河南省开封市周天路西段 6 号
邮　　编:475004
电　　话:0378－2521555
传　　真:0378－2536387

企业名称:泰兴市泰宏减速机制造有限公司
地　　址:江苏省泰兴市姚王镇大庆东路 999 号

邮　　编:225400
电　　话:0523－87548779
传　　真:0523－87540655

企业名称:无锡石油化工起重机有限公司
地　　址:江苏省无锡市惠山区长安张村路9号
邮　　编:214178
电　　话:0510－83592637
传　　真:0510－83591226

企业名称:中国长江航运集团电机厂
地　　址:湖北省武汉市江夏区藏龙岛科技园九凤街5号
邮　　编:430205
电　　话:027－81977307
传　　真:027－87801309

企业名称:焦作市虹桥制动器有限公司
地　　址:河南省焦作市武陟县虹桥工业区18号
邮　　编:454981
电　　话:0391－7541888
传　　真:0391－7541666

企业名称:中国有色(沈阳)冶金机械有限公司
地　　址:辽宁省沈阳市经济技术开发区沈辽路2号
邮　　编:110141
电　　话:024－25285707
传　　真:024－25378205

企业名称:甘肃省定西起重机厂有限责任公司
地　　址:甘肃省定西市安定区焦家坡新村3号
邮　　编:743000
电　　话:0932－8216532
传　　真:0932－8221013

企业名称:上海嘉庆轴承制造有限公司
地　　址:上海市闸北区普善路239弄19号101室
邮　　编:200070
电　　话:021－56559515
传　　真:021－56559517

企业名称:郑州凯澄起重设备有限公司
地　　址:河南省新郑市双湖开发区磨河桥南
邮　　编:451191
电　　话:0371－62579688
传　　真:0371－62575699

企业名称:河南省远征起重机械有限公司
地　　址:河南省新乡市长垣县位庄工业区南
邮　　编:453400
电　　话:0373－8611999
传　　真:0373－8611997

企业名称:河南省盛达起重机械有限公司
地　　址:河南省新乡市长垣县长恼工业区
邮　　编:453423
电　　话:0373－8731356
传　　真:0373－8731355

企业名称:泰星减速机股份有限公司
地　　址:江苏省泰兴市姚王镇
邮　　编:225402
电　　话:0523－87635681
传　　真:0523－87635683

企业名称:河南省力源重型起重机公司
地　　址:河南省新乡市长垣县位庄工业园区
邮　　编:453424
电　　话:0373－8710919
传　　真:0373－8710919

企业名称:江苏锦友减速机制造有限公司
地　　址:江苏省泰兴市鑫泰路316号
邮　　编:225400
电　　话:0523－87692335
传　　真:0523－87694775

企业名称:上海宝松重型机械工程有限公司
地　　址:上海市宝山区盘古路732号
邮　　编:201900
电　　话:021－56698880
传　　真:021－56690455

企业名称:无锡大力起重机械有限公司
地　　址:江苏省无锡市华清路148号
邮　　编:214124
电　　话:0510－85628988
传　　真:0510－85627005

企业名称:淄博九州润滑科技有限公司
地　　址:山东省淄博市博山高新区万杰路121号
邮　　编:255086
电　　话:0533－4548567
传　　真:0533－4546336

企业名称:淄博博山益杰机械有限公司
地　　址:山东省淄博市经济开发区
邮　　编:255213
电　　话:0533－4658626
传　　真:0533－4658727

企业名称:江西飞达电器设备有限公司
地　　址:江西省宜春市工业园区长青大道
邮　　编:336000
电　　话:0795－2192198
传　　真:0795－3245060

企业名称:山东泰峰起重设备制造有限公司
地　　址:山东省新泰市羊流工业区
邮　　编:271208
电　　话:0538－7442272
传　　真:0538－7442858

企业名称:山东光明起重机械有限公司
地　　址:山东省新泰市羊流工业区
邮　　编:271208
电　　话:0538－7442429
传　　真:0538－7442118

企业名称:山东泰山起重机械有限公司
地　　址:山东省新泰市羊流工业区
邮　　编:271208
电　　话:0538－7442312
传　　真:0538－7442366

企业名称:江苏格雷特起重机械有限公司
地　　址:江苏省通州市平潮镇沿江工业园华能路 58 号
邮　　编:226361
电　　话:0513－86725777
传　　真:0513－86725777

企业名称:山东柳杭减速机有限公司
地　　址:山东省淄博市博山区水河路中段
邮　　编:255200
电　　话:0533－4266859
传　　真:0533－4182198

企业名称:淄博市博山起重机器厂
地　　址:山东省淄博市博山区白塔镇小庄村 17 号
邮　　编:255202
电　　话:0533－4680509
传　　真:0533－4680509

企业名称:南京特种电机厂有限公司
地　　址:江苏省南京市六合区雄州东路 289 号
邮　　编:211500
电　　话:025－57512565
传　　真:025－57512565

企业名称:湖北鄂南起重运输机械有限公司
地　　址:湖北省赤壁市经济开发区起重工业园
邮　　编:437300
电　　话:0715－5250777
传　　真:0715－5250326

企业名称:浙江茗东起重电器有限公司
地　　址:浙江省乐清市柳市镇马仁桥工业区
邮　　编:325604
电　　话:0577－62726000
传　　真:0577－62726000

企业名称:江苏宏达起重电机有限公司
地　　址:江苏省无锡市惠山区前州镇开发区惠和路 3 号
邮　　编:214181
电　　话:0510－83396666
传　　真:0510－83396666

企业名称:山东华通机械有限公司
地　　址:山东省新泰市羊流工业区
邮　　编:271208
电　　话:0538－7442393
传　　真:0538－7442393

企业名称:山东开元重型机械有限公司
地　　址:山东省新泰市羊流工业区
邮　　编:271208
电　　话:0538－7443936
传　　真:0538－7443936

企业名称:云南劲力重型机器有限公司
地　　址:云南省安宁市昆钢金泰物流园内
邮　　编:650238
电　　话:0871－8712750
传　　真:0871－8712749

企业名称:河南省中威金属制品有限公司
地　　址:河南省新乡市长垣县长城大道 199 号
邮　　编:453400
电　　话:0373－8885868
传　　真:0373－8885868

企业名称:上海海希工业通讯设备有限公司
地　　址:上海市田林路 388 号 1026－1033 室
邮　　编:200233
电　　话:021－54902525
传　　真:021－54902525

企业名称:河北金马矿山机械集团公司
地　　址:河北省遵化市东新庄镇
邮　　编:064209
电　　话:0315－6999117

传　　真:0315－6999117

企业名称:常州达卡重工机械制造有限公司
地　　址:江苏省常州市新北区薛冶路20号
邮　　编:213000
电　　话:0519－85135677
传　　真:0519－85135627

企业名称:无锡市安特防爆机电制造有限公司
地　　址:江苏省无锡市惠山区长安长东路
邮　　编:214177
电　　话:0510－83620477
传　　真:0510－83622120

企业名称:湖北蒲圻起重机械有限公司
地　　址:湖北省赤壁市经济开发区起重机械工业园区
邮　　编:437300
电　　话:0715－5250377
传　　真:0715－5250489

企业名称:咸宁起重机械有限公司
地　　址:湖北省咸宁市巨宁大道56号
邮　　编:437000
电　　话:0715－8343666
传　　真:0715－8343666

企业名称:河南省宏业起重设备有限公司
地　　址:河南省新乡市长垣县长恼工业区
邮　　编:453423
电　　话:0373－8639350
传　　真:0373－8639350

企业名称:重庆金象起重设备制造有限公司
地　　址:重庆市江津区德感工业园18号
邮　　编:402284
电　　话:023－87063693
传　　真:023－87063693

企业名称:焦作市长控液压制动器有限公司
地　　址:河南省焦作市武陟县文化路东段08号
邮　　编:454950
电　　话:0391－7260558
传　　真:0391－7260558

企业名称:湖北省咸宁三合机电制造有限责任公司
地　　址:湖北省咸宁市咸安区同心路138号
邮　　编:437000
电　　话:0715－8322725
传　　真:0715－8322725

企业名称:无锡市安能滑触电器有限公司
地　　址:江苏省无锡市锡山区东北塘镇农坝村
邮　　编:214191
电　　话:0510－83776272
传　　真:0510－83776272

企业名称:江阴市兴科起重机械有限公司
地　　址:江苏省江阴市申港镇申港村工业园
邮　　编:214443
电　　话:0510－86621891
传　　真:0510－86621891

企业名称:河南华豫起重集团有限公司
地　　址:河南省新乡市长垣县起重工业园区华豫大道
邮　　编:453400
电　　话:0373－8717666
传　　真:0373－8717555

企业名称:四平市海格起重机器制造有限公司
地　　址:吉林省四平市红嘴开发区兴红路1515号
邮　　编:136000
电　　话:0434－5016806
传　　真:0434－5016816

企业名称:河南振强起重机械有限公司
地　　址:河南省新乡市长垣县恼里镇碱场工业区
邮　　编:453400
电　　话:0373－8639293
传　　真:0373－8639293

企业名称:青岛立邦达工控技术有限公司
地　　址:山东省青岛市人民路99号丙
邮　　编:266033
电　　话:0532－83758778
传　　真:0532－83758778

企业名称:河南诚信起重设备有限公司
地　　址:河南省新乡市长垣县起重机工业园区
邮　　编:453400
电　　话:0373－8927066
传　　真:0373－8928878

企业名称:江苏沃得起重机有限公司
地　　址:江苏省镇江市丹徒新区勤政南路
邮　　编:212143
电　　话:0511－85935166
传　　真:0511－85935226

企业名称:武汉正通传动器材有限责任公司
地　　址:湖北省武汉市汉阳区燎原工业园10号

邮　　编:430051
电　　话:027－84674487
传　　真:027－84631790

企业名称:上海共久电气有限公司
地　　址:上海市松江区石湖荡镇育新路 128 号－8
邮　　编:201617
电　　话:021－57842800
传　　真:021－57841775

企业名称:上海美绿起重设备有限公司
地　　址:上海市崇明县港沿镇富强路 807 号
邮　　编:202158
电　　话:021－59465126
传　　真:021－66206651

企业名称:无锡市新宏达电机有限公司
地　　址:江苏省无锡市惠山区玉祁民主新桥
邮　　编:214183
电　　话:0510－80226838
传　　真:0510－80226818

企业名称:河南省新科起重机有限公司
地　　址:河南省新乡市长垣县起重机工业园区纬七路
邮　　编:453400
电　　话:0373－8622113
传　　真:0373－8622113

企业名称:江苏武东机械有限公司
地　　址:江苏省常州市雪堰镇潘家工业集中区
邮　　编:213179
电　　话:0519－86169011
传　　真:0519－86169011

企业名称:江西冠华重工机械有限公司
地　　址:江西省宜春市环城南路 599 号
邮　　编:336000
电　　话:0795－3248111
传　　真:0795－3241888

企业名称:江西省宜春市建达安全装置设备有限公司
地　　址:江西省宜春市明月南路 267 号
邮　　编:336000
电　　话:0795－7040312
传　　真:0795－7040312

企业名称:江阴市金达传动机械有限公司
地　　址:江苏省江阴市青山路 111 号
邮　　编:214400
电　　话:0510－86022317
传　　真:0510－86022317

企业名称:南通力威机械有限公司
地　　址:江苏省如皋市如城镇兴源大道 6 号
邮　　编:226522
电　　话:0513－87268999
传　　真:0513－87268999

企业名称:江苏省泰宇减速机有限公司
地　　址:江苏省泰兴市姚王镇石桥村工业园
邮　　编:225402
电　　话:0523－87540099
传　　真:0523－87540099

企业名称:上海申江锻造有限公司
地　　址:上海市嘉定区曹安公路 16 号桥南
邮　　编:201812
电　　话:021－69134181
传　　真:021－69134181

企业名称:天津重钢机械装备股份有限公司
地　　址:天津市塘沽区厦门路 139 号
邮　　编:300459
电　　话:022－25211535
传　　真:022－25211535

企业名称:烟台天府起重设备制造有限公司
地　　址:山东省烟台市福山区上庄路 81 号
邮　　编:265500
电　　话:0535－6331648
传　　真:0535－6331648

企业名称:南京一嘉起重机械制造有限公司
地　　址:江苏省南京市栖霞区靖安街道飞花工业园
邮　　编:210059
电　　话:025－85738622
传　　真:025－85738622

企业名称:诸暨市宏贝达机械设备有限公司
地　　址:浙江省诸暨市人民中路 75 号
邮　　编:311800
电　　话:0575－87114125
传　　真:0575－87114125

企业名称:杭州浙起机械有限公司
地　　址:浙江省杭州市拱墅工业园区康惠路 1 号
邮　　编:310015
电　　话:0571－86331468
传　　真:0571－86331468

企业名称:河南省发达起重机有限公司
地　　址:河南省新乡市长垣县起重机工业园区
邮　　编:453400
电　　话:0373－8791378
传　　真:0373－8791378

企业名称:象山万邦电器有限公司
地　　址:浙江省宁波市象山县城东工业园望海路5号
邮　　编:315700
电　　话:0574－65626626
传　　真:0574－65626626

企业名称:河南省盛华起重机有限公司
地　　址:河南省新乡市长垣县起重机工业园区
邮　　编:453400
电　　话:0373－8712503
传　　真:0373－8712503

企业名称:新乡市志远起重配件厂
地　　址:河南省新乡市长垣县起重机工业园区
邮　　编:453400
电　　话:0373－8615167
传　　真:0373－8615167

企业名称:河南新起腾升起重设备有限公司
地　　址:河南省新乡市榆东产业聚集区
邮　　编:453000
电　　话:0373－7722088
传　　真:0373－7722088

企业名称:河南恒达机电设备有限公司
地　　址:河南省新乡市长垣县起重机工业园区纬四路
邮　　编:453424
电　　话:0373－8615219
传　　真:0373－8615319

企业名称:绍兴起重机总厂
地　　址:浙江省绍兴市袍江新区洋江东路38号
邮　　编:312000
电　　话:0575－88265977
传　　真:0575－88265977

企业名称:江阴市起重运输机械有限公司
地　　址:江苏省江阴市申港街道申新路33号
邮　　编:214443
电　　话:0510－86621524
传　　真:0510－86621524

企业名称:四川合起起重设备有限公司
地　　址:四川省成都市金堂县清江镇双江社区4组
邮　　编:610400
电　　话:028－84901618
传　　真:028－84903300

企业名称:成都三江起重机制造有限公司
地　　址:四川省成都市金堂县三中园区钢城路西段
邮　　编:610400
电　　话:028－84934393
传　　真:028－84934393

企业名称:江西华伍制动器股份有限公司
地　　址:江西省丰城市工业园区新梅路7号
邮　　编:331100
电　　话:0795－6203200
传　　真:0795－6203200

企业名称:郑州市华中路桥设备有限公司
地　　址:河南省郑州市上街区洛宁路88号
邮　　编:450041
电　　话:0371－68117266
传　　真:0371－68117258

企业名称:唐山沧达电缆有限公司
地　　址:河北省唐山市复兴路54号
邮　　编:063000
电　　话:0315－2863232
传　　真:0315－5933210

企业名称:长沙起重机厂有限公司
地　　址:湖南省长沙市韶山南路123号
邮　　编:410004
电　　话:0731－85590525
传　　真:0731－87807779

企业名称:天津港航安装工程有限公司
地　　址:天津市塘沽区新市北路5793号
邮　　编:300459
电　　话:022－25211535
传　　真:022－25213100

企业名称:天津市百业机械制造有限公司
地　　址:天津市东丽区民族路2号
邮　　编:300300
电　　话:022－84893995
传　　真:022－84893985

企业名称:江苏金长城减速机有限公司
地　　址:江苏省泰兴市经济开发区城东工业园
邮　　编:225400
电　　话:0523－87700018

传　　真:0523－87552788

企业名称:成都起重机械厂
地　　址:四川省成都市金牛区天回镇
邮　　编:610083
电　　话:028－82572910
传　　真:028－82572910

企业名称:湖北创新电气有限公司
地　　址:湖北省宜昌市伍家岗临江坪科技园
邮　　编:443000
电　　话:0717－6435383
传　　真:0717－6435545

企业名称:浙江欧迈特减速机械有限公司
地　　址:浙江省温州市平阳县宋桥镇工业园
邮　　编:325409
电　　话:0577－63770881
传　　真:0577－63775678

企业名称:新乡市起重机厂有限公司
地　　址:河南省新乡市南环路东1号
邮　　编:453003
电　　话:0373－5797669
传　　真:0373－5797669

企业名称:无锡文鼎线缆有限公司
地　　址:江苏省宜兴市官司林镇江工业区张来路
邮　　编:214251
电　　话:0510－87206210
传　　真:0510－87209409

企业名称:江阴市正盛机械制造有限公司
地　　址:江苏省江阴市申港镇于门工业园68号
邮　　编:214443
电　　话:0510－86688868
传　　真:0510－86623128

企业名称:银川银重(集团)起重机有限公司
地　　址:宁夏银川市金凤区贺兰山中路533号
邮　　编:750011
电　　话:0951－3073729
传　　真:0951－3072981

企业名称:伟肯(苏州)电气传动有限公司北京分公司
地　　址:北京市朝阳区光华路甲8号
邮　　编:100026
电　　话:010－51280006
传　　真:010－51280006

传动部件

企业名称:大连重工·起重集团有限公司通用减速机厂
地　　址:辽宁省大连市甘井子区新水泥路78号
邮　　编:116035
电　　话:0411－86426007
传　　真:0411－86426190

企业名称:焦作制动器股份有限公司
地　　址:河南省焦作市博爱县人民路北侧
邮　　编:454450
电　　话:0391－2931215
传　　真:0391－2924446

企业名称:北京起重运输机械设计研究院
地　　址:北京市东城区雍和宫大街52号
邮　　编:100007
电　　话:010－64033078
传　　真:010－64052584

企业名称:太原重工股份有限公司齿轮传动分公司
地　　址:山西省太原市万柏林区玉河街53号
邮　　编:030024
电　　话:0351－6366731
传　　真:0351－6360835

企业名称:大连重工·起重集团有限公司
地　　址:辽宁省大连市甘井子区新水泥路78号
邮　　编:116035
电　　话:0411－86426100
传　　真:0411－86426190

企业名称:上海冶金矿山机械厂
地　　址:上海市闸北区汶水路210号
邮　　编:200072
电　　话:021－56650499
传　　真:021－56639508

企业名称:嘉兴嘉冶机械制造有限公司
地　　址:浙江省嘉兴市角里街112号
邮　　编:314000
电　　话:0573－82820184
传　　真:0573－82818650

企业名称:广州劲草减速机机械有限公司
地　　址:广东省广州市白云区爱国11路1－1号
邮　　编:510450
电　　话:020－86601532
传　　真:020－86601532

企业名称:荆州市巨鲸传动机械有限公司
地　　址:湖北省荆州市沙市区北京东路157号
邮　　编:434000
电　　话:0716－8303888
传　　真:0716－8303905

企业名称:沈阳市起重电器厂
地　　址:辽宁省沈阳市铁西区路宫2街15－1－2门
邮　　编:110023
电　　话:024－25922592
传　　真:024－25922582

企业名称:昆明重工集团有限责任公司减速机公司
地　　址:云南省昆明市茨坝路31号
邮　　编:650203
电　　话:0871－5150091
传　　真:0871－5150151

企业名称:上海起重运输机械厂有限公司
地　　址:上海市杨浦区民星路191号
邮　　编:200433
电　　话:021－65561388
传　　真:021－56639864

企业名称:太原科技大学机电学院
地　　址:山西省太原市万柏林区窊流路66号
邮　　编:030024
电　　话:0351－6963399
传　　真:0351－6998027

企业名称:甘肃天水长城控制电器有限责任公司
地　　址:甘肃省天水市秦州区南廓路11号
邮　　编:741018
电　　话:0938－8371651
传　　真:0938－8384077

企业名称:南京起重电器厂
地　　址:江苏省南京市江宁区淳化镇七里岗12号
邮　　编:211123
电　　话:025－52262856
传　　真:025－52252014

企业名称:江西华伍制动器股份有限公司
地　　址:江西省丰城市工业园区新梅路7号
邮　　编:331100
电　　话:0795－6203200
传　　真:0795－6242146

企业名称:焦作市长江制动器有限公司
地　　址:河南省焦作市武陟县大司马工业区888号
邮　　编:454981
电　　话:0391－7517556
传　　真:0391－7515658

企业名称:宁夏天地奔牛银起设备有限公司
地　　址:宁夏银川市西夏区金波南街160号
邮　　编:750021
电　　话:0951－5615026
传　　真:0951－3067126

企业名称:西安环力传动机械股份有限公司
地　　址:陕西省西安市经济技术开发区凤城11路91号
邮　　编:710018
电　　话:029－86171905
传　　真:029－85251911

企业名称:唐冶减速机制造有限公司
地　　址:河北省唐山市路北区缸窑路4号
邮　　编:063027
电　　话:0315－3202616
传　　真:0315－3202214

企业名称:包头市起重机械有限公司
地　　址:内蒙古包头市东河区西脑乡135号
邮　　编:014040
电　　话:0472－4874100
传　　真:0472－4862406

企业名称:内蒙古兴华机械制造厂
地　　址:内蒙古呼和浩特市南郊小黑河
邮　　编:010070
电　　话:0471－5686313
传　　真:0471－5686313

企业名称:天津理工传动机械厂
地　　址:天津市北辰区引河桥北
邮　　编:300400
电　　话:022－26972199
传　　真:022－26972199

企业名称:石家庄科一重工有限公司
地　　址:河北省石家庄市和平西路595号
邮　　编:050071
电　　话:0311－87796242
传　　真:0311－87756244

企业名称:山西新富生机器制造有限公司
地　　址:山西省太原市小东门新开南巷27号
邮　　编:030013
电　　话:0351－3074892

传　　真:0351－3074892

企业名称:山西省平遥减速器厂
地　　址:山西省晋中市平遥县古城南路138号
邮　　编:031100
电　　话:0354－5622828
传　　真:0354－5622828

企业名称:沈阳金龟减速机厂有限公司
地　　址:辽宁省沈阳市辽中县商业街15号
邮　　编:110200
电　　话:024－87880508
传　　真:024－87881361

企业名称:青岛减速机厂
地　　址:山东省胶州市铺集镇铺集二村
邮　　编:266326
电　　话:0532－87737569
传　　真:0532－86250253

企业名称:龙口市减速机机械有限公司
地　　址:山东省龙口市黄城区西市场1号
邮　　编:265701
电　　话:0535－8519156
传　　真:0535－8517471

企业名称:重庆减速机有限责任公司
地　　址:重庆市璧山县牛角湾
邮　　编:402760
电　　话:023－41432059
传　　真:023－41436677

企业名称:张家口市宣化区减速机厂
地　　址:河北省张家口市宣化区按院街11号
邮　　编:075100
电　　话:0313－3014659
传　　真:0313－3013870

企业名称:衡阳起重运输机械有限公司
地　　址:湖南省衡阳市珠晖区狮山路1号
邮　　编:421005
电　　话:0734－3172069
传　　真:0734－8290779

企业名称:宁波誉力冶金矿山机械有限公司
地　　址:浙江省宁波市鄞州区鄞州镇经济工业园
邮　　编:315151
电　　话:0574－88431146
传　　真:0574－88432207

企业名称:瑞慈马鞍山传动机械有限公司
地　　址:安徽省马鞍山市经济技术开发区湖西南路159号
邮　　编:243041
电　　话:0555－8323651
传　　真:0555－8323656

企业名称:浙江东海减速机有限公司
地　　址:浙江省温州市平阳县经济开发区(敖江镇)
邮　　编:325401
电　　话:0577－63631862
传　　真:0577－63635393

企业名称:焦作市起重控制电器厂
地　　址:河南省焦作市黄河大道东段
邮　　编:454750
电　　话:0391－8190687
传　　真:0391－8198930

企业名称:焦作神箍制动器制造公司
地　　址:河南省焦作市东二环路气象局南200米
邮　　编:454100
电　　话:0391－3933681
传　　真:0391－3933052

企业名称:焦作市虹桥重工科技发展股份有限公司
地　　址:河南省焦作市武陟县大虹桥乡南虹桥
邮　　编:454981
电　　话:0391－7543555
传　　真:0391－7541666

企业名称:焦作市虹发制动器有限公司
地　　址:河南省焦作市武陟县大虹桥乡南虹桥
邮　　编:454981
电　　话:0391－7541838
传　　真:0391－7542897

企业名称:重庆起重电器厂
地　　址:重庆市九龙坡区石坪桥横街66号3－6
邮　　编:400051
电　　话:023－68825728
传　　真:023－68855478

企业名称:宁波名泰起重电器有限公司
地　　址:浙江省宁波市象山县丹城镇西丹路18号
邮　　编:315700
电　　话:0574－65723430
传　　真:0574－65723165

企业名称:宁波凯元电器有限公司
地　　址:浙江省宁波市象山县经济开发区白鹤路198号

邮　　编:315700
电　　话:0574－65758595
传　　真:0574－65713876

企业名称:上海伯瑞制动器有限公司
地　　址:上海市奉贤区奉城镇东街98号
邮　　编:201411
电　　话:021－57522358
传　　真:021－57522350

企业名称:青岛星轮实业有限责任公司
地　　址:山东省青岛市城阳区流亭建材工业园春雨西路8号
邮　　编:266108
电　　话:0532－84909136
传　　真:0532－84909003

企业名称:焦作市制动器开发有限公司
地　　址:河南省焦作市武陟工业园工业南路202号
邮　　编:454950
电　　话:0391－7268199
传　　真:0391－7268019

企业名称:焦作科佳(原虹宇)制动器有限公司
地　　址:河南省焦作市武陟县虹桥工业区
邮　　编:454981
电　　话:0391－7541288
传　　真:0391－7545568

企业名称:焦作银星制动器有限公司
地　　址:河南省焦作市东韩工业区
邮　　编:454762
电　　话:0391－8169889
传　　真:0391－8169385

企业名称:潍坊利达起重机有限公司
地　　址:山东省潍坊市北宫西街万家福超市北200米
邮　　编:261021
电　　话:0536－8321809
传　　真:0536－8323208

企业名称:石家庄三元机电有限公司
地　　址:河北省石家庄市桥东区清水街西南头
邮　　编:050091
电　　话:0311－86814291
传　　真:0311－86814291

企业名称:焦作市江河制动器有限公司
地　　址:河南省焦作市武陟县大虹桥
邮　　编:454981
电　　话:0391－7541060
传　　真:0391－7541132

企业名称:焦作市宏升实业有限公司
地　　址:河南省焦作市武陟县前牛工业区
邮　　编:454950
电　　话:0391－7618960
传　　真:0391－7619888

企业名称:浙江金安电气有限公司
地　　址:浙江省乐清市柳市镇新光工业区新光大道151号
邮　　编:325604
电　　话:0577－62799299
传　　真:0577－62799218

企业名称:晋城江淮工贸有限公司
地　　址:山西省晋城市凤台东街2755号
邮　　编:048026
电　　话:0356－2191906
传　　真:0356－2191600

企业名称:贵阳天龙摩擦材料有限公司
地　　址:贵州省贵阳市宝山北路372号16楼
邮　　编:550001
电　　话:0851－6612735
传　　真:0851－6612763

企业名称:焦作市制动器有限公司
地　　址:河南省焦作市大封东唐郭工业区8号
邮　　编:454950
电　　话:0391－7202113
传　　真:0391－7202566

企业名称:焦作市虹羽制动器有限公司
地　　址:河南省焦作市武陟县虹桥工业区
邮　　编:454981
电　　话:0391－7548258
传　　真:0391－7549898

企业名称:焦作市金牛机械制造有限公司
地　　址:河南省焦作市武陟县前牛村工业区
邮　　编:454981
电　　话:0391－7618368
传　　真:0391－7618368

企业名称:河南省电力液压制动器有限公司
地　　址:河南省新乡市长垣县魏庄工业区
邮　　编:453424
电　　话:0373－8618333
传　　真:0373－8619222

企业名称:大连通达电器厂
地　　址:辽宁省大连市沙河口区绿波路52号
邮　　编:116033
电　　话:0411-84288606
传　　真:0411-84288616

企业名称:江门市起重电器厂有限公司
地　　址:广东省江门市江海区五邑路滘头联星工业区1号
邮　　编:529040
电　　话:0750-3893637
传　　真:0750-3823995

企业名称:长沙市起重机械配件厂
地　　址:湖南省长沙市马栏山开福区工业基地
邮　　编:410003
电　　话:0731-84257534
传　　真:0731-84257534

企业名称:大连冶金起重电器厂沙河口区
地　　址:辽宁省大连市沙河口区西南路433号-17南
邮　　编:116021
电　　话:0411-84337181
传　　真:0411-84337181

企业名称:河南省大众通用起重机械有限公司
地　　址:河南省新乡市封丘县起重工业园区
邮　　编:453322
电　　话:0373-8413198
传　　真:0373-8411555

企业名称:象山万邦电器有限公司
地　　址:浙江省宁波市象山产业区域工业园望海路5号
邮　　编:315706
电　　话:0574-65622778
传　　真:0574-65622768

企业名称:象山亚伦电器有限公司
地　　址:浙江省宁波市象山县城镇建设路一营门路口
邮　　编:315700
电　　话:0574-65717717
传　　真:0574-65758877

企业名称:象山跃华电器设备厂
地　　址:浙江省宁波市象山县蓬莱路54弄3号
邮　　编:315700
电　　话:0574-65725597
传　　真:0574-65718621

企业名称:焦作市重工制动器制造有限公司
地　　址:河南省焦作市武陟县虹桥工业区
邮　　编:454981
电　　话:0391-7544555
传　　真:0391-7544077

企业名称:宁波华阳起重电器有限公司
地　　址:浙江省宁波市象山县大徐新凉亭工业园
邮　　编:315700
电　　话:0574-65625818
传　　真:0574-65765355

千斤顶

企业名称:江苏通润集团常熟市千斤顶厂
地　　址:江苏省常熟市联丰路58-1号
邮　　编:215500
电　　话:0512-52820788
传　　真:0512-52822288

企业名称:北京起重运输机械设计研究院
地　　址:北京市东城区雍和宫大街52号
邮　　编:100007
电　　话:010-64032277
传　　真:010-64052584

企业名称:一汽四环随车工具总厂
地　　址:吉林省长春市吉林大路3473号
邮　　编:130031
电　　话:0431-84842054
传　　真:0431-84842054

企业名称:嘉兴金腾机械实业有限公司
地　　址:浙江省嘉兴市海盐县西塘桥中乐路6号
邮　　编:314305
电　　话:0573-86811167
传　　真:0573-86811167

企业名称:上海宝山液压工具有限公司
地　　址:上海市宝山区宝杨路3055号
邮　　编:201901
电　　话:021-56801448
传　　真:021-56801448

企业名称:上海沪南千斤顶厂
地　　址:上海市南汇区六灶镇
邮　　编:201322
电　　话:021-58162999
传　　真:021-58162126

企业名称:上海千斤顶厂
地　　址:上海市虹口区周家嘴路500号
邮　　编:200080
电　　话:021－65455036
传　　真:021－65415171

企业名称:承德胜利千斤顶有限公司
地　　址:河北省承德市承德县孟家院街6号
邮　　编:067411
电　　话:0314－3056478
传　　真:0314－3056478

企业名称:兖州金顶机械制造有限公司
地　　址:山东省兖州市中山东路243－2号
邮　　编:272100
电　　话:0537－3412567
传　　真:0537－3415225

企业名称:成都飞机公司(机电产品工程所)
地　　址:四川省成都市黄田坝660分箱
邮　　编:610092
电　　话:028－87401435
传　　真:028－87401435

企业名称:上海宝山千斤顶总厂有限公司
地　　址:上海市宝山区江杨南路1085号
邮　　编:200434
电　　话:021－56881711
传　　真:021－56881711

企业名称:承德润韩千斤顶有限公司
地　　址:河北省承德市西大街142号
邮　　编:067000
电　　话:0314－2185487
传　　真:0314－2185589

企业名称:安徽黄山市鑫佳橡塑有限责任公司
地　　址:安徽省黄山市屯溪区新潭东源口8号
邮　　编:245000
电　　话:0559－2512084
传　　真:0559－2557850

企业名称:国家起重运输机械质量监督检验中心
地　　址:北京市东城区雍和宫大街52号
邮　　编:100007
电　　话:010－64018780
传　　真:010－64052252

企业名称:抚顺市南山城螺旋千斤顶厂
地　　址:辽宁省抚顺市清原县南山城镇中街
邮　　编:113308
电　　话:0413－3555035
传　　真:0413－3555605

企业名称:海宁鼎立机械有限公司
地　　址:浙江省海宁市硖石镇大寨桥
邮　　编:314400
电　　话:0573－87022158
传　　真:0573－87021265

企业名称:杭州临安市橡胶有限公司
地　　址:浙江省临安市昌化工业园区1号
邮　　编:311321
电　　话:13906815862
传　　真:0571－63668866

企业名称:湖北3611工厂
地　　址:湖北省丹江口市浪河镇105信箱
邮　　编:441912
电　　话:0719－5619393
传　　真:0719－5619392

企业名称:嘉兴市大通机械厂
地　　址:浙江省嘉兴市余新镇
邮　　编:314009
电　　话:0573－83166238
传　　真:0573－83165918

企业名称:嘉兴市千斤顶厂
地　　址:浙江省嘉兴市海盐县城北西路388号
邮　　编:314300
电　　话:0573－86195128
传　　真:0573－86195128

企业名称:嘉兴市正发机械厂
地　　址:浙江省嘉兴市南湖区凤桥镇
邮　　编:314008
电　　话:0573－83131171
传　　真:0573－83131171

企业名称:江苏跃进常随汽车零部件有限公司
地　　址:江苏省常州市天宁区常焦路4号
邮　　编:213021
电　　话:0519－85311724
传　　真:0519－85311783

企业名称:绵阳市金象机械有限公司
地　　址:四川省绵阳市涪城区塘汛镇群丰东街154号
邮　　编:621000
电　　话:0816－2212022

传　　真:0816－2213008

企业名称:宁国宏达塑料厂
地　　址:安徽省宁国市工业西路 83 号
邮　　编:242300
电　　话:0563－4029234
传　　真:0563－4028305

企业名称:山东临沂启阳工具有限公司
地　　址:山东省临沂市河东区双桥街东段
邮　　编:276000
电　　话:0539－8082188
传　　真:0539－8082929

企业名称:上海金星机械实业有限公司
地　　址:上海市奉贤区庄行镇丁宁路 28 号
邮　　编:201415
电　　话:021－57469550
传　　真:021－57469550

企业名称:上海起重工具厂
地　　址:上海市杨浦区隆昌路 40 弄 8 号
邮　　编:200009
电　　话:021－65431919
传　　真:021－65431919

企业名称:上海震达液压工具厂
地　　址:上海市杨浦区隆昌路 40 弄 8 号
邮　　编:200090
电　　话:021－38923397
传　　真:021－58564465

企业名称:余江县千斤顶厂
地　　址:江西省鹰潭市余江县邓埠镇四青路冠英巷 1 号
邮　　编:335200
电　　话:0701－5881142
传　　真:0701－5881142

企业名称:重庆千斤顶厂
地　　址:重庆市北碚区静宁路 44 号
邮　　编:400700
电　　话:023－68862096
传　　真:023－68206405

企业名称:奉化南方机械制造有限公司
地　　址:浙江省宁波市奉化市尚田镇
邮　　编:315511
电　　话:13105588888
传　　真:0574－88637997

企业名称:杭州三星机械有限公司
地　　址:浙江省杭州市丁桥镇
邮　　编:310021
电　　话:0571－88111937
传　　真:0571－88111040

企业名称:上海江南千斤顶厂
地　　址:上海市奉贤区庄行镇邬桥安东路 25 号
邮　　编:201402
电　　话:13801704932
传　　真:021－57401566

企业名称:一汽技术中心
地　　址:吉林省长春市汽车产业开发区创业大街 1063 号
邮　　编:130011
电　　话:0431－85788546、13596499516
传　　真:0431－85788541

企业名称:杭州天恒机械有限公司
地　　址:浙江省杭州市临安板桥乡下板桥 113 号
邮　　编:311301
电　　话:0571－63780362
传　　真:0571－63780362

企业名称:海盐金鑫机械有限公司
地　　址:浙江省嘉兴市海盐县西塘桥镇曙光村
邮　　编:314305
电　　话:0573－86819668
传　　真:0573－86819668

企业名称:嘉兴大隆机械有限公司
地　　址:浙江省嘉兴市海盐县大桥新区西场路 58 号
邮　　编:314305
电　　话:0573－86811151
传　　真:0573－86811151

企业名称:山西太谷县永星铸造有限公司
地　　址:山西省晋中市太古县胡村镇墩坊村
邮　　编:030800
电　　话:13903446563
传　　真:0354－6325038

企业名称:上海鑫栋钢球轴承有限公司
地　　址:上海市浦东新区川周公路 3239 号
邮　　编:201319
电　　话:021－58116922

企业名称:承德相一机械有限公司
地　　址:河北省承德市平泉县红山嘴开发区
邮　　编:067500

电　　话:13663142639
传　　真:0314－6105589

输送机给料机

企业名称:芜湖起重运输机器有限公司
地　　址:安徽省芜湖市三山经济开发区官河路与浮山路交叉口
邮　　编:241080
电　　话:0553－3916777
传　　真:0553－5852711

企业名称:北京起重运输机械设计研究院
地　　址:北京市东城区雍和宫大街52号
邮　　编:100007
电　　话:010－64032296
传　　真:010－64032442

企业名称:太原科技大学机电学院
地　　址:山西省太原市万柏林区窊流路66号
邮　　编:030024
电　　话:0351－6998039
传　　真:0351－6998027

企业名称:广西百色矿山机械厂
地　　址:广西百色市工业园区(六塘内)
邮　　编:533000
电　　话:0776－2770803
传　　真:0776－2770488

企业名称:湖北宜都机电工程股份有限公司
地　　址:湖北省宜昌市珍珠路69号盈嘉酒店23楼
邮　　编:443300
电　　话:0717－8868868
传　　真:0717－8868877

企业名称:上海科大重工集团有限公司
地　　址:上海市青浦区华青路815号
邮　　编:201707
电　　话:021－69213885
传　　真:021－69211138

企业名称:四川省自贡运输机械有限公司
地　　址:四川省自贡市自井区大岩洞1号
邮　　编:643000
电　　话:0813－8236964
传　　真:0813－8236016

企业名称:甘肃兰州二通机械有限公司
地　　址:甘肃省兰州市安宁区安宁中路148号
邮　　编:730070
电　　话:0931－7752255
传　　真:0931－4938106

企业名称:江阴齿轮箱制造有限公司
地　　址:江苏省江阴市山观工业园区澄山路601号
邮　　编:214437
电　　话:0510－86993222
传　　真:0510－86993196

企业名称:诸暨链条总厂
地　　址:浙江省诸暨市牌头镇五一路1号
邮　　编:311825
电　　话:0575－87051296
传　　真:0575－87051296

企业名称:芜湖市爱德运输机械有限公司
地　　址:安徽省芜湖市高新技术开发区纬十路
邮　　编:241001
电　　话:0553－5682728
传　　真:0553－5687666

企业名称:天津减速机股份有限公司
地　　址:天津市河东区程林庄路8号
邮　　编:300160
电　　话:022－24328922
传　　真:022－24326558

企业名称:石家庄科一重工有限公司减速机分公司
地　　址:河北省石家庄市和平西路595号
邮　　编:050071
电　　话:0311－87731909
传　　真:0311－87772060

企业名称:邯郸市红星机械制造有限公司
地　　址:河北省邯郸市峰峰矿区太行东路25号
邮　　编:056200
电　　话:0310－5167699
传　　真:0310－5167188

企业名称:大连理工大学
地　　址:辽宁省大连市甘井子区凌工路2号
邮　　编:116024
电　　话:0411－84708409
传　　真:0411－84707507

企业名称:鹤壁链条有限责任公司
地　　址:河南省鹤壁市红旗街150号
邮　　编:458000
电　　话:0392－2912392

传　　真:0392－2891112

企业名称:焦作市新链条输送设备制造有限公司
地　　址:河南省焦作市解放西路中段 54 号
邮　　编:454191
电　　话:0391－2947975
传　　真:0391－2947487

企业名称:昆明市输送机械有限公司
地　　址:云南省昆明市五华区人民西路 684 号
邮　　编:650106
电　　话:0871－8184910
传　　真:0871－8184910

企业名称:福州提升机厂
地　　址:福建省福州市仓山公园路 5 号
邮　　编:050007
电　　话:0591－83471735
传　　真:0591－83441278

企业名称:荆州市巨鲸传动机械有限公司
地　　址:湖北省荆州市开发区东方大道 58 号
邮　　编:434000
电　　话:0716－8303900
传　　真:0716－8303905

企业名称:宜昌三峡输送机械制造总公司
地　　址:湖北省宜昌市西陵区窑湾乡东山村
邮　　编:443000
电　　话:0717－6445067
传　　真:0717－6445067

企业名称:启东天地机械制造有限公司
地　　址:江苏省启东市和平南路 105 号
邮　　编:226200
电　　话:0513－83312668
传　　真:0513－83312649

企业名称:芜湖迪禄普胶带有限公司
地　　址:安徽省芜湖市高新开发区火炬 2 路 15 号厂房
邮　　编:241000
电　　话:0553－2245918
传　　真:0553－2245919

企业名称:巢湖市工矿配件有限公司
地　　址:安徽省巢湖市中旱工业区
邮　　编:238074
电　　话:0565－8531058
传　　真:0565－8531246

企业名称:江苏双菱链传动有限公司
地　　址:江苏省常州市武进区湟里镇卜东路 1 号
邮　　编:213151
电　　话:0519－83341135
传　　真:0519－83341270

企业名称:扬州市精固链传动机械制造有限公司
地　　址:江苏省扬州市朴席工业规划区
邮　　编:211426
电　　话:0514－83617988
传　　真:0514－83615003

企业名称:通化市起重运输机械制造有限责任公司
地　　址:吉林省通化市保安路 2369 号
邮　　编:134000
电　　话:0435－3652137
传　　真:0435－3617752

企业名称:宏兴机械制造有限公司
地　　址:黑龙江省鹤岗市红旗路 69 号
邮　　编:154101
电　　话:0468－3342098
传　　真:0468－3342098

企业名称:沈阳市通用电器研究所
地　　址:辽宁省沈阳市沈河区乐郊路 35 甲 4 号
邮　　编:110011
电　　话:024－24804947
传　　真:024－24804947

企业名称:江阴华东机械有限公司
地　　址:江苏省江阴市澄张公路 518 号
邮　　编:214429
电　　话:0510－86195578
传　　真:0510－86190678

企业名称:江苏泰兴隆减速机有限公司
地　　址:江苏省泰兴市城区科技工业园
邮　　编:225400
电　　话:0523－87996888
传　　真:0523－87996999

企业名称:江苏省国茂减速机集团有限公司
地　　址:江苏省常州市湖塘人民西路 21 号
邮　　编:213161
电　　话:0519－86552810
传　　真:0519－86578002

企业名称:朝阳东大运输机械有限公司
地　　址:辽宁省朝阳市中山大街二段 38 号

邮　　编:122000
电　　话:0421－3853370
传　　真:0421－3853370

企业名称:长沙起重运输机械厂
地　　址:湖南省长沙市临乡县华夏工业园新康路9号
邮　　编:410005
电　　话:0731－85555999
传　　真:0731－85010292

企业名称:常州东吴链传动制造有限公司
地　　址:江苏省常州市遥观镇东开发区洪庄路
邮　　编:213102
电　　话:0519－88700518
传　　真:0519－88700526

企业名称:湖南中特液力传动机械有限公司
地　　址:湖南省长沙市三湘中路928号天心丽城
邮　　编:413000
电　　话:0731－84743608
传　　真:0731－84792326

企业名称:铜陵三佳科技股份有限公司
地　　址:安徽省铜陵市石城路电子工业区
邮　　编:244000
电　　话:0562－2627641
传　　真:0562－2627501

企业名称:芜湖市康德机械制造有限公司
地　　址:安徽省芜湖市经济技术开发区桥北工业园
邮　　编:241008
电　　话:0553－5313315
传　　真:0553－5316579

企业名称:安徽省无为神力运输机器制造有限公司
地　　址:安徽省巢湖市无为县赫店镇苏塘
邮　　编:238366
电　　话:0565－6285091
传　　真:0565－6285008

企业名称:安徽省无为煤矿机械制造有限公司
地　　址:安徽省巢湖市无为县赫店工业区
邮　　编:238367
电　　话:0565－6200038
传　　真:0565－6202198

企业名称:浙江上虞工程塑料厂
地　　址:浙江省上虞市五夫工业园区
邮　　编:312353
电　　话:0575－82415928
传　　真:0575－82415626

企业名称:杭州临安输送机械链条厂
地　　址:浙江省临安市青山工业园区
邮　　编:311300
电　　话:0571－63783450
传　　真:0571－63783450

企业名称:湖州双力自动化科技装备有限公司
地　　址:浙江省湖州市西凤路888号
邮　　编:313000
电　　话:0572－2022263
传　　真:0572－2022263

企业名称:芜湖市通达成套输送设备有限公司
地　　址:安徽省芜湖市清水工业园区
邮　　编:241060
电　　话:0553－8294780
传　　真:0553－8292361

企业名称:芜湖众发中运机械有限公司
地　　址:安徽省芜湖市鸠江经济开发区
邮　　编:241001
电　　话:0553－5716410
传　　真:0553－5716423

企业名称:安徽省黄山市轴承有限责任公司
地　　址:安徽省黄山市黟县马道路9号
邮　　编:242700
电　　话:0559－5522179
传　　真:0559－5522926

企业名称:佐敦涂料(张家港)有限公司
地　　址:上海市中山南路28号久事大厦20层
邮　　编:200010
电　　话:021－63330800
传　　真:021－63373384

企业名称:芜湖中南轴承实业有限公司
地　　址:安徽省芜湖市五一广场南侧
邮　　编:241002
电　　话:0553－4110362
传　　真:0553－4110363

企业名称:南京起重电器厂
地　　址:江苏省南京市江宁区淳化镇七里岗12号
邮　　编:211123
电　　话:025－52262925
传　　真:025－52252014

企业名称:焦作市华武制动器厂
地　　址:河南省焦作市虹桥工业区
邮　　编:454981
电　　话:0391－7543668
传　　真:0391－7543168

企业名称:盐城康威特橡塑有限公司
地　　址:江苏省大丰市大桥镇潘街 39 号
邮　　编:224000
电　　话:0515－83384848
传　　真:0515－83382398

企业名称:上海交华液力机械有限公司
地　　址:上海市崇明县绿华镇新建路 575 号
邮　　编:202151
电　　话:021－59353159
传　　真:021－59351202

企业名称:天津重钢机械装备股份有限公司
地　　址:天津市塘沽海洋高新技术开发区厦门路 139 号
邮　　编:300459
电　　话:022－25214993
传　　真:022－25211535

企业名称:安徽盛运机械股份有限公司
地　　址:安徽省桐城市同安路 265 号
邮　　编:231400
电　　话:0556－6206966
传　　真:0556－6205280

企业名称:中德(扬州)输送工程技术有限公司
地　　址:江苏省扬州市开发区鸿扬路 66 号
邮　　编:225009
电　　话:0514－85881696
传　　真:0514－85881690

带式输送机

企业名称:北方重工集团有限公司输送设备分公司
地　　址:辽宁省沈阳市经济技术开发区开发大路 16 号
邮　　编:110141
电　　话:024－25802099
传　　真:024－24835186

企业名称:北京起重运输机械设计研究院
地　　址:北京市东城区雍和宫大街 52 号
邮　　编:100007
电　　话:010－64032598
传　　真:010－64032570

企业名称:山东山矿机械有限公司
地　　址:山东省济宁市济安桥北路 11 号
邮　　编:272041
电　　话:0537－2226931
传　　真:0537－2228529

企业名称:衡阳运输机械有限公司
地　　址:湖南省衡阳市珠晖区狮山路 1 号
邮　　编:421002
电　　话:0734－3172006
传　　真:0734－3172066

企业名称:四川自贡运输机械有限责任公司
地　　址:四川省自贡市自流井区大岩洞 1 号
邮　　编:643000
电　　话:0813－5500889
传　　真:0813－5500900

企业名称:上海科大重工集团有限公司
地　　址:上海市青浦区华清路 815 号
邮　　编:201707
电　　话:021－69211558
传　　真:021－69211138

企业名称:太原科技大学机械工程学院
地　　址:山西省太原市万柏林区窊流路 138 号
邮　　编:030024
电　　话:0351－6221994
传　　真:0351－6220233

企业名称:焦作市科瑞森机械制造有限公司
地　　址:河南省焦作市解放中路 23 号
邮　　编:454150
电　　话:0391－2906388
传　　真:0391－2923690

企业名称:铜陵天奇蓝天机械设备有限公司
地　　址:安徽省铜陵市经济技术开发区
邮　　编:244000
电　　话:0562－2686161
传　　真:0562－2686167

企业名称:集安佳信通用机械有限公司
地　　址:吉林省集安市经济开发区创业大路 3 号
邮　　编:134200
电　　话:0435－6225696
传　　真:0435－6225918

企业名称:北京约基同力机械制造有限公司
地　　址:北京市通州区次渠工业园区

邮　　编:101111
电　　话:010－81502099
传　　真:010－81502082

企业名称:东北大学机械工程学院
地　　址:辽宁省沈阳市和平区文化路8号
邮　　编:110004
电　　话:024－83679731
传　　真:024－83679731

企业名称:大连液力机械有限公司
地　　址:辽宁省大连市甘井子区东纬路99号
邮　　编:116033
电　　话:0411－86643187
传　　真:0411－86642765

企业名称:通化市起重运输机械制造有限责任公司
地　　址:吉林省通化市保安路2369号
邮　　编:134000
电　　话:0435－3652121
传　　真:0435－3616616

企业名称:首钢东华机械厂
地　　址:辽宁省兴城市南桥路102号
邮　　编:125100
电　　话:0429－5697951
传　　真:0429－5697951

企业名称:天津市凯劲运输机械有限公司
地　　址:天津市宁河县卢台镇卢汉路26号
邮　　编:301500
电　　话:022－69592695
传　　真:022－69592698

企业名称:SEW－传动设备(天津)有限公司
地　　址:天津市经济技术开发区第七大街46号
邮　　编:300457
电　　话:022－25322612
传　　真:022－25348795

企业名称:包头市万里机械有限责任公司
地　　址:内蒙古包头市东河区南二里半
邮　　编:014040
电　　话:0472－4604308
传　　真:0472－4604234

企业名称:青岛华夏橡胶工业有限公司
地　　址:山东省青岛市即墨通济区城马路146号华夏工业园
邮　　编:266109
电　　话:0532－82519338
传　　真:0532－82518381

企业名称:唐山冶金矿山机械厂
地　　址:河北省唐山市缸窑路4号
邮　　编:063027
电　　话:0315－8992476
传　　真:0315－3203403

企业名称:唐山开元自动焊接装备有限公司
地　　址:河北省唐山市高新区火炬路189号
邮　　编:063000
电　　话:0315－3855257
传　　真:0315－3859644

企业名称:华电重工装备有限公司
地　　址:北京市海淀区西三环北路91号南门
邮　　编:100044
电　　话:010－51966621
传　　真:010－68710553

企业名称:芜湖起重运输机器有限公司
地　　址:安徽省芜湖市三山经济技术开发区官河路与浮山路交叉口
邮　　编:241000
电　　话:0553－5859945
传　　真:0553－5852711

企业名称:铜陵三佳科技公司精密制品厂
地　　址:安徽省铜陵市西城路电子工业区
邮　　编:244000
电　　话:0562－2627641
传　　真:0562－2627501

企业名称:徐州光环钢管有限公司
地　　址:江苏省徐州市东三环路北段
邮　　编:221004
电　　话:0516－87779220
传　　真:0516－87779220

企业名称:江阴齿轮箱制造有限公司
地　　址:江苏省江阴市山观工业园区澄山路601号
邮　　编:214437
电　　话:0510－86993222
传　　真:0510－86993196

企业名称:安徽盛运机械股份有限公司
地　　址:安徽省桐城市同安路265号
邮　　编:231400
电　　话:0556－6213999

传　　真:0556－6205898

企业名称:安徽攀登重工股份有限公司
地　　址:安徽省桐城市南岛日华广场
邮　　编:231400
电　　话:0556－6131877
传　　真:0556－6127222

企业名称:江阴市鹏锦机械制造有限公司
地　　址:江苏省江阴市南闸镇观山东盟科技工业园10号
邮　　编:214405
电　　话:0510－86271858
传　　真:0510－86271878

企业名称:马钢输送机械设备制造公司
地　　址:安徽省马鞍山市经济开发区阳湖路499号
邮　　编:243000
电　　话:0555－2109762
传　　真:0555－2109765

企业名称:浙江双箭橡胶股份有限公司
地　　址:浙江省桐乡市洲泉镇工业区
邮　　编:314513
电　　话:0573－88532288
传　　真:0573－88531023

企业名称:东莞市奥能实业有限公司
地　　址:广东省东莞市万江区龙屋基
邮　　编:523039
电　　话:0769－22278244
传　　真:0769－22189485

企业名称:泰州机械厂有限公司
地　　址:江苏省泰州市海陵工业园区纵四路西侧
邮　　编:225300
电　　话:0523－86650182
传　　真:0523－86558037

企业名称:湖州双力自动化科技装备有限公司
地　　址:浙江省湖州市西凤路888号
邮　　编:313000
电　　话:0572－2031191
传　　真:0572－2111316

企业名称:桐乡机械厂有限公司
地　　址:浙江省桐乡市崇德路
邮　　编:341511
电　　话:0573－88385728
传　　真:0573－88381709

企业名称:宝鸡杭叉工程机械有限公司
地　　址:陕西省宝鸡市十里铺纺西村
邮　　编:721004
电　　话:0917－3423592
传　　真:0917－3415180

企业名称:太原向明科工贸有限公司
地　　址:山西省太原市小店经济区唐槐路2号
邮　　编:030006
电　　话:0351－7024358
传　　真:0351－7022727

企业名称:河南天隆输送装备有限公司
地　　址:河南省新乡市高新技术开发区科隆工业园
邮　　编:453000
电　　话:0373－5066226
传　　真:0373－5066522

企业名称:中平能化集团机械制造有限公司
地　　址:河南省平顶山市矿山东路11号
邮　　编:467021
电　　话:0375－2743012
传　　真:0375－2743020

企业名称:国家起重运输机械质量监督检验中心
地　　址:北京市东城区雍和宫大街52号
邮　　编:100007
电　　话:010－64004968
传　　真:010－64052252

企业名称:本溪市运输机械配件厂
地　　址:辽宁省本溪市平山区生源街7号
邮　　编:117021
电　　话:0414－3190018
传　　真:0414－2372156

企业名称:本溪华隆清扫器制造有限公司
地　　址:辽宁省本溪市明山区大峪
邮　　编:117022
电　　话:0414－4592675
传　　真:0414－4592676

企业名称:鞍钢附企机电安装工程公司
地　　址:辽宁省鞍山市铁东区玉山区必山街51号
邮　　编:114021
电　　话:0412－6328182
传　　真:0412－6318878

企业名称:鞍钢附属企业公司烧结安装公司
地　　址:辽宁省鞍山市鞍钢南门内100米

邮　　编:114021
电　　话:0412－6724579
传　　真:0412－6728698

企业名称:鞍钢矿建建设工业公司
地　　址:辽宁省鞍山市立山区鞍千路143号
邮　　编:114031
电　　话:13050038165
传　　真:0412－6961145

企业名称:沈阳市煤机配件厂
地　　址:辽宁省沈阳市于洪区长江北街58号
邮　　编:110034
电　　话:13940317296
传　　真:024－86808506

企业名称:沈阳市通用电器研究所
地　　址:辽宁省沈阳市沈河区乐郊路35甲4号
邮　　编:110011
电　　话:024－24804947
传　　真:024－24802891

企业名称:沈阳万捷重工机械有限公司
地　　址:辽宁省沈阳市浑南新区沈营路15－8号49门
邮　　编:110168
电　　话:024－23814646
传　　真:024－23814545

企业名称:沈阳泰丰胶带制造有限公司
地　　址:辽宁省沈阳市东陵区榆树屯街55号
邮　　编:110161
电　　话:024－88421869
传　　真:024－88415248

企业名称:沈阳泰华伟业电力设备有限公司
地　　址:辽宁省沈阳市东陵区榆林大街28－5号
邮　　编:110045
电　　话:024－88260201
传　　真:024－88260069

企业名称:沈阳沈起技术工程有限责任公司
地　　址:辽宁省沈阳市和平区南三经街20号嘉隆大厦B座1802号
邮　　编:110003
电　　话:024－62537066
传　　真:024－62537033

企业名称:沈阳制动电磁铁有限公司
地　　址:辽宁省沈阳市铁西区路官一街31号
邮　　编:110023
电　　话:024－25369240
传　　真:024－25295198

企业名称:沈阳市胶带运输机械有限公司
地　　址:辽宁省沈阳市经济技术开发区开发南26号路7号
邮　　编:110027
电　　话:024－84053389
传　　真:024－89255589

企业名称:沈阳市三原电器研究所
地　　址:辽宁省沈阳市大东区珠林路71号
邮　　编:110042
电　　话:024－88738001
传　　真:024－88738002

企业名称:沈阳液力偶合器有限公司
地　　址:辽宁省沈阳市皇姑区塔湾街40号238栋1门
邮　　编:110035
电　　话:024－86361982
传　　真:024－86362952

企业名称:沈阳东峰机械有限公司
地　　址:辽宁省沈阳市东陵区北大营街82号
邮　　编:110045
电　　话:024－88256055
传　　真:024－88340476

企业名称:朝阳宏达机械有限公司
地　　址:辽宁省朝阳市龙城区工业园区
邮　　编:122005
电　　话:0421－3931700
传　　真:0421－3931590

企业名称:大连营城液力偶合器厂
地　　址:辽宁省大连市甘井子区营城子工业园区
邮　　编:116036
电　　话:13909858073
传　　真:0411－86690273

企业名称:大连斯沃特传动设备有限公司
地　　址:辽宁省大连市沙河口区民权街
邮　　编:116000
电　　话:0411－84444529
传　　真:0411－84444509

企业名称:黑龙江鹤岗斯达机电公司
地　　址:黑龙江省鹤岗市南山区跃进路87号
邮　　编:154103
电　　话:0468－3731415

传　　真:0468 - 3382480

企业名称:青岛银龙特种胶带厂有限公司
地　　址:山东省青岛胶州市石龙镇
邮　　编:266316
电　　话:0532 - 88208942
传　　真:0532 - 88208234

企业名称:青岛港(集团)公司机械维修中心
地　　址:山东省青岛市黄岛区黄河东路114号
邮　　编:266500
电　　话:0532 - 82988190
传　　真:0532 - 82988190

企业名称:山东省淄博生建机械厂
地　　址:山东省淄博市淄川区昆仑路1号
邮　　编:255129
电　　话:0533 - 5787491
传　　真:0533 - 7910977

企业名称:淄博博山益杰机械有限公司
地　　址:山东省淄博市博山经济开发区
邮　　编:255213
电　　话:0533 - 4658626
传　　真:0533 - 4658727

企业名称:北京新兴超越离合器有限公司
地　　址:北京市昌平区沙河镇昌平路157号
邮　　编:102206
电　　话:010 - 80712591
传　　真:010 - 80712591

企业名称:天津减速机股份有限公司
地　　址:天津市河东区程林庄路8号
邮　　编:300160
电　　话:022 - 24327886
传　　真:022 - 24326558

企业名称:石家庄科一重工有限公司
地　　址:河北省石家庄市和平西路595号
邮　　编:050071
电　　话:0311 - 87715966
传　　真:0311 - 87725249

企业名称:秦皇岛港务集团有限公司机械修造厂
地　　址:河北省秦皇岛市海港区开滦路5号
邮　　编:066012
电　　话:0335 - 3093149
传　　真:0335 - 3093943

企业名称:唐山市协力胶带运输设备公司
地　　址:河北省唐山市南工业园区北小街2号
邮　　编:063000
电　　话:0315 - 2867507
传　　真:0315 - 2877507

企业名称:保定华月胶带有限公司
地　　址:河北省保定市博野县橡胶工业区
邮　　编:071300
电　　话:0312 - 8349877
传　　真:0312 - 8349877

企业名称:河北万隆机械制造有限公司
地　　址:河北省沧州市盐山县北环西路
邮　　编:061300
电　　话:0317 - 6221546
传　　真:0317 - 6221546

企业名称:河北玉田金利冷拔钢有限责任公司
地　　址:河北省唐山市玉田县城东大街
邮　　编:064100
电　　话:0315 - 5052666
传　　真:0315 - 6114075

企业名称:内蒙古包头钢建机电设备制造有限公司
地　　址:内蒙古包头市昆区包钢厂区北门外三角地
邮　　编:010070
电　　话:0472 - 2397260
传　　真:0472 - 2397260

企业名称:呼和浩特市强力煤矿机械有限责任公司
地　　址:内蒙古呼和浩特市回民区攸攸板镇西侧
邮　　编:010070
电　　话:0471 - 3682479
传　　真:0471 - 3682146

企业名称:天津宝来工贸有限公司
地　　址:天津市静海县大邱庄
邮　　编:301606
电　　话:022 - 68588001
传　　真:022 - 68587681

企业名称:河北鑫山输送机械有限公司
地　　址:河北省衡水市枣强县裕华东街20号
邮　　编:053100
电　　话:13403189363
传　　真:0318 - 8227488

企业名称:天津成科传动机电技术股份有限公司
地　　址:天津市西青区华苑产业区(环外)海泰发展一路6号

邮　　编:300384
电　　话:022-83711199
传　　真:022-83711200

企业名称:山东华特磁电科技股份有限公司
地　　址:山东省潍坊市临朐县经济技术开发区
邮　　编:262600
电　　话:0536-3158986
传　　真:0536-3158801

企业名称:天津三岛输送机械有限公司
地　　址:天津市塘沽区北街3-269号
邮　　编:300451
电　　话:022-25213625
传　　真:022-25213279

企业名称:内蒙古神华皮带机有限公司
地　　址:内蒙古鄂尔多斯市伊金霍洛旗
邮　　编:017209
电　　话:0477-8284692
传　　真:0477-8284692

企业名称:兖矿集团大陆机械有限公司
地　　址:山东省兖州市
邮　　编:272109
电　　话:0537-3472969
传　　真:0537-3472969

企业名称:海汇集团有限公司
地　　址:山东省日照市莒县工业园
邮　　编:276500
电　　话:0633-6269999
传　　真:0633-6269777

企业名称:安徽扬帆机电设备制造有限公司
地　　址:安徽省桐城市西环线西南工业园
邮　　编:231404
电　　话:0556-6138888
传　　真:0556-6127788

企业名称:安徽永生机械股份有限公司
地　　址:安徽省桐城市快活岭
邮　　编:231400
电　　话:0556-6210779
传　　真:0556-6205888

企业名称:凯盛重工有限公司
地　　址:安徽省淮南市谢家集区蔡新路
邮　　编:232058
电　　话:0554-5727529
传　　真:0554-5717376

企业名称:铜陵飞特运输机械厂
地　　址:安徽省铜陵市西湖经济开发区
邮　　编:244000
电　　话:0562-6865379
传　　真:0562-6866021

企业名称:滁州市宏伟橡胶制品有限公司
地　　址:安徽省滁州市明光西路37号
邮　　编:239000
电　　话:0550-3023965
传　　真:0550-3034157

企业名称:安徽省无为神力运输机器制造有限公司
地　　址:安徽省巢湖市无为县赫店镇苏塘
邮　　编:238366
电　　话:0565-6285091
传　　真:0565-6285008

企业名称:安徽省无为煤矿机械制造有限公司
地　　址:安徽省巢湖市无为县赫店镇
邮　　编:238367
电　　话:0565-6200038
传　　真:0565-6202198

企业名称:芜湖市爱德运输机械有限公司
地　　址:安徽省芜湖市高新技术开发区纬十路
邮　　编:241002
电　　话:0553-5682700
传　　真:0553-5687666

企业名称:黄山市轴承有限责任公司
地　　址:安徽省黄山市黟县马道路009号
邮　　编:245500
电　　话:0559-5522179
传　　真:0559-5522926

企业名称:浙江上虞工程塑料厂
地　　址:浙江省上虞市五夫工业园区
邮　　编:312353
电　　话:0575-82415818
传　　真:0575-82415626

企业名称:宁波华达起重运输设备有限公司
地　　址:浙江省宁波市鄞州区下应街道王家弄村
邮　　编:315105
电　　话:0574-88546212
传　　真:0574-88546211

企业名称:浙江象山光明输送机有限公司
地　　址:浙江省宁波市象山县石浦光明路
邮　　编:315731
电　　话:0574－65983991
传　　真:0574－65977491

企业名称:宁波华臣输送设备制造有限公司
地　　址:浙江省宁波市象山县经济开发区大目涂滨海工业园
邮　　编:315712
电　　话:0574－65728116
传　　真:0574－65720918

企业名称:杭州雄鹰机械有限公司
地　　址:浙江省杭州市萧山区南阳南北路
邮　　编:311227
电　　话:0571－82186828
传　　真:0571－82180111

企业名称:浙江宇龙机械有限公司
地　　址:浙江省瑞安市塘下鲍四工业区
邮　　编:325204
电　　话:0577－65205101
传　　真:0577－65211889

企业名称:浙江通力减速机有限公司
地　　址:浙江省瑞安市林垟工业区
邮　　编:325207
电　　话:0577－65590088
传　　真:0577－65598888

企业名称:浙江鑫隆机械制造有限公司
地　　址:浙江省瑞安市塘下镇溪安镇东 A5 幢
邮　　编:325205
电　　话:0577－65279828
传　　真:0577－65279868

企业名称:湖州新天翔橡胶厂
地　　址:浙江省湖州市杨家埠镇九九桥北
邮　　编:313000
电　　话:0572－2351969
传　　真:0572－2361386

企业名称:上海一钢南翔传动设备厂
地　　址:上海市嘉定区沪宜公路 1389 号
邮　　编:201802
电　　话:021－59123997
传　　真:021－59129910

企业名称:上海嘉庆轴承制造有限公司
地　　址:上海闸北区市民德路 158 号铭德国际广场 1802 室
邮　　编:200072
电　　话:021－56633740
传　　真:021－56639899

企业名称:上海起重运输机械厂有限公司
地　　址:上海市杨浦区民星路 191 号
邮　　编:200433
电　　话:021－65561388
传　　真:021－56639864

企业名称:上海富运运输机械有限公司
地　　址:上海市虹口区东余杭路 1168 号
邮　　编:200082
电　　话:021－65590898
传　　真:021－65418294

企业名称:江西省萍乡市永固冶金矿山机械厂
地　　址:江西省萍乡市高坑镇铁桥背
邮　　编:337042
电　　话:0799－6374249
传　　真:0799－6374249

企业名称:江西铜业集团(贵溪)冶金机械厂
地　　址:江西省贵溪市 320 国道 1 号
邮　　编:335421
电　　话:0701－3338669
传　　真:0701－3331861

企业名称:江西华伍制动器股份有限公司
地　　址:江西省丰城市剑邑大道 779 号
邮　　编:331000
电　　话:0791－3770652
传　　真:0791－3770710

企业名称:南京梅山工程技术新产业开发有限公司
地　　址:江苏省南京市雨花台梅山街道中兴路
邮　　编:210039
电　　话:025－86926096
传　　真:025－86707834

企业名称:南京三户机械制造有限公司
地　　址:江苏省南京市八厂区新华四村 2 幢 101 号
邮　　编:210044
电　　话:025－57791473
传　　真:025－57058515

企业名称:南京夏元机械设备制造有限公司
地　　址:江苏省南京市六合区冶山镇

邮　　编:211523
电　　话:025 - 57571755
传　　真:025 - 57570570

企业名称:南京飞达机械有限公司
地　　址:江苏省南京市沿江工业开发区葛中路96号
邮　　编:210048
电　　话:025 - 58399816
传　　真:025 - 58398380

企业名称:无锡天龙钢管有限公司
地　　址:江苏省无锡市锡山经济开发区新民东路14号
邮　　编:214101
电　　话:0510 - 88700126
传　　真:0510 - 88203442

企业名称:无锡华嘉精密钢管有限公司
地　　址:江苏省无锡市新区坊前工业集中区锡义路88号
邮　　编:214111
电　　话:0510 - 88272545
传　　真:0510 - 88272545

企业名称:无锡市宝通带业有限公司
地　　址:江苏省无锡市张公路19号
邮　　编:214112
电　　话:0510 - 88155778
传　　真:0510 - 88157553

企业名称:江阴市特种运输机械有限公司
地　　址:江苏省江阴市云亭松文头路8号
邮　　编:214422
电　　话:0510 - 88610318
传　　真:0510 - 88615990

企业名称:江苏牧羊集团输送设备分公司
地　　址:江苏省扬州市邗江工业园牧羊路1号
邮　　编:225127
电　　话:0514 - 87848801
传　　真:0514 - 87848802

企业名称:江苏国茂国泰减速机集团有限公司
地　　址:江苏省常州市武进区湖塘镇人民西路21号
邮　　编:213161
电　　话:0519 - 86588878
传　　真:0519 - 86583315

企业名称:江苏环宇起重运输机械有限责任公司
地　　址:江苏省扬州市宝应县运西工业区
邮　　编:225805
电　　话:0514 - 88356868
传　　真:0514 - 88351351

企业名称:徐州光环皮带机托辊有限公司
地　　址:江苏省徐州市二环东路金骆驼科技园
邮　　编:221004
电　　话:0516 - 83876198
传　　真:0516 - 83876098

企业名称:江苏上齿集团有限公司
地　　址:江苏省溧阳市天目湖工业园区
邮　　编:213333
电　　话:0519 - 88301142
传　　真:0519 - 88301184

企业名称:响水县寇龙轴承座制造有限公司
地　　址:江苏省盐城市响水县张集工业园区
邮　　编:224600
电　　话:0515 - 86616568
传　　真:0515 - 86616586

企业名称:江苏三鑫输送机械制造有限公司
地　　址:江苏省靖江市祠镇21号
邮　　编:214531
电　　话:0523 - 81386620
传　　真:0523 - 81389188

企业名称:常州市传动输送机械有限公司
地　　址:江苏省常州市武进高新区龙惠路
邮　　编:213166
电　　话:15306613087
传　　真:0510 - 86480737

企业名称:台州千里马汽车零部件制造有限公司
地　　址:浙江省临海市沿江工业区
邮　　编:317022
电　　话:0576 - 85695777
传　　真:0576 - 85695600

企业名称:江阴市金达传动机械有限公司
地　　址:江苏省江阴市青山路111号
邮　　编:214440
电　　话:0510 - 86022317
传　　真:0510 - 86022092

企业名称:江阴华峰特种运输机械有限公司
地　　址:江苏省江阴市夏港工业区西城路101号
邮　　编:214442
电　　话:0510 - 86273273
传　　真:0510 - 86272216

企业名称:苏州皆喜爱输送设备有限公司
地　　址:江苏省苏州市工业园区金陵东路 88 号
邮　　编:215121
电　　话:0512－87163851
传　　真:0512－87163393

企业名称:张家港市力源输送机械有限公司
地　　址:江苏省张家港市全港镇南河工业集中区
邮　　编:215632
电　　话:0512－58376600
传　　真:0512－58376611

企业名称:广西百色矿山机械厂
地　　址:广西百色市工业园区(六塘内)
邮　　编:533000
电　　话:0776－2770802
传　　真:0776－2770488

企业名称:南宁市德钢联重工机械有限责任公司
地　　址:广西南宁市秀安路 13－11 号
邮　　编:530001
电　　话:0771－3905535
传　　真:0771－2905589

企业名称:长沙第三机床厂
地　　址:湖南省长沙市含浦科技园
邮　　编:410208
电　　话:0731－88539158
传　　真:0731－88539151

企业名称:昆明市运输机械有限公司
地　　址:云南省昆明市人民西路 684 号
邮　　编:650106
电　　话:0871－8184208
传　　真:0871－8184910

企业名称:武汉北湖武钢机械制造有限公司
地　　址:湖北省武汉市青山区武钢北湖农场 39 号
邮　　编:430085
电　　话:027－86461933
传　　真:027－86469165

企业名称:武汉泛达机电有限公司
地　　址:湖北省武汉市青山区前龚家岭
邮　　编:430083
电　　话:027－86465086
传　　真:027－86465872

企业名称:武汉第七零一一机械厂
地　　址:湖北省武汉市武昌南湖汽校
邮　　编:430064
电　　话:027－88035450
传　　真:027－88035451

企业名称:武汉丰凡科技开发有限责任公司
地　　址:湖北省武汉市青山区工业一路 6 号
邮　　编:430080
电　　话:027－86879863
传　　真:027－86866860

企业名称:福州鑫广盛机电有限公司
地　　址:福建省福州市五一南路 186 号和平大厦
邮　　编:350009
电　　话:0591－83284295
传　　真:0591－83284295

企业名称:江门市南方输送机械工程有限公司
地　　址:广东省江门市港口路中远大厦远景阁 12 楼 B
邮　　编:529030
电　　话:0750－3161908
传　　真:0750－3161878

企业名称:江门市振达机械制造有限公司
地　　址:广东省江门市东升路 178 号
邮　　编:529000
电　　话:0750－3065012
传　　真:0750－3065012

企业名称:广东中兴液力传动有限公司
地　　址:广东省云浮市郁南县都城镇河堤路 41 号
邮　　编:527100
电　　话:0766－7592180
传　　真:0766－7597178

企业名称:广州液力传动设备有限公司
地　　址:广东省广州市花都区炭步镇茶塘工业区
邮　　编:510820
电　　话:020－86735308
传　　真:020－86735228

企业名称:四川东林矿山运输机械有限公司
地　　址:四川省内江市中区工业集中发展区乐贤大道 398 号
邮　　编:641005
电　　话:0832－2190099
传　　真:0832－2112500

企业名称:中联重科物料输送设备有限公司
地　　址:湖南省长沙市国家高新技术产业开发区麓谷工业园

邮　　编:410205
电　　话:0731－88983204
传　　真:0731－88996186

企业名称:四川德恩机械有限责任公司
地　　址:四川省眉山市青神县工业集中区
邮　　编:620460
电　　话:028－38858855
传　　真:028－38858339

企业名称:许昌煤机制造有限公司
地　　址:河南省许昌市五一路 17 号
邮　　编:461000
电　　话:0374－2788626
传　　真:0374－3314613

企业名称:河南鹤壁市起重运输机械厂
地　　址:河南省鹤壁市长风路北段
邮　　编:458020
电　　话:0392－2897069
传　　真:0392－2897342

企业名称:郑州同力重型机械有限公司
地　　址:河南省郑州市高新区瑞达路华夏村 18 号
邮　　编:450001
电　　话:0371－63657050
传　　真:0371－63657050

企业名称:焦作李封工业有限责任公司
地　　址:河南省焦作市中站区跃进路 113 号
邮　　编:454191
电　　话:0391－2947049
传　　真:0391－2947049

企业名称:焦作市正洁机械制造有限公司
地　　址:河南省焦作市高新区中纬路
邮　　编:454003
电　　话:0391－8865566
传　　真:0391－8865511

企业名称:焦作市中和通用机械有限责任公司
地　　址:河南省焦作市焦西矿西 200 米铁路北
邮　　编:454000
电　　话:0391－2933380
传　　真:0391－2916939

企业名称:焦作市鑫恒起重运输机械有限公司
地　　址:河南省焦作市解放东路 827 号
邮　　编:454003
电　　话:0391－3955005
传　　真:0391－3955000

企业名称:焦作市虹发制动器有限公司
地　　址:河南省焦作市虹桥工业区
邮　　编:454981
电　　话:0391－7541838
传　　真:0391－7542897

企业名称:焦作制动器股份有限公司
地　　址:河南省焦作市博爱县人民路北侧
邮　　编:454450
电　　话:0391－2931266
传　　真:0391－2928045

企业名称:焦作工业制动器制造有限公司
地　　址:河南省焦作市太行西路煤校北侧
邮　　编:454001
电　　话:0391－2314996
传　　真:0391－2314996

企业名称:河南锐达机械有限公司
地　　址:河南省焦作市太行东路张河路东
邮　　编:454100
电　　话:0391－3211368
传　　真:0391－3211399

企业名称:新乡中新环保输送设备有限责任公司
地　　址:河南省新乡市辖区 4281 信箱
邮　　编:453000
电　　话:0373－2682193
传　　真:0373－5466125

企业名称:开封市达昌起重运输设备有限公司
地　　址:河南省开封市宋城路南段 99 号
邮　　编:475004
电　　话:0378－3860009
传　　真:0378－3862188

企业名称:鹤壁煤业机械设备制造有限责任公司
地　　址:河南省鹤壁市车站路 3 号
邮　　编:458000
电　　话:0392－2911418
传　　真:0392－2911690

企业名称:长治市潞安合力机械有限责任公司
地　　址:山西省长治市城南长城工业园区
邮　　编:046000
电　　话:0355－3137318
传　　真:0355－3137324

企业名称:原平凯世达机械制造有限公司
地　　址:山西省原平市大牛店镇中神山村
邮　　编:034100
电　　话:0350－8352588
传　　真:0350－8352580

企业名称:原平市宝丰机械制造有限公司
地　　址:山西省原平市城西大运路
邮　　编:034100
电　　话:0350－8273788
传　　真:0350－8373360

企业名称:原平市丰峰起重运输机械有限公司
地　　址:山西省原平市永康南路42号
邮　　编:034100
电　　话:0350－8234366
传　　真:0350－8277010

企业名称:原平市宇峰起重运输机械有限公司
地　　址:山西省原平市原五线东营村路口
邮　　编:034100
电　　话:0350－8375112
传　　真:0350－8375115

企业名称:原平市兴胜机械制造有限公司
地　　址:山西省原平市东原南路538号
邮　　编:034100
电　　话:0350－8258123
传　　真:0350－8258123

企业名称:原平维达机械制造有限公司
地　　址:山西省原平市城南大运路西东泥河
邮　　编:034100
电　　话:0350－8256588
传　　真:0350－8586588

企业名称:甘肃升业物质有限责任公司钢构分公司
地　　址:甘肃省兰州市西津西路955号
邮　　编:730000
电　　话:0931－2567072
传　　真:0931－2563656

企业名称:长治市潞安飞虹煤机有限公司
地　　址:山西省长治市郊区
邮　　编:046011
电　　话:0355－2131119
传　　真:0355－2130560

企业名称:山西省繁盛昇煤机设备有限责任公司
地　　址:山西省朔州市城区阳街西沿线北
邮　　编:036002
电　　话:0349－2266040
传　　真:0349－2073716

企业名称:焦作宏德重型机器制造有限公司
地　　址:河南省焦作市太行街北侧61号
邮　　编:454000
电　　话:0391－2858229
传　　真:0391－2858232

企业名称:焦作三岛输送机械有限公司
地　　址:河南省焦作市高新区神州路2878号
邮　　编:454003
电　　话:0391－3683680
传　　真:0391－3683690

企业名称:义马永兴矿山机械设备有限公司
地　　址:河南省义马市毛沟开发区
邮　　编:472300
电　　话:0398－5637112
传　　真:0398－5637112

企业名称:淄博电动滚筒厂有限公司
地　　址:山东省淄博市博山岭西
邮　　编:255213
电　　话:0533－4140099
传　　真:0533－4140088

企业名称:天津中外建输送机械有限公司
地　　址:天津市津南区新双鑫工业园发港南路27号
邮　　编:300350
电　　话:022－88822043
传　　真:022－88822043

企业名称:天津市电动滚筒厂
地　　址:天津市东丽区津塘公路7号桥
邮　　编:300300
电　　话:022－24991119
传　　真:022－24995599

企业名称:泰州市运达电动滚筒制造有限公司
地　　址:江苏省泰州市职中路68号
邮　　编:225300
电　　话:0523－86231268
传　　真:0523－86214599

企业名称:镇江金钟机械制造厂
地　　址:江苏省镇江市东吴路120号
邮　　编:212003
电　　话:0511－88801307

传　　真:0511－88830936

企业名称:南宁市劲源电机有限责任公司
地　　址:广西南宁市北湖南路30号
邮　　编:530001
电　　话:0771－3323390
传　　真:0771－3323089

企业名称:桐乡市梧桐东方齿轮厂
地　　址:浙江省桐乡市梧桐街道文华路519号
邮　　编:314500
电　　话:0573－88107291
传　　真:0573－88112774

企业名称:阜阳轴承有限公司
地　　址:安徽省阜阳市阜蚌路189号
邮　　编:236023
电　　话:0558－2323368
传　　真:0558－2323368

企业名称:泰州市三星通用机械制造有限公司
地　　址:江苏省泰州市江州南路105号
邮　　编:225300
电　　话:0523－86311345
传　　真:0523－86341503

企业名称:南京宏力输送带厂
地　　址:江苏省南京市江宁区土桥工业园
邮　　编:211124
电　　话:025－84150840
传　　真:025－84153082

企业名称:张家港市三机机械制造有限公司
地　　址:江苏省张家港市东余镇机电工业园双丰路
邮　　编:215622
电　　话:0512－58119666
传　　真:0512－58119288

企业名称:宜昌市三峡输送机械制造公司
地　　址:湖北省宜昌市点军区
邮　　编:443000
电　　话:0717－6672989
传　　真:0717－6672227

企业名称:青岛雁山机械设备有限公司
地　　址:山东省青岛市四方区周口路310号
邮　　编:266000
电　　话:0532－84012138
传　　真:0532－84012139

企业名称:山东邹城东昱机械股份制造有限公司
地　　址:山东省邹城市南屯矿
邮　　编:273515
电　　话:0537－5446200
传　　真:0537－5443654

企业名称:大同市煤矿机械制造有限责任公司
地　　址:山西省大同市同云路2号
邮　　编:037034
电　　话:0352－7153338
传　　真:0352－7153338

企业名称:武汉市志伟运输机械有限公司
地　　址:湖北省武汉市黄陂区泡桐开发区
邮　　编:430347
电　　话:027－61669115
传　　真:027－61660613

企业名称:无锡高嘉钢管有限公司
地　　址:江苏省无锡市线桥镇锡陆路360号
邮　　编:214151
电　　话:0510－83208666
传　　真:0510－83208666

企业名称:沈阳爱华冶金机械设备制造有限公司
地　　址:辽宁省沈阳市辽中县城郊乡
邮　　编:110200
电　　话:024－87816588
传　　真:024－88816988

冶金压延机械

企业名称:中国第一重型机械集团公司
地　　址:黑龙江省齐齐哈尔市富拉尔基厂前路9号
邮　　编:161042
电　　话:0452－6810186
传　　真:0452－6810111

企业名称:中国重型机械研究院有限公司
地　　址:陕西省西安市未央区东元路209号
邮　　编:710032
电　　话:029－86322669
传　　真:029－86713965

企业名称:中国重型机械总公司
地　　址:北京市海淀区公主坟复兴路甲23号
邮　　编:100036
电　　话:010－68221576
传　　真:010－68296106

企业名称:大连重工·起重集团有限公司设计研究院
地　　址:辽宁省大连市西岗区八一路 169 号
邮　　编:116013
电　　话:0411－86852288
传　　真:0411－86852283

企业名称:昆明冶金昆明重工有限公司
地　　址:云南省昆明市龙泉路 871 号
邮　　编:650203
电　　话:0871－6085010
传　　真:0871－6085085

企业名称:上海市机电设计研究院有限公司
地　　址:上海市静安区北京西路 1287 号
邮　　编:200040
电　　话:021－62479741
传　　真:021－62479741

企业名称:中国第二重型机械集团公司
地　　址:四川省德阳市珠江西路 460 号
邮　　编:618000
电　　话:0838－2341817
传　　真:0838－2201998

企业名称:上海重型机器厂有限公司
地　　址:上海市闵行区江川路 1800 号
邮　　编:200245
电　　话:021－54721141－2110
传　　真:021－54722933

企业名称:北方重工集团有限公司
地　　址:辽宁省沈阳市铁西区兴华北街 8 号
邮　　编:110025
电　　话:024－25802406
传　　真:024－25802416

企业名称:天津天重重型机器有限公司
地　　址:天津市北辰区高峰路
邮　　编:300400
电　　话:022－26341079
传　　真:022－26340718

企业名称:燕山大学机械学院
地　　址:河北省秦皇岛市河北大街 169 号
邮　　编:066044
电　　话:0335－8057040
传　　真:0335－8050148

企业名称:浙江省宁波凯特机械有限公司
地　　址:浙江省宁波市宁海县越龙街道西郊路 55 号
邮　　编:315600
电　　话:0574－65210558
传　　真:0574－65562620

企业名称:包头市冶金矿山机械制造有限公司
地　　址:内蒙古包头市东河区巴彦塔拉大街 15 号
邮　　编:014040
电　　话:0472－4111538
传　　真:0472－4172310

企业名称:一重集团大连设计研究院有限公司
地　　址:辽宁省大连市经济技术开发区东北大街 96 号
邮　　编:116600
电　　话:0411－39243301
传　　真:0411－39243345

企业名称:昆明冶金昆明重工有限公司拉丝设备分公司
地　　址:云南省昆明市茨坝路 31 号
邮　　编:650203
电　　话:0871－5150091－2241
传　　真:0871－5150151

企业名称:一重集团大连设计研究院有限公司冷轧部
地　　址:辽宁省大连市经济技术开发区东北大街 96 号
邮　　编:116600
电　　话:0411－39243366
传　　真:0411－39243133

企业名称:中冶京诚工程技术有限公司
地　　址:北京市经济技术开发区建安街 7 号
邮　　编:100176
电　　话:010－83587839
传　　真:010－83587998

企业名称:北京科技大学机械工程学院
地　　址:北京市海淀区学院路 30 号
邮　　编:100083
电　　话:010－62334723
传　　真:010－62329145

企业名称:北京有色冶金设计研究总院
地　　址:北京市海淀区复兴路 12 号
邮　　编:100038
电　　话:010－63936451
传　　真:010－63936618

企业名称:邢台冶金机械轧辊厂
地　　址:河北省邢台市新兴西大街 1 号
邮　　编:054025
电　　话:0319－2116090

传　　真:0319-2022061

企业名称:哈尔滨环保制氢设备工业公司
地　　址:黑龙江省哈尔滨市南岗区哈西大街107号
邮　　编:150080
电　　话:0451-86662954
传　　真:0451-86662954

企业名称:沈阳冶金机械有限公司
地　　址:辽宁省沈阳市技术开发区沈辽路2号
邮　　编:110141
电　　话:024-25810645
传　　真:024-25810645

企业名称:太原重型机械集团有限公司
地　　址:山西省太原市万柏林区玉河街53号
邮　　编:030024
电　　话:0351-6362594-8018
传　　真:0351-6365903

企业名称:太原矿山机器集团有限公司
地　　址:山西省太原市解放北路75号
邮　　编:030009
电　　话:0351-3041086
传　　真:0351-3041086

企业名称:太原科技大学冶金机械学院
地　　址:山西省太原市万柏林区窊流路66号
邮　　编:030024
电　　话:0351-6963332
传　　真:0351-6963332

企业名称:鞍山矿山机械股份有限公司
地　　址:辽宁省鞍山市立山区励工街5号
邮　　编:114032
电　　话:0412-6612676
传　　真:0412-6612313

企业名称:上海冶金矿山机械厂
地　　址:上海市闸北区汶水路210号
邮　　编:200072
电　　话:021-56771254
传　　真:021-56639508

企业名称:洛阳矿山机械工程设计研究院有限责任公司
地　　址:河南省洛阳市涧西区建设路206号
邮　　编:471039
电　　话:0379-64087777
传　　真:0379-64087818

企业名称:杭州拉丝机制造厂
地　　址:浙江省杭州市桐庐县富春江镇子陵路10号
邮　　编:311504
电　　话:0571-64653908
传　　真:0571-64653411

企业名称:西安忠义金属制品设备总厂
地　　址:陕西省西安市未央区宫乡小白杨路20号
邮　　编:710016
电　　话:029-86312404
传　　真:029-86312404

企业名称:锡山大象机械制造有限公司
地　　址:江苏省无锡市锡山区荡口镇人民路63号
邮　　编:214116
电　　话:0510-88741471
传　　真:0510-88741471

润滑液压设备

企业名称:太原矿山机器润滑液压设备有限公司
地　　址:山西省太原市经济技术开发区电子街25号
邮　　编:030032
电　　话:0351-3045918
传　　真:0351-3045918

企业名称:中国重型机械研究院有限公司
地　　址:陕西省西安市未央区东元路209号
邮　　编:710032
电　　话:029-86322543
传　　真:029-86322431

企业名称:四川川润股份有限公司
地　　址:四川省成都市郫县现代工业港北区港北六路85号
邮　　编:611743
电　　话:028-61836200
传　　真:028-61777787

企业名称:常州市华立液压润滑设备有限公司
地　　址:江苏省常州市武进区郑陆镇三河口
邮　　编:213115
电　　话:0519-88675056
传　　真:0519-88675343

企业名称:启东润滑设备有限公司
地　　址:江苏省启东市和平中路306号
邮　　编:226200
电　　话:0513-83356668
传　　真:0513-83312646

企业名称:一重集团大连设计研究院有限公司
地　　址:辽宁省大连市经济技术开发区东北大街96号
邮　　编:116600
电　　话:0411－39243635
传　　真:0411－39243366

企业名称:上海澳瑞特润滑设备有限公司
地　　址:上海市丰镇路788号
邮　　编:200434
电　　话:021－65288155
传　　真:021－65288155

企业名称:辽宁省机械研究院有限公司
地　　址:辽宁省沈阳市皇姑区北陵大街56号
邮　　编:110032
电　　话:024－86890291
传　　真:024－86890291

企业名称:启东市南方润滑液压设备有限公司
地　　址:江苏省启东市惠萍镇工业园区
邮　　编:226255
电　　话:0513－83792888
传　　真:0513－83795028

企业名称:燕山大学
地　　址:河北省秦皇岛市河北大街西段438号
邮　　编:066004
电　　话:0335－8051166
传　　真:0335－8074498

企业名称:上海润滑设备厂有限公司
地　　址:上海市奉贤区平港路655号
邮　　编:201413
电　　话:021－65430543
传　　真:021－65431871

企业名称:吉林四平维克斯换热设备有限公司
地　　址:吉林省四平市铁东区南一经街5665号
邮　　编:136001
电　　话:0434－3335589
传　　真:0434－3335515

企业名称:北方重工集团公司设计研究院
地　　址:辽宁省沈阳市经济技术开发区开发大路16号
邮　　编:110141
电　　话:024－25802407
传　　真:024－25802416

企业名称:太原科技大学机电工程学院
地　　址:山西省太原市万柏林区窊流路66号
邮　　编:030024
电　　话:0351－6963399
传　　真:0351－6963399

企业名称:中冶京诚工程技术有限公司技术研究院
地　　址:北京市经济技术开发区亦庄建安街7号
邮　　编:100176
电　　话:010－67835821
传　　真:010－67835154

企业名称:中色科技股份有限公司装备所
地　　址:河南省洛阳市西苑路1号
邮　　编:471039
电　　话:0379－64872373
传　　真:0379－64872352

企业名称:二重集团重型机械设计研究院
地　　址:四川省德阳市珠江西路460号
邮　　编:618000
电　　话:0838－2342292
传　　真:0838－2204416

企业名称:北京冶金设备研究设计总院
地　　址:北京市安定门外胜古庄2号
邮　　编:100029
电　　话:010－64428432
传　　真:010－64418694

企业名称:北京科技大学
地　　址:北京市海淀区学院路30号
邮　　编:100083
电　　话:010－62332916
传　　真:010－62332916

企业名称:大连华锐股份有限公司液压装备厂
地　　址:辽宁省大连市甘井子区新水泥路78－7号
邮　　编:116035
电　　话:0411－86426269
传　　真:0411－86427852

企业名称:宁波盛发液压有限公司
地　　址:浙江省宁波市鄞洲区望春宋家漕
邮　　编:315175
电　　话:0574－88449050
传　　真:0574－88055152

企业名称:启东江海液压润滑设备厂
地　　址:江苏省启东市江厦工业区1号
邮　　编:226259
电　　话:0513－68202988

传　　真:0513－83777536

企业名称:江苏澳瑞思液压润滑设备有限公司
地　　址:江苏省启东市城北工业园经济开发区杨沙路2号
邮　　编:226200
电　　话:0513－83637418
传　　真:0513－83637448

企业名称:沈阳市北方润滑设备制造有限公司
地　　址:辽宁省沈阳市沈河区文化东路99号
邮　　编:110015
电　　话:024－24824187
传　　真:024－24206028

企业名称:博山润滑设备厂
地　　址:山东省淄博市博山区北博山
邮　　编:255207
电　　话:0533－4548567
传　　真:0533－4546336

企业名称:温州市润滑设备厂
地　　址:浙江省温州市鹿城工业区三开路26号
邮　　编:325007
电　　话:0577－88781219
传　　真:0577－88781270

企业名称:温州市龙湾润滑液压设备厂
地　　址:浙江省温州市飞鹏巷6号(新14号)
邮　　编:325000
电　　话:0577－88290271
传　　真:0577－88295568

企业名称:温州市三丰润滑设备制造有限公司
地　　址:浙江省温州市鹿城区双屿嵇师新街11号
邮　　编:325007
电　　话:0577－88763177
传　　真:0577－88766885

企业名称:沈阳市大金润滑设备厂
地　　址:辽宁省沈阳市沈河区沈洲路185－2号
邮　　编:110014
电　　话:024－22907338
传　　真:024－22940938

企业名称:南通市南方润滑液压设备有限公司
地　　址:江苏省启东市开发区纬二路236－238号
邮　　编:226200
电　　话:0513－83110190
传　　真:0513－83110290

企业名称:启东安升润液设备有限公司
地　　址:江苏省启东市久隆新巷工业集中118号
邮　　编:226222
电　　话:0513－83852668
传　　真:0513－83852108

企业名称:苏州宝宇液压设备制造有限公司
地　　址:江苏省太仓市浏河镇听海路106号
邮　　编:215431
电　　话:0512－53601818
传　　真:0512－53601155

企业名称:沈阳市北方润华冷却设备有限公司
地　　址:辽宁省沈阳市东陵区泉园二路15－4－212
邮　　编:110015
电　　话:024－86670917
传　　真:024－86670451

企业名称:启东中冶润滑设备有限公司
地　　址:江苏省启东市台角工业园区跃龙路16号
邮　　编:226200
电　　话:0513－83250190
传　　真:0513－83250310

企业名称:四平市隆百洲机电科技有限公司
地　　址:吉林省四平市铁东区山门镇
邮　　编:136002
电　　话:0434－3301333
传　　真:0434－3301598

企业名称:启东丰汇润滑设备有限公司
地　　址:江苏省启东市南苑西路999号
邮　　编:226200
电　　话:0513－83113685
传　　真:0513－83349800

企业名称:沈阳三丰液压润滑设备有限公司
地　　址:辽宁省沈阳市于洪区平罗镇陆家村
邮　　编:110147
电　　话:024－89286088
传　　真:024－89286893

企业名称:启东恒泰自动化润滑设备有限公司
地　　址:江苏省启东市南苑工业园区恒丰路28号
邮　　编:226200
电　　话:0513－80286900
传　　真:0513－83307018

企业名称:北京中冶华润科技发展有限公司
地　　址:北京市丰台区南四环西路188号三区21号楼

邮　　编:100070
电　　话:010 - 63964536
传　　真:010 - 63964534

企业名称:秦皇岛市隆达润滑技术研发有限公司
地　　址:河北省秦皇岛市北戴河区海宁路225号
邮　　编:066102
电　　话:0335 - 4289066
传　　真:0335 - 4289066

企业名称:浙江镇南精工机械有限公司
地　　址:浙江省诸暨市店口镇解放路259号
邮　　编:311835
电　　话:0575 - 87655388
传　　真:0575 - 87655618

重型基础件

企业名称:中国重型机械研究院有限公司
地　　址:陕西省西安市未央区东元路209号
邮　　编:710032
电　　话:029 - 86322583
传　　真:029 - 86322583

企业名称:重庆齿轮箱有限责任公司
地　　址:重庆市江北区南桥寺船舶小区重齿技术中心
邮　　编:400021
电　　话:023 - 86587827
传　　真:023 - 86587803

企业名称:宁波东力传动设备股份有限公司
地　　址:浙江省宁波市江北工业园区C区苏湖路1号
邮　　编:315033
电　　话:0574 - 88398821
传　　真:0574 - 88398840

企业名称:江苏省金象减速机有限公司
地　　址:江苏省淮安市淮海西路242号
邮　　编:223001
电　　话:0517 - 83649806
传　　真:0517 - 83649828

企业名称:中信重工机械股份有限公司齿轮箱厂
地　　址:河南省洛阳市涧西区建设路206号
邮　　编:471039
电　　话:0379 - 64088608
传　　真:0379 - 64211297

企业名称:北方重工集团有限公司传动设备分公司
地　　址:辽宁省沈阳市经济技术开发区开发大路16号
邮　　编:110142
电　　话:024 - 85834628
传　　真:024 - 85834325

企业名称:安徽泰尔重工股份有限公司
地　　址:安徽省马鞍山市开发区红旗南路18号
邮　　编:243000
电　　话:0555 - 2229329
传　　真:0555 - 2229287

企业名称:浙江通力重型齿轮股份有限公司
地　　址:浙江省瑞安市林垟通力大道
邮　　编:325207
电　　话:0577 - 65590088
传　　真:0577 - 65598888

企业名称:天津市万新减速机有限公司
地　　址:天津市东丽区经济开发区一经路31号
邮　　编:300300
电　　话:022 - 24830967
传　　真:022 - 24374550

企业名称:燕山大学科学研究院
地　　址:河北省秦皇岛市河北大街西段438号
邮　　编:066004
电　　话:13081889632

企业名称:西安理工大学
地　　址:陕西省西安市金花南路
邮　　编:710048
电　　话:029 - 82319700
传　　真:029 - 83230026

企业名称:江阴齿轮箱制造有限公司
地　　址:江苏省江阴市山观工业园区澄山路601号
邮　　编:214437
电　　话:0510 - 86993103
传　　真:0510 - 86993103

企业名称:安徽省湖滨机械厂
地　　址:安徽省巢湖市巢湖北路369号
邮　　编:238013
电　　话:0565 - 2393587
传　　真:0565 - 2317765

企业名称:上海茂德企业集团
地　　址:上海市浦东新区沪南公路9408号茂德工业园
邮　　编:201300
电　　话:021 - 68016659
传　　真:021 - 68016458

企业名称:石家庄科一重工有限公司
地　　址:河北省石家庄市和平西路595号
邮　　编:050071
电　　话:0311－87796242
传　　真:0311－87783772

企业名称:山西省平遥减速器厂
地　　址:山西省晋中市平遥县古城南路138号
邮　　编:031100
电　　话:0354－5650091
传　　真:0354－5650268

企业名称:恒星科技控股集团有限公司
地　　址:浙江省杭州市萧山经济技术开发区鸿达路66号
邮　　编:311215
电　　话:0571－22892908
传　　真:0571－82605888

企业名称:杭州杰牌传动科技有限公司
地　　址:浙江省杭州市空港新城(萧山靖江)
邮　　编:311223
电　　话:0571－82996826
传　　真:0571－82994444

企业名称:泰星减速机股份有限公司
地　　址:江苏省泰兴市姚王镇
邮　　编:225402
电　　话:0523－87541669
传　　真:0523－87548888

企业名称:内蒙古兴华机械制造厂
地　　址:内蒙古呼和浩特市昭君路玉泉区政府西侧
邮　　编:010070
电　　话:0471－2397262
传　　真:0471－5686313

企业名称:荆州市巨鲸传动机械有限公司
地　　址:湖北省荆州市高新技术开发区东方大道58号
邮　　编:434000
电　　话:0716－8303805
传　　真:0716－8303886

企业名称:中国第二重型机械集团公司
地　　址:四川省德阳市珠江西路460号
邮　　编:618000
电　　话:0838－2341179
传　　真:0838－2341179

企业名称:太原重工股份有限公司技术中心
地　　址:山西省太原市万柏林区玉河街53号
邮　　编:030024
电　　话:13513638123
传　　真:0351－6360407

企业名称:上海尔华杰机电装备制造有限公司
地　　址:上海市宝山区宝安公路1785号
邮　　编:201907
电　　话:021－66028006
传　　真:021－56022054

企业名称:德阳立达基础件有限公司
地　　址:四川省德阳市庐山南路3段32号
邮　　编:618000
电　　话:0838－2903951
传　　真:0838－2903848

企业名称:冀州市联轴器厂
地　　址:河北省冀州市
邮　　编:053200
电　　话:0318－8693695
传　　真:0318－8691484

企业名称:乐清重型机械配件厂
地　　址:浙江省乐清市城关宁康西路157号
邮　　编:325600
电　　话:0577－62522038
传　　真:0577－61527608

企业名称:大连重工·起重集团有限公司通用减速机厂
地　　址:辽宁省大连市甘井子区新水泥路78－11号
邮　　编:116035
电　　话:0411－86426178
传　　真:0411－86426041

企业名称:宁波市实立矿山机械制造有限公司
地　　址:浙江省宁波市象山县石铺镇兴港路100号
邮　　编:315731
电　　话:0574－65982886
传　　真:0574－65982886

企业名称:宁波市东钱湖旅游度假区华实传动机械厂
地　　址:浙江省宁波市东钱湖工业园区莫高公路58号
邮　　编:315121
电　　话:0574－88370903
传　　真:0574－88370903

企业名称:乐清市联轴器厂
地　　址:浙江省乐清市柳市镇上金垟
邮　　编:325604
电　　话:0577－62722326

传　　真:0577－62728326

企业名称:乐清虹桥万向轴有限公司
地　　址:浙江省乐清市虹桥镇西工业区 E2－1
邮　　编:325608
电　　话:0577－62311811
传　　真:0577－62322180

企业名称:常州市二传机械有限公司
地　　址:江苏省常州市武进区漕桥镇运村
邮　　编:213175
电　　话:0519－86131020
传　　真:0519－86133108

企业名称:常州减速机总厂有限公司
地　　址:江苏省常州市武进区振兴北路西侧
邮　　编:213149
电　　话:0519－86361549
传　　真:0519－86361355

企业名称:银川重程减速器制造有限公司
地　　址:宁夏银川市经济技术开发区 2 区诚信街 186 号
邮　　编:750021
电　　话:0951－2020630
传　　真:0951－2020390

企业名称:哈尔滨国海星轮传动有限公司
地　　址:黑龙江省哈尔滨市哈平路工业区内烟台三路 8 号
邮　　编:150060
电　　话:0451－86530788
传　　真:0451－86530858

企业名称:宝钢集团苏州冶金机械厂
地　　址:江苏省苏州市高新区浒关镇永安路 122 号
邮　　编:215151
电　　话:0512－66162701
传　　真:0512－66162901

企业名称:株洲沃尔得特种齿轮有限公司
地　　址:湖南省株洲市黄河南路天台金谷三号厂房 1 层 2 号
邮　　编:412007
电　　话:0731－22528908
传　　真:0731－22528908

企业名称:襄樊市新兴联机械有限公司
地　　址:湖北省襄樊市高新区十二号路
邮　　编:441058
电　　话:0710－3332586
传　　真:0710－3564322

企业名称:盐城华兴液压机械有限公司
地　　址:江苏省盐城市建湖县严桥
邮　　编:224700
电　　话:13921851333
传　　真:0515－86291052

企业名称:中钢西重传动机械公司
地　　址:陕西省西安市汉城北路 99 号
邮　　编:710077
电　　话:029－84619374
传　　真:029－84619371

企业名称:宁波中意液压马达有限公司
地　　址:浙江省宁波市镇海经济开发区中意路 88 号
邮　　编:315200
电　　话:0574－86264491
传　　真:0574－86264387

企业名称:宁波市镇海减变速机制造有限公司
地　　址:浙江省宁波市镇海经济开发区青青路 168 号
邮　　编:315200
电　　话:0574－86302258
传　　真:0574－86302358

企业名称:浙江东海减速机有限公司
地　　址:浙江省温州市平阳县经济开发区(鳌江镇)
邮　　编:325401
电　　话:0577－63631862
传　　真:0577－63635393

企业名称:西安环力传动机械股份有限公司
地　　址:陕西省西安市经济技术开发区凤城 11 路 91 号
邮　　编:710018
电　　话:029－86171905
传　　真:029－85251460

企业名称:天津格里森高精齿轮有限公司
地　　址:天津市东丽区丽新路 10 号
邮　　编:300300
电　　话:022－24993326
传　　真:022－24992296

企业名称:乐清机械厂有限公司
地　　址:浙江省乐清市城西路 55 号
邮　　编:325600
电　　话:0577－62522885
传　　真:0577－62522885

企业名称:扬中市金星联轴器制造有限公司
地　　址:江苏省扬中市新坝科技园区

邮　　编:212212
电　　话:0511－88433602
传　　真:0511－88436976

企业名称:上海浦江减速机械有限公司
地　　址:上海市浦东新区川北路2669号
邮　　编:201204
电　　话:021－58912233
传　　真:021－58443434

企业名称:陕西秦川机械发展股份有限公司
地　　址:陕西省宝鸡市姜谭路22号
邮　　编:721009
电　　话:0917－3670640
传　　真:0917－3393841

企业名称:青海华鼎齿轮箱有限公司
地　　址:青海省西宁市南川东路75号
邮　　编:810021
电　　话:0971－4310385
传　　真:0971－4310004

企业名称:山东博山减速机厂
地　　址:山东省淄博市博山区水河路中段
邮　　编:255200
电　　话:0533－4264888
传　　真:0533－4184888

企业名称:宁波天元压缩机有限公司
地　　址:浙江省宁波市长春路35号
邮　　编:315010
电　　话:0574－87294520
传　　真:0574－87294520

企业名称:唐冶减速机分厂
地　　址:河北省唐山市缸窑路
邮　　编:063027
电　　话:0315－3202248
传　　真:0315－3202248

企业名称:文成力生机械有限公司
地　　址:浙江省温州市文成县栖云路86号
邮　　编:315300
电　　话:0577－67862981
传　　真:0577－67862981

企业名称:福州传动机械厂
地　　址:福建省福州市工业路中段
邮　　编:350002
电　　话:0591－83711639
传　　真:0591－83712332

企业名称:象山港口制动器有限公司
地　　址:浙江省宁波市象山县天安路194号
邮　　编:315700
电　　话:0574－65723430
传　　真:0574－65723165

企业名称:西安航空发动机公司民品经营处
地　　址:陕西省西安市徐家湾
邮　　编:710015
电　　话:029－86624427
传　　真:029－86624427

企业名称:镇江市东方万向轴厂
地　　址:江苏省镇江市辛丰镇
邮　　编:212141
电　　话:0511－83321074
传　　真:0511－83322338

企业名称:苏州苏万万向节有限公司
地　　址:江苏省吴江市松陵镇
邮　　编:215200
电　　话:0512－63451010
传　　真:0512－63454482

企业名称:象山机械厂
地　　址:浙江省宁波市象山县城西路58号
邮　　编:315700
电　　话:0574－65725710
传　　真:0574－65714615

企业名称:温州市江南减速机厂
地　　址:浙江省温州市鹿城区高科技产业园
邮　　编:325028
电　　话:0577－88626587
传　　真:0577－88620938

企业名称:焦作市液压机械制造有限公司
地　　址:河南省焦作市解放中路11号
邮　　编:454150
电　　话:0391－2923824－378
传　　真:0391－2922653

企业名称:中南传动机械厂
地　　址:湖南省长沙市望城(湖南省长沙市521信箱)
邮　　编:410200
电　　话:0731－88862508
传　　真:0731－88062355

企业名称:泰顺县力达冶金机械配件厂
地　　址:浙江省温州市泰顺县城关马埠22号
邮　　编:325500
电　　话:0577-67581111
传　　真:0577-67588958

企业名称:象山兴池液压润滑有限公司
地　　址:浙江省宁波市象山县涂茨镇
邮　　编:315704
电　　话:0574-65690288
传　　真:0574-65691258

企业名称:兰州减速机厂
地　　址:甘肃省兰州市天水路80号
邮　　编:730000
电　　话:0931-8618094
传　　真:0931-8618094

企业名称:镇江通宇传动机械有限公司
地　　址:江苏省镇江市矿机路5号
邮　　编:212003
电　　话:0511-84421221
传　　真:0511-84422078

油膜轴承

企业名称:太原重型机械集团有限公司
地　　址:山西省太原市万柏林区玉河街53号
邮　　编:030024
电　　话:0351-6364048
传　　真:0351-6360514

企业名称:本溪钢铁集团有限公司
地　　址:辽宁省本溪市北光路6号
邮　　编:117000
电　　话:0414-7825049
传　　真:0414-7820053

企业名称:宝钢股份公司
地　　址:上海市宝山区富锦路宝钢指挥中心
邮　　编:201900
电　　话:021-56780055
传　　真:021-26648046

企业名称:鞍钢新轧钢股份有限公司
地　　址:辽宁省鞍山市南中华路396号
邮　　编:114021
电　　话:0412-6734868
传　　真:0412-6722083

企业名称:太原科技大学
地　　址:山西省太原市万柏林区窊流路66号
邮　　编:030024
电　　话:0351-6222894
传　　真:0351-6220233

企业名称:太原重工股份有限公司油膜轴承分公司
地　　址:山西省太原市万柏林区玉河街53号
邮　　编:030024
电　　话:0351-6366624
传　　真:0351-6367203

企业名称:鞍钢冷轧厂
地　　址:辽宁省鞍山市鞍钢厂区北部
邮　　编:114021
电　　话:0412-6751512
传　　真:0412-6751512

企业名称:本溪钢铁集团有限公司热连轧厂
地　　址:辽宁省本溪市平山区轧钢路
邮　　编:117021
电　　话:0414-7820053
传　　真:0414-7825049

企业名称:秦皇岛首秦金属材料有限公司轧钢部
地　　址:河北省秦皇岛市杜庄
邮　　编:066326
电　　话:0335-6086238
传　　真:0335-6089252

企业名称:唐山钢铁集团公司第一轧钢厂
地　　址:河北省唐山市滨河路9号
邮　　编:063013
电　　话:0315-3707227
传　　真:0315-3707227

企业名称:首钢京唐钢铁联合有限责任公司热轧部
地　　址:河北省唐山市曹妃甸工业区
邮　　编:100043
电　　话:0315-8829215
传　　真:0315-8871799

企业名称:安阳钢铁股份有限公司第二炼轧厂
地　　址:河南省安阳市殷都区梅园庄
邮　　编:455004
电　　话:0372-3120928
传　　真:0372-3120909

企业名称:舞阳钢铁有限责任公司4100宽厚板厂
地　　址:河南省舞钢市湖滨大道

邮　　编:462500
电　　话:0375－8113800
传　　真:0375－8113800

企业名称:武汉钢铁集团公司热轧总厂
地　　址:湖北省武汉市青山区厂前
邮　　编:430083
电　　话:027－86891525
传　　真:027－86891525

企业名称:湘潭钢铁集团有限公司
地　　址:湖南省湘潭市岳塘
邮　　编:411101
电　　话:0731－58654951
传　　真:0731－58654951

企业名称:攀枝花钢铁集团公司热连轧厂
地　　址:四川省攀枝花市向阳区
邮　　编:617062
电　　话:0812－3393260
传　　真:0812－3396573

企业名称:太钢热连轧厂
地　　址:山西省太原市尖草坪区尖草坪
邮　　编:030003
电　　话:0351－3016907
传　　真:0351－3016907

企业名称:宝钢集团宝钢分公司设备部
地　　址:宝钢股份设备部备管室
邮　　编:201900
电　　话:021－26646629
传　　真:021－26648830

企业名称:济钢中厚板厂
地　　址:山东省济南市工业北路21号
邮　　编:250101
电　　话:0531－88847758
传　　真:0531－88847461

企业名称:宝钢梅钢热轧厂
地　　址:江苏省南京市中华门外新建
邮　　编:210039
电　　话:025－58082132
传　　真:025－86702446

企业名称:重庆钢铁股份有限公司中板厂
地　　址:重庆市大渡口区车家坪58号
邮　　编:400082
电　　话:023－68871499
传　　真:023－68871380

企业名称:鞍钢热连轧厂
地　　址:辽宁省鞍山市鞍钢厂区北部
邮　　编:114021
电　　话:0412－6752915
传　　真:0412－6752915

企业名称:鞍钢中板厂
地　　址:辽宁省鞍山市鞍钢厂区北部
邮　　编:114021
电　　话:0412－6752034
传　　真:0412－6753575

企业名称:本溪钢铁集团有限公司冷轧厂
地　　址:辽宁省本溪市平山区轧钢路
邮　　编:117021
电　　话:0414－7821239
传　　真:0414－7821496

企业名称:唐山中厚板有限公司
地　　址:河北省唐山市乐亭县玉滩镇
邮　　编:063610
电　　话:0315－4959888
传　　真:0315－4959336

企业名称:唐山港陆钢铁有限公司
地　　址:河北省唐山市遵化市镇海东街
邮　　编:064200
电　　话:0315－6075518
传　　真:0315－6075518

企业名称:唐山不锈钢有限公司设备部
地　　址:河北省唐山市古冶区唐家庄
邮　　编:063105
电　　话:0315－3765888
传　　真:0315－3768802

企业名称:首钢新钢有限责任公司中厚板轧钢厂
地　　址:北京市石景山区石景山路68号
邮　　编:100041
电　　话:010－88292115
传　　真:010－88292115

企业名称:安钢股份有限公司第二轧钢厂
地　　址:河南省安阳市殷都区梅园庄
邮　　编:455004
电　　话:0372－3123012
传　　真:0372－3123613

企业名称:武汉钢铁集团公司冷轧厂
地　　址:湖北省武汉市青山区厂前
邮　　编:430083
电　　话:027－86894638
传　　真:027－86891470

企业名称:涟源钢铁集团公司热轧板厂
地　　址:湖南省娄底市轧钢东路
邮　　编:417009
电　　话:0738－8663655
传　　真:0738－8663726

企业名称:攀钢冷轧厂
地　　址:四川省攀枝花市向阳区
邮　　编:617062
电　　话:0812－3380118
传　　真:0812－3380137

企业名称:攀枝花新钢铁集团公司设备部
地　　址:四川省攀枝花市向阳区
邮　　编:617062
电　　话:0812－3391151
传　　真:0812－3396418

企业名称:广州珠江钢铁有限责任公司
地　　址:广东省广州市经济开发区西基工业区
邮　　编:510730
电　　话:020－82222392
传　　真:020－82222400

企业名称:济南钢铁股份有限公司中板厂
地　　址:山东省济南市工业北路21号
邮　　编:250101
电　　话:0531－88866255
传　　真:0531－88866255

企业名称:宁波钢铁有限公司热轧厂
地　　址:浙江省宁波市北仑区霞浦临港二路168号
邮　　编:315800
电　　话:0574－86859108
传　　真:0574－86859126

企业名称:江苏沙钢集团有限公司
地　　址:江苏省张家港市锦丰镇
邮　　编:215625
电　　话:0512－58568831
传　　真:0512　58550681

企业名称:临钢中板厂
地　　址:山西省临汾市尧都区
邮　　编:041000
电　　话:0357－3091338
传　　真:0357－3091338

企业名称:包头钢铁(集团)有限责任公司宽厚板厂
地　　址:内蒙古包头市昆区河西工业区
邮　　编:014010
电　　话:0472－2188168
传　　真:0472－2181118

企业名称:宝钛集团宽厚板材料公司
地　　址:陕西省宝鸡市71号信箱
邮　　编:721014
电　　话:0917－3360180
传　　真:0917－3360180

企业名称:新疆八一钢铁集团公司
地　　址:新疆乌鲁木齐市头屯河区八一路
邮　　编:830022
电　　话:0991－3893838
传　　真:0991－3890035

企业名称:天津轧一有限公司
地　　址:天津市河西区大沽南路928号
邮　　编:300220
电　　话:022－63255800
传　　真:022－63255888

企业名称:南京钢铁联合有限公司中板厂
地　　址:江苏省南京市大厂区卸甲店
邮　　编:210035
电　　话:025－57074699
传　　真:025－57072545

企业名称:宝钢不锈钢分公司热轧厂
地　　址:上海市宝山区长江路735号
邮　　编:200431
电　　话:021－26033369
传　　真:021－26034661

企业名称:广西柳钢热轧板带厂
地　　址:广西柳州市北雀路117号
邮　　编:545002
电　　话:0772－2596358
传　　真:0772－2596355

企业名称:新余钢铁有限责任公司
地　　址:江西省新余市新钢冶金路
邮　　编:338001
电　　话:0790－6293328

传　　真:0790 - 6294999

企业名称:五矿营口中板有限责任公司中板厂
地　　址:辽宁省营口市老边区
邮　　编:115005
电　　话:0417 - 3256501
传　　真:0417 - 3256503

企业名称:首钢迁安热轧厂
地　　址:河北省迁安市扬店子镇滨河村
邮　　编:064404
电　　话:0315 - 7703962
传　　真:0315 - 7703011

企业名称:邯郸钢铁有限责任公司中板厂
地　　址:河北省邯郸市复兴路 232 号
邮　　编:056015
电　　话:0310 - 6075426
传　　真:0310 - 4959971

企业名称:酒钢集团热轧薄板厂
地　　址:甘肃省嘉峪关市五一北路 1 号
邮　　编:735100
电　　话:0937 - 6711948
传　　真:0937 - 6711982

企业名称:中冶恒通冷轧技术有限公司
地　　址:河北省唐山市丰南区青年路银杏街 518 号
邮　　编:063300
电　　话:0315 - 8164130
传　　真:0315 - 8164130

企业名称:承德新新钒钛股份有限公司供应公司
地　　址:河北省承德市双滦区滦河镇
邮　　编:067002
电　　话:0314 - 4079789
传　　真:0314 - 4314947

企业名称:广东韶钢松山股份有限公司宽板厂
地　　址:广东省韶关市曲江马坝
邮　　编:512123
电　　话:0751 - 8795907
传　　真:0751 - 8792504

企业名称:马钢股份有限公司第四钢轧总厂
地　　址:安徽省马鞍山市三台路
邮　　编:243051
电　　话:0555 - 2890809
传　　真:0555 - 2890805

企业名称:江苏飞达薄板材股份公司
地　　址:江苏省丹阳市高士桥工业园
邮　　编:212312
电　　话:0511 - 86326852
传　　真:0511 - 86326852

企业名称:江阴兴澄特种钢铁有限公司钢板厂
地　　址:江苏省江阴市滨江东路 297 号
邮　　编:214429
电　　话:0510 - 86193388 - 6718
传　　真:0510 - 86190970

企业名称:四川西南不锈钢有限责任公司轧钢厂
地　　址:四川省乐山市沙湾区嘉农镇泰山路
邮　　编:614951
电　　话:0833 - 5208601
传　　真:0833 - 5208998

企业名称:河北敬业中厚板有限公司设备采购部
地　　址:河北省石家庄市平山县南甸镇
邮　　编:050400
电　　话:0311 - 82873502
传　　真:0311 - 82873502

企业名称:河北普阳钢铁公司
地　　址:河北省武安市阳邑镇
邮　　编:056300
电　　话:0310 - 5178962
传　　真:0310 - 5178962

企业名称:沧州中铁装备制造材料有限公司
地　　址:河北省沧州市渤海新区
邮　　编:061113
电　　话:0317 - 5761678
传　　真:0317 - 5761614

企业名称:山西百一机械制造有限公司
地　　址:山西省太原市尖草坪 2 号
邮　　编:030003
电　　话:0351 - 3016342
传　　真:0351 - 3016803

企业名称:常熟益成特殊钢有限公司
地　　址:江苏省常熟市经济开发区沿江工业区
邮　　编:215536
电　　话:0512 - 52655156
传　　真:0512 - 52655156

企业名称:铁岭橡胶设计研究院密封所
地　　址:辽宁省铁岭市辽海北路 15 号

邮　　编:112000
电　　话:024 – 74564226
传　　真:024 – 74501500

企业名称:优必胜(大连)轴承制造有限公司
地　　址:辽宁省瓦房店市北三家瓦窝工业园北路 18 号
邮　　编:116300
电　　话:0411 – 85508388
传　　真:0411 – 85545658

企业名称:广州机械科学研究院密封研究所
地　　址:广东省广州市黄浦区茅岗
邮　　编:510700
电　　话:020 – 32388050
传　　真:020 – 32389624

企业名称:中国石化润滑油公司北京研发中心
地　　址:北京市 2852 号研发中心
邮　　编:100085
电　　话:010 – 62949743
传　　真:010 – 62949751

企业名称:上海大学轴承研究室
地　　址:上海市延长路 149 号
邮　　编:200072
电　　话:021 – 56331937
传　　真:021 – 56331937

企业名称:中国第一重集团大连设计研究院
地　　址:辽宁省大连市经济技术开发区
邮　　编:116600
电　　话:0411 – 39243235
传　　真:0411 – 39243366

企业名称:中国二重机械集团设计研究院
地　　址:四川省德阳市珠江西路 460 号
邮　　编:618013
电　　话:0838 – 2208846
传　　真:0838 – 2204416

企业名称:上海重型机器厂有限公司设计研究院
地　　址:上海市闵行区江川路 1388 号
邮　　编:200245
电　　话:021 – 64632262
传　　真:021 – 54722933

企业名称:中钢设备公司国际部
地　　址:北京市朝阳区芳园街 1 号
邮　　编:100016
电　　话:010 – 62688018
传　　真:010 – 62688098

企业名称:欧洛普过滤技术开发公司
地　　址:北京市中关村科技园区通州园
邮　　编:100176
电　　话:010 – 61279203
传　　真:010 – 61279958

企业名称:上海海联润滑材料科技有限公司
地　　址:上海市钤州路 100 号
邮　　编:200235
电　　话:021 – 64834393
传　　真:021 – 64837197

重型锻压机械

企业名称:中国第二重型机械集团公司
地　　址:四川省德阳市珠江西路 460 号
邮　　编:618000
电　　话:0838 – 2341482
传　　真:0838 – 2201998

企业名称:中国重型机械总公司
地　　址:北京市海淀区公主坟复兴路甲 23 号
邮　　编:100036
电　　话:010 – 68221576
传　　真:010 – 68217772

企业名称:中国重型机械研究院有限公司
地　　址:陕西省西安市未央区东元路 209 号
邮　　编:710032
电　　话:029 – 86322300
传　　真:029 – 86713965

企业名称:太原重型机械集团有限公司
地　　址:山西省太原市河西区和平北路
邮　　编:030024
电　　话:0351 – 6045384
传　　真:0351 – 6064467

企业名称:清华大学机械系
地　　址:北京市海淀区清华园
邮　　编:100084
电　　话:010 – 62771476
传　　真:010 – 62783387

企业名称:北方重工沈阳重型机械集团有限责任公司
地　　址:辽宁省沈阳市铁西区兴华北街 8 号
邮　　编:110025
电　　话:024 – 25802599

传　　真:024－25851610

企业名称:中国第一重型机械集团公司
地　　址:黑龙江省齐齐哈尔市富拉尔基区
邮　　编:116600
电　　话:0452－6810123
传　　真:0452－6810111

企业名称:中信重工机械股份有限公司
地　　址:河南省洛阳市涧西区建设路206号
邮　　编:471039
电　　话:0379－64008888
传　　真:0379－64008888

企业名称:上海重型机械厂锻件厂
地　　址:上海市闵行区江川路1800号
邮　　编:200240
电　　话:021－54721141－2651
传　　真:021－64300132

企业名称:中国第二重型机械集团公司技术中心
地　　址:四川省德阳市珠江西路460号
邮　　编:618000
电　　话:0838－2341807
传　　真:0838－2201998

企业名称:中国重型机械总公司锻压部
地　　址:北京市海淀区公主坟复兴路甲23号
邮　　编:100036
电　　话:010－68221585
传　　真:010－68217772

企业名称:德阳立达基础件有限公司
地　　址:四川省德阳市庐山南路三段32号
邮　　编:618000
电　　话:0838－2903979
传　　真:0838－2903979

大型铸锻件

企业名称:中国第二重型机械集团公司
地　　址:四川省德阳市珠江西路460号
邮　　编:618000
电　　话:0838－2239221
传　　真:0838－2201998

企业名称:中国第一重型机械集团股份公司
地　　址:黑龙江省齐齐哈尔市富拉尔基区厂前路
邮　　编:161042
电　　话:0452－6810111
传　　真:0452－6810111

企业名称:上海重型机器厂有限公司
地　　址:上海市闵行区江川路1800号
邮　　编:200245
电　　话:021－54721921
传　　真:021－54721921

企业名称:中信重工机械股份有限公司
地　　址:河南省洛阳市涧西区建设路206号
邮　　编:471039
电　　话:0379－64088005
传　　真:0379－64214680

企业名称:鞍钢重型机械有限责任公司
地　　址:辽宁省鞍山市立山区建国东路40甲
邮　　编:114031
电　　话:0412－6613453
传　　真:0412－6613458

企业名称:中原特钢股份有限公司
地　　址:河南省济源市
邮　　编:454685
电　　话:0391－6099030
传　　真:0391－6099019

企业名称:太原科技大学材料科学与工程分院
地　　址:山西省太原市万柏林区窊流路66号
邮　　编:030024
电　　话:0351－6221456
传　　真:0351－6221456

企业名称:大连华锐重工铸钢股份有限公司
地　　址:辽宁省大连市甘井子区中革镇堡新水泥路8号
邮　　编:116035
电　　话:0411－86428074
传　　真:0411－85583099

企业名称:天津重型装备工程研究有限公司
地　　址:天津市经济技术开发区宏达街21号B座
邮　　编:300457
电　　话:022－66226262
传　　真:022－66226262

企业名称:中国一重铸锻钢公司
地　　址:黑龙江省齐齐哈尔市富拉尔基区厂前路9号
邮　　编:161042
电　　话:0452－6811476
传　　真:0452－6810535

企业名称:云南冶金力神重工有限公司锻造分公司
地　　址:云南省昆明市龙泉路871号
邮　　编:650203
电　　话:0871-6085042
传　　真:0871-6085022

企业名称:沈阳铸造研究所
地　　址:辽宁省沈阳市铁西区云峰南街17号
邮　　编:110025
电　　话:024-25872249
传　　真:024-25851306

企业名称:太原重型机械有限责任公司铸锻分公司
地　　址:山西省太原市万柏林区玉河街53号
邮　　编:030024
电　　话:0351-6366750
传　　真:0351-6366750

企业名称:武汉重工铸锻有限责任公司
地　　址:湖北省武汉市青山区东武路1号
邮　　编:430084
电　　话:027-68861620
传　　真:027-68861617

企业名称:天津市天重曲轴锻造厂
地　　址:天津市北辰区高峰路马庄
邮　　编:300400
电　　话:022-26630208
传　　真:022-26340718

企业名称:内蒙古北方重工特殊钢分公司
地　　址:内蒙古包头市青山区
邮　　编:014033
电　　话:0472-3385721
传　　真:0472-3322346

企业名称:内蒙古北方重工集团
地　　址:内蒙古包头市青山区
邮　　编:014033
电　　话:0472-3386880
传　　真:0472-3335641

企业名称:中国中元兴华工程公司工艺工程院
地　　址:北京市海淀区西三环北路5号
邮　　编:100089
电　　话:010-68732550
传　　真:010-68732550

企业名称:中钢集团邢台冶金轧辊有限公司
地　　址:河北省邢台市新兴西路1号
邮　　编:054025
电　　话:0319-3932002
传　　真:0319-3123661

企业名称:中国南车集团资阳机车厂
地　　址:四川省资阳市雁江区
邮　　编:641301
电　　话:028-22022061
传　　真:028-22022061

企业名称:中国二重万航模锻厂
地　　址:四川省德阳市珠江西路460号
邮　　编:618013
电　　话:0838-2342304
传　　真:0838-2342304

企业名称:清华大学机械工程系
地　　址:北京市海淀区学院路
邮　　编:100084
电　　话:010-62789922
传　　真:010-62773637

企业名称:燕山大学材料科学与工程学院
地　　址:河北省秦皇岛市河北大街西段438号
邮　　编:066004
电　　话:0335-8387472
传　　真:0335-8074545

企业名称:北京科技大学材料科学与工程学院
地　　址:北京市海淀区学院路30号
邮　　编:100083
电　　话:010-62332572
传　　真:010-62332572

企业名称:大连理工大学材料工程系
地　　址:辽宁省大连市甘井子区凌工路2号
邮　　编:116024
电　　话:0411-84708434
传　　真:0411-84709284

企业名称:上海汽轮机有限公司锻冶处
地　　址:上海市闵行区江川路333号
邮　　编:200240
电　　话:021-64358331-3388
传　　真:021-64355046

企业名称:哈尔滨汽轮机厂有限责任公司
地　　址:黑龙江省哈尔滨市动力区大庆路
邮　　编:150046
电　　话:0451-82953194

传　　真:0451－82681364

企业名称:东方汽轮机厂
地　　址:四川省德阳市高新技术产业园
邮　　编:618000
电　　话:0838－6354422
传　　真:0838－6302335

企业名称:山东山一重工机械有限公司
地　　址:山东省泰安市山口镇
邮　　编:271000
电　　话:0538－8611866
传　　真:0538－8611666

企业名称:中冶京诚(营口)装备技术有限公司
地　　址:辽宁省营口市老边区柳树镇
邮　　编:115004
电　　话:0417－3251915
传　　真:0417－3256977

企业名称:二重集团德阳锻造厂有限责任公司
地　　址:四川省德阳市珠江西路460号
邮　　编:618013
电　　话:0838－2341377
传　　真:0838－2201742

企业名称:沈阳铸锻工业有限公司
地　　址:辽宁省沈阳市铁西区辽西路188号
邮　　编:110025
电　　话:024－25615372
传　　真:024－25615373

企业名称:二重集团德阳铸造厂有限责任公司
地　　址:四川省德阳市珠江西路460号
邮　　编:618013
电　　话:0838－2340008
传　　真:0838－2201574

企业名称:二重集团金结分厂
地　　址:四川省德阳市珠江西路460号
邮　　编:618013
电　　话:0838－2342383
传　　真:0838－2342383

企业名称:鞍钢重型机械有限责任公司锻造厂
地　　址:辽宁省鞍山市灵山红旗路
邮　　编:114042
电　　话:0412－6761494
传　　真:0412－6221199

企业名称:上海重型机器厂有限公司大锻所
地　　址:上海市闵行区江川路1800号
邮　　编:200245
电　　话:021－54721921
传　　真:021－54721921

企业名称:上重特种钢公司
地　　址:上海市闵行区江川路1800号
邮　　编:200245
电　　话:021－54721651
传　　真:021－54303203

企业名称:上海重型机器冶铸厂
地　　址:上海市闵行区江川路1800号
邮　　编:200245
电　　话:021－54721141－2752
传　　真:021－54722840

企业名称:上海重型机器锻件厂
地　　址:上海市闵行区江川路1800号
邮　　编:200245
电　　话:021－54721141－2651
传　　真:021－54720453

企业名称:广重铸轧钢有限公司
地　　址:广东省中山市黄圃镇鲤鱼嘴工业开发区
邮　　编:528429
电　　话:0760－321333
传　　真:0760－312227

企业名称:广东省韶铸集团有限公司
地　　址:广东省韶关市十里亭
邮　　编:512031
电　　话:0751－8853784
传　　真:0751－8853784

企业名称:天津天重车轴制造有限公司
地　　址:天津市北辰区高峰路马庄
邮　　编:300400
电　　话:022－26626168
传　　真:022－26341806

企业名称:无锡宏达集团
地　　址:江苏省无锡市南泉壬港
邮　　编:214128
电　　话:0510－85952557
传　　真:0510－85953536

企业名称:中冶陕压重工设备有限公司
地　　址:陕西省渭南市富平县庄里镇

邮　　编:714000
电　　话:0913 - 8622969
传　　真:0913 - 8622000

企业名称:内蒙古一机集团制造部
地　　址:内蒙古包头市 2 号信箱
邮　　编:014033
电　　话:0472 - 3118051
传　　真:0472 - 3117580

企业名称:中国长江动力公司(集团)
地　　址:湖北省武汉市关山一路 105 号
邮　　编:430074
电　　话:027 - 87801455
传　　真:027 - 87801455

企业名称:重庆焱炼重型机械设备有限公司
地　　址:重庆市大渡口区双山工业园区
邮　　编:400084
电　　话:023 - 68611119
传　　真:023 - 68883622

企业名称:山西大同机车厂技术中心工艺开发部
地　　址:山西省大同市大庆路
邮　　编:037038
电　　话:0352 - 7163354
传　　真:0352 - 7162440

企业名称:杭州宝鼎铸锻有限公司
地　　址:浙江省杭州市余杭区
邮　　编:311106
电　　话:0571 - 86380788
传　　真:0571 - 86380688

企业名称:秦南重工机械有限公司
地　　址:四川省德阳市青山巷 6 号
邮　　编:618000
电　　话:0838 - 2204470
传　　真:0838 - 2202266

企业名称:江苏国光重型机械有限公司
地　　址:江苏省江阴市利港镇镇澄路 2558 号
邮　　编:214441
电　　话:0510 - 86609555 - 8005
传　　真:0510 - 86600851

企业名称:上海交大申模计算机系统集成有限公司
地　　址:上海市华山路 1954 号
邮　　编:200030
电　　话:021 - 32260298
传　　真:021 - 62946388

企业名称:南京科润工业介质有限公司
地　　址:江苏省南京市江宁区秦淮路 31 号
邮　　编:211100
电　　话:025 - 52125195
传　　真:025 - 52101342

企业名称:德阳兴利机械设备有限责任公司
地　　址:四川省德阳市华山北路
邮　　编:618000
电　　话:0838 - 2226098
传　　真:0838 - 2226098

企业名称:德阳万鑫电站产品开发有限公司
地　　址:四川省德阳市广汉高坪镇龙潭村八社
邮　　编:618306
电　　话:0838 - 2225133
传　　真:0838 - 2225133

物流与仓储机械

企业名称:北京起重运输机械设计研究院
地　　址:北京市东城区雍和宫大街 52 号
邮　　编:100007
电　　话:010 - 64031452
传　　真:010 - 64052584

企业名称:上海精星仓储设备工程有限公司
地　　址:上海市闵行区莘庄工业区申南路 505 号
邮　　编:201108
电　　话:021 - 64897202
传　　真:021 - 64892100

企业名称:德马泰克物流系统苏州有限公司
地　　址:江苏省苏州市越湖路横泾工业园尧南小区
邮　　编:215103
电　　话:0512 - 66302031
传　　真:0512 - 66209538

企业名称:山西太原索斯沃斯升降台有限公司
地　　址:山西省太原市东岗路 310 号
邮　　编:030012
电　　话:0351 - 7074493
传　　真:0351 - 7040699

企业名称:昆明昆船物流信息产业有限公司
地　　址:云南省昆明市人民中路 6 号昆船大厦
邮　　编:650051
电　　话:0871 - 3172279

传　　真:0871－3173600

企业名称:北京机械工业自动化研究所
地　　址:北京市德胜门外教场口1号
邮　　编:100011
电　　话:010－82285588
传　　真:010－62050838

企业名称:辽宁国能集团铁岭精工机械有限公司
地　　址:辽宁省铁岭市银州区汇工街98号
邮　　编:112002
电　　话:024－74501502
传　　真:024－74562484

企业名称:湖州德马物流系统工程有限公司
地　　址:浙江省湖州市埭溪上强工业园区
邮　　编:313023
电　　话:0572－2686000
传　　真:0572－2686028

企业名称:北京科技大学物流研究所
地　　址:北京市海淀区学院路30号方兴大厦716室
邮　　编:100083
电　　话:010－82384142
传　　真:010－82384140

企业名称:太原刚玉物流工程有限公司
地　　址:山西省太原市东岗路310号
邮　　编:030012
电　　话:0351－7683088
传　　真:0351－7683072

企业名称:国家邮政局上海研究院
地　　址:上海市中山北路3185号
邮　　编:200062
电　　话:021－62970498
传　　真:021－62437035

企业名称:上海高惠物流技术工程有限公司
地　　址:上海市真南路500号(同济大学西区综合楼)
邮　　编:200331
电　　话:021－62504239
传　　真:021－62504239

企业名称:北方交大物流研究院
地　　址:北京市西直门外上园村3号
邮　　编:100044
电　　话:010－51683854
传　　真:010－51688649

企业名称:山东济阳机械厂
地　　址:山东省济南市济阳县经二路45号
邮　　编:251400
电　　话:0531－84211081
传　　真:0531－84211081

企业名称:南通安泰机械有限公司
地　　址:江苏省如皋市袁桥工业园
邮　　编:226575
电　　话:0513－87512997
传　　真:0513－87385886

企业名称:机械工业部第四设计研究院
地　　址:河南省洛阳市西苑路
邮　　编:471039
电　　话:0379－64818295
传　　真:0379－64818201

企业名称:常州长江客车集团矿山起重机械有限公司
地　　址:江苏省常州市横山桥镇
邮　　编:213119
电　　话:0519－88600639
传　　真:0519－88600639

企业名称:苏州市苏立液压升降机有限公司
地　　址:江苏省苏州市相城区望亭镇问渡路54号
邮　　编:215155
电　　话:0512－65388851
传　　真:0512－65384732

企业名称:常州市东方仓储设备厂
地　　址:江苏省常州市横山桥镇
邮　　编:213119
电　　话:0519－88604129
传　　真:0519－88601654

企业名称:北京百利铭泰仓储设备有限公司
地　　址:北京市海淀区首体南路20号国兴家园5号楼
邮　　编:100044
电　　话:010－88355058
传　　真:010－88355056

企业名称:苏州康博特液压升降机械有限公司
地　　址:江苏省苏州市相城区望亭镇问渡路50号
邮　　编:215155
电　　话:0512－66700119
传　　真:0512－65381996

企业名称:南京新众亚货架有限责任公司
地　　址:江苏省南京市江东北路200号7楼

邮　　编:210029
电　　话:025－86668857
传　　真:025－86538483

企业名称:吴江市九天升降机厂
地　　址:江苏省吴江市金家坝工业区
邮　　编:215215
电　　话:0512－63202711
传　　真:0512－63201405

企业名称:北京兰龙物流仓储设备厂
地　　址:北京市门头沟区滨河路 37 号
邮　　编:102300
电　　话:010－69845984
传　　真:010－69843791

企业名称:北京博瑞智德技术有限公司
地　　址:北京市朝阳区南新园西路 6 号
邮　　编:100021
电　　话:010－87326925
传　　真:010－87680485

企业名称:苏州市南方升降机厂
地　　址:江苏省苏州市相城区望亭镇宅基村
邮　　编:215155
电　　话:0512－65389379
传　　真:0512－65387786

企业名称:镇江东联仓储设备有限公司
地　　址:江苏省镇江市丁卯开发区纬三路
邮　　编:212009
电　　话:0511－88886548
传　　真:0511－88883008

企业名称:上海鸿安展升物流系统技术有限公司
地　　址:上海市长宁区仙霞路 322 号 1803 室
邮　　编:200336
电　　话:021－62085257
传　　真:021－52570087

企业名称:苏州市同创液压升降机械有限公司
地　　址:江苏省苏州市相城区望亭镇问渡路 47 号
邮　　编:215155
电　　话:0512－66702088
传　　真:0512－65382537

起重葫芦

企业名称:中国重型机械工业协会
地　　址:北京市海淀区公主坟复兴路甲 23 号
邮　　编:100036
电　　话:010－68185643
传　　真:010－68296074

企业名称:江阴凯澄起重机械有限公司
地　　址:江苏省江阴市澄江东路 18 号
邮　　编:214429
电　　话:0510－86199688
传　　真:0510－86196633

企业名称:卫华集团纽科伦(新乡)起重机有限公司
地　　址:河南省新乡市长垣县博爱南路 6 号
邮　　编:453400
电　　话:0373－8622060
传　　真:0373－8622001

企业名称:北京起重运输机械设计研究院
地　　址:北京市东城区雍和宫大街 52 号
邮　　编:100007
电　　话:010－84037438
传　　真:010－64079406

企业名称:天津起重设备有限公司
地　　址:天津市经济开发区西区中南一街 29 号
邮　　编:300462
电　　话:022－65382330
传　　真:022－65382332

企业名称:南京起重机械总厂有限公司
地　　址:江苏省南京市浦口区泰冯路 62 号
邮　　编:210032
电　　话:025－58749786
传　　真:025－58841693

企业名称:北京起重工具厂
地　　址:北京市朝阳区红庙首都经贸大学内
邮　　编:100026
电　　话:010－65976750
传　　真:010－65067014

企业名称:杭州武林机器有限公司
地　　址:浙江省杭州市余杭区临平镇邱山大街 1 号
邮　　编:311100
电　　话:0571－86249998
传　　真:0571－86224369

企业名称:浙江五一机械有限公司
地　　址:浙江省衢州市东港开发区(闹桥)
邮　　编:324000
电　　话:0570－3836005

传　　真:0570－3830188

企业名称:浙江双鸟机械有限公司
地　　址:浙江省嵊州市黄泽镇工业园区
邮　　编:312455
电　　话:0575－83055888
传　　真:0575－83503801

企业名称:江苏三马起重机械制造有限公司
地　　址:江苏省靖江市开发区城南园区江防西路3号
邮　　编:214500
电　　话:0523－84866933
传　　真:0523－84866284

企业名称:上海雄风起重设备厂有限公司
地　　址:上海市松江区佘北公路2199号
邮　　编:201602
电　　话:021－57796432
传　　真:021－57796450

企业名称:江西起重机械总厂
地　　址:江西省樟树市共和东路82号
邮　　编:331200
电　　话:0795－7364266
传　　真:0795－7364566

企业名称:新乡市起重设备厂有限责任公司
地　　址:河南省新乡市红旗区南干道111号
邮　　编:453003
电　　话:0373－3838082
传　　真:0373－3058094

企业名称:浙江众擎起重机械制造有限公司
地　　址:浙江省诸暨市城西工业区
邮　　编:311800
电　　话:0575－87385688
传　　真:0575－87387610

企业名称:德马格起重机械(上海)有限公司
地　　址:上海市奉贤区庄行欧洲工业园区叶庄公路125号
邮　　编:201415
电　　话:021－37182205
传　　真:021－57464558

企业名称:八达机电有限公司
地　　址:浙江省瑞安市经济开发区毓蒙路8号
邮　　编:325200
电　　话:0577－65156661
传　　真:0577－65156699

企业名称:南阳起重机械厂有限公司
地　　址:河南省南阳市光武中路1615号
邮　　编:473000
电　　话:0377－63382500
传　　真:0377－63380410

企业名称:湖北银轮起重机械股份有限公司
地　　址:湖北省赤壁市河北大道170号
邮　　编:437300
电　　话:0715－5337928
传　　真:0715－5337966

企业名称:洛阳起重机厂
地　　址:河南省洛阳市唐宫东路10号
邮　　编:471000
电　　话:0379－63953638
传　　真:0379－63415999

企业名称:甘肃省定西起重机厂有限责任公司
地　　址:甘肃省定西市安定区焦家坡新村3号
邮　　编:743000
电　　话:0932－8212961
传　　真:0932－8227125

企业名称:西安起重机械厂
地　　址:陕西省西安市莲湖区红光路72号
邮　　编:710077
电　　话:029－84241163
传　　真:029－84236974

企业名称:江阴市鼎力起重机械有限公司
地　　址:江苏省江阴市金山路303号
邮　　编:214437
电　　话:0510－86996868
传　　真:0510－86996666

企业名称:上海浦东明昌起重机械制造有限公司
地　　址:上海市浦东新区川沙镇川六公路1851号
邮　　编:201202
电　　话:021－58590038
传　　真:021－58590038

企业名称:广东超宇起重设备有限公司
地　　址:广东省梅州市梅江区城北新田福瑞岗
邮　　编:514089
电　　话:0753－2382083
传　　真:0753－2382063

企业名称:聊城五环机械有限公司
地　　址:山东省聊城市经济开发区嫩江路55号

邮　　编:252000
电　　话:0635－8880688
传　　真:0635－8321152

企业名称:聊城市东昌府区森达机械有限公司
地　　址:山东省聊城市东昌府区凤凰工业园
邮　　编:252000
电　　话:0635－8578888
传　　真:0635－8579988

企业名称:重庆凯荣机械有限责任公司
地　　址:重庆市九龙坡区九龙工业园区华龙大道9号
邮　　编:400052
电　　话:023－68466289
传　　真:023－68466279

企业名称:山西省潞城公建机械厂
地　　址:山西省潞城市公建路1号
邮　　编:047500
电　　话:0355－5688718
传　　真:0355－5688760

企业名称:慈溪市华表机械有限公司
地　　址:浙江省慈溪市庵东镇沿江路258号
邮　　编:315327
电　　话:0574－63479928
传　　真:0574－63479899

企业名称:慈溪市勤丰机械有限公司
地　　址:浙江省慈溪市庵东镇七二三大街11弄3号
邮　　编:315327
电　　话:0574－63477188
传　　真:0574－63479188

企业名称:广州广鸽起重设备有限公司
地　　址:广东省广州市荔湾区芳村白鹤洞罗冲岗1号之十三
邮　　编:510380
电　　话:020－81502431
传　　真:020－81515587

企业名称:南京宝龙起重机械有限公司
地　　址:江苏省南京市浦口区顶山街道姚洼58号
邮　　编:210031
电　　话:025－58802630
传　　真:025－58806417

企业名称:《起重运输机械》杂志社
地　　址:北京市东城区雍和宫大街52号
邮　　编:100007
电　　话:010－64031987
传　　真:010－64031987

企业名称:南京起重电机总厂
地　　址:江苏省南京市江宁区东山科宁路268号
邮　　编:211100
电　　话:025－51191919
传　　真:025－52282496

企业名称:南京特种电机厂有限公司
地　　址:江苏省南京市六合区雄州东路289号
邮　　编:211500
电　　话:025－57759990
传　　真:025－57752314

企业名称:杭州电机有限公司
地　　址:浙江省杭州市西湖区文三路上宁巷1号
邮　　编:310012
电　　话:0571－88833358
传　　真:0571－88077935

企业名称:南京开关厂有限公司
地　　址:江苏省南京市江宁区滨江开发区绣玉路2号
邮　　编:211178
电　　话:025－86106515
传　　真:025－86106518

企业名称:常州市常欣电子衡器有限公司
地　　址:江苏省常州市中凉亭夏凉路68号
邮　　编:213001
电　　话:0519－86643943
传　　真:0519－86640473

企业名称:浙江立新起重开关厂
地　　址:浙江省乐清市柳市镇西仁宕工业区
邮　　编:325604
电　　话:0577－62711333
传　　真:0577－62718999

企业名称:河南恒达机电设备有限公司
地　　址:河南省新乡市长垣起重工业园区纬四路东侧
邮　　编:453424
电　　话:0373－2156199－8008
传　　真:0373－2156189

企业名称:江苏象王起重机有限公司
地　　址:江苏省盐城市建湖县经济开发区明珠东路1号
邮　　编:224700
电　　话:0515－82068988
传　　真:0515－86312253

企业名称:杭州浙起机械有限公司
地　　址:浙江省杭州市富阳市东洲工业园区7号路9号
邮　　编:311401
电　　话:0571－87191600－808
传　　真:0571－87191609

企业名称:北京起重设备厂
地　　址:北京市大兴工业园金苑路19号
邮　　编:102628
电　　话:010－60213510
传　　真:010－60215147

企业名称:河南省飞马起重机械有限公司
地　　址:河南省新乡市长垣县起重工业园区纬五路11号
邮　　编:453400
电　　话:0373－8712222
传　　真:0373－8711976

企业名称:重庆市飞鹰起重设备有限责任公司
地　　址:重庆市九龙坡区中梁山起重新村1号
邮　　编:400052
电　　话:023－61771787
传　　真:023－65263571

企业名称:南京禄口起重机械有限公司
地　　址:江苏省南京市江宁区禄口街道燕湖路
邮　　编:211113
电　　话:025－52771222
传　　真:025－52775660

企业名称:北京双泰气动设备有限公司
地　　址:北京市通州区张家湾枣林庄工业大院
邮　　编:101113
电　　话:010－61569873
传　　真:010－61569872

企业名称:浙江凯勋机电有限公司
地　　址:浙江省瑞安市飞云镇林垟工业区林郑路2－6号
邮　　编:325207
电　　话:0577－65592888
传　　真:0577－65590198

企业名称:上海劲雕起重设备厂有限公司
地　　址:上海市嘉定区江桥镇金园六路396号
邮　　编:201812
电　　话:021－56655086
传　　真:021－56650541

企业名称:宁波市凹凸重工有限公司
地　　址:浙江省宁波市鄞州区机场路3998号
邮　　编:315176
电　　话:0574－88008778
传　　真:0574－88008779

企业名称:高博(天津)起重设备有限公司
地　　址:天津市经济技术开发区第十三大街58号
邮　　编:300457
电　　话:022－59822285
传　　真:022－59822286

企业名称:吴江市麒麟起重机械有限公司
地　　址:江苏省吴江市铜锣镇人民街20号
邮　　编:215237
电　　话:0512－63881419
传　　真:0512－63881774

企业名称:咸宁起重机械有限公司
地　　址:湖北省咸宁市巨宁大道56号
邮　　编:437000
电　　话:0715－8343111
传　　真:0715－8312668

企业名称:慈溪市金鑫机械有限公司
地　　址:浙江省慈溪市庵东镇工业园区南侧
邮　　编:315327
电　　话:0574－63471402
传　　真:0574－63475858

企业名称:湖北蒲圻起重机械有限公司
地　　址:湖北省赤壁市经济开发区起重机械工业园
邮　　编:437300
电　　话:0715－5250377
传　　真:0715－5250489

企业名称:赤壁市蒲圻起重运输机械有限责任公司
地　　址:湖北省赤壁市经济开发区凤凰山路
邮　　编:437300
电　　话:0715－5250823
传　　真:0715－5250823

企业名称:江苏佳力起重机械制造有限公司
地　　址:江苏省淮安市盱眙工业园区工六路
邮　　编:211700
电　　话:0517－88299039
传　　真:0517－88298123

企业名称:安徽九华机械有限公司
地　　址:安徽省池州市经济技术开发区金科东路
邮　　编:247000
电　　话:0566－2220792

传　　真:0566－2222099

企业名称:常州市沪力起重机械有限公司
地　　址:江苏省常州市天宁区青龙街道华严村15号
邮　　编:213028
电　　话:0519－85509090
传　　真:0519－85503356

企业名称:南京江陵机电制造有限责任公司
地　　址:江苏省南京市江宁区上坊镇魏村
邮　　编:211103
电　　话:025－52702818
传　　真:025－52703285

企业名称:四川合能起重设备有限公司
地　　址:四川省成都市金堂县清江镇双江社区4组
邮　　编:610400
电　　话:028－84903622
传　　真:028－84903300

企业名称:浙江扬戈电器有限公司
地　　址:浙江省台州市三门县海游镇沙田洋经济开发区
邮　　编:317100
电　　话:0576－83373758
传　　真:0576－83373755

企业名称:杭州四达机械电子有限公司
地　　址:浙江省杭州市余杭区瓶窑镇凤都工业园区
邮　　编:311115
电　　话:0571－88531361
传　　真:0571－88531629

企业名称:江阴市兴科起重机械有限公司
地　　址:江苏省江阴市申港镇东徐路9号
邮　　编:214443
电　　话:0510－86685317
传　　真:0510－86621770

企业名称:常州市武进起重电器有限公司
地　　址:江苏省常州市武进区横林镇莲蓉村
邮　　编:213103
电　　话:0519－88501043
传　　真:0519－88501298

企业名称:江苏宇泰电器有限公司
地　　址:江苏省泰兴市分界工业一区
邮　　编:225416
电　　话:0523－87261026
传　　真:0523－87261085

企业名称:无锡市永昌起重机械厂
地　　址:江苏省无锡市锡山区东港镇
邮　　编:214199
电　　话:0510－88761429
传　　真:0510－88760121

企业名称:陕西友联机械有限公司
地　　址:陕西省西安市幸福南路等驾坡工业园3号
邮　　编:710043
电　　话:029－82357380
传　　真:029－82357380

企业名称:杭州勤裕昌机械设备制造有限公司
地　　址:浙江省杭州市余杭区瓶窑镇工业园区
邮　　编:311115
电　　话:0571－88545633
传　　真:0571－88545611

企业名称:上海冠威工具有限公司
地　　址:上海市宝山区共康路726号
邮　　编:200443
电　　话:021－56405418
传　　真:021－56405418

企业名称:郑州起重设备厂
地　　址:河南省郑州市黄河路43号
邮　　编:450000
电　　话:0371－63932982
传　　真:0371－63931030

企业名称:天津永恒泰科技有限公司
地　　址:天津市高新区海泰绿色产业基地K2－10－302座
邮　　编:300384
电　　话:022－23789800
传　　真:022－23786763

企业名称:泰安金龙起重配件有限公司
地　　址:山东省泰安市泰山区省庄镇东羊楼工业区
邮　　编:271039
电　　话:0538－6512088
传　　真:0538－6512798

企业名称:乐清市东方胶塑电器开关有限公司
地　　址:浙江省乐清市柳市镇苏吕村苏太路418号
邮　　编:325604
电　　话:0577　62790993
传　　真:0577－62790780

企业名称:江西飞达电器设备有限公司
地　　址:江西省宜春市工业园区长青大道
邮　　编:336000
电　　话:0795-3245168
传　　真:0795-3245060

企业名称:江西省宜春市建达安全装置设备有限公司
地　　址:江西省宜春市明月南路267号
邮　　编:336000
电　　话:0795-7040312
传　　真:0795-7040312

企业名称:山东省聊城市隆达实业有限公司
地　　址:山东省聊城市开发区东城工业园九洲路7号
邮　　编:252000
电　　话:0635-6976982
传　　真:0635-8346011

企业名称:山东昌乐县东田聚氨酯厂
地　　址:山东省潍坊市昌乐县红河镇原大宅科镇政府
邮　　编:262413
电　　话:0536-6973111
传　　真:0536-6972555

企业名称:衡水起重机械配件厂
地　　址:河北省衡水市和平西路肖屯新区60号
邮　　编:053000
电　　话:0318-2328038
传　　真:0318-2328038

企业名称:慈溪市锦华机械实业有限公司
地　　址:浙江省慈溪市古塘街道新潮塘368号
邮　　编:315303
电　　话:0574-63272222
传　　真:0574-63272727

企业名称:慈溪市平浪实业有限公司
地　　址:浙江省慈溪市古塘街道新潮村
邮　　编:315300
电　　话:0574-63286888
传　　真:0574-63286888

企业名称:慈溪市华表五金厂
地　　址:浙江省慈溪市庵东镇北路515号
邮　　编:315327
电　　话:0574-63474222
传　　真:0574-63471848

企业名称:慈溪市腾达滚子有限公司
地　　址:浙江省慈溪市庵东镇工业园区纬三西路
邮　　编:315327
电　　话:0574-63472021
传　　真:0574-63472822

企业名称:慈溪市通发机械有限公司
地　　址:浙江省慈溪市坎墩工业开发区A区
邮　　编:315303
电　　话:0574-63288185
传　　真:0574-63282185

企业名称:慈溪市坎墩兴镇齿轮厂
地　　址:浙江省慈溪市坎墩街道坎中路75号
邮　　编:315303
电　　话:0574-63288255
传　　真:0574-63289280

企业名称:慈溪市威宁机械有限公司
地　　址:浙江省慈溪市坎墩街道五房弄11号
邮　　编:315303
电　　话:0574-63273238
传　　真:0574-63273237

企业名称:慈溪市庵东镇勤丰机械厂
地　　址:浙江省慈溪市庵东镇宏兴路449弄6号
邮　　编:315327
电　　话:0574-63471095
传　　真:0574-63476158

企业名称:慈溪市神州机电实业有限公司
地　　址:浙江省慈溪市坎墩街道兴安路250号
邮　　编:315303
电　　话:0574-63286681
传　　真:0574-63288238

企业名称:慈溪市朝阳机械有限公司
地　　址:浙江省慈溪市庵东镇府北路34号
邮　　编:315327
电　　话:0574-63471257
传　　真:0574-63472257

企业名称:慈溪市庵东镇红光滚柱厂
地　　址:浙江省慈溪市庵东镇南七二三大街
邮　　编:315327
电　　话:13906745562
传　　真:0574-63472963

企业名称:慈溪市文祥机械实业有限公司
地　　址:浙江省慈溪市坎墩街道坎中路1号
邮　　编:315303
电　　话:0574-63288232

传　　真:0574－63283488

企业名称:慈溪市金祥机械配件有限公司
地　　址:浙江省慈溪市坎墩街道坎墩大道 302 号
邮　　编:315303
电　　话:0574－63288363
传　　真:0574－63288011

企业名称:宁波博今机械有限公司
地　　址:浙江省慈溪市长河镇大牌头路 7 号
邮　　编:315326
电　　话:0574－63418700
传　　真:0574－63419928

企业名称:慈溪市春华机械配件厂
地　　址:浙江省慈溪市坎墩街道坎中村郑家甲北路
邮　　编:315303
电　　话:0574－63273105
传　　真:0574－63273105

企业名称:慈溪市启力机械厂
地　　址:浙江省慈溪市坎墩大道 302 号
邮　　编:315303
电　　话:0574－56337822
传　　真:0574－56338380

企业名称:慈溪市动力机械配件厂
地　　址:浙江省慈溪市坎墩街道长白路 9 号
邮　　编:315303
电　　话:0574－63273010
传　　真:0574－63273010

企业名称:慈溪市通发汽车配件有限公司
地　　址:浙江省慈溪市坎墩街道沈家甲北路 96 号
邮　　编:315303
电　　话:0574－63275628
传　　真:0574－63275628

企业名称:慈溪市航林机械配件厂
地　　址:浙江省慈溪市坎墩九甲弄
邮　　编:315303
电　　话:0574－63289316
传　　真:0574－56337602

企业名称:慈溪市兴迪机械配件有限公司
地　　址:浙江省慈溪市坎墩镇街 42 号
邮　　编:315303
电　　话:0574－63288032
传　　真:0574－63288297

企业名称:慈溪市庵东镇建兴机械配件厂
地　　址:浙江省慈溪市庵东镇元祥村
邮　　编:315327
电　　话:0574－63475790
传　　真:0574－63475790

企业名称:慈溪市海锐机械配件厂
地　　址:浙江省慈溪市坎墩街道坎中村坎中路 118 号
邮　　编:315303
电　　话:0574－63282081
传　　真:0574－63289281

散料装卸机械与搬运车辆

企业名称:大连重工·起重集团有限公司
地　　址:辽宁省大连市西岗区八一路 169 号
邮　　编:116013
电　　话:0411－86852166
传　　真:0411－86852222

企业名称:哈尔滨众鑫重型机器有限责任公司
地　　址:黑龙江省哈尔滨市高新技术开发区(哈平路集中区)大连北路 15 号
邮　　编:150060
电　　话:0451－87091666
传　　真:0451－87091617

企业名称:长沙重型机器制造有限责任公司
地　　址:湖南省长沙市东二环一段 56 号
邮　　编:410014
电　　话:0731－85318082
传　　真:0731－85318081

企业名称:北京起重运输机械设计研究院
地　　址:北京市东城区雍和宫大街 52 号
邮　　编:100007
电　　话:010－64023392
传　　真:010－64052584

企业名称:常熟电动平车厂
地　　址:江苏省常熟市梅李镇聚沙路 5 号
邮　　编:215511
电　　话:0512－52661892
传　　真:0512－52661886

企业名称:长春发电设备有限责任公司
地　　址:吉林省长春市经济技术开发区世纪大街 3388 号
邮　　编:130033
电　　话:0431－85868557
传　　真:0431－85868500

企业名称:秦皇岛秦冶重工有限公司
地　　址:河北省秦皇岛市经济技术开发区鄱阳湖路2号
邮　　编:066318
电　　话:0335－8586386
传　　真:0335－8586258

企业名称:上海电力环保设备总厂有限公司
地　　址:上海市共和新路2499号
邮　　编:200072
电　　话:021－56655880
传　　真:021－56657888

企业名称:丹东振安建工机械有限公司
地　　址:辽宁省丹东市振安区鸭绿江工业园89号
邮　　编:118003
电　　话:0415－4188608
传　　真:0415－4188606

企业名称:上海振华重工(集团)股份有限公司散货公司
地　　址:上海市东方路3261号
邮　　编:200125
电　　话:021－51907501
传　　真:021－51907500

企业名称:岳阳强力电磁设备有限公司
地　　址:湖南省岳阳市冷水铺监生桥村
邮　　编:414000
电　　话:0730－8799598
传　　真:0730－8799009

企业名称:江阴市万事达液压机械有限公司
地　　址:江苏省江阴市周庄镇周西工业园区高僧桥
邮　　编:214423
电　　话:0510－86221271
传　　真:0510－86903068

企业名称:浙江特种电机有限公司
地　　址:浙江省嵊州市经济开发区加佳路18号
邮　　编:312400
电　　话:0575－83036592
传　　真:0575－83000507

企业名称:浙江双鸟机械有限公司
地　　址:浙江省嵊州市黄泽镇工业园区
邮　　编:312455
电　　话:0575－83503888
传　　真:0575－83503801

企业名称:沈阳矿山机械有限公司装卸设备分公司
地　　址:辽宁省沈阳市经济技术开发区开发大路16号
邮　　编:110042
电　　话:024－25802505
传　　真:024－24325449

企业名称:上海公茂起重设备有限公司
地　　址:上海市浦东新区云台路145号云台大厦13楼
邮　　编:200126
电　　话:021－50871759
传　　真:021－50871665

企业名称:中联重科物料输送设备有限公司
地　　址:湖南省长沙市国家高新技术产业开发区麓谷工业园
邮　　编:410205
电　　话:0731－88998358
传　　真:0731－88983019

企业名称:常熟市亿安电动平车有限公司
地　　址:江苏省常熟市董浜镇徐市安庆路
邮　　编:215535
电　　话:0512－52496081
传　　真:0512－52496082

企业名称:康稳移动供电设备(上海)有限公司
地　　址:上海市浦东新区世纪大道1500号东方大厦925室
邮　　编:200122
电　　话:021－68407060
传　　真:021－68968310

企业名称:沈阳邦正重工机械有限公司
地　　址:辽宁省沈阳市沈河区惠工街217号德郡7号2315室
邮　　编:110013
电　　话:024－31979525
传　　真:024－31979536

企业名称:武汉电力设备厂
地　　址:湖北省武汉市武昌区白沙洲特1号
邮　　编:430064
电　　话:027－68888405
传　　真:027－88113825

企业名称:上海特国斯传动设备有限公司(浙江东海减速机有限公司)
地　　址:上海市曲阜西路268号恒安大厦1302室(浙江省温州市平阳县鳌江镇东海工业园)
邮　　编:200122(325401)
电　　话:021－63812226(0577－63631860)
传　　真:021－63810571(0577－63635393)

企业名称:哈尔滨龙鑫重型机械有限公司
地　　址:黑龙江省哈尔滨市动力区香滨路4号
邮　　编:150040
电　　话:0451－55626600
传　　真:0451－55626600

企业名称:大连长盛输送设备制造有限公司
地　　址:辽宁省大连市金州区亮甲店镇石城村
邮　　编:116104
电　　话:0411－87275188
传　　真:0411－87275757

企业名称:大连通达矿冶机械有限公司
地　　址:辽宁省大连市金州区三十里堡镇
邮　　编:116104
电　　话:0411－87362498
传　　真:0411－87350008

企业名称:大连重工机电动力有限公司
地　　址:辽宁省大连市沙河口区中山路594号金玉星海大厦19层
邮　　编:116023
电　　话:0411－39757578
传　　真:0411－39757528

停车设备

企业名称:中国重型机械工业协会停车设备工作委员会
地　　址:北京市西城区月坛南街26号1号楼4076室
邮　　编:100825
电　　话:010－68584668
传　　真:010－68584667

企业名称:北京起重运输机械设计研究院
地　　址:北京市东城区雍和宫大街52号
邮　　编:100007
电　　话:010－64032277
传　　真:010－64052584

企业名称:杭州西子石川岛停车设备有限公司
地　　址:浙江省杭州市机场路176号
邮　　编:310021
电　　话:0571－88143666
传　　真:0571－88139678

企业名称:山东莱钢泰达车库有限公司
地　　址:山东省莱芜市经济开发区钢城分区莱钢工业园
邮　　编:271129
电　　话:0634－6899999
传　　真:0634－6894958

企业名称:深圳怡丰自动化科技有限公司
地　　址:广东省深圳市龙岗区龙城大道龙西路口龙岗高科技园
邮　　编:518116
电　　话:0755－84879829
传　　真:0755－84879397

企业名称:许继停车系统有限公司
地　　址:河南省许昌市许由路5号
邮　　编:461000
电　　话:0374－3219228
传　　真:0374－3219091

企业名称:北京航天汇信科技有限公司
地　　址:北京市经济技术开发区中和街20号
邮　　编:100176
电　　话:010－67886601
传　　真:010－67874871

企业名称:浙江艾耐特机械有限公司
地　　址:浙江省绍兴市袍江工业区桑港村
邮　　编:312071
电　　话:0575－88135759
传　　真:0575－88037566

企业名称:唐山通宝停车设备有限公司
地　　址:河北省唐山市丰润区公园道138号
邮　　编:063030
电　　话:0315－3080599
传　　真:0315－3080690

企业名称:杭州友佳精密机械有限公司
地　　址:浙江省萧山市经济技术开发区市心北路120号
邮　　编:311215
电　　话:0571－82831393
传　　真:0571－82831353

企业名称:上海万强机械车库制造有限公司
地　　址:上海市金山区松金公路2502号
邮　　编:201514
电　　话:021－57213927
传　　真:021－57213333

企业名称:上海浦东新区远东立体停车装备有限公司
地　　址:上海市浦东新区东川公路7447号
邮　　编:201201
电　　话:021－68907170
传　　真:021－68901921

企业名称:北京天宏恩机电科技有限公司
地　　址:北京市海淀区复兴路12号
邮　　编:100038
电　　话:010－63963040
传　　真:010－63962898

企业名称:敬稳(北京)机电设备有限公司
地　　址:北京市建国门外大街19号国际大厦202室
邮　　编:100004
电　　话:010－85261141
传　　真:010－85261145

企业名称:广州广日智能停车设备有限公司
地　　址:广东省广州市高新技术产业开发区科学城科林路1号
邮　　编:510660
电　　话:020－82075622
传　　真:020－82075606

企业名称:济南天辰立体停车设备有限公司
地　　址:山东省济南市高新区天辰大街天辰工业园
邮　　编:250101
电　　话:0531－88878888
传　　真:0531－88877018

企业名称:廊坊三联停车设备有限公司
地　　址:北京市朝外小庄6号中国第一商城B座26D
邮　　编:100020
电　　话:010－85623427
传　　真:010－85623428

企业名称:北京金地停车场建设管理有限公司
地　　址:北京市阜成路北3街6号轻苑大厦12层
邮　　编:100037
电　　话:010－68986975
传　　真:010－68986985

企业名称:上海天地岛川停车设备制造有限公司
地　　址:上海市东宝兴路157号17A、D
邮　　编:200080
电　　话:021－63563092
传　　真:021－63243053

企业名称:北京鑫华源机械制造有限责任公司
地　　址:北京市门头沟区矿后街47号
邮　　编:102300
电　　话:010－61814331
传　　真:010－61815320

企业名称:天马华源停车设备(北京)有限公司
地　　址:北京市朝阳区东四环中路195号华腾新天地大厦1003室
邮　　编:100022
电　　话:010－87952553
传　　真:010－87952559

企业名称:北京盛泰铭机械制造有限公司
地　　址:北京市朝阳区朝阳门外大街甲6号万通中心D座1501－1502室
邮　　编:100020
电　　话:010－59073288
传　　真:010－59073269

企业名称:北京大兆新元停车设备有限公司
地　　址:北京市海淀区北小马厂6号华天大厦12层13－16室
邮　　编:100038
电　　话:010－63319787
传　　真:010－63319786

企业名称:北京宏地车港科技有限公司
地　　址:北京市东城区建国门内大街18号恒基中心办公楼第三座818－819室
邮　　编:100005
电　　话:010－63383023
传　　真:010－63331279

企业名称:北京海亮机械制造有限公司
地　　址:北京市通州区漷县镇觅子店组团鑫隅四街2号
邮　　编:101112
电　　话:010－80569770
传　　真:010－80569770

企业名称:上海机械设备成套集团物流工程有限公司
地　　址:上海市四川北路1851号18楼
邮　　编:200081
电　　话:021－51053310
传　　真:021－51053309

企业名称:上海西飞三精机械有限公司
地　　址:上海市外高桥保税区华申路221号
邮　　编:200131
电　　话:021－58660159
传　　真:021－58665105

企业名称:上海远急国际贸易有限公司
地　　址:上海市铜仁路258号九安广场金6B
邮　　编:200040
电　　话:021－62890790

传　　真:021－62890788

企业名称:上海人本旭川自动化机械有限公司
地　　址:上海市闵行区顾戴路 2525 号
邮　　编:201100
电　　话:021－54888730
传　　真:021－54887736

企业名称:上海畅悦自动化机械有限公司
地　　址:上海市中兴路 960 号 2 号楼 406 室
邮　　编:200070
电　　话:021－66289252
传　　真:021－66289252

企业名称:上海日荣樱天客金属工业有限公司
地　　址:上海市松江区茸北工业区施惠路 258 号
邮　　编:201613
电　　话:021－57783889
传　　真:021－57783859

企业名称:上海爱登堡电梯有限公司
地　　址:上海市浦星公路 1601 号
邮　　编:201114
电　　话:021－54331601
传　　真:021－64970181

企业名称:上海赐宝停车设备制造有限公司
地　　址:上海市卢湾区打浦路 1 号 906 室
邮　　编:200023
电　　话:021－53960436
传　　真:021－53960435

企业名称:上海沈中停车设备有限公司
地　　址:上海市浦东新区浦建路 729 号 804 室
邮　　编:200127
电　　话:021－61460138
传　　真:021－61460108

企业名称:上海禾通涌源停车设备有限公司
地　　址:上海市松江区车墩镇茸昌路 100－1 号
邮　　编:201611
电　　话:021－57609563
传　　真:021－57609565

企业名称:上海剑峰停车设备工程有限公司
地　　址:上海市南京东路 61 号新黄浦金融大厦 607 室
邮　　编:200002
电　　话:021－63392097
传　　真:021－63391924

企业名称:天津鑫基机械停车设备有限公司
地　　址:天津市东丽开发区二纬路 27 号
邮　　编:300300
电　　话:022－24982100
传　　真:022－24990569

企业名称:天津通广集团专用设备有限公司
地　　址:天津市河北区新大路 185 号
邮　　编:300140
电　　话:022－26237315
传　　真:022－26224197

企业名称:天津市天兴机械制造有限公司
地　　址:天津市大港区中塘镇港中公路 899 号
邮　　编:300270
电　　话:022－63276278
传　　真:022－63270525

企业名称:天津百利康城钢结构工程有限公司
地　　址:天津市西青开发区宏源道 20 号
邮　　编:300402
电　　话:022－26722583
传　　真:022－26722583

企业名称:山西华博科技有限公司
地　　址:山西省太原市长治路 249 号 403 室
邮　　编:030006
电　　话:0351－7024987
传　　真:0351－7024987

企业名称:大连华锐股份有限公司备料厂
地　　址:辽宁省大连市甘井子区中华东路 3 号
邮　　编:116031
电　　话:0411－86855206
传　　真:0411－86855208

企业名称:沈阳博林特电梯有限公司
地　　址:辽宁省沈阳市经济技术开发区十三号街 20 号
邮　　编:110161
电　　话:024－88456684
传　　真:024－88456356

企业名称:鞍山千钢机械制造有限公司
地　　址:辽宁省鞍山市千山区千山镇七岭街
邮　　编:114001
电　　话:0412－8435858
传　　真:0412－8435858

企业名称:沈阳华德机械工程安装有限公司
地　　址:辽宁省沈阳市大东区联合路 176 号甲

邮　　编:110044
电　　话:024－88093011
传　　真:024－88423105

企业名称:南京熊猫技术装备有限公司
地　　址:江苏省南京市白下区友谊河路1－2号
邮　　编:210007
电　　话:025－84236877
传　　真:025－84236878

企业名称:苏州江南嘉捷电梯股份有限公司
地　　址:江苏省苏州市工业园区娄江路(葑亭大道)88号
邮　　编:215122
电　　话:0512－62746790
传　　真:0512－62741517

企业名称:无锡许继富通达停车设备有限公司
地　　址:江苏省无锡市惠河路65号
邮　　编:214062
电　　话:0510－85877716
传　　真:0510－85877716

企业名称:镇江正豪立体停车工程有限公司
地　　址:江苏省镇江市学府路208号
邮　　编:212013
电　　话:0511－88781186
传　　真:0511－88786676

企业名称:江苏金冠立体停车系统工程有限公司
地　　址:江苏省南通市外环西路72号高新技术园201室
邮　　编:226005
电　　话:0513－83553951
传　　真:0513－83522919

企业名称:江苏润邦重工股份有限公司
地　　址:江苏省南通市经济开发区振兴西路9号
邮　　编:226010
电　　话:0513－68281808
传　　真:0513－85328260

企业名称:江苏启良停车设备有限公司
地　　址:江苏省江阴市大桥北路26号4楼
邮　　编:214400
电　　话:0510－80667788
传　　真:0510－80667733

企业名称:江阴市建优机械有限公司
地　　址:江苏省江阴市利港镇维常村西维常村1号
邮　　编:214441
电　　话:0510－86606825
传　　真:0510－86606825

企业名称:安徽马钢吉顺智能停车设备有限公司
地　　址:安徽省马鞍山市经济技术开发区
邮　　编:243000
电　　话:0555－2253421
传　　真:0555－2253778

企业名称:中国一航合肥皖安航空装备有限责任公司
地　　址:安徽省合肥市望江西路205号
邮　　编:230022
电　　话:0551－5587053
传　　真:0551－5569754

企业名称:合肥新科鼎精密机械有限公司
地　　址:安徽省合肥市包河区花园路葛大店工业园15号
邮　　编:230051
电　　话:0551－3475498
传　　真:0551－3475418

企业名称:兰州远达工程设备有限责任公司
地　　址:甘肃省兰州市西固西路59号
邮　　编:730060
电　　话:0931－7981190
传　　真:0931－7961566

企业名称:山东万斯达集团有限公司
地　　址:山东省济南市历下区解放东路27号万斯达大厦
邮　　编:250014
电　　话:0531－82315339
传　　真:0531－82315388

企业名称:潍坊大洋自动泊车设备有限公司
地　　址:山东省潍坊市高新开发区东明路北首806号
邮　　编:261031
电　　话:0536－8797707
传　　真:0536－8791526

企业名称:山东齐星铁塔科技股份有限公司
地　　址:山东省滨州市邹平县开发区会仙二路齐星大厦
邮　　编:256200
电　　话:0543－4305222
传　　真:0543－4305222

企业名称:青岛昊悦机械有限公司
地　　址:山东省青岛市遵义路3号
邮　　编:266043
电　　话:0532－84815754
传　　真:0532－84816885

企业名称:青岛金华工业集团有限公司
地　　址:山东省青岛市市北区辽阳西路 51 号
邮　　编:266034
电　　话:0532－85656888
传　　真:0532－85665098

企业名称:杭州福瑞科技有限公司
地　　址:浙江省杭州市西湖区塘苗路 18 号华星工业村 1 号楼 2 楼
邮　　编:310013
电　　话:0571－85123559
传　　真:0571－85123228

企业名称:莱茵电梯(中国)有限公司
地　　址:浙江省湖州市南浔经济开发区织浔大道 66 号
邮　　编:313009
电　　话:0572－3787198
传　　真:0572－3787199

企业名称:杭州大中泊奥科技有限公司
地　　址:浙江省杭州市萧山经济技术开发区桥南区高新 5 路
邮　　编:311231
电　　话:0571－82696679
传　　真:0571－82695083

企业名称:浙江越宫钢结构有限公司
地　　址:浙江省绍兴市绍三线永仁路口
邮　　编:312000
电　　话:0575－88200390
传　　真:0575－88011958

企业名称:宁波神舟立体车库制造有限公司
地　　址:浙江省宁波市象山县爵溪镇新瀛路 3 号
邮　　编:315708
电　　话:0574－65605780
传　　真:0574－65605657

企业名称:宁波邦达实业有限公司
地　　址:浙江省宁波市国家高新区木槿路 99 号
邮　　编:315013
电　　话:0574－88416668
传　　真:0574－88411233

企业名称:宁波云环电子集团有限公司
地　　址:浙江省余姚市泗门镇小路下村
邮　　编:315472
电　　话:0574－62125892
传　　真:0574－62125891

企业名称:浙江力硕科技有限公司
地　　址:浙江省杭州市萧山区河上镇大桥工业园区
邮　　编:311264
电　　话:0571－82203870
传　　真:0571－82203800

企业名称:国家建筑城建机械质量监督检验中心
地　　址:湖南省长沙市银盆南路 361 号
邮　　编:410013
电　　话:0731－88923869
传　　真:0731－88910912

企业名称:郴州泰安智能立体车库设备有限公司
地　　址:湖南省郴州市槐树下北湖区工业园
邮　　编:423000
电　　话:0735－2176988
传　　真:0735－2176887

企业名称:中国船舶重工集团第 713 研究所海神停车设备公司
地　　址:河南省郑州市京广南路 126 号
邮　　编:450052
电　　话:0371－68717574
传　　真:0371－68733635

企业名称:新乡天丰机械制造有限公司
地　　址:河南省新乡市开发区新一街 17 号
邮　　编:453002
电　　话:0373－3526678
传　　真:0373－3526676

企业名称:广州番禺金马自动化停车设备有限公司
地　　址:广东省广州市番禺区石碁镇官涌开发区
邮　　编:511450
电　　话:020－84855063
传　　真:020－84859598

企业名称:佛山市南海高达建筑机械有限公司
地　　址:广东省佛山市南海区平洲五斗桥北侧
邮　　编:528251
电　　话:0757－86795321
传　　真:0757－86778582

企业名称:深圳中集天达空港设备有限公司
地　　址:广东省深圳市蛇口工业区工业四路 4 号
邮　　编:518067
电　　话:0755－26688488
传　　真:0755－26671643

企业名称:深圳市中科利亨车库设备有限公司
地　　址:广东省深圳市宝安区福永街道福海工业区13号
邮　　编:518103
电　　话:0755－29981555
传　　真:0755－29981777

企业名称:广西景和停车设备有限责任公司
地　　址:广西南宁市民族大道115－1号现代国际905－908室
邮　　编:311264
电　　话:0771－5596031
传　　真:0771－5596031

企业名称:成都东风停车设备制造有限公司
地　　址:四川省成都市外东沙河堡大观堰1号
邮　　编:610066
电　　话:028－84789033
传　　真:028－84785619

企业名称:成都正武停车设备制造股份有限公司
地　　址:四川省广汉市小汉镇康营村5社
邮　　编:618304
电　　话:0838－6839589
传　　真:0838－6839567

企业名称:昆明泊乐(风动)机械制造有限公司
地　　址:云南省昆明市高新技术开发区科泰路
邮　　编:650101
电　　话:0871－8325207
传　　真:0871－8325183

企业名称:福州三发发干燥设备有限公司
地　　址:福建省福州市金山开发区金洲北路2号
邮　　编:350002
电　　话:0591－83746374
传　　真:0591－83746364

企业名称:龙岩市广通钢结构工程有限公司
地　　址:福建省龙岩市龙州工业园高新区A－06－2地块正合精密模具公司内
邮　　编:364000
电　　话:0597－2383630
传　　真:0597－2211639

企业名称:湖北华夫立体停车开发有限公司
地　　址:湖北省武汉市江岸区车站路长青广场A座309室
邮　　编:430018
电　　话:027－82824626
传　　真:027－82422626

企业名称:湖北金宝科技发展有限公司
地　　址:湖北省襄樊市国家高新技术开发区
邮　　编:441000
电　　话:0710－3752199
传　　真:0710－3086810

企业名称:武汉鸿迅立体停车投资有限公司
地　　址:湖北省武汉市江汉区江汉路步行街126号长盛大厦9楼
邮　　编:430014
电　　话:027－82842228
传　　真:027－82755680

企业名称:北京海康星机电设备有限公司
地　　址:北京市朝阳区拂林路9号(景龙国际)A座3层
邮　　编:100107
电　　话:010－64802408
传　　真:010－64802411

企业名称:欧姆龙自动化(中国)统辖集团
地　　址:上海市浦东新区银城中路200号中银大厦2211室
邮　　编:200120
电　　话:021－50372222
传　　真:021－50372200

企业名称:ABB(中国)有限公司低压部
地　　址:北京市朝阳区酒仙桥路10号恒通广厦
邮　　编:100016
电　　话:010－84566688
传　　真:010－84569907

企业名称:明椿电气机械股份有限公司
地　　址:上海市嘉定区南翔镇慧平路12弄4号
邮　　编:201802
电　　话:021－69123815
传　　真:021－59177920

企业名称:日立(上海)贸易有限公司
地　　址:上海市茂名南路205号瑞金大厦18楼
邮　　编:200020
电　　话:021－64721002
传　　真:021－64724990

企业名称:上海山电电机有限公司
地　　址:上海市普陀区绥德路889弄5号楼4楼
邮　　编:200331
电　　话:021－62841028
传　　真:021－52841755

企业名称:杭州东华链条集团有限公司
地　　址:浙江省杭州市机场路 218 号
邮　　编:310021
电　　话:0571－85041448
传　　真:0571－85040765

企业名称:杭州万杰减速机有限公司
地　　址:浙江省杭州市萧山区靖江工业园区
邮　　编:311223
电　　话:0571－82993168
传　　真:0571－82993333

企业名称:杭州澳琪同济停车配件制造有限公司
地　　址:浙江省杭州市下城区香积寺路白石路灯塔西苑
邮　　编:310004
电　　话:0571－85362212
传　　真:0571－85362212

企业名称:浙江诸暨链条总厂
地　　址:浙江省诸暨市牌头五一路 1 号
邮　　编:311825
电　　话:0575－87051296
传　　真:0575－87056868

企业名称:浙江神牛机械制造有限公司
地　　址:浙江省诸暨市丰南路 8 号
邮　　编:311800
电　　话:0575－87181152
传　　真:0575－87185255

企业名称:浙江恒久机械集团诸暨特种链条厂
地　　址:浙江省诸暨市城西开发区
邮　　编:311800
电　　话:0575－87213808
传　　真:0575－87214388

企业名称:杭州西林链条制造有限公司
地　　址:浙江省杭州市江干区丁桥镇同协路 18 号
邮　　编:310021
电　　话:0571－88126215
传　　真:0571－88126227

企业名称:浙江八方机械有限公司
地　　址:浙江省台州市武义县经济开发区玫瑰路 6 号
邮　　编:321200
电　　话:0579－87616258
传　　真:0579－87616198

企业名称:武义东风链条有限公司
地　　址:浙江省台州市武义县黄龙工业区
邮　　编:321200
电　　话:0579－87988090
传　　真:0579－87698070

企业名称:杭州天豪电梯成套设备制造有限公司
地　　址:浙江省杭州市富阳东洲工业功能区 8 号路 9－1 号
邮　　编:311401
电　　话:0571－87191198
传　　真:0571－87191178

企业名称:浙江康明斯机械有限公司
地　　址:浙江省温岭市新河镇中厢工业园
邮　　编:317502
电　　话:0576－86578602
传　　真:0576－86578336

企业名称:苏州环球链传动有限公司
地　　址:江苏省苏州市吴中区藏书镇石中路 53 号
邮　　编:215156
电　　话:0512－66244198
传　　真:0512－66235388

企业名称:无锡市三爱电器厂
地　　址:江苏省无锡市苏锡路 553 号
邮　　编:214121
电　　话:0510－66955388
传　　真:0510－66235388

企业名称:无锡市明达电器有限公司
地　　址:江苏省无锡市滨湖经济技术开发区立业路 7 号
邮　　编:214142
电　　话:0510－85072580
传　　真:0510－85072581

企业名称:北京金堂吉达机电设备有限公司
地　　址:北京市朝阳区朝外大街乙 12 号昆泰国际公寓 2204 室
邮　　编:100020
电　　话:010－58790418
传　　真:010－58790065

企业名称:苏州联发电机有限公司
地　　址:江苏省苏州市相城经济开发区富元路 402 号
邮　　编:215131
电　　话:0512－65793567
传　　真:0512－65793569

企业名称:江阴市国力金属制品有限公司
地　　址:江苏省江阴市南外环路 898 号

邮　　编:214433
电　　话:0512－65793568
传　　真:0512－65793569

企业名称:射阳达金机械厂
地　　址:江苏省盐城市射阳县合德镇创业园宏峰路10号
邮　　编:224300
电　　话:0515－82391680
传　　真:0515－82391080

企业名称:厦门正黎明冶金机械有限公司
地　　址:福建省厦门市同安区圳南二路187号
邮　　编:361022
电　　话:0592－6385802
传　　真:0592－6385810

企业名称:佛山市三浦重工钢构有限公司
地　　址:广东省佛山市三水区南山镇迳口华侨开发区A区8－2号
邮　　编:528145
电　　话:0757－87276686
传　　真:0757－87276680

〔供稿人:中国重型机械工业协会张艳君〕

关于表彰“十一五”全国重型机械行业优秀科技工作者的决定

为表彰“十一五”期间对重型机械行业科技进步做出突出贡献的科技工作者,由中国重型机械工业协会秘书处和会员单位推荐,经评审委员会评审,中国重型机械工业协会五届九次常务理事会审议决定,马克等50名同志被评为“十一五”全国重型机械行业优秀科技工作者。

希望受表彰的全国重型机械优秀科技工作者再接再厉,开拓进取,争创佳绩。全行业各单位要以先进为榜样,全面落实科学发展观,不断推进科技进步,开拓创新,扎实工作,推进企业转型升级,为我国重型机械行业又好又快发展做出更大的贡献。

中国重型机械工业协会
二〇一一年五月八日

“十一五”全国重型机械行业优秀科技工作者名单:

马　克　史苏存　王吉生　王晓明　邹　胜
邵龙成　苏鹏程　费学婷　高伟贤　王继生
王占军　冯小明　周景龙　吕亚臣　叶志强
朱孝渭　杨大祥　闫雪峰　任　彤　孙吉泽
陈涤新　彭　岩　张凯博　高　潮　龙宏欣
刘天军　陈占福　樊建成　赵金元　刘宏民
丁志江　徐格宁　黄庆学　李国杰　梁小波
于春成　赵　恒　张晓华　唐　薇　何新华
王丰顺　秦　斌　孔　霞　丁作良　韩利民
赵建华　唐宏伟　韦　轶　王庆军　张　媛

〔供稿人:中国重型机械工业协会肖立群〕

上海电气
SHANGHAI ELECTRIC